Hans Ulrich Schmid

Althochdeutsche Grammatik II

Sammlung kurzer Grammatiken germanischer Dialekte

Begründet von
Wilhelm Braune

Herausgegeben von
Mechthild Habermann und Hans Ulrich Schmid

A. Hauptreihe. Band 5.2

Hans Ulrich Schmid

Althochdeutsche Grammatik II

Grundzüge einer deskriptiven Syntax

DE GRUYTER

ISBN 978-3-11-078229-5
e-ISBN (PDF) 978-3-11-078249-3
e-ISBN (EPUB) 978-3-11-078263-9
ISSN 0344-6646

Bibliografische Information der Deutschen Nationalbibliothek
Die Deutsche Nationalbibliothek verzeichnet diese Publikation in der Deutschen Nationalbibliografie; detaillierte bibliografische Daten sind im Internet über http://dnb.dnb.de abrufbar.

Satz: WMTP Wendt-Media Text-Processing GmbH, Birkenau
Druck und Bindung: CPI books GmbH, Leck

www.degruyter.com

Vorwort

Die Um- und Widerstände, die eine Darstellung der Syntax des Althochdeutschen erschweren, sind hinreichend benannt worden (vgl. grundlegend Fleischer 2006). An Detailuntersuchungen innerhalb sehr heterogener theoretischer (generativistischer, informationsstruktureller, konstruktionsgrammatischer, typologischer, universalgrammatischer) „Frames" hatte es in den vergangenen Jahren und Jahrzehnten keinen Mangel. Vgl. z.B. Axel-Tober 2015a; Crisma 2009; Lenerz 1984; Lühr 2011a; Speyer 2016, um nur einige zu nennen (s. ansonsten das Literaturverzeichnis).

Vorhandene Studien nehmen vielfach bestimmte syntaktische Detail- und Einzelfragen in den Blick, nicht selten eklektisch, anhand ausgewählter Belege, zumeist nur aus einzelnen Texten. Das „Ranking" der herangezogenen Quellen führen, wenn der Eindruck nicht täuscht, Tatian und Otfrid an. Die Isidor-Übersetzung tritt bereits in den Hintergrund, ähnlich Notker. Weiteres kommt weniger prominent vor. Nicht selten sind Belege auch so gewählt, dass sie theoretische Vorannahmen (zu) bestätigen (scheinen).

Im Gegensatz dazu soll die vorliegende Darstellung auf der Grundlage der althochdeutschen Gesamtüberlieferung möglichst theorieneutral einen belegbasierten beschreibenden Überblick über zentrale Phänomene der althochdeutschen Syntax geben. Das impliziert auch die Verwendung einer weitgehend theorieabstinenten, das heißt traditionellen Terminologie. Die Darstellung der elementaren Satzstrukturen (Satzbaupläne) ist an Prinzipien der Valenzgrammatik angelehnt.

Damit unterscheidet sich diese Darstellung vom Ansatz her von der theorieaffinen Monographie Richard Schrodts (2004). Die beiden in der Reihe der „Kurzen Grammatiken germanischer Dialekte" nun vorliegenden gleichnamigen Monographien können jedoch als komplementär und suppletiv zu einander verstanden und verwendet werden.

Materialgrundlage sind die maßgeblichen Editionen. Selbstverständlich wurde die Forschungsliteratur berücksichtigt, soweit das angesichts der schieren Masse dessen, was seit den Tagen von Oskar Erdmann und Otto Behaghel erschienen ist, überhaupt möglich war. In keinem Fall wurden (gemäß mittlerweile oft praktiziertem Usus) Belege der Sekundärliteratur entnommen und ungeprüft danach zitiert.

Ich bin mir dessen bewusst, dass das Althochdeutsche wie überhaupt die diachrone Komponente der Sprach- und auch Literaturwissenschaft im heutigen germanistischen Lehrbetrieb zugunsten einer (wie auch immer begründeten) Zeitgemäßheit marginalisiert worden ist. Dennoch halte ich die Befassung mit älteren

https://doi.org/10.1515/9783110782493-202

und ältesten Vorstufen für das Verständnis des heutigen Deutschen in Lehre und Forschung für unentbehrlich.

Beistand erhielt ich von vielfacher Seite: Für ebenso kritische wie kenntnisreiche und wertvolle Hinweise habe ich Brigitte Bulitta, Frank Heidermanns und Susanne Näßl vom Althochdeutschen Wörterbuch in Leipzig zu danken, ebenso Mechthild Habermann (Erlangen), meiner Mitherausgeberin der „Sammlung kurzer Grammatiken germanischer Dialekte". Mein Dank gilt auch Kurt Gärtner, Ralf Plate (beide Trier) und Norbert Richard Wolf (Würzburg). Speziellen „Otfrid-Support" habe ich von Albrecht Greule (Regensburg) erhalten. Das Manuskript haben Juliane Claus und Luise Czajkowski (beide Leipzig) kritisch durchgesehen. Ohne längeres und beharrliches Zureden durch Thomas Klein (Bonn) vor allem zu Beginn hätte ich mir die Arbeit an diesem Buch erst gar nicht angetan.

Da von einer althochdeutschen Version des Buches Jesus Sirach bislang nichts bekannt ist, zitiere ich schließlich behelfsweise Martin Luther 1545:

Aber ein Mensch / wenn er gleich sein bestes gethan hat / so ists noch kaum angefangen / Vnd wenn er meinet / er habes volendet / So feilet es noch weit.

Leipzig — Herbst 2023

Inhalt

Anhang

Quellenverzeichnis

Die Quellensiglen sind weitgehend identisch mit denen im ersten Teil der Althochdeutschen Grammatik (AG I). Aufgeführt sind nur die Editionen, nach denen zitiert wird. Die Datierungen können aus den bekannten Gründen nur ungefähre Anhaltspunkte geben. Sie beziehen sich auf die Zeit der Aufzeichnung, die im Einzelfall von der Entstehungszeit abweichen kann (Abkürzungen: A = Anfang, D = Drittel, E = Ende, H = Hälfte, M = Mitte, V = Viertel). Bei Glossenbelegen erfolgt die Datierung jeweils beim Zitat.

Ad equ.	um 1100	Ad equum errȩhet. StD, 373.
al. Ps	9. Jh. 2.D	Bruchstücke einer altalemannischen Psalmenübersetzung. StD, 293–298 (zitiert: Seite, Zeile).
Augens	11. Jh.	Augensegen. StD, 386.
Bambg. Bluts	12. Jh.	Bamberger Blutsegen. StD, 377.
Bambg. GuB	12. Jh.	Bamberger Glauben und Beichte. StD, 135–148 (zitiert: Seite, Zeile).
Bas. Rez	um 800	Basler Rezepte. StD, 39 f. (zitiert: Zeile).
Bdktb. GuB I	12. Jh.	Benediktbeurer Glauben und Beichte I. StD, 338 f. (zitiert: Zeile).
Bdktb. GuB II	12. Jh.	Benediktbeurer Glauben und Beichte II. StD, 336 f. (zitiert: Zeile).
Bdktb. GuB III	12. Jh.	Benediktbeurer Glauben und Beichte III. StD, 357–361 (zitiert: Zeile).
1. bayr. B	9. Jh. A	Altbayrische Beichte. StD, 309.
BR	9. Jh. A	Masser, Achim 1997: Die lateinisch-althochdeutsche Benediktinerregel Stiftsbibliothek St. Gallen Cod. 916. Göttingen. Studien zum Althochdeutschen 33. (zitiert: Seite der Edition, Zeile. Unvollständig geschriebene Wörter werden nach der Ausgabe in StD, 190–281, ergänzt)
Carmen	9. Jh. M	Carmen ad Deum. StD, 290.
Cass	9. Jh. A	Kasseler Glossen. Gl 3, 9–19 (zitiert: Seite, Zeile).
Contra mal	11. Jh.	Contra Malum Malannum. StD, 383 f. (zitiert: Zeile).
Contra par	um 1100	Gegen Gicht (Contra paralysin). StD, 384 f. (zitiert: Rezept, Zeile).
Contra verm	um 1100	Contra uermem edentem. StD, 373 f. (zitiert: Zeile).
Def	11. Jh.	De definitione. StD, 118 f. (zitiert: Zeile).
Emm	9. Jh. 2.V	Altbayrisches (St. Emmeramer) Gebet. Version A und B. StD, 310 f. (zitiert: Seite, Zeile).
Exh	9. Jh. A	Exhortatio ad plebem Christianam, Version A und B. StD, 49–51 (zitiert: Zeile).
Federpr	10. Jh.	Federprobe. StD, 405.
Freis. Pn	9. Jh. A	Freisinger Paternoster. Version A und B. StD, 43–45 (zitiert: Textfassung, Zeile).
Frk. Geb	821	Fränkisches Gebet StD, 60

https://doi.org/10.1515/9783110782493-204

Frk. Taufgel	9. Jh. E	Fränkisches Taufgelöbnis. StD, 23
Fuldaer B	10. Jh.	Fuldaer Beichte. StD, 327 f. (zitiert: Zeile).
Geistl. R	11. Jh.	Geistliche Ratschläge. StD, 164–166 (zitiert: Zeile).
Georgsl	10./11.Jh.	Georgslied. StD, 94–97 (zitiert: Lesetext, Zeile).
Gg Falls	11./12. Jh.	Gegen Fallsucht. StD, 380 f. (zitiert: Version, Seite, Zeile).
Gl	Datierung beim Beleg	Die Althochdeutschen Glossen. Gesammelt und bearbeitet von Elias Steinmeyer und Eduard Sievers. 5 Bde. Berlin 1879–1922.
H	9. Jh. 1.V	Die Murbacher Hymnen nach der Handschrift hg. von Eduard Sievers. Halle 1974 (zitiert: Hymne, Strophe, Zeile).
Hammelb	9. Jh. 1.H	Hammelburger Markbeschreibung. StD, 62.
Hausb	10. Jh.	Hausbesegnung. StD, 389.
Heinr	11. Jh.	De Heinrico. StD, 110 f. (zitiert: Zeile).
Hicila	11. Jh.	Hicila-Vers. Althochdeutsche Literatur. Eine kommentierte Ausgabe. Althochdeutsch/Neuhochdeutsch, Altniederdeutsch/Neuhochdeutsch. Übersetzt, hg. und kommentiert von Stephan Müller. Stuttgart 2007, 266.
Hirsch	10. Jh.	Hirsch und Hinde. StD, 399.
Hl	9. Jh. 1.H	Hildebrandslied. StD, 1–8 (zitiert: Zeile).
Is	vor 800	Der Althochdeutsche Isidor. Facsimile Ausgabe des Pariser Codex nebst Critischem Texte der Pariser und Monseer Bruchstücke. Mit Einleitung, grammatischer Darstellung und einem ausführlichen Glossar. Hg. von George A[llison] Hench. Straßburg 1893 (zitiert: Faksimile-Tafel, Zeile)
Kölner Inschr.	9. Jh.	Kölner Inschrift. Althochdeutsches Lesebuch. Zusammengestellt und mit Wörterbuch versehen von Wilhelm Braune. Fortgeführt von Karl Helm. 17. Aufl. bearb. von Ernst A. Ebbinghaus. Tübingen 1994, 8 (Nr. IV.1).
Kruse 2011	11. Jh.	Kruse, Norbert: Glossen in zwei Handschriften der ehemaligen Weingartner Klosterbibliothek. In: Sprachwiss. 36, 1–34.
Lehmann 1928	10. Jh.	Paul Lehmann: Nachträge zu den althochdeutschen Glossen. In: PBB 52. S. 168–170.
LexSal	9. Jh. 2.V	Bruchstück der Lex Salica. StD, 55–57 (zitiert: Zeile):
Lorscher B	9. Jh. 2.H.	Lorscher Beichte. StD, 323 f. (zitiert: Zeile):
Lorscher Bienens	9. Jh. A	Lorscher Bienensegen. StD, 396.
Ludw	881/882	Ludwigslied. StD, 85 f. (zitiert: Zeile).
Mainzer B	10. Jh.	Mainzer Beichte. StD, 329 f. (zitiert: Zeile).
Mayer 1974	Datierung beim Beleg	Mayer, Hartwig: Althochdeutsche Glossen: Nachträge. Old High German Glosses: A Supplement. Toronoto / Heidelberg.
Mers	10. Jh. 1./2.D	Merseburger Zaubersprüche. StD, S. 365 (zitiert: Spruch, Zeile).
MF	9. Jh. 1.D	The Monsee Fragments. Newly Collated Text with Introduction, Notes, Grammatical Treatise and Exhaustive Glossary and a Photo-Lithographic Fac-Simile. Edited by George Allison Hench. Straßburg 1890 (zitiert: Fragment, Zeile). – Textverluste aufgrund der fragmentarischen Überlieferung sind mit *** gekennzeichnet.

Musp	9. Jh.	Muspilli. StD, 66–81 (zitiert: Zeile).
Notker	vor 1022	Zitierausgabe: Die Schriften Notkers und seiner Schule. Hg. von Paul Piper. 3 Bde., Tübingen 1882 f. [In Klammern] die entsprechenden Belegstellen in den Ausgaben von Petrus W. Tax und James C. King angegeben (zitiert: Seite, Zeile).
Nb		P. Piper, Bd I,1–363 [P. W. Tax: Notker der Deutsche: Boethius, 'De consolatione Philosophiae', 3 Bde., Tübingen 1986–1990].
Nc		P. Piper, Bd I 685–847 [J. C. King: Notker der Deutsche: Martianus Capella, 'De nuptiis Philologiae et Mercurii'. Tübingen 1979].
Ni		P. Piper, Bd I, 497–588 [J. C. King: Notker der Deutsche: Boethius' Bearbeitung von Aristoteles' Schrift 'De Interpretatione'. Die Werke Notkers des Deutschen Bd 6, Tübingen 1975].
Nk		P. Piper, Bd I, 365–495 [J. C. King: Notker der Deutsche: Boethius' Bearbeitung der 'Categoriae' des Aristoteles, Tübingen 1972].
Nl		P. Piper, Bd I, 591–595 [J. C. King / P. W. Tax: Notker der Deutsche. Die kleineren Schriften, Tübingen 1996, 187–194].
Nm		P. Piper, Bd I, 851–859 [J. C. King / P. W. Tax: Notker der Deutsche. Die kleineren Schriften, Tübingen 1996, 329–346]
Np		P. Piper, Bd II [P. W. Tax: Notker der Deutsche. Der Psalter, I–III, Tübingen 1979–1983].
Nr		Notkers Rhetorik: P. Piper, Bd I, 643–684 [J. C. King / P. W. Tax: Notker der Deutsche: Die kleineren Schriften, Tübingen 1996, 105–186].
Ns		De Syllogismis: Piper, Bd I, 596–622 [J. C. King / P. W. Tax: Notker der Deutsche. Die kleineren Schriften, Tübingen 1996, 266–309].
Npgl	12. Jh.	Notker-Glossator. → Np.
Npw	um 1100	Wiener Notker: P. Piper, Bd III (zitiert: Seite, Zeile). Verglichen: Notkers Psalmen nach der Wiener Handschrift hg. von Richard Heinzel und Wilhelm Scherer. Straßburg 1876.
O	vor 875	Otfrids Evangelienbuch. Hg. und erklärt von Oskar Erdmann. Halle a.d.S. 1882 (zitiert: Buch, Kapitel bzw. Widmungsschreiben, Zeile)
Oh		Widmungsschreiben an Hartmuot und Werinbert. Erdmann 1882, 317–332.
Ol		Widmungsschreiben an Ludwig den Deutschen, Erdmann 1882, 1–3.
Os		Widmungsschreiben an Bischof Salomo, Erdmann 1882, 9 f.
O Freis	zwischen 902–906	Pivernetz, Karin: Otfrid von Weißenburg. Das 'Evangelienbuch' in der Überlieferung der Freisinger Handschrift (Bayerische Staatsbibliothek München, cg. 14). Edition und Untersuchung. 2 Bde., Göppingen 2000 (zitiert wie O).

Otloh	nach 1067	Otlohs Gebet. StD, 182–188 (zitiert: Zeile).
Par. Gespr	um 900	Huisman, Johannes A.: Die Pariser Gespräche. In: Rheinische Vierteljahrsblätter 33 (1969), 272–296 (zitiert: Seite und Nummer in der „korrigierten Fassung" nach dem diplomatischen Abdruck).
Petrusl	9. Jh.	Petruslied. StD, 103 f.
Pfälzer B	9. Jh.	Pfälzer Beichte. StD, 331.
Pferdes	12. Jh.	Pferdesegen. StD, 370.
Phys	11. Jh.	Der ältere Physiologus. StD, 124–132 (zitiert: Zeile)
Pn	vor 800	St. Galler Paternoster und Credo. StD, 27.
Priestereid	10. Jh. 2.H	Priestereid. StD, 64.
Pro Nessia	10. Jh. M	Pro Nessia B. StD, 374.
PrSA,B,C	um 1100	Althochdeutsche Predigtsammlungen A, B, C („Wessobrunner Predigten"). A: StD, 156–162 (zitiert: Nummer, Zeile). AH: = Hellgardt, Ernst: Die spätalthochdeutschen 'Wessobrunner Predigten' im Überlieferungsverbund mit dem 'Wiener Notker'. Eine neue Ausgabe, Berlin 2014, 40 f. (zitiert: Seite, Zeile). B: StD, 168–172 (zitiert: Nummer, Zeile). C: StD, 173–178 (zitiert: Nummer, Zeile). CH: Hellgardt ebd. 58 f. (zitiert: Seite, Zeile).
Psalm	10. Jh. A	Psalm 138. StD, 105–107 (zitiert: Seite, Zeile).
Reich. B	10. Jh. E	Reichenauer Beichte. StD, 332.
Reimspr	um 1000	Reimspruch. StD, 400.
Rheinfrk. Cant	um 900	Rheinfränkische Psalmenübersetzung. StD, 301–303 (zitiert: Seite, Zeile).
Rheinfrk. Geb	9. Jh. E	Rheinfränkisches Gebet. StD, 92.
Sam	10. Jh. M	Christus und die Samariterin. StD, 89 f. (zitiert: Zeile).
Sang. Schularb	11./12. Jh.	Sangaller Schularbeit. StD, 121.
Schreiberv	9. Jh.	Schreibervers. StD, 402.
SG GuB II	12. Jh.	Sangaller Glauben und Beichte II. StD, 341–344 (zitiert: Seite, Zeile).
SG GuB III	10. Jh.	Sangaller Glauben und Beichte III. StD, 353.
Sigih	zw. 902–906	Sigihards Gebete. StD, 102.
Spinnw	um 1000	Spinnwirtelspruch. StD, 401.
Spottv	9. Jh. 2.H	St. Galler Spottverse. StD, 401 (zitiert: Nummer, Zeile).
Sprichw	11. Jh.	Sprichwörter. StD, 403.
StD		Die kleineren althochdeutschen Sprachdenkmäler. Hg. von Elias von Steinmeyer. Berlin 1916.
Straßb. Bluts	11. Jh.	Straßburger Blutsegen. StD, 375.
Straßb. Eide	10. Jh. E	Straßburger Eide. StD, 82 f. (zitiert: Zeile).
Süddt. GuB	12. Jh.	Süddeutscher Glauben und Beichte. StD, S. 345–349 (zitiert: Zeile).

T	9. Jh. 2.V	Die lateinisch-althochdeutsche Tatianbilingue Stiftsbibliothek St. Gallen Cod. 56. Hg. von Achim Masser. Göttingen 1994. Studien zum Althochdeutschen 25 (zitiert: Seite der Edition, Zeile. Abbreviaturen sind aufgelöst). Tatian. Lateinisch und altdeutsch mit ausführlichem Glossar. Hrsg. von Eduard Sievers. 2. Aufl. Paderborn 1892 (Bibliothek der ältesten deutschen Literatur-Denkmäler 5). ND 1966.
T-Par	9./10. Jh.	Schmid, Hans Ulrich 2004: Die Pariser Tatian-Zitate – Edition, Analysen, Überlegungen. In: Entstehung des Deutschen. Festschrift für Heinrich Tiefenbach. Hg. von Albrecht Greule/Eckhard Meineke/Christiane Thim-Mabrey. Heidelberg 395–425 (zit. Nummer des Eintrags).
Thoma 1975	11. Jh.	Althochdeutsche Glossen zum Alten Testament. Genesis – Deuteronomium – Numeri – Josue – Judicum. Hg. von Herbert Thoma. Tübingen 1975 (zitiert: Seite, Zeile).
Trierer Cap	um 1000	Trierer Capitulare. StD, 305–307 (zitiert: Seite, Zeile).
Trierer Spr	10. Jh.	Trierer Spruch. StD, 367.
W.d.Teufel	11. Jh.	Wider den Teufel. StD, 399.
Wess	ca. 814	Wessobrunner Gebet. StD, 16.
Wess. GuB	11. Jh.	Wessobrunner Glauben und Beichte. StD, 135–146 (zitiert: Seite, Zeile).
Wess. GuB II	12. Jh.	Wessobrunner Glauben und Beichte II. StD, 354–356 (zitiert: Seite, Zeile).
Wiener Hds	9./10. Jh.	Wiener Hundesegen. StD, 394.
Will	vor 1085	Willirams deutsche Paraphrase des Hohen Liedes. Mit Einleitung und Glossar. Hg. von Joseph Seemüller, Straßburg 1878 (zitiert: Versikel, Zeile). [In Klammern] die entsprechenden Belegstellen in: Rudolf Schützeichel / Birgit Meineke: Die älteste Überlieferung von Willirams Kommentar des Hohen Liedes. Edition, Übersetzung, Glossar, Göttingen 2001. Studien zum Althochdeutschen 39. Hieraus die lat. Verse.
Will Lei	um 1100	(Expositio) Willirami Eberspergensis Abbatis in Canticis Canticorum. Die Leidener Handschrift, neu hg. von Willy Sanders. München 1971. Kleine deutsche Prosadenkmäler des Mittelalters 9 (zit. Versikel, Zeile).
WK	9. Jh. 1.H	Weißenburger Katechismus. StD, 29–34 (zitiert: Zeile).
Würzb. B	9. Jh. 2.D	Würzburger Beichte. StD, 316 f. (zitiert: Zeile).
Würzb. Mb	um 1000	Würzburger Markbeschreibungen. StD, 115 f. (zitiert: Zeile).
Zeitzer B	um 900	Zeitzer Beichte. Bulitta, Brigitte 2006: Ein verkanntes althochdeutsches Sprachdenkmal: Die lateinisch-deutsche Beichte von Zeitz. In: Die Stiftsbibliothek und das Stiftsarchiv Zeitz. Für das Museum Schloss Moritzburg Zeitz hg. von Detlef Deye und Roland Rittig. Halle 47–74 (Text 54 f.; zitiert: Zeile).

Abkürzungsverzeichnis

aaO	am angegebenen Ort
Adhort.	Adhortativ
Adj., adj	Adjektiv, adjektivisch
Adv., adv.	Adverb, adverbial
ae.	altenglisch
AG I	Althochdeutsche Grammatik I
Ahd., ahd.	Althochdeutsch, althochdeutsch
Akk.	Akkusativ
As., as.	Altsächsisch, altsächsisch
Attr., attr.	Attribut, attributiv
Dat.	Dativ
Fem., fem.	Femininum, feminin
Fnhd., fnhd.	Frühneuhochdeutsch, frühneuhochdeutsch
Fs.	Festschrift
Gen., gen.	Genitiv, genitivisch
Germ., germ.	Germanisch, germanisch
Got., got.	Gotisch, gotisch
Hg(g).	Herausgeber
Hs(s).	Handschrift(en)
Idg., idg.	Indogermanisch, indogermanisch
Imp., imp.	Imperativ, imperativisch
Ind., ind.	Indikativ, indikativisch
Inf., inf.	Infinitiv, infinitivisch
Instr., instr.	Instrumental, instrumental
Jh.(s)	Jahrhundert(s)
Kjn.	Konjunktion
Konj., konj.	Konjuntiv, konjunktivisch
Lat., lat.	Latein, lateinisch
Lit.	Literatur
Mask., mask.	Maskulinum, maskulin
Mhd., mhd.	Mittelhochdeutsch, mittelhochdeutsch
Neutr, neutr.	Neutrum, neutral
Nhd., nhd.	Neuhochdeutsch, neuhochdeutsch
Nom.	Nominativ, nominativisch
Obj.	Objekt
Part.	Partizip
Perf.	Perfekt
Pl.	Plural
Plqu.	Plusquamperfekt
Präd.	Prädikat
Präp.	Präposition
Präs.	Präsens
Prät.	Präteritum
Pron., pron.	Pronomen, pronominal

https://doi.org/10.1515/9783110782493-205

refl.	reflexiv
s. (a.)	siehe (auch)
Sg.	Singular
Subj.	Subjekt
Subst., subst.	Substantiv, substantivisch
Superl.	Superlativ
vgl.	(man) vergleiche

Einleitung

Beleganordnung

Die Belegblöcke sind, soweit es das Material erlaubt, so aufgebaut, dass die Repräsentanz der behandelten syntaktischen Phänomene quer durch die Diachronie, die Textsorten und Überlieferungsarten sichtbar wird: Zunächst werden die (bekanntermaßen sehr wenigen) Zeugnisse nicht übersetzter und nicht metrisch gebundener Sprache zitiert. Das sind die Markbeschreibungen, Segenssprüche, soweit sie nicht stab- oder endreimend sind, einzelne Sätze oder Satzfragmente in Glossenhandschriften, die nicht auf lat. Wortgruppen basieren, sondern als quellenunabhängige Einträge oder als Definitionssätze allem Anschein nach frei formuliert sind. Wenn bspw. *Plantheras* mit *daz uuir chundfanun chueden. den man ze chruce thregit* (Gl 1,801,27, 9. Jh.) erklärt wird, so kann davon ausgegangen werden, dass eine freie volkssprachliche Formulierung vorliegt. Das Lemma wird hier durch einen Definitionssatz erklärt (in diesem Fall weist das 'wir' sogar noch deutlich darauf hin). Derartige Glossierungen begegnen wiederholt. Glossenbelege werden gleichwohl stets am Ende der Zitatblöcke angeführt.

Auch die *Pariser* und *Kasseler Gespräche*, die nicht aus den jeweils beigefügten lat. Sätzen übersetzt sind, sondern umgekehrt deren Grundlage bilden, können als autochthon angesehen werden. Die *Straßburger Eide* und der sogenannte *Priestereid* belegen mit ihrer syntaktischen Komplexität möglicherweise rechtssprachliche Formulierungstraditionen in der Volkssprache. Ihren besonderen Zeugniswert schmälert das nicht.

Als nächste Einheit folgen Zitate zuerst aus profaner, sodann aus religiöser Dichtung, wobei natürlich der Großteil auf Otfrid entfällt. Vor den Otfrid-Zitaten sind die Belege aus den kleineren ahd. geistlichen Dichtungen eingereiht.

Einen weiteren Block bilden Belege aus Übersetzungen, zuerst aus den Texten der *Isidor-Sippe*, sodann aus *Tatian* und weiteren vergleichbaren Quellen wie *Weißenburger Katechismus, Exhortatio ad plebem Christianam* u.a., schließlich weitere kirchliche Gebrauchsliteratur wie Taufgelöbnisse und Beichten.

Ein Bereich von beträchtlichem Umfang sind Partien im Notker-Korpus, die offensichtlich nicht übersetzt, sondern in der Volkssprache konzipiert sind wie z.B. die Beschreibung der *spera, diu in cella sancti galli nouiter gemachot ist. sub purchardo abbate* Nb 112,16 f. [97,15 f.] und anderes. Dass diese inhaltlich auf lat. Quellen basieren können, wie die Bände des „Notker Latinus" eindrucksvoll zeigen, soll nicht in Abrede gestellt werden. Es handelt sich aber nicht eigentlich um Übersetzungen, sondern um frei referierende Textpartien. In solchen Fällen unterbleiben lateinische Quellenzitate.

https://doi.org/10.1515/9783110782493-001

Sonstige Belege der ahd. Spätzeit (11. Jh.), Williram und weitere kleinere Texte wie der Ältere Physiologus und die Wessobrunner Predigten („Predigtsammlungen A, B, C"), bilden einen eigenen Belegblock. Als letztes folgen Glossenbelege.

Bei allen Übersetzungszitaten wird der zugrundeliegende lat. Text mitzitiert, auch wenn das Verhältnis von Vorlage und Übersetzung im jeweils gegebenen Zusammenhang nicht explizit thematisiert wird. Das erlaubt es dem Benutzer dieser Darstellung, sich stets ein Bild von der Abhängigkeit oder Unabhängigkeit einer Konstruktion zu machen. Ein Beispiel: Der Satz *thanne ferit inti nimit sibun geista andere mit imo uuirsiron thanne her si* (*Tunc uadit et assumet septem alios spiritus secum nequiores se*) T 201,25–27 erscheint als einer der Belege im Kapitel „Vergleichssätze" (§ 117:1). Der mitzitierte lateinische Satz zeigt, dass der ahd. Nebensatz *thanne her si* auf einem nicht-satzwertigen Komparativ der Vorlage, *nequiores se*, basiert. Derartige Divergenzen durchgehend in jedem Einzelfall explizit zu kommentieren, würde den gegebenen Rahmen überschreiten. Dennoch mag der Blick auf den lat. Text für den Benutzer von Interesse sein.

Von hoher Relevanz für die ahd. Syntax ist das Latein der Vorlagen, und zwar unter zwei gegensätzlichen Aspekten: Zum einen in solchen Fällen, in denen lat. Strukturen im Ahd. adaptiert sind, zum anderen im Fall von „Differenzbelegen", d.h. dann, wenn sich Übersetzungen über Vorgaben des Originals hinwegsetzen. Es handelt sich um syntaktische Aspekte auf verschiedenen Ebenen, in denen die Parallelität mit bzw. die Abweichung von lat. Strukturen relevant ist: Ablativus absolutus (§ 8:4 f.); rhetorische Figuren (§ 13:5; 30:1); subjektlose Sätze (§ 22); AcI, NcI (§ 48; 61); Infinitivkonstruktionen (§ 41); Valenz (§ 63:4); Demonstrativa (§ 74. 77); Artikelsetzung in Glossen (§ 75 f.); Stellung von Adjektivattributen (§ 66:2; 94 f.), von Possessiva (§ 83), von Genitivattributen (§ 97); Flektiertes Possessivum (§ 85); Konjunktiv für lat. Futur (§ 114:2b); Präteritum für lat. Futur (§ 115:3); Periphrasen mit Partizip Präsens (§ 121), mit Partizip Präteritum (§ 124); Passiv (§ 125); Wiedergabe von Deponentia (§ 127); *sîn* mit Infinitiv (§ 128); Periphrasen mit flektierter infiniter Verbalform (§ 129); Wortstellungen (§ 148; 154; 157–160; 223), speziell Verbstellungen (§ 135–137; 141–145; 147; 149); Nominal- und Funktionsverbgefüge (§ 151); Textspalten im Tatian (§ 161); Nominalsatz (§ 162); Modus in Nebensätzen (§ 168; 178; 186; 198 f.; 217; 219; 222); Stellung von Nebensätzen im Satzgefüge (185; 196; 207; 211 f.; 224); finaler Infinitiv (§ 220:1).

Von dem ursprünglichen Gedanken, alle Zitate auch zu übersetzen, habe ich Abstand genommen, da dies zu Redundanzen geführt (manche Zitate erscheinen in verschiedenen Zusammenhängen) und den Umfang der ganzen Darstellung über Gebühr aufgebläht hätte. Wo mir eine Übersetzung für das Verständnis einer Konstruktion notwendig oder hilfreich erschien, werden jedoch neuhochdeutsche Versionen mitgegeben.

Formales, Zitierweise, Lemmatisierung

Wie im AWB werden Diakritika wie Akzente und Zirkumflexe nicht bzw. nur dann in Zitate übernommen oder hinzugefügt, wenn sie der Disambiguierung dienen (etwa im Fall des Adverbs bzw. der Subjunktion *êr* gegenüber dem Pronomen *er*). Abbreviaturen wie Nasalstriche und Ligaturen (z.B. *&* für *et*) werden stillschweigend aufgelöst. Bestimmte Buchstabenformen wie *ſ* für *s* oder *cc* für *a* werden nicht nachgeahmt. Zusammenschreibungen disparater Wörter werden ebensowenig übernommen wie das Gegenteil, Buchstabenspatien innerhalb von Wörtern. Beides begegnet häufig in den Monseer Fragmenten, in der St. Galler Benediktinerregel und in Glossen. Ein syntaktischer Erkenntnisgewinn ergibt sich aus derartigen typographischen Imitaten, vorgeblicher „Handschriftentreue“, nicht. Sie erschweren lediglich die Lesbarkeit der Belegzitate. Zitiert wird in der Regel nach der jeweiligen Edition (s. Quellenverzeichnis). Dadurch entstehende Inkonsistenzen müssen leider in Kauf genommen werden.

Dass Zitate den maßgeblichen wissenschaftlichen Ausgaben, die im Quellenverzeichnis aufgeführt sind, entnommen sind (nicht elektronischen Editionssurrogaten) versteht sich von selbst. Im Fall von Notker und Williram werden mit Rücksicht auf die ältere Forschung die Belegstellen nach zwei Editionen angegeben (Piper und King/Tax bei Notker sowie Seemüller und Schützeichel/B. Meineke bei Williram).

Wird eine Quelle zwei- oder mehrfach unmittelbar nacheinander zitiert, so steht wie im AWB die entsprechende Sigle nur beim ersten Zitat. Bei Otfrid-Zitaten gilt Entsprechendes auch für die Buch- und Kapitelangaben. Beispiel: Bei der Abfolge *ther richi sinaz darota* O 4,12,62; *richi min nist hinana* 21,17 steht „21,17“ für „O 4,21,17“.

In Einzelfällen, wenn Korrekturen syntaktische Relevanz besitzen, wird auch auf handschriftliche Befunde zurückgegriffen.

Lemmatisierungen erfolgen weitgehend nach den Prinzipien des AWB. Abweichend davon wird statt *ph* für die Affrikata *pf* verwendet. Statt *uu* steht *w*.

Vorarbeiten, Materialerhebung

Bei der Erarbeitung dieser Darstellung wurde, wie im Vorwort erwähnt, nicht auf vorhandene vorannotierte Korpora zugegriffen, sondern es wurde unmittelbar aus den Quellen gearbeitet. Als erste Vorarbeit wurde deshalb ein eigenes auf den relevanten Editionen besierendes Korpus gescannt und annotiert.

In einem weiteren Schritt erfolgte eine Annotation Satz für Satz und Wort für Wort. Dabei wurde folgendes Raster nach Art einer Leermaske verwendet:

	Text, Stelle in der Edition	Text lfd. Nummer
Zitierter ahd. Satz und ggf. lat. Vorlage		
VERKNÜPFUNG		
SATZART HS	deklarativ	
SATZART HS	interrogativ j/n	
SATZART HS	interrogativ *w-*	
SATZART HS	imperativ	
SATZART HS	optativ	
SATZART HS	exklamativ	
SERIALISIERUNG HS		
TEMPUS/MODUS		
PRÄDIKAT	Prd_	
VBERBSTELLUNG	V_	
VALENZ	Val_	
KLAMMER	Kl Hs	
NACHFELD	Nf Hs	
NOMINALGRUPPE	b/0Art	
NOMINALGRUPPE	DemPrn	
NOMINALGRUPPE	Adj links	
NOMINALGRUPPE	Adj rechts	
NOMINALGRUPPE	Gen links	
NOMINALGRUPPE	Gen rechts	
NOMINALGRUPPE	$\mathrm{Prn}_{\mathrm{poss}}$ links	
NOMINALGRUPPE	$\mathrm{Prn}_{\mathrm{poss}}$ rechts	
NOMINALGRUPPE	prpAtt	
NOMINALGRUPPE	App	
NOMINALGRUPPE	Num	
ADVERBIALGRUPPE		
NEGATION		

In dieses Raster wurde jeder Satz nach seinen Teilen analysiert eingetragen, wobei Zeilen nach Bedarf vervielfacht oder eben getilgt werden konnten. Ein Beispiel aus den Monseer Fragmenten:

		1,9 f.		MF Mt. 11
AHD. *forlaazsenu dhir uuerdant dino suntea*				
LAT. *remittuntur tibi peccata tua*				
VERKNÜPFUNG: -.-				
SATZART HS	deklarativ	*forlaazsenu dhir uuerdant dino suntea*		
SERIALISIERUNG HS	*forlaazsenu*	*dhir*	*uuerdant*	*dino suntea*
	PPt_{fl}	OD_{prn}	Vf_{aux}	Subj
TEMPUS/MODUS	PsIv	*forlaazsenu dhir* <u>*uuerdant*</u> *dino suntea*		
PRÄDIKAT	Prd2	<u>*forlaazsenu*</u> *dhir* <u>*uuerdant*</u> *dino suntea*		PPt_{fl}+Vf_{aux}=wPass
VBERBSTELLUNG	V3	*forlaazsenu dhir* <u>*uuerdant*</u> *dino suntea*		
KLAMMER	Kl Hs1(1)	*forlaazsenu [dhir] uuerdant dino suntea*		OD_{prn}
NACHFELD	Nf Hs1(2)	*forlaazsenu dhir uuerdant [dino suntea]*		Subj
VALENZ	Val3 *firlâzan*	<u>*forlaazsenu*</u> <u>*dhir*</u> *uuerdant* <u>*dino suntea*</u>		Subj – OA – OD
NOMINALGRUPPE	Prn_{poss} links	*forlaazsenu dhir uuerdant* <u>*dino suntea*</u>		

Die verwendeten Abkürzungen bedeuten Folgendes:
Kl Hs 1(1) = Verbalklammer im Hauptsatz, 1 Satzglied (= 1 Wort)
Nf Hs1(2) = Nachfeld, 1 Satzglied (= 2 Wörter)
OA = Akkusativobjekt
OD = Dativobjekt
OD_{prn} = Pronominales Dativobjekt
PPt_{fl} = flektiertes Partizip Präteritum
Prd2 = Zweiteiliges Prädikat (flektiertes Partizip Präteritum + finites Auxiliarverb = *werden*-Passiv)
Prn_{poss} links = Possessivpronomen, „links“ vom Bezugswort
PsIv = Präsens, Indikativ
Subj = Subjekt
V3 = Finites Verb an 3. Stelle
Val3 = Dreiwertiges Verb (Subjekt, Akkusativobjekt, Dativobjekt)
Vf_{aux} = Finites Auxiliarverb
wPass = *werden*-Passiv
-.- = nicht vorhanden

Bei abhängigen Sätzen wurden zusätzlich die nebensatzrelevanten Parameter annotiert, d.h. der Status im Hinblick auf die übergeordnete Struktur (Subjektsatz?, Objektsatz?, kausaler, temporaler, finaler usw. Adverbialsatz?, Attributsatz?), Art der Einleitung (relativ, subjunktional, asyndetisch), ggf. Attraktion. Anhand des so aufbereiteten Materials konnten schließlich gezielte Suchvorgänge durchgeführt werden.

Dieses sehr aufwendige Verfahren wurde in der abgebildeten Weise durchgeführt, und zwar für Steinmeyers kleinere ahd. Sprachdenkmäler (StD), den gesamten ahd. Isidor und die Monseer Fragmente, die von den Händen α und γ geschriebenen Teile des Tatian, das erste Buch von Otfrids Evangelienharmonie, Notkers Psalmen 1 bis 10 und 138, längere nicht unmittelbar übersetzte Passagen aus Boethius (Nb) und Martianus Capella (Nb), den kleineren Notker-Texten und die Pariser Gespräche. Die Anzahl der auf diese Weise annotierten Gesamtsätze („Datensätze") von sehr unterschiedlicher Länge und Komplexität beläuft sich auf ca. 6300. Hinzu kommen mehrere Hundert durch herkömmliche Exzerption ermittelte syntaxrelevante Einträge aus den fünf Glossenbänden von Steinmeyer/Sievers und aus späteren Glosseneditionen.

Eine zweite Erhebungsschicht umfasst die übrigen Teile von Otfrid, Tatian und Notker, die aus arbeitsökonomischen Gründen nicht mehr in der beschriebenen Weise unter Anwendung des Annotationsrasters durchsucht wurden. Das heißt, es wurde nicht mehr jede hochfrequente syntaktische Einzelheit (Satzart, Kasus, Satzgliedstatus, Tempus, Verbstellung, Artikel usw.) verbucht. Es genügte die zusätzliche und ergänzende Erfassung solcher Phänomene, die in dem bislang gesammelten Material nicht oder noch nicht hinreichend dokumentiert waren. Dass auch Forschungsliteratur ausgewertet wurde (etwa Behaghel 1923–32, Erdmann 1874/76 und eine Reihe materialreicher älterer Untersuchungen), versteht sich von selbst.

Für viele wortgebundene syntaktische Phänomene (z.B. Valenz, Kasusrektion) bietet bereits das Leipziger Althochdeutsche Wörterbuch (AWB) umfangreiches und wertvolles Material, auf das Forschungen zur historischen, speziell althochdeutschen Syntax generell zugreifen sollten.

Die vorliegende Darstellung kann und soll nun nicht den Anspruch erheben, jede denkbare oder vorkommende syntaktische Einzelheit quer durch die althochdeutsche Gesamtüberlieferung zu erfassen. Angestrebt ist eine belegbasierte, deskriptive Darstellung der zentralen Bereiche der Syntax des Althochdeutschen.

1. Kasus und Kasusfunktionen

Das Ahd. kennt in allen substantivischen Deklinationsklassen vier Kasus im Singular und im Plural (zu den pronominalen Dualformen vgl. AG I, § 192c, Anm. 1 f.): Nominativ, Akkusantiv, Dativ und Genitiv. Maskulina und Neutra einiger starker Substantivklassen weisen im Singular noch einen Instrumental auf. Von einem Lokativ sind im Ahd. nur noch ganz geringe Reste fassbar (vgl. AG I § 192c, Anm. 3; 193, Anm. 8; Delbrück 1907, 185 f.). § 1

Lit.: AG I § 192b–e; Behaghel 1923 § 357–503a; Dal/Eroms 2014 § 3–50; Delbrück 1907; Desportes 2015; Donhauser 1990; Erdmann/Mensing 1898 § 44–313; Eroms 1987; Greule 1997; Paul 1919 § 190–277; Schröbler/Prell 2007 § S 55–96; Schrodt 2004 § 8–23; Sucharowski 1994; Wich-Reif 2008; Wilmanns 1909 § 215–333; Winkler 1896.

1.1. Nominativ

Der Nominativ ist der prototypische Subjektkasus (s. die subjekthaltigen Satzmuster in § 20–63) und fungiert auch als Prädikativkasus (s. § 39). Der Nominativ ist ferner der Anredekasus. Einen distinktiven Vokativ kennt das Ahd. nicht. § 2

Lit.: Dal/Eroms 2014 § 4–7; Erdmann 1876 § 83–94; Erdmann/Mensing 1898 § 51–138; Schröbler/Prell 2007 § S 55–57; Wilmanns 1909 § 216–220.

1. Anredeformen sind Personalpronomina der 2. Sg. und Pl., sowie Eigennamen (Personen-, selten Örtlichkeitsnamen), Personenbezeichnungen und Appellativa.

Lit.: Behaghel 1923 § 52; 114; Dal/Eroms § 4, 54; Erdmann/Mensing 1898 § 45–50; Schröbler/Prell 2007 § S 57.

Anm. 1. Genitivische Anreden sind wohl als appositiv zu elliptisch fehlenden Personalpron. der 2. Pl. zu erklären: *natrono chnosles hueo magut ir guot sprehhan* (*Progenies uuiperarum, quomodo potestis bona loqui, cum sitis mali*) MF 6,16 f. – *uuaz thenket ir untar iu luziles gilouben* (*quid cogitatis inter uos modicae fidei?*) T 297,27 f.

2. Einfache Anrede (mit und ohne begleitendes Personalpronomen)

Gang uz, Nesso, mit niun nessinchilinon Pro Nessia 2. – *Cohorestu narra* (*ausculta fol*) Par. Gespr 288,65. – *Herro, so duon ih* Ludw 25. – *joh hug es harto ubar al, thu thiarna* O 1,15,28. – *Dhiin sedhal got ist fona euuin in euuin* (*Sedis tua deus in seculum seculi*) Is 4,14 f. – *nu forlaz thu truhtin thinan scalc* (*nunc dimittis seruum tuum domine*) T 91,5. – *Aber du got pist min infangare* (*Tu autem domine susceptor meus es*) Np 7,27 f. [13,11 f.]. – *Vnde nu fernement chuninga. Chuninga dero erdo. chuninga des fleisches* (*Et nunc reges intellegite*) Np 6,29–7,1

https://doi.org/10.1515/9783110782493-002

[12,15 f.]; *Tu got sihest uues er dahta* (*Vides quoniam tu laborem et dolorem consideras*) 30,1 [33,7 f.].
Appositiv: *Truhtin god, thu mir hilp* Frk. Geb 1.

3. Adjektive in erweiterten Anreden können sowohl voran- als auch nachgestellt sein und stark oder schwach flektiert erscheinen.

Vorangestellt, stark nominal flektiert: *welaga nu, waltant got, [quad Hiltibrant] wewurt skihit* Hl 49. – *Bi uuaz kerost thu, guot man, daz ih thir geba trinkan?* Sam 7. – *heil wih dohter* O 1,6,5. – *Almahtig truhtin, forgib uns mahti inti giuuizzi* Fuldaer B 23 f. – *Hantslagot allo deotun* (*Omnes gentes plaudite manibus*) MF 28,15. – *abuh scalc alla sculd uorliez thir* (*serue nequam omne debitum dimisi tibi*) T 333,23 f.
Pronominal flektiert: *du bist dir alter Hun, ummet spaher* Hl 39. – *milter kepo* (*largus dator*) Carmen 2. – *Skeident iuuih fone mir alle ubeltatige* (*Discedite a me omnes qui operamini iniquitatem*) Np 16,4–6 [20,18 f.].
Schwach flektiert: *uuiho truhtin, kanadigo got , kauuerdo mir helfan* Emm A 311,3–5. – *Du himilisco trohtin Ginade uns* Sigih 1. – *waz mag ih quedan mera, min einega sela* O 1,22,52. – *thu toubo inti stummo geist ih gibiutu thir* (*Surde et mute spiritus ego tibi praecipio*) T 313,7 f. – *heilanto Christ* WK 85. – *uuiho fater* (*Sancte sator*) Carmen 1. – *Ir unrehten diete uuerdent fertiligot* (*Peribitis gentes de terra illius*) Np 30,19 f. [33,22 f.].
Nachgestellt, stark nominal flektiert: *Heil magad zieri, thiarna so sconi* O 1,5,15; *wola kind diuri, forasago mari* 6,16.
Pronominal flektiert: *min muat mir so irfaltos, min sun guater, thera einigun muater* O 1,22,45 f. – *Truhtin got, cuning himilisger, Got fater almahtiger, Truhtin suno einboraner Heilanto Christ* WK 113 f.
Schwach flektiert: *Cot almahtico, du himil enti erda gauuorahtos* Wess 6. – *Kot almahtigo, kauuerdo mir helfan* Emm A 310,26 f.

4. Substantivierte Adjektive und Partizipien im Anrede-Nominativ können sowohl in starker als auch in schwacher Flexion erscheinen.

Lit.: Schröbler/Prell 2007 § S 105.

Stark flektiert: *Wer ougta iu ...fillorane ... thaz ir intfliahet* O 1,23,37 f. – *Kameite enti blinte huuedar ist za uuare mera* (*Stulti et caeci. Quid enim maius est*) MF 17. – *pi rehte uuasanti* (*Iure pollens*) Carmen 2 f. – *Leitente blintan sihante uz muccun olbantun auuar slintante* (*Duces caeci, excolantes culicem, camelum autem glutientes*) MF 17,20 f.
Schwach flektiert: *enstigo enti milteo trohtin, du eino uueist* Emm A 311,7 f. – *Nu auar, euuigo, forkip uns. truhtin, den dinan lichamun* Freis. Pn A 40 f. – *Du rechtkerno sizzest an demo stuole* (*Sedes super tronum qui iudicas aequitatem*) Np 2,23–25.

5. Anrede nach Interjektion

welaga nu, waltant got Hl 49. – *Wola druhtin min, ja bin ih scalc thin* O 1,2,1. – *hlose uuelago chint pibot des meistres* (*Ausculta! o fili precepta magistri*) BR 79,14. – *uuvolaga ungitriuui cunni inti abuh* (*o generatio infidelis et peruersa*) T 311,15 f. – *O geloubigin liute* (*O fideles populi*) SG GuB II 341,1.

Anm. 2. Zum Akk. nach Interjektion s. § 6, zum Dat. § 11.

1.2. Akkusativ

In diesem Abschnitt werden, um Wiederholungen zu vermeiden, nur solche Akkusativ-Verwendungen thematisiert, die nicht als Akkusative in Objektfunktion (adverbale Akkusative) zu werten sind. Akkusativobjekte werden im Zusammenhang mit der Verbvalenz thematisiert (s. § 30; 35; 42–48; 63, zum akkusativischen Reflexivum bei Verben s. § 28:3; 29:2.4.6; 31:1.2; 33:2.3; 37; 40:1.2.3). **§ 3**

Lit.: Behaghel 1923 § 471–503; Dal/Eroms 2014 § 5–16; Erdmann 1876 § 95–172; Erdmann/Mensing 1898 § 139–204; M. Krause 2000; Paul 1919 § 194–218; Schröbler/Prell 2007 § S 58–69; Vuillaume 1995; Wilmanns 1909 § 222–251.

1.2.1. Adverbialer Akkusativ

Adverbiale Akkusative haben je nach Bedeutung des Substantivs temporale, lokale, direktionale oder modale Bedeutung. **§ 4**

Lit.: Behaghel 1923 § 493–496; Dal/Eroms 2014 § 13; Erdmann/Mensing 1898 § 175–179; Paul 1919 § 195; Schröbler/Prell 2007 § S 63–66; Wilmanns 1909 § 222–224; Wunderlich/Reis 1925, 81–85.

1. Temporal

feorzuc nahto uuarte he Bas. Rez 12. – *ih wallota sumaro enti wintro sehstic ur lante* Hl 50. – *dazs hilfet sa manec iar* Georgsl 55. – *er allo stunta frewe sih* Ol 8. – *Thaz ther liut zi flize sazi wechun uze* O 3,15,7. – *Inti lebeta mit ira gommanne sibun iar fon Ira magadheiti* (*et uixerat cum uiro suo annis septem a uirginitate sua*) T 91,25 f. – *der daraana denchet. tag unde naht* Np 3,20 [9,15].

2. Lokal, direktional

Floug er sunnun pad, sterrono straza, wega wolkono zi theru itis frono O 1,5,5 f. – *quamun eines tages uueg* (*uenerunt Iter diei*) T 99,21. – *Vnde alle mina uuega ... Du hangtost mir sie ze ganne* Np 576,22–24 [510,13]. – *uuega chuninlihhe farames* (*Uia rege gradiemur*) Gl 1,363,57 f. (9. Jh.).

3. Modal

mit geru scal man geba infahan, ort widar orte Hl 37 f. – *Sie bifiang iz alla fart* ('vollkommen'), *thoh sies ni wurtun anawart* O 2,1,49. Als modaler Akk. kann rechtssprachlich-formelhaftes *mînan willun* 'freiwillig, aus freien Stücken' gewertet werden: *si minan vuillun fruma frummenti enti scadun vuententi* Priestereid 2. – *the minan uuillon imo ce scadhen uuerdhen* Straßb. Eide 22 f.

4. Darüber hinaus können (teilweise erstarrte) Akkusativformen von Adjektiven und Indefinitpronomina als quantifizierende oder qualifizierende Adverbien bei Substantiven, Verben, Adjektiven und Adverbien verwendet werden.

Beim Verb: *filu*: Verb *ir filu irrot* (*uos ergo multum erratis*) T 431,1. – *uuanda iz tanne filo regenot* Nc 754,2 [69,17]. – *iouh filo sih inchunda* (*Multaque se incusat*) Gl 2,668,46 (11. Jh.).
ginuogi: *Thie furiston ... ein girati datun mit worton tho ginuagi* O 3,16,73 f.
gôrag: *luzil drank ih es thar, luzil ih es mohta ioh gorag es gismakta* O 2,9,25 f.
(*ein*) *lutzil*: *restet ein luzil* (*requiescite pusillum*) T 221,2. – *daz unsih luzzel riuuet. so uuir iz ferliesen* (*quod aequo animo feratur amissum*) Nb 86,2 f. [74,17 f.]. – *untarstant luzzil* (*Subsiste paulisper*) Gl 1,410,15 (9. Jh.).
Beim Substantiv: *filu*: *was sie filu wuntar, ziu ther ewarto dualeti so harto* O 1,4,70 f.
Beim Adjektiv/Partizip: *filu*: *ist er ouh fon jugendi filu fastenti* O 1,4,34.
ginuog: *doh tie eristen gnuog lutreiste sin* Nm 857,8 [339,23 f.].
mihhil: *wio mihil gimuati sint allo thio iro guati* O 5,23,124. – *uuanda dero ferlazzinun chindo ist michil mer. danne dero diu den man habet* (Np: *multi filii desertae magis quam eius quae habet virum*) Npgl 335,15 f. [297,5].
Beim Adverb: *filu*: *die heidenen man kescante Gorio file fram* Georgsl 36.
ginuog: *ginuoch ziero* (*satis decore*) Gl 2,727,25 (11. Jh.).
ein lutzil: *ein luzzel dar nah ... do uand ih minen uuine* (*paululum ... inveni, quem diligit anima mea*) Will 48,8–10 [87,27–31].
eddewaz: *To truog er iz eteuuaz kedultigo* (*ille patientiam paulisper assumpsit*) Nb 116,28 f. [101,3 f.].

Anm. 1. Auch negierendes *niowiht* und *drof* (als negationsverstärkende Elemente v.a. bei Otfrid) sind ihrer Entstehung nach adverbiale Akkusative (s.§ 238:1; 239 f.).

Anm. 2. Als adverbial mit der Bedeutung ‘völlig, gänzlich’ können Verwendungsweisen von *al* gedeutet werden (vgl. AWB 1,173–177): *man gehiez en muillen, ze puluer al uerprennen* Georgsl 38. – *ther worolti so githrewita, mit suertu sia al gistrewita* O 1,1,89. – *In sunton bist al giboran* (*in peccatis natus es totus*) T 457,23. – *Taranah ist taz zeuuizenne. taz status unde constitutio. al ein ist* Nb 70,27 [60,6 f.]. – *Sin buch ist helphentbeinin, al unterskeidan mit saphiris* (*Uenter eius eburneus. distinctus sapphiris*) Will 93,1 f. [171,27–29].

1.2.2. Akkusativ bei Prä- und Zirkumposition

§ 5 1. Eine Reihe ahd. Präpositionen regiert den Akkusativ (vollständige Belege bzw. Stellenangaben im jeweiligen Artikel des AWB).

Lit.: Behaghel 1924 § 515–563; Dal/Eroms 2014 § 45–47; Erdmann 1876 § 165–169; Erdmann/Mensing 1898 § 180–186; Eroms 1987; Graff 1824; Krömer 1914, 1959, 1960, 1961, 1962, 1964; Marcq 1972; 1978; 1980; 1997; Matzel 1968; E. Meineke 1992, 344 f.; di Meola 2000; Öhmann 1931; Wich-Reif 2008; Schröbler 1942; Schröbler/Prell 2007 § S 67; Waldenberger 2009; Wilmanns 1909 § 330; Wolfrum 1970.

after: *after dih* (*post te*) BR 103,9.
an, ana, anan: *rip anan daz* Bas. Rez 22. – *ana den sind* Musp 74. – *anan mund minan* O 1,2,3. – *anan inan legiti* (*inponat illi*) T 275,6.
ânu: *ana wanc* Os 26. – *ano mih* (*preter me*) Is 21,14. – *ane diu futura ierusalem* Np 13,6 [17,24].
az: *azs iungist* (*tandem*) Is 29,19.
bî: *Ger enslephen bi te uip in ore bette* (*tu iacuisti ad feminam in tuo lecto*) Par. Gespr 287,62. – *be sina lipleita* Sam 6. – *bi mittingardes nara* (*propter redemptionem mundi*) Is 30,9 f.
thuruh: *duruh desse mancunnes minna* Musp 103. – *duruh den Fredthantes uuingarton* Würzb. Mb 53. – *thuruh not* O 1,1,7. – *dhurah inan* (*per illum*) Is 1,16 f. – *durh sunda* Np 430,22 [378,4].
fora: *fora truhtines annuzzi* (*ante faciem domini*) T 77,30. – *fora alle schinit* (*Prepollit*) Gl 4,13,20 (9. Jh.).
foraûzan: *foruzzan haubitgelt* LexSal 33.
furi: *furi got* O 1,4,11. – *furi sina sela* (*pro anima sua*) T 303,27.
gegin (Marcq 1980): *habe iedoh gegen mih den sito dero reion* Will 47,7 f. [85,33 f.].
hintar: *Hinder mih* (*retrorsum*) Np 149,4 [137,16].
in: *in folc sceotantero* Hl 51. – *in fuir enti in finstri* Musp 10. – *in khorunka* (*in temptationem*) Pn 5. – *in Gotes hus* Np 173,10 f. [158,2 f.].
ingagan: *inkakan diu* (*E contrario*) Gl 1,765,31 (8. Jh.). – *ingegin dih* Will 137,9 [245,11].
innan: *innan hus min* O 1,6,10.
mit: *mit inan* Wess 8 f. – *mit ęrcna euua* (*certa lege*) Is 1,4. – *mit dia selbun kespanst sina* (*cum ipsa suasione sua*) BR 89,7.
ubir: *Obar seo* Ludw 11. – *Ubar Frankono lant* Ol 3. – *ubar sine iungirun* (*in discipulos suos*) MF 7,26. – *uber sinen heiligen berg* Np 6,3 f. [11,20 f.].
ûf (in), ûfan: *uf in himilo rihi* Musp 13. – *joh ufan einan berg giang* O 2,15,14. – *Vuer gesteig uf in gotes perg* (*Qvis ascendit in monzem domini*) Np 74,25 f. [71,20].
umbi: *umbi cuoniouuidi* Merseb 1,3. – *Umbi dhazs selba* (*Hinc*) Is 2,11 f. – *umbi inan* O 4,30,1. – *umbe dine fienda* Np 580,7 [513,25].
untar: *untar fuaz* O 3,7,19. – *untar thie bruoder* (*inter fratres*) T 691,5. – *under mitte iudeos* Np 16,24 f. [21,8 f.].
untaz: *untazs dhiu selbun christes chumfti ziidh* (*usque ad presens tempus*) Is 26,21 f.
unz (in), unzin an, unzan: *unz then tag* T 525,4. – *unzan elti* O 1,4,10; *unz in enti* O 1,4,56. – *uncin an daz enti* Psalm 4.
widar: *widar fianta* O 1,12,2. – *uuidar gotes uuillen* Fuldaer B 5.
zi: *zeinen brunnon* Sam 2. – *fona tiuffem hereta ce dih truhtin* (*De profundis clamaui ad te domine*) al. Ps 297,6 f.

2. Zirkumposition mit Akkusativ

untar mitte: *sazta iz untar sie mitte* (*statuit in medio eorum*) T 317,10.

1.2.3. Akkusativ nach Interjektion

Auf Interjektionen können flektierte (Pro-)Nominalformen folgen (s.a. § 11; 16). **§ 6**

Lit.: Behaghel 1923 § 502; Erdmann 1886 § 130g; Schröbler/Prell 2007, § S 68.

so wola nan, ther thar ist O 4,5,40. – *Ah taz arbeitsamo geuallena loz* (*heu gravem sortem*) Nb 109,16 [95,1]. – *Ah mih. chist du danne. ziu ist min ellende so langez uuorden?* (*Heu me. quid incolatus meus longinquus factus est?*) Np 548,11 f. [484,21 f.].

1.3. Dativ

§ 7 In diesem Abschnitt werden, um Wiederholungen zu vermeiden, nur solche Dative behandelt, die nicht als valenzbedingte Objekte (adverbale Dative) zu werten sind. Diese werden im Zusammenhang mit der Verbvalenz thematisiert (s. § 31; 36; 41; 42; 63:4.5; zum dativischen Reflexivum bei Verben § 29:2.4.6; 30:1; 33:2; 37; 38; 39:1b; zu Adjektiven mit dativischen Ergänzungen s. § 57; zum Dativ als Vergleichskasus s. § 58).

Lit.: Behaghel 1923 § 436–452; Delbrück 187–204; Erdmann 1876 § 234–281; Erdmann/Mensing 1898 § 156–313; Kotin 2021; Paul 1919 § 253–255; Schröbler/Prell 2007 § S 90–95; Schrodt 2004 § 80–84.

1.3.1. Adverbialer Dativ

§ 8 Der adverbiale Dativ tritt in verschiedenen Funktionen für nicht mehr existente ältere Kasus (Instrumental, Lokativ, Ablativ) ein.

Lit.: Behaghel 1923 § 451; Dal /Eroms 2004, 37 f.; Erdmann 241–260; van Gelderen 1991; Lippert 1974, 145–187; Mull 2016; Piirainen 1969, 462–465; Raposo 1982; Schrodt 2004 § 85.

1. Temporal

ju manageru ziti ist daga leitenti 'seit langer Zeit verbringt sie die Tage' O 1,5,60. – *allen unsaren tagon* (*omnibus diebus nostris*) T 31,27; *Inti morgane in ouan uuirdit gisentit* (*et cras in clibanum mittitur*) 70,32.
Von einem Adj.: *Wir birun zi ummezze hiar emmizen mit hazze* O 5,23,109.

2. Lokal

wara wir gangan scoltin, pedin in girihti zi sineru eregrehti 'wohin wir gehen sollten auf Pfaden geradewegs zu seiner Gnade' O 3,21,31 f.; *iz zeigot imo iz allaz fiar halbun umbiring, allan thesan woroltring* 5,1,31 f. – *Siuuelich man odor wib firgihdigod uuerde. zeseuuen halbun ... Ob ez imo abor uuinsturunhalbun si* Contra par 1,1–5. – *pedem halbom* (*Altrinsecus*) Gl 1,316,44 (9. Jh.).

3. Modal, instrumental

her fragen gistuont fohem uuortum Hl 8 f.; *do lęttun se œrist asckim scritan, scarpen scurim* 63 f. – *Due uns thaz zi guate blidemo muate* Os 43. – *alleru ilungu ille calirnen iauh de kaleren* (*omni festatione studeat didicere*) Exh A 43–44. – *dhiu selba stat chischeinit uundarliihhem zeihnum* (*locus ipse coruscans miraculis glorie suę*) Is 43,11–13. – *Daz leidot mih. daz ih dir anasehentemo sus ketorsta getuon* Np 195,4–6 [176,11].

4. Übersetzungstexte geben den lat. Ablativus absolutus häufig mit dem Dativ wieder.

allem sundono chunnum ardribenem ioh allem herrum ubilero angilo arflaugidem, unsih dhurahleidit in dhea chiheizssenun lantscaf (*omnibus uitiorum gentibus expulsis uel angelorum malorum hostibus effugatis perduceret ad terram repromissionis*) Is 31,20–32,2. – *uuanentemo themo folke inti thenkente allen in iro herzon* (*existimante autem populo et cogitantibus omnibus in cordibus suis*) T 109,2 f.; *gisamonoten allen ther iungoro sun elilentes fuor* (*congregatis omnibus adolescentior filius peregre profectus est*) 323,27–29. – *Sar hina uertribenero naht pegab mih diu uinstri* (*Tunc discussa nocte. liquerunt me tenbrę*) Nb 17,4 f. [13,30–14,1]. – *der dir negnadit, der uuirt uone gote irteilet, imo selbemo sus sprechentemo 'Die den uuituuun nerihtent noh uueisen negnadent, die irteilo ih selbo'* (*Qui autem tibi non miseretur, iudicatur a domino, ipso dicente 'Causas viduarum non iudicantes ... iudicabo vos'*) PrSA 1,4–7.

5. Vereinzelt treten absolute Dative auch ohne lat. Grundlage auf.

Wio er selbo quami ... bisparten duron thara zi in joh stuant thar mitten untar in O 5,12,13 f.

Anm. 1. Zu präpositionalen Dativkonstruktionen in dieser Funktion vgl. Lippert 1974, 174–176. Beispiel: *Dher chiuuisso bi sinemu fatere lebendemu bigunsta riihhison* (*Ille enim patre suo uiuente coepit regnare*) Is 38,16–18.

Anm. 2. Gleichwertigkeit von adverbialem und präpositionalem Dat.: *enti quhoman findit ital hus besmom gacherit enti gasconit* (*et ueniens inuenit uacantem scopis mundatam et ornatam*) MF 7,14 f. – Dasselbe übersetzt *inti quementi findit zuomigaz mit besemen gifurbit inti gigaruuit* T 201,22–24.

6. Kausal

fagên: *wola ward thia lebenta, thiu kinde nio ni fageta* O 4,26,36. – *frawôn*: *Ih frawon druhtine alla daga mine frew mih in muate gote heilante* O 1,7,5 f.

Anm. 3. Zu Genitiven in vergleichbarer Funktion s. § 14:5.

1.3.2. Freie Dative

Ein freier Dativ bezieht sich auf eine Person, die weder Subjekt noch Objekt der mit dem Prädikatsverb bezeichneten Handlung ist. § 9

Lit.: Behaghel 1923 § 443 f.; Dal/Eroms 2014 § 37 f.; Erdmann 1876 § 254; Erdmann/Mensing 1898 § 284–289; Paul 1919 § 268–271; Schröbler/Prell 2007 § S 92; J. Schmid 1988.

1. Der Dativ bezieht sich auf eine Person, zu deren Vor- oder Nachteil sich ein Geschehen vollzieht („Dativus (in)commodi").

Dativus commodi: *Der heiligo christ unta sancte Marti de frumma mir sa hiuto alla hera heim gasunta* Wiener Hds 6 f. – *uuili den rehtkernon daz rihhi kistarkan* Musp 42. – *Er … wolkan ouh in noti then liutin regonoti* O 2,1,17 f.; *then sun imo giheiliti* 3,2,6. – *endi ih uuendu imu chuningo hrucca* (*et dorsa regum uertam*) Is 5,19; *dher selbo zimbrit mir huus* (*ipse edificauit mihi domum*) 37,14 f. – *giboran ist iu hiutu heilant* (*natus est uobis hodie saluator*) T 87,6; *arsluogi imo gifuotrit calb* (*occidisti illi uitulum saginatum*) 329,3. – *Din guot uuillo. ist uns skerm unde era* Np 14,18 f. [19,6]. – *Kum mir uon Libano, min gemahela* (*Ueni de libano sponsa mea*) Will 62,1 [121,15 f.]. – *Daz dritte sint die gotes iruueliten magide, die imo ire chuske pihaltent* (*qui incorrupti corpore immaculatum Deo munus virginitatis suae integritate afferre conantur*) PrSB 3,25 f. (lat. H.U. Schmid 1986, 2,22,83–85).
Dativus incommodi: *unti im iro lintun luttilo wurtun* Hl 67. – *den uuech furiuuorhtostu mir* Psalm 8. – *Eigun sie iz bithenkit, thaz sillaba in ni wenkit* O 1,1,23. – *nu uuirdit iu forlazan iuuuer hus uuvosti* (*relinquitur uobis domus uestra deserta*) T 507,8 f.

2. Der Dativ bezieht sich auf den „Besitzer" eines Körperteils („Pertinenzdativ").

du uuart demo Balderes uolon sin uuoz birenkit Mers 2,2. – *Du hapest mir de zungun so fasto piduungen* Psalm 9. – *so riuzit thir thaz herza thuruh mihila smerza* O 1,15,48; *so quimit thir fruma in henti* 18,42. – *unde gerihtest du den rehten. herzen unde lancha* Np 18,15 f. [22,25 f.]. – *Geseret habest tu mir min herza* (*Uvlnerasti cor meum*) Will 63,1 [123,18 f.]. – *Hirez runeta hintun in daz ora* Hirsch. – *so diz rehpochchili fliet, so plecchet imo der ars* Sprichw.

3. Der Dativ bezieht sich auf eine Person, aus deren Sicht etwas bewertet wird oder Gültigkeit besitzt („Dativus iudicantis").

oba her theru samanungu ni hore si thir thanne so heithin inti firnfol (*Si autem et aeclesiam non audierit sit tibi sicut ethnicus et publicanus*) T 329,23 f. – *Gote neist nehein zit preteritum noh futurum* Np 6,12 f. [12,1 f.]; *Si ist mir ze starch* 577,8 f. [510,24]. – *uuaz sal uns der scaz* (*Quid ad nos*) Gl 1,718,43 (11. Jh.).

1.3.3. Dativ bei Prä-, Post- und Zirkumposition

§ 10 Eine Anzahl von Präpositionen regiert den Dativ. In den meisten Fällen stehen Präpositionen tatsächlich vor dem zugehörigen (Pro-)Nomen. In wenigen Fällen erscheinen funktional entsprechende Elemente nachgestellt (Postposition) oder diskontinuierlich (Zirkumposition). Vollständige Belege bzw. Belegangaben im jeweiligen Artikel des AWB.

Lit.: Dal/Eroms 2014 § 48 f.; Erdmann 1876 § 281; Eroms 1987; Marq 1972; 1978; 1980; Öhmann 1931; Schröbler/Prell 2007 § S 94; Waldenberger 2009; Wich-Reif 2008; Wilmanns 1909 § 331.

1. Dativ nach Präposition

ab(a) (vgl. Schröbler 1942): *wettu irmingot ... obana ab heuane* Hl 30. – *ir negesliphent aba rehtemo uuege* (*ne ... pereatis de uia iusta*) Np 7,12 [12,25 f.].
after (vgl. Schröbler 1942): *daz ih mih cherte after dir* Psalm 8. – *daz ... imo after sinen tatin arteilit uuerde* Musp 83 f. – *sendida mih after guotliihhin zi dheodom* (*Post gloriam misit me ad gentes*) Is 10,18 f. – *after sinemo site* Nc 701,19 f. [16,12].
an(a) (vgl. Schröbler 1942): *ane dero minnistun cehun ballen* Contra par 1,4. – *an dero sundigon uuege* Np 3,8 [9,6].
ânu (nur wenige Belege für Dat.-Rektion, vgl. AWB I,599): *anoo einikeru arbeiti* (*absque ullo labore*) BR 161,11.
az: *her was eo folches at ente* Hl 27. – *so sunna azs mineru antuuerdin* (*sicut sol in conspectu meo*) Is 36,22–37,1.
bî (vgl. Wolfrum 1970): *dat du noh bi desemo riche reccheo ni wurti* Hl 48. – *giuuizzinot bi pontisgen Pilate* (*Passus sub Pontio Pilato*) WK 50. – *bi demo rinnenten uuazzere* Np 3,23 [9,18 f.].
bifora: *** *bifora im sezzita* (*Aliam parabulam proposuit illis*) MF 9,23.
biûzan: *ðaz biuzan ðeru mooter leben mag* (*qui sine matre vivere potest*) LexSal 30 f.
ennônt: *manige liute ennont tuonouuo gesezene* Nb 5,7 f. [5,13].
êr: *ęr allem uueraldim* (*ante omnia sęcula*) Is 1,12 f. – *uuanta her êr mir uuas* (*quia prior me erat*) T 105,15.
fon(a): *die dar fona himile quemant* Musp 11. – *ist er ouh fon jugendi filu fastenti* O 1,4,34. – *Fone demo gotes riche uuerdent sie feruuahet* Np 4,13 f. [10,7 f.]. – *fona deru ecunga* (*pruritu*) Nievergelt 2013, 403 (9. Jh.).
fora (vgl. Eroms 1987): *dar nimac denne mak andremo helfan vora demo muspille* Musp 57.
(in)gagen (vgl. Marcq 1980): *so blidta sih ingegin thir thaz min kind* O 1,6,12. – *gaat uz ingegin imo* (*exite obuiam ei*) MF 20,8. – *gagen demo meze eines stupfes* Nb 110,19 f. [95,29].
hintar: *er selbo stet hinter unser uuente* (*ipse stat poste parietem nostrum*) Will 37,1 f. [75,1 f.].
in: *chind, in chunincriche: chud ist mir al irmindeot* Hl 13. – *Ofto in noti er was in war* Ol 19. – *In godes minna* Straßb. Eide 18. – *in demo rate dero recton* (*in consilio iustorum*) Np 4,19 [10,2].
innan: *thoh iz bue innan mir* O 1,2,24. – *Innan themo fater her gisageta iz* (*In sinu patris ipse narrauit*) T 105,23.
inzwiskon: *In minemo herzen, daz inzuiskon den brusten liget* Will 20,4 f. [59,32–34].
mit: *dat gafregin ih mit firahim firiuuizzo meista* Wess 1. – *so laz mih, druhtin min, mit druton thinen iamer sin* O 1,2,40. – *unde mit heizmuote getruobet er sie* Np 5,26 f. [11,16 f.].
nâh: *nah uodile den dar gab iacob* (*iuxta predium quod dedit iacob*) T 275,25. – *Nah siben tagen dero uuechun* Np 14,20 [19,7].
oba(r): *gotes gheist suueiboda oba uuazsserum* (*spiritus dei ferebatur super aquas*) Is 16,2 f. – *daz siu gisazi obar erdu* (*ut discumberet super terram*) T 295,31.
sament: *Schamen sih sament mir* (*Erubescant*) Np 16,13 f. [20,25 f.].
untar: *denne uuirdit untar in uuic arhapan* Musp 39. – *untar sinen hanton* O 1,1,90. – *mihhil undarscheit ist undar dhera chiscafti chiliihnissu endi dhes izs al chiscuof* (*multum distet ima-*

go creaturę ab eo qui creauit) Is 8,5–8. – *under dero erdo* Nb 178,17 [150,19]. – Erweitert: *untar mitten*: *untar mitten then lerarin* (*In medio doctorum*) T 99,27.

unz: *unz themo fiarzegusten jare* Oh 90. – Erweitert: *unz zi*: *tiu dannan unz ze tuonouuo sint* Nb 5,15 f. [5,19 f.].

untaz zi: *uuordan uuardh chihoric untazs zi dode* (*effectus est oboediens usque ad mortem*) Is 11,17 f.

ur, ar, ir: *ih wallota sumaro enti wintro sehstic ur lante* Hl 50. – *lossan sih ar dero leuuo vazzon* Musp 82. – *Tho quam boto fona gote, engil ir himile* O 1,5,3. – *den er ur deru taufi intfahit* (*quem de baptismo exceperit*) Exh A 35 f.

ûz: *thiedar uz themo lante sin* (*qui in regionibus*) T 515,26. – Erweitert: *ûz fona*: *uz fonna marge in deo adra* Pro Nessia 3. – *uzs fona paradises bliidhnissu* (*exulem paradiso*) Is 29,8 f.

ûzanhalb: *so uzenhalb chilichun genomen uuerdent sacra uasa* Nb 68,9 f. [57,20 f.].

ûzar: *Sar thuzar* (= *thu ûzar*) *theru menigi sceithist thin githigini* O 1,2,39. – *uzer minero muoter uuombo* (*ex utero matris męe*) Np 578,13 f. [512,3].

widar: *mit geru scal man geba infahan, ort widar orte* Hl 37 f. – *helle phorta nigimugun uuidar iru* (*portae inferi non praeualebunt aduersus eam*) T 301,14–16.

zi: *denner ze demo mahale quimit* Musp 63. – *thie im heidene man zi bluostrum indi zi geldom enti zigotum habent* Frk. Taufgel 4. – *Min fater chad ze mir* (*Dominus dixit ad me*) Np 6,11 [11,27]. – *ci karuuui* (*conuersationis*) Nievergelt 2013, 407 (9. Jh.).

2. Dativ vor Postposition.

bifora: *see saar butun imo bifora laman licchentan inbaru* (*offerebant ei paralyticum iacentem in lecto*) MF 1,7 f.

inne: *ther diufal ist iru inne, thare fiant ist io manne* O 3,10,12 (die Stellung reimbedingt?).

oba: *endi seraphin dhea angila stuondun dhemu oba* (*Seraphin stabant super illud*) Is 20,5 f.

ûz: *spiritus dei sprach imo uz* Np 446,15 [391,5 f.].

3. Zirkumposition mit Dativ

untar … zwisken: *tho quadun thie iungoron untar in zuuisgen* (*dicebant discipuli ad inuicem*) T 281,17 f.

1.3.4. Dativ nach Interjektion

§ 11 Mit nachfolgendem Dativ steht die Interjektion ‘wehe’ (s.a. § 6; 16).

Lit.: Erdmann 1886 § 130h; Schröbler/Prell § S 95; Wilmanns 1909 § 307.

uue demo in uinstri scal sino uirina stuen Musp 25. – *uue mittilgarte fon asuuichin* (*uae mundo ab scandalis*) T 319,10. – *uue dirro uuerlte fone scantuuerron. uue iu prieuarra unde sundirguote* (Np: *Ve mvndo ab scandalis. Ve vobis scribe et pharisei*) Npgl 263,27–264,1 [234,2 f.]. – Mit Dat. und Gen.: *So uue hin hio thes libes* Ludw 54. – Anrede: *Uœ iu leidita blintes* (*Uae vobis, duces caeci*) MF 17,2.

Anm. Notker verwendet die Interjektion *ah* mit präpositionalem Dativ: *Ah ze sere. uuio ubelo er die uuenegen gehoret* (*Eheu. quam surda aure auertitur miseros*) Nb 8,10 f. [7,6 f.]; *Aber ah ze harme* (*Sed o nefas*) Nb 36,7 [29,19].

1.4. Genitiv

In diesem Abschnitt werden solche Genitive behandelt, die nicht als valenzbedingte Objekte (adverbale Genitive) zu werten sind. Diese werden im Zusammenhang mit der Verbvalenz thematisiert (s. § 33–36; 43; 49; 53; 63). Zu Adjektiven mit Genitivvalenz s. § 59; zu reflexiven Genitiven s. § 29:6). § 12

Lit.: Behaghel 1923 § 416–430; 1930; Budziak 2016; Carr 1933a; Dal/Eroms 2014 § 17–28; Delbrück 1907, 205–224; Donhauser 1998a; Erdmann 1876 § 173–233; Erdmann/Mensing 1898 § 205–255; Glaser 1992; M. Krause 2000; Lanouette 1996; Lühr 2015; Nishiwaki 2010; 2012; Oubouzar 1997a; Paul 1919 § 219–252; Prell 2000; Schröbler/Prell 2007 § S 70–89; Wilmanns 1909 § 273–285.

1.4.1. Attributiver Genitiv

Der attributive (adnominale) Genitiv erfüllt unterschiedliche semantische Funktionen. Zur Serialisierung innerhalb der Nominalgruppe s. § 97; zu Genitiven infolge nominaler Valenz s. § 59 (Adjektivvalenz) und § 62:2 (Substantivvalenz). § 13

1. Der possessive Genitiv kann (in einem engeren Sinne) eine Besitzrelation oder (in einem weiteren Sinne) Zugehörigkeit ausdrücken.

in Otitales houbit Hammelb 16. – *du uuart demo Balderes uolon sin uuoz birenkit* Mers 2,2. – *enti si dero engilo eigan uuirdit* Musp 12. – *Floug er sunnun pad, sterrono straza, wega wolkono* O 1,5,5. – *der andres hros bifillit* (*De caballo excortigato*) LexSal 8. – *endi antfenc mannes liihhamun* (*corpus humanum adsumpsit*) Is 29,20. – *Des tieueles suert fersuinen in ende* Np 24,4 f. [28,1 f.]. – *des chunnes gotavueppes* (*iacinto*) Gl 1,330,4 (11. Jh.).

Anm. 1. Ein elliptischer possessiver Genitiv ohne Bezugsgröße liegt vor z.B. in *zi selben sancti Gallen* Oh 154 (zu ergänzen ist ein Substantiv mit der Bedeutung 'Kloster', 'Münster' o.ä.).

2. Der partitive Genitiv drückt eine quantitative Relation aus. Das Ganze oder die übergeordnete Menge steht im Genitiv.

zua flasgun uuines Bas. Rez 9. – *hina miti Theotrihhe enti sinero degano filu* Hl 19. – *Thaz was David, thero gomono ein* O 1,3,17. – *dhazs sundono uuerdhe endi* (*ut ... finem accipiat peccatum*) Is 26,4. – *Nah siben tagen dero uuechun. chumet der ahtodo* Np 14,20 f. [19,7 f.]; *Vnde iro nehein nefollehabet sih ze imo* (*Et nemo in eis*) 579,5 f. [512,24]. – *uilo vunderes gesah ih duruh inan* (*Multa enim passa sum hodie per uisum propter eum*) Gl 1,718,66 f. (11. Jh.).

Genitiv bei Numeralia: *ih wallota sumaro enti wintro sehstic ur lante* Hl 50. – *Thero iaro was ju wanne ... fiarzug inti sehsu* O 2,11,37 f. – *mez ist driczoc munteo* (*corus est modii xxx*) Gl 1,95,31 f. (8. Jh.).

Anm. 2. Ein partitiver Gen., der eine vollständige Menge ausdrückt, erscheint auch prädikativ: *Sezzoch sint der kuninginno. ahzoch sint der kebese, der dierenon nist nieth zala* (*Sexaginta sunt reginę. et octoginta concubinę et adolescentularum non est numerus*) Will 103,1 f. [183,33–185,3].

Anm. 3. Zu metasprachlichen Äußerungen Gottschalks von Sachsen († 869) über die Äquivalenz von ahd. partitivem Genitiv und lat. Ablativ mit *de* (mit aus dem Ahd. ins Lat. übersetzten Beispielen) vgl. Raposo 1982, 233–236.

3. Genitive in negierten Sätzen können als ursprünglich partitive Genitive (Nullmenge) in Abhängigkeit von nominalem *(ni) (io) wiht* erklärt werden.

Thar nist miotono wiht ouh wehsales niawiht O 5,19,57. – *niouuiht ubiles teta* (*nihil mali gessit*) T 643,9. – *Tes nemag nieht sin* Ni 574,19 [91,6]. – *Unser suester ... nehat noh der spunne nieth* (*Soror nostra parua est. et ubera non habet*) Will 141,1 f. [247,27–29]. – *so niphiegin si doh sa nieth des lonis* (*a percipiendo regno dilati sunt*) PrSB 2,39 (lat. H.U. Schmid 1986, 2,12,116 f.).

4. Im Ahd. der älteren Periode (8./9. Jh.) tritt der Gen. auch in Kollokation mit der Negationspartikel *ni* auf.

daz he ni protes ni lides ni neouuihtes ... ni des uuazares nenpize Bas. Rez 13 f. – *tu ne habis kiscirres, daz thu thes kiscephes* Sam 13 (im zweiten Halbsatz kann der Gen. *thes* partitiv auf das Wasser im Brunnen bezogen werden). – *es ilti sar in gahi, thera liubi ni sahi* O 2,9,36. – *ir ni gabut mir muoses* (*non dedistis mihi manducare*) MF 21,2.

5. Substantivierte Superlative stehen mehrfach mit einem genitivischen Bezugswort.

her was Otachre ummet tirri degano dechisto Hl 26. – *dat gafregin ih mit firahim firiuuizzo meista* Wess 1; *der eino almahtico cot, manno miltisto* 7 f. – *denne heuit sih mit imo herio meista* Musp 75. – *allero wibo gote zeizosto* O 1,5,16; *manno liobosta* 22,43. – *Der uzenan allero lichamon sconesto uuas* Nb 165,27 f. [139,18 f.]. – Rhetorische Figur nach lat. Muster: *dhero heilegeno heilego uuerdhe chisalbot* (*unguatur sanctus sanctorum*) Is 26,7 f.

6. Die Bedeutung ‘jede(r/s) von’ kommt zum Ausdruck in Verbindungen mit Indefinita (*gihwelîh, hwelîh, gilîh, thehein*) und Gen. Pl., mehrfach erweitert um *allero*.

pidiu ist durft mihhil allero manno uuelihemo Musp 18 f.; *daz er kitarnan megi tato dehheina* 95. – *cui non fecisset Heinrich allero rehto gilich* Heinr 27. – *thes thigge io mannogilih* Ol 8. – *bi thiu scal man dago gihuueliches thiz gibet singan* WK 20 f. – *daz allero manno uuelih sih selpan des uuirdican gatoe* Freis. Pn 6–8. – *Nu allero manno calih ... alleru ilungu ille calirnen iauh de kaleren* (*Nunc igitur omnis ... omni festinatione studeat discere*) Exh A 41–44. – *allero rihho gahuelih in zuei zasceitan zagengit* (*omne regnum diuisum contra se, desolabitur*)

MF 5,22 f. – *unde mucca chamen in allero endegelih* (*et scinifes in omnibus finibus eorum*) Np 448,15 [392,26]. – *ir aller iegelih habet sinen corter* Will 14,8 f. [55,22 f.].

Anm. 4. Zur univerbierenden Weiterentwicklung in Wortbildungen des Typs *rossolîh* vgl. Splett 1992.

7. Der Genitiv benennt einen Agens oder das Subjekt eines Vorgangs und wird von einem Abstraktum (häufig einem Verbalnomen) oder einer als handelnd gedachten Sache regiert (Genitivus subiectivus).

in godes munt heim zi comonne gisunt 'unter Gottes Schutz' Lorscher Bienens 2. – *thie irkantun sunnun fart* O 1,17,9. – *uuanta iz ist cotes capot* (*quia dei iussio est*) Exh. – *ęr dauides dode* (*ante mortem dauid*) Is 39,1 f. – *do iudei dero chindo lob sueigton* Np 21,6 [25,9]. – Ein spezieller Fall ist der Genitiv der Urheberschaft (genitivus auctoris): *Wanta sia sint alle thera kristes lera folle* O 3,7,61. – *araughit ist in isaies buohhum* (*In esaia*) Is 17,21. – *An daz ende siehet Davidis salmo* Np 31,4 [34,8].

8. Der Genitiv benennt eine von einer Handlung oder einem Vorgang betroffene Größe (Genitivus obiectivus).

duruh desse mancunnes minna Musp 103. – *Nu birun wir gihursgte zi gotes thionoste* O 2,6,55. – *in thes christanes folches ind unser bedhero gehaltnissi* Straßb Eide 18. – *ist dhar chioffonot dhera dhrinissa bauhnunc* (*significatio trinitatis est*) Is 16,19–21. – *daz si irhohet uuerde ze gotes selbes anasihte* Np 6,8 f. [11,25 f.].

9. Der Genitiv dient der näheren Bestimmung der Bezugsgröße (Genitivus explicativus). Es kann auch ein metaphorisch-tautologisches Verhältnis bestehen (Genitiv der Identität).

dar man mih eo scerita in folc sceotantero Hl 51. – *hella fuir harto uuise, pehhes pina* Musp 21 f. – *joh fastota io zi note in waldes einote* O 1,10,28. – *in fleisches liihhe man uuardh uuordan* (*incarnatus et homo factus est*) Is 22,6. – *So diu naht minero sundon hinauuirt* Np 12,8 f. [17,1]; *Sie sciezent uerba noxia. mit demo bogen dero scrifte* Np 32,2 [35,2 f.]. – *Daz gechnupfe dinero dieho daz sint halsziereda, die der gesmidot sint mit geleretes listmeisteres hant* (*Ivncturae femorum tuorum sicut monilia. quę fabricata sunt manu artificis*) Will 112,11–13 [201,19–22]. – *mit demo brunnen dera zahire* PrSB 1,13. – *durih di deumuti der menischun geburte* (*propter incarnationis ejus humulitatem*) Phys 42.

10. Der Genitiv bezeichnet eine Qualität der nominativischen Bezugsgröße (Genitivus qualitatis).

fridhu mannom guates uuillen (*pax hominibus bonae voluntatis*) WK 110 f. – *Mit so mihhiles hęrduomes urchundin* (*Tali igitur auctoritate*) Is 1,9 f. – *an dero diu ida gleiz lutteres coldes* Nc 697,23 [12,11]. – *diu sculd sines bludes. daz nemen uuir uber unsih* (*Sanguis eius super nos*) Gl 1,718,71–719,2 (11. Jh.).

1.4.2. Adverbialer Genitiv

§ 14 Adverbiale Genitive, die ausgehend von unterschiedlichen Wortarten gebildet werden und teilweise bereits lexikalisiert sind, erscheinen in Abhängigkeit von der jeweiligen Wortbedeutung in verschiedenen semantischen Funktionen.

Lit.: Behaghel 1923 § 416–433; Dal/Eroms 2014 § 28; Erdmann/Mensing 1898 § 225–230; Gebhardt 2000; Paul 1919 § 249–252; Schröbler/Prell 2007 § S 76; Schrodt 2004 § 94; Wilmanns 1909 § 254–257; Wunderlich/Reis 1925, 159–165.

1. Temporal. Die genitivische Größe benennt einen Zeitraum oder Zeitpunkt.

a) Substantiv

des man des tages gisohe Bas. Rez 14. – *tho thes thritten dages sar, so funtun siu thaz kind thar* O 1,22,32. – *mit fastun inti mit gibetu thionota tages inti nahtes* (*Ieiuniis et obsecrationibus seruiens die ac nocte*) T 197,31 f. – *uuannan vuinteres churze taga sin. unde sumeres lange* Nb 101,11 f. [87,30–88,1].

Anm. 1. Adverbialbildungen mit dem Suffix *–(gi)lîhhes* müssen nicht auf *-lîh*-Adjektive zurückgehen, sondern können direkt vom jeweiligen Substantiv gebildet sein: *consules zehabenne. die iarliches keuuehselot uuurtin* Nb 103,6 f. [89,18 f.]; *filios neptuni. die manodliches vuuohsen nouem digitos* 216,15 f. [175,23 f.]; *so nezzo ich min bette nahteliches* (*Lacrimis meis stratum meum rigabo*) Np 15,23 f. [20,7 f.] (*nahtegeliches* Npw 14,4 f.). Vgl. AG I § 267, Anm. 3bc.

b) Adjektiv, Adverb

thiu lera ... thia se thar innan thes hortun mithontes O 2,24,11 f.; *thaz er in thera gahi so niwanes gisahi* 3,20,76. – *Dhazs suohhant auur nu ithniuuues, huueo dher selbo sii chiboran* (*Illud denuo queritur, quomodo idem sit genitus*) Is 1,18–20. – *so bifangolode sindun simbles* (*conclusi*) 25,2. – *Thes sculun uuir got simbles bitten* WK 13 f. – *simbales gib uns thesan leib* (*semper da nobis panem hunc*) T 259,10. – *min missetat ist emizis* (zu emizzi) *fore mir* (*delictum meum coram me est semper*) Np 194,25 [176,6]; *besuohton den himeleschen Got iteniuuues* (*et temptaverunt et exacerbaverunt deum excelsum*) 321,4 f. [284,13 f.]; *so bechennest du den uuaren. den euuigen. nals den mittundes irdahten* (*non erit in te. i. in corde tuo. deus recens* 337,3 f. [298,14 f.]; *Pist tu nu so niuuenes chomener. gast* (*an tu nunc primum subitus hospesque venisti*) Nb 77,2 f. [66,8 f.]. – *niuuues* (*nuper*) Gl 2,434,49 (10./11. Jh.).

c) Numerale und Pronomen

Eiris sazun idisi Mers 1,1. – *Eines suuor ih in minemu heileghin* (*semel iuraui in sancto meo*) Is 36,19 f. – *sie scribent ... sumes ouh ... then heiligon geist* O 2,9,97 f.; *Sumenes farent thanana thio iro suester zua* 4,29,57. *enti uuaxmun arbirit enti aruurchit sumes zehanzofalt* (*et fructum affert et facit, aliut quidem centesimum*) MF 9,21. – Bei Notker dominiert die jüngere Variante *einêst* (vgl. AWB 3,181): *ube du einest iro dinen hals undertuost* (*cum semel summiseris colla iugo eius*) Nb 56,5 f. [46,12 f.].

Anm. 2: *Eiris* in Mers (s.o.) ist verschrieben für *einis.* Vgl. AWB 3,181.

d) Wortgruppe

Guarin ger hinahz ze metina (*fuistis*) Par. Gespr 282,24. – *ionoltres* (*Aliquando*) Gl 1,804,19 (11. Jh.). – Negiert: *nionoltres* (*haud umquam*) Gl 2,639,43 (11. Jh.).

2. Lokal und direktional: Im Gen. steht eine Angabe des Ortes oder der Richtung.

a) Substantiv

Do dar niuuiht ni uuas enteo ni uuenteo Wess 6. – *se uuara se geloufan uualdes ode uueges ode heido* Wiener Hds 5. – *Er fuar sar thera ferti* O 1,19,13. – *joh wison heimortes eiganes lantes* 21,6; *Fuarun sar thes sinthes* 31,21; *Ih bin wuostwaldes stimma ruafentes* ‘ich bin die Stimme des Rufenden in der Wüste’ 27,41. – *ther iungoro sun elilentes fuor. in uerra lantscaf* (*adulescentior filius peregre profectus est in regionem longinquam*) T 323,28–30.

Anm. 3. In einem weiteren Sinne lokal können Genitive wie *muates* (‘im Herzen’), *anluzzes* (‘auf deinem Antlitz’) und *herzen* verstanden werden: *Ni brutti thih muates, noh thines anluzzes* O 1,5,17. Ähnlich: *Ist ein thin gisibba reues umberenta* O 1,5,59; *er herzen sih giharta* 4,17,2.

b) Adjektiv und Adverb

Thiu heriscaf thes liutes stuant thar uzwertes O 1,4,15; *sie sar uidarortes uuuntun* 5,10,31. – *Inuuertes sint sie raze uuolua* (*intrinsecus autem sunt lupi rapaces*) T 161,29; *giengun uuidarortes Inti fielun tho in erda* (*abierunt retrorsum et ceciderunt In terram*) 605,5 f. – *Selber scorpio habet tuueres an demo rukke zuene glate sternen ebenmichele* Nc 753,13 [69,2 f.]. – *asteruuartes* (*Retro*) Gl 1,711,62 (11. Jh.). – *nidarortes* (*deorsum*) Gl 1,812,39 (11. Jh.). – *hinnen uureuuertes in posterum* Gl 2,571,9 f. (11. Jh.).

c) Wortgruppe

Fuarun ... thie hirta heimortes O 1,13,21; *thaz sie iro herza iz lertin joh frammortes iz gikertin* 3,26,10. – *diu uuirt peduungen inlendes* (*coartabitur intra terminos unius gentis*) Nb 114,22 f. [99,13]. – *nidarbruhes* (*postrema*) Gl 2,695,26 (11. Jh.). – *oberbruoches* (*primae partes*) 24 (11. Jh.).

3. Modal, instrumental: Mit dem Gen. wird ausgedrückt, auf welche Weise oder womit eine mit dem Prädikatsverb bezeichnete Handlung oder ein Vorgang vonstatten geht.

a) Substantiv

Ih slief mines tanches ane noth (*Ego dormiui et soporatus sum*) Np 8,10 f. [13,21]; *an des fehes pilde. daz heuues lebet* (*in similitudinem vituli comedentis faenum*) 454,5 f. [397,26–398,1]; *Ih uuolti nu gerno iro selbero uuorto. mit tir uuaz choson* Nb 58,8 f. [48,8 f.]; *sin sun umbe armheit smidon lirneta. unde sih tes nereta* 61,31 [51,26 f.]; *Eines plicches anasihet er. daz er uuas. unde nu ist* (*Cernit in uno ictu mentis. quę sint. quę fuerint*) 314,7 f. [239,12 f.].

Anm. 4. In funktionaler Hinsicht berührt sich dieser Gen. mit Präpositionalphrasen, vgl. *Phisiologi sagent daz pulli coruorum des touues lebeen* Np 599,10 f. [532,21 f.] gegenüber *in themo einen brote ni lebet thie man* (*non in solo pane uiuit homo*) T 115,1.

b) Adjektiv, Partizip Präteritum

theiz alles wesan mohti O 1,8,4; *wio harto mihiles mer suorget druhtin iuer* 2,22,19. – *soso mir iz anderes giburidi* Reichenauer B 31. – *Ibu huuaz luzziles keduunganor dictentemv des rehtes rediun … framkange* (*si quid paulolum restrictius dictante aequitatis ratione … processerit*) BR 77,2–6. – *so iz heiter ist. unde man iro minnest uuanet. so stigen siu alles kahes uf* Np 568,5 f. [502,9 f.]; *Ziu sulen uuir danne so lustsames listes. furenomes unanchunde sin?* Nb 65,28 [55,18]; *daz feret al anderes* (*hoc uobis in contrarium cedit*) 93,17 [80,27 f.]; *dar iz nieht kahes erdorren nemag* (*ubi … cito exarescere … non possint*) 201,23 f. [166,25]; *Der alles einer fliegendo. fureilet tia sunnun* (*solus … excurrit … solem*) Nc 799,13 [117,19 f.]. *furenomes* (*altius*) Gl 2,55,5 (10./11. Jh).

Anm. 5. Auch absolute Genitive, die funktional lat. absoluten Ablativen entsprechen, können als modal interpretiert werden. Piirainen 1969, 460–462 nennt als Beispiele *Tho er ward zi manne … alangera muater* O 5,12,27 f. und *Dua … thiu selbun thing ellu giborgenero uuerko* O 2,20,5 f.

4. Kausal. Im Gen. steht eine Angabe, die den Grund für das Eintreten des prädizierten Geschehens benennt.

thie thaz gihorenti uuaren es gefehenti (*qui audientes gauisi sunt*) T 549,9 f. – *hungeres irsterbent sie* (*Consumentur fame*) Np 629,5 [559,22 f.]. – *Chlageta si sih mit tisen uersen. mines unmuotes* (*his versibus conquesta est de perturbatione nostrae mentis*) Nb 14,24 [11,8 f.].

Anm. 6. In funktionaler Hinsicht berührt sich dieser Gen. mit dem Instrumental, vgl. *joh ouh gibit thir thia wist thu hungiru nirstirbist* O 2,22,22.

5. Thematisch. Im Gen. steht eine Angabe, die aussagt, unter welchem Aspekt oder mit Bezug worauf das mit dem Prädikatsverb bezeichnete Geschehen zutrifft.

thoh wir thera burgi irron O 1,17,21. – *er due theih … thes senses ouh ni wenke* 3,1,14; *kristes todes thuruh not ther liut sih habet gieinot* 4,1,2. – *die mit handegemo sere. iro muotes keirret* Nb 51,23 [42,19]; *er uuirt iedoh in gemeitun getruobet sines muotes* (*tamen uane conturbatur*) Np 142,17 f. – *nescament sih abo niet mines cruces unte minero martiro* Will 57,4 f. [113,6 f.].

1.4.3. Genitiv bei Prä- und Postposition

Einige Präpositionen und präpositional verwendete Adverbien, die in der Mehrzahl der Fälle den Akkusativ (s. § 5) oder Dativ (s. § 10) regieren, können in selteneren Fällen auch mit dem Genitiv stehen (vgl. zu den einzelnen Präpositionen die jeweiligen Wortartikel im AWB). § 15

Lit.: Schröbler/Prell 2007 § S 88.

1. Präposition

a f t e r: *so ih after des fone iro uernam* Nb 10,21 [8,21 f.]. – *in dero chuoli after untornes* (*Ad auram post meridiem*) Gl 1,304,50 f. (11. Jh.).
â n u: *die ... ebenmichel sint ane des mittelosten* Nc 749,12–14 [64,15–17].
ê: *feorzuc nahto uuarte he e tages getanes* Bas. Rez 12.
f o r a: *iro siehheite uuaren fore des manige* Np 41,7 f. [42,22 f.]
g a g a n (vgl. Marcq 1980): *Sie habent mih kediemuotet gagen des sie ubermuote sint* Np 25,20 f. [29,12 f.].
i n m i t t e n: *thar bin ih inmitten iro* (*ibi sum in medio eorum*) T 331,8.
i n n a n: *Wanta si ist ... ist furista innan huses* O 5,25,15 f. – *ibu er innan đes gewes in sinemo arunte ist* (*Si vero infra pago in sua ratione fuerit*) LexSal 19 f. – *In allen ira marcon zuui iarigu in innan thes* (*in omnibus finibus eius a bimatu et infra*) T 97,10 f.
w i d a r: *daz er sculdig ist uuidar gaotes caheizes* (*reus est fidei sponsionis*) Exh A 36 f.
û z a n a: *Mariun thes thoh io nirthroz, stuant uzana des grabes roz* O 5,7,1.

2. Postposition

h a l b: *Nu solta ih aber dero anderro halb. so uilo sin sichurera* (*Sed tutior debui esse apud cęteros*) Nb 27,26 f. [22,26 f.].
i n n a n a: *ih weiz, thu es innana bist* O 2,8,48.

1.4.4. Genitiv nach Interjektion

Lit.: Behaghel 1923 § 434; Erdmann 1886 § 130i; Schröbler/Prell § S 89; Wilmanns 1909 § 333. § 16

a h: *ah lasters* (*pro pudor*) Gl 2,523,50 (13. Jh.). – S. a. § 6; 11.
w ê: *So uue hin hio thes libes* Ludw 54.

1.5. Instrumental

Das Ahd. weist bei Maskulina und Neutra im Singular vokalischer Stämme, ebenso bei Pronomina einen Instrumental auf (AG I § 192b–201; 214–217). Die Verwendung nach Präpositionen, insbesondere nach *mit*, stellt bereits eine Übergangsstufe zum instrumentalen Dativ nach Präposition dar. § 17

Lit.: Admoni 1990, 35 f.; AG I, aaO; Behaghel 1923 § 460–470; Delbrück 1907, 152–185; Desportes 2015; Ehret 1907; Erdmann 1876 § 266–280; Klein 2016; Paul 1919 § 253; Schröbler/Prell 2007 § S 96; Schrodt 2004 § 97; Wilmanns 1909 § 315; Wolfrum 1960.

1.5.1. Reiner Instrumental

§ 18 Der Instrumental erscheint in älteren Quellen (8./9. Jh.) noch als reiner Kasus, daneben aber auch bereits als Präpositionalkasus.

1. Nominal

wili mih dinu speru werpan Hl 40. – *suilizot lougiu der himil* Musp 53. – *thu hungiru nirstirbist* O 2,22,22. – *Druhtines uuordu sindun himila chifestinode* (*Uerbo, inquit, domini celi firmati sunt*) Is 15,1–3. *Minno dinan truhtin got … allu dinu muotu io maganu* (*Diligis dominum deum tuum … ex tota mente tua et ex tota uirtute tua*) MF 30,19–20. – *einu mezzv in desemv teile mit imu pirumes kiskeidan* (*Solummodo in hac parte aput ipsum discernimus*) BR 105,7 f. – *fuazziu katretanti hellauuizzi* (*pede conculans tarthara*) H 19,2,3. – *pim arstiuphit suniu* (*Ultra urbabor filio*) Gl 1,316,64 (9. Jh.).

Anm. Der Instrumental wird zunehmend vom präpositionalen Dativ verdrängt. Vgl. *Minno dinan truhtin got … allu dinu muotu io maganu* MF 30,19–21 gegenüber *minnos truhtin got thinan … fon allemo thinemo muote Inti fon allemo thinemo megine* T 431,15–19 (*diligis dominum deum tuum … ex tota mente tua et ex tota uirtute tua*).

2. Adverbial verwendeter Instrumental
Die Instrumentalformen *lutzilu* 'ein wenig' und *mihhilu* 'viel, erheblich' können adverbial in Verbindung mit Komparativen auftreten.

Dhu chiminnerodes inan liuzelu minnerun danne got (*Minuisti eum paulo minus a deo*) Is 23,9–11. – *inti michilo menigiron giloubtin thuruh sin uuort* (*et multo plures. crediderunt propter sermonem eius*) T 283,15 f. – *vvizanti michilv mer … vntardeonotan* (*Sciens se multo magis disciplinę regularis subditum*) BR 331,12–14.

1.5.2. Instrumental nach Präposition

§ 19 Der Instrumental (besonders von Pronomina) erscheint nach einer Reihe von Präpositionen (vgl. zu den einzelnen Präpositionen die jeweiligen Wortartikel im AWB).

Lit.: Wilmanns 1909 § 332.

after: *Aefter dhiu dhazs almahtiga gotes chiruni … chimarit uuard* (*Post declaratum christi diuinę natiuitatis mysterium*) Is 4,3–6.
an(a): *An diu, daz siu offen sint, dar anna bezeichenit er … unserin trotin* Phys 10 f.
bî: *pi rehto uuasanti* (*iure pollens*) Carmen 3.

êr: *dhazs hear aer dhiu zi sagenne ist* (*in suo loco*) Is 30,14 f.
fona: *Fona dhesiu ist zi firstandanne* (*Ex quo intellegitur*) Is 38,21 f. – *fon disku iro herono* (*de mensa dominorum suorum*) T 273,28.
fora: *fora allu thurft ist* (*ante omnia opus est*) WK 56.
in: *ir wisetut min ouh in thiu* O 5,20,78. – *in dhiu auh dhanne ... dhen heilegun gheist dhar bauhnida* (*In eum ... spiritus sanctus significatur*) Is 16,12–15.
innan: *innan dhiu ir uuas in gotes faruuu* (*dum in forma dei esset*) Is 23,11 f.
mit: *soso man mit rehtu sinan bruodher scal* Straßb Eide 20 f. – *mit geru scal man geba infahan* Hl 37. – *ni uueiz mit uuiu puaze* Musp 62. – *Min dohter ist mit seru in unuuizzin zi uuaru* O 3,10,11. – *In dhes chiriihun ardot uuolf mit lambu* (*In cuius ęcclesia habitat lupus cum agno*) Is 40,20 f. – *thiu ... mit fastun inti mit gibetu thionota* (*quœ ... ieiuniis et obsecrationibus seruiens*) T 91,29–31. – *mit tiu sie gebuozen den hunger* (*quo famem satient*) Nb 143,24 [122,4 f.].
nâh: *Ganganti nah themo seuvu* (*Ambulans autem iuxta mare*) T 123,13.
untar: *untar diu batun inan sine iungoron* (*interea rogabant eum discipuli dicentes*) T 281,13 f.
zi: *danan in Tiufingestal ze demo seuuiu* Würzb. Mb 59. – *zi thiu giladota* Os 4. – *zua kiuunscta hiru zi suniu* (*Adoptauit sibi in filium*) Gl 1,335,15 f. (9. Jh.).

Anm. 1. Instrumentale Verbindungen mit Präposition und Pronomen im Instrumental wie *bî diu, fone diu, mit diu, zi diu* (> *ziu*) u.ä., ferner mit interrogativem *(h)wiu, ziu* < *zi (h)wiu*) werden bis ins Mhd. (dialektal auch darüber hinaus) fortgesetzt (vgl. AG I 247, 340. 345), z.B. *zu neridestu* 'warum reitest du nicht' Ad equ 6. Zu *allu* nach Präp. vgl. Klein 2016.

Anm. 2. Zu einem pronominalen Instr. in Verbindung mit dem Komparativ vgl. Lühr 2003, 196–202.

2. Valenz und Satzbaupläne

§ 20 Nachfolgend werden die meistfrequenten verbvalenzbedingten Satzbaupläne des Ahd. anhand exemplarischer Belegsätze nach formal-morphologischen Gesichtspunkten dokumentiert. Damit verbindet sich nicht der Anspruch einer umfassenden althochdeutschen Valenzgrammatik. Ausführliche syntaktische und semantische Valenzanalysen auf der Gesamtheit der ahd. Überlieferung bieten die Verbartikel des AWB, auch wenn dort der Terminus „Valenz“ nicht verwendet wird. Ferner sind (für das Ahd. des 9. Jh.s) die einzelnen Artikel in Greule 1999 grundlegend.

Lit.: Allgemein: Admoni 1984; 1990, 38–50; Ágel 1988; Baewa 1997; Blum 1977, 1984; Braunmüller 1982; Desportes 2015; Drescher 1921; Eichinger 1993; Eythórsson 1995; Greule 1971; 1982a; b; 1982b; 1983; 1988; 1992; 1994; 1997; 1999; 2006; 2014; Greule/Lénárd 2005; Große 1990; Habermann 2007; Heringer 2006; Korhonen 1995; 2006; 2018; Kuroda 2008 a; b; 2010; Maxwell 1982; Schrodt 1982; 2004 § 51–55; Thomton 1984; N.R. Wolf 1986.
Zu einzelnen Objektkasus: Akkusativ: Behaghel 1923 § 471–503; Dal/Eroms 2014 § 5–12; Desportes 1997b; Erdmann 1876 § 95–108; Erdmann/Mensing 1898 § 143–161; Kessler 1948; Paul 1919 § 194–218; Schröbler/Prell 2007 § S 58–62; Schrodt 1992; 2004 § 73–79; Wilmanns 1909 § 222–250; 258–263.
Dativ: Behaghel 1923 § 436–442; Dal/Eroms 2014 § 31 f.; Delbrück 190–204; Erdmann 1876, § 235–247; Erdmann/Mensing 1898 § 258–283; Eroms 1987; 2004, 38–46; Kessler 1948; Kotin 2021; Paul 1919 § 253–255; Schröbler/Prell 2007 § S 90–92; Schrodt 2004 § 80–84; Willems/van Pottelberge 1998; Wilmanns 1909 § 286–302.
Genitiv: Abraham 1997; Antrim 1897a; Baldes 1882; Behaghel 1923 § 409–413; Dal/Eroms 2014 § 17–21; Delbrück 1907, 205–224; Donhauser 1990; 1991; 1998; Erdmann 1876 § 198–233; Erdmann/Mensing 1898 § 207–224; Fleischer 2011, 87–94; Leiss 1990; Milligan 1960; Nishiwaki 2010, 63–120; Paul 1919 § 219–248; H.U. Schmid 2004; Schröbler/Prell 2007 § S 71–75; Schrodt 1992; 2004 § 75–79; Wich-Reif 2016; Wilmanns 1909 § 252–286.
Präpositionalobjekte: di Meola 2000; Waldenberger 2009; Wich-Reif 2008.
Valenzgeforderte Infinitive mit und ohne *zu*: Demske 2001b; Smirnova 2016.

Anm. 1. Die nachfolgend zitierten Belegsätze sollen die inneralthochdeutsch-diachrone Repräsentanz des jeweiligen valenzbedingten Musters soweit möglich auch mit Blick auf die unterschiedlichen Textsorten dokumentieren. Subjekte und nominativische Prädikatsnomina passivischer Sätze werden stillschweigend wie (abgeleitete) Akkusativobjekte bzw. akkusativische Prädikatsnomina innerhalb einer entsprechenden Aktivkonstruktion bewertet.

Valenzbedingte Leerstellen können auch durch nicht-nominale Syntagmen (Nebensätze, Infinitivkonstruktionen, direkte oder indirekte Reden, Adverbien und adverbiale Syntagmen) besetzt sein. Siehe dazu die Kapitel 9.2. „Ergänzungssätze“ (= § 179–203) und 9.3. „Infinitiv(konstruktion) in Subjekt- und Objektposition“ (= § 201–203). Valenzunabhängige Satzkonstituenten (adverbiale „freie Angaben“) werden den Grundmustern nicht zugerechnet. Da divergierende Bedeutungsvarianten („Sememe“) unterschiedliche Valenzen („Polyvalenz“) bedingen können, erscheinen manche Verben als Träger unterschiedlicher valenzbedingter Satzmuster an mehreren Stellen.

https://doi.org/10.1515/9783110782493-003

Anm. 2. Reflexivpronomina werden nur dann als valenzgefordert gewertet, wenn an entsprechender Stelle auch nominale Ergänzungen erscheinen können. Reflexive Verben werden im Folgenden nach Kasus differenziert in eigenen Blöcken von den nicht-reflexiven abgesetzt (vgl. Behaghel 1924 § 623–633; Bökenkrüger 1924; Hermodsson 1952). So wird bspw. das pronominale *sih* in *unz Krist sih uns yrougta* O 1,3,8 als Objekt gewertet. Vgl. *Yrougt er in thar manag guat* 3,17,69 mit nominalem Objekt.

Anm. 3. Aus Gründen des Umfangs der Darstellung werden zunächst exemplarische Belege zitiert. Weitere einschlägige Verben, die (cum grano salis) der jeweiligen Fallgruppe zugeordnet werden können, werden nur mit dem Lemma benannt.

2.1. Subjekthaltige und subjektlose Sätze

Im Ahd. besteht zwar grundsätzlich Subjektobligatorik. Der prototypische Subjektkasus ist der (nominale oder pronominale) Nominativ. Ferner können Infinitive/Infinitivkonstruktionen (s. § 201–203) und prädikathaltige Strukturen = Nebensätze (s. § 180–186) die Subjektstelle einnehmen (vgl. für das Mhd. Schröbler/Prell 2007 § S 36). Unter bestimmten Bedingungen können jedoch Sätze auch subjektlos sein (s. § 22–26). **§ 21**

Substantiv: *chud ist mir al irmindeot* Hl 13. – *Riat got imo ofto in notin. in suaren arabeitin* Ol 23. – *enti gasah ihesus iro galaupin* (*et uidens iesus fidem illorum*) MF I,8. – *Der heber gat in litun* Nr 673,23 [161,24 f.].
Pronomen: *forn her ostar giweit* Hl 18. – *ther heizit avur Ludowic* Ol 18. – *Dhuo ir himilo garauui frumida, dhar uuas ih* (*Quando praeparabat cęlos, aderam*) Is I,2–4. – *Ener hiez in unsera uuis otacher* Nb 5,16 [5,20].

Anm. 1. Als Subjekte können auch der einfache oder der mit *zi* erweiterte und flektierte Infinitiv fungieren, die ihrerseits weitere valenzbedingte Ergänzungen und/oder adverbiale Satzglieder umfassen.

Einfacher Infinitiv: *nalles mit ungiuuasganen hanton ezzan ni unsubrit man* (*Non lotis autem manibus manducare. non coinquinat hominem*) T 273,4 f. – *guot ist thir zi libe ingangan* (*Bonum tibi est ad uitam ingredi*) 319,17. – *Sih dir uuieo guot unde uuieo uuunnesam ist. sament puen die bruodera* (*ecce qvam bonvm et quam iocundum habitare fratres in unum*) Np 565,19–21 [500,7–9].
Infinitiv mit *zi*: *sih selpan desem uuortum za pidenchennœ* Freis. Pn 54 f. – *Dhazs so zi chilaubanne mihhil uuootnissa ist* (*quod ita existimare magnę dementię est*) Is 8,10–12. – *nist guot zi nemenna thero ckindo brot. inti zi uuerfenna hunton* (*Non est enim bonum sumere panem filiorum. ert mittere canibus*) T 273,23. – *die der nu niene bedruzzit ze arbeitene in senario operationis* Will 51,14 f. [97,7–9].

Anm. 2. Zu imperativischen und adhortativischen Sätzen, die in den meisten Fällen ohne Subjekt stehen, s. § 119.

2.1.1. Subjektlose Sätze

§ 22 Aufgrund unterschiedlicher Faktoren sind auch verschiedene Arten subjektloser Sätze belegt.

Lit.: Abraham 1993; Admoni 1990, 22–26; Axel 2005, 2007, 293–327; 2009a; Axel/H. Weiß 2011; Behaghel 1928 § 1191–1194; Besch/Wolf 157–160; Bishop 1977; Dal/Eroms 2014 § 123–124a; Eggenberger 1961; Fleischer 2011, 198–212; Held 1903; Paul 1919 § 18–21; Schlachter 2012, 157–206; Schröbler/Prell 2007 § S 110; Schrodt 2004 § 68–70; Volodina 2011; Volodina/H. Weiß 2016; Wunderlich/Reis 1924, 160–163.

Ein Subjekt kann wie im Nhd. ausdrucksseitig unrealisiert bleiben, wenn aufeinanderfolgende parataktische Haupt- oder Nebensätze oder in einem hypotaktischen Verhältnis stehende Teilsätze eines Gefüges ein gemeinsames Subjekt haben. Dabei erfolgt die Ersparung zumeist im nachfolgenden (Teil-) Satz.

Parataxe, Ersparung im nachfolgenden Satz: *du bist dir alter Hun, ummet spaher: spenis mih mit dinem wortun wili mih dinu speru werpan* Hl 39 f. – *der antichristo stet pi demo altfiante, stet pi demo Satanase, der inan uarsenkan scal* Musp 44 f. – *to cham aber Starzfidere, prahta imo sina tohter uuidere* Spottv. 2. – *ir zimbrit grabir forasagono enti sconit rehtuuisigero grapehus* (*aedificatis sepulchra prophetarum et ornatis monumenta iustorum*) MF 18,7 f. – *daz er dioterichen uriuntlicho ze houe ladeta. tara ze dero marun constantinopoli. unde in dar mit kuollichen eron lango habeta* Nb 5,17–20 [5,21–23].
Hypotaxe, Ersparung im Hauptsatz: *Dhuo ir sih selban aridalida endi scalches farauua infenc, uuordan uuardh chihoric untazs zi dode* (*quando exinaniuit se ipsum et formam serui accipiens effectus est oboediens usque ad mortem*) Is. 11,14–18. – *dhuo ihesus danan fuor gasah man* (*cum transiret inde iesus, uidit hominem*) MF 1,24. – *ibu er nicuimit inti sunne ni habet, sosama gelte sol XV* (*si non venerit et eum sunnis non detenuertit, ei, quem mannivit, similiter DC dinarios, qui faciunt solidos XV conponat*) LexSal 14 f. – *In suelichemo dero altere er sih durnahtlichen picherit, so si kiuuis uone gote ze inphahenne daz selbi lon* PrSB 2,53–55.
Hypotaxe, Ersparung im Nebensatz: *Er uns ginadon sinen riat, thaz sulichan kuning uns gihialt* Ol 27. – *Inti fuorun alle thaz biiahin thionost* (*et ibant omnes. ut profiterentur*) T 85,12 f.

Anm. 1. Zur Ersparung eines pronominalen Subjekts als einleitendes Element in relativen Attributsätzen („Asyndese“) s. § 176.

Anm. 2. Bei Namensnennungen mit dem Verb *heizan* kann das pronominale Subjekt unterbleiben (vgl. Karg 1930): *er was fon kastelle, … thar Martha was joh Maria, joh heizit ouh Bethania* O 3,23,9 f. – *In demo mere ist einez, heizzet serra* (*Est et animal in mare, quod dicitur serra*) Phys 104.

2.1.2. Pronominales Subjekt und Nullsubjekt im Textvergleich

Ein Vergleich vorlagen- und aussagegleicher Sätze in den Monseer Fragmenten und im Tatian zeigt, dass im früheren Ahd. Variabilität bei Setzung und Nichtsetzung des Subjektpronomens bestanden haben muss. Das Subjekt kann im Ahd. fehlen, weil – allerdings nicht als Ursache, sondern als Bedingung der Möglichkeit! – die distinktiven (noch nicht abgeschwächten) Verbalendungen noch klare Referenzbezüge erlaubten. **§ 23**

Setzung in MF, Nichtsetzung in T: *Enti genc er in sceffilin ubar ferita dhen geozun* MF 1,5 f., aber: *steig tho in skifilin inti ferita* T 193,1 f. (*Et ascendens in nauiculam* (T lat. *nauicula*) *transfretauit*). – *Ibu uuir uuarim in unserero fordrono tagum ni uuarim uuir iro kamahhun* MF 18,8–10, aber: *oba uuir uuarin in tagon unsero fatero niuuarimes iro ginozza* T 505,1–3 (*si fuissemus in diebus patrum nostrorum, non essemus socii eorum*). – *Uuizit ir daz after zueim tagum uuerdant oostrun* MF 21,16–18, aber: *uuizzit thaz after zuein tagon ostrun uuerdent* T 547,18 f. (*scitis quia post biduum pascha fiet*).
Nichtsetzung in MF, Setzung in T: *Uuar iu sagem* MF 21,9, aber: *uuar quidih iu* T 547,9 (*Amen dico vobis*). – *enti ni uueltun queman* MF 15,8, aber: *sie niuuoltun quemen* T 423,3 (*nolebant uenire*). – *Kenc in der chuninc duo daz kasahi dea sizzentun* MF 15,25, aber: *gieng tho ther cuning thaz her gisahi thie sizenton* T 425,20 f. (*Intrauit autem rex, ut uideret discumbentes*).
Entsprechende Varianten bieten Glaubensbekenntnisse, Taufgelöbnisse und Beichten: *Kilaubu in kot fater almahticun* Pn 8 und *Gilaubiu in got fater almahtigon* WK 47 (*Credo in unum deum patrem omnipotentem*), aber: *Ih gilaubu* Frk. Taufgel 6–13 (mehrmals). – *Trohtine gote almahtigen bigiho mina sunta* Würzb. B 1, aber: *Ih gihu gote alamahtigen fater* Lorscher B.
Ferner können unterschiedliche Versionen ein und desselben Textes hinsichtlich Setzung und Nichtsetzung eines Subjektpronomens divergieren: *daz imo der truhtin sama deo sino flazze … danna er quidit* Freis. Pn A 58–51, aber *daz imo der truhtin deo sino ulazze, denne quidit* Freis. Pn B 60 f.

Anm. In *Ist giuuisso gilauba rehtiu, thaz gilaubemes endi biiehames* WK 90 ist vor *giloubemes* das Wort *uuir* getilgt, was als Unsicherheit hinsichtlich Setzung oder Nichtsetzung eines pronominalen Subjekts interpretiert werden kann (vgl. StD, 99, Anm. 2).

Eine Besonderheit bieten die Otfrid-Handschriften V und P, die eine Reihe von Fällen enthalten, in denen offenbar aus metrischen Gründen Subjektpronomina interlinear nachgetragen sind. In V wurde das Pronomen zweimal radiert. Durch derartige Hinzusetzungen und Tilgungen wurden fehlende Verssenkungen gewonnen bzw. überschüssige Senkungssilben beseitigt.

1. Nachgetragenes Subjektpronomen in V

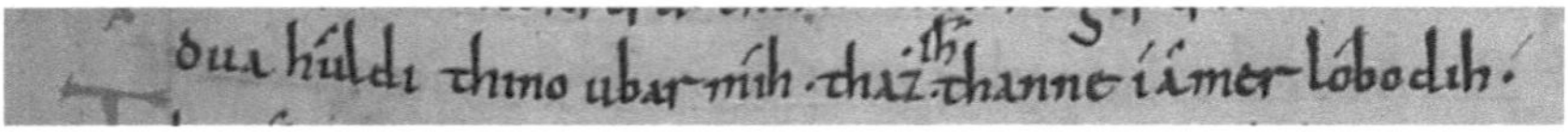

Abb. 1: Otfrid Hs. V. 14^{r}

dua huldi thino ubar mih . thaz ^{ih} thanne iamer lobo dih (1,2,48; V 14^{r}). Weitere Fälle: *thaz ^{er} mir hiar ni derre . ouh uuiht mih ni gimerre* (1,2,30; V 13^{v}). – *Ih bin quad ^{si}, gotes thiu . zerbe giboraniu* (1,5,65; V 19^{r}). – *thaz ^{er} ubarmuati gisciad fon ther guati* (1,7,14; V 20^{r}). – *sprah er, thaz uns thie altun . forasagon zaltun* (1,10,2; V 22r). – *mit ougon bliden ^{er} sie intfiang . ioh ufan einan berg giang* (2,15,14; V 64^{v}). – *Mit thiu ^{ir} thanne irfullet thaz forasagon singent* (2,23,5; V 70^{r}). – *thia selba kleinun uuizzi . thia scribent ^{sie} uns zi nuzzi* (3,7,62; V 81^{r}). – *Thu bist man einfolt . thu quist ^{thu} uueses avur got* (3,22,45; V 104^{v}). – *Sar so iro sito bilidi . ^{sie} thih gileggent ubari* (4,5,33; V 119^{r}). – *Uuest er selbo ouh so iz zam . thaz ^{er} uns fon gote quam* (4,11,9; V 125^{v}). – *So ^{er} in gizeigota thar . so uuard er unfrauuer sar* (4,12,1; 127^{r}). – *thes meisteres in uuara . habetun ^{sie} mihila hera* (4,12,32; V 127^{v}). – *tho sprah ^{er} uuorton heizen . thia kuanheit uuolt er ueizen* (4,13,40; V 132^{v}). – *Zi in sprah ^{er} tho sar . ih bin iz selbo, thaz ist uuar* (4,16,39; V 132^{v}). – *Tho quad druhtin sage mir . sprichis sulih ^{thu} fon dir?* (4,21,7; V 138^{r}) – *Bigondun odo zellen . ziu then ^{sie} scoltin quellen* (4,26,11; V 142^{r}). – *ni uuirdit thing ^{ih} sagen thir thaz . er noh sidor sulichaz* (5,20,16; V 176^{r}). – *Thes ^{sie} mih batun harto . selben gotes uuorto* (5,25,9; V 187^{v}).

2. Getilgtes Subjektpronomen in V

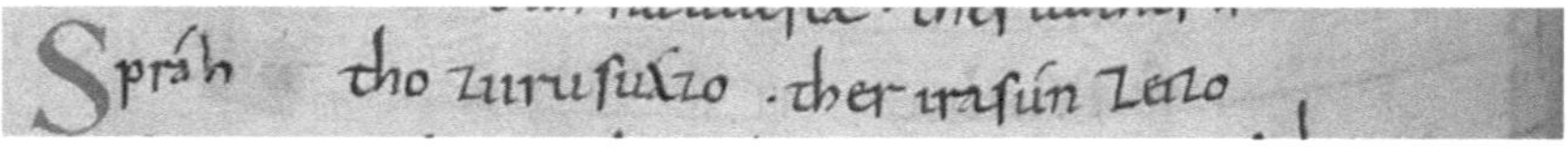

Abb. 2: Otfrid Hs. V, 52^{v}

Sprah [~~er~~] *tho zi iru suazo . ther ira sun zeizo* (2,8,15; V 52^{v}). – *Mih scal man, quad* [~~er~~] *gifahan . ufan kruzi hahan* (3,13,5; V 86^{v}).

Daraus kann gefolgert werden, dass Otfrid Setzung und Nichtsetzung des Subjektpronomens metrischen Belangen unterordnete.

2.1.3. Implizitheit

§ 24 Es lassen sich unterschiedliche Strukturtypen erkennen. Zunächst ist zu unterscheiden zwischen absoluter und relativer Implizitheit: Relative Implizitheit ist dann gegeben, wenn sich im satzin- oder -externen Kontext eine Größe befindet, auf welche die jeweilige Verbform bezogen werden kann. Dagegen liegt absolute

Implizitheit dann vor, wenn das Prädikat eines subjektlosen Satzes auf keine explizite Bezugsgröße innerhalb des betreffenden Satzes oder des weiteren Kontextes referiert, sondern aus dem außersprachlichen Zusammenhang zu erschließen ist. Einfluss haben auch lat. Textvorlagen.

2.1.3.1. Absolute Implizitheit

Potenziell kommen hier alle finiten ahd. Verbformen in Betracht. Unterschiedliche Häufigkeiten im Gesamtmaterial sind auf die unterschiedlich hohe Frequenz der einzelnen Formen in den Texten zurückzuführen. Mögliche Kontexte für die 1. und 2. Sg. und Pl. sind direkte Reden und performative Texte wie Beichten, Glaubensbekenntnisse und Gebete. Auch die Pariser Gesprächssätze enthalten Beispiele; hier ist der Personalbezug (fiktiv) situativ bedingt. **§ 25**

1. Aufgrund der evidenten Deixis müssen 1. und 2. Person nicht explizit ausgedrückt werden (zu Imperativ und Adhortativ s. § 119).

1. Sg.: *ne roche betaz* (*non curo*) Par. Gespr. 291,47. – *gihorsam niuuas* Mainzer B 12 f. – *mina kirichun so nisuahta* Pfälzer B 8 f. – *wettu irmingot* [...] *obana ab heuane* Hl 30. – *pifilhu min herza* Emm A 311,11. – *Chumo kiskreib filo chumor kipeit* Schreiberv. – *ni wanu thaz si iz wessi* O 1,11,34. – *Kilaubu in kot fater almahticun, kiscaft himiles enti erda* Pn 8 (*Credo in unum deum patrem omnipotentem*). – *Trohtine gote almahtigen bigihomina sunta*. – *thes ni bin uuirdig giscuohu zitraganne* (*cuius non sum dignus calciamenta*) T 111,1 f.; *giloubu trohtin* (*credo domine*) 313,1 f. – *pin cot staracher anto* (*Ego sum deus fortis zelotes*) Gl 1,335,55 f. – Antwort auf eine Frage: *Guats tata cher dare* – *Guas tare guesenda* 'was tatet Ihr dort? – Wurde geschickt' Par. Gespr. 295,103 f.

2. Sg.: *thar lisist scona gilust ana theheiniga akust* O 1,1,30. – *Ni ghibis dhinemu heileghin zi chisehanne unuuillun* (*Nec dabis sanctum tuum uidere corruptionen*) Is 43,22. – *drim spurtim miin laucnis* (*ter me negabis*) MF 23,19 f. – *uuaz suochis* (*quid quaeris*) T 281,4.

1. Pl. Ind.: *in dhemu uuorde chilaubemes sunu* (*in uerbo filium credimus*) Is 15,6 f.; *In sines mundes gheiste instandemes chiuuisso heilegan gheist* (*in spiritu oris eius spiritum sanctum intellegimus*) 7–9. – *Meistar uuellemes fona dir sum zeihhan gasehan* (*Magister, uolumus a te signum uidere*) MF 6,27 f. – *sohtum daz uns durft uuas* (*Quesiuimus Quod nobis Necesse fuit*) Cass 12,41–43.

1. Pl. Konj. (Adhortativ): *Nu fergomes thia thiarnun* O 1,7,25. – *mit gareuuem bilidum dhes heilegin chiscribes eu izs archundemes* (*exemplis sanctarum scribturarum adhibitis demonstremus*). – *Nu auur folghemes dhera bigunnenun redha* (*Nunc uero sequamur debitum ordinem*) Is 30,15 f. – *farames zi bethleem* (*transeamus usque bethleem*). – *meistar uuaz tuomes* (*magister quid faciemus*) T 107,26. – *thaz gilaubemes endi biiehames* (*ut credamus et confiteamur*) WK 90 f.

Imp. 2. Pl.: *uuizut daz danne nah ist sumere* (*scitis quia prope est aestas*) MF 19,13 f.; *Huuederan uuellet* (*quem uultis*) 24,29. – *inti noh sina stemma eo in altere gihortut* (*Et neque uocem eius umquam audistis*) T 293,9 f. – *uuar uuarut* (*Ubi fuistis*) Cass 12,39; *uuaz sohtut* (*Quid quisistis*) 40.

2. Die subjektlose 3. Sg. steht in den Monseer Fragmenten und im Tatian vielfach dann, wenn Jesus ungenannt als Handelnder oder Sprechender implizit mitzuverstehen ist. Des Weiteren kann ein Handelnder oder von einer Handlung Betroffener auch dann ungenannt bleiben, wenn aufgrund des Situationskontextes gesichert ist, wer gemeint ist.

duo quhat dhemo lamin (*tunc ait paralytico*) MF 1,19. – *enti gaheilta inan* (*et curauit eum*) 5,15. – *tho quad iru* (*et tunc ait illi*) T 273,29; *inti toube teta horente inti stumme sprechente* (*et surdos fecit audire. et mutos loqui*) 275,20 f. – Andere Personen: *inti sliumo uuard* (die geheilte Frau, von der in der Erzählung die Rede ist) *arrihtit* (*et confestim erecta est*) T 343,9. Ferner konjunktivisch: *ni eino nisi* (der Kranke) *ni in tag ni in naht* 'nicht sei bei Tag und Nacht allein' Bas Rez. 9.

3. Durch den subjektlosen Gebrauch der 3. Pl. kommt zum Ausdruck, dass etwas undifferenziert eine allgemeine Meinung oder Praxis ist. Die betreffenden Personen(gruppen) müssen nicht näher konkretisiert werden.

So sagant, daz ... so si Vuirziburgo marcha vnte Heitingesueldono vnte quedent, daz ... Würzb. Mb. 2,62–64. – *joh lesent thar in lante gold in iro sante* O 1,1,72. – *Unbiuuizssende sindun* (*Ignorantes*) Is 13,17. – *butun imo bifora laman licchentan in baru* (*offerebant ei paralyticum iacentem in lecto*) MF 1,7. – Ähnlich: *tho brahtun zi imo touban inti stumman* (*et adducunt ei surdum et mutum*) T 275,4; *inti nincnatun inan* (*et non cognouerunt eum*) 307,29 f. – *Diz chit per yroniam chocchil muosont* Kruse 2011, 27 (11. Jh.).

4. Aussagen mit 'sein' und 'werden' können ohne explizites Subjekt stehen.

Lit.: Vogel 2006.

Ist wola so gimeinit, wanta er then liut heilit O 1,14,7. – *ni uuas imu dhuo einighan fal ardeilendi* (*non rapinam arbitratus est*) Is 23,12 f. – *Druhtin ist auh, bidhiu huuanda ...* (*Dominus*) 24,29. – *enti ist dir danne guotlihhora* (*et erit tibi utilius*) MF 14,15 f.; *so du gabiutis uuirdit* (*cum iusseris fiet*) 39,26. – *uuard tho tho gitoufit uuas al thaz folc* (*Factum est autem cum baptizaretur omnis populus*) T 111,29 f.

5. In Kapitelüberschriften der Isidor-Übersetzung bleibt das Subjekt unausgedrückt, wenn auf eine Autorität des Alten Testaments Bezug genommen wird.

hear quhidit umbi dhea bauhnunga dhero dhrio heideo gotes (*de trinitatis significantia*) Is 13,4–6.

2.1.3.2. Relative Implizitheit

§ 26 1. Ein implizit mitzudenkendes Subjekt ist im vorausgehenden Textzusammenhang bereits genannt. Die Distanz zwischen Verb und Bezugsgröße ist variabel.

ni waniu ih iu lib habbe Hl 29, Bezug: *min fater* (in 17). – *ze untarne uuizzun thaz, er zeinen brunnon kisaz* Sam 2, Bezug: *uuir* (in 1). – *mit zuuem* [sc. *fethdhahha*] *dhehhidon siin antlutti endi mit zuuem dhecchidon sine fuozssi endi mit zuuem flugun* (*Duabus uelabant faciem eius et duabus uelabant pedes eius et duabus uolabant*) Is 20,6–9, Bezug: *seraphin dhea angila* (in 4 f.). – *see saar kasahhun enti folgetun imo* (*confestim uiderunt et secuti sunt eum*) MF 14,27, Bezug: *zuene plinte* (in 18). – *Inti quamun tho ilente* (*et uenerunt festinantes*) T 87,23, Bezug: *thia hirta* (in 19).

2. Ein vorausgehender Imperativ ist bezugsgleich mit dem Prädikat des nachfolgenden Aussagesatzes.

   Lis forasagon altan, thar findist inan gizaltan O 1,23,17.

3. Ein nicht-nominativisches Satzglied ist mit dem impliziten Subjekt referenzgleich.

   Nu ligit uns umbitherbi thaz unser adalerbi, ni niazen sino guati O 1,18,17 f. – *fona diin selbes uuortum gauuisso garehtsamos enti fona diin selbes uuortum suntigan dih gasahhis* (*ex uerbis tuis condemnaberis Ex uerbis enim tuis iustificaveris*) MF 6,23–25. – *herro gib mir thaz uuazzar thaz mih ni thurste noh ni queme hera scephen* (*Domine da mihi hanc aquam ut non sitiam. neque ueniam huc haurire*) T 277,31–279,1. – *Ther sizzis az cesuun fateres, ginadho uns* WK 116.

4. Eine subjektlose 2. Sg. ist referenzgleich mit der angeredeten Person.

   Erro. guillis trenchen guali got guin (*si uis bibere bonum uinum*) Par. Gespr. 290,75. – *meistar uuar artos* (*magister ubi habitas*) T 117,11. – *Iz ist karo gagen dir. so du chumest. Vuarazuo chumest?* Np 30,26 f. [34,2].

5. Asyndetische Relativsätze können ohne explizites Subjekt sein.

   uue demo in uinstri scal sino uirina stuen ‘wehe dem, [der] in der Finsternis seine Strafe verbüßen wird’ Musp 25. – *So wer so ouh muas eigi, gebe themo, ni eigi* ‘wer zu essen hat, gebe dem, [der] nicht hat’ O 1,24,7. – *dhrato mihhil undarscheit ist undar dhera chiscafti chiliihnissu endi dhes izs al chiscuof* (*multum distet imago creaturę ab eo, qui creauit*) ‘ein sehr großer Unterschied ist zwischen dem Ebenbild des Geschöpfes und dessen, [der] das alles erschuf’ Is 8,5–8. – *Enti aer antuurta demo za imo sprah* (*at ipse respondens dicenti sibi ait*) ‘und er antwortete dem, [der] zu ihm sprach’ MF 7,24.

2.1.4. Sätze mit „Scheinsubjekt“ *iz*

Wenn das Pronomen *iz* formal gesehen die Subjektstelle oder die Stelle eines Prädikatsnomens einnimmt, aber keinen referentiellen Bezug aufweist, liegt ein Scheinsubjekt vor. § 27

Lit.: Behaghel 1923 § 203; Brugmann 1917; Dal/Eroms 2014 § 123; Erdmann 1876 § 71; Fleischer 2011, 213–225; Große 1990; Lenerz 1992; Miyashita 2013; Näßl 1996; Paul 1919 § 22–24; Schröbler/Prell 2007 § S 36. 113; Wilmanns 1909 § 220.

1. Bei Verben oder verbalen Ausdrücken, die im weitesten Sinne Vorgänge ohne handelnden Agens bezeichnen, steht kein referentielles Subjekt, sondern stellvertretendes *iz*. Das betrifft vor allem Naturerscheinungen.

âbandên: *uuone mit uns uuanta iz abandet* (*mane nobiscum quoniam aduesperascit*) T 675,2 f. – *nahtên*: *Unde iz nahtet. êr an himele sternen skinen* Nb 17,13 f. [14,7]. – *reganôn*: *uuanda iz tanne filo regenot* Nc 754,3 [69,17]. – *wâen*: *so iz uuath, so uuagont te bovmma* Sprichw.

Anm. 1. Weitere Witterungsverben sind vorlagen- und textsortenbedingt nicht mit *iz*, sondern mit nominalen Subjekten belegt: *so unser trohtin donorot uone himeli* (*intonuit de caelo dominus*) Npw 43,9. – Auch metaphorisch: *So uarent skinbaro blecchezzende diniu sper* (*ibunt in splendore fulgurantes hastae tuae*) Np 622,14 f. [553,8 f.].

2. Verbum *wesan*/*sîn*

Lit.: Adelberg 1960.

thoh Medi iz sin joh Persi O 1,1,86. – *Truhtin ibu du iz sis* (*Domine si tu es*) MF 39,19 (ähnlich 25). – *uuer iz uuas* (*quis esset*) T 287,2. – *taranah uuaren iz manige socratici* Nb 101,20 [88,7].

Anm. 2. Das Pronomen kann unterbleiben: *so ist kiuuisso* (*Uerbatinus*) Gl 1,264,30 (8. Jh.).

3. Formelhaft in Notkers Schriften (zahlreiche Belege AWB 7,453–457) ist zitateinleitendes *iz chit* in der Bedeutung ‘es heißt’, ‘es steht geschrieben’.

Also iz fone imo chit Np 23,27 f. [27,22]; *Also iz chit* 577,11 [510,26].

4. Kataphorisch vorausverweisend

Auf Hauptsatz: *Tho niuuas iz burolang, Fand her thia Northman* Ludw 44.
Auf Nebensatz: *Wanana ist iz, fro min, thaz ih es wirdig bin* O 1,5,35.

2.2. Einwertige Verben

2.2.1. Unpersönliche Verben

§ 28 Als Prädikate subjektloser Sätze erscheinen Verben, die etwas bezeichnen, das jemandem ohne dessen Einfluss oder bewusste Absicht widerfährt. Die Valenzstelle kann mit Ergänzungen in unterschiedlichen Kasus (Akkusativ, Dativ oder Genitiv) besetzt sein.

Lit.: Admoni 1990, 44–46; Barðdal u.a. 2016; Behaghel 1923 § 485; Erdmann/Mensing 1898 § 152–156; Hennig 1957; Schröbler/Prell 2007 § S 36 (6.4). 60.

1. Akkusativ

angusten: *mich angistit* (*Coartor*) Gl 1,405,30 f. (12. Jh.). – *thursten* und *hungeren*: *Ther trinkit thiz uuazzer, be demo thurstit inan mer* Sam 18. – *huuaz dauid teta duo inan hungarta* (*quid fecerit dauid, quando esuriit*) MF 4,6 f. – *Nemag tie richen nieht hungaren noh tursten na?* (*Num enim diuites esurire nequeunt? Num sitire non possunt?*) Nb 143,18 f. [121,30 f.]. – *Daz in hungerota unte dursta* Will 93,9 [173,9 f.]. – *langên*: *Ob uns in muat gigange, thaz unsih heim lange* O 1,18,31. – *ginah*: *enti ganah inan* (*et habundabit*) MF 8,20. – *slâfôn*: *mih slaphota fore urdruzedo* (*Dormitauit anima mea prae tedio*) Np 507,25 [446,19]. – *unlustidôn*: *unlustidot mih* (*Taedet me*) Gl 1,313,23 (9. Jh.).

2. Dativ

angên: *mir anget* (*Coartor*) Gl 1,405,29 f. (11. Jh.). – *brestan*: *ni brast iro iowanne* O 2,4,100. – *Uuanda bristet rehte. so neist iz reht* Nk 463,15 [108,3 f.]. – *mengen*: *ube imo menget. so neist er sufficiens* (*si quo egeat. plenam sufficientiam non habebit*) Nb 213,10 [173,28 f.]. – *nôtên*: *So imo daranah noten gestat. so uerlazet er daz liebera* Nb 164,13 f. [138,8 f.]. – *sîn/wesan*: *imo ist uuola* (*Valet*) Thoma 1975, 8,17. – *troumen*: *Tannan ouh tir troumet. in dinemo muote* (*Quam tuus quoque animus somniat*) Nb 127,9 f. [109,29 f.]. – *tuon* 'widerfahren': *Thera ferti er ward irmuait, so ofto farantemo duit* O 2,14,3. – *unmahten*: *unz imo so unmahta. daz er des kendota* Nb 155,30 [131,30–132,1]. – *unwillôn*: *daz imo unuuillota. unde er einen feim erspeh* Nb 299,32–300,1 [229,11]. – *(gi)zemmen*: *so gotes thegane gizam* Ol 42. – *daz iro iz so filo baz zame* Nc 786,29 [104,8].

3. Genitiv

zigangan: *Tho zigiang thes lides* O 2,8,11. – *ginuogen*: *uuisest tu mih ze allero fragon meistun. tero niomer antuuurtes negenuoget* (*uocas me ... ad rem omnium. quesitu maximam. cui uix exhausti quicquam satis sit*) Nb 272,9 f. [211,8 f.]. – *gi-*, *zirinnan*: *daz dinero chrefto negerinnet sia zeirfollonne* Np 533,3 f. [470,7 f.]. – *Ni zirinne herrin fona iudae noh herizohin fona sinem dheodum* (*Non deficiet princeps ex iuda nec dux de faemoribus eius*) Is 34,13–15.

Hierzu reflexiv (Akk.)

niotôn: *sines obezes nietet mih* (*fructus eius dulcis gutturi meo*) Will 29, 2 [65,31].

2.2.2. Einwertige Verben mit Subjekt

1. Verben, die einen Zustand oder einen Vorgang an sich bezeichnen. § 29

(gi)skehan: *welaga nu, waltant got wewurt skihit* Hl 49. – *werdan*: *dar uuirdit diu suona* Musp 78. – *wesan*: *dat ero ni uuas noh ufhimil* Wess 2.

2. Imperfektive (durative) Verben

brinnan: *prinnit mittilagart* Musp 54. – *thîhan*: *Thaz kind … so scono theh zi guate* O 1,16,23 f. – *haftên*: *diu unreinissa diu after des chindes kiburti haftet* (*Inluuies secundarum*) Gl 1,282,32–34 (9. Jh.). – *lebên*: *inti her lebet thuruh mih* (*et ipse uiuet propter me*) T 263,19. – *liuhten*: *noh mano niliuhta, noh der mareo seo* Wess 5. – *sitzen* 'leben, existieren': *Sitzent israheles suni ano chuninc* (*Sedebunt filii israel sine rege*) Is 36,1 f. – *(gi)skînan*: *dhiu selba stat chischeinit undarliihhem zeichnum* (*locus ipse coruscans miraculis*) Is 43,11–13. – *wahsan*: *dar diu mandragora uuasset* Phys 81.
Weitere: *(ir)altên*; *angusten*; *armên*; *artôn*; *bibên*; *(ir)bleihhên*; *bluoen*; *thîhan*; *(fir)thorrên*; *fliogan*; *fûlên*; *gluoen*; *naffetzen*; *nazzên*; *rîfen*; *rîhhisôn*; *stantan*; *strangên*.

Hierzu reflexiv (Akk. oder Dat.)

Akk.: *firswelhan*: *muor uarsuuilhit sih* Musp 53. – *managfaltôn*: *in persecutione manigfaltoton sih coronę martyrum* Np 9,9 f. [14,17 f.]. – *warnôn*: *so skulun wir unsih warnon* O 2,3,56.
Dat.: *inbîzan*: *Enbez mer dar* (*disnaui me ibi*) Par. Gespr 281,23 (mit Subjektellipse). – *borgên* 'sich hüten': *Harto sageta er imo thaz, thaz er mo borgeti thiu baz* O 2,6,5. – *(gi)furhten*: *Ni forihti thir, biscof* O 1,4,27. – *diu folc gaforahtun im* (*gentes timuerunt*) MF 1,22. – *bigoumen*: *thaz thu bigoumes iamer thir* O 3,17,58.

Reziprok

skeiden: *die noh fore sint … die skeident sih* Nb 301,22 f. [230,18 f.].

3. Verben mit habitueller oder iterativer Bedeutung oder ansonsten transitive Verben in entsprechender habitueller Verwendung

blecken: *so diz rehpochchili fliet, so plecchet imo ter ars* Sprichw. – *sertan*: *narra er sarda gerra* (*stultus uoluntarie fottit*) Par. Gespr 288,67. – *gihluoen*: *ni kaluaget hunt* (*Non mutiet canis*) Gl 1,335,36. – *skoffizzen, guckôn*: *Dir scolo dir scoffizit io. Vnde dir gouh der guccot io* Nl 594,8 f. [192,9 f.]. – *toufen*: *Ziu feristu inti doufist* O 1,27,45.
Weitere: *ambahten*; *atmôn*; *bibinôn*; *blâsan*; *glîzan*; *lohezzen*; *sprungezzen*; *suntôn*; *toufen*.

4. Mutative, inchoative und resultative Verben

giburien: *soso tho tag gilumphlih giburita* (*cum dies oportunus accidisset*) T 245,32–247,1. – *iraltên*: *ih mahta … uueinon. daz ih iraltet pin* Np 16,2 f. [20,15 f.]. – *irbleihhên*: *ter uone uorhton irbleichet* (*cui pallor propter timorem uenit*) Nk 456,23 f. [101,20 f.]. – *inbrinnan*: *so inprinnant die perga* Musp 51. – *gruonên*: *also in demo garten allerslahto krut gruonent* Will 67,3 f. [129,13 f.]. – *irleskan*: *huuanta *** leoht char arlescant* (*quia lampades nostrae extinguntur*) MF 20,11 f. – *irsterban*: *thaz her niarsturbi* (*non uisurum se mortem*) T 89,29. – *wîzên*: *Ter nu uuizet. ter neist noh nieht uuiz* Ni 521,1 [28,15 f.].
Weitere: *fir-*, *irblîhhan*; *entôn*; *fallan*; *irfûlen*; *biginnan*; *irjungên*; *muodên*; *(ir)queman*; *in(t)slâfan*; *(ûf)irstandan*; *sterban*; *irstummên*; *(fir)werdan*.

Hierzu reflexiv (Akk., Dat., Gen.)

Akk.: *(gi)burien*: *so burrent sih predicatores* Np 435,11 [381,26]. – *nu vernimet, wanan sich thaz leyth geburede* Will Lei 11,1 f. – *irheffen*: *irhuabun sie sih filu frua* O 1,13,8. – *lâzan*: *Nelazen unsich nieht ana christianam religionem* Np 5,17 f. [11,8 f.]. – *zilôsen*: *inti zilosta sih gibenti sineru zungun* (*et solutum est uincuulm linguę eius*) T 275,14. – *nâhen*: *uuanta nahit sih himilo richi* (*adpropinquauit enim regnum cœlorum*) T 103,1 f. – *gioffanôn*: *sliumo giofnotun sih sinu orun* (*statim apertae sunt aures eius*) T 275,13. – *(h)ruoren*: *enti diu himilo megin sih hruorent* (*et virtutes caelorum commovebuntur*) MF 19,4. – *ûfirstandan*: *uf erstuont sik Gorio dar* Georgsl 29.

Dat.: *gihirmen*: *dannan ircham der sundigo. unde gehirmeda imo* Np 305,11 f. [270,17 f.].

Gen.: *îlen*: *Sie iltun iro thuruh not* O 5,16,9. – *stant uf … ile din unte kum uure* Will 38,4–6 [75,25–28].

5. Abgeleitete (denominale) Verben

bluoten: *unz dęz iz blode* Bas. Rez 23. – *bluomôn*: *Ube du ouh pluomon uuellest. so daz felt kestrubet si* Nb 44,11 f. [35,27]. – *lîbfestigôn*: *geist ist the dar libfestigot* (*Spiritus est qui uiuificat*) T 265,5. – *predigôn*: *wola prediiot er dar* Georgsl 29. – *riohhan*: *ruore die berga so riechent sie* (*Tange montes et fumigabunt*) Np 590,6 f. [523,22]. – *zilôn*: *so zilot iuer hera sar* O 2,14,48.

Weitere: *ferzen*; *fiskôn*; *fuozfallôn*; *suntôn*.

6. Reflexive Verben (Akk., Dat. oder Gen.), die eine Emotion (Verba sentiendi), eine gedankliche (Verba cogitandi) oder kommunikative Tätigkeit (Verba dicendi) bezeichnen.

Akk.: *belgan*: *so er sih biginnit belgan* O 1,23,39. – *ziblâen*: *Nizaplait sih* (*non inflatur*) MF 29,13. – *einôn*: *Sus einoton sie sic* Np 5,16 [11,7]. – *irheffen*: *bidiu sih ni arheuit in desem uzserom otmahlum* (*de bonis se exterioribus non exaltat*) MF 29,24 f. – *gi(h)ruoren*: *zi nohenigeru rahhu sih ni gahrorit* (*ad nullius se ultionis suae motus excitat*) MF 30,6. – *irkennen*: *Archennita sih huuaz imo uuas* (*Agnouit quid sibi esset a se*) MF 39,22. – *biknâen*: *Ob er sih thoh biknati* O 2,6,43. – *mîdan*: *ni meid sih, suntar sie ougti* O 1,11,38. – *irqueman*: *daz ih mih erquam in minen gedankon unte in minemo sinne* Will 79,6 f. [153,11–13]. – *riuwan*: *hrau sih duo* (*paenitentia ductus*) MF 23,28. – *biruohhen*: *wir unsih ouh biruachen* O 1,18,2. – *firsehan*: *die sih ze imo fersehent* (*qui confidunt in eo*) Np 7,17 [13,2]. – *skamên*: *Oh schameen sih nu dhea aerlosun* (*Erubescant itaque impii*) Is 23,5. – *firstantan*: *ther firstuant sih filu mer* O 4,331,5. – *wânen*: *uuanet iuuih in denselbon euuin lib haben* (*putatis in ipsis uitam aeternam habere*) T 293,16 f. – *gizumftîgôn*: *oba zuuene fon iu gizuftigont sih obar erdu* (*si duo ex uobis consenserint super terram*) T 331,1 f.

Dat.: *bithenken*: *uuanda er imo selbo bedenchen sol* Nb 209,9 [171,15 f.]. – *furhten*: *harto foraht er mo thoh* O 1,4,47. – *menden*: *bin mir menthenti in stade stantenti* O 5,25,100.

Gen.: *furhten*: *dannan beginnent sie iro selbero furhten* (*Videbunt multi. et timebunt*) Np 145,17 f. [134,11]. – *helfan* ‘sich beeilen / bemühen’: *ni half ther ander thiu sin min* ‘der andere bemühte sich um nichts weniger’ O 5,5,7.

2.3. Zweiwertige Verben

2.3.1. Subjekt und Akkusativobjekt

§ 30 1. Die große Menge der transitiven Verben steht (per definitionem) mit einem Akkusativobjekt (nachfolgend nur eine geringe Auswahl).

gib e r a n: *Inti gibar ira sun eristboranon* (*et peperit filium suum primogenitum*) T 85,24. – b r e n n e n: *braenni salz endi saiffun* Bas. Rez 21. – h e f t e n, l e t z e n: *suma hapt heptidun suma heri lezidun* Mers 2. – i n f â h a n: *diu eina, diu kesta imfieng* PrSA 1,3. – f r u m m e n: *Dhuo ir himilo garauui frumida* (*Quando praeparabat cęlos*) Is 1,2 f. – g a r a w e n: *garutun se iro guđhamun* Hl 5. – g e b a n: *Der zitigo sinen uuuocher gibet* Np 4,1 f. [9,20]. – g e l t a n: *hwe man weragelt gelte* (*De conpositione homicidii*) LexSal 5. – k u s s e n: *nu cumer selbo unte cusse mih* Will 1,3 f. [45,5 f.] – r i h t e n: *er ostarrichi rihtit* Ol 2. – i r s t e r b e n 'töten': *die mina sela suochent daz sie sia ersterben* [*qui querunt animam meam ut auferant eam*] Np 149,2 f. [137,14 f.]. – *(ir)wecken*: *engila ... uuechant deota* Musp 79 f. – *Druhtin ... fon dothe inan irquictos, then lichamon iruuagtos* O 3,1,21. – w î h e n: *uuihi namun dinan* (*sanctificetur nomen tuum*) Pn 1. – g i w i n n a n: *denne der man in pardisu pu kiuuinnit* Musp 16. – g i w r k e n: *du himil enti erda gauuorahtos* Wess 10.

Anm. 1. Ein Sonderfall ist die Figura etymologica teilweise nach lat. Vorbild: *fruma frummenti enti scadun vuententi* Priestereid 2 f. – *ther sulih werk wirkit* O 3,20,150. – *guot uuerc uuirkit siu in mir* (*opus bonum operata est in me*) T 485,23 f. – *Nicuret iu trisiuuen treso in erdu* (*Nolite thesaurizare uobis thesauros in terra*) 153,12 f. – *thaz her gisiht gisah In templo* (*quod uisionem uidisset In templo*) 69,25 f. Bei einem intransitiven Verb (nach lat. Muster): *Iro slaf sliefen die richen* (*Dormierunt somnum suum*) Np 304,25 [270,4]. Vgl. Schröbler/Prell 2007 § S 61:2.

Hierzu reflexiv (Dat.)

a h t ô n: *Oba thu es wola drahtos, in muate thir iz ahtos* Oh 49. – t h e n k e n: *Er thahta imo ouh in gahi thia managfaltun wihi* O 1,8,13. – f i n d a n: *der sparo findet imo hus* Np 347,14 f. [307,4 f.]. – f r e z z a n: *die imo in sicilia der riso poliphemus vuuotigo fraz* Nb 298,19 f. [228,9 f.]. – h u l d e n: *Mit zuhtin si er mo huldta* O 2,7,3. – l e s a n: *Lis thir Matheuses deil* O 3,14,65. – n i o z a n: *noh in thia fruma niazent* O 3,7,40. – s e h a n: *Sih tir. uuaz synagoga iudeorum teta* (Objektsatz) Np 19,16 [23,24 f.]. – b i s k o u w ô n: *biscowo thir io umbiring ellu thisu worolthing* Oh 120. – i r w e l l e n: *salig liut den er imo in erbe eruueleta* (*Beata gens ... quem elegit in hereditatem sibi*) Np 109,11 [102,9 f.]. – w i z z a n: *ibu du mi ęnan sages, ik mi de odre uuet* Hl 12. – *der the galaupa noh imo niuueiz* (*qui hanc fidem nescit*) Exh A 30 f.

Anm. 2. Die Abgrenzung von freien Dativen (§ 9) ist hier problematisch.

2. Als Sonderfälle können reziproke Verwendungsweisen gelten.

z i s a m a n e f u o g e n: *mit minnon io ginuagen zisamane unsih fuagen* O 3,7,8. – z i s a m i n e h a l s e n: *sie sih al zesamine gehalset unde gezumftet habetin* (*inter se potirentur quodam complexu ac foedere cęlicolarum*) Nc 693,4 f. [7,5]. – *(h)ruoren*: *sih untar in ruartin* (*zisamane gifuagtin*) O 4,29,42. – k u s s e n: *Reht unde frido chuston sih* (*iustitia et pax osculatae sunt)* Np 352,14 f. [311,12]. – *muozen*: *đat sih urhettun œnon muotin, Hiltibrant enti Hađubrant untar heriun tuem* Hl 2 f. – *skouwôn*: *scouuotun sih tho untar zuisgen (Aspiciebant ergo ad inuicem)* T 557,26. – *firtragan*: *wir unsih io firdragen hiar* O 3,5,21. – *gizumftîgôn*: *oba zuuene fon iu gizuftigont sih obar erdu (si duo ex uobis consenserint super terram)* T 331,1 f.

2.3.2. Subjekt und Dativobjekt

Eine große Anzahl von Verben verlangt neben dem Subjekt ein formales Dativobjekt, ohne dass sich eine bestimmte homogene semantische Funktion feststellen ließe. Synchron zeichnen sich jedoch gewisse semantische Domänen des Dativobjekts ab. Dass die Zuordnung einzelner Verben diskutabel bleibt (parallel beim Genitiv, s. § 33), muss in Kauf genommen werden. Zu Dativen ohne Objektstatus s. § 8–11. **§ 31**

1. Gruppe 1: Im Dativ steht eine Größe, der sich das Subjekt in einer konkreten oder abstrakten Weise zuwendet, der es zugehörig ist, von der es in einem positiven oder negativen Sinne betroffen ist. Hierher wird auch der Dativ bei Verba dicendi gerechnet.

gibâgan: *daz ist allaz so pald, daz imo nioman kipagan nimak* Musp 76. – *irbarmên*: *mir irparmet diu menigi (Misereor super turbam)* Gl 817,31 f. (11. Jh.). – *thionôn*: *Ther gerno gode thionot* Ludw 2. – *folgên*: *Nu auur folghemes dhera bigunnenun redha (Nunc uero sequamur debitum ordinem)* Is 30,15 f. – *helfan*: *Temo uueisen hilfest tu (Pupillo tu eris adiutor)* Np 30,9 [33,14]. – *hôren*: *ni hori themo muate* O 1,18,40. – *biknuodilen*: *Mir becnuodelet mines uuines stimma (Uox dilecti mei pulsantis)* Will 77,1 [149,5 f.]. – *firlâzan*: *sama so uuir farlazzem scolom unserem (sicut et nos dimittimus debitoribus nostris)* WK 4. – *lîhhên*: *so lichent mir elliu dine uuort unte elliu dine uuerch* Will 44,9 f. [83,15 f.]. – *hlosên*: *Losest du mir. so bin ih din Got* Np 190,27 [172,20]. – *nâhen*: *mit thiu her tho nahita phortu theru burgi (cum autem appropinquasset portae ciuitatis)* T 183,21 f. – *nâhlîhhôn*: *inti nalichota themo huse (et appropinquaret domui)* T 327,14. – *(bi)queman*: *Boton quement mine thir* O 4,31,25. – *râtan*: *Riat got imo ofto in notin* Ol 23. – *rînan*: *nelaz iz naezen nesmeruen hrinan demo dolge* Bas. Rez 24 f. – *ruofan*: *heliase ruofit theser (heliam uocat iste)* T 645,15. – *irteilen*: *enti imo after sinen tatin arteilit uuerde* Musp 84. – *gitrûen*: *daz sie imo baz getruuuetin (ut presentem illorum securitatem)* Gl 4,351,6 (11. Jh.). – *zeinen*: *Er ... jungeron sinen zeinta* O 5,20,3. – *tugan*: *ibu dir din ellen taoc* Hl 55. – *Thie dati uns wola tohtun* O 3,21,21.
Weitere: *ambahten; antlingen; antwurten; argkôsôn; irbelgan; gibiotan; thankôn; thîhan; threwen; engen; fagôn; (gi-, mite-, nâh)faran; fluohhôn; frummen; (bi-, in)gaganen; (folla-, ir) gangan; gebôn; haftên; harên; giheizan; (gi)hnîgan; (gi)limphan; gilingan; (gi)liuben; gimagan; (gi)muntôn; ginâdên, -ôn; râtan; (ana-, ir)skînan; skiozan; skirmen; slihten; suntôn; terien; wartên; wegên, -ôbanawesan; (gi-, missi)zeman.*

Hierzu reflexiv (Akk.)

nâhen: *ni er sih iru nahti* O 1,8,21.

2. Gruppe 2: Das Subjekt entfernt sich von der mit dem Dativ bezeichneten Größe oder hält diese von sich fern.

   intfallan: *mine chrefte sint mir infallen* Np 15,5 [19,19]. – *intfaran*: *inuar uigandun* Mers 1,4. – *intfliohan*: *Thie jungoron, thiz gisahun, influhun imo gahun* O 4,17,27. – *intrinnan*: *noh du mir nindrinnes* Lorscher Bienens 5. – *inspringan*: *insprinc haptbandun* Mers 1,4. – *werren*: *thaz wir in mugun werren* O 4,14,16.
   Weitere: *gelbôn; it(a)wîzôn; merren; widarsagên; widarstantan; widarôn.*

   Hierzu reflexiv (Akk.)

   irwerren: *ih mih in iruuerren nemahta* Np 51,8 [51,5].

3. Gruppe 3: Der Dativ bei *sîn/wesan, werdan, bilîban* drückt ein Besitz- oder im weiteren Sinne ein Zugehörigkeitsverhältnis aus.

   sîn/wesan: *Mir ist ser ubar ser, ni ubarwintu ih iz mer* O 5,7,27. – *Vuirdet iro behuotet so ist iro michel lon* (*In custodiendis illis retributio multa*) Np 59,25 f. [58,20 f.]. – *Imo sint fuoze fuodermaze. imo sint burste ebenho forste* Nr 674,13–16 [162,16 f.]. – *werdan*: *Thes uuarth imo sar buoz* Ludw 3. – *daz leitit sia sar, dar iru leid uuirdit* Musp 9. – *bilîban*: *so selp so im noh ein tempel ni bileiph ... so sama ni bileiph im einich chuninc* (*iam sicut nullum templum ... ita nullus rex ... remansit*) Is 35,16–20. – *nohheiniv vntruida pilibe chinde* (*nulla suspitio remaneat puero*) BR 321,13 f.

2.3.3. Dativ und Prädikatsnomen in unpersönlicher Konstruktion

§ 32 Die Verben *sîn/wesan* und *werdan* können in unpersönlicher Konstruktion mit Dativ und adjektivischem oder adverbialem Prädikatsnomen stehen.

sîn/wesan: *in thiu was imo ginuagi* O 2,9,33. – *dien ist uuola. mir ist uue* Np 301,25 f. [267,20 f.]. – *anges ist tir morgene coram magistro* Lehmann 1928, 169.
werdan: *wanne imo baz wurti* O 3,2,30. – *so heiz ward mir* Np 141,20 [130,24 f.]. – *imo ist uuola* (*Valet*) Thoma 1975,8,17.

2.3.4. Subjekt und Genitiv

2.3.4.1. Subjekt und Genitivobjekt

§ 33 Das Genitivobjekt (Genitivergänzung, Objektsgenitiv, adverbaler Genitiv) ist Gegenstand stark divergierender Forschungsansätze unterschiedlicher theoretischer Coleur, die in diesem Zusammenhang weder referiert noch gegeneinander abgewogen, geschweige denn kombiniert werden können (Lit. s. § 20). Die Polysemie von Verben, die Heterogenität der funktionalen Verwendungsweisen des Genitivs, die Möglichkeit analoger struktureller Querbeeinflussung im diachronen Entwicklungsverlauf stehen einer konsistenten Funktionszuweisung des Genitivobjekts im Ahd. im Wege. Dies wird dann deutlich, wenn nicht nur ausgewählte Belege (womöglich nur aus einem Einzeltext) analysiert werden, sondern wenn die Breite der gesamtahd. Überlieferung in den Blick genommen wird. Nachfolgend wird deshalb versucht, eine überschaubare Anzahl semantischer Fallgruppen zu bilden, mit denen jedoch nicht die Absicht verfolgt wird, germ. oder gar idg. Kontinuitäten, Brüche oder Neuansätze aufzudecken.

Anm. 1. Zu vergleichbaren Genitiven im Zusammenhang mit Adjektiv- und Substantivvalenz s. § 59 und 62.

1. Gruppe 1 („partitiv"): Mit dem Genitiv wird eine Größe benannt, die hinsichtlich ihres Umfangs nicht näher bestimmbar, unvollständig oder nur anteilig von der Verbalhandlung betroffen ist.

inbîzan: *daz he ni protes ni lides ni neouuihtes ... ni des uuazares nenpize* Bas. Rez 13 f. – *bringan*: *Joh hiaz er sie ouh giwisso bringan thero fisgo* O 5,13,35. – *ezzan*: *thaz iagilih thes azi* O 5,11,44. – *gi-, irfullen*: *mit zuhtin sier mo huldta joh wisduames irfulta* O 2,7,3. – *hungerente gifulta guoto* (*esurientes impleuit bonis*) T 75,7. – *habên*: *noh tu nehabis kiscirres* Sam 13. – *lesan*: *Hicila diu scona min filu las* Hicila. – *(gi)trinkan*: *Ni drinku ih rehto in wara thes rebekunnes mera* O 4,10,5. – *Dero getrunchen apostoli so uuilo* Np 175,22 f. [160,5 f.]. – *unnan*: *du batis dir unnen sines kecprunnen* Sam 11. – *wizzan*: *alles tes man uuizen mag* (*omnium ... quę excogitari possunt*) Nb 295,23 f. [226,12 f.].

Anm. 2. Vgl. auch dreiwertig: *(gi)fullen*; *girihten*; *irbiotan*; *geban*; *skenken*; *unnan*.

2. Gruppe 2: Der Genitiv benennt eine konkrete oder abstrakte Größe, zu der sich ein Subjekt (in einem positiven oder negativen Sinne) mental, emotional, kognitiv, perzeptiv oder physisch hinwendet oder von der es Gebrauch macht.

beitôn: *The sin beidodun* Ludw 29. – *(ir)bîtan*: *dher selbo ist dhes dheodun bidant* (*et ipse erit expectatio gentium*) Is 34,17. – *irbeit si thes er kumo* O 3,24,50. – *Vnser sela bitet sin* (*Anima nostra sustinet dominum*) Np 110,27 [103,19]. – *bitten*: *bat tho scribsahses* (*postulans pugillarem*) T 75,30. – *Des biten ih zediu* Will 13,8 f. [53,21 f.]. – *(gi)brûhhen*: *thes municha pruhhant* (*quo manachi utuntur*) Gl 1,212,29 (8. Jh.). – *dar danne gebruchende si. des erhaftesten liehtes* Nb 230,26 f. [185,24]. – *(gi)thenken*: *Gotes minni ... ni denchit ubiles* (*non cogitat malum*) MF 29,12–15. – *so gedencho ih dannan din* (*meditabor in te*) Np 236,18 f. [212,14 f.]. – *(gi)fârên*: *herodias fareta sin Inti uuolta inan arslahan* (*herodes autem insidiabatur illi et uolebat occidere eum*) T 245,23 f. – *thaz siu thes gifârtin* O 4,35,25. – *folgên*: *Tes folgen ih tir in ernest* (*Uehementer assentior*) Nb 214,7 [174,13]. – *furhten*: *des der argo furhtet daz pegatot in* (Np: *qvod timet impivs veniet super eum*) Npgl 237,18 [213,12]. – *gerên, -ôn*: *her sihit thes her gereda* Ludw 45. – *hlosên*: *Er losota iro worto* O 1,22,35. – *ih negereta neheines liumendes* Np 562,13 [497,8 f.]. – *huohôn*: *Kehore uuio gammensamo einer des anderes huhota* Nb 116,13 f. [100,21 f.]. – *(gi)niozan*: *thaz se erdrihes niezen* O 1,11,8. – *daz ih tes nieht kniezen nemag* (*nihil mihi profuisse*) Nb 36,16. [29,24 f.]. – *sehan*: *thaz wib, thaz thero duro sah* O 4,18,6. – *spilôn* (vgl. Antrim 1897b): *dar man uuurfzaueles spilot* Nb 24,19 f. [20,6]. –

sprâhhôn: *Min herro guillo tin esprachen* (*senior meus uult loqui tecum*) Par. Gespr 290,43. – *(bi)trahtôn*: *oba du es wola drahtos* Oh 49; *drof es ni bidrahtot* 3,25,24. – *wîsôn*: *uerit mit diu uuiru uiriho uuison* Musp 56. – *Er wolta sines thankes wison thar thes scalkes* O 3,3,23. – *wuntarôn*: *So daz sih es drato uuntrota* (*ut miraretur ... uehementer*) MF 24,23. – *zilôn*: *thes zilotun se io thuruh not* O 4,9,16.
Weitere: *giafalôn; ahtôn; giantwurten; bâgên; irbaldên; irbarmên; belgan; betalôn; (gi)borgên; (gi)thankôn; thiggen; (bi-, in)thîhan; (gi)thingen; fergôn; flehôn; intfindan; (gi)flîzan; forskôn; fragên; fuolen; (gi)gâhen; gingên; biginnan; goumen; greifôn; helfan; (bi)(h)ladan; (h)lahhan; (gi-, ir)hogên; (gi)hônen; horehhen; hôren; (bi-, gi-, ir)huggen; huoten; gîilen; kapfên; korôn; kostôn; (bi-, gi)langên; lîhhên; meinen; milten; missifâhan; muoten, -ôn; ginâdôn; ginenden; niotôn; ginôten; (in)pflegan; râmên; irrihten; ruohhen; skouwôn; gismecken; sorgên; spottôn; spulgen; (gi)spuon; firstandan; (fir-, gi)trûen; giwahanen; (bi-)wânen; (gi)wartên; giwennen; irwintan; wîsen; irwizzên; wunsken.*

Anm. 3. Vgl. auch dreiwertig: *ahtôn; irbarmên; gibeiten; bitten; thiggen; eiskôn; giêren; fergôn; folgên; hôren; (gi)nôten; ginuogen; gispanan; trôsten.*

Hierzu reflexiv (Akk. oder Dat.)

Akk.: *bithenken*: *ih sol mih is paz pedenchen* Np 611,31 [542,24]. – *firmezzen*: *der sih teheines tuomliches tinges fermaze* Nb 248,13 [197,2 f.]. – *niotôn*: *so nieton ih mih dinero uuundero* Np 507,20 f. [446,15 f.]. – *pflegan*: *sid ih mih fligo zueio uuacherro fure einen* Nc 730,13 f. [47,8]. – *bi-, firrehhanôn*: *Ter man neberechenot sih niomer alles sines tinges* Nb 82,5 f. [71,1 f.]. – *sih tanne sin selbes ferrechenonde. irlosket iz lukkiu argumenta* (*tum referens sese sibi. redarguit falsa*) Nb 341,6 f. [257,21 f.]. – *firtrûwên*: *die sih fertruent iro selbero chrefte* Np 185,18 [167,25 f.]. – *untarwintan*: *uuie scal ich iro mih abo unter uuintan?* Will 78,4 f. [151,10–12].
Dat.: *flîzan*: *Sie thes in io gilicho flizzun guallicho* O 1,1,3.

3. Gruppe 3: Eine Anzahl von Genitiven referiert auf etwas, wovon sich das Subjekt physisch oder mental abwendet, das fehlt, beseitigt, oder reduziert wird.

inberan: *uuir nemugen doh nieht inberen dinero helfo* Np 326,25 f. [289,13 f.]. – *(gi)tharbên*: *Tharben wir nu, lewes, liebes filu manages* O 1,18,19; *thaz ih thin githarbe* 4,11,35. – *bithurfan*: *der herro bidarf iro* (*Dominus his opus habet*) Gl 1,716,3 (11. Jh.). – *firrôn*: *Firront ir des fehtennes* Np 177,15. [161,16 f.]. – *irgetzen*: *Vbe sie hier uueinont. sie uuerdent is aber ergezzet* Np 557,3 f. [492,16 f.]. – *irren*: *die uuerltlichen scazze, uona den sie kiirret uuerdent dero guoten uuerchun* PrSB 3,14 f. – *irkuolen*: *daz ih erchuolet uuerde minero sorgon* Np 144,15 [133,14]. – *bilemmen*: *theru spraha er bilemit was* O 1,4,76. – *irlôsen*: *thera freisun ouh irlosta* O 1,3,12. – *(fir)missen*: *so mistun siu thes kindes* O 22,20. – *dar fermissest du sin* Np 129,5 f. [119,21]. – *ginesan*: *Iohan. vuas ein man. Fares sin svn. genasin thes. so do diz ros. des mordes* Pferdes 1 f. – *Tu rumest tero naht fore dero finstri* (*Tenebras prohibens. retegis*) Nc 834,27 [155,21 f.]. – *siohhen*: *daz ir imo kundet, daz ih sinero minnon siechon* (*ut annuncietis ei. quia amore langueo*) Will 85,1 f. [159,21–23]. – *skerten*: *unde einote skertent tes selben fierden teiles* Nb 112,30 f. [97,27 f.]. – *gisougen*: *dhea chisaughida gotes uuordes* (ohne direkte Grundlage) Is 42,9. – *bisuonen*: *er uuirt pesuonet iro sundon* Np 317,14 f. [281,5 f.]. – *(fir)swîgan*: *Nahtes eruuacheta ih fruo. unde uuas suigendo leideg minero sun-*

don Np 307,27–308,2 [272,22 f.]; *Tes habit aristotiles fersuiget* Nb 393,25. – *zwîfalôn*: *drof ni zuivolo thu thes* O 1,5,28.

Weitere: *âgezôn; firâhten; in(t)beran; in(t)bintan; (gi)brestan; buozen; intfaran; (fir-, ir)gezzan; heilen; helan; (gi)hirmen; int(h)ladan; hungaren; firkunnan; irlâren; irlâzan; bilinnan; lôsen; gimangalôn; mengen; merren; (fir)mîdan; firsahhan; (âno-, fora)sîn; gistullen; giswîhhan; twellen; irwaskan.*

Anm. 4. Vgl. auch dreiwertig: *inbintan; buozen; intgurten; helfan; hinteren; int(h)ladan; irlâren; irlâzan; lôsen; merren; (fir-, gi)mîdan; biroubôn; irrûmen; intsetzen; forasîn; spuon; bistôzan; bitriogan; trôsten; warnên; warnôn gegin; intwâten; waskôn; giweihhen, irwenten.*

Hierzu reflexiv (Akk.)

tharbên: *Uuanda sih der iomer. gnadono darben muoz* Npw 221,16 f. – *inthabên*: *thih sus es nu inthabetos, so lango nan gisparatos?* O 2,8,46. – *intheften*: *choro dih tero intheften* (*incipe prius retrahere colla iugo*) Nb 128,17 [111,1]. – *inthêrên*: *Ane daz inthereta si sih tisses rates* Nc 732,17 f. [49,3b–5a]. – *gilouben* 'sich entledigen': *uuanda Fortuna reht habet. unde si sih iro sites nieht kelouben nemag* Nb 72,19 f. [61,30–62,1]. – *her uuolda sich iro so stillo gelouban* (*Uoluit occulte dimittere eam*) Gl 1,709,3 f. (10. Jh.). – *(gi)mîdan*: *ni miduh mih thero worto* O 4,5,8. – *kemid tih iro! êr si dir gebreste* (*sperne atque abice pernetiosa ludentem*) Nb 54,30 [45,1]. – *muozîgen*: *Ih habo mih gemuozeget uuerlichero sorgon* Will 78,2 f. [151,9 f.]. – *rûmen*: *werdar sih hiutu dero hregilo rumen muotti* Hl 61 – *(fir-, int)sagên*: *Taz sint die sih selben sundon fersagent* Np 584,6 f. [517,23 f.]; *daz ih mih iro intsageti* 103,20 f. [97,7]. – *antseidôn*: *Mit demo antseidont sie sih iro sundon* Np 582,17 f. [516,6]. – Dazu parallel: *intsagên*: *mit demo intsagent sie sih ira sundono* Npw 325,15 f.) – *firtrôsten*: *Vuer mahti sih des fertrosten?* Np 355,27 f. [314,9]. – *ûzôn*: *Tie beide uuolton sih kerno uzon. iro geuualtes* Nb 156,4 [132,5]. – *warnôn*: *er sih thes leides êr ni warnoti, les* O 3,24,76. – *irwerren*: *so er sih tes eruueren nemag* Nb 173,13 [146,6].

4. Gruppe 4: Eine Tendenz zum Objektsgenitiv weisen rechtssprachliche oder in rechtssprachlicher Funktion verwendete Verben auf. In einem weiteren Sinne können auch Glaubensbekenntnisse und Beichten hierher gerechnet werden.

âhten: *Iro anon ouh so datun, thero forasagono ahtun* O 2,16,39. – *in(t)geltan*: *ze sculdi des sulan uuir inkeldan* (*nobis daputatur ad crimen*) Gl 2,31,38 (11. Jh.). – *(bi-, gi)heizan*: *huuer sih dhes biheizssit sia zi archennenne* (*quis confitebitur nosse*) Is 2,8 f. – *(gi)jehan*: *Ih giu nides, abunstes, bispraha, sueriennes, firinlustio, zitio forlazanero, ubermuodi, geili, slafheiti, tragi gotes ambahtes, huoro uuilleno, farligero inti mordes inti manslahta, ubarazi, ubartrunchi* Lorscher B 5–8. – *so iz ze gagenuuerti chame. unde ih sculdo geiahe* Nb 34,10 f. [27,30–28,1]. – *lewên*: *thes lewen ouh ni wollen, so wir iu hiar nu zellen* O 3,20,92. – *(fir)lougenen*: *tes sol man lougenen* Ni 521,25 [29,16 f.]. – *ih nemag ferlougenen minero spuotigun ferte* (*nec possum inficiari uelocissimum cursum prosperitatis meae*) Nb 78,20 f. [67,20 f.]. – *bimahalôn*: *tes si bemalot uuas fone Boetio* Nb 120,11 [103,28 f.]. – *firsprehhan*: *des uzlazes nemag er nieht fersprechen* Nb 257,15 f. [202,16]. – *(gi)waltan*: *desero brunnono bedero uualtan* Hl 62. – *der himiles kiuualtit* Musp 43. – *giswerren*: *Vues kesuuor. unde uuaz keantheizota populus die* Np 563 f.

Anm. 5. Vgl. auch dreiwertig: *(bi-, fir)jehan (fora); gijihten; inkunnan; firlîhan; irruofan zi; klagôn zi; skulden; skuldîgôn; werên; ubirwintan; zîhan.*

2.3.4.2. Subjekt und prädikativer Genitiv

§ 34 Bei *wesan* bzw. *sîn* und *werdan* können prädikative Genitive stehen, die ein Besitz- oder Zugehörigkeitverhältnis oder eine Eigenschaft zum Ausdruck bringen.

1. Besitz, Zugehörigkeit

welihhes cnuosles du sis Hl 11. – *Sin uuarth ther sigikamf* Ludw 56. – *ist unker zueio wesan ein* O 3,33,32. – *sehs fethdhahha uuarun eines, sehse andres* (*sex alę uni et sex alę alteri*) Is 20,5 f. – *geltet thiu thes keisores sint themo keisore inti thiu thar sint gotes gote* (*reddite ergo quæ sunt caesaris caesari et quae sunt dei deo*) T 427,20–22. – *Tar schinet daz cotes diu heili ist* Np 9,1 [14,10]. – *dero slahta uuas diu salba, da mit Maria Magdalena salbota* Will 19,7 [59,22 f.]

2. Eigenschaft

er ist edil Franko, wisero githanko wisera redinu Ol 13 f. – *Tiu driskero naturę ist* Nb 178,5 [150,9]. – *Dina lefsa, gemahela, sint trieffenter uuabo* (*Favus distillans labia tua sponsa*) Will 66,1 f. [127,10 f.]. – *diu uuas michelera kiloube unte kidulte* PrSC 2,7. – *dera merriseli inti dera lazzi dera zungun pin* (*Impedicioris et tardioris lingue sum*) Gl 1,335,19–21 (9. Jh.).

2.3.5. Akkusativ und Genitiv in unpersönlicher Konstruktion

§ 35 *irbarmên*: *thoh erbarmedes got* Ludw 21. – *brestan*: *Thaz unsih ...thera frewida ni breste* O 2,10,21. – *bi-, irthriozan*: *uuanta mih der uuerlte bedruzet* Will 31,1 [69,10 f.]. – *thes ganges thih nirthruzzi* O 4,5,44. – *Mih irdroz dero miteuuiste* Np 515,3 f. [453,18] (*pidroz* Npw 262,1 f.). – *egisôn*: *Wio mag wesan thaz io so, thaz unser iuih egiso?* O 5,4,39. – *(bi-, gi) langên*: *Ube dih uuinebero langet* (*si libeat frui uvis*) Nb 44,17 [36,2]; *Sia belanget des tages* Np 154,2 f. [141,20 f.]. – *(gi)lusten*: *nu dih es so wel lustit, gudea gimeinun* Hl 59. – *Thaz unsih es giluste* O 2,10,21. – *girinnan*: *ni girinnit mih dero worto* O 1,18,4.

2.3.6. Dativ und Genitiv in unpersönlicher Konstruktion

§ 36 *(gi)brestan*: *imo ... thes gisiunes gibrusti* O 3,20,84. – *daz imo neheines kuotes nebreste* (*cui nihil bonorum abesse videatur*) Nb 140,27 [119,24]. – *so daz altet, so gebristet imo des gesunes an beden ougon* (*quando senuerit, utrisque oculis impeditur*) Phys 137. – *mengen*: *daz tir eteliches liebes mangta. tes tu dir neuuoltist mengen* (*quia vel aberat. quod non velles abesse*) Nb 141,18 f. [120,10 f.]. – *merren*: *Thaz imo wiht ni derre, thes weges ouh ni merre* O 2,4,65. – *girinnan*: *dar iu dero uuorto negerinne* Np 333,18. [295,13 f.]. – *spuon*: *To imo des nespuota* Nb 108,28 [94,16]. – *wenken*: *in guates nio ni wangta* O 2,10,6.

Anm.: Zu *girinnan* mit Dat. s. auch den Beleg O 1,18,4 in § 35.

2.3.7. Subjekt und Präpositionalobjekt

Eine konkrete räumliche Bedeutung der Präposition ist nicht gegeben, oder sie ist abgeschwächt. Die Verbindung von Verb und Präposition ist somit fest. § 37

betôn umbi: *Betet umbe ivuuera fiande* PrSA H40,21 f. – *thiggen zi*: *Zi gote ouh thanne thigiti* O 1,4,13. – *gibiotan ubir*: *gebot er uper dhen hellehunt* Georgsl 59. – *harên zi*: *daz der man haret ze gote* Musp 27. – *klûbôn umbi*: *suma clubodun umbi cuoniouuidi* Mers 1,3. – *gilouben in*: *Gilaubistu in got fater almahtigan?* Frk. Taufgel 6. – *quedan umbi*: *Umbi dhazs selba quhad auh in iobes boohhum* (*Hinc est et illud in libro iob*) Is 2,11–13. – *girîman zi*: *Thaz was David ... ther zi kuninge gireim* O 1,3,17. – *sprehhan fona*: *inti sprah fon imo allen* (*et loquebatur de illo omnibus*) T 93,2. – *werban bî*: *uuurbon sina thegana be sina lipleita* Sam 6.

Weitere: *bâgan mit; irbaldên fona; belgan ana; thingen zi; sih einôn mit; eiskôn bî; gifâhan zi* (refl.); *fliohan fona/fora; gimagan widar; guollîhhen ana; harên zi; râtan widar/zi; sagên fona; strîtan bî; tuon zi; missituon ana/in/widar; twingan zi.*

Hierzu reflexiv (Akk. oder Dat.)

Akk.: *belgan widar*: *Nebelgent iuich uuidar mich untar uuegen* (*Ne irascamini inuia*) Thoma 1975, 24,18 f. – *blîden ingegin*: *so blidta sih ingegin thir thaz min kind innan mir* O 1,6,12. – *follahabên zi*: *Vnde iro nehein nefollehabet sih ze imo* Np 579,5 f. [512,24]. – *frewen ana*: *Uuir sprungezen unte freuuen unsih an dir* (*Exultabimus et lętabimur in te*) Will 7,1 [47,17 f.]. – *guollihhôn ana*: *an dir guollichont sih alle* (*gloriabuntur in te omnes*) Np 14,12 f. [18,27–19,2]. – *bikêren zi* (= lat. *ad*): *Pecheren sih ad penitentiam* (*Conuertantur*) Np 16,16 [21,1]. – *klagôn fona*: *Mit Cedar sint filii tenebrarum bezeichenet, uon den ih mih clagon* Will 9,5 f. [49,14–17]. – *klagôn zi*: *taz rumiska herote uuolta sih chlagon. mit prieuen ze demo cheisere* Nb 29,20 [24,9 f.]. – *mahhôn zi*: *mache dih ce ferte* (*Veni. prepara te. ad iter*) Thoma 1975,15,32. – *irmeginôn ubir*: *Nirmeginot sih ... thiu halliporta ubar thaz* O 3,12,35. – *irrihten widar*: *Manige irrichtent sih uuider mir* (*Multi insurgunt aduersum me*) Np 7,23 f. [13,8]. – *firsehan zi*: *die sih ze imo fersehent* (*qui confidunt in eo*) Np 7,17 [13,2]. – *trôsten zi*: *Troste dih ze gote* Np 157,23 [144,25]. – *firtuon anan*: *ne uerdvo dih anen demo gvoten man* (*nihil iniuriae et aduersitatis sit tibi cum illo iusto homine*) Gl 5,17,15–20 (10. Jh.). – *wahhorôn ubir*: *Biscof, ther sih wachorot ubar kristinaz thiot* O 1,12,31.

Dat.: *(gi)lîhhên in*: *in imo lichen ih mir al* O 1,25,18. – *chiliihheda iru in imu mineru seulu* (*conplacuit sibi in illo anima mea*) Is 18,18 f.

2.3.8. Subjekt und Adverb/adverbiale Präpositionalphrase

Diese Satzstruktur ist durch Verben bedingt, die eine räumliche Situierung, eine Herkunfts- oder Zielrichtung, Absicht, Ursache oder Modalität zum Ausdruck bringen. Die Präpositionen sind nicht fest. § 38

anastên: *daz lant dar rabana anastat* Gl 2,91,14 (9. Jh.). – *faran*: *Phol ende uuodan uuorun zi holza* Mers 1,1. – *flîzan*: '(in eine Richtung) streben': *Si ... biginnent thara io flizan*

O 5,23,47 f. – *gangan/gên*: *daz der get uffe demo berge galaad* (*quae ascenderunt de monte galaad*) Will 55,1 f. [107,10 f.]. – *kêren*: *diu cherit za sundari* (*Que uergit ad austrum*) Gl 1,374,13 f. (9. Jh.). – *bilîban*: *ni bilibun ano herrun iudœoliudi* (*non defuisse principes iudeorum populi*) Is 34,19 f. – *liggen*: *dar leon odo perun inne liccant* (*Cauea theatra*) Gl 2,765,11 (9. Jh.). – *loufan*: *daz ih mer ubar tac neliufi hera durstac* Sam 22. – *sîn/wesan* 'sich befinden': *daz in dero marchu si ieguuedar* Würzb. Mb 63. – *sitzen* (vgl. Schrodt 2004 § 57): *thie sizzent innan beche* O 1,10,25. – *stantan*: *Syon stat in ierusalem* Np 6,5 [11,22].
Weitere: *fallan*; *fliogan*; *fliohan*; *lebên*; *queman*; *râmên*; *rîtan*; *stîgan*; *gitriofan*; *wallôn*; *wonên*.

Hierzu reflexiv (Dat.)

faran: *enti fuorun im sum in siin dorf* (*abierunt, alius in uillam suam*) MF 15,12. – *wesan*: *E guas mer ngene francia* (*in francia fui*) 21.

Reziprok

skeiden: *Sih sceiđit … friunt fona friunte mit mihilemo note* O 5,20,53 f.

2.3.9. Subjekt und Prädikatsnomen

§ 39 1. Prädikative Adjektive und Partizipialadjektive erscheinen in endungsloser oder pronominal flektierter Flexion, Letzteres vor allem in den älteren Quellen.

Lit.: AG I § 192b; Behaghel 1923 § 138–140; Erdmann/Mensing 1898 § 71; Fleischer 2007; Objartel 1990; Orton 1951; Schröbler/Prell 2007 § S 39; 104–106.

a) Endungslos

bilîban: *ungilonot ni bileip, ther gotes wizzode kleip* Os 20. – *pilibet ir dar an stœtic* Süddt. GuB 86. – *sîn/wesan*: *tot ist Hiltibrant* Hl 44. – *hart ist thiz uuort* (*Durus est hic sermo*) T 263,29. – *der man ist salig* (*beatus vir*) Np 3,5 [9,3 f.]. – *stantan*: *diu sela stet pidungan* Musp 61. – *werdan*: *Wio meg iz io werdan war* O 1,5,37. – *Oh ir uuardh dhanne uuidharbruhtic* (*Ille autem rebellis effectus*) Is 29,2 f. – *der dar heil uuard* (*qui sanus fuerat*) T 285,24 f. – *daz der uuin unte daz ole niemir liutter noh guot niuuerdunt* PrSB 3,33 f.

Anm. 1. Zur (diachronen) Morphologie der Adjektive vgl. AG I § 244–259.

b) Pronominal flektiert

sîn/wesan: *Uuie michiliu ist de din giuuizida* Psalm 11. – *zi wafane snelle so sint thie thegana alle* O 1,1,64. – *uzzar einer ist euuiger* (*sed unus aeternus*) WK 67. – *Siu ist chiuuisso selbem angilum unchundiu* (*id est etiam ipsis angelis incognita*) Is 2,18–20. – *daz tu so sichiriu bist* PrSA 1,14. – *uuia lange ubartrunchaniu pist* (*Usque quo ebria eris*) Gl 1,409,4 f. (9. Jh.). – *werdan*: *unti im iro lintun luttilo wurtun* Hl 67. – *nu wird thu stummer sar* O 1,4,66.

Hierzu reflexiv (Dat.)

sîn/wesan: *du bist dir alter Hun, ummet spaher* Hl 39.

Anm. 2. Otfrid verwendet bei *sîn/wesan, werdan* sowie *tuon* (O *duan*) und *lâzan* anstelle prädikativer Adjektive mehrmals adverbiale Formen, z.B. *Lango, liobo druhtin min, laz imo thie daga sin* Ol 35; *Thaz sie ni uuesen eino thes selben adeilo* 1,1,115; *then meistar io meino liazun sie thar eino* 4,17,28; *sero duit in thiu frist* 5,25,86.

2. Substantivisches Prädikatsnomen

heizan: *diu dar heizzit giggimada* Würzb. Mb 49. – *dat Hiltibrant hœtti min fater* Hl 17. – *sîn/wesan*: *dat uuas so friuntlaos man* Hl 24. – *daz ist rehto uirinlih ding* Musp 10. – *Sum uuas luginari* Ludw 17. – *thu bist min liobo sun* (*Tu es filius meus dilectus*) T 113,6. – *Des einen ual. ist des anderes knist* Np 27,26 [31,9]. – *Din namo ist uzgegozzenaz ole* (*Oleum effusum nomen tuum*) Will 3,1 [45,23 f.]. – *werdan*: *Magaczogo uuarth her sin* Ludw 4. – *in jugundi ward si witua* O 1,16,14. – *endi uuerdhant mine liudi* (*et erunt mihi in populum*) Is 12,4. – *do er got uuolta uuerden* Np 3,14 f. [9,11 f.]. – Mit Vergleichspartikel: *inti uuard samoso toter* (*et factus est sicut mortuus*) T 313,12.

Anm. 3. In Fällen, in denen *werdan* einen Zustandswechsel oder eine Verwandlung ausdrückt, kann anstelle des nominativischen Prädikatsnomens eine Präpositionalphrase mit *zi* und Dat. stehen. Vgl. *ni wurti er io zi manne* O 4,12,28 gegenüber *huueo got uuard man chiuuordan* (*quia deus homo factus est*) Is 21,16. Ferner: *these steina thanne zi brote werden alle* O 2,4,40. – *sie uuerdant zi scaahche* (*erunt preda*) Is 11,2. – *thaz these steina zi brote uuerden* (*ut lapides isti panes fiant*) T 113,30. – *Der stein ... uuard ze houbete des uuincheles* (*Lapidem ... factus est in caput anguli*) Np 496,14–16 [435,25–436,1].

Anm. 4. Zu Funktionsverbgefügen mit *werdan* + *zi* und einem abstrakten Dativ s. § 71:3.

Anm. 5. Wohl ausgehend von Sätzen mit neutralem pronominalem Subjekt und Prädikatsnomen wie *daz ist rehto paluuic dink* Musp 26, in denen Kongruenz hinsichtlich Numerus und Genus besteht, konnten sich Strukturen ausbilden wie *dat uuas so friuntlaos man* Hl 24. – *Thaz was David, thero gomono ein* O 1,3,17. – *Die pimentare, die de uuurzbette sazton, daz sint prophetae et apostoli* Will 90,1 f. [167,33–169,2].

2.3.10. Subjekt und Infinitiv(phrase)/abhängiger Satz

1. Einfacher Infinitiv **§ 40**

thenken: *thahtun erslahan inan* (*cogitaverunt interficere eum*) T 234,23. – *biginnan*: *Peginno ih danne fliogan* Psalm 32. – *bigunston auh erist umbi sinan namun sprehhan* (*incipientes primum de nomine eius loqui*) Is 30,21–23. – *îlen*: *kirida des fleiskes abasnidan iille* (*desideria carnis amputare festinet*) BR 141,9 f. – *(gi)stantan*: *her fragen gistuont fohem uuortum* Hl 8 f. – *stuont si sorgen iro sconi* Nc 782,9 [99,13]. – *firsûmen*: *ia der den sinan filleol leren farsumit* (*et qui hanc filiolum suum docere neglexerit*) Exh A 37 f. – *trûen*: *ten hohflug erliden netruuueta* Nc 722,17 f. [39,9 f.]. – *(gi)werdôn*: *Der heiligo Christ unta sancte marti der gauuerdo uualten hiuta dero hunto, dero zohono* Wiener Hds 3 f. – *zilôn*: *bithiu uuanta*

manage zilotun ordinon saga thio in uns gifulta sint rahhono (*Quoniam quidem multi conati sunt ordinare narrationem quae in nobis completae sunt rerum*) T 65,1–4.
Weitere: *giarnên*; *beiten*; *githingen*; *tholên*; *einôn*; *(sih) flîzan*; *furhten*; *gerôn*; *(gi)heizan*; *kunnan*; *(gi)lernên*; *gilimpfan*; *bilinnan*; *minnôn*; *scamên*; *gistillen*; *gitrûen*; *wânen*.

Hierzu reflexiv (Akk. oder Dat.)

Akk.: *beiten*: *Iudei unde heretici peitent sih got fersprechen* Np 21,9 f. [25,12]. – *biknâen*: *der sih ane Got pechnata uuesin* Np 113,3 f. [105,19].
Dat.: *furhten*: *forhta imo thara faren* (*timuit illo ire*) T 97,32.

2. Infinitiv mit *zi*

ahtôn: *ih tes ahton ze erest ze fragenne* (*illud primum arbitror inquirendum*) Nb 180,1 f. [151,29]. – *firbiotan*: *ci quędhanne thiu rehta christinheit farbiutit edho biuuerit* (*dicere catholica religione prohibemur*) WK 77 f. – *biginnan*: *so huuaz so ze tuanne pikinnes cuates* (*quicquid agendum inchoas bonum*) BR 81,8 f. – *îlen*: *Ile ... Mir zehelfenne* (*ad adiuvandum me festina*) Np 273,13 f. [242,23]. – *suohhen*: *sin muoter inti sine bruoder ... suohtun inan zigisprehhanne* (*mater eius et fratres ... quaerentes loqui ei*) T 203,10–12.
Weitere: *gibiotan*; *githingen*; *elten*; *gerôn*; *habên*; *giheizan*; *ginôtan*; *tuon*; *biwânen*; *biwerren*; *wizzan*.

Hierzu reflexiv (Akk.)

burien: *purit sih ceuaranne* (*Ire perrexit. ire disposuit*) Thoma 1975, 25,18. – *flîzan*: *Dine praedicatores ... flizent sih, die zeskenchene iro auditoribus* Will 113,2 f. [203,10–13]. – *biknâen*: *bichnaan sih zi nemnanne christ gotes sunu* (*et agnoscant uocari christum filium dei*) Is 23,6 f. – *anasetzen*: *Daz sih furder nioman ana nesezze zemichellichonne obe erdo* Np 30,31–31,1 [34,5 f.].

3. Abhängiger Satz

biknâen: *er sar bechnata uuanda er uuizego uuas. uuaz iro fart meinda* (*causamque adventus primis aspectibus recognovit*) Nc 713,29 [30,16 f.].

Hierzu reflexiv (Akk.)

biknâen: *bichnaa sih dher dhaz izs uuidharzuomi endi heidhanliih ist* (*absurdum et profanum esse cognoscat*) Is 6,18–20. – *anasetzen*: *Der sezzet sih ana daz er got si* Np 28,7 [31,16 f.].

2.3.11. Dativobjekt und Infinitiv in unpersönlicher Konstruktion

§ 41 Es liegen Infinitivkonstruktionen der Vorlage zugrunde.

thunken: *neuueiz uuaz tunchet mir. dir gebresten* (*nescio quid abesse coniecto*) Nb 46,7 [37,11]. – *girîsan*: *uzzan so discoom kerisit hoorreen demu meistre* (*Sed sicut discipulis convenit oboedire magistro*) BR 115,10 f.

2.4. Dreiwertige Verben

2.4.1. Subjekt, Akkusativ- und Dativobjekt

Die Anzahl dreiwertiger transitiver Verben, die ein Dativ- und ein Akkusativobjekt zu sich nehmen (können), ist beträchtlich. **§ 42**

bringan: *prahta imo sina tohter uuidere* Spottv 2,2. – *thaz sia imo geba brahtun* O 1,17,64. – *sie tho brahtun imo phending* (*at illi obtulerunt denarium*) T 427,15 f. – *die der ouh mir daz opfer bringent* Will 60,4 f. [119,26 f.]. – *(fir)geban*: *dat ih dir it nu bi huldi gibu* Hl 35. – *so fram so mir got geuuizci indi mahd furgibit* Straßb. Eide 19 f. – *du mannun so manac coot forgapi* Wess 10 f. – *Ten namen gaben imo die andere philosophi* Nb 134,22 f. [115,12 f.]. – *lahan*: *iz dragi uns ni biluagi* ‘hinderte uns daran nicht die Trägheit’ O 2,3,47. – *mahalen*: *do er imo selbemo mahelta* ... *die Ecclesiam* Will 53,14–16 [105,10–13]. – *(bi)neman*: *mit dinero chrefti pinim du mo daz scefti* Psalm 23. – *Sie eigun mir ginomanan liabon druhtin minan* O 5,7,29. – *sin hus imo binimit* (*domum illius diripiat*) T 211,20. – *dien hostibus uuerdent tie signa genomen* Nb 76,3 f. [65,11 f.]. – *(gi-, ir)ougen*: *er* ... *ougta in analihi imo ellu woroltrichi* O 2,4,81 f. – *araugta imo allu thisu erdrichu* (*ostendit ei omnia regna mundi*) T 115,18; *ouget mir then muniz thes zinses* (*ostendite mihi nomisma census*) 427,14 f. – *ube ih* ... *in daz neougo* Np 94,25 f. [89,9]; *diu fart. an dero ih imo geougo gotes haltare* (*iter in quo ostendam illi salutare die*) 193,29–194,1 [175,11 f.]. – *quedan*: *dhiz quhad druhtin minemu christe druhtine* (*haec dicit dominus christo meo domino*) Is 7,5 f. – *gisih thaz thu iz niomanne ni quedes* (*vide nemini dixeris*) 179,30. – *uuaz choden sie mir* Npw 133,29. – *râtan*: *alle die mir rieton den unrehton rihtuom* Psalm 18. – *(fir)sagên*: *dat sagetun mi usere liuti* Hl 15. – *was er mo avur sagenti thaz selba arunti* O 1,4,58. – *sagheen nu dhea unchilaubun uns, zi huuemu got uuari sprehhendi* (*dicant nobis, quem sit affatus deus*) Is 7,11–13. – *Ih sagen iu mihhilan gifehon* (*euangelizo uobis gaudium magnum*) T 87,4. – *Lis orosium. er saget tir iz* Nb 41,16. [33,20]. – *Thes fater namon* ... *then firsagen ich iu sar* O 1,9,17. – *tuon*: *dei cuatiu dhei du mir tati* (*que feceris mihi bona*) Gl 1,412,17 f. (9. Jh.). – *ûzwerfan*: *inti werfez uz then hunton* O 3,10,34. – *wizzan*: *waz sie imo lewes wizzin* O 4,26,6. – *zeinen*: *In berge the er mo zeinti* O 2,9,35.

Weitere: *antlingen*; *(gi)antwurten*; *irbarmên*; *beran*; *(fir-, gi-, ir)biotan*; *in(gi)blâsan*; *borgên*; *bouhhanen*; *gibuozen*; *felgen*; *bifelhan*; *gifesten*; *frummen*; *fuogen*; *geltan*; *(gi-, int)heizan*; *(ana)(h)ladan*; *(fir)jehan*; *(gi)klagên*; *kunden*; *(fir)lâzan*; *(fir)lîhan*; *lônôn*; *mezzan*; *nemnen*; *opherôn*; *predigôn*; *rahhôn*; *redinôn*; *retten*; *firsagên*; *(fir)sellen*; *senten*; *(ana-, fora-, furi)setzen*; *skenken*; *spentôn*; *(fir)stelan*; *swerren*; *teilen*; *umbituon*; *(fir)wîzan*; *zawên*; *zeigôn*; *(ir)zellen*; *zougen*.

2.4.2. Subjekt, Akkusativ- und Genitivobjekt

Eine weitere Anzahl von Verben erfordert ein Akkusativ- und ein Genitiv-Objekt (zur semantischen Gruppierung der Genitivobjekte s. § 33). **§ 43**

1. Gruppe 1

(gi)fullen: *hungerente gifulta guoto* (*esurientes impleuit bonis*) T 75,7. – *giniotôn*: *der dih kuotes kenietot* (*qui satiat in bonis desiderium tuum*) Np 428,16 f. [376,7].

2. Gruppe 2

gibeiten: *Joh er se thes gibeitti* O 3,15,45. – *bezzirôn*: *die min nieht neuuellen gebezzerot uuerden* (Np: *vuer getuot mih ... dien zeuuizzenne qui de me nolunt proficere*) Npgl 228,25–229,1 [205,25 f.]. – *burdinôn*: *Nust* [= *Nu ist*] *siu giburdinot thes kindes so diures* O 1,5,61. – *eiskôn*: *thes iuih eiscon hiar nu scal* O 3,12,6. – *gierên* / *bitten*: *keere mich eines des ih dih pitte* (*Petens aliquid ab eo*) Gl 1,716,1 (10. Jh.) – *firfâhan*: *Firfahan unsih* scolti ... *thiu sin selba guati thera altun arabeiti* O 5,9,33. – *fergôn*: *so wes thu nan fergos* O 3,24,18. – *hôren*: *dero beto gehorta er mih* Np 48,12 f. [48,22 f.]. – *(gi)nôten*: *Unde brahta ih iz tarazu. daz sie nioman nenoti des choufes* (*Et euici. ne exigeretur coemptio*) Nb 27,10 f. [22,12 f.]. – *Do einen geuualtigen man sines muotes. ter tyrannus uuanda genoten* (*cum liberum quendam uirum ... tyrannus putaret se adacturum suppliciis*) Nb 104,26–28 [91,1 f.]. – *girihten*: *thu ... unsih es girihtes* O 3,17,20. – *sêregôn*: *so seregost du sie iro sundon* Np 590,13 f. [524,2]. – *gispanan*: *daz in es sin muot kispane* Musp 19.
Weitere: *ahtôn*; *findan*; *fragên*; *irfullen*; *giheizan*; *gihôrsamôn*; *langên*; *lobôn*; *firneman*; *nerien*; *(bi-, gi)rehhanôn*; *(gi)satôn*; *(gi)truoben*; *giwerôn*.

Hierzu reflexiv (Akk.)

irqueman: *ih ercham mih to des. uuer daz uuib uuare* (*quaenam esset haec mulier ... obstipui*) Nb 14,10 f. [10,27 f.].

3. Gruppe 3

inbintan: *ther heilant, ther inan thes seres inbant* O 3,4,48. – *helfan*: *thaz imo got gidago sinero thurfteo helphe* WK 21. – *gihelzen*: *joh mahto nan gihelzit* 'und ihn an Kräften lähmt' O 5,23,141. – *hintarôn*: *ter selbo irteilet uber die uuerlt ... daz er neheinen mer nehindert sinero frehte danne anderen* Np 24,15–17 [28,11 f.]. – *irren*: *uona den sie kiirret uuerdent dero guoten uuerchun* PrSB 3,15. – *irlâren*: *er unsih* scolti *irlaren thes managfalten wewen* O 5,9,32. – *lôsen*: *thes selben ouh giflizes, thih loses thesses wizes* O 4,30,18. – *manôn*: *Thiot Urancono manon sundiono* Ludw 12. – *merren*: *So sint se alle girrit, thes wiges gimerrit* O 3,26,41. – *gisweigen*: *Daz du in ... gesueigest ubelero tago* Np 396,11 f. [349,12 f.]. – *trôsten*: *nu trostent sie mih alten. minero misseskihte* (*solantur nunc mea fata. mesti senis*) Nb 7,19 f. [6,25 f.]. – *irwenten*: *ob ih inan es iruuenden nemag* Straßb. Eide 33.
Weitere: *intânôn*; *bithriozan*; *intgurten*; *ubarheffen*; *hinteren*; *(bi-, gi-, int-)(h)ladan*; *bilemmen*; *reinen*; *biroubôn*; *irrûmen*; *intsetzen*; *zistôren*; *bistôzan*; *gistullen*; *biteilen*; *bitriogan*; *tuon* 'unterlassen'; *waskôn*; *intwâten*; *giweihhen*; *wenden*; *biwerien*.

4. Gruppe 4

gijihten: *Pirgo ih mih. daz ih minero sunden iehen neuuile. du geiihtest mih iro* Np 577,16 f. [511,5 f.]. – *inkunnan*: *uuanda si in sinero sito inchonda* Nb 108,27 [94,15 f.]. – *skulden*: *uues si dih und mannilichen gesculdet habet* Nb 52,2 f. [42,25]. – *tuomen*: *tu orator uuesendo. getuomet uuurte dines sinnes. unde dinero gesprachi* (*tu orator regię laudis. meruisti gloriam*

ingenii. facundięque) Nb 74,26 f. [64,5 f.]. – *ubirwintan*: *daz man mit rechte neheinen mer uberuuinden nemag solichero sculde* (*O neminem merito posse conuinci. de simili crimine*) Nb 34,24 f. [28,11 f.]. – *zîhan*: *thes zihuh inan baldo* O 3,20,73. – *des nioman got zihen nemuoz* Nb 315,14 f. [240,7]. – *giwinnan*: 'überführen': *so hwer so suganti farah forstilit ... inti đes giwunnan wirđit* (*Si quis porcellum lactantem furaverit ... et inde fuerit convictus*) Lex Sal 23 f.
Weitere: *irgetzen; jehan; (gi)klagôn; irlâzan; firlîhan; refsen; girihten; skuldîgôn.*

2.4.3. Subjekt, Akkusativ- und Präpositionalobjekt

Die Präpositionen sind weitgehend fest (s.a. § 38). **§ 44**

eiskôn fona/zi: *Thia zit eiscota er fon in* O 1,17,43. – *tho eiscota her thie zit zi in* (*Interrogabat ergo horam ab eis*) T 195,30. – *(gi)festinôn an(a)*: *nu habest du gefestinot an mir dina hant* (*confirmasti super me manum tuam*) Np 135,13 [125,12]. – *bikêren fona*: *fone dien uuerltfreison bechero ih sie* Np 259,3 f. [230,22]. – *lôsen ar/fona*: *scal ... lossan sih ar dero leuuo uazzon* Musp 81 f. – *er loset mih fone demo stricche. dero uueidaro* (*liberabit me de laqueo uenantium*) Np 383,23 [338,16 f.]. – *quetten zi*: *zi kunige sie nan quattun* O 4,4,18. – *retten fona*: *Fon themo er unsih retita* O 5,16,3. – *twingan zi*: *Iuuih tuuinget michel not ze dero guoti* (*magna necessitas probitatis indicta est vobis*) Nb 363,8 [271,22 f.].
Weitere: *irfirren fona; frummen ana/fona/zi; (gi)fullen fona/mit; fuogen zi; habên furi; (bi) heften bî/zi; (h)ladan mit; kiosan zi; ginerien fona; râtan an(a)/in; setzen zi; gistullen fona; truoben ana; tuon zi.*

Hierzu reflexiv (Akk. oder Dat.)

Akk.: *mahhôn zi*: *mache dih ce ferte* (*Prepara te ad iter*) Thoma 1975, 15,32. – *wintan untar*: *den drachon ... ther sih thar wintit untar in* O 5,17,30.
Dat.: *habên zi*: *thie im heidene man ... zigotum habent* Frk. Taufgel 4 f.

2.4.4. Subjekt, Akkusativobjekt und Adverb/adverbiale Präpositionalphrase

Verben, die die lokale Situierung oder direktionale Bewegung eines Objekts bezeichnen, stehen mit einer adverbialen Ergänzung. Die Präposition ist variabel. **§ 45**

bergan: *poahfaz dar man poah pirkit* (*bibliotheca ubi libri reconduntur*) Gl 1,56,6 (8. Jh.). – *Thiu muater barg ... thiu wort in iru brusti* O 1,13,17. – *bringan*: *oba thu bringis thina geba zi altare* (*si ergo offeres munus tuum ad altare*) T 139,32–141,1. – *vbelen gesmag prahton sie in minen tisg* Np 270,10 [240,7]. – *halôn*: *ther thir so muatfagota thaz lioht thir heim holota* O 3,20,72. – *sela fona hello kihalota* (*Nicromantia*) Gl 4,8,26. – *(gi)leggen*: *enti lecchent dea in fyures ouan* (*et mittent eos in caminum ignis*) MF 10,23. – *so legeta si iro hant mammendo an mina brust* (*admovit leniter manum pectori meo*) Nb 16,19 f. [13,18]. – *legita in stoch inen* (*Misit eum in nervum*) Gl 1,630,44 (11. Jh.). *inti kalegita daz in dicchi des stades* (*Et exposuit eum in carecta ripe*) Gl 1,335,9 f. (9. Jh.). – *setzen*: *fone dir gebornen. sezzo ih an dinen stuol* (*ex fructu ventris tui ponam super sedem tuam*) Np 564,17 [499,6]. – *selber Iouis sazta in ... ze zeseuuvn under imo* Nc 844,23 f. [167,19 f.]. – *werfan*: *man uuarf en in den prunnen* Georgsl 39. – *uurfun iro giuuati. ubar then folon* (*iactantes uestimenta sua supra pullum*) T 391,25 f.

2.4.5. Subjekt, Akkusativobjekt und prädikative Ergänzung im Akkusativ

§ 46 1. Substantivische prädikative Akkusative sind mit nhd. Präpositionalphrasen mit *als* oder *zu* zu paraphrasieren (für das Mhd. vgl. Schröbler/Prell 2007 § S 62).

habên: *mih meistar habetut* O 4,13,10. – *du selbon got habest rihtare unde piskirmare* (*ipsum dominum habes iudicem et defensorem*) PrSA 1,7 f. – *(fir)lâzan*: *neuuolta si sia ungeereta lazen* Nc 830,13 [150,19]. – *frian farlazzis* (*quem libertate donaueris*; das pronominale Akk.-Obj. *quem* = **inan* ist nicht glossiert) Gl 1,283,38 (9. Jh.). – *mahhôn*: *Du dine geista machost poten* (*qui facis angelos tuos spiritus*) Np 434,10 [381,3]. – *(gi)sehan*: *nu wir sie hiar zi guate so sehen gierete* O 4,5,52. – *uuanne gisahun uuir thih hungrentan* (*quando te uidimus esurientem*) T 545,4 f. – *tuon*: *duost thih selbon got* (*facis te ipsum deum*) T 465,28. – *Daz tuot mih ouh singenten* Np 366,12 f. [323,10]. – *wizzan*: *der sih suntigen ueiz* Musp 24. Weitere: *ahtôn*; *eigan*; *gifrummen*; *habên*; *bikennen*; *lêren*; *gilouben*; *gisahhan*; *gizellen*.

2. Adjektivisches Prädikativ im Nominativ

thunken: *thaz Petrum thuhta herti* O 3,13,19. – *siu dunchet ouh mih eruuelet alse diu sunna* Will 106,13 f. [193,3–5].

2.4.6. Subjekt und doppeltes Akkusativobjekt

§ 47 Eine begrenzte Anzahl von Verben verlangt zwei Akkusativobjekte.

Lit.: Askedal 1980; Behaghel 1923 § 487–489; 1928 § 1170–1181; Dal/Eroms 2014 § 10; Erdmann 1876 § 154–163; Erdmann 1886 § 153–163; Erdmann/Mensing 1898 § 187–193; Paul 1919 § 208; Schröbler/Prell 2007 § S 62; Wilmanns 1909 § 230.

bitten: *des sculu uuir pitten den halmahtigun truhtin den sinan lihamun* Freis. Pn B 37–39. – *anablâsan*: *Ouh blias er sie ana ... then selbon heilegon geist* O 5,11,9. – *anafrummen*: *ih frumo sie ana zene dero tiero* (*dentes bestiarum inmittam in eos*) Np 629,12. [559,26–560,1]. – *heizan*: *Taz hiezen sie iunonis tutten* Nc 712,15 [29,5]. – *helan*: *thaz ni hiluh thih* Ol 47. – *so ist unnuzze den rat iuuih zehelenne* (*cassum est nolle loqui sensa decentia*) Nc 764,21 [80,22]. – *gikiosan*: *See miin sunu den ih gachos minan leoban* (*Ecce puer meus, quem elegi, dilectus meus*) MF 5,6 f. – *lêren*: *thiu sin hoha guati lerte sie otmuati* O 4,11,18. – *her lerit iuuuih allu* (*ille uos docebit omnia*) T 573,4. – *diz kebet leret unsih sus Dauid* Np 382,27 f. [337,22]. – *nemnen*: *zi nemnanne Christ gotes sunu* (*uocari Christum filium dei*) Is 23,6. – *so uuirdet er doh charal unde fater kenennet* Npw 219,23 f. – *quedan*: *in huueo quidit sih der man christanan* (*quomodo enim se christianum dicit*) Exh A 19 f. – *daz uuir chundfanun chueden. den man ze chruce thregit* (*Plantheras*) Gl 801,27 (9. Jh.). – *sagên*: *du bist ter. den diu chint tero goto sagent singenten* Nc 689,6 f. [3,9]. – *anasmîzan*: *Do smeiz si sih ana iro salb* Nc 783,17 [100,18]. – *anatuon*: *do … teta si sia ana coronam* Nc 811,3–5 [130,2–4].

Anm. Zu Verben mit akkusativischem Objektsprädikativ („Objektattribuierung") s. § 106.

2.4.7. Subjekt, Akkusativobjekt und Infinitiv(phrase)

Speziell bei Verben des Sprechens („Verba dicendi") und der Wahrnehmung („Verba sentiendi") kommen mehrfach Konstruktionen mit Akkusativ und Infinitiv (AcI) vor. In Übersetzungstexten und generell in Texten, die in ihrer Diktion vom Lateinischen beeinflusst sind, zeigen weitere Verben – parallel zu lat. Konstruktionen – entsprechende Strukturen (ein im Satz ggf. auftretender zweiter Akkusativ hängt nicht vom finiten Verb, sondern vom Infinitiv ab). § 48

Lit.: Schröbler/Prell 2007 § S 34; Speyer 2001; 2018c.

1. Einfacher Infinitiv

heizan: *hiez her Hluduigan tharot sar ritan* Ludw 22. – *do hiez er si gen in sinan uuinkarten umbe lon* PrSB 2,58. – *hôren*: *Daz hortih rahhon dia uueroltrehtuuison* Musp 37. – *lêren*: *Leret sie kahaltan al so huuaz so ih iu gaboot* (*docentes eos seruare omnia quaecumque mandaui uobis*) MF 25,16. – *leidege musę lerent mih scriben* (*lacerae camenae dictant mihi scribenda*) Nb 7,7 f. [6,15]. – *lâzan*: *afterdemo panne daz eriz sin lazze* (*Post decretam cessationem*) Gl 2,97,23 f. (11. Jh.). – *mahhôn*: *daz sie iro auditores machen zaller erest in fide florere* Will 126,12 [225,23–25]. – *nôten*: *daz er za sonatage niuuerde canaotit radia urgepan* Exh A 45 f. – *uuio socrates kenotet uuard trichen cicutam* (passivisch) Nb 19,30 [16,7 f.]. – *quedan*: *ir quedet in belzebube mih uuerphan diuuala* (*dicitis in beelzebub eicere me daemonia*) T 211,8 f. – *Die chade ih uuesen die uuenegosten* (*quos infelicissimos esse iudicarem*) Nb 256,13 [201,25 f.]. – *gisehan*: *So si gesehint man an demo mere uarin, so sinen sio uilo scono* (*musicum quoddam dulcissimum melodiae carmen canunt, per quod homines nevigantes decipiuntur*) Phys 58.

Anm. Im Fall von *ik gihorta đat seggen* Hl 1 kann der pronominale Akk. *đat* sowohl von *gihorta* als auch von *seggen* abhängig sein.

2. Infinitiv mit *zi*

bi-, irthriozan: *nebedrieze dih ouh iro maza zelirnenne* Nm 857,18 [340,2]. – *uuaz irdriuzet sia zeirringenne?* Nc 715,26 f. [32,17]. – *garawen*: *sih karati za peranne* (*Cum parturiret*) Gl 1,273,66 (9. Jh.). – *irmanôn*: *Irmanot unsih za forstantanne* (*admonet nos intellegere*) MF 37,21 f.

2.4.8. Subjekt, Dativ- und Genitivobjekt

Eine weitere Anzahl von Verben erfordert ein Akkusativ- und ein Genitiv-Objekt. § 49
Die folgende Zusammenfassung in Gruppen erfolgt im Hinblick die Genitive (s. § 33).

1. Gruppe 1

geban: *Kebet uns iuuuares oles* (*date nobis de oleo uestro*) MF 20,11. – *firlîhan*: *Firlihe iu sines riches, thes hohen himilriches* Os 37. – *Firlih ouh mir githinges* O 3,1,43. – *skenken*: *Her skancta ce hanton sinan fianton bitteres lides* Ludw 53 f. – *unnan*: *Guates er in onda, sos er wola konda* O 1,27,31

2. Gruppe 2

antwurten: *Tar habet si imo geantuurtet sinero frago* Nb 284,26 f. [219,21 f.]. – *irbiotan*: *thero werko er uns irbot* O 2,6,50. – *(gi)thankôn*: *Sie ... thankont es mit worte themo wirte* O 2,10,17 f. – *Des nemag imo nieman follun gedanchon* Np 357,12 f. [315,16 f.]. – *folgên*: *tes folgen ih tir in ernest* (*Uehementer assentior*) Nb 214,7 [174,13]. – *helfan*: *thaz imo got gidago sinero thurfteo helphe* WK 21. – *hôren*: *begonta si mes* (= *imo es*) *horen* Georgsl 52. – *lîhhên*: *Ih lichen dir des* Np 81,26 [77,21]. – *ginuogen*: *lazit iu gnuogen des iu got gigeben hat* (*sufficiat vobis stipendium vestrum*) Npw 285,8 f. – *giruomen*: *thaz sie sih tho giduamtin, then iungoron es giruamtin* O 5,10,32. – *spuon*: *andersuuio nespuot is tir* Nb 128,18 [111,2]. – *gitrûen*: *uueme des und des zegetruenne si* Nb 100,9 f. [87,1 f.]. – *giwidarôn*: *ni tharf man thaz ouh redinon, thaz Kriachi in thes giwidaron* O 1,1,60.

3. Gruppe 3

buozen: *Crist bovce disime rosse .N. ouervaggenes. gerays. thes vvambiziges. thes vvurmes* Pferdes 6 f. – *firmîdan*: *Der ... mannolichen arges fermidet* (*qui non egit dolum*) Np 39,22–24 [41,19–21]. – *warnen*: *der dir nu wiges warne* Hl 59.

4. Gruppe 4

(bi-, fir)jehan: *ih ieho Gote mines unrehtes* Np 104,6 f. [97,19]. – *uone diu bigih ich nu dir, got alemahtige, ... aller miner sculdone* Bambg. GuB 142,11–17. – *Vnde uirgiho dir, trohtin ... skalclicher gihorsami* Wess GuB B 4–6. – *(gi)lônôn*: *Ih uueiz her imo-s lonot* Ludw 2. – *thaz iu es got gilono* O 2,21,5. – *nu lonosto mir uůla minero arbeito. unte mines dionostes magfaltes* (*hoc a te pro mercede consequerer*) Thoma 1975,12,21 f.

Anm. In *Thes uuunsko ich in. tes bito ich in* Nb 168,14 f. [142,2 f.] kann der zweimalige pronominale Dativ *in* als Dativus commodi ('ihnen' = 'für sie') aufgefasst werden. Ähnlich: *thoh er mes* (= *imo es*) *ni horti* O 2,5,19 (s. § 9:1).

2.4.9. Subjekt, Dativobjekt und prädikatives Adjektiv

§ 50 Das prädikative Adjektiv im Nominativ wird flektiert oder unflektiert verwendet.

Lit.: Schröbler/Prell 2007 § S 104.

Flektiert: *ougen*: *thiu sih uzzana ougent mannon fagariu* (*quia foris parent hominibus speciosa*) T 503,11 f.
Unflektiert: *thunken*: *Taz mir chlagelih tunche* Nb 32,5 f. [26,5 f.]. – *skînan*: *diu mannum schinant uzana sconi* (*quae a foras apparent hominibus speciosa*) MF 18,1 f.

2.4.10. Subjekt, Dativ- und Präpositionalobjekt

Die Präpositionen bei den nachfolgend genannten Verben sind weitgehend fest. § 51

thankôn thuruh: *Thancomes thir thuruh michila guatlichi thina* (*gratias agimus tibi propter magnam gloriam tuam*) WK 112. – *lîhhên an*: *imo ist uuola gelichet an sinemo liute* (*quia beneplacitum est domino in populo suo*) Np 604,24 f. [538,6]. – *antlingen zi*: *niantlingita imo zi noheinigemo uuorte* (*non respondit ei ad ullum uerbum*) T 631,16 f. – *rahhôn fona*: *soso ih thir rachon, fon thesen woroltsachon* O 4,21,18. – *râtan zi*: *daz er imo geraten habeti. ze so tugidero magede* (*quod tam excellentis virginis suasum videt esse conuigium*) Nc 716,22 [33,16]. – *swerren bî*: *ich suuerro dir pe demo der fone dinemo samen chumftig ist* (*Nos dicimus iurasse eum in semine abrahae. hoc est in christo*) Thoma 1975, 6,2 f. – *sîn/wesan zi*: *si druhtin iu zi bilide* O 2,19,20. – *thaz si iu zi zeichane* (*et hoc uobis signum*) T 87,8.

2.4.11. Subjekt, Dativobjekt und Infinitiv

Einfacher Inf.: *geban*: *gibot her tho zigebanne iru ezan* (*iussit dari illi manducare*) T 209,4. § 52

Inf. mit *zi*: *giheizan*: *dia ih tir gehiez zezeigonne* (*quam promisimus*) Nb 174,22 [147,6 f.]. – *helfan*: *der mir half zegetuonne. daz ih ketuon nemahta* Np 533,12 f. [470,14 f.].

Anm. Zu finalen Infinitiven s. § 220.

2.4.12. Subjekt, Genitivobjekt und Präpositionalobjekt

thiggen zi: *nub er al kefrumeti, des er ce kote digeti* Georgsl 10. – *Dote man irquiket, thar ir zi mir es thigget* O 5,16,39. – *bijehan fora*: *thes bigihu ih fora minemo fater* (*confitebor et ego coram patre meo*) T 173,18. – *lônôn mit*: *ubelis mit ubele lonon* (Np: *malum pro malo reddere*) Npgl 13,15 f. [18,5]. § 53

Hierzu reflexiv (Akk.)

klagôn zi: *taz pacubius poeta. sih ze imo chlageti. dero uneron* Nb 69,16 f. [58,26]. – *irruofan zi*: *Nu uuile ich mih is ze gote irruofen* (*Itaque libet exclamare*) Nb 38,7 [31,2 f.]. – *warnôn gegin*: *daz si al hinavuurfe. des si sih keuuarnot habeta gagen demo himelfiure* Nc 811,9 f. [130,6 f.].

2.5. Vierwertige Verben

Als potentiell vierwertig (vgl. Blum 1984; Schrodt 2004 § 55) können Verben gewertet werden, die zum Ausdruck bringen, dass ein Agens ein Objekt von einem Ausgangspunkt (über einen zwischenliegenden Ort) zu einem Zielpunkt befördert, oder dass jemand einer anderen Person etwas für eine Vor- oder Gegenleis- § 54 tung überlässt oder angedeihen lässt (vgl. Blum 1984). In der überwiegenden Zahl der Fälle sind bei den in Frage kommenden Verben jedoch nicht alle Valenzstellen besetzt, wie auch die entsprechenden Artikel des AWB zeigen.

bringen: *Du brahtost mih fone inperfectione ze perfectione* Np 73,25 f. [70,23 f.]. – *firgeltan*: *mit lon er iu iz firgelte* Os 18. – *leiten*: *to leita Cato fone Egypto daz here. io cęsare nahfarentemo allen den freisigen uueg* Nb 119,6–8 [102,30–103,1]. – *lônôn*: *ih lonon iu es thare mit liebu zi alaware* O 5,20,72; *daz sie mir guotes mit ubele lonoton* Np 118,28 [110,25 f.]. – *firstôzan*: *daz menniscliche kislahte, daz dir plintiz firstoezzen uuart uone den mandungen des paradysi in dezzi ellentuom* (*genus humanum ... quod ... a paradisi gaudiis fuerat expulsum*) PrSB 4,7 f. (lat. H.U. Schmid 1986, 2,25,28–30). –

2.6. Adjektivvalenz

§ 55 Adjektive können aufgrund eigener Valenz Ergänzungen erfordern, denen jedoch kein Satzgliedstatus zukommt.

Lit.: Behaghel 1923 § 454–456; Dal/Eroms 2014 § 27; 40; Delbrück 1907, 199 f.; 220–224; Erdmann 1876 § 225–232; 248 f.; Erdmann/Mensing 1898 § 162; 296–301; Paul 1919 § 265; Schröbler/Prell 2007 § S 84–86; 93; Wilmanns 1909 § 251; 303–305.

2.6.1. Akkusativ

§ 56 Anders als Dat. und Gen. ist der Akk. bei Adjektiven selten.

bitherbi: *geist ist the dar libfestigot, fleisg nist biderbi iouuiht* (*Spiritus est qui uiuificat caro non prodest quicquam*) T 265,5 f.

Anm. Im Falle von *Ih gie demo almahtigen gote, daz ih minen vater unde mine muoter ... nie so holt newart ... noh so negeminnet so ih uon rehte solt* Bdktb. GuB II 17 dürfte der Akk. durch das nachfolgende Part. *geminnet* verursacht sein.

2.6.2. Dativ

§ 57 Eine beträchtliche Anzahl von Adjektiven erfordert valenzbedingt Ergänzungen mit dem Dativ.

anaebanlîh: *Inu ni angil nist anaebanchiliih gote?* (*Num angelus ęqualem cum deo habet imaginem*). – *anagilîh*: *Duoemes mannan uns anachiliihhan* (*faciamus hominem ad imaginem et similitudinem nostram*) Is 7,14 f. – *bitherbi*: *biderbi ist imo* (*expedit ei*) T 317,26. – *bigihtîg*: *dir uuirdu ih pigihtik allero minero suntiono* 1. bayr. B 1. – *ebanalt*: *fone diu sint alliu relatiua ebenalt iro oppositis* Nb 437,14 – *ebanbildîg*: *daz si ebenpildige uuerdent de-*

mo gotis pilde Npw 226,13. – *ebanbirîg*: *Alde solt tu ebenbirig uuerden. dien sumerlichen geuuahsten* (*Aut tua in ęstiuos fructus intumescit ubertas*) Nb 91,5 [79,2 f.]. – *ebanêwîg*: *thu scalt beran einan alawaltendan erdun joh himiles ..., fatere giboranan ebanewigan* O 1,5,23–26. – *eigan*: *pediu ist in der namo eigen. taz sie substantię heizent* Nk 385,10 [25,17 f.]. – *elidiutîg*: *ih bim imo danne elidiutic ... mir ist elidiutic* (*si ergo nesciero virtutem vocis, ero ei cui loquor barbarus et is qui loquitur mihi barbarus*) MF 26,19 f. – *fremidi*: *giduat er imo fremidi thaz hoha himilrichi* O 1,5,56. – *githioni*: *unz si dir gediene uuas* Nb 52,10 [43,2]. – *gifêh*: *mit den uuillih gifeh sin* Psalm 19. – *gihôrig*: *dhazs ir chihoric uuari gote* (*ut esset deo subiectus*) Is 28,21 f. – *gikunni*: *snel indi kuoni, thaz uuas imo gekunni* Ludw 51. – *gilîh*: *Er was dubun gilih* O 1,25,25. – *Auh ist galiih himilo rihhi seginun in seu gasezziteru* (*Iterum simile est regnum caelorum sagenae missae in mare*) MF 10,16. – *Unde demo gelih tate du iz* Nb 177,11 [149,17]. – *(un)gimah*: *Wir sculun hiar nu suntar gizellen ander wuntar, thesemo gimachaz* O 5,12,16 f. – *vvort Italiv edo hlahtre kimahhiv nisprehhan* (*Uerba uana aut risui abta non loqui*) BR 123,6 f. – *sose dir gemach si unte liup si* (*quantum velis*) Thoma 1975, 5,15. – *was imo iz harto ungimah* O 1,8,2. – *gimâzi*: *Taz ist imo gemacze* Def 17 f. – *guot*: *pidiu ist demo manne so guot* Musp 63. – *guot ist thir zi libe ingangan* (*Bonum est tibi ad uitam ingredi*) T 319,17. – *herzblîdi*: *Er ist thir herzblidi* O 1,4,31. – *(un)kund*: *chud ist mir al irmindeot* Hl 13. – *ther iungiro her uuas cund themo bisgoffe* (*Discipulus autem ille erat notus pontifici*) T 609,21 f. – *neuuas tir mines sites nieht chunt na?* (*an tu ignorabas meos mores?*) Nb 61,2 [50,29 f.]. – *Siu ist chiuuisso selbem angilum unchundiu* (*id est ipsis angelis incognita*) Is 2,18–20. – *leid*: *ther si uns leid* Oh 136. – *Haeretici sint mir desde leider* Will 13,12 [53,27 f.]. – *Leid ist mir der lip* (*Tedet me vitae meae*) Thoma 1975 8,9. – *liub*: *imo was eo fehta ti leop* Hl 27. – *daz thinc uuas marista kote liebosta* Georgsl 4. – *Thiz ist min sun diurer, in herzen mir ouh liuber* O 1,25,17. – *liup ist mir daz du pitist* (*gratum habeo quod petis*) Thoma 9,31 f. – *suozi*: *Thaz laz thir wesan suazi* O 1,1,41.

Weitere: *abwert(îg)*; *anaburti*; *antfanglîh*; *armuotîg*; *thiomuoti*; *(thuruh)kund*; *eiganhaft*; *einlîhhamîg*; *êrhaft*; *garo*; *gifolgîg*; *geginwart*; *geginwerti*, *-wertîg*; *gihengîg*; *gram*; *herti*; *hold*; *gihôrsam*; *irbunstîg*; *jihtîg*; *kumftîg*; *(al)kund*; *giloub*; *lustlîh*; *lustsam*; *(un)mahtlîh*; *mammunti*; *mâri*; *gimeini*; *milti*; *giminni*; *minnisam*; *(un)gimuoti*; *ginâdîg*; *nâhi*; *nâmi*; *ginuog*; *nutzi*; *offan*; *reht*; *giristîg*; *sêr*; *swâri*; *giswâs*; *tiuri*; *trût*; *ungiwurt*; *untarthio*; *urougi*; *urwâni*; *(un) werd*; *wirdîg*; *widarmuoti*; *willikumo*; *giwis*; *(un)gizâmi*; *zeizi*; *zirri* (as. *tirri*); *zorn*. Hinzu kommt eine Anzahl weiterer vergleichender Adjektivkomposita mit dem Vorderglied *eban-*: *ebanfaro*; *ebanflîzîg*; *ebangilîh*; *ebangiwaltîg*; *ebanglat*; *ebanguot*; *ebanhêr*; *ebanhôh*; *ebanlih*; *ebanmihhil*; *ebanskôni*; *ebanskuldîg*; *ebangilîh*.

Komparative stehen vielfach mit dem Vergleichsdativ. **§ 58**

Lit.: Baldauf 1938; A. Jäger 2016; 2018, 38–96.

Bistu nu zi ware furira Abrahame? O 3,18,33. – *dhiu eina gotnissa endi undarscheit dhero zuueiio heido fater endi sunes hluttror leohte ist araugit* (*Quo testimonio et deitas et distinctio personarum patris filiique luce clarius demonstratur*) Is 9,13–16; *dhazs ir ... furiro uuari andrem gotes chiscaftim* (*ut esset ... ceteris creaturis praelatus*) 28,21–29,1. – *Niodo huuila ander hluttriro dir queme* (*Ne forte clarior te superueniat*) MF 14,10. – *bidiu uuanta thiu kind therra uueraldi uuiseron then liohtes kindon* (*quia filii huius saeculi prudentiores filiis lucis*) T 176,23 f.; *eno thu bistu mera unsaremo fater iacobe* (*numquid tu maior es patre nostro iacob*) 277,18 f.; *ih haben giuuizscaf merun iohanne* (*ego autem habeo testimonium maius iohanne*) 291,32 f.–293,1. – *Du tate in eteuuaz minneren dinen angelis* (*paulo minus ab angelis*) Np 21,25 f. [25,25].

– *Uuaz ist hugelichera unde minnesamera uuine?* Nc 758,2 f. [73,20 f.]. – *Uuanta bezzer sint dine spunne demo uuine* (*Qvia meliora sunt ubera tua vino*) Will 2,1 [45,9 f.]. – *da niheinir ist hereri noh smahere demo anderemo* (*illic ... nemo novissimus dicitur, nemo primus*) PrSB 2,75 (lat. H.U. Schmid 1986, 2,17,258 f.). – *herfogil mera allen fogilin* (Np: *Herodius ist maior omnium uolatilium*) Npgl 438,1 f. [384,3 f.].

Anm. 1. Neben dem Vergleichsdativ stehen von Anfang Konstruktionen mit Vergleichspartikeln (*thanne, sô* mit unterschiedlichen Erweiterungen).

Anm. 2. Zu Superlativen mit (partitivem) Genitiv s. § 97:12.

2.6.3. Genitiv

§ 59 Die beim Verb (s. § 33) vorgenommene semantische gruppierende Gliederung der Genitive hat eine Entsprechung bei Genitiven, die von Adjektiven gefordert sind.

Lit.: Behaghel 1923 § 393–403; Dal/Ebert 2014 § 27; Erdmann/Mensing 1898 § 249–254; Paul 1919 § 243 f.; Wilmanns 1909 § 271.

1. Gruppe 1

alt: *alt was si jaro iu filu manegero* O 1,16,2. – *fol*: *Sum fol loses* Ludw 18. – *tu nemaht nieht follen munt haben melues unde doh blasen* Nl 595,10 f. [194,1 f.]. – *filu*: *uilo vunderes gesah ih duruh inan* (*Multa enim passa sum hodie per uisum propter eum*) Gl 1,718,66 f. (um 1000). – *hôh*: *olimpus decem stadiorum hoher* Nc 816,12 [135,7]. – *lâri*: *lare dero guoti* Np 17,15 f. [21,25].

2. Gruppe 2

anawart: *ni wurtun siu es anawart* O 1,22,9. – *bald*: *thes guates warun sie bald* O 1,17,61. – *fâri*: *die minero selo fare sint* (*querentes animam meam*) Np 116,25 f. [109,4]. – *flîzig*: *Sie sint gotes worto flizig filu harto* O 1,1,107. – *folqueti*: *die sines unrehtes folchete sint* (*quas cogitant*) Np 27,29–28,1 [31,11 f.]. – *freh*: *anderro guotes so uilo frechera* (*magis auidus alieni*) Nb 96,10 [83,11 f.]. – *fruot*: *her uuas heroro man ferahes frotoro* Hl 7 f. – *gero*: *oba thu es ouh so gero bist* O 4,28,20. – *gifolgîg*: *to begonda er ... dien raten an den lib. tie imo des neuuaren geuolgig* (*contradicentes occidit*) Nb 6,9–11 [6,1 f.]. – *gihugtîg*: *gehuhtige dinero spunne* (*memores uberum tuorum*) Will 7,2 f. [47,19 f.]. – *gireh*: *Uuannan birnt ir anderes so gereh* Nb 209,20 f. [171,23 f.]. – *giwar*: *du uurti sar min giuuar* Psalm 26. – *innana*: *ih weiz, thu es innana bist* O 2,8,48. – *giloubo*: *ni bist es io giloubo, selbo thu iz ni scowo* O 1,18,7. – *giwissi*: *gidua mih thes giwissi, waz si thaz warnissi* O 4,21,36. – *giwon*: *joh warun io thes giwon* O 1,1,65. – *irbunstîg*: *so ist er imo des libes irbunstig* Np 129,15 [120,3]. – *liumhaftîg*: *Dara nah uuerdent sie luimhaftig guoter uuercho* Will 69,11 [133,28 f.]. – *mahtîg*: *Ter mennisco ist ein ding libhafte, redohafte, totig, lachennes mahtig* (*homo est animal rationale, mortale, risus capax*) Def 16 f. – *sihhur*: *des mahttu sichure sin* Sam 27. – *spenstîg*: *ueneris sun. der zuorlusto spenstig is* Nc 814,14 f. [133,13 f.]. – *werd*: *zuei iro hien. diu iro uuerd uuaren* Nc 813,14 f. [132,9 f.]. – *willîg*: *siu nesin uuillig tes rihtennes* 214,25 f. – *wirdîg*: *niuuarun es uirdige* (*non fuerunt digni*) MF 15,19. – *wîsi*: *Thu ni bist es, wan ih, wis* O 1,18,3.

3. Gruppe 3

ânîg: *gedrater naph, nieuuanne drinchenes anig (nunquam indigens poculis)* Will 113,1 f. [203,8–10]. – *thurftîg*: *der rihtuom ... tuot sie durftige anderro helfo* Nb 143,11 [121,23]. – *thurstîg*: *den trenchet si. der iro dursteg ist* Np 126,4 f. [117,5 f.]. – *hungarag*: *die rehtes hungerge sint. die gesatot er* Np 596,19 f. [530,3]. – *unfluhtîg*: *was unfluhtig thrato thero Judeono dato* O 4,1,10. – *ungiloubo*: *dhes sindun unchilaubun iudeoliudi (non putant)* Is 13,10 f. – *ungiwaltîg*: *uuanda der unstate ist. unde ungeuualtig sin selbes* Nb 22,28 f. [18,25]. – *ungiwerit*: *kasah dar mannan ungaueritan bruthlauftiges kauuates (uidit ibi hominem non uestitum ueste nuptiali)* MF 15,26 f. – *unmuozig*: *Uues sint unmuozig iudices* Nb 99,12 f. [86,4 f.]. – *unwillîg*: *so nebeginnet sar der man. des er unuuillig ist* Nb 232,24 f. [187,1]. – *unwirdîg*: *Was si nu thero worto unwirdig filu harto* O 4,29,21. – *urminni*: *joh thiu quena minu ist kinthes urminnu* O 1,4,50. – *(un)zornîg*: *Sar des ein luzzel zorneg uuorteniu* Nb 11,20 [9,21 f.]; *so sprah si ... unzornegiu minero chlago* 40,25 f. [33,4 f.].

4. Gruppe 4

bigihtîg: *dir uuirdu ih pigihtik allero minero suntiono enti missatatio* 1. bayr. B 1 f. – *gifolgîg*: *to begonda er ... dien raten an den lib. tie imo des neuuaren geuolgig* Nb 6,9–11 [6,1 f.]. – *gijihtîg*: *dinen redon. dero ih giiihtig pin uuorten* Nb 237,30 f. [190,11 f.]. – *skuldîg*: *thes wari wirdig joh harto filu sculdig* O 4,19,70. – *Thes alles unde anderes manages, thes ich uuidar got sculdic si* Mainzer B 16 f. – *giwaltîg*: *der mennisko uuas fore sinero preuaricatione beidero geuualtig. uuizentheite. ioh uuillen* Nb 312,9–11 [238,3 f.].

2.6.4. Präpositionalphrase

Mehrere Adjektive stehen mit festen präpositionalen Ergänzungen. § 60

anawart bî: *Giduet mih quad er anawart bi thes sterren fart* O 1,17,45. – *ferro fon(a)*: *iro herza ist uerro fon mir (cor autem eorum longe est a me)* T 269,28. – *frô an(a)*: *An dir uuirdo ih fro (Letabor ... in te)* Np 23,11 [27,9]. – *garo zi*: *nu simes garawe alle mit imo zi themo falle* O 3,23,60. – *gimuoti ubir*: *er was io gimuati ubar alle these liuti* O 4,31,14. – *kumftîg fona*: *die fone imo. unde fone dien sinen chumftig sint* Np 27,7 f. [30,21 f.]. – *gifêh mit*: *mit den uuillih gifeh sin* Psalm 19. – *ubiri fona*: *daz dar ubiri uuas uon den aleibon (quod superfuit de fragmentis)* T 297,6. – *ubirmuoti gegin*: *gagen des sie ubermuote sint* Np 25,20 f. [29,13]. – *wan fona*: *uuan si uon dir (absit a te)* T 303,6.
Weitere: *fastmuoti zi; geginwerti in; ginamo mit; giwis zi; haft in; lutzil widar; ôtag mit; samahaft mit; sundîg in; unskuldîg widar.*

2.6.5. Infinitiv(phrase) und *thaz-/daz*-Satz

Valenzstellen von Adjektiven können außer mit (pro)nominalen Ergänzungen auch mit Infinitiven bzw. Infinitivphrasen und Nebensätzen besetzt sein. § 61

1. Reiner Infinitiv

giwon: *so ther sterro giwon was queman zi in* O 1,17,43. – *Dher simbles fona dhemu fater chisendit chiuuon ist fona himile nidharquheman endi uphstigan* (*Qui semper ab eodem patre missus descendere solitus est et ascendere*) Is 9,9–12. – *Tiser uuas keuuon denchen an die himelferte* (*Hic quondam liber. assuetus aperto cęlo ire in Etherios meatus*) Nb 14,5 f. – *mahtîg*: *mahtig ist got fon thesen steinon aruuekkan abrahames barn* (*quoniam potens est deus ex lapidibus istis suscitare filios abraham*) T 107,11 f. – *wirdîg*: *nibin iu uuirdig ginennit uuesan thin sun* (*non sum dignus uocari filius tuus*) T 325,19 f.

Mit NcI nach lat. Muster: *kund*: *municho fioreo vvesan chunni chund ist* (*Monachorum quattuor esse genera manifestum est*) BR 93,8 f. – *Tir ist uuola chunt ... alla dia erda sih kezihen uuider demo himile* (*omnem terrae ambitum. constat optinere rationem puncti*) Nb 110,18 f. [95,28].

2. Flektierter Infinitiv mit *zi*

bitherbi: *oba so ist mannes sacha mit uuibe, thanne nist biderbi zi gihiuuenne* (*si ita est causa hominis cum muliere. non expedit nubere*) T 337,14–16. – *garo*: *mit dir garo bin oda in carkeri oda in tod zifaranne* (*paratus sum et in carcerem et in mortem ire*) T 565,11 f. – *daz ih karo bin chestiga zelidenne* (*quoniam ego in flagella paratus sum*) Np 139,24 [129,9 f.]. – *ginuog*: *es ist zi zellenne ginuag* O 5,1,22. – *gireh*: *Uuanda ich tih ouh so gerechen siho zefernemenne* (*quoniam conspicio te promptissimum esse*) Nb 1,11 f. – *giwaltîg*: *so ist er geuualtig per diuinitatem sinen holdon zegebene dona spiritus sancti* Will 89,4 f. [165,23–26]. – *gizal*: *ist gazelira zaquedanne ... odo zaquhedanne* (*est facilius dicere ... aut dicere*) MF 1,14–16. – *listîg*: *Er ist peidiu ioh starch. ioh listig zebesuichenne* Np 29,10 f. [32,17]. – *redi*: *Sie sint filu redie sih fianton zirrettinne* O 1,1,75. – *skuldîg*: *Sculdige auh uir festun unfestero burdi za anthabenne* (*Debemus autem nos firmi infirmorum onera sustinere*) MF 39,7 f. – *swâri*: *Er ist uns suare ana zesehenne* (Np: *gravis est nobis etiam ad videndvm*) Npgl 133,10 [123,15 f.]. – *unmahtîg*: *uuanda ih unmahtig pin. din reht zerfollonne* (*quoniam infirmus sum*) Np 15,2 f. [19,16 f.]. – *unôdi*: *Unodi ist iz harto ... thia kleini al zi gisaganne joh zi irrekenne* O 5,14,3 f. – *wert*: *so kiscihet iz durh des liutis unreth, daz si is nieth uuert nisint ze firnemenne* (*non facile agnoscitur*) PrsB 1,23 f. (lat. Hellgardt 2014, 86) – *wirdîg*: *ni bin uuirdig giscuohu zitraganne* (*non sum dignus calciamenta portare*) T 111,1 f. – *Consulares sint. tie consules uuaren. alde uuirdig sint zeuuerdenne* Nb 80,9 f. [69,9 f.].

Anm. Mit lat. *ad* und Gerundium: *Vuanda du truhten beidiu bist. ioh suozze ad tollendam amaritudinem* (*hinazenemenne pitteri*). *ioh mammende ad sustinendos peccatores* (*zebittinne dero sundigon*) Np 354,18–20 [313,4 f.]. Npgl (im Zitat in Klammern) zeigt jeweils den präpositionalen Inf. mit *zi*.

3. *thaz*-Satz

garo: *ih nebin nieht ein garo daz man mih pinde* (Np: *ego non solvm alligari ... paratvs svm*) Npgl 130,6 [120,20 f.]. – *jihtîg*: *dir bin ih iihtig. daz du iz tate* Np 201,14 f. [182,7]. – *mahtîg*: *Vnde fore iro manegi neuuas ih mahtig daz ih kesahe daz uuara lieht* (*Et non potui ut uiderem*) Np 148,12 f. [136,24 f.]. – *wirdîg*: *Wio ward ih io so wirdig fora druhtine, thaz selba muater sin giangi innan hus min?* O 1,6,9 f.

2.7. Substantivvalenz

Aufgrund ihrer Valenz/Bedeutungsstruktur eröffnen abgeleitete Substantive (Verbalnomina, Adjektivabstrakta) und weitere „relative Substantive" (Behaghel 1923 § 10–12) attributive Leerstellen. (s. § 13; 97). **§ 62**

Lit.: Behaghel aaO; Dal/Eroms 2014 § 40; Erdmann 1876, § 250–254; Erdmann/Mensing 1898 § 296–301; Wilmanns 1909 § 251; 273; 306.

1. Dativ

antheizo: *sose ih in dar antheizo uuard* Reich. B 26. – *âswih*: *thaz ist hiu asuuih* (*hoc uos scandalizat*) T 265,2. – *tharba*: *sid Detrihhe darba gistuontun fatereres mines* Hl 23 f. – *fîant*: *alle durh dinen ruom mir ze fiente tuon* Psalm 21. – *In demo uuazzere Nilo ist einero slahta natera, diu heizzit idris un ist fient demo korcodrillo* Phys 48 f. – *folleist*: *du hebitos er finfe dir zi uolliste* Sam 26. – *grun*: *thaz er iu zi grunne tharana ni firspurne* O 1,23,30. – *nutzî*: *Sie eigun in zi nuzzi so samalicho wizzi* O 1,1,61. – *urkundo*: *des birut ir iu selbun urchundun* (*Itaque testimonio estis uobismetipsis*) MF 18,10 f. – *wunna*: *Ther tod was in wunna* O 4,5,47.

2. Genitiv

thurft: *So uuar soses thurft uuas* Ludw 58. – *tho det es druhtin enti* O 1,17,8. – *ginâda*: *Habe min gnada* (*Miserere mei*) Np 15,2 [19,16]. – *klaga*: *durh die chlaga dero armen* Npw 30,8 f. – *diu chlaga des inuuertigen leides ... diu chlaga des uzuuertigen leides* Np 138,6–8 [127,23–25]. – *lust*: *in lustin ougono ... in lustin orono* Würzb. B 6 f. – *minna*: *habetun kristes minna, sin selbes drutinna* O 3,23,14. – *zigen sie mih umbe des ambahtes minna* Nb 35,2 f. [28,17 f.]. – *munt*: *nu fliuc du ... in godes munt* Lorscher Bienens 1 f. – *wara*: *nim sin mihhila vuara* (*Pone super illum oculos tuos*) Gl 1,633,30–32 (11. Jh.). – *wurzala*: *Thie warun wurzelun thera saligun bluomun* O 1,3,27.
Verwandtschaftsverhältnisse und andere menschliche Beziehungen: *tot ist Hiltibrant, Heribrantes suno* Hl 44. – *so boto scal io guater, zi druhtines muater* O 1,5,14. – *fater dhera zuohaldun uueraldi* (*pater futuri saeculi*) Is 22,12 f. – *fiant mannaschines chunnes* (*hostis humani generis*) H 24,3,2.

3. Infinitive mit *zi* können eine finale oder konsekutive Bedeutungskomponente aufweisen.

giwalt: *dhaz mannes sunu habet gauualt in herdhu za forlazanne suntea* (*quoniam filius hominis habet potestatem in terra dimittendi peccata*) MF 1,17 f. – *so gab her in giuualt gotes suni zi uuesanne* (*dedit eis potestatem filios dei fieri*) T 103,30 f. – *Ube in minero geuualte stat. ze geanderuuisonne minen rat* (*Si situm est in mea potetstae mutare propositum*) Nb 360,5 [269,26 f.]. – *giwizzi*: *forgib uns mahti inti giuuizzi, thinan uuillon zi giuuircanne inti zi gifremenne* Fuldaer B 24 f. – *kraft*: *forgip mir ... craft, tiuflun za uuidarstantanne enti arc za piuuisanne enti dinan uuilleon za gauurchanne* Wess 11–14. – *tag*: *Uns sint kind zi beranne iu daga furifarane* O 1,4,51. – *willo*: *dea in einemo uuillin sintun gotes gabot zagahaltanne* MF 30,25 f. – *zît*: *uuanda noh iro zit neist ze irstanne* Np 362,4 [319,16 f.].

4. Präpositionalphrase

ambaht ubir: *theiz si min ambaht ubar thih* O 1,25,8. – *thurft in*: *du eino uueist uueo mino durfti sint: in dino kanada enti in dino miltida* Emm A 311,8–10. – *giloubnissa in*: *durah festea galaupnissa in nerrentan christ* (*per fidem in christo iesu*) MF 29,2 f. – *nahtwahha ubir*: *bihaltante nahtuuahta ubar ero euuit* (*custodientes uigilias noctis supra gregem suum*) T 85,30 f. – *zorn zi*: *La dir zorn sin ze demo tiefele* Np 17,24 f. [22,5 f.].

2.8. Valenzvariablen

§ 63 Im ahd. Quellenmaterial zeigen sich bei einer Reihe von Verben variierende Valenzen, insbesondere im Bereich des Genitivs (zur semantischen Gliederung s. § 33).

Lit.: Abraham 1997; Baldes 1882; Behaghel 1923 § 485 f.; Dal/Eroms 2014 § 6 f.; 17; Donhauser 1990; 1991; 1998; Erdmann/Mensing 1898 § 148 f.; 223 f.; Fleischer 2011, 91–94; Leiss 1990; Schrodt 1992; 2004, 80–85; 2004, 66 f.; Wilmanns 1909 § 264–268; 308–312.

1. Genitiv und Akkusativ
In nicht wenigen Studien ist festgestellt worden, dass „der Gen. gebraucht wird, wo das Objekt in einem loseren Verhältnis zur Verbalhandlung steht, und nicht so vollständig von ihr betroffen wird wie das Akk.-objekt“ (Dal/Eroms 2014, 19). Deutlich wird das bei der nachfolgend unter a) zusammengefassten Gruppe. Ein Konkurrenzverhältnis von Genitiv und Akkusativ lässt sich allerdings auch dann feststellen, wenn keine derartige Bedeutungsdivergenz erkennbar ist (s. nachfolgend b bis e).
a) Genitiv der Gruppe 1 („partitiv“, s. § 33) gegenüber Akkusativ

inbîzan: Gen.: *daz he ni protes ni lides ni neouuihtes … ni des uuazares nenpize* ‘dass er nichts an Brot, nichts vom Wein, kein Wasser zu sich nehme’ Bas. Rez 13 f. gegenüber Akk.: *trunch inpizan* (*Haustum gustatum*) ‘den/einen Trunk zu sich nehmen’ Gl 1,167,25 (9. Jh.). – *brûhhan*: Gen.: *thes municha pruhhant* (*quo manachi utuntur*) ‘wovon die Mönche (wiederholten) Gebrauch machen’ Gl 1,212,28 f. (8. Jh.) gegenüber Akk.: *daz man niuuez hus peginnet pruchen* ‘dass man ein neues Haus beginnt zu gebrauchen = zu bewohnen’ Np 92,14 [87,8 f.]. – *ezzan*: Gen.: *thaz iagilih thes azi* ‘dass ein jeglicher davon äße’ O 5,11,44 gegenüber Akk.: *thaz brot gisegonotaz az* ‘aß das gesegnete Brot’ 3,6,35. – *geban*: Gen.: *kebet uns iuuuares oles* (*date nobis de oleo uestro*) ‘gebt uns (etwas) von eurem Öl’ MF 20,11 gegenüber Akk.: *neo in altre nigabi mir zikin* (*numquam dedisti mihi haedum*) ‘niemals gabst du mir ein Zicklein’ T 327,28–30. – *lesan*: Gen.: *Hicila diu scona min filu las* ‘Hicila, die Schöne, las häufig in mir (d.h. im sprechenden Buch)’ Hicila. gegenüber Akk.: *Leset allo buah, thio sin* ‘lest alle Bücher, die es gibt’ O 3,20,155. – *skenken*: Gen.: *Her skancta ce hanton sinan fianton Bitteres lides* ‘er schenkte sogleich seinen Feinden von einem bitteren Wein ein’ Ludw 65 gegenüber Akk. *so skenkent sie uns then guatan win* 'so schenken sie uns den guten Wein ein' O 2,9,16. – *unnan*, Gen.: *du batis dir unnen sines kecprunnen* 'du batest, dir (etwas) von seinem Lebensbrunnen zu gönnen' Sam 11 gegenüber Akk. *meistera ther* [= *the er*] *uns onda* 'die Meister, die er uns schenkte' O 2,7,2.

b) Genitiv der Gruppe 2 (s. § 33) gegenüber Akkusativ

beitôn: *bistu ther zuouuert ist, odo anderes beitomes* (*tu es qui unenturus es an alium exspectamus*) T 215,9 f. gegenüber *uuas thaz folc beitonti Zachariam* (*erat plebs exspectans Zachariam*) 69,22. – *bitten*: *bat tho scribsahses* (*postulans pugillarem*) T 75,30 gegenüber *neguil bittan minan brother sin suert* (*nolo rogare meum fratrem suum gladium*) T-Par 75. – *thenken*: *es alleswio ni thenkit, ther sulih werk wirkit* O 3,20,150 gegenüber *er thahta ... thia managfaltun wihi* 1,8,13. – *bithenken*: *ih sol mih is paz pedenchen* (reflexiv) Np 611,31 [542,24] gegenüber *Pidenchin die michelin gotis kidult* (*Pensate, quanta est patientia dei*) PrSC 1,7 (lat. H.U. Schmid 1986, 2,30,98 f. – *githenken*: *hier nedarft tu is kedenchen* Np 114,20 [107,4 f.] gegenüber *so ih iz githahti* Fuldaer B 18 f. – *eiskôn*: *giwisso saget mir iz al, thes iuih eiscon hiar nu scal* O 3,12,6 gegenüber *Gotes uuunder daz sie do eiscoton* Np 456,6 [399,21]. – *furhten*: *des der argo furhtet daz pegatot in* (Np: *qvod timet impivs veniet super eum*) Npgl 237,18 [213,12] gegenüber *alle die in furhtent ferliesen temporalia* Np 38,13 f. – *gerôn*: *satanas gerot iuuuer* (*satanas expetiuit uos*) T 563,4 gegenüber *iogiuuelih thie thar gisihit uuib sie zi geronne* (*omnis qui viderit mulierem ad concupiscendum eam*) 141,21 f. – *huohôn*: *kehore uuio gammensamo einer des anderes huhota* Nb 116,13 f. gegenüber *nela mih huon die mir be unrehte uuidere sint* (*non insultent in me qui adversantur mihi inique*) Np 121,5 f. [112,21 f.]. – *niozan*: *thaz se erdrihes niezen* O 1,11,8 gegenüber *lantsidileo der framade erda niuzzit* (*accula qui alienam terram colit*) Gl 1,40,5. – *bitrahtôn*: *drof es ni bidrahtot* O 3,25,24 gegenüber *bi hiu er ni bidrahtot iz êr* 3,24,75. – *wîsôn*: *uerit denne stuatago in lant, uerot mit diu uuiru uiriho uuison* Musp. 56 gegenüber *ih uuisada drago inbisparta in carcar* Würzb. B 7. – *wuntarôn*: *So daz sih es drato uuntrota* (*ut miraretur ... uehementer*) MF 24,23 gegenüber *ni tharft thu wuntoron thaz* O 1,16,27.

c) Genitiv der Gruppe 3 (s. § 33) gegenüber Akkusativ

bithurfan: *dar bedurfen sie scirmes* Np 101,28 f. [95,15 f.] gegenüber *uuanda ih an imo habo. al daz ih pedarf* 118,6 f. – *hungaren*: *dieder hungert rehtes* (Np: *daz sint die qui esuriunt iustitiam*) Npgl 110,25 [103,17 f.] gegenüber *daz sint die diedir hungerent daz reht* Npw 97,7 f. – *(gi)merren*: *so sint se alle girrit, thes wiges gimerrit* O 3,26,41 gegenüber *thaz wir hiar ni duellen, thaz arunti ni merren* 1,27,16. – *firmîdan*: *Der ... arges fermidet* (*qui non ... fecit ... proximo suo malum*) Np 39,22–24 [41,20 f.] gegenüber *ube ih tih nieht uber al fermiden nemahta* Nb 62,23 [52,16]. – *twellen*: *er netuelet sinero ferte* Nb 267,8 [208,15] gegenüber *Thaz kind gidualta thia fart* O 1,22,9. – *irwenten*: *ob ih inan es iruuenden nemag* Straßb. Eide 33 gegenüber *so eruuendo ih tia foresiht* (*euacuabo prouidentiam*) Nb 360,6 f. [269,27 f.]. – *giwidarôn*: *ni tharf man thaz ouh redinon, thaz Kriachi in thes giwidaron* O 1,1,60 gegenüber *daz habest du geuuiderot* Np 146,17 f. [135,10].

d) Genitiv der Gruppe 4 (s. § 33)

âhten: *die ubelen ... âhtent tero guoton also sie uuellen* Nb 244,20 f. [194,20–22] gegenüber *er ahta den armen mennisgen den petelare* (*persecutus est hominem inopem et mendicum*) Npw 221,19. – *jehan*: *ih ieho gote mines unrehtes* (*confitebor adversum me iniustitias meas domino*) Np 104,6 f. [97,19] gegenüber *ih iiho ouh gote ioh di gotes scalche minan ungiloubun* Würzb. B 15 f. – *firlîhan*: *Firlih ouh mir githinges, thes mines heiminges* O 3,1,43 gegenüber *so fram so mir got almahtigo mahti enti giuuizzi forgibit* Fuldaer B 23. – *lougenen*: *Noh trof ih des nelougino* Psalm 27 gegenüber *unz sie die uberuuindent. die iro arende lougenent* Np 558,16 f. [493,24].

2. Genitiv- und Dativobjekte weisen teilweise funktionale Überscheidungen auf.
   a) Genitiv der Gruppe 2 (S. § 33) gegenüber Dativ der Gruppe 1 (s. § 31)

fârên: *uuanda der rhetor ist sih selben skirmendo testudo. anderro farendo. ist er scorpio* Nc 829,27 f. [150,4 f.] gegenüber *Vuanda mine fienda mir farendo chaden. got habet in ferlazzen* (*quia dixerunt inimici mei mihi ... dicentes. deus dereliquit eum*) Np 278,9–11 [247,1 f.]. – *milten*: *ni gilamf thir zi miltenne thines ebenscalkes* (*non ergo oportuit et te misereri conserui tui*) T 333,26 f. gegenüber *sage uuelihhu thir truhtin teta inti miltita thir* (*narra quanta tibi dominus fecerit et misertus est tui*) 191,28 f. – *ginâdôn*: *Ginado, druhtin, thu ouh min* O 3,17,59 gegenüber *Ginado, druhtin, quad si, mir* 10,9.

   b) Genitiv der Gruppe 3 (s. § 33) gegenüber Dativ der Gruppe 2 (s. § 31)

infaran: *Min helfare bist du uuola zetuonne. min inphangere ubeles zeinfarenne* Np 528,26 f. [466,11 f.], gegenüber *insprinc haptbandun, inuar uigandum* Mers 1,4. – *intsagên*: *mit demo intsagent sie sih ira sundono* Npw 325,15 f., gegenüber *Ih intsago mih demo tiufeli* Wess. GuB 135,1. – *irwerren*: *so er sih tes eruueren nemag* Nb 173,13 [146,6] gegenüber *daz sie ... nemugen ... sih eruueren achusten* (*qui nequeunt obluctari uitio*) 240,3 f.

3. Genitivobjekt gegenüber Präpositionalobjekt
   Bei einer Reihe von Verben konkurriert der Genitiv (s. § 33) mit präpositionalen Ergänzungen.
   a) Genitiv der Gruppe 1 („partitiv“, s. § 33) gegenüber Präpositionalobjekt

fon(a): *ezzan*: *thaz iagilih thes azi* ‘dass ein jeglicher davon äße’ O 5,11,44 gegenüber *ir azut fon then brotun* (*manducastis ex panibus*) T 82,4. – *geban*: *kebet uns iuuuares oles* MF 20,11 gegenüber *gebet uns fon iuuueremo ole* T 531,22 (*date nobis de oleo uestro*). – *trinkan*: *luzil drank ih es thar* O 2,9,25 gegenüber *giuuelih de dar trinkit fon uuazzare* (*omnis qui bibet ex aqua*) T 277,23.
mit: *fullen*: *Intfangana spunga fulta sia ezzihes* (*accepta spongia impleuit aceto*) T 645,27 f. gegenüber *fullet thiu faz mit uuazaru* (*Implete hydrias aqua*) T 177,31. – *(h)ladan*: *joh luad sia harto guates joh suasliches muates* O 5,12,90 gegenüber *ir ladet man mit lesti thia sie fortragan nimugun* (*oneratis homines oneribus quæ portari non possunt*) T 503,24–26.

b) Genitiv der Gruppe 2 (s. § 33) gegenüber Präpositionalobjekt

ana: *kapfên*: *ih chapfen din. du nechumest* Np 35,10 f. [37,26–38,1] gegenüber *siu chapheton an die illecebras curiositatis illicitę* 534,20 [471,21]. – *wartên*: *wanta ih gistuant thin warten thar in themo garten* O 4,18,24 gegenüber *ih meino christenheit an die chunftigin lona uuartenda* (Np: *ęcclesiam futura prę̨mia speculantem*) Npgl 323,9 f. [286,13 f.].
bî: *eiskôn*: *giwisso saget mir iz al, thes iuih eiscon hiar nu scal* O 3,12,6 gegenüber *eiscot thare bi thaz kind sare* 1,17,46. – *ginâdôn*: *got ginadoti sin* O 2,6,46 gegenüber *ginado bi unsih, so thu bist* 5,24,15.
(in)gegin: *kapfên*: *ih chapfen din. du nechumest* Np 35,10 f. [37,26–38,1] gegenüber *be diu chaffent siu gagen imo* Np 521,23 f. [458,25 f.]. – *warnôn*: *er sih thes leides êr ni warnoti, les* O 3,24,76 gegenüber *ingegin widarwinnon so skulun wir unsih warnon* 2,3,56.
mit: *spilôn*: *dar man uuurfzaueles spilot* Nb 24,19 f. [20,6] gegenüber *Mit sinuuelbemo rade spilon ich* (*Rotam uersamus uolubili orbe*) 60,25.
umbi: *bitten*: *bat tho scribsahses* (*postulans pugillarem*) T 75,30 gegenüber *Paulus pitet dih ... umbe stimulum carnis* Np 66,22 f. [64,20 f.]. – *forskôn*: *allero dingo ... gnoto forscontiv* (*universa ... interrogans*) Nc 814,2 [132,31 f.] gegenüber *die umbe die giduaginen hente so gnoti forsgoten* Npw 271,23 f. – *sorgen*, *Ezechias saget ... uues er sorgeta* Np 610,15 f. [541,11 f.] gegenüber *Vmbe die erda sorgendo chaden sie* 237,15 f.
widar: *gerên*: *Ih kereta iro. sie negereton min* Np 232,21 f. [209,4] gegenüber *der lichinamo geret uuidir die sela. unde diu sela uuidir den lib* Npw 112,8 f.
zi: *gigâhen*: *Ir sculut io thes gigahen, mit sulichu iuih nahen* O 2,16,23 gegenüber *Thie thoh zi thiu gigahent, gilouba sina intfahent* O 2,13,27. – *hlosên*: *joh losetun mit giwurti thero sinero antwurti* O 1,22,38 gegenüber *Ze minero digi. loseen diniu oren* (*fiant aures tuae intendentes. in vocem deprecationis meae*) Np 561,8 [496,8]. – *ginôten*: *die martyres nemahta des nieman genoten* Np 553,16 f. [489,12 f.] gegenüber *sinen meister Senecam. genotta ze dero uueli des todes* (*coegit Senecam familiarem. praeceptoremque suum ad arbitrium eligendae mortis*) Nb 155,25 f. [131,27 f.]. – *râmên*: *thes houbites ramta* O 4,17,3 gegenüber *sie rament toh alle ze einero stete* (*nititur pervenire ad unum finem beatitudinis*) Nb 128,30 [111,12]. – *(gi)spanan*: *daz in es sin muot kispane* Musp 19 gegenüber *der des mannis muot spenit ze din ueriltlihen lusten* Phys 61 f. – *wenen*: *Sie nemugen diu iro geuueneten ougen dero finstri. uf ze liehte erheuen* Nb 262,7 f. [205,11] gegenüber *Taz teta er fone diu. uuanda er siu fore ueneta ze ezenne humanas carnes* 300,6 f.

c) Genitiv der Gruppe 3 (s. § 33) gegenüber Präpositionalobjekt

an(a): *brestan*: *imo ... thes gisiunes gibrusti* O 3,20,84 gegenüber *mir bristet an minen frehten* Np 100,21 f. [30,17]. – *zwîfalôn*: *drof ni zuivolo thu thes* O 1,5,28 gegenüber *daz philosophi nah an allen questionibus zuiueloton* Nb 108,2 [93,26 f.].
fon(a): *irren*: *uona den sie kiirret uuerdent dero guoten uuerchun* PrSB 3,15 gegenüber *nie miniu uuerch unde mine genge geirret neuuerden. fone antlazigen gelusten* Np 53,20 f. [53,7 f.]. – *inbintan*: *ther heilant, ther inan thes seres inbant* O 3,4,48 gegenüber *thaz sie unsih ... fon ungiloubu inbuntin* 4,5,27. – *bilinnan*: *ni mohtun noh bilinnen thes armilichen willen* O 4,36,1 gegenüber *bilinnent fona iro uuihi* (*cessabunt a ministerio ordinis sui*) Gl 2,91,24 f. (8. Jh.). – *(ir)lôsen*: *thih loses thesses wizes* O 4,30,18 gegenüber *unde lose mina sela. fone temptatione* Np 15,11 f. [19,24]. – *thes wages er sie*

wista, thera freisun ouh irlosta O 1,3,12 gegenüber *wir so gidroste, fon fianton irloste* 1,10,15. – *gistullen*: *Fahan sie nan woltun joh thoh in thes gistultun* O 3,16,67 gegenüber *batun, sie in gistultin fon then unthultin* 3,24,4.
fora: *ginesan*: *genasin thes. so do diz ros. des mordes* (eine Pferdekrankheit) Pferdes 2 gegenüber *Diu tuba ... mag genesan uore demo habeche* Will 43,12–14 [81,27–31].
ûzer: *irlôsen*: *thes wages er sie wista, thera freisun ouh irlosta* O 1,3,12 gegenüber *er irloset Israhelem. uzer allen sinen unrehtin* (*ipse redimet Israhel ex omnibus iniquitatibus eius*) Np 562,1 f. [496,24 f.].

d) Genitiv der Gruppe 4 (s. § 33) gegenüber Präpositionalobjekt

ubir: *waltan*: *Liaz inan waltan alles thes wunnisamen feldes* O 2,6,11 gegenüber *waltan wolle der keisor ubar alle* 4,24,22.
umbi: *zîhan*: *Micheles ubeles zigen sie mih* Np 139,20 [129,6 f.] gegenüber *Tia zegehonenne mit andermo unliumende. zigen sie mih umbe des ambahtes minna* (*Quam uti fuscarent admixtione alicuius sceleris. mentiti sunt polluisse me conscientiam sacrilegio. i. nicromantia. ob ambitum dignitatis*) Nb 35,1–3 [28,17 f.].
zi: *firmagan*: *Fermahta er sih ringennes. so hiez er Grece palestricator* Nb 248,15 [197,4] gegenüber *tannan ist tiu chraft kenemmet. taz si sih ze iro selbun fermag* 296,29.

4. Dativobjekt der Gruppe 1 gegenüber Akkusativobjekt

helfan: *Hluduig, kuning min, hilph minan liutin* Ludw 23 gegenüber *uane then helph mich mit thinan genathan* Will Lei 5,1. – *firsahhan*: *Forsahhistu unholdun? ... Forsahhistu unholdun uuerc indi uuillon?* Frk. Taufgel 1 f. gegenüber *Ihc fersaho den tyufel unte alliu sinu uuerc* Zeitzer B 1. – *irteilen*: *enti arteillan scal toten enti quekken* Musp 86 gegenüber *an demo iungisten taga certeilenne lebende unde tode, ubele unde guote* Wess. GuB 139,4–6.

Anm. *folgên* steht nahezu ausnahmslos mit dem Dativ (vgl. AWB 3,1032–1040), z.B. *Petrus folgeta imo* O 4,18,1, *thara ih faru ni maht mir nu folgen* (*quo ego uado. non potes me modo sequi*) T 563,26 f. Vereinzelt steht unter lat. Einfluss der Akk.: *inti folgetun inan manege menigi* (*et secutae sunt eum turbae multae*) T 335,11 f.

5. Dativobjekt der Gruppe 1 gegenüber Präpositionalobjekt

an(a): *gitrûen*: *Der Gote getruuuet. den scirmet ouh Got* Np 383,11 f. [338,6 f.] gegenüber *Sid ih an got ketruen. uuer mag mih ferleiten* 31,24 f. [34,24]. – *gilouben*: *der min uuort horit inti gloubit imo der mih santa* (*qui uerbum meum audit et credit ei qui misit me*) T 289,18 f. gegenüber *die gerno an mih keloubtin* Np 99,6 f. [93,1 f.]. Ebenso mit *in*: *di in dih gloubant iouh in dih gidingant* Otloh 2. –
zi: *ruofan*: *heliase ruofit theser* (*heliam uocat iste*) T 645,15 gegenüber *Tho sin githigini zi imo riaf* O 3,14,59.

6. Akkusativobjekt gegenüber Präpositionalobjekt

an(a): *gilouben*: *Giloubistu heilaga gotes chirichun* Frk. Taufgel 11 gegenüber *Vuanda sie an got negloubton* (*quia non crediderunt in deo*) Np 315,17 [279,8]. Ebenso mit *in*: *thiethar giloubit in then sun, ther habet euuin lib* (*qui credit in filium, habet uitam aeternam*) T 129,28 f.

3. Die Struktur der Nominalphrase

Das Althochdeutsche kennt Nominalphrasen von sehr unterschiedlichem Umfang. **§ 64**
Die Bandbreite reicht vom einfachen Personalpronomen bis zu komplexen Attribut- und Klammerstrukturen.

Lit.: Dal/Eroms 2014 § 131; Demske 2001a; Ebert 1978, 43–50; Eroms 2016; Flick 2020; Flick/Szczepaniak 2018; Himmelmann 1997; Lühr 2015; 2015b; Pasques 2015b; Petrova/Solf 2009a; Prell 2003; Schröbler/Prell 2007 § S 44–99; Simmler 2007; 2015; Speyer 2018a.

3.1. Artikel

Das Ahd. bildet eine Übergangsphase auf dem Entwicklungsweg vom artikellosen **§ 65**
Idg. zum Nhd. mit einem grammatikalisch geregelten („grammatikalisierten") Artikelsystem. Es ist deshalb von vornherein nicht zu erwarten, dass sich bereits Regeln wie im Nhd. etabliert hätten. Das Ahd. verfügte noch über andere (ererbte) Möglichkeiten der Kennzeichnung von Definitheit:

Lit.: AG I, § 287; Behaghel 1, 31–138; Bell 1907; Besch/Wolf 2009, 154–157; Biener 1940; Dal/Eroms 2014 § 74–77; Ebert 1978, 43–45; Eggenberger 1961; Flick 2019; 2020; Glaser 2000; Gräf 1905; Haudry 2000; Heinrichs 1954; Hodler 1954; P. Jäger 1917; Kraiss 2014; Leiss 1994; 2000; Lühr 2008; Neumann 1967; Oubouzar 1992; 1997c; Pasques 2011; Paul 1919 § 143–163; Philippi 1997; Ronneberger-Sibold 2020; Schirokauer 1941/42; Schlachter 2015; Schröbler/Prell 2007 § S 131–135; Schrodt 2004 § 14; Szczepaniak/Flick 2015; Wunderlich/Reis 1925, 288–308.

1. Das schwach flektierte Adjektiv konnte ohne Artikel Definitheit ausdrücken.

   nu dih es so wel lustit gudea gimeinun Hl 59 f. – *niist in kihuctin himiliskin gote* Musp 29. – *Engil gotes guoato* O 3,4,11. – *umbi christan himilischun druhtin* (*per deum cęli*) Is 33,8 f.

2. Starke Flexion korreliert mit Indefinitheit.

   her fragen gistuont fohem uuortum Hl 8 f. – *daz ist rehto paluuic dink* Musp 26. – *theiz gilustlichaz wurti* O 1,1,22. – *stemma ... mihiles uuvoftes inti uueinonnes* (*uox ... ploratus et ululatus multus*) T 97,16 f. – *fulleisteda kuotis uuerchis* (Np: *perseuerantia boni operis*) Npgl 434,4 [380,24].

3.1.1. Bestimmter Artikel (einfaches Demonstrativpronomen)

1. Ansätze zur Ausbildung des bestimmten Artikels auf der Grundlage des ein- **§ 66**
   fachen Demonstrativpronomens dürfen wohl erst für eine relativ späte westgermanisch-voralthochdeutsche Sprachstufe angenommen werden. In ahd. Quellen zeigt sich ein für eine Übergangsphase charakteristisches Schwanken

https://doi.org/10.1515/9783110782493-004

zwischen Setzung und Nichtsetzung. Im Einzelfall kann deshalb nicht entschieden werden, wie sehr bei Sprechern/Schreibern (noch) die demonstrative Funktion vorhanden war bzw. inwieweit (schon) die determinierende Funktion überwog. Nachfolgend wird der Einfachheit halber dennoch von einem bestimmten oder definiten Artikel gesprochen.

Anm. 1. Auch das maskuline Personalpronomen erscheint wiederholt in artikelähnlicher Stellung. Das Substantiv kann jedoch auch als Apposition zum Personalpronomen aufgefasst werden (s.a. § 100): *ir selbo isaias ... quhad* (*idem isaias ... predicat dicens*) Is 19,5–8; vgl. jedoch auch *dher selbo forasago quhad* (*idem propheta ait*) 15,13 f. – *dhazs ir selbo gotes sunu uuard in lihhe chiboran* (*eundem filium dei natum in carne*) 22,2 f. – *dher selbo chiuuorahta sia ir hohisto* (*et ipse fundauit eam excelsus*) 24,4 f. – *tho giengun thie iungoron zi imo heilante tougolo* (*Tunc accesserunt discipuli eius ad ihesum secreto*) T 313,20 f. – Ebenso erscheint vereinzelt das Neutrum in der Funktion eines bestimmten Artikels in *inti mittiu quamun sine iungoron ubar iz uuazzer. argazun brot zi infahanne* (*Et cum uenissent discipuli eius trans fretum. obliti sunt panes accipere*) T 297,15–17.

Anm. 2. Die Verwendungsdomäne des einfachen Demonstrativums ist die des Artikels. Es kann jedoch auch stehen, wenn ein herausgestelltes Satzglied wiederaufgenommen wird: *thie morganlihho tag ther bisuorget sih selbo* (*crastinus enim dies. sollicitus erit sibi ipse*) T 157,14 f. – *Der accharman der pizeichinet unseren herrun den heiligen Christ* (*Significat autem sator iste Christum, filium Dei*) PrSB 3,8 (lat. H.U. Schmid 1986, 2,20,26 f.).

Anm. 3. Zur Verwendung des einfachen Demonstrativums als Relativpronomen s. § 172.

2. Der bestimmte Artikel steht in aller Regel vor dem Bezugsnomen bzw. am Anfang einer Nominalphrase. Gelegentlich kommen – teils aus Reimgründen, teils aus Gründen der Hervorhebung eines relevanten Begriffs – die Abfolgen Adj. → Art. → Subst. oder Subst → Art. → Adj. vor. Das Adjektiv kann dann auch als apponiertes Substantiv aufgefasst werden (zu vereinzelter Stellung eines Adjektivattributs nach dem Bezugssubstantiv in Nachahmung einer lat. Abfolge s. § 94:7).

in Ennesfirst then uuestaron Hammelb 13 f. – *uuiroh daz rota, peffur, uuiroh daz uuizza* Bas Rez. 7. – *Thanne sprah luto Hluduig ther guoto* Ludw 31. – *dar met imo do fuoren engila de skonen* Georgsl. 13. – Otfrid nutzt diese Abfolge mehrfach für Reime: – *Ih meinu sancta Mariun, kuningin thia richun* O 1,3,31; *thaz saliga thiu alta thaz kind tho beran scolta* 9,2; *Muater thiu guata thaz kind ouh thara fuarta* 15,11.

3.1.1.1. Artikelsetzung im Textvergleich

§ 67 1. Das Schwanken zwischen Setzung und Nichtsetzung des bestimmten Artikels lässt sich anhand vorlagen- und inhaltsgleicher Sätze aus dem Monseer Matthäus und den Matthäus-Partien im Tatian zeigen, in denen die eine Quelle den Artikel setzt, die andere das Substantiv ohne Artikel verwendet und umgekehrt. Zwar ist die Entstehung des Tatian ca. 30 Jahre später anzusetzen als die Aufzeichnung der Monseer Fragmente, doch divergieren Setzung und Nichtsetzung jeweils in entgegengesetzte Richtung, so dass die Ursachen der Divergenzen wohl nicht in der Diachronie zu suchen sind (vgl. H.U. Schmid 2022, 253–258).

Setzung in MF gegenüber Nichtsetzung in T: *gahorret biuuorte dhes saentin* MF 9,7 gegenüber *ir uuarlihho horet ratissa sauuentes* T 237,3 f. (*audite parabolam seminantis*). – *in dea dorna ist gasait* MF 9,16 gegenüber *thiethar ist gisauuit in thorna* T 237,16 f. (*est seminatus in spinis*). – *Danne dea rehtuuisigun schinant so sunna* MF 10,7 f. gegenüber *thanne rehte skinent samaso sunna* T 239,31 f. (*Tunc iusti fulgebunt sicut sol*). – *Enti aruuarf dea pendinga* MF 24,2 f. gegenüber *inti uoruuorpfanen silabarlingon* T 619,20 (*et proiectis argenteis*). – Gegensätzliche Fälle innerhalb ein und desselben Satzes: *so uuirdit in demo galidontin enti uueralti. Quuemant angila Enti arscheidant dea ubilun fona mittem dem reht uuisigom* MF 10,20–23 gegenüber *so uuirdit in fullidu uuerolti uzgangent engila inti arskeidents ubile fon mittemen rehtero* (*Sic erit in consummatione sęculi; exibunt angeli et separabunt malos de medio iustorum*) T 241,19–21.
Setzung in T gegenüber Nichtsetzung in MF: *soso uuas ionas in thes uuales uuambu* T 199,29 f. gegenüber *so selb auh so ionas uuas in uuales uuambu* MF 7,1 (*Sicut enim fuit ionas in uentre coeti*). – *Thanne ther unsubiro geist uzget fon themo manne* T 201,17 f. gegenüber *So auh daer unhreino gheist uz argengit fona manne* MF 7,11 f. (*Cum autem inmundus spiritus exierit ab homine*). – *theser ist ther nah themo uuege ist gisauuit* T 237,8 gegenüber *Dese ist der bi uuege gasait uuarth* MF 9,10 f. (*hic est qui secus uiam seminatus est*). – *tho arougta sih thie beresboto* T 231,27 gegenüber *araugitun sih lulsamun* MF 9,29 (*apparuit zizania*). – *inti sinu zuuene blinte sizzente … nah themo uuege* T 387,31–389,3 gegenüber *see dar zuene plinte sizcente bi uuege* MF 14,18–21 (*et ecce duo caeci … sedentes secus uiam*). – *thiede suerit in themo alttere* T 499,31 gegenüber *Der auuar in altare suerit* MF 17,10 (*Qui ergo iuraverit in altari*).
Mehrmals sind satzintern oder in nächster Umgebung zwei Setzungen bzw. Nichtsetzungen in MF und T sogar gegenläufig: *sentit ther mannes sun sine engila inti arlesent fon sinemo rihhe allu asuih inti thiethar tuont unreht* T 239,25–29 gegenüber *Sentit mannes sunu sine angila enti samnont fona sinemo rihhe alle dea (a)suuihi enti dea ubiltatun* MF 10,3–5 (*Mittet filius hominis angelos suos, et colligent de regno eius omnia scandala*). – *faret zi uzgange uuego. in straza inti in thorph inti in burgi inti so uuelihe ir findet … giladot zi thero brutloufti* T 425,1–7 gegenüber *Ferit auuar uz in daz kalaz dero uuego enti so huuenan so ir findet ladot za bruthlaufte* MF 15,19–21 (*Ite ergo ad exitus uiarum, et quoscumque inueneritis uocate ad nuptias*). – *so uuer so suerit bi themo temple ther nist niouuiht therde suerit in gold temples scal* T 499,18–21 gegenüber *so huuer so bi temple suerit neouuiht sii. Der auuar in demo temples golde suerit sculdic eidh sii* MF 17,2–4 (*Quicumque iurauerit per templum, nihil est; quicumque autem iurauerit in auro templi, debet*).

Anm. 1. In dieselbe Richtung deuten auch Divergenzen in unterschiedlichen Fassungen ein und desselben Textes: *ia der den sinan filleol leren farsumit, za demo sonatagin redia urgepan scal* Exh A 37–40 gegenüber *ia der den sinan fillol leran farsumit, za suonutagin redia urgepan scal* (*et qui hanc filiolum suum docere neglexerit, in die judicii rationem redditurus erit*) B 38–40. – *soso de engila in demu himile dinan uuillun arfullant* Freis. Pn A 31 f. gegenüber B *so de dine engila den dinan uuillun in himile œruullent*; entgegengesetzt: *niprinc unsih in chorunka* A 64 f. gegenüber B *niuerleiti unsih in die chorunga* 65 f.

Anm. 2. Ein vergleichbares Schwanken zwischen Setzung und Nichtsetzung zeigt sich in uneinheitlichen Verwendungen innerhalb desselben Textes: *so hwer so suganti farah forstilit fon đeru furistun stigu … ibu đanne in đrittiun stigu forstolan wirđit* (*Si quis porcellum lactantem furaverit de hramne prima … Si vero in tertia hramne furaverit*) LexSal 23–25.

2. Im Verlauf der ahd. Zeit wird die Setzung des bestimmten Artikels zunehmend obligatorisch. Das lässt sich an zwei Versionen des Apostolischen Glaubensbekenntnisses aus dem Weißenburger Katechismus (ältere Periode, 9. Jh.) und der Handschrift des Wiener Notker (jüngere Periode, 11. Jh.) veranschaulichen.

fona heilegemo geiste WK 49 gegenüber *fone demo heiligen geiste* Npw 377,17 f. – *fona Mariun magadi* WK49 gegenüber *fone dera magida sancte Mariun* Npw 377,18 f. – *In cruci bislagan* WK 50 gegenüber *gihangenir an daz chruci* Npw 377,21 f. – *in thritten dage arstuat* WK 51 gegenüber *an demo dritten tage irstuont er* Npw 377,24. – *ci cesuun gotes fateres almahtiges* WK 52 gegenüber *ce gotis cesiuun, des almahtigen uatir* Npw 377,27. – *gilaubiu in atum uuihan* WK 53 gegenüber *Ih gloube an den heiligen geist* Npw 378,4 f. – *uuiha ladhunga allicha* WK 54 gegenüber *die heiligen allichun christenheit* Npw 378,7 f. – *Heilegero gimeinidha* WK 30,54 gegenüber *dere heiligen gimeinsame* Npw 378,11 f. – *Fleisges arstantnissi* WK 55 gegenüber *des fleisgis urstendi* Npw 378,13. – *Liib euuigan* WK 55 gegenüber *den euuigen lib* Npw 378,14.

Anm. 3. Die Version in Npw weist jedoch ebenfalls (wie WK) Substantive ohne Artikel auf, wo im Nhd. der Artikel stünde: *Gilaubiu in got fater almahtigon, scepphion himiles enti erda* WK 47, ebenso: *Ih gloube an got, uatir almahtigen, skephare himilis unde erda* Npw 377,13 f. – *Nidhar steig ci helliu* WK 51, ebenso: *Ze helle fuor er* Npw 377,24. – *Uf steig ci himilom* WK 51 f., ebenso: *Ze himile fuor er* Npw 377,26. – *ci ardeilenne quecchem endi doodem* WK 53, ebenso: *zirteilenne lebende unde tote* Npw 378,3. – *Ablaz sundeono* WK 54, ebenso: *antlaz sundon* Npw 378,12.

Solche syn- und diachronen Divergenzen lassen es geraten erscheinen, für das Althochdeutsche als in sich heterogene Korpussprache keine festen Regeln zu postulieren (am wenigsten anhand gesuchter Einzelbelege). Aus der Beleglage lassen sich allenfalls Tendenzen ableiten. Setzung oder Nichtsetzung eines bestimmten Artikels wird von unterschiedlichen Faktoren beeinflusst.

3.1.1.2. Textkohärenz und Referenz

§ 68 Von Beginn der Überlieferung an korreliert die Setzung des bestimmten Artikels mit der Definitheit des Bezeichneten. Es muss jedoch zwischen kontextbedingter (anaphorischer, kataphorischer) und autonomer Definitheit unterschieden werden. Kontextbedingte Definitheit ist dann gegeben, wenn auf eine im vorausgehenden oder (seltener) im nachfolgenden Text genannte Größe Bezug genommen wird. Autonome Definitheit basiert auf der Bekanntheit der betreffenden Größe unabhängig von innertextuellen Bezügen.

1. Kontextbedingte Definitheit (die Pfeile ← und → deuten die Bezugsrichtung an).

A n a p h o r i s c h: Die Bezugsgröße ist im Vorausgehenden explizit genannt oder implizit mitgemeint: *garutun se iro gudhamun, gurtun sih iro suert ana* Hl 5; *werdar sih hiutu* ← *dero hregilo rumen muotti* 61. – *Einan kuning ueeiz ih* Ludw 1 ← *Ther kuning reit kuono* 46 (weitere Vorerwähnungen im Vorausgehenden). – *ein heri fona himilzungalon* Musp 4 ← *enti si dero engilo eigan uuirdit* 12. – *Nist boum nihein in worolti nist er fruma berenti* O 1,23,53 ← *joh harto nemet gouma, thaz ir ni sit thie bouma* 56. – Anaphorisch sind auch Appositionen, die die voranstehende Größe näher charakterisieren: *wunna, thiu ewiniga sunna* Ol 96. – *So Herod ther kuning tho bifand* 1,20,1. – *aggeus dher forasago* Is 17,10 (*aggeus propheta*); *seraphin dhea angila* (*Seraphin*) 20,4 f.

K a t a p h o r i s c h: Die Bezugsgröße wird im nachfolgenden Kontext genannt. Häufig stehen Bezugswörter, von denen attributive Relativsätze abhängen, mit dem bestimmten Artikel: *daz he ... ni des uuazares* → *nenpize, des man des tages gisohe* Bas. Rez 13 f. – *uuar ist denne diu marha,* → *dar man dar eo mit sinen magon piehc?* Musp 60. – *Wola ward thio brusti,* → *thio krist io gikusti* O 1,11,39 f. – *dher gomo,* → *dhemu izs firgheban uuard* (*uir, cui constitutum est*) Is 10,6 f.

A p p o s i t i o n: *so imo se der chuning* → *gap, Huneo truhtin* Hl 34 f. – *Nu fergomes thia thiarnun,* → *selbun sancta Mariun* O 1,7,25. – *dher ander heit godes,* → *selbo druhtin christ* (*secundam ... personam*) Is 9,6 f.

Anm. Der Temporalsatz *do sie to dero hiltiu ritun* Hl 6 kann als kataphorisch, d.h. vorausverweisend auf den Kampf, der nachfolgend geschildert wird, verstanden werden.

2. Der anaphorische Rückbezug wird vielfach durch Zusatz des Pronominaladjektivs *selb-* verdeutlicht (vgl. Desportes 2007).

Cleinero githanko so ist ther selbo Franko Ol 17. – *chiuuisso ist christus in dheru selbun salbidhu chimeinit* (*christus ipsa unctione monstratur*) Is 5,5 f. – *ther selbo iohannes habeta giuuati fon hariron olbentono* (*Ipse autem iohannes habebat uestimentum de pilis camelorum*) T 105,24 f. – *unzi daz iuuer eogaliher de selpun calaupa den sinan fillol calerit za farnemanne* (*donec unusquisque uestrum eandem fidem filiolum suum ad intelligendum docuerit*) Exh A 33–35. – *do samenoton sih diu selben uualdtier* Np 439,12 f. [385,7]. – *so si kiuuis uone gote ze inphahenne daz selbi lon* PrSB 2,54.

3. Autonome Definitheit
   a) Die Bekanntheit eines Referenten seitens des Hörers/Lesers wird ohne textinterne Information (als „Weltwissen“) vorausgesetzt (zu „semantischen Unica“ s. § 70:3).

   unzi themo brunnen Hammelb 21. – *Daz hortih rahhon dia uueroltrehtuuison* Musp 37. – *so ther wizzod iz gizalta* O 1,14,17. – *then keisar namoda her thus* Heinr 5. – *Forsahhistu allem them bluostrum indi den gelton Indi den gotum* Frk. Taufgel 3 f. – *in dhero siibunzo tradungum* (*in translatione lxx*) Is 7,3 f. – *nu pedenche fore allen dingen die chuske unde die suzze dere gotis ee* (*modo autem legis dulcedinem ... cogitas*) PrSA 1,12 f.

b) Eine spezielle Variante von Definitheit ist orts- und situationsbedingte Deixis in performativen Texten.

Der heiligo Christ unta sancte marti der gauuerdo uualten hiuta dero hunto, dero zohono Wiener Hds. 3 f. – *uz fonna marge in deo adra, vonna den adrun in das fleisk* Pro Nessia 3.

c) Die Bekanntheit kommt mittels attributiver Erweiterungen zum Ausdruck.

Adjektivattribut: *in thie teofun gruoba* Hammelb 13.
Präpositionales Attribut: *thoh ir sagant kicorana thia bita in Hierosolima* Sam 31. – *nalles gihuuerbithu thera gotcundhi in fleisg* (*non conversione divinitatis in carnem*) WK 97 f. – *gibot iz ouh zi waru ther keisor fona Rumu* O 1,11,2. – *daz ist der uuagan in himile* (*Arctus*) Gl 1,19,15 (9. Jh.).
Genitivattribut: *du uuart demo Balderes uolon sin uuoz birenkit* Mers 2,2. – *danan in daz Ruotigises houc* Würzb Mb 1,14 f. – *dem maistron dera christanheiti* (*magistris ecclesiae sanctis*) Exh A 12 f. – *in themo gotes hus ni betoti* O 1,14,13.

d) Generisch verwendete Substantive können mit dem bestimmten Artikel verwendet sein. Sie evozieren zwar eine kontextunabhängige konkrete Vorstellung, referieren dabei aber auf keine individuelle Einzelgröße.

der uuizun uuidun loub Contra par 1,11. – *denne der man in pardisu pu kiuuinnit* Musp 16; *uuanit sih kinada diu uuenaga sela* 28. – *Do teilton si inen sare ze demo karekare* Georgsl. 12. – *ibu er innan des gewes in sinemo arunte ist* (*Si vero infra pago in sua ratione fuerit*) LexSal 19 f. – *thaz herza weist thu filu baz* O 1,2,23; *thar man thaz fihu nerita* 11,57. – *daz uuir fona demu altare intfahames* Freis. Pn A 42 f. – *thaz ih then uuihon sunnundag inti thia heilagun missa so nierede inti nimarda* Lorscher B 14 f. – *acusti thes lichamen* (*Uitia carnis*) WK 40. – *Dir scolo* dir *scoffit io. Vnde dir gouh* der *guccot io* Nl 594,8 f. [192,9 f.]. – *so iz regenot, so nazscent te boumma, so iz uuath, so uuangont te bovmma* Sprichw. – *Der hals der treget daz ezzan in den buch* Will 17,1 f. [57,16–18]. – Otfrid verwendet *liut*, Pl. *liuti*, überwiegend mit dem bestimmten Artikel: *wanta er then liut heilit* O 1,14,7; *thaz unsih midi fiant, joh alle thie liuti* 1,10,9 f. – *uuatet den nachoton, uuiset des unchreftigen, peuelehet den toten; helfet demo nothaften, trostet den chlagenten* PrSA 4,22–24. – *inderoheriperago* (*In diuersorio*) Gl (11. Jh.).

3.1.1.3. Eigennamen und namenähnliche Personenbezeichnungen

§ 69 Namen verhalten sich hinsichtlich der Artikelsetzung anders als Appellativa.

1. Personen- und Örtlichkeitsnamen sind autonom definit und werden folglich in aller Regel ohne Artikel verwendet.

Personennamen: *sid Detrihhe darba gistuontun* Hl 23. – *to cham aber Starzfidere* Spottv 2,2. – *Er ferit fora Kriste mit selbomo geiste* O 1,4,39. – *fona Mariun macadi euuikeru* (*ex Maria virgine*) Pn 10. – *sin neuo alderih* Nb 6,8 f. [6,4 f.].

Örtlichkeitsnamen: *danan in Druhireod* Würzb. Mb 25 f. – *ih santa zi thuringiun .II. gifengidi* Federprobe. – *themo zi Romu drohtin grap joh hus inti hof gap* Os 30. – *oba in sodomu uuarin gitanu megin* (*si in sodomis factę fuissent uirtutes*) T 219,23 f. – *manige liute ennont tuonouuo gesezene* Nb 5,7 f. [5,13].

Anm. 1. In attributiv erweiterten Nominalgruppen kann bei einem Namen der Artikel stehen: *Der heiligo Christ unta sancte marti* Wiener Hds 3 f. – *Nu vuillih bidan den rihchan Crist, the mannelihches chenist ist* Wider den Teufel 1. – *Under dien nideren goten stat tiu iuno. diu din uuielt todigero* (*Inter priores igitur genios ... tua adhuc mortalis uirginis diua.i. iuno consistit*) Nc 825,11 f. [144,19 f.].

Anm. 2. Vereinzelte Artikelsetzung vor einem alleine stehenden Eigennamen kann durch anaphorischen Rückbezug verursacht sein: *tho fand her philippum ... uuas ther philippus fon beetsaidu thero burgi* (*et inuenit philippum ... erat autem philippus a bethsaida ciuitate*) T 117,30–32. Hier ist *ther* sicher als Demonstrativum aufzufassen: ‘dieser Philippus stammte aus der Stadt Bethsaida’.

2. Völkernamen werden sowohl mit als auch ohne Artikel verwendet.

Mit Artikel: *qui cum dignitate thero Beiaro riche beuuarode* Heinr 4. – *Sie sint so sama chuani, selb so thie Romani* O 1,1,59.
Ohne Artikel: *Huneo truhtin* Hl 35. – *Wanana sculun Frankon einon thaz biwankon* O 1,1,33. – *itmali dag iudono* (*dies festus iudaeorum*) T 377,21. – *tie uuir uuilze heizen* Nc 787,21 [105,5]. – *tole sint uualha spahe sint peigria luzic ist spahe in uualhum mera hapent tolaheiti denne spahi* (*Stulti sunt Romani Sapienti sunt Paioari Modica est Sapienti In romana Plus hapent Stultitia Quam sapientia*) Cass 13,2–11. – *lancparta daz sint rumare* (*Italia*) Gl 1,172,23 (9. Jh.).

3. Namenähnliche Personenbezeichnungen
   a) Das hochfrequente Substantiv *got* (AWB 4,331–356) und ebenso *truhtîn* als Bezeichnung für Gott werden als Quasi-Onyme artikellos verwendet.

Got: *daz er kotes uuillun kerno tuo* Musp 20. – *In himilriches hohi si gote guallichi* O 1,12,23. – *Gilaubistu in Christ gotes sun nerienton?* Frk. Taufgel 7. – *thaz uuort uuas mit gote. inti got selbo uuas thaz uuort, thaz uuas in anaginne mit gote* (*uerbum erat apud deum. et deus erat uerbum, hoc erat in principio apud deum*) T 65,17–20. – *uuanta er ist gotes sun* Will 28,5 f. [65,24 f.]. – Steht vor *got* ein Attribut, so kann wie bei Eigennamen (s.o.) ein bestimmter Artikel hinzutreten: *do uuas der eino almahtico cot* Wess 7. – *gibot ther himilisgo got* O1,12,9. – Truhtîn: *Holoda inan truhtin* Ludw 4. – *Druhtin queman wolta* O 1,11,55. – Mit Artikel vor Adjektivattribut: *daz uns der halmahtigo truhtin deo unsero flazze* Freis. Pn B 56–58. – Selten wird *truhtîn* bezogen auf Gott ohne Attribut, aber mit Artikel verwendet: *daz imu der truhtin sama deo sino flaze* Freis. Pn A 58 f.

Anm. 3: *Got* als Bezeichnung für heidnische Götter steht mit dem Artikel: *Forsahhistu ... den gelton indi den gotum* Frk. Taufgel 3 f. – *mit michelen ruochon dero goto* (*magnaque deorum sit educata cura*) Nc 697,9 [11,22].

Anm. 4: Mit Artikel steht *truhtîn* in der appellativischen Bedeutung ‘Herr’: *want er ther druhtin ist* O 1,3,42.

b) Das Wort *heilant* erscheint teilweise wie ein Name ohne Artikel, jedoch (v.a. in T) als Übersetzungswort für den Namen *Jesus* konsequent mit Artikel (vgl. AWB 4,825–827).

Ohne Artikel: *frew ih mih in muate gote heilante* O 1,7,6. – *bithiu uuanta giboran ist iu hiutu heilant* (*quia natus est uobis hodie saluator*) T 87,6.
Mit Artikel: *fuori ther heilant fartmuodi* Sam 1. – *ther heilant fuor in berg olíueti* (*Ihesus autem perrexit in montem oliueti*) T 409,19 f.

c) Das Antonym zu *got*, *tiufal*, steht in der Regel mit Artikel. Bei *satanas* ist die Artikelsetzung schwankend (vgl. AWB 8,234 f.).

Tiufal: *daz der tiuual dar pi kitarnit stentit* Musp 68. – *ther diufal ist iru inne* O 3,10,12. – *thes diufles giuualt uuerdhe arfirrit fona uns* WK 12. – *tho nam inan ther diuual in thie heilagun burg* (*Tunc assumit eum diabolus in sanctam ciuitatem*) T 115,4 f. – *des tieuales liste* Nb 276,32 [214,17 f.]. – Artikellose Verwendung ist die Ausnahme: *iz diufal ni bifunti* O 1,8,5. – *Satanas*: *stet pi demo Satanase* Musp 45. – *Nim nu gouma harto thes satanases uuorto* O 2,4,69. – Aber auch: *After themo muose so kleib er satanase* O 4,12,39. – *satanas gerot iuuuer* (*satanas expetiuit uos*) T 563,4.

3.1.1.4. Dingliche Konkreta und appellativische Personenbezeichnungen

§ 70 Bei appellativischen Personenbezeichnungen, die nicht per se auf ein bestimmtes Individuum referieren und folglich sowohl definit als auch indefinit verwendet werden können, erscheint ebenso wie bei Konkreta schon in den frühesten Quellen (al. Ps, BR, Exh, Is, T) der bestimmte Artikel, sofern die definite Lesart gegeben ist. Indefinitheit korreliert hingegen mit Artikellosigkeit.

1. Dingliche Konkreta

berg definit: *zi thero brauvu thes berges ufan then iro burg uuas* (*ad supercilium montis supra quem ciuitas illorum erat*) T 245,11 f. – *in halbo des perakes* (*In latere montis*) Gl 1,388,60 (9. Jh.) (des Gebirges Ephraim), aber indefinit: *noh paum noh pereg ni uuas* Wess 3. – *nam inan ther diuual tho in hohan berg* (*assumit eum diabolus in montem excelsum*) T 115,17 f. – *burg* definit: *Thia burg nantun se sar* O 1,17,37, aber indefinit: *Burg nist, thes wenke* 11,13. – *thing* definit: *quam krist zi themo thinge* O 1,25,1 (die Taufe im Jordan), aber indefinit: *er habet thar ... thing filu hebigaz* 15,40. – *fiur* definit: *Thaz thih thaz fiur wanne iamer ni brenne* O 1,23,61 (das Feuer der Hölle), aber indefinit: *joh thiu spriu thanne in fiure firbrenne* 27,68. – *hûs* definit: *Ingiang er tho skioro ... thaz hus rouhenti* O 1,4,19 f. (den Tempel), aber indefinit: *denne der man in pardisu pu kiuuinnit, hus in himile* Musp 16 f. – *land* definit: *thaz lant thaz heizit paradis* O 1,18,3, aber indefinit: *nu riazen elilente in fremidemo lante* 18,16. – *namo* definit: *Then namon er irkanta* O 1,27,25 (den Namen Elias), aber indefinit: *joh imo namon scaftin* 9,8. – *stimma* definit *thiu stemna uuard thines heilizinnes* (*facta est uox salutationis tuae*) T 73,21 f., aber indefinit: *Stemma in hohi gihorit uuard* (*Vox in rama audita est*) 97,16. – *tûba* definit: *thiu duba was ther gotes geist* O 1,26,8, aber indefinit: *Er was dubun gilih* 25,25.

Anm. Im Falle von *diu buoh* (u.ä.) ist nicht eine Vielzahl bestimmter Bücher gemeint, sondern die Heilige Schrift (vgl. AWB 1,1497–1499). Der Artikel ist hier lexikalisiert.

2. Appellativische Personenbezeichnungen

boto definit: *Sprah ther gotes boto tho* O 1,4,57. – *lecza des potin* (*lectio apostoli*) BR 167,13. – *dem uuihom potom sinem* (*sanctis apostolis*) Exh A 13. – *dei teta er durh die poten* (Np: *per angelos*) Npw 314,10 f., aber indefinit: *Tho quam boto fona gote* O 1,5,3. – *ediling* definit: *so ist ther selbo edilinc* Ol 18, aber indefinit: *thaz iagilih ist ediling* 1,23,45. – *engil* definit: *So ther engil iz gizalta* O 1,14,5, aber indefinit: *denne uarant engila uper dio marha* Musp 79. – *êwarto* definit: *zi thes ewarten kinde* O 1,23,4, aber indefinit: *Thaz er urmari uns ewarto wari* 17,71. – *fîand* definit: *ubar al megin thes fiiantes* (*supra omnem uirtutem inimici*) T 221,21, aber indefinit: *datun warta widar fianta* O 1,12,2. – *forasago* definit: *thaz ther forasago scribe* O 1,24,10. – *So hear after dher selbo forasago quhad* (*Sic in consequentibus idem propheta ait*) Is 15,13 f., aber indefinit: *oba thu forasago sis* O 1,27,29. – *noh forasago ni bifant* (*nec propheta conperit*) Is 2,1. Ebenso *wîzago* definit: *soso quad esaias ther uuizago* (*sicut dixit esaias propheta*) T 109,21, aber indefinit: *Bis thu uuizago?* (*Propheta es tu?*) 109,14. – *kind* definit: *thaz siu thaz kind sougta* O 1,14,1, aber indefinit: *Uns sint kind zi beranne ju daga furifarane* 4,51. – *wîb* definit: *bat er sih ketrencan daz uuip*, aber indefinit: *đer wiib gimahalit* (*qui filiam alienam adquisiverit*) LexSal 10.

3. Semantische Unica

Semantische Unica (*Erde, Himmel, Hölle, Meer, Mond, Sonne*) sind per se definit und stehen deshalb vielfach – jedoch keineswegs immer – ohne Artikel. Schon im 9. Jh. treten auch Verwendungen mit dem Artikel auf (für die Gesamtheit der Belege vgl. die entsprechenden Artikel des AWB).

a) Ohne Artikel

erda (*ero* nur Wess): *dat ero niuuas noh ufhimil* Wess 2. – *so daz Eliases pluot in erda kitriufit* Musp 50. – *joh fallent ouh thie sterron in erda filu ferron* O 4,7,36. – *dhuo ir ęrdha stedila uuac* (*quando appendebat fundamenta terrę*) Is 1,6. – *ira thankes erda birit zi eristen gras* (*vltro enim terra fructificat primum herbam*) T 237,32–239,1. – *erda ist fol sines lobes* Np 620,21 f. [551,15]. – *hella*: *daz er ... hella fuir harto uuise* Musp 20 f. – *tuot inan hella sun* (*facitis eum filium gehenne*) T 499,15. – *dar die alten uuandon uuesen hella* Nc 836,13 f. [157,20]. – *un er hella rouboti* Phys 54. – *himil*: *pidiu scal imo helfan der himiles kiuualtit* Musp 43. – *Êr ... wurti ... himil ... mit sterron gimalot* O 2,1,14. – *ir iuuih uuanent ebenhohe himele* (*uos exęquatis cęlo*) Nb 102,13 f. [88,29]. – *mâno*: *mano niliuhta* Wess 5. – *mano uallit* Musp 54. – *Êr mano rihti thia naht* O 2,1,13. – *mano nigibit sin lioht* (*luna non dabit lumen suum*) T 519,25. – *in lichamin also mano* (Np: *in carne sicut luna*) Npgl 373,17 f. [329,17 f.]. – *noh sunna niscein* Wess 4. – *meri* und *sêo* ‘Meer’: *Lietz her heidine man Obar seo lidan* Ludw 11. – *êr se ioh himil wurti* O 2,1,3. – *uueg seuues uuidar iordanen* (*uia maris trans iordanen*) T 131,18 f. – *so mere tiuret crizes* Nb 63,11 [53,5]. – *sunna*: *so war sunna lioht leitit* Oh 104. – *dea ruhtuuisigun schinant so sunna* (*iusti fulgebunt sicut sol*) MF 10,7. – *Unde danne sunna skinet* (*Emicat phoebus*) Nb 17,19 [14,11 f.].

b) Mit Artikel

erda: *thaz fundament ... thar thiu erda ligit ufe* O 2,1,22. – *gitraganlihhor ist theru erdu sodomorum inti gomorreorum* (*tollerabilius erit terrae sodomorum et gomorrœorum*) T 169,15–17. – *Iruueget ist diu erde* (*Commota est ... terra*) Npw 42,12 f. – *hella*: *Then tod, then habet funtan thiu hella ioh firsluntan* O 5,23,265. – *duruh forahtun dera hella* (*propter metum gehenne*) BR 127,14 – *ze deru helliu dinsit* (*ad interitum tenditur*) Gl 2,232,1 (9. Jh.). – *samo strenge so diu hella ingegen mih* Will 137,4 [243,33–245,1]. – *himil*: *suilizot lougiu der himil* Musp 53. – *then himil so bisparta* O 3,12,14. – *Finstir uuazer ist in dien uuolchenen des himeles* Np 49,18 f. [49,23 f.]. – *so si chumet in die metilscaft des himilis* PrSB 2,49. – *mâno*: *Thia sunnun joh then manon so uberfuar er gahon* O 5,17,25. – *Tes manen tou* Nc 709,1 [25,5]. – *also scone so der mano* Will 106,9 f. [191,27]. – *meri* und *sêo* ‘Meer’: *noh mano niliuhta noh der mareo seo* Wess 5. – *Fliuhit er in then se, thar giduat er imo we* O 1,5,55. – *Eina uuila ist ter mere stille* Nb 78,5 [67,10]. – *fona zungun des meris* (*A lingua maris*) Gl 1,380,34 (9. Jh.). – *sunna*: *Thar saz ... thiu euuiniga sunna* O 4,9,23. – *ther the sunnun ufgangen tuot* (*qui solem suum oriri facit*) T 145,28. – *vnde sihet da dureh gegen dero sunnvn* Phys 139 f.

4. In Paarformeln bleibt die Artikellosigkeit bis in die spätahd. Übergangszeit zum Mhd. (und darüber hinaus) erhalten.

alde sunnun unde manen Nb 276,31 [214,17]; *Kesieho darana manen unde sternen* Np 21,15 [25,16 f.]. – *Ter corcodrillus bezeichenet tot unde hella* (*corcodrillo ... significat mortem et infernum*) Phys 51 f. – *Taz heiz unde chalt so uiur unde wazzer ist unde durre und naz so erda und luft ist* (*Ut conueniant frigida flammis arida liquidis*) Nb 177,21 f. [149,27 f.].
Geradezu stereotyp ist die von Beginn an bezeugte artikellose Fügung ‘Himmel und Erde’: *In dhemu eristin chiteda got himil endi aerdha* (*In principio fecit deus celum et terram*) Is 16,1 f. – *Tu skepfo himeles unde erdo* (*sator terrarum cęlique*) Nb 38,10 f. [31,4]. – *Himil unde erda loben dih* Npw 239,1 f. – *scepffare himilis und erde* Bambg. GuB 136,17 f.
Mehrere Glaubensbekenntnisse verwenden in der formelhaften Verbindung ‘Himmel und Erde’ *himiles* artikellos und setzen bei *der erde* den Artikel: *der der schephare ist himiles unte der erde* Bdktb. GuB I,1. – *der dir schephar ist himilis unde der erde* Bdktb. GuB III,1 f. – *der dir schepfare ist himils und der erde* SG GuB III,2 f. – *der da schephare ist himels und der erde* Süddt. GuB 19. – *der der scheffar ist himiles unte der erde* Wess. GuB II,1 f. – Vgl. auch *so lango so himil ana linet dera erda* (*Quamdiu celum inminet terrae*) Gl 1,374,10 f. (9. Jh.).

3.1.1.5. Abstrakta und generisch verwendete Konkreta

§ 71 Abstrakta und generisch verwendete Konkreta stehen insbesondere in festen verbalen und präpositionalen Fügungen ohne Artikel.

1. Verbalgefüge

thurft wesan / werdan / habên: *pidiu ist durft mihhil* Musp 18. – *So uuar soses thurft uuas* Ludw 58 – *nist uns des durft* Freis. Pn A 10 f. – *ob es thurft werde* O 4,5,49. – *ni habent thurfti zifaranne* (*non habent necesse ire*) T 249,30.
enti tuon: *tho det es druhtin enti* O 1,17,8. – *Tes strites tuont tie iudices ende* Nb 71,18 [60,26 f.].

ginâda habên / gifâhan / skeinen / firgeban / wânen (u.a., vgl. AWB 6,952–967): *Habe min gnada (Miserere mei)* Np 15,1 [19,16]; *gnada gefienge du unser (misertus es nobis)* 226,22 [204,3]; *got ist gnada scheinende (faciens misericordiam)* 56,27 [56,7 f.]. – *du mir ... kanist enti kanada farkip* Emm A 310,15–17. – *kinist enti kinada kauuerdos fargepan* 1. bayr. B 8. – *uuanit sih kinada diu uuenaga sela* Musp 28.
gouma neman: *so rado nami dus goum* Psalm 7. – *joh harto nemet gouma* O 1,23,56. – *Ni nemant gaumun muotes blinde (nec adtendunt mente cecati)* Is 35,14 f. – *kaumun nam (Animaduertit)* Gl 1,271,23 (9. Jh.).
lob sagên / tuon (u.a., vgl. AWB 5,1227–1232): *Gode lob sageda* Ludw 45. – *lop sagata (Confitebatur)* Gl 1,805,52 (12. Jh.). – *Lob tuon ih cote (Benedicam domino)* Np 42,5 [43,17].
nôt tholên / lîdan (u.a., vgl. AWB 6, 1342–1361): *himilorihhi tholet not (regnum cęlorum uim patitur)* T 217,18. – *Not lido ih truhten (Domine uim patior)* Np 611,26 f. [542,20].
sigu neman: *sid er in dode sigu nam* O 5,17,15. – *nam sigu in dhem iudeoliudim (debellauit iudeos)* Is 27,21. – *an dien er sigo nam* Nc 759,12 [75,7].
skîn wegan: *Herro, in thir uuigit scin* Sam 28. – *harto wegen wir es scin* O 1,18,15.
stat geban: *stat gabon sih firsazton (Se locauerunt)* Gl 1,392,7 (10. Jh.).
urloub habên / neman: *hurolob nihabe du* Lorscher Bienens 4. – *Tho nam her godes urlub* Ludw 27.
wân neman: *nam thes huares thana wan* O 1,8,6.
warta tuon: *thes fehes datun warta widar fianta* O 1,12,2.
zala irgeban: *imo es zala irgabin* O 1,11,6.

2. Präpositionale Fügungen

in ahta: *Thaz sie sint ouh in ahta thera iuwera slahta* O 1,23,49.
ni (io) in / zi altare: *thaz thu thes waldes alles zi altere ni falles* O 1,23,60. – *got nioman nigisah io inaltre (Deum nemo uidit umquam)* T 105,21 – *ni eonaltre megi keterran (ne umquam possit ledere)* H 24,10,3. – *neo inaltre (Nequaquam)* Gl 4,221,19 (12. Jh.).
bî barne 'der Abstammung nach': *thie fordoron bi barne warun chuninga alle* O 1,5,8 'alle in gleicher Weise' *Nu singemes alle mannolih bi barne* 6,15.
zi bilidi: *Zi bilide er iro harta then figboum irtharta* O 4,6,5. – *daz anderen ze bilde si (Cęteris quoque exemplum esse)* Nb 258,19 [203,7]; *Diu ih tar fore ze bilde gab (Quę paulo ante proposui)* 358,26 [269,4]. – *zipilide (In typo)* Gl 1,419,7 (11. Jh.).
zi thionoste: *si wari sin thiu zi thionoste garawu* O 1,5,70.
âno thurft: *ube man ana durfte prichet aba boume ein loub* Ni 586,14 f. [104,7 f.].
âno / (unz) in /zi enti: *then sang si unz in enti* O 1,5,11. – *thes lobes queman zi ente* 18,6. – *sint fasto ana enti in mines selbes* 3 *henti* 22,26. – *sin genada ist ane ende (in aeternum misericordia eius)* Np 570,6 [504,6]. – *er nebilget sih in ende (neque in aeternum indignabitur)* 429,20 [377,8 f.].
in ernust: *gigiangun si es in ernust* O 1,22,18.
in êwu(n): *si in ewon ni firwurti* O 1,17,7; *salida ist in ewu mit thineru selu* 1,5,44.
in festi: *in festiz* (= *festî* iz) *datun alawar mit worton* O 1,17,37 f.; *ih scribi iz hiar in festi* 19,27.
in gâhi: *Er thahta imo ouh in gahi* O 1,8,13; *thaz unsih heim lange, zi themo lante in gahe* 31 f.
anan / in / fona / mit / zi handon, henti: *Her skancta ce hanton sinan fianton Bitteres lides* Ludw 53. – *thar warun io ginante hus inti wenti zi edilingo henti* O 1,11,23 f.; *was imo anan henti zi sineru giwelti* 16,28; *Thiz lazu ih, quad, zi henti, zi thineru giwelti* 2,4,85. – *mit*

gertun in henti harto ilenti 3,14,94. – *fon henti allero thie unsih hazzotun* (*de manu omnium qui oderunt nos*) T 77,19; *gotes tempal thaz mit henti giuuorhtaz* (*templum dei hoc manufactum*) 615,23 f. – *dien sigenemon. gab man palmas in hant* Nb 75,28 [65,6 f.]. – *nu ze hende* (*protinus*) Mayer 1974, 117,3 (9. Jh.).
zi herzen: *the ze herzen iu gigange* O 1,23,27.
zi holze zi holce nifluc du Lorscher Bs. 4. – *Phol ende Uuodan uuorun zi holza* Mers 2,1.
zi huge: *thaz siu zi huge habeta* O 1,7,1.
bî huldi: *dat ih dir it nu bi huldi gibu* Hl 35.
zi kirihhun: *thaz ih ci chirichun niquam* Fuldaer B 9 f.
zi leide: *er unsih uns zi leide fon then guaten ni gisceide* O 1,28,2.
in / ubir /ur lande: *Ein burg ist thar in lante* O 1,11,23; *ni er gisehe wanne (ouh ellu worolt ubar lant) then druhtines heilant* 23,31 f. – *Ih wallota sumaro enti wintro sehstic ur lante* Hl 50.
zi lône: *in himilriches scone so werde iz iu zi lone* Os 21. – *Disiu driu gab kot ze lone bonis angelis* Nb 312,4 f. [237,30–238,1]. – *Er recchet sina hant ze lone* (*Extendit manum suam in retribuendo*) Np 210,3 f. [189,19].
bî manne ‘alle in gleicher Weise’: *nu saligont mih alle, worolt io bi manne* O 1,7,8.
bî / thuruh / in / mit / zi nôt(i) (u.a. vgl. AWB 6, 1342–1361): *in thia krippha sinan legita bi note* O 1,11,36. – *tho doufta er inan thuruh not* 25,14. – *durh noot* (*necessario*) Gl 2,612,6 (11. Jh.). – *bi thiu ist er selbo in noti nu unser wisonti* O 1,10,24. – *Ih nehabo dir mit note nieht kenomen* (*nulla tibi a nobis illata est uiolentia*) Nb 59,16 f. [49,13 f.]. – *entfuortist mit not* (*abigeres per uim*) Thoma 1975, 11,11 f. – *in herzen io zi noti waro karitati* O 1,18,38.
mit rehtu: *so ih mit rehtu scolta* Fuldaer B 12. – *so ih mit rehto aphter canone scal* Priestereid 4. – *soso man mit rehtu sinan bruodher scal* Straßb. Eide 20 f.
bî rehtemen: *so ih bi rehtemen scal* O 1,1,52. – *the ih be rehtemen scolta* Pfälzer B 16.
after rîme: *manodo after rime thria stunta zuene* O 1,5,2.
ubir tag: *Sie zalatun siu io ubar dag* O 1,20,13.
in urheiz: *ni scribu ih hiar in urheiz* O 1,19,26.
âno wank: Deta si tho then githanc zi gotes thionoste ana wanc O 1,16,9.
in wâr(un): so war man sehe in waron sterron odo manon O 1,11,16; *thaz was gilumflih in war* 16,25.
bî weralti: *so furira bi worolti nist quena berenti* O 1,5,62.
zi wîzi: *so uerit si za uuize* Musp 62.

3. Fügungen mit Präposition und Verb. Mit Vorbehalt können einzelne Ausdrucksweisen wohl auch als Funktionsverbgefüge angesprochen werden (s.a. § 151).

zi banin werdan: nu scal ... ih imo ti banin werdan Hl 53 f.
in brief gineman: *in briaf iz al ginamin int imo es zala irgabin* O 1,11,6.
zi thinga wîsen / fuoren / faran: engila ... uuissant ze dinge Musp 80. – *Gorio fuor ... ze heuigemo dinge* Georgsl 1–3. – *So hwer so andran zi đinge gimenit* (*Si quis ad mallum legibus dominicis mannitus fuerit*) LexSal 13. – *tie ze dinge gefuoret solton uuerden* (*quod oportebat duci ad iudicium*) Nb 265,13 f. [207,9].
in êht gihalôn: *obar her alla uuerlt in eht gihalot* (*si mundum uniuersum lucretur*) T 303,23 f.
zi fîante tuon: *alle ... mir ze fiente tuon* Ps 21.

zi folleist werdan: *imo ce follusti neuuirdhit* Straßb Eide 34.
zi guote nemnen / namôn 'segnen, preisen' (weitere Fügungen AWB 4,504): *zi guate si er ginanto* O 1,4,2. – *der ze guote genamdo min got* (*benedictus deus meus*) Np 56,8 [55,18 f.].
az / in / zi henti / hantun bringan / queman / wesan: *uuirde. die uuir heizen herscaft. ubelen ze handen brahte* (*dignitas collata improbis*) Nb 107,4 [93,2 f.]. – *so quimit thir fruma in henti* O 1,18,42. – *so sie ubelemo uuihte ze handen choment* (*quae si inciderint in improbissimum*) Nb 102,20. [89,4]. – *az henti pim* (*praesto sum*) Gl 1,286,72 (9. Jh.).
in herzen setzen: *sezzet in iuuueren herzon ni foralernen zi uuelicheru uuisun ir antuuvrtet* (*Ponite ergo in cordibus uestris non premeditari quemadmodum respondeatis*) T 513,22–24
zi huge habên: *thaz siu zi huge habeta* O 1,7,1.
zi huormieta setzen: *za huarmeatu kasezzes* (*Prostituas*) Gl 1,288,10 (9. Jh.).
mit kinde gangan: *thaz siu scolta in elti mit kinde gan in henti* O 1,4,86.
fora ougun habên: *Habet den tac iuuueres endes ientie uore ougen* PrSA H41,7–9.
zi skadin werdan: *the minan uuillon imo ce scadhen uuerdhen* Straßb Eide 22 f. – *daz in uuolf noh uulpa za scedin uuerdan nemegi* Wiener Hds. 4 f. – *thaz imo zi scaden ward* O 2,4,37.
zi skâhe werdan: *sie uuerdant zi scaahche* (*erunt preda*) Is 11,2.
in strît gangan / in strîte wesan: *ni giang in strit umbi thaz* O 1,27,17. – *Also ze romo in strite uuas* Nb 67,19 f. [57,3 f.].

4. Abstrakta mit Artikel
Der bestimmte Artikel kann verwendet werden, wenn sich die Bedeutung einem Konkretum annähert.

ârunti: *Sie thaz arunti giriatun* O 1,27,13 (ein einzelner, konkreter Auftrag), aber: *braht er therera worolti diuri arunti* 5,4 (christliche Heilsbotschaft). – *gibôt*: *thes gibotes siu githahtun* O 1,14,20 (der vorausgehende Befehl des Engels), aber: *in gotes gibotes suazi* 1,47 (Gottes Gebote insgesamt). – *gilouba*: *dera calaupa cauisso faoiu uuort sint* (*Cuius utique fidei pauca uerba sunt*) Exh A 8 f. (der Text des Glaubensbekenntnisses), aber: *forgip mir in dino ganada rehta galaupa* (christlicher Glaube im umfassenden Sinne) Wess 11. – *giburt*: *zi theru giburti thes kindes* O 1,14,6 (die Geburt Jesu), aber: *ouh kuning in giburti* ('von Abstammung') 17,72.

3.1.1.6. Substantivierte Superlative

Substantivische Superlative stehen vielfach ohne Artikel. Ihre schwache Flexion (AG I § 263 f.; Wagner 1910) impliziert per se Definitheit, die sich vielfach überdies aus dem Kontext ergibt. § 72

her was Otachre ummet tirri degano dechisto miti Deotrichhe Hl 25 f. – *enti do uuas der eino almahtico cot, manno miltisto* Wess 7 f. – *Thu eino hohosto* (*tu solus altissimus*) WK 117. – *Hloset ir, chindo liupostun* (*Audite, filii*) Exh A 1. – *Imo ilt er sar gisagen thaz, want er mo liobosto was* O 2,7,25. – *Uuanda diu erda ist ticchesta dero elementorum* Nc 746,32 [62,10 f.]. – *Die dierenon sahon sie unte zalton sie zeallero uuibo saligiston* (*Viderunt illam filię. et beatissimam prędicauerunt*) Will 105,1 f. [189,26–28].

Anm. Spätahd. erscheinen Superlative mit dem bestimmten Artikel: *uuanda an imo die zeichenhaftesten sint* Nc 753,18 f. [69,7]. – *Daz pimurmilotin die eristen, die allen den tac arbeiten* PrSB 2,67 f.

3.1.1.7. Metrik und Artikelsetzung

§ 73 Otfrid nutzt Artikel offensichtlich auch, um mithilfe unbetonter Silben einen „regelmäßigen Wechsel von Hebung und Senkung" (Haubrichs 1995, 301) zu erzielen. Artikel fungieren als Senkungssilben. Das Beispiel O 1,11,39 (nach Haubrichs):

Wola	ward thio	brus ti	thio	Kríst	io	gi kus	ti
x́ x	x́ x	x́ x̀ (x)	x	x́	x́	x x́	x̀(x)

Hier trägt *thio* (Artikel und Relativpronomen) jeweils eine Verssenkung.

Die Otfrid-Handschrift V weist eine Reihe von Fällen auf, in denen allem Anschein nach (von Otfrid selbst?) aus metrischen Gründen ein bestimmter Artikel nachgetragen wurde. Aus der Tatsache, dass Setzung und Nichtsetzung Belangen der Metrik untergeordnet wurde, dürfte zu folgern sein, dass Setzung und Nichtsetzung zu Otfrids Zeit fakultativ waren.

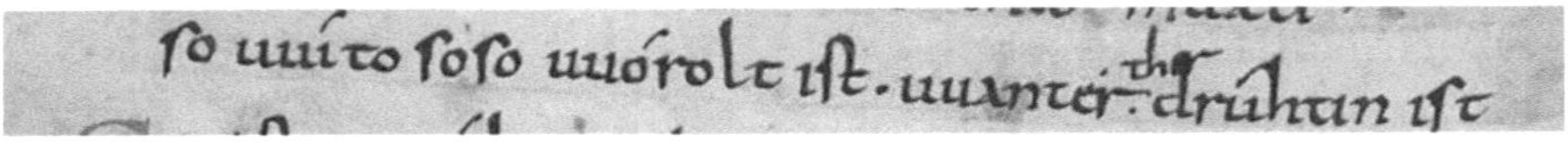

Abb. 3: Otfrid Hs. V, 15^{v}

so uuito soso uuorolt ist, uuant er ^{ther} *druhtin ist* (O 1,3,42; V 15^{v}). Weitere Fälle: *thu uns helpha, druhtin, dati ze* ^{the}*ro oberostun noti* (1,11,62; 24^{v}). – *uuanne thu biginnes* ^{thes} *thines heiminges* (1,19,6; V 31^{v}). – *ziuuarf allaz* ^{thaz} *girusti, ni uuas iz io so festi* (2,11,12; V 56^{v}). – *thaz kind er scono thar irzoh joh* ^{then} *fianton intfloh* (1,21,14; V 33^{r}).

3.1.1.8. Lateineinfluss

§ 74 Die Artikelsetzung erfolgt, da das Lateinische keinen Artikel kennt, auch in ahd. Übersetzungen weitgehend unabhängig vom Wortlaut der jeweiligen Vorlage. Mehrfach besteht allerdings Korrespondenz zu einem lat. Pronomen (*hic, ille, qui*).

huuer ist dhanne dher druhtin (*Nam quis est ille dominus*) Is 9,8. – *dera calaupa cauuisso faoiu uuort sint* (*Cuius utique fidei pauca uerba sunt*) Exh A 8 f. – *dei puah in [hau]pit ... zakebanne sind* (*Qui codices in capud quadragesime dandi sunt*) BR 279,15 f. – *uuer ist ther mannes sun* (*quis est iste filius hominis*) T 493,21. – *ce themo cide inneneuuendiun theru selueru grasceffi uuisit* (*eo tempore intra ipsum comitatum fuerit*) Trierer Cap 9 f.

Anm. Gelegentlich begegnende Stellung eines einfachen Demonstrativpronomens bzw. Artikels nach dem Bezugssubstantiv basiert auf lat. Vorgabe: *inti coufit accar then* (*et emit agrum illum*) T 241,7. – *egison zit daz hebit* (*Terrorem tempus hoc habet*) H 1,3,1.

3.1.1.9. Sonderfall Glossen

Substantivglossierungen sind in der weitaus überwiegenden Zahl der Fälle artikellos, da deren primäre Funktion üblicherweise die Sicherstellung des lexikalischen Wortverständnisses ist. § 75

Lit.: Bergmann 1997; Glaser 2000; Heidermanns/Morawetz 2020; B. Meineke 1997; Schwarz 1977.

Eine gewisse Tendenz zur Artikelsetzung besteht aber offensichtlich dann, wenn die grammatische Form eines lat. Lemmas verdeutlicht werden soll. Es handelt sich um „Inseln eines virtuellen volkssprachlichen Prosasatzes oder eines lateinisch-althochdeutschen Mischtextes" (B. Meineke 1997, 81).

Genitiv: *des gepares* (*largitoris*) Glaser 1996, 115; *dero chindo* (*pignorum*) ebd. 129. – *dera eruuerdiistu* (*celeberrime*; das zugehörige Substantiv *festiuitatis* ist nicht glossiert) Nievergelt 2012, 398 (8. Jh.).
Plural: *dei kazimbari* (*aedes*) Nievergelt 2017, 143 (10. Jh.).
Präpositionalphrase: *pi demo hlatre* (*pro risu*) 124; *fona deru sculd* (*reatu*) 183. – Weitere Beispiele aus clm 6300 (8. Jh.) bei Glaser 2000, 195–198.

Ein auffallender Glossierungstyp sind Artikel zu virtuellen, also nicht realisierten Substantiven.

dera (*doctrinae*) Glaser 2000, 199; *daz* (*pastorale*) ebd.; *dera* (*pastoralis*) ebd. – *de chleinvn* (*graciles*) Gl 2,767,32 (10. Jh.). – *den varuuortanun* (*resolubile*) Gl 2,424,58 (11. Jh.). Im letztgenannten Fall ist mit Sicherheit *lihhamun* zu ergänzen, denn *resolubile* bezieht sich auf *corpus*. Vgl. B. Meineke 1997, 60, mit weiteren vergleichbaren Fällen.

3.1.2. Das Numerale *ein* als unbestimmter Artikel

Aus dem Zahlwort *ein* hat sich früh ein indefiniter Artikel entwickelt. § 76

Lit.: AWB 3,120–171 (bes. 159–169); Behaghel 1923 § 33–36; Kolditz 1952; Oubouzar 1997c; 2000; Pasques 2016; 2000; Paul 1919 § 147; Presslich 1999; Schröbler/Prell 2007 § S 134 f.; Schrodt 2004 § 15; Szczepaniak 2016; Szczepaniak/Flick 2015.

1. Die Verwendung war jedoch dadurch eingeschränkt, dass Indefinitheit im Singular zunächst auch mit Artikellosigkeit korrelierte. Die Verwendung des Numerale als Artikel kann deshalb als fakultativ gelten.

Einan kuning ueeiz ih Heizsit her Hluduig Ludw 1 f. – *ze untarne* [*uuizzun thaz*], *er zeinen brunnon kisaz* Sam 2. – *Gorio uuari ein koukelari* Georgsl 25. – *In dagon eines kuninges, joh harto firdanes, was ein ewarto* O 1,4,1 f.; *Ein burg ist thar in lante* 11,23. – *thaz ein uuizago fon alten arstuont* (*quod propheta unus de antiquis surrexit*) T 249,9 f. – *daz ist ein kant* plates (*pagina*) Gl 1,254,2 f. (8. Jh.); *arteili mir ein lantrecht* (*responde mihi iudicium*) 418,39 f. (11. Jh.).

Anm. 1: Die Opposition von bestimmtem und unbestimmtem Artikel wird deutlich z.B. in *inde in theo teofun clingun unzi demo brunnen, inde in ein sol, inde in ein steininaz hog* Hammelb 21 f.: Bodensenke (*sol*) und Steinhaufen (*hog*) sind häufigere, unbedeutende (folglich indefinite) Gegebenheiten des Geländes. Der 'tiefe Sturzbach' und die nahe liegende Quelle sind markante (folglich definite) Gegebenheiten im Gelände.

Anm. 2: Partielle funktionale Äquivalenz von bestimmtem und unbestimmtem Artikel zeigt sich in den beiden Überlieferungen des Spruches Gg Falls 380,11–13: *unde sluog des tiufeles sun zuo zeinero studon* P, aber auch *unt sloc den tieueles zun zu der studein* M.

2. Vereinzelt wird der unbestimmte Artikel mit einem Possessivpronomen verbunden.

Ist ein thin gisibba reues umberenta O 1,5,59.

3. Der unbestimmte Artikel erscheint in Glossenkontexten, die, statt für ein lat. Lemma ein volkssprachliches lexikalisches Äquivalent anzugeben, eine Definition in freier Formulierung bieten.

ein endi pohho (*scidula*) Gl 1,253,36 (8. Jh.). – *ein houpit puohstapes* (*Iota*) 2,329,45 (9. Jh.). – *ein luzzilz vaz* (*Vascillus*) 4,26 f. (12. Jh.); *en rig figogo* (*Massa caricarum*) 4,205,21 (11. Jh.). – *ein sihe* (*Cola*) 4,347,3 (12. Jh.). – *ein edelman* (*ioseph id est saluator mundi*) 4,385,6 f. (10. Jh.).

4. Bei indefiniten Größen im Plural steht wie im Mhd. und Nhd. kein Artikel oder Indefinitpronomen.

dat sagetun mi sęolidante westar ubir wentilsęo Hl 42 f. – *Eiris sazun idisi* Mers 1. – *denne uarant engila uper dio marha* Musp 79. – *warun thar in lante hirta* O 1,12,1. – *Unter leget mih mit bluomon, umbe leget mih mit epfelon* (*Fulcite me floribus. stipate me malis*) Will 31,1 f. [67,31–33].

5. Otfrid verwendet mitunter auch Pluralformen des unbestimmten Artikels *ein*.

Las ih iu in alawar in einen buachon (ich weiz war) O 1,1,87; *sih nahtun eino ziti* 15,56; *det er iz den mannon zi einen fristfrangon* 4,19,63.

3.2. Demonstrativpronomen

3.2.1. 'dieser'

Das zusammengesetzte Demonstrativpronomen *dëse(r), dësiu, ditz* (zu Herkunft und Formenbestand AG I § 288) hat unterschiedliche deiktische Funktionen. Es wird adnominal (adjektivisch) und nominal (substantivisch) verwendet. **§ 77**

Lit.: AG I aaO; Behaghel 1923 § 178–182; Dal/Eroms 2014 § 67; Klingenschmitt 1987; Schröbler/Prell § S 120.

Es kann unterschieden werden zwischen (anaphorischem) Rück- und (kataphorischem) Vorausverweis innerhalb eines Textes („Textdeixis") und Bezug auf eine Größe, die räumlich oder zeitlich außerhalb des Textes, aber im näheren Gesichtskreis einer sprechenden oder handelnden Person liegt („Sachdeixis"). In Übersetzungstexten liegt vielfach ein lat. Demonstrativpronomen (*hic, iste, ille*) zugrunde.

Anm. 1. Das adnominale Demonstrativpronomen steht grundsätzlich vor dem Bezugswort. Nachstellung begegnet nur vereinzelt und ist durch eine entsprechende Anordnung in der lat. Vorlage bedingt: *unuuiziker deser* (*insanus iste*) Gl 1,458,5 (9. Jh.). – Zu *giuuelih de dar trinkit fon uuazzare thesemo* (*omnis qui bibet ex aqua hac*) T 277,23 f. vermerkt Masser „auf Rasur vom Korrektor; hiernach radierter Text" (S. 276). Eine Autopsie zeigt, dass auf Zeile 23 ursprünglich *giuuelih de dar tirinkit fon themo uua* stand, entsprechend auf lat. Seite *omnis qui bibet ex aqua hac.* Den Wortlaut mit dem nachgestellten Demonstrativpronomen hat erst der Korrektor hergestellt, um den angestrebten Zeilengleichlauf zu wahren.

Anm. 2. Auf Äquivalenz von einfachem Artikel und zusammengesetztem Demonstrativum deutet ein Fall hin wie *so iz regenot, so nazsccent te boumma, so iz uuath, so uuagont te bovmma. so diz rehpochchili fliet, so plecchet imo ter ars* Sprichw.

1. Textdeixis
   a) Anaphorisch

Adnominal: *ther gab uns thesan brunnan* Sam 16 (Bezug: *zeinen brunnon* 2). – *Hugget therero worto* O 1,23,57 (Bezug: das 37–57 Gesagte). – *In dhesemu quhide ni bluchisoe eoman* (*In qua sententia nemo dubitet*) Is 9,4–7 (Bezug: das vorausgehende Zitat Gen. 19,24). – *oh ist in dhesem dhrim heidem ein namo dhes unchideiliden meghines* (*sed in tribus personis unum nomen*) Is 13,21 f. (Bezug: *in dheru dhrinissu* 18). – *Diser uers triffet ad passionem* Np 224,27 f. [202,14] (Bezug: das vorausgehende Zitat Ps. 58,15). – *mittiu gientota ther heilant thisu uuort* (*et consummasset ihesus sermones istos*) T 335,7 f. (Bezug: das zuvor erzählte Gleichnis von einem bösen Knecht).
Nominal: *these meintun avur thaz mit steinon gidanaz* O 4,19,36 (Bezug: *Thie selbun ewarton* 23). – *dhese ist unser druhtin dher rehtuuisigo* (*dominus iustus noster iste est*) Is 39,12 f. (Bezug: *ir chuninc* 7). – *uuanan ist thesemo thisiu spahida* (*unde huic sapientia haec*) T 243,3 (Bezug *ther heilant* 241,30). – *Diser ist min Got* (*Iste deus meus*) Np 616,28 [547,23] (Bezug: *Truhten* 24).

b) Kataphorisch

Adnominal: *tho sprachun sie bi herton sus thesen worton* O 1,27,14 (Verweis auf das folgende Zitat). – *an in uuirt keneimet diser salmo. umbe die torcula* Np 20,13 [24,18] (Verweis auf den nachfolgenden Psalm). – *Dize dinc quat drihtdin got* (*Haec dicit dominus deus*) Gl 1,654,16 f. (9. Jh.) (Verweis auf das nachfolgende Zitat).
Nominal: *Truhten got min. ube ih diz teta ... daz ih mir leid umbe lieb tuonten sauli unde absaloni. daraafter lonota* (*Domine deus meus si feci istud ... si reddidi retribuentibus mihi mala*) Np 17,11–13 [21,21–23] (Bezug: der anschließende Nebensatz). – *Uuer ist disiu, diu da ufferit durch die uuoste* (*Qvę est ista quę ascendit per desertum*) Will 50,1 f. [93,18] (Bezug: der anschließende Nebensatz).

c) Die nominal verwendete Form des Ntr. Sg. kann kongruenzlos textinternen Bezug aufweisen.

Diz sageta Marcuuart, Nanduin, Helitberaht Würzb. Mb 65. – *Dhiz ist dhiu sahha christes chiburdi* (*Hec est causa natiuitatis christi*) Is 30,2. – *thiz ist ther fon themo gikundit uuas* (*hic est enim qui dictus est*) T 103,2 f. – *Unde diz ist ter nagel. ioh tiu stiura* (*Et hic est ueluti quidam clauus. atque gubernaculum*) Nb 213,29 [174,8 f.].

2. Unmittelbare Sachdeixis

a) Mit dem Demonstrativum wird auf etwas nicht im Text Genanntes Bezug genommen. Die betreffende Größe liegt jedoch zeitlich, räumlich oder gedanklich nahe. Diese Verwendungsweise ist auf unmittelbar situationsbezogene (ggf. vorformulierte) Sprechakte beschränkt.

Adnominal: *dat du noh bi desemo riche reccheo ni wurti* Hl 48. – *In godes minna ind in thes christanes folches ind unser bedhero gehaltnissi fon thesemo dage frammordes* [...] *so haldih thesan minan bruodher* Straßb. Eide 18–21. – *Gang uz, Nesso, mit niun nessinchilinon, uz fonna marge in deo adra, vonna den adrun in daz fleisk, fonna demu fleiske in daz fel, fonna demo velle in diz tulli* Pro Nessia 2–4. – *Themo dihton ih thiz buah* Ol 87. – *Ih gihu gote alamahtigen fater inti allen sinen sanctin inti desen uuihidon inti thir gotes manne allero minero sunteno* Lorscher B. – *und er so lebente disan gaginwartigan lib uolleuirendot* Bambg. GuB 140,4 f. – *disiu anemale skinant mir noh ana* (*Hęc stigmata adhuc in corpore meo apparent*) Gl 1,768,29 f. (9./10. Jh.).
Nominal: *Inti bin gesentit zi thir thisu thir sagen* (*et missus sum ad te haec tibi euuangelizare*) T 69,15 f. – *Ist tanne diz nu diu buohchamera* (*Heccine est illa bibliotheca*) Nb 23,25 [19,16 f.]. – *Der desiu elliu pehaltet unde den kelichiu* PrSAH 41,15–17.

b) Sonderfälle sind mehr oder minder feste Kollokationen, die auf Irdisches Bezug nehmen.

Welt: *braht er therera worolti diuri arunti* O 1,5,4. – *daz ih in deseru uueralti minero missatato riuun enti harmskara hapan mozzi* Emm B 310,19–21. – *desan antuurtun mittigart* (*praesens saeculum*) MF 37,22. – *thaz inliuhtita iogiuuelichan man quementan in thesa uueralt* (*Erat lux uera quæ inluminat omnem hominem uenientem in mundum*)

T 103,21–23. – *uuannanuz tisiu uuerlt keskafen si* Nb 101,6 f. [87,25 f.]. – *uon urdrieze dirro uuerlte* Will 85,6 f. [159,31 f.].
Menschen, Menschheit insgesamt: *duruh desse mancunnes minna* Musp 103. – *Er richisot githiuto kuning therero liuto* O 1,5,29.

3. In Glossen erscheint das Pronomen kontextfrei in Wortverbindungen zur Wiedergabe lat. Adverbien.

disu dingu (*Hactenus*) Gl 1,166,40 (8. Jh.). – *za desamo mezze* (*Dumtaxat*) Gl 1,353,40 (8. Jh.).

3.2.2. 'jener'

Im Gegensatz zu *thëse, thësê(r), thitz* verweist *(j)enêr* auf räumlich oder zeitlich Entfernteres. **§ 78**

Lit.: AG I § 289; AWB 4,1805–1810; Behaghel 1923 § 183–188; Klingenschmitt 1987.

Diese semantische Opposition wird deutlich in kontrastierenden Aussagen wie *enen zuein. folgent tisiu zuei* Ni 565,23 f. [80,8 f.]; *Ener mag kenesen. diser ist ferloren. ener ferchos in humilem in terra. diser sublimem in cęlis* Np 478,4 f. [418,19 f.].

Nominal: *Gistuant gener (wan ih) thenken, thaz er wolti wenken* O 4,17,5. – *eniu uuas ignorantię. disiu uuas pręsumptionis* Np 461,25. [404,17 f.].
Adnominal: *Eh guas mer ingene francia* (*in francia fui*) Par. Gespr 281,21. – *so fliug ih ze enti ienes meres* Psalm 34. – *so tempus orationis fergat. so chumet tempus laudationis in enemo libe* Np 236,13 f. [212,10 f.].
Im Gegensatz zu 'dieser' bezieht sich 'jener' auf Jenseitiges: *daz ih hinnan fone disemo tage uueree mine intheizza. unz ze enemo tage* (dem Jüngsten Tag) Np 231,14–16 [208,2 f.]. – *daz al din gedinge si ze enero uuerlte* Will 102,5 f. [183,28–30]. – *enez fiur ist unsenftere denne deheiniz uurte in dirre uuerlte* (*ille purgatorius ignis durior erit quam quidquid podest*) PrSA 3,4 f.

3.3. Indefinita

Das Ahd. verfügt über Adjektive mit der indefinit quantifizierenden Bedeutung 'jeder', 'mancher' oder '(irgend)ein', die nominal und/oder adnominal verwendet werden. Funktional berühren sich die nachstehend genannten Indefinita mit unbestimmten Mengen- und Größenangaben wie *al, filu, fôh; lutzil; (un)manag* (vgl. die entsprechenden Artikel im AWB). **§ 79**

Lit.: AG I § 294–300; Behaghel 1923 § 235–290; Erben 1950; Fobbe 2004, 2007; Gerring 1927; Kolditz 1952; Lühr 2000; Schröbler/Prell 2007 § S 124–129.

3.3.1. Nominale Verwendung

§ 80 In nominaler Verwendung kommt Indefinitpronomina und Indefinitadjektiven als Subjekt oder Objekt Satzgliedstatus zu.

thehein: *thehein thes muate horti in sulicheru noti* O 4,13,52. – *Nileitit got eomannan in ubilo thohheinaz* WK 28 f. – *ube deheiner Got pechenne* (*si est intellegens. aut requirens deum*) Np 202,13 f. [183,2].
edde(s)lîh: *eddeslihhemu eddeshuuaz* (*abbas alicui aliquid iusserit*) BR 259.8 f. – *So ist etelicher allero tugede foller* (*sed sit aliquis ita bene moratus*) Nb 285,19 [220,4].
edde(s)(h)wer, -(h)waz: *Thoh will ih es mit willen hiar etheswaz irzellen* O 2,9,3. – *imv eddesvvaz kizelita* (*aliquid inputauit*) BR 89,17 f. – *Zeichen sint. diu uns eteuuaz zeigont* Np 447,28 f. [392,12 f.] – *etsuaz mera* (*aliquid plus*) Gl 2,280,35 (11. Jh.).
einîg: *in andra uuiis ni uuardh eo einic in Israhelo riihhe Cyrus chinemnit* (*praeterea quia nullus in regno Israhel Cyrus est dictus*) Is 6,12–14. – *Indi noh erpaldee einiic mit abbate sinemv … flizzan* (*Neque praesumat quisquam cum abbate suo … contendere*) BR 115,18–117,2. – *nalles thaz then fater gisah einiger* (*Non quia patrem uidit quisquam*) T 261,17. – Negiert: *neininc ni moaz* (*nulli licet*) Gl 1,216,34 (9. Jh.).
ein(h)welîh: *adam ist dhiu chiliihho uuordan so einuuelih unser* (*adam factus est quasi unus ex nobis*) Is 17,5 f.
gi(h)wedar: *tho forgab er giuuederemo* (*donauit utrisque*) 487,24.
gi(h)welîh: *giuuelih de dar trinkit* (*omnis qui bibet*) T 277,23.
(gi)(h)welîh + allero + Subst. wird mit der Bedeutung 'jede/r/s' verwendet: *ni allero manno uuelih ze demo mahale sculi* Musp 34. – *daz allero manno uuelih sih selpan des uuirdican gatoe* Freis. Pn A 6 f. – *In thesemo uuorde ist bifangan allero ubilo gihuuelih* WK 33. – *allero rihho gahuuelih in zuei zasceitan zagengit* (*omne regnum diuisum contra se desolabitur*) MF 5,22 f. (zu dem sich daraus entwickelnden Wortbildungstyp Gen. Pl. + *-lîh* vgl. Splett 1992).
iogi(h)wedar: *Sin iagiwedar zilota* O 4,9,11. – *then uueizi mit imo lazet iogiuuedar uuahsan unzan zi arni* (*et triticum cum eis. sinite utraque crescere usque ad messem*) T 233,6 f.
iogi(h)welîh: *eochiuueliihhes dhero heideo sundric undarscheit* (*distinctio trinitatis*) Is 17,22–18,1. – *eocouuelih der sih erheuit uuirdit kedeonoot* (*Omnis qui se exaltat humiliabitur*) BR 135,18–137,1. – *thia uzzar eogihuuelih alonga endi ganza gihalde* (*quam nisi quisque integram inviolatamque servaverit*) WK 57 f. – *uuarbta iogiuuelih in sin hus* (*reuersi sunt unusquisque in domum suam*) T 409,18 f.
iogilîh: *iagilih tho ilti thuruh thio spatun ziti* O 5,4,11. – *uuanta eogilih ther sih arheuit uuirdit giodmotigot* (*omnis qui se exaltat humiliabitur*) T 375,28 f. – *uuaz iogelichemo gelimfe* Nb 283,28 [219,3].
ioman: *ni mahtu iz ouh noh thanne yrzellen iomanne* O 1,18,8. – *nist dir thurft thaz thih ioman frage* (*non opus est tibi ut quis te interroget*) T 589,26 f. – *So sie fone imo eruueget uuerdent iemenne zetaronne* Np 108,22 f. [101,21 f.]. – *daz mih ieman siner minnon irre* Will 34,2 f. [71,28 f.].
iowiht, ieht: *od đę itzs arinne* Bas. Rez 23 f. – *dar niist eo so listic man, der dar iouuiht arliugan megi* Musp 94. – *Mag iawiht queman thanana* O 2,7,47. – *đer fon anđres henti eowiht nimit* (*Si quis alteri de manu aliquid per vim tulerit*) LexSal 4. – *ni forlosih fon then iouuiht* (*non perdidi ex ipsis quicquam*) T 605,18. – *her nibitit thar ana ellies eouuihtes* WK 35. – *saar-*

so eovveht kipotan fona meririn ist (*Mox ut aliquid imperatum a maiore fuerit*) BR 127,15 f. – *kemag si danne ieht uuider demo geuualtigosten* (*num tandem proficiet quicquam aduersus eum*) Nb 215,21 f. [175,8 f.].
si(h)welîh: *oba ih in sihhiu uuelichan biuehnota ih giltu fierualt* (*si quid aliquem defraudaui reddo quadruplum*) T 387,18 f.
si(h)wer, -(h)waz: *oba thih sihuuer slahe* (*si quis te percusserit*) T 145,2; *thaz thin bruoder habet sihuuaz* (*quia frater tuus habet aliquid*) 141,2.
sum: *suma hapt heptidun, suma heri lezidun, suma clubodun umbi cuoniouuidi* Mers 2 f. – *Sum uuas liginari, Sum skachari* Ludw 17. – *Quadun sume dero knehto* O 3,20,33.
sumalîh: *Quadun sumiliche fon themo selben riche* O 3,16,49. – *gisprohhan uuas fon sumalihhen* (*diceretur a quibusdam*) T 249,5. – *so sumeliche uuanen* Np 25,16 f. [29,10]. – *sumeliche, qui contenti sunt lacte historialis uerbi* Will 74,18 f. [145,20–22]. – *Der huosherro ladote allen den tac die uuerhliute in sinan uuinkarten, sumeliche fruo, sumeliche ze mittemo morgene, sumeliche zi mittemo taga, sumeliche ze nona, sumeliche ana demo abanda* (*Hic itaque paterfamilias ad excolendam vineam suam mane, hora tertia, sexta, nona et undecima operarios conducit*) PrSB 2,5–8 (lat. H.U. Schmid 1986, 2,8,19-9-25).
suslîh: *thaz wib io suslih redota* O 3,10,16. – *Dhiz susliihhe so huuer so uuanit* (*Hęc omnia quisquis ... putat*) Is 38,4 f. – *Vuoltist du mir foresin. so nelite ih suslih* Np 66,10 [64,9]. – *Ni geburit dir suslih* (*Non erit tibi hoc*) Gl 5,14,46 (10. Jh.).
sum(h)welîh: *sumvuelihher* (*Unus*) Gl 1,512,11 (10. Jh.).
wiht: *Ist thar wiht so sarphes odo iawiht ouh so gelphes: iz wirdit in girihti zi sconeru slihti* O 1,23,25 f. – *so ubel uuiht keuualtig uuirdet* Nb 109,18 [95,2 f.].

Anm. 1. Vereinzelt werden auch Interrogativpronomina wie Indefinita verwendet: *wolt er thar waz irscaboron* O 4,2,30. – *eno nibrahta imo uuer zi ezzanna* (*Numquid aliquis attulit ei manducare*) T 281,19 f.; *habet ir hier uuaz thaz man ezzan megi* (*habetis hic aliquid quod manducetur*) 677,29 f. – *Ih uuolti ... mit tir uuaz choson* (*Uellem ... agitare tecum pauca*) Nb 58,8 f. [48,8 f.]. – *gisehet ir thaz uuer iuuuih niforleite* (*uidete ne quis uos seducat*) T 511,28 f.

Anm. 2. Zu negativen Indefinita s. § 232.

Anm. 3. Das Maskulinum *man* wird bereits ahd. auch als Indefinitpronomen verwendet (vgl. AWB 6,162–204).

3.3.2. Adnominale Verwendung

Adnominal (attributiv) verwendete Indefinitpronomina stehen in der Regel vor dem Bezugsnomen. § 81

thehein(îg): *Er richisot githiuto kuning therero liuto ... ana theheinig enti* O 1,5,29 f. – *zeigost tu mir deheinen man* Nb 58,21 [48,20 f.]. – *Umbe uuaz scolt du nu decheinen man uueinon* PrSA 3,1,8. – Nachgestellt: *Sint in thesemo buache ... wortes odo guates thes gomo theheiner ruache* Os 23.
eddelîh: *fone etelichemo mennisken ist aleuuar zesprechenne* (*de homine enim ... verum est dicere*) Ni 552,27 f. [66,3 f.]. – *ethelicha sculd* (*Aliquid aduersum te*) Gl 1,710,8 (11. Jh.).
edde(h)welîh: *zi ettevuelihero vuis* (*utcumque*) Gl 2,178,39 (9. Jh.).

einîg: *ni uueizs ih einigan chuninc fona iudases edhile noh in uzssonondem endum oostarriihhes uualdendan* (*nescio quem regem ex genere Iudae in extremis orientis partibus regnum tenere*) Is 35,11–14. – *in einikera urchvsti* (*in aliqua fraude*) BR 307,14 f. – *noh mit ketinun giu mohta in einig man gibintan* (*neque catenis iam quisquam eum poterat ligare*) T 189,12 f. – *einic stat* (*ullum locum*) Gl 1,269,9 (8. Jh.). – *ibu du dar enic reht habes* Hl 57. – Nachgestellt: *so man mir at burc ęnigeru banun ni gifasta* 52. – *poum ni kistentit enihc in erdu* Musp 51 f.

ein(h)welîh: *ein huuelihhe scribera quhattun untar im* (*quidam de scribis dixerunt intra se*) MF 1,11.

iogilîh: *then keporan fona magidi erfurahtit eocalih sela* (*Quem ęditum ex uirgine pauiscit omnis anima*) H 24,5,1 f. – *eogilih flanzunga the dar ni flanzoota min fater* (*omnis plantatio quam non plantauit pater meus*) T 271,12 f. – *iegelichen tiefel* (Np: *du uberuuindest quodlibet demonium*) Npgl 386,20 [341,6]. – *der er ie ziuueni unte ziuueni fure sante mit sinera predige in iegiliche burch unte stat* PrSB 1,3 f.

iogi(h)welîh: *eogahuuelih scriba galerit in himilo rihhę* (*omnis scriba doctus in regno caelorum*) MF 10,26. – *iugiuuelih man zierist guotan uuin sezzit* (*omnis homo primum bonum uinum ponit*) T 179,11 f. – *iokiuuelih irrituomo samanunga uuec terrennes ferlazit* (*omnis errorum chorus uiam nocendi desserit*) H 25,3,3 f.

si(h)welîh: *ist arloubit manne zi uorlazzanna sina quenun fon sih uuelicheru sachu* (*Si licet homini dimittere uxorem suam quacumque ex causa*) T 335,15–17.

sum: *Meistar uuellemes fona dir sum zeihhan gasehan* (*Magister, uolumus a te signum uidere*) MF 6,27 f. – *bat inan sum phariseus* (*Rogauit autem illum quidam phariseus*) T 267,1 f. – *Sumiz reht cuot* (*Quoddam igitur iustum bonum*) Ns 603,25–27 [277,20]. – *sumen michelmachtigen* (Np: *magnis quibvsdam*) Npgl 380,9 [335,16].

sumalîh: *Joh sprechent hiar in riche thie liuti ouh sumiliche* O 3,12,17. – *tho her ingieng in hus sumiliches heristen* (*ut intraret in domum cuiusdam principis*) T 373,20 f. – *uuanda sumelichiu argumenta sint probabilia* Nb 167,1 f. [140,21 f.]. – *do uuaron sumeliche proceres synagogę* Will 41,3 f. [79,14 f.].

suma(h)welîh: *in anderu sumeuuelicheru stedi* (*in alio quolibet loco*) Trierer Cap 305,17 f.; *sumeuuelicheru samonungum* (*cuilibet ecclesiae*) 306,28 f.

(h)welîh (als Indefinitpron. nachgestellt): *ther uuas thuruh gistriti uuelihaz gitanaz … gibuntan in karkere* (*qui erat propter seditionem quandam factam … uinctus in carcere*) T 633,18–21.

Anm. Zu adnominal (prä- und postnominal) verwendetem *selb* als „Fokuspartikel" vgl. Lühr 2010b.

3.4. Possessivpronomen

§ 82 Die ahd. Possessiva bilden diachron gesehen ein suppletives Paradigma (zu Herkunft und Formenbestand vgl. AG I § 284–286). Sie werden attributiv und prädikativ verwendet.

Lit.: Behaghel 1923 § 224–231; Schröbler/Prell 2007 § S 118 f.

3.4.1. Adnominale Verwendung

1. Der Regelfall ist die Stellung vor dem Bezugswort. Die Flexion entspricht mit wenigen Ausnahmen derjenigen der starken Adjektive. Im Nom. Sg. dominiert allerdings die substantivische („endungslose“) Form (zu den Verhältnissen bei Otfrid vgl. Kelle 1869, 335–343). **§ 83**

Nominale Flexion: *dat Hiltibrant hætti min fater* Hl 17; *miti Theotrihhe enti sinero degano filu* 18. – *dinan uuilleon za gauurchanne* Wess 13 f. – *to cham aber Starzfidere prahta imo sina tohter uuidere* Spottv 2,2. – *Ubar Frankono lant so gengit ellu sin giwalt* Ol 3. – *so gibo ih tir din erbe* (*dabo tibi gentes hereditatem tuam*) Np 6,17 f. [12,5].
Pronominale Flexion: *Biqueme uns thinaz richi* O 2,21,29. – *so siner upiler uuillo ist* Freis. Pn B 70.

In Übersetzungen wird Voranstellung vielfach auch gegen die Abfolge in der lat. Vorlage durchgeführt. Sogar in Glossen, wo naturgemäß die Nachstellung die Regel ist (s. 2.) finden sich mehrfach Beispiele für Voranstellung.

Dhiin sedhal got ist fona euuin in euuin (*Sedis tua deus in seculum seculi*) Is 4,14. – *enti quam in sina burc* (*et uenit in ciuitatem suam*) MF 1,6. – *unzan siu gibar ira sun eristboranon* (*donec peperit filium suum primogenitum*) T 85,4 f. – *min sun bist tu* (*filius meus es tu*) Np 6,12 [12,1]. – *sinera pispeniti* (*Ablactationibus eius*) Gl 1,312,63 (10. Jh.). – *miniu grauuen harer* (*Canos meos*) Thoma 1975, 21,33. – *iro suohungu* (*quaestus eorum*) Nievergelt 2013, 411 (9. Jh.).

2. Stellung nach dem Bezugswort herrscht vor allem in Übersetzungen und in Glossen vor und reflektiert die jeweilige lat. Abfolge.

got dhin ist eino got (*deus tuus deus unus est*) Is 13,16 f. – *See farri mine enti daz hohista sintun arslagan* (*Ecce prandium meum paraui, tauri mei et altilia occisa*) MF 15,9 f. – *thaz thu nicostos truhtin got thinan* (*non temptabis dominum deum tuum*) T 115,14 f. – *prooth unseer emezzihic kip uns hiutu* (*panem nostrum cottidianum da nobis hodie*) Pn 2 f. – *intfah gibet unser* (*suscipe deprecationem nostram*) WK 116. – *er ist truhten Got diner* (*ipse est dominus deus tuus*) Np 172,10 f. [157,7]. – *dinge sinemu* (*Placidum eius*) Gl 1,313,5 (9. Jh.).

3. In autochthonen Texten begegnet Nachstellung vergleichsweise selten. Eine gewisse Neigung dazu besteht bei Personenbezeichnungen und in Anreden.
   a) Personenbezeichnungen

   sid Detrihhe darba gistuontun fatereres mines Hl 23 f. – *Thaz gideilder thanne Sar mit Karlemanne, Bruoder sinemo, Thia czala uuunniono* Ludw 7 f. – *Alle ... die sint fienta din* Psalm 18 f. – *tuo pi mih suntigun enti unuuirdigun scalh dinan* Emm A 311,2 f. – *do hiez der fater stillo sinen friunt chusi. sament demo sune sin* Np 16,20 f. [21,4 f.] (zu Otfrid s. 4).

b) Anreden

nu fliuc du, uihu minaz Lorscher Bienensegen 1. – *Hluduig, kuning min, Hilph minan liutin* Ludw 23. – *fro min* (*domnus*) Par. Gespr 279,14. – *pidiu sculut ir uuizan, chindili miniu* (*Ideoque nosse debetis, filioli mei*) Exh A 31 f. – *herro min. du besuohtost mih. in passione* (*domine probasti me*) Np 576,7 f. [509,26–510,1].

Anm. 1. Die Nachstellung in 'Vater unser' mit aus dem lat. Text übernommener Wortfolge ist seit frühester Zeit fest: *Fater unseer thu pist in himile* (*Pater noster qui es in coelis*) Pn 1. – *fater unser thu thar bist in himile* (*pater noster qui in caelis es*) T 151,3 f. Vgl. dagegen *unser fater ist abraham* (*pater noster abraham est*) T 445,30.

Anm. 2. Paralleltexte belegen mitunter gegensätzliche Abfolgen: *leisti ... dino kanada in mir ... scalhe dinemo* Emm A 311,14–17, aber B *leisti ... dino ganada ... uper ... dinan scalh*.

Anm. 3. Vereinzelt liegt auch Distanzstellung vor. *Magaczogo uuarth her sin* Ludw 4. – *thia sunta, druhtin, mino ginadlicho dilo* O 1,2,20; *Nim nu wort minaz in herza, magad, thinaz* 15,27.

4. Otfrid und kleinere Verstexte verwenden nachgestellte Possessivpronomina häufig im Reim (auch mit dem homonymen Infinitiv *sîn* 'sein').

thiu arma muater min eigan thiu ist si thin O 1,2,2; *irfirrit werde balo sin, thu druhtin rihti wort min* 2,32; *was wari racha minu, ni wari ginada thinu* 3,17,61. – Ferner: *die sint fienta din mit den uuillih gifeh sin* Psalm 19.
Auch pronominale Flexionsendungen können den Reim tragen: *si wort sinaz in mir wahsentaz* O 1,5,66; *tho sprah ouh filu blider ther alto scalc siner* 15,14; *thu druhtin rihti wort min* 2,32; *Ih frawon druhtine alle daga mine* 7,5; *Joh alt quena thinu ist thir kind berantu* 4,29.

Darüber hinaus besteht bei Otfrid bei bestimmten Substantiven eine Tendenz zur Nachstellung auch ohne erkennbaren Reimbedarf.

thionôst: *theih thionost thinaz fulle* 1,2,50; *gotes willen huatta joh thionost sinaz uabta* 16,12; *thiu gilouba unsih ouh rehte in thionost sinaz rihte* 26,19. – *ginâda*: *Thes mannilih nu gerno ginada sina fergo* Ol 31; *ginada sino thigitin* 1,17,22; *Ginada sino warun, thaz wir nan harto ruwun* 1,10,23. – *huldî*: *dua huldi thino ubar mih* 1,2,48; *joh huldi sino thigitun* 17,62; *wio liob thir huldi mino sin* 5,15,36. – *rîchi*: *ther richi sinaz darota* O 4,12,62; *richi min nist hinana* 21,17; *leiti unsih in richi thin* 5,24,16 (ferner 4,12,56; 31,20). –

3.4.2. Die Abfolge von Possessivpronomen und Artikel/Pronomen

§ 84 Possessivpronomina erscheinen vielfach in Verbindung mit dem bestimmten Artikel oder einem anderen pronominalen Element. Otfrid verwendet Verbindungen aus Artikel und Possessivum relativ häufig, wobei metrische Erfordernisse eine Rolle spielen können. Bell (1907, 65) zählt 116 Fälle mit Artikel + Possessivum (gegenüber 429 Fällen ohne Artikel). Zum Mhd. vgl. Schröbler/Prell 2007 § S 119.

Die häufigste Abfolge in derartigen Nominalphrasen ist Artikel → Possessivum → Substantiv

kenerit er daz ire lib Georgsl 14. – *in buachon man gimeinti thio iro chuanheiti* O 1,1,4. – *nu wilit er ginadon then unsen altmagon* 7,20. – *endi blomo arstigit fona dheru sineru uurzun* (*et flos de radice eius ascendit*) Is 39,18 f. – *Andre auh sume kafengun dea sine scalcha* (*Reliqui uero tenuerunt seruos eius*) MF 15,13. – *des sculu uuir pitten den halmahtigun truhtin den sinan lihamun* Freis. Pn B 37–39. – *Tu uuandist selbiz taz sin fahs uuesen guldinez* (*Ipsius uero diui auro tinctam cęsariem comasque crederes bratteatas*) Nc 754,23 f. [70,13]. – *Sino, der min uuine uerit al in sprungen an den bergon* (*Ecce iste uenit saliens in montibus*) Will 35, [71,31–33]. – *scanta dero dinera muater* (*Ignominiose matris tue*) Gl 1,411,42 f. (9. Jh.).

Weitere Abfolgevarianten

Artikel → Substantiv → Possessivum

Krist loko mo thaz muat sin Ol 75; *Ouh ther widarwerto thin ni quem er innan muat min* 1,2,29. – *sament demo sune sin* Np 16,21 [21,5].

Artikel → Possessivum → Adjektiv → Substantiv

Uellet ir gihoren Daviden den guoton, den sinen touginon sin Ps 2. – *joh iu festino in thaz muat thaz sinaz managfalta guat* Os 36. – *in dheru sineru heilegun chiburdi so daucgal fater chiruni* (*sacrę natiuitatis eius archana*) Is 1,20–22. – *Ze demo dinemo heiligen hus* (*ad templum sanctum tuum*) Np 13,7 f. [17,25 f.]. – *mit der siner gotelichun krefte* Bambg. GuB 138,15 f.

Artikel → Adjektiv → Substantiv → Possessivum

tho sprah ouh filu blider ther alto scalc siner O 1,15,14; *thie selbun kraft sina* 5,11,10. – *dem uuihom potom sinem, deisu uuort thictota* (*sanctis apostolis ista dictauit uerba*) Exh A 13–15.

Artikel → Adjektiv → Possessivum → Substantiv

Dhuo saar dhar after araughida dhea zuohaldun sine chiburt in fleische (*rursus futuram eius in carne natiuitatem ostendens subiecit dicens*) Is 23,18–20. – *Ich gloubo diu unzalehaftin siniu zeichen* Bambg. GuB 137,33 f.

Artikel → Possessivum → Substantiv → Adjektiv

ther unsar keisar guodo Heinr 6 (wortgleich 9).

Indefinitum → Possessivum → Substantiv

obe ih dechein sin spor muge uindan Will 18,21 f. [89,20 f.].

Numerale → Possessivum → Substantiv

Zuene dine spunne sint samo zuei zuinele kizze der reion (*Duo ubera tua. sicut hinnuli careę gemelli*) Will 59,1 f. [117,13–15].

Possessiva treten häufig in Verbindungen mit verstärkendem Gen. *selbes* auf.

thaz ir mih lertut harto iues selbes worto Os 12; *Want er sin selbes kind ist* O 2,13,33; *thuruh thin selbes guati* 3,10,32; *thaz steit in mines selbes henti* 23,36; *habetun nan zi huahe mit iro selben worto* 4,30,3 f. – *In din selbes riche Soso dir geliche* Sigih 2. – *thuruh min selbes gispensti* Fuldaer B 7 f. – *in siin selbes sculdrom siin cruci druoc* (*crucem propriis humeris ipse portauit*) Is 23,2. – *daz der sundigo gehaftet an sin selbes hantuuerche* (*in operibus manuum suarum comprehensus est peccator*) Np 26,12 f. [30,3 f.].

Anm. Abweichende Parallelüberlieferungen ein und desselben Textes zeigen, dass die Kombination aus bestimmtem Artikel und Possessivum als fakultativ gelten muss: *sie flizzun sar thes sinthes thes iro heiminges* O 1,16,22 Hss. V, P, aber *iro heiminges* O Freis. – *so de dine engila den dinan uuilun in himile œruullent* Freis. Pn B 31 f., aber: *soso de engila in demu himile dinan uuillun arfullant* Freis. Pn A 31 f. – *daz iuuer eogaliher de selpun calaupa den sinan fillol calerit* Exh A 33–35, aber B: *thaz iuuer eogaliher the selpun galaupa sinan fillol kalerit* (*quia donec unusquisque uestrum eandem fidem filiolum suum … docuerit*).

3.4.3. Prädikative Verwendung

§ 85 Das prädikative Possessivum ist im Normalfall unflektiert. Gelegentlich auftretende Flexion basiert auf lat. Vorgabe.

Unflektiert: *want er giwisso thin nist* O 2,14,54; *thaz ih mit giloubu werde sin* 3,20,175; *Thaz uuas al sin* 4,27,21; *wanta iuer ist thaz himilrichi hohaz* 2,16,3. – *Diu uuerlt ist min. unde al daz dar inne ist* (*Meus est enim orbis terrae. et plenitudo eius*) Np 192,6 [173,20 f.].
Flektiert: *inti alliu miniu thiniu sint* (*et omnia mea tua sunt*) T 329,6. – *miner ist galaad. inti miner ist manasses* (*Meus est galaad. et meus est manasses*) al. Ps 293,6 f.

3.5. Numeralia

3.5.1. Kardinalzahlen

§ 86 Kardinalzahlen stehen in den weitaus meisten Fällen vor dem jeweiligen Bezugsnomen.

Lit.: AG I § 270–276; AWB 3,120–171; Behaghel 1923 § 308–319; Lühr 2000.

Die Zahlen ‘ein’ bis ‘drei’ flektieren kongruent mit dem Bezugsnomen.

1. Adnominales 'ein' flektiert wie ein Adjektiv, und zwar nach einfachem oder zusammengesetztem Demonstrativum schwach, ansonsten stark. Stellung vor dem Bezugswort ist die Regel.

Schwache Flexion nach Artikel bzw. Demonstrativum: *enti do uuas der eino almahtico cot, manno miltisto* Wess 7 f. – *dhiu eina gotnissa* (*deitas*) Is 9,13 f. – *neomannan gisahun noba then einon heilant* (*neminem uiderunt nisi solum ihesum*) T 307,12 f.; *herro forlaz in thiz eina iar* (*domine dimitte illam et hoc anno*) 341,24. – *Daz eina horin daz bezeichenet einen got* Phys 43.
Starke nominale (endungslose) Flexion beim Nom. Sg. in allen Genera und beim Akk. Sg. Ntr.: *ein tempel ni bileiph* (*nullum templum ... remansit*) Is 35,17. – *Quam fone Samario ein quena sario* Sam 3. – *iu giuuesso nisint zuuei ouh ein fleisg* (*Itaque iam non sunt duo sed una caro*) T 335,26 f.
Pronominale Flexion beim Akk. Sg. ist die Ausnahme: *arsteig her tho in einaz skef* (*ascendens autem in unam nauem*) T 125,8. – *willuh ... zellen einaz wuntar* O 3,23,3.
Starke Flexion bei anderen Kasus: *erist do man es eina flasgun* Bas. Rez 18. – *Gilaubistu einan got almahtigan* Frk Taufgel 9. – *Sie sprachun thuruh minna al einera stimna* O 1,9,11. – *undar eineru biiihti dhazs himilisca folc so mendit* (*sub una confessione celestis persultat exercitus*) Is 20,19 f. – *funtan auh ein tiurlih marigreoz genc* (*inuenta autem una pretiosa margarita abiit*) MF 10,14. – *gagen demo meze eines stupfes* Nb 110,19 f. [95,29].

Anm. 1: In Übersetzungen erfolgt Voranstellung auch gegen die Abfolge der Vorlage: *dęr ein scaf habet* (*qui habet ouem unam*). – *oba siu uorliusit eina dragma* (*si perdiderit dragmam unam*) T 323,4.

Anm. 2: Stellung nach dem Bezugswort ist die Ausnahme: *enti danne trincen, stauf einan in morgan* Bas. Rez 11. – Reimbedingt: *wir eigun kuning einan, anderan niheinan* O 4,24,21.

2. In prädikativer Funktion erscheint *eino*, Pl. *einon* in der Bedeutung 'einzig, allein, als einzige(r)'.

đat sih urhettun œnon muotin Hl 2. – *wannana sculun Francon einon thaz biwankon* O 1,1,33. – *thu eino uuiho, Thu eino truhtin, Thu eino hohosto* (*tu solus sanctus, tu solus dominus, tu solus altissimus*) WK 117 f. – *daz aer ezan nimvosa ... nibu dea einun euuarta* (*quos non licebat ei edere ... nisi solis sacerdotibus*) MF 4,8–10. – *Du eino scrodost in dar, du eino gerihtest in dar* Np 18,18 f. [23,1 f.].

3. Bei 'zwei' und 'drei' besteht Kongruenz im Hinblick auf Genus und Kasus.
   a) Zwei

Mask.: *enti see dar zuene plinte sizcente biuuege gahortun* (*et ecce duo caeci sedentes secus uiam audierunt*) MF 14,18 f. – *Tu nemaht nieht mit einero dohter zeuuena eidima machon* Nl 595,11 f. [193,19–194,1].
Fem.: *ther thie habe zua tunichun* (*qui habet duas tonicas*) T 107,21.
Ntr.: *Dar fand er ceuuei uuib* Georgsl 14. – Nachstellung ist selten: *Hiltibrant enti Hađubrant untar heriun tuem* Hl 3. – *Stuant Iohannes gomono ein mit sinen iungoron zuein* O 2,7,5.

b) Drei

Mask.: *dhazs sii dhrii goda siin* (*non autem sicut tres persone … sunt*) Is 21,7 f.
Fem.: *enti laze drio naht gigesen enti danne trincen* Bas. Rez 10.
Ntr.: *In thriu deil ana zuival so ist iz gisceidan* O 1,3,23.

Anm. 3. Zur Sonderform *thria* statt *thrim* des Dat. Pl. Fem. in Verbindung mit *stuntôn* 'mal' bei O (z.B. *Thria stunton finfzug … ouh thri* O 5,13,19 f.) vgl. AG I § 270, 3c.

4. In Voranstellung werden die Zahlen 'vier' bis 'zwölf' nicht flektiert. Bei Nachstellung wird flektiert (vgl. AG I § 271).

a) Unflektiert vor dem Bezugswort

er fiar jar thar wari O 1,19,23. – *enti kasamnot sine kachorane fona feor uuintim* (*et congregabunt electos eius a quattuor uentis*) MF 19,9 f. – *thu habetos finf gomman* (*quinque enim uiros habuisti*) T 279,6.

Anm. 4. Vereinzelt kann ein flektiertes Numerale auch vor dem Bezugswort erscheinen: *enti gahalot sibuni andre gheista* (*et adsumit septem alios spiritus*) MF 7,15 f.

b) Flektiert nach dem Bezugswort

du hebitos er finfe Sam 26. – *Thaz duent lutmari thie scriptora fiari* O 3,14,3. – *thar uuarun steininu uuazzarfaz sehsu gisezitu* (*erant … ibi lapideae hydriae sex positae*) T 45,4.

Anm. 5. Einen Sonderfall nach lat. Muster stellen Nachstellungen römischer Zahlen in Übereinstimmung mit der Vorlage dar: *gelte soł III foruzan haubitgelt inti wirðriun* (*qui faciunt solidos III*) LexSal 24 f.

5. Das Bezugsnomen kann im (partitiven) Genitiv stehen (zu prädikativen Numeralia und anderen Quantitätsangaben mit dem Genitiv s. § 13:2).

sumaro enti wintro sehstic Hl 50. – *duo santta ihs zuene iungirono* (*tunc iesus misit duos discipulos*) MF 14,29 f.; *enti arboot dea drizuc pendigo silabres dem herostom euuartum* (*retulit triginta argenteos principibus sacerdotum*) 23,18 f. – *ther scolta zehen. thusunta talentono* (*qui debebat decem milia talenta*) T 331,23 f.
In Übereinstimmung mit der Vorlage: *Daz neoman nimac in paule neoman in petre neoman in andremo noh einemo apostolono* (*Quod nemo potest in paulo, nemo in petro, nemo in alio nullo apostolorum*) MF 40,3 f.

3.5.2. Ordinalzahlen

§ 87 1. Ordinalzahlen in attributiver Verwendung stehen vor ihrem Bezugswort und werden mit Ausnahme von *ander-* 'zweite(r/s)' (s. 2.) schwach flektiert. Neben *eristo* 'erster' erscheint auch *furisto*, neben *ander* 'zweiter' auch *aftero* (vgl. AWB 1,69).

Lit.: AG I § 277 f.; AWB 1, 462–506; Behaghel 1923 § 320–337.

In themo eristen tage thero ostruno (Prima autem die azimorum) T 555,5. – *thes wibes erista kind* O 1,14,21; *thera ererun dati* 3,23,30. – *so hwer so suganti farah forstilit fon đeru furistun stigu (Si quis porcellum lactantem furaverit de hranne prima)* LexSal 23. – *uuio sie thiu furistun sedal gicurun (quomodo primos accubitus eligerent)* T 375,11 f.
oba her cumit in theru afterun uuahtu (si uenerit in secunda uigilia) T 539,1. – *daz ist aftara aeuua (id est secunda lex)* Gl 1,102,38 (9. Jh.). – *ibu đanne in đrittiun stigu forstolan wirđit (Si vero in tertia hramne furaverit)* LexSal 25. – *in thritten dage arstuat fona tootem (tertia die resurrexit a mortuis)* WK 51. – *taz ist tiu dritta consequentia* Ni 566,8 [80,24]. – *in thero fiordun uuahtu thero naht (quarta autem uigilia noctis)* T 253,17 f. – *An demo ente dere uinften uuerlte* (PrS B 2,31 f.). – *theiz mohti wesan sexta zit* O 2,14,9.

2. Das Pronominaladj. *ander-* ‘zweite(r/s)’ flektiert stark.

so quimit ein heri fona himilzungalon, daz andar fona pehhe Musp 4 f. – *thiz ist ther ander pad* O 1,18,43. – *simonem then her andaremo namen hiez petrum (Simonem quem cognominauit petrum)* T 133,17 f. – *Ander pars heizet remotio* Nb 69,27 [59,5 f.].

3.5.3. Multiplikativa

Multiplikativa mit *-falt* werden adjektivisch, aber auch adverbial mit Komparativen verwendet. § 88

1. Adjektivische Verwendung

in managfalten wunton bi unseren sunton O 4,1,44. – *See hear nu dhea dhrifaldun heilacnissa undar eineru biiihti dhazs himilisca folc so mendit (Ecce trinam sanctificationem sub una confessione celestis persultat exercitus)* Is 20,18 f. – *Zuiualtemo unde triualtemo ... nemag nieht uuideruuartigis sin (duplici enim nihil est contrarium. neque ... triplici)* Nk 426,17 [69,16–18]. – *die pringent trizicualtigiz uuuocher unte inphahent auh drizicualtigiz lon* PrSB 3,21 f.

2. Adverbiale Verwendung

tuot inan hella sun zuifalton mer thanne iuuuih (facitis eum filium gehenne duplo quam uos) T 499,15 f. – *uuanda er fierualt lengero ist* Nm 852,25 [334,14].

3.6. Attributives Adjektiv

Attributive Adjektive können vor oder nach dem Bezugssubstantiv stehen. In beiden Fällen besteht Kongruenz mit dem Bezugsnomen hinsichtlich Kasus, Numerus und Genus. Wann starke oder schwache Flexion eintritt, hängt davon ab, ob in der betreffenden Nominalphrase ein (weiteres) determinierendes Element vorhanden ist. § 89

Lit.: AG I § 244–266; Behaghel 1913; 1923 § 115–135a; 1932 § 1572–1576; Dal/Eroms 2014 § 51–57; Ebert 1978, 45 f.; Engelberg 1913; Erdmann/Mensing 1898 § 106–109; Giuffrida 1972, 20–28; Hellwig 1898; Klein 2007; Paul 1919 § 78–87; Schröbler/Prell 2007 § S 46. 102 f.; Weber 1971; Wilmanns 1909 § 343–351; Wunderlich/Reis 1925, 216–227.

Anm. Zum prädikativen Gebrauch von Adjektiven s. § 50. Zu adverbial verwendeten Adjektiven vgl. AG I § 267–269.

3.6.1. Voranstellung

§ 90 Insgesamt dominiert die Voranstellung des attributiven Adjektivs als unmarkierte Variante gegenüber der Nachstellung. Wiederholt erfolgt auch in ansonsten vorlagennahen Übersetzungstexten und selbst in Glossen Voranstellung in Abweichung vom Lateinischen.

ih aruuechu dauide rehtuuisigan chimun (*suscitabo dauid germen iustum*) Is 39,5. – *der hapeta ardorreta hant* (*manum habens aridam*) MF 4,20 f.; *uurchet ir guotan baum* (*facite arborem bonam*) 6,13. – *habeta ... fillinan bruohhah* (*habebat ... zonam pelliciam*) T 105,24–26; *thie dar nituot guotan uuahsmon* (*quœ non facit fructum bonum*) 107,15. – *farent in euuig liib* (*ibunt in vitam aeternam*) WK 106 f. – *so hwer so suganti farah forstilit* (*Si quis porcellum lactantem furaverit*) LexSal 23. – *aba rehtemo uuege* (*de uia iusta*) Np 7,12 [12,25 f.]; *Iro chela ist offen grab* (*Sepulchrum patens est guttur eorum*) 13,23 f. [18,12]. – *liutparrero munizzo* (*Monete publice*) Gl 1,299,41 (9./10. Jh.).

Auch frei zugesetzte Adjektive, die keine Grundlage in der Vorlage haben, stehen von Beginn an mehrheitlich vor dem Bezugsnomen.

untazs in eouuesanden euun (*usque in sempiternum*) Is 38,1 f.; *ist dhiu unmeina magad maria* (*uirgo est maria*) 39,22. – *durah festea galaupnissa* (*per fidem*) MF 29,2 f. – *ubar obanentiga thekki thes tempales* (*supra pinnaculum templi*) T 115,6; *gihorta gistimmi sang* (*audiuit simphoniam*) 327,15. – *Mina leidun stiga* (*Semitam meam*) Np 576,19 [510,10]. – *mihil finstar* (*Chaos*) Gl 1,73,33 (9. Jh.).

3.6.1.1. Starke Flexion

§ 91 Starke Adjektivflexion (nominal oder pronominal) tritt dann ein, wenn die Nominalgruppe kein weiteres determinierendes Element enthält.

Anm. Zur Diachronie und Formenvarianz der nominalen und pronominalen Formen vgl. AG I § 248.

1. Nominale Flexion

Mask. Nom.Sg.: *Sidh uuarth her guot man* Ludw 16.– *uns zuouuert leididh uuardh* (*dux nobis ... erat futurus*) Is 31,16. – *pirig poum guotero uuercho* Np 4,3 f. [9,22].
Akk.Sg.: *danan in mittan Nottenlôh* Würzbg. Mb 1,8 f. – *thuruh then heilegan geist* O 1,27,61. – *thuruh anderan uueg uuvrbun* (*per aliam uiam reuersi sunt*) T 95,22.

Gen.Sg.: *Her skancta ce hanton sinan fianton Bitteres lides* Ludw 53 f. – *arges willen gilust* O 1,12,27; mit (reimbedingter) Distanzstellung: *ther biscof ist nu ediles Kostinzero sedales* Os 2. – *mannom guates uuillen* (*hominibus bonae voluntatis*) WK 110 f. – *mit skilte guotes uuillen* (*scuto bone uoluntatis*) Np 14,17 f. [19,4 f.].
Instr.: *dher quhad heilegu gheistu* (*qui dicit*) Is 35,22–36,1.
Ntr. Nom.Sg.: *daz ist rehto uirinlih ding* Musp 10. – *theist sconi fers sar gidan* O 1,1,48. – *einiges mannes unfesti fleisc* (*infirmitas humana*) MF 39,24. – *Iro chela ist offen grab* (*Sepulchrum patens est guttur eorum*) Np 13,23 f. [18,12].
Akk.Sg.: *ibu du dar enic reht habes* Hl 57. – *Ni fand in thir ih ander guat* O 1,18,29. – *ni habes bruthlauftic kauuati* (*non habens uestem nuptialem*) MF 15,28. – *thaz her dir gabi lebenti uuazzar* (*et dedisset tibi aquam uiuam*) T 277,13 f. – *habe bald herza* Np 86,27 [82,11 f.].
Instr.: *mit mihhilu meginu enti almahtigin* (*cum uirtute et gloria multa*) MF 19,7 f.
Fem. Nom.Sg.: *eigan thiu ist si thin* O 1,2,2. – *elidiutic spraha* (*barbara locutio*) MF 26,12.
Akk.Sg.: *Tho fuarun thie ginoza andara straza* O 1,17,77. – *In andra uuiis* (*prꝙterea*) Is 6,12. – *thaz er habe allicha gilauba* WK 56 f. – *An imo habo ih euuiga rauua* Np 11,14 [16,13].
Nominale Flexion in Verbindung mit dem unbestimmten Artikel: *Nomen ist ein bezeichenlih stimma und ein bezeichenlich uuort* Ni 502,17 f. [7,12 f.].

Anm. Eine endungslose Form des Akk. Sg. liegt vor in *dhie uuizzac atum in uuambu hebiton* (*Qui phitones in uentrem habebant*) Gl 1,412,42 (9. Jh.).

2. Pronominale Flexion **§ 92**

Mask. Nom.Sg.: *du bist dir alter Hun, ummet spaher* Hl 39. – *ja bin ih smaher scalg thin* O 1,25,5.
Akk.Sg.: *forgip mir ... cotan uuilleon* Wess 11 f. – *thes duan ih mihilan ruam* Os 10. – *Gilaubistu in heilagan geist* Frk. Taufgel 8. – *in mittan Eichinaberg* Hammelb 19. – *uualliche lide machont uuallichen man* Nb 177,15 [149,20 f.].
Dat.Sg.: *in sus heremo man* Hl 56. – *io heilemo muate fon jare zi jare* Ol 62. – *der inphangan ist fone uuihemu keiste* (*qui conceptus est de spiritu sancto*) Pn 9 f. – *In durnohtemo haze hazeta ih sie* (*Perfecto odio oderam illos*) Np 580,9 [513,26–514,1].
Nom.Pl.: *dar uuarun auh manake mit inan cootlihhe geista* Wess 8 f. – *thie im heidene man zi geldom enti zigotum habent* Frk. Taufgel 4. – *vuinteres churze taga sin* Nb 101,11 f. [87,30].
Akk.Pl.: *Lietz her heidine man Obar seo lidan* Ludw 11. – *tie unsih lerent haben rehte site* Nb 101,18 f. [88,6].
Dat.Pl.: *chud was her chonnem mannum* Hl 28. – *Iro dago ward giwago fon alten wizagon* O 1,3,37. – *daz ih mih selbon ... mit argen githancon biuual* Lorscher B 33–35. – *in spuotigen sinnen* Nb 178,27 f. [150,29].
Gen.Pl.: *denne stet dar umpi engilo menigi, guotero gomono* Musp 87 f. – *fona smalero manno mezsse* (*de populari ordine*) Is 41,9 f.
Ntr. Nom.Sg.: *Selbaz richi sinaz al rihtit scono* Ol 67.
Akk.Sg.: *fliuh in antheraz lant* O 1,19,4.
Dat.Sg.: *ze heuigemo dinge* Georgsl 3. – *mit unuuendigemo rehte* (*inflexibili iustitia*) Np 6,24 f. [12,11].
Gen.Sg.: *joh wison heimortes eiganes lantes* O 1,21,6. – *ungaueritan bruthlauftiges kauuates* MF 15,26 f. (*non uestitum ueste nuptiali*). – *unrehtes girates* Fuldaer B 6.
Instr.Sg. *mit mihhiliu ungirehhu* (*magno impetu*) T 191,10.

Nom.Pl.: *dera calaupa cauuisso faoiu uuort sint* (*Cuius utique fidei pauca uerba sunt*) Exh A 8 f. – *Anderiu dinch sint uuehselich* Np 11,12 f. [16,12].
Akk.Pl.: *sconu vers wolles duan* O 1,1,44. – *dhanne ir mit ęrcna euua abgrundiu uuazssar umbihringida* (*quando certa lege et gyro uallabat abyssos*) Is 1,4,6. – *Umbe gelichiu ding* (*paribus causis*) Nb 178,21 [150,23].
Dat.Pl.: *druhtin half imo sar In notlichen werkon* Ol 24 f. – *mit gareuuem bilidum* (*exemplis*) Is 4,7 f. – *mit kuoten uuerchen* Np 10,5 f. [15,7 f.]
Gen.Pl.: *Wahero duacho werk wirkento diurero garno* O 1,5,11 f. – *unrehdero uuordo, unrehdero uuerco* Lorscher B 22 f. – *pirig poum guotero uuercho* Np 4,3 f. [9,22].
Fem. Nom.Sg.: *elliu worolt ubar al* O 1,23,14. – *ebaneuuigu craft* WK 63. – *unrehto fernomeniu scrift machot hereticos* Np 19,10 [23,19 f.].
Dat.Sg.: *si habet thoh thia rihti in sconeru slihti* O 1,1,36. – *in rehteru chilaubin* (*in fide*) Is 41,12 f. – *notthurft ist ci euuigeru heili* WK 88. – *ze samelichero uuis* Nb 178,17 f. [150,20].
Gen.Sg.: *unrehteru fizusheiti* Altb. B 5 f. – *Tiu driskero naturę ist* (*Triplicis naturę*) Nb 178,5 [150,9].
Nom.Pl.: *Thar ist ... ewinigo wunni* O 1,18,9 f. – *Allo mannes thurfti* WK 18.
Akk.Pl.: *du irchennist allo stiga* Ps 6. – *thaht er sar in festi mihilo unkusti* O 1,17,40.
Dat.Pl.: *Riat got imo ofto in notin. in suaren arabeitin* Ol 23. – *ęr allem uueraldim* (*ante omnia sęcula*) Is 1,12 f. – *mit unsubren hanton* (*communibus manibus*) T 267,22. – *mit kuollichen eron* Nb 5,19 [5,23].
Gen.Pl.: *unrehtero firinlusteo* Emm A 310,13.

3. Nach unbestimmtem Artikel erfolgt pronominale Adjektivflexion.

in ein steininaz hog Hammelb 22. – *ein armaz wib* O 2,14,84. – *Ceraunos ist ein faleuuer stein* Nc 1,749,24. – *samo ein rotiu binta* (*uitta coccinea*) Will 56,1 [111,10 f.].

Anm. 1. Neben *ein rotiu binta* in der Williram-Hs. Br steht in der Hs. Eb (ebenso Ley) *ein rota binta* mit schwacher Flexion.

4. Nach bestimmtem Artikel oder Demonstrativpronomen ist schwache Adjektivflexion zwar die Regel (s. § 93), doch tritt vereinzelt auch starke Flexion auf.

In godes minna ind in thes christanes folches Straßb. Eide 18 f. – *Ganc ze demo fliezzentemo vvazzera* Augens 1. – *saman mit ther muater so fuar ther sun guater* O 1,21,10 (reimbedingt, so auch 1,6,4; 15,26; 21,10; 3,20,78; 5,12,28); *then guatan win* 5,23,189. – *dhem aldom gotes chibodum bilibenem* (*legali praecepto cessante*) Is 31,15 f. – *themo unsubremo geiste* (*spiritui immundo*) T 313,5. – *des koteliches sinnes chiesunga* (*iuditium diuinę mentis*) Nb 346,4 [260,27]. – *Der selbo gedrater naph* Will 113,10 f. [203,26 f.].

Anm. 2. Vgl. zu derartigen Syntagmen AG I § 244 A.1. Basierend auf Otfrid-Belegen begründet Erdmann 1882, 376 (mit Auflistung der einschlägigen Belege) die zweifache starke Flexion (d.h. des definiten Artikels bzw. Demonstrativpronomens und des Adjektivs) damit, dass die mit dem Adjektiv bezeichnete Eigenschaft „dem Gegenstande nachdrücklich gerade für diesen Fall“ zukomme, und zwar „oft im Gegensatz zu anderen Eigenschaften, die er sonst hätte“. Die Überlieferung zeigt jedoch ein Schwanken: Im Fall von *then managfaltan wewon*,

O 2,6,35, ist in der Hs. V die Endung *-an* aus ursprünglichem *-un* korrigiert. Einmal weichen P und F gemeinsam von V ab: Für *thuruh then michilan haz,* V 3,15,1, steht dort jeweils *mihilon.* F hat meist die schwach flektierte Form durchgeführt.

5. Verbindungen von Possessivpronomen und Adjektiv liegen in variierenden Kombinationen vor.

Starkes (unflektiertes) Possessivpron. + schwaches Adj.: *Lango, liobo druhtin min, laz imo thie daga sin* Ol 35; *waz mag ih quedan mera, min einega sela* 1,22,52.
Starkes (unflektiertes) Possessivpron. + pronominales Adj.: *thiz ist min sun leobar* (*hic est filius meus dilectus*) T 307,2.
Pronominal flektiertes Possessivpron. + schwaches Adj.: *leisti, uuiho truhtin, dino kanada in mir suntigin enti unuuirdigin scalhe dinemo* Emm A 311,14–17. – *uuidar mineru uuihun doufi*Lorscher B 4 f. – *ze dinemo cheiserlichen stuole* (*augustam sedem*) Nb 179,4 [151,5 f.].
Parallele pronominale Flexion von Possessivpron. + Adj.: *Broot unseraz emezzigaz gib uns hiutu* WK 3. – *in anauualgeru dineru selu* (*ex tota aniına tua*) MF 30,20.
Parallele nominale Flexion von Possessivpron. + Adj.: *prooth unseer emezzihic kip uns hiutu* (*panem nostrum cottidianum da nobis hodie*) Pn 2 f. – *so min fater himilisg tuot iu* (*sic et pater meus caelestis faciet*) T 335,2 f.
Pronominal flektiertes Possessivpron + starkes (unflektiertes) Adj.: *Joh alt quena thinu ist thir kind berantu* O 1,4,29.

3.6.1.2. Schwache Flexion

1. Schwache Flexion tritt dann ein, wenn ein vorausgehendes (pronominales) Element das Kernsubstantiv determiniert. **§ 93**

Mask. Nom.Sg.: *der mareo seo* Wess 5. – *ther heilego geist* O 1,25,29. – *der halmahtigo truhtin* Freis. Pn B 57. – *thie einago sun* (*unigenitus filius*) T 105,22. – *Ter altesto physicus* Nb 101,3 f. [87,22].
Akk.Sg.: *in den uuidinen seo* Würzbg. Mb 1,8. – *den unrehton rihtuom* Psalm 18. – *then himilisgon druhtin* O 1,11,54. – *herodan dhen elidheodigun chuninc* (*herodem alienigenam regem*) Is 34,22–35,1. – *uber sinen heiligen berg* (*super syon montem sanctum eius*) Np 6,3 f. [11,20 f.].
Dat.Sg.: *in themo afteren gange* O 1,22,14. – *ci thesemo antuuerden libe* WK 19 f. – *in themo heilagen geiste* (*in spiritu sancto*) T 113,18. – *fone dinemo heiligen berge* (*de monte sancto suo*) Np 8,8 [13,17 f.].
Gen.Sg.: *des minnisten uingeres* Contra par 1,3 f. – *giwuag er wortes sines thes selben alten nides* O 5,25,70. – *thes itmalen tages* (*diei festi*) T 99,16, – *des irdisken lichamen* Nb179,11.
Nom.Pl.: *thie altun forasagon* O 1,10,2. – *thie firnfollun man* (*publicani*) T 107,24.
Akk.Pl.: *die heidenen man* Georgsl 30. – *thie wisun man* O 1,17,41. – *dhiu chiborgonun hort* (*thesauros absconditos*). – *die in hinderoren mennisken* Nb 178,22 [150,23 f.].
Dat.Pl.: *untar then heriston biscofun* (*sub principibus sacerdotum*) T 101,25. – *ze dien uzerosten polis* Nb 111,17 [96,20 f.].

Gen.Pl.: *thie furiston thero heithaftono manno* (*principes*) T 415,26 f. – *uon dero spizzon dero hohon bergo Amana unte Sanir* (*de capite amande uertice sanir et hermon*) Will 62,3 [121,18 f.].

Ntr. Nom. Sg.: *daz preita uuasal* Musp 58. – *thaz minnista deil* O 1,3,9. – *taz uuara lieht* Nb 56,10 [40,12].

Akk.Sg.: *in thaz steinina houg* Hammelb 20. – *Thaz heilega kornhus* O 1,28,17. – *umbi thaz oftiga ambaht* (*circa frequens ministerium*) T 213,26. – *daz scaffelosa zimber* zemachonne (*fingere opus fluitantis materię*) Nb 176,29–177,1 [149,7].

Dat.Sg.: *in demo uuarmen bade* Contra par 1,15. – *zi themo hohen himilriche* O 1,28,12. – *in dhemu hebrœischin chiscribe* (*in hebręo*) Is 32,20.

Gen.Sg.: *desses œrdlihhin habennes* (*terrenis successibus*) MF 29,22. – *des anderen iares* Nb 6,8 [6,4].

Nom.Pl.: *thiu selbun wib* O 4,34,25. – *alliu thisiu mihhilun gizimbriu* (*has omnes magnas aedificationes*) T 511,9 f.

Akk.Pl.: *thiu ewinigun gotes jar* Ol 92. – *er deisu foun uuort* ... *lirnen niuuili* (*qui pauca uerba ... neque uult in memoria retinere*) Exh A 20–26 – *Du uueist miniu iungesten ding* (*tu cognouisti omnia nouissima*) Np 576,28 [510,17].

Dat.Pl.: *dhem aldom gotes chibodum* (*legali praecepto*) Is. 31,15 f. – *den uuenegon diereron* Will 36,7 [73,29 f.].

Gen.Pl.: *thero warono worto* O 1,13,22; *thero managfalton worto* 2,21,16. – *Minero guoton uuercho* Np 583,22 f. [517,13 f.].

Fem.: Nom.Sg.: *diu uuenaga sela* Musp 28. – *thiu arma muater min* O 1,2,2. – *dhiu unmeina magad maria* (*uirgo ... maria*) Is 39,21. – *diu zaliga babylonia* Np 578,14 [512,3 f.].

Akk.Sg.: *in theo teofun clingun* Hammelb 21. – *thuruh thio ewinigon wunni* O 1,28,14. – *umbi dhea sine euuigun chiburt* (*de illa ęterna natiuitate*) Is 23,16 f. – *tia samenthaftigun massa* (*insita forma*) Nb 177,2 [149,8 f.].

Dat.Sg.: *ze dero haganinun huliu* Würzb. Mb 51 f. – *theru goregun worolti was io giheizenti* O1,10,8. – *uuidar mineru uuihun doufi* Lorscher B 4 f. – *ze dero marun constantinopoli* Nb 5,18 [5,22].

Gen.Sg.: *dero uuinsterun minniszun cehun ballen* Gegen Gicht 1,7. – *theru kreftigun lera* O 1,27,4. – *dhera himiliscun chiburdi* (*celestis natiuitatis*) Is 21,20. – *dero heiligun uuumbo* Np 558,1 [493,11].

Nom.Pl.: *allo unsro licmiscun durufti* Freis. Pn A 38. – *deo unuuisun fimfi* (*quinque fatuae*) MF 20,3. – *thio hohun giziti* O 4,8,1. – *die guoton sela* Will 52,38 [103,3 f.].

Akk.Pl.: *thia altun lera* O 3,17,29. – *zua gimachun turtilitubun* (*par turturum*) T 89,21. – *die iungesten zite* Np 26,28 f. [30,15].

Dat.Pl.: *mit then saligen selon* O 1,2,58. – *mit tien selben listen* Np 28,24 f. [32,4].

Gen.Pl.: *thero selbun zito* O 4,18,37. – *dhero iro chiliihsamono lugino* (*simulationis sue mendacia*) Is 35,15.

Adj. vor dem Artikel: *thaz saliga thiu alta thaz kind tho beran scolta* O 1,9,2.

2. Bisweilen sind schwach flektierte Adjektive auch ohne determinierendes Element anzutreffen, doch sind solche Strukturen die Ausnahme. Ursache dürfte sein, dass das schwache Adjektiv ursprünglich per se definit war.

niist in kihuctin himiliskin gote Musp 29. – *Ouh selbun buah frono irreinont sie so scono* O 1,1,29; *fon selben gote* 8,23; *thes wibes erista kind* 14,21. – *mid mihilon eron* de Heinr. 11. 19.

– *heilagon uuizzod nierita* Fuldaer B 13. – *bi himilischin gote (per deum cęli)* Is 33,6. – *umbi christan himilischun druhtin (Christum deum cęli)* 8 f.; *dhurah heilegun gheist (per spiritum sanctum)* 36,14. – *in aftrun steti gasizzis (in loco inferiori accubueris)* MF 14,13. – *inti dritten tage arstentit (et tertio die resurgit)* T 315,8. – *giuuizzinot bi pontisgen Pilate (passus sub Pontio Pilato)* WK 50. – *uuiho atum ... deisu uuort thictota (sanctus enim spiritus ... ista dictauit uerba)* Exh A 11–15. – *folclicha scara (plebeia phalanx)* Gl 2,439,6 (11. Jh.).

3. Distanzstellung von vor- oder nachgestellten Adjektiven und ihrem Bezugsnomen ist die Ausnahme (vgl. Sonderegger 1998).

der si doh nu argosto [quad Hiltibrant] ostarliuto Hl 58. – *enti dar uuarun auh manake mit inan cootlihhe geista. enti cot heilac* Wess 8 f. – *poum ni kistentit enihc in erdu* Musp 51 f. – *Sun bar si tho zeizan* O 1,11,31 – *Taz ist ein buch apud graecos kescribenez* Nc 692,7 [6,7].

3.6.2. Nachstellung

1. Für nachstehende Adjektive gelten prinzipiell die gleichen morphosyntaktischen Regularitäten wie für voranstehende. Nachstellung ist insgesamt jedoch seltener. **§ 94**

Stark nominal: *usere liuti, alte anti frote* Hl 15 f. – *thanne ferit inti nimit sibun geista andere mit imo uuirsiron thanne her si (Tunc uadit et assumet septem alios spiritus secum)* T 201,25–27. – *Imo sint fueze fuodermaze imo sint ... zene sine zuuelifelnige* Nr 674,13–18 [162,16–18]. – *Uuahe goltketenon in lampreite uuis gebroihta machen uuir dir* Will 18,2 f. [57,32–59,1]. – *daz ist holz luzzic (id est silua)* Gl 1,266,11 (8. Jh.).
Pronominal: *at burc ęnigeru* Hl 52. – *kiporan fona Mariun macadi euuikeru (natus ex Maria virgine)* Pn 10.
Pronominal nach Demonstrativpron.: *desero brunnono bedero* Hl 62.
Schwach: *gudea gimeinun* Hl 60. – *danan in de sundorun erdburg mitta* Würzb. Mb 24 f.

Anm. 1. Parallelstellen deuten darauf hin, dass die nominale und die pronominale Flexion auch gleichberechtigt eintreten konnten. Nominal: *prooth unseer emezzihic kip uns hiutu* Pn 2 f., gegenüber pronominal: *Broot unseraz emezzigaz gib uns hiutu (panem nostrum cottidianum da nobis hodie)* WK 3. Auch: *Pilipi unsraz emizzigaz kip uns eogauuanna* Freis. Pn A 36 f.

2. Komplexere Adjektivgruppen neigen zur Nachstellung.

barn unwahsan arbeo laosa Hl 21 f.; *wuntane bauga, cheisuringu gitan* 33 f. – *so edilthegan skal, wiser inti kuani* O 1,1,99 f. – *uzzan kaneri unsih fona allem sunton, kalitanem enti antuuartem enti cumftichem* Freis. Pn A 73–76. – *Nu ist imo gelichet ein dierna filo chunnig. unde imo ebenflizig* Nc 766,10 f. [82,19 f.]. – *Dare nach neme man haberen gedrosgenan unde ungedrosgenan* Gg. Gicht 1,7 f. – *in eine gruba uolla uuazzeres (ad lacum magnum)* Phys 83. – *Sine hente guldin unte sineuuelle uuaron uol iechando* Will 92,9 f. [171,21–23].

3. Zwei Adjektivattribute können auf die Position vor und nach dem Bezugsnomen verteilt sein.

dhem aldom gotes chibodum bilibenem (*legali praecepto cessante*) Is 31,15 f.; *dhero iro chiliihsamono lugino antdhecchidero* (*simulationis sue mendacia detegi*) 35,15 f. – *ubil manchunni enti urtriuui* (*generatio mala et adultera*) MF 6,29 f. – *uuvolaga ungitriuui cunni inti abuh* (*o generatio infidelis et peruersa*) T 311,15 f. *firnfolle man inti suntige manege* (*publicani et peccatores multi*) T 339,7 f. – *mit iro purpurinen gurtrele. fiure gelichemo* Nc 697,30 [12,17 f.].

Für Nachstellung des Adjektivs lassen sich in weitere ursächliche Faktoren wahrscheinlich machen:

4. Otfrid verwendet nachgestellte Adjektive sowohl in nominaler als auch in pronominaler Flexion, letzteres jedoch vorzugsweise im Reim.

Mask.: Nom.Sg.: *Tho ward ther fater alter gotes wihi irfulter* O 1,10,1.
Akk.Sg.: *Sun bar si tho zeizan ther was uns io giheizan* 11,31.
Gen.Sg.: *Filu thesses liutes in abuh irrentes* 4,37.
Nom.Pl.: *So scribun uns in lante man in worolti alte* 17,27.
Ntr.: Nom.Sg.: *Wuntar ward tho maraz joh filu seltsanaz* 1,11,1.
Gen.Sg.: *Nust siu giburdinot thes kindes so diures* 5,61.
Akk.Pl.: *det er werk mariu in mir armeru* 7,10.
Dat.Pl.: *mit werkon filu rehten so ilet sie gislihten* 23,18.
Fem. Nom.Sg.: *Ist iz prosun slihti: thaz drenkit thih in rihti* 1,19.
Akk.Sg.: *Kert er tho in fiara in eina burg ziara* 21,13.
Dat.Sg.: *si wari sin thiu zi thionoste garawu* 5,70.
Akk.Pl.: *Simbolon gimuato joh eigun ziti guato* Ol 81. – Vergleichbar: *Poloton si der ubere steine mikil menige* Georgsl 40.
Nach unbestimmtem Artikel: *Thar was ein man alter, zi salidon gizalter* O 1,15,1.

5. Ein nachgestellter, stark flektierter Superlativ nach bestimmtem Artikel ist singulär.

Dar piutit der Satanaz altist heizzan lauc Musp 22.

6. Bei Otfrid finden sich reimbedingte Distanzstellungen.

In dagon eines kuninges, joh harto firdanes O 1,4,1; *Druhtin kos sia guater zi eigeneru muater* 5,69; *So scribun uns in lante man in worolti alte* 17,27.

Anm. 2. Aus Reimgründen verwendet Otfrid bei nachgestellten Adjektiven mehrmals Adverbien auf *-o*, wo adjektivische Formen zu erwarten wären: *sagata er in frono thaz arunti scono* O 1,5,72; *Legita nan tho ther eino in sinaz grab reino* 4,35,35 (vgl. Nemitz 1962, 409).

7. In Übersetzungstexten ist Nachstellung vielfach durch eine entsprechende Abfolge in der lat. Vorlage veranlasst.

So hwer so farah iarigaz forstilit (*Si quis porcellum anniculum furaverit*) LexSal. 35. – *fona abrahames samin zuouuerdan* (*de semine abrahe futurum*) Is 33,13 f. – *folgetun imo folc ma-*

negiu (*secutae sunt eum turbae multae*) MF 14,17 f. – *the dar niflanzota min fater himilisc* (*quam non plantauit pater meus celestis*) T 271,12 f. – *Thisu ist gilauba allichu* (*Haec est fides catholica*) WK 107 f. – *eina bindun missefareuua* (*zona ... diuersicolor*) Nc 744,4 [59,15]. Nachstellung gegen Voranstellung in der Vorlage: *after moysise dodemu* (*defuncto moyse*) Is 31,13 f.; *dheru euu zifareneru* (*defuncta lege*) 14 f. Diese Abfolge ist selten. In beiden zitierten Fällen handelt es sich um lat. absolute Ablative.

8. Indeklinables *frono* (vgl. AWB 3,1287) steht häufig nach dem Bezugsnomen, bei Otfrid (u.a.) in einer Reihe von Fällen im Reim mit *scono.*

Thiu thiarna filu scono sprah zi boten frono O 1,5,33 (weiterhin Ol 58; 1,1,29; 3,1; 5,33.46.72 u.ö.). – Auch: *nu fliuc du, uihu minaz, hera fridu frono* Lorscher Bienens 1 f. – *Ther kuning reit kuono, Sang lioth frano* Ludw 46. – *do uuorht er so skono daz imbiz in frono* Georgsl 15. Vorangestellt: *ioh frono, ioh Franchono erbi* Würzb. Mb 64. – *daz frono chruci* Musp 100. – *des fraono capetes* (*orationis dominicae*) Exh A 23 f.

9. Nachgestellte Adjektive stehen schwach flektiert nach einem bestimmten Artikel. Sie können somit auch als Substantivierungen aufgefasst werden (vgl. Froschauer 2005).

uuiroh daz rota, peffur ... uuiroh daz uuizza Bas. Rez 7. – *do fuoren engila de shonen* Georgsl 13. – *Uellet ir gihoren Daviden den guoton* Psalm 1. – *tho quad imo uuib thaz samaritanisga* (*dicit ergo ei mulier illa samaritana*) T 277,3 f.

10. Einige Parallelbelege der frühesten Schicht des Althochdeutschen zeigen, dass starke und schwache Flexion bei Nachstellung gleichberechtigt sein können.

Schwach: *sizit az zesuun cotes fateres almahtikin* Pn 13. – *Gilaubiu in got fater almahtigon, scepphion himiles enti erda* (*Credo in deum patrem omnipotentem*) WK 47.
Stark: *sizzit ci cesuun gotes fateres almahtiges* (*sedet ad dexteram dei patris omnipotentis*) WK 103. – *Gilaubistu in got fater almahtigan* Frk. Taufgel 6.

3.6.3. Erweiterte Partizipial-, Adjektiv- und Adverbialgruppe

1. Adjektive können (wie auch Adverbien) um emphatische oder steigernde Adverbien oder adverbiale Ausdrücke erweitert werden. **§ 95**

thes thiu: *thaz er mo libi thes thiu mer* O 1,27,5.
thrâto: *was in thrato herti thaz wetar in theru ferti* O 3,8,14. – *Dhanne so dhrato mihhil undarscheit ist* (*Dum multum distet*) Is 8,4–6. – *sinu giuuatiu uurdun uuizu so sneo drato uuizu inti scinaftiu* (*uestimenta autem eius facta sunt alba sicut nix. splendentia candida nimis*) T 305,16–18.

filu: *filu oft analęgi* Bas Rez. 23. – *In sines selbes brusti ist herza filu festi managfalto guati* Ol 15 f. – *nah minero passione sint sie mir filo erhafte* Np 579,8 f. [512,26–513,1]. – *Ein dier ... hebet uile uuassiu horen* (*animal ... habet enim cornua longa*) Phys 91 f.
garo: *Ingiang er tho skioro, goldo garo ziero* O 1,4,19.
harto: *Ther man ... was imo iz harto ungimah* O 1,8,1 f. – *unde siu nu min sela harto uuola bechennet* (*et anima mea cognoscet nimis*) Np 578,20 f. [512,8 f.].
harto filu: *Yrfurbent sie iz reino joh harto filu kleino* O 1,1,27.
Adverbialkasus von *mihhil*: *Poloton si der ubere steine mikil menige* Georgsl 40. – *mihhil gotlich ist, daz der man den almahtigun truhtin sinan fater uuesan quidit* Freis. Pn A 3–5. – *ir birut mihil werda salz therera erda* O 2,17,1. – *huue mihhiles ist bezira* (*quanto magis melior est*) MF 4,25 f. – *uuvo mer mihhilo sine suason* (*Quanto magis domesticos eius*) T 171,26.
sô: *Wio ward ih io so wirdig fora druhtine* O 1,6,9. – *senu so manigiu iar theonon thir* (*ecce tot annis seruio tibi*) T 327,26. – *So uasto daz uore liehti hinauf neuliege daz liehtera uiur* (*Ne euolet purior ignis*) Nb 177,24 f. [149,29 f.].
wola: *guillis trenchen guali got guin* (*si uis bibere bonum uinum*) Par. Gespr 290,75. – *ist ellenes guates joh wola quekes muates* Ol 68. – *Unde hieze du uuola getaniv stucche machon uuola getan uuerh* Nb 177,14 f. [149,19 f.].

Anm. Seltener erfolgt Nach- oder Distanzstellung: *in hohan berg thrato* (*in montem excelsum ualde*) T 115,17. – *druhtin, duaz thuruh thih, firdanan weiz ih filu mih* Oh 11.

2. In Übersetzungen und in Texten, deren Verfasser mit lat. Konstruktionen vertraut waren, können komplexere Attributstrukturen mit adjektivischem Kern erscheinen.
   a) Die Adjektivgruppe steht geschlossen vor dem Substantiv, auf das sie sich bezieht.

      mit dhemu unscama habendin andine (*peruicacia inpudice frontis*) Is 35,8 f. – *des mih umbestanden liutes* (*populi circumdantis me*) Np 8,17 f. [13,26 f.]. – *daz ze herzen geslagena ser* Nb 73,4 f. [62,12 f.].

   b) Die Adjektivgruppe steht geschlossen nach dem Substantiv, auf das sie sich bezieht.

      Got chiuuorahta mannan imu anchiliihhan (*Fecit deus hominem ad imaginem suam*) Is 17,2 f. – *butun imo bifora laman licchentan in baru* (*offerebant ei paralyticum iacentem in lecto*) MF 1,7 f. – *boum in stete standen* Nc 53,15; *dehein muot keuestenotez mit redo* 115,6.

   c) Die Adjektivgruppe umgibt das Substantiv, auf das sie sich bezieht.

      diu niderrinnenta aha ab demo berge Nc 56,23.

3.6.4. Adjektivattribute in Anreden

In Anreden können Adjektivattribute voran- oder nachgestellt sein und dabei stark oder schwach flektieren. **§ 96**

Lit.: Desportes 2008; Lötscher 1990; Lühr 2000; Näf 1979, 467–524.

Voranstellung und starke nominale (endungslose) Form: *welaga nu, waltant got* Hl 49. – *Biuuaz kerost thu, guot man* Sam 7; ebenso 14. – *heil wih dohter* O 1,6,5; *Mahtig druhtin* 7,9.
Voranstellung und pronominale Form: *du bist dir alter Hun, ummet spaher* Hl 39. – *also tuon ih dih unreiner athmo* Gg Falls P 381,1.
Voranstellung und schwache Flexion: *liobo druhtin min* Ol 35. – *du ginadigo got* Ps 37; *Du himilisco trohtin* Sigih 1. – *Christ, cotes sun, uuiho trohtin* Emm A 310,34; *enstigo enti milteo trohtin* 311,7 f. – *thu toubo inti stummo geist* (*Surde et mute spiritus*) T 313,7. – *Ir unrehten diete uuerdent fertiligot* (*Peribitis gentes*) Np 30,19 [33,22]. – *Lieba sin uuirten. getuo du in is uuilligen* Nc 724,21 [41,12 f.].
Nachstellung und pronominale Form: *altfater marer* O 1,3,6. – *cuning himilisger, Got fater almahtiger, Truhtin suno einboraner* (*Domine deus, rex caelestis, deus pater omnipotens*) WK 113.
Nachstellung und schwache Form: *Cot almahtico, du himil enti erda gauuorahtos* Wess 10. – *Kot almahtigo, kauuerdo mir helfan* Emm A 310,26 f.

3.7. Genitivattribut

Nachfolgend wird die Positionierung des Genitivattributs innerhalb der Nominalphrase thematisiert. Zur Semantik des attributiven Genitivs s. § 13. **§ 97**

Lit.: Behaghel 1913; 1932 § 1565–1569; Carr 1933; Dal/Eroms 2014 § 23–25; Demske 2001a, 206–317; Ebert 1978, 45 f.; Erdmann 1876 § 186–197; Lühr 2000; 2015; Oubouzar 1997c; Pickl 2019; Prell 2000; Schröbler/Prell 2007, § S 47; W. Wagner 1906.

Während der gesamten ahd. Zeit war grundsätzlich sowohl Voran- als auch Nachstellung von Genitivattributen möglich. Jedoch zeichnen sich Verwendungstendenzen ab, die von verschiedenen, auch zusammenwirkenden Faktoren beeinflusst sind. Tendenziell unterscheiden sich Texte der ersten, älteren ahd. Periode (8./9. Jh.) von denen der zweiten, jüngeren (11. Jh.), in der sich zunehmend eine Tendenz zur Nachstellung bemerkbar macht.

1. In zahlreichen Fällen besteht Parallelität von lat. Vorlage und Übersetzung sowohl bei Voran- als auch bei Nachstellung des Genitivs. Für Aussagen über genuin ahd. Präferenzen kommt diesen Fällen kaum Gewicht zu, weshalb jeweils wenige Belege genügen.

Übereinstimmende Voranstellung: *mit sumes chirunes uuagu* (*sub quadam mysterii lance*) Is 19,15 f. – *Queh ist kauuisso gotes uuort* (*Vivus est enim dei sermo*) MF 27,26. – *abgoto theonost* (*Idolorum seruitus*) WK 41. – *uue mac der furi andran dera calaupa purgeo sin* (*quomodo pro alio fidei sponsor existat*) Exh A 28 f. – *Des tieueles suert fersuinen* (*Inimici deferecunt frameę*) Np 24,4 f. [28,1].
Übereinstimmende Nachstellung: *Fon điubiu suino* (*De furtis porcorum*) LexSal 22. – *ein guotliihhin dhera dhrinissa* (*unam gloriam trinitatis*) Is 20,21 f. – *huuanta siu quam fona entun lantes* (*uenit a finibus terrae*) MF 7,9. – *arhabani thera mennisgi in gode* (*assumptione humanitatis in Deum*) WK 98. – *deisu foun uuort der calaupa* (*pauca verba fidei*) Exh A 20 f. – *darana habet er gemachot faz des todes* (*in eo parauit uasa mortis*) Np 19,9 f. [23,18 f.]. – *Ih bin ueltbluoma unte lilia dero telero* (*Ego flos campi et lilium conuallium*) Will 26,1 [63,31 f.].

2. Der Vergleich der Verhältnisse in den Monseer Fragmenten und im Tatian spricht dafür, dass im älteren Ahd. des 8. und 9. Jh.s die Voranstellung des Genitivattributs als Normalfall gelten kann. Erstgenannte setzen in den meisten der vergleichbaren Fälle den Genitiv jedoch auch gegen den lat. Wortlaut vor das Bezugsnomen, während im Tatian in der Regel die lat. Abfolge übernommen worden ist. Beides gilt aber nicht ausnahmslos.

enti tuoit dea in fyures ouan Dar in scal uuesan uuoft enti zano gagrim MF 10,5 f. gegenüber *inti sentent sie in ouan fiures thar ist uuvoft inti stridunga zeno* T 239,29–31 (*et mittunt eos in caminum ignis ibi erit fletus et stridor dentium*). – *ir ... sconit rehtuuisigero grapehus* MF 18,7 f. gegenüber *inti garauuet grebir rehtero* T 503,29–31 (*ornatis monumenta iustorum* (22 weitere Fälle)).

3. Für die umgekehrte Abfolge finden sich nur zwei Belege.

*scalcha *** hiuuisches zuo enti quatun* (*Accedentes autem serui patris familias Dixerunt*) MF 9,29 f. (das Wort vor *hiuuisches* fehlt, es kann aber nur vorausgehendes *fater* < *patris* gewesen sein) gegenüber *tho giengun scalca zuo thes hiuuiskes fater inti quadun imo* T 231,28 f. (*accedentes autem serui patris familias dixerunt ei*). – *Enti dœr suerit bi himile suerit bi hohsedle gotes ioh bi demo dar oba* MF 17,13 f. gegenüber *therde suerit In himile ther suerit in gotes sedale inti in themo therde sizit obar thaz* T 501,7–9 (*qui iurat in caelo iurat in throno dei et in eo qui sedet super eum*).

4. Genitivattribute, die auf Abstrakta und dingliche Konkreta referieren, können in Texten des 8. bis 10. Jh.s sowohl voran- als auch nachgestellt sein.

thrînissa vorangestellt: *ist dhar chioffonot dhera dhrinissa bauhnunc* (*significatio trinitatis est*) Is 16,19–21; nachgestellt: *ein guotliihhin dhera dhrinissa* (*unam gloriam trinitatis*) 20,21 f.
himilrîhhes vorangestellt: *Er hapet ouh mit uuortun himilriches portun* Petrusl 4, nachgestellt: *als daz seltsani des himilriches* O F 5,17,34.
lîhhamin vorangestellt: *dhurah dhes liihhamin infancnissa* (*per adsumptionem corporis*), nachgestellt: *acusti thes lichamen* (*Uitia carnis*) WK 40.
megines vorangestellt: *zi dhes ęrrin meghines uueghe* (*ad uiam uirtutis*) Is 29,13, nachgestellt: *ein namo dhes unchideiliden meghines* (*unum nomen indiuiduę maiestatis*) 13,21 f.

ougono vorangestellt: *after augono chisiune* (*secundum uisionem oculorum*) Is 40,16, nachgestellt: *in lustin ougono* Würzb B 6.
sêwes vorangestellt: *oba seuues uuazarum* (*super aquas maris*) MF 37,14 f., nachgestellt: *in tiufi seuues* (*in profundum maris*) T 317,28.
tages vorangestellt: *êr sines dages enti* O 1,15,6, nachgestellt: *thiu zehenta zit thes tages* (*quasi decima*) T 17,15.
waldes vorangestellt: *in waldes einote* O 1,10,28, nachgestellt: *in wuastinnu waldes* 23,19.
weralti vorangestellt: *dhurah ueraldi aloosnin* (*propter redemptionem mundi*) Is 30,7, nachgestellt: *fater dhera zuohaldun ueraldi* (*pater futuri saeculi*) 22,12 f.

5. Bei Notker, Williram und in weiteren Texten des späteren Ahd. dominiert die Stellung nach dem Bezugswort.

also daz stuppe dero erdo (*tamquam puluis*) Np 4,12 [10,6 f.]. – *die sluzili des himilriches* Npw 245,19 f. – *zunta mih ze den giriden des euuigin libes* Otloh 6 f. – *unter demo suaren ioche dines mannes* (*sub viri iugo gravi*) PrsA 1,17 f. – *an daz ellende tes kagœnuuertigen libes* (*in hunc mundum*) Phys 88 f. – *die warheit siner urstendide* Bambg GuB 138,31 f.

6. Nahezu obligatorisch ist im gesamten Ahd. die Voranstellung von Eigennamen, ebenso von Appellativen, die Personen bezeichnen. Übersetzungen weichen in unterschiedlichem Maße von der Vorlage ab.

a) Personennamen

floh her Otachres nid Hl 18. – *sie in sibbu joh in ahtu sin Alexandres slahtu* O 1,1,88. – *dauid isais sunu* (*dauid filius isai*) Is 14,5; *dhiu sahha christes chiburdi* (*causa natiuitatis christi*) 30,2; *after moysises ablide* (*post obitum moysi*) 31,9 f. – *Enti arhugita petrus ihses uuorto* (*et recordatus est petrus uerbi Iesu*) MF 23,18. – *An daz ende siehet Davidis salmo* Np 31,4 [34,8]. – *uf adames bruggon* Gg Falls P 390,8 f. – Vereinzelt erfolgt auch Nachstellung wohl aufgrund der Vorlage und mit lat. Flexion: *Manige uuituuun uuaren in demo zite Helie* (*Multae viduae fuerunt in diebus Eliae*) PrSA 1,1 f. – *samo diu gezelt Salemonis* (*sicut pelles salomonis*) Will 9,2 [49,6 f.].

b) Völkernamen:

so imo se der chuning gap, Huneo truhtin Hl 34 f. – *Thero Baiaro riche beuuarode* Heinr. 4. – *friero Franchono erbi* Würzb. Mb 64. – *al so Frankono kuning scal* Ol 2; *iu sentu in Suabo richi* S 5; *ediles Kostinzero sedales* 2. – *peigiro lant* (*Arnoricus = Ager noricus*) Gl 3,610,18 (9. Jh.).

c) Örtlichkeitsnamen

in Otitales houbit Hammelb 16. – *Vuirziburgo marcha* Würzb. Mb 62. – *fona betlemes lantscaffi* (*de patria bethleem*) Is 39,20; *dhurah iordanes runsa* (*per iordanis fluenta*) 31,18. – *Vnde syonis sune freuuen sih* (*Et filii syon exsultent*) Np 604,14 f. [537,22 f.].

d) Personenbezeichnungen

Das mit Abstand am häufigsten belegte personale Appellativum, das als Genitivattribut erscheint, ist *gotes*: Es wird in der Regel vorangestellt: *Alle godes holdon* Ludw 42. *daz er kotes uuillun kerno tuo* Musp 20. – *in godes munt heim zi comonne gisunt* Lorscher Bienens 2. – *her leida ina in thaz godes hus* Heinr 16. – *Christ, cotes sun, uuiho trohtin* Altb. B 34 – *daz er sculdig ist uuidar gaotes caheizes* (*reus est fidei sponsionis*) Exh A 36 f. – *Gilaubistu heilaga gotes chirichun* Frk. Taufgel 11. – *sie chihordon gotes stimna* (*uocem dei intonantis audierint*) Is 13,13 f. – *uuas giuuortan gotes uuort* (*factum est uerbum dei*) T 101,27. Aber auch: *noh angil gotes ni uuista* (*nec angelus sciuit*) Is 2,1 f.

e) Weitere persönliche Appellativa

enti si dero engilo eigan uuirdit Musp 12. – *inti se ouh irwente fon diufeles gibente* O 1,10,22; *thar man westi thero fordorono vesti* 11,22. – *Forsahhistu unholdun uuerc indi uuillon* Frk. Taufgel 2. – *endi antfenc mannes liihhamun* (*et corpus humanum adsumpsit*) Is 29,20; *in forasagono mundum* (*ore prophetarum*) 25,6. – *after truhtines euuu* (*secundum legem domini*) T 93,5. – *Du habest mih kenomen uzer minero muoter uuombo* (*Suscepisti me ex utero matris meę*) Np 578,12 f. [512,2 f.]. – *Miner muoter kint uuhton uuider mir* (*Filii matris meae pugnauerunt contra me*) Will 11,1 f. [51,11 f.]. – *uon der magede libe* (*in uterum virginis*) Phys 46.

f) Feststehende Fügung

mannes sun(u): *enti kasehant mannes sunu* (*et uidebunt filium hominis*) MF 19,6 f. – *ir gisehet then mannes sun uf stigantan* (*uideritis filium hominis ascendentem*) T 265,3.

7. Häufig belegt ist die Positionierung des Genitivattributs zwischen einem Artikel und dessen Bezugswort (zum Mhd. vgl. Schröbler/Prell 2007 § S 49–52).

in daz Grimen sol Würzb. Mb 50; *duruh den Fredthantes uuingarton* 53 f. (weitere Fälle in dieser autochthonen Quelle). – *then gotes sun sougti* O 1,11,38. – *after dheru sineru gotnissa guotliihhin* (*post gloriam deitatis*) Is 11,12 f.; *In dhemu heilegin daniheles chiscribe* (*In danihelo*) 25,11; *after dheru christes passione* (*Post passionem*) 27,20; *dhazs siu in dhemu christes berghe ni deridi* (*ut in monte sancto eius ... non noceret*) 42,11–13. – *huueo aer genc in daz gotes hus* (*quomodo intrauit in domum dei*) MF 4,7 f.; *Dea nineuuetis cunman arrisant* (*Uiri nineuitae surgent*) 7,3 f. – *thaz gotes richi si in uns* WK 11. – *der an sih nam den menischen lihhamin* (*assumta mortali natura carne*) Phys 53. – *mit uuelichemo flizza uuir den gotis uuinkarten uoben* (*quali studio coelestem vineam colamus*) PrSB 2,15 f. (lat. H.U. Schmid 1986, 2,9,42 f.).

8. Abfolge Adjektiv → Genitiv → Bezugswort

daucgal fater chiruni (*archana*) Is 1,21 f. – *in namon einiges gotes sunes* (*in nomine unigeniti filii*) T 409,4 f.– *uone demo suzzen gotis ioche* (*a iugo Christi suavi*) PrSA 1,18.

9. Koordinierte und appositive doppelte Genitive können auf die Position vor und nach dem Bezugswort verteilt sein.

In godes minna ind in thes christanes folches Straßb. Eide 18. – *daz so si Vuirziburgo marcha vnte Heitingesueldono* Würzb Mb 62 f. – *denne stet dar umpi engilo menigi, guotero gomono* Msp 87 f. – *Wahero duacho werk wirkento diurero garno* O 1,5,11 f. – *Fona daniheles ziide auur dhes forasagin* (*A tempore itaque danihelis prophete*) Is 26,20 f. – *pi des cheiseres ziten zenonis* Nb 5,11 f. [5,16 f.]. – *In dero mennischon munde minero fiendo neist si* Np 13,20 f. [18,11 f.].

10. Tendenz zur Nachstellung (mit oder ohne Parallelität zu einer lat. Vorlage) weisen komplexere Genitivkonstruktionen auf.

Zwei Genitive: *In dhemu eristin deile chuningo boohho* (*In libro quippe primo regum*) Is 14,3 f.; *umbi christan iacobes gotes* (*de christo dei iacob*) 7. – *in friit houe des herostin dero euuarto* (*in aulam principis sacerdotum*) MF 21,20 f. – *ellin ze dero doubungo des lichamin* (Np: *uirtutes ad refrenationem carnis*) Npgl 348,13 [307,26].
Koordinierte Genitive: *Thu scalt beran einan alawaltendan erdun joh himiles int alles liphaftes* O 1,5,23 f. – *undarscheit dhero zuueiio heido fater endi sunes* (*distinctio personarum patris filiique*) Is 9,14–16. – *alle die warheit des heiligan ewangelien und aller der heiligun scrifte* Bambg GuB 140,28 f. – *die der ouh mir daz opfer bringent des diemuotigen unte des reinen gebetes* Will 60,4 f. [119,26–29]. – Vor- und Nachstellung: *dero sunnun uerte. unde des manen* Nb 14,7 [11,22].
Adjektiv oder Partizip beim Genitiv: *ein namo dhes unchideiliden meghines* (*unum nomen indiuiduę maiestatis*) Is 13,21 f.; *mit scuonin dhera gotliihhun chiliihnissa* (*diuine imaginis decore*) 28,19 f.; *dhea lantscaffi dhes im chiheizssenin arbes* (*terram promissę hereditatis*) 31,10 f. – *huuanta siu angustlihho gerot dera euuigun fruma des inlihhin itlones* (*quia cum praemium internae retributionis anxia desiderat*) MF 29,23 f. – *Ih nefurchto die manigi. des mih umbestanden liutes* (*non timebo milia populi circumdantis me*) Np 8,17 f. [13,26 f.].
Genitiv und Apposition: *in bauhnungum unseres druhtines iesus christus* (*in figura domini nostri iesu christi*) Is 31,2 f. – *ni uuirdit imo gageban nibu zeihhan ione dhes forasagin* (*signum non dabitur ei, nisi signum ionae prophetae*) MF 6,30 f. – *Vuanda truhtenes ist unser ananemunga. unde unseres chuninges israhelis heiligen* (*Quia domini est assumptio nostra. et sancti israhel regis nostri*) Np 370,13–15 [326,22–24].

11. Nachstellung kann metrische Ursachen haben.

Im Falle von *sid Detrihhe darba gistuontun fateres mines. dat uuas so friuntlaos man* Hl 23 f. ist das Genitivattribut *fateres mines* vom Bezugswort *darba* getrennt. Beide Wörter stehen jedoch in separaten Stabreimbindungen: *darba* mit *Detrihhe* und *fateres* mit *friuntlaos*. Im Fall von *wer sin fater wari fireo in folche* Hl 9 f. ist der Genitiv *fireo* ebenfalls vom Bezugswort (Pronomen *wer*) getrennt. Dieses steht dadurch im folgenden Vers in Stabbindung mit *folche*. – Reimgründe dürften auch im Ludwigslied ausschlaggebend für Nachstellung sein: In *Thaz gideilder thanne Sar mit Karlemanne Bruoder sinemo Thia czala uuunniono* Ludw 8 ergibt die Position von *sinemo* am Ende des Anverses von 8 ein Reimwort mit *uuunniono*. Im Falle von *Thiot Urancono Manon sundiono* Ludw 12 reimen *Urankono* und *sundiono*. – Otfrid bietet zahlreiche Beispiele für nachgestellte Genitivattribute im Reim, wobei sich insbesondere die Endungen *-es* (Nom. Sg.) und *-o* (Gen. Pl.) als reimkompatibel erweisen: *stimma ruafentes in wuastinnu waldes* 1,23,19; *Er nam gouma libes thes heilegen wibes* 5,15; *thaz er ward githiuto kuning thero liuto* 3,20; *noh drost gifahan lindo so managero kindo* 20,20; *min sun guater, thera einigun muater* 22,46.

12. Partitive Genitive zu Indefinitpronomina, Numeralia, Superlativen, quantifizierenden Adjektiven sowie Substantiven (einschließlich ‘Anfang’ und ‘Ende’) können sowohl voran- als auch nachgestellt sein.

Voranstellung: *miti Theotrihhe enti sinero degano filu* Hl 19; *her was Otachre ummet tirri degano dechisto* 26. – *der eino almahtico cot, manno miltisto* Wess 7 f. – *denne heuit sih mit imo herio meista* Musp 75. – *daz du des fleiskes niwet mer ezzest unde des bluotes niwet mer trinkest* Contra verm 6 f. – *Was liuto filu* O 1,1,1; *Nu will ih scriban unser heil, evangeliono deil* 113. – *Adam ... was manno eristo* 3,4 f. – *dhazs sundono uuerdhe endi* (*ut ... finem accipiat peccatum*) Is 26,4; *dhea sibunzo uuehhono* (*lxx ebdomadę*) 9. – *durah beelzebub tiubilo furostun* (*in beelzebub principem daemoniorum*) MF 5,20 f.
Nachstellung: *zua flasgun uuines* Bas. Rez 9. – *Thia czala uuunniono* Ludw 8. – *doh uuanit des uilo gotmanno* Musp 48. – *Fon anagenge worolti* O 1,3,35; *Thar sprichit filu manno* 15,49. – *filu liebes giduat* 2,16,20; *Mit iu eiht ir ginuhto io armero wihto* 4,2,33. – *zuuene dhero heido, got endi siin gheist* (*duę persone*) Is 18,11 f. – *tho uuas thiu zehenta zit thes tages* (*hora autem erat quasi decima*) T 117,15. – *uilo vunderes gesah ih duruh inan* (*Multa enim passa sum hodie per uisum propter eum*) Gl 1,718,66 f. (11. Jh.). – *In dhemu eristin deile chuningo booho* (*In libro quippe primo regum*) Is 14,3 f. – *ginuht habent brotes* (*abundant panibus*) T 325,13 f.

13. In Übersetzungen erscheint gelegentlich ein unflektierter Genitiv in Nachahmung des (bereits ins Lateinische übernommenen) flexionslosen „hebräischen“ Genitivs.

thie thar beitotun arlosnessi hierusalem (*qui exspectant redemptionem hierusalem*) T 93,3 f.; *in erda israhel* (*in terram israhel*) 97,25. – *in den gebirgon Bethel* (*super montes bethel*) Will 47,2 f. [85,23 f.].

3.8. Apposition

Lit.: Behaghel 1928 § 1081–1092; 1932 § 1571; Erdmann/Mensing 1898 § 94–104; Wunderlich/Reis 1925, 178–187.

§ 98 Eine Apposition ist ein Substantiv oder eine Substantivgruppe, die sich unmittelbar auf ein weiteres Substantiv oder auf ein Pronomen bezieht und mit diesem hinsichtlich Kasus und Numerus kongruent ist. Die Apposition ist dabei jedoch nicht mit einem Bindewort, einer Präposition oder einer Konjunktion, angeschlossen. Von einer Reihung unterscheidet sich die Apposition dadurch, dass sie referenzgleich mit der Bezugsgröße ist. Appositionen können vor ihrem Bezugs(pro)nomen stehen oder ihm folgen.

3.8.1. Substantivische Bezugsgrößen

1. Die syntaktische Struktur der Apposition spielt im variierenden Stil („Hakenstil") der Stabreimdichtung eine bedeutende Rolle, indem eine Größe, die in einem vorausgehenden Abvers genannt ist, im nachfolgenden Anvers variierend aufgegriffen wird. **§ 99**

so imo se der chuning gap, Huneo truhtin Hl 34 f. – *enti do uuas der eino almahtico cot, manno miltisto* Wess 7 f. – *denne der man in pardisu pu kiuuinnit, hus in himile* Musp 16 f.

Anm. 1. Versinterne Apposition: *Hadubrant gimahalta, Hiltibrantes sunu* Hl 14. – *Fuar tho sancta Maria, thiarna thiu mara* O 1,6,1.

Anm. 2. Auch bei Otfrid begegnen noch vergleichbare Fälle: *alt quena thinu ist thir kind berantu, sun filu zeizan* O 1,4,29 f.; *Want ira anon warun thanana gotes drutthegana, fordoron alte* 11,27 f.

2. Expletive und identifizierende Appositionen enthalten erklärende, charakterisierende oder variierend-gleichsetzende Zusatzinformationen zu ihren Bezugsgrößen. In der weitaus überwiegenden Zahl der Fälle handelt es sich um personale Bezugsgrößen.
   a) Personennamen und Personenbezichnungen als Bezugsgrößen

Vorangestellte Apposition: *then eid, then er sinemo bruodher Ludhuuuige gesuor* Straßb Eide 31 f. – *Tho druhtin Krist giboran uuard* O 1,17,5. – *dheselbo forasago esaias* (*idem esaias*) Is 42,14. – *demo pontischin herizohin pilate* (*Pilato praesidi*) MF 23,26. – *sinan bruoder simonen* (*fratrem suum simonem*) T 117,20 f. – *ten altcot saturnum* (*seniorem deorum*) Nc 694,16 [8,20]. – *iro fader Christum unde iro muoter die heiligun christanheid* Phys 120.
Nachgestellte Apposition: *sunna era suister* Mers 2,3. *mit Karlemanne, Bruoder sinemo* Ludw 7 f. – *Johannes druhtines drut wilit es bithihan* O 1,7,27. – *seraphin dhea angila stuondun dhemu oba* (*Seraphin stabant super illud*) Is 20,4 f. – *in bethleem iudeno burgi* (*in bethleem iudeae*) T 93,9. – *iohannem den babes* (*papam iohannem*) Nb 6,7 [6,3 f.]. – *Hicila diu scona min filu las* Hicila.
In Distanzstellung: *đat sih urhettun œnon muotin, Hiltibrant enti Hađubrant* Hl 2 f. – *Fona daniheles ziide auur dhes forasagin* (*A tempore itaque danihelis prophete*) Is 26,20 f. – *tar siene ist ciuitas ęgypti* Nb 111,31 [97,1 f.]; *tie poetę nah euagrio fahende demo citharista* Nc 693,14 f. [7,13].

Anm. 3. Die beiden Versionen (M, P) des Spruches Gg Falls 380,14 f. zeigen divergierende Stellungen. Voranstellung: *Sant pet(rus) sante zinen pruder paulen* (M), dagegen Nachstellung: *petrus gesanta paulum sinen bruoder* (P).

   b) Appellativische Bezugsgrößen

thera saligun bluomun, muater thera marun, thera gotes drutthiarnun O 1,3,27 f. – *dhiu chibar blomun, dhen haldendan druhtin* (*quę genuit florem dominum saluatorem*)

Is 40,2 f. – *uuard imo ginennit namo heilant* (*uocatum est nomen eius ihesus*) T 89,8. – *zuene bogen. einen obe erdo. anderen under erdo* (*cursum sectum in duo hemisperia*) Nb 178,13 f. [150,16 f.].

c) Apponierte Titel und Ehrenbezeichnungen können voran- oder nachgestellt sein.

Vorangestellt: *daz keteta selbo dher mare crabo Gorio* Georgsl 6. – *fon đemo grauen cyrine* (*praeside syriae cyrino*) T 85,11. – *Der cuning Salomon machota imo selbemo einan disk* (*Ferculum fecit sibi rex salomon*) Will 52,1 f. [97,29–31].
Nachgestellt: *Ludhuuuig min herro* Straßb. Eide 32. – *So Herod ther kuning tho bifand* O 1,20,1. – *In themo finfta zehenten iare thes rihtuomes tiberii thes keisores* (*Anno quinto decimo imperii tiberii cæsaris*) T 101,16 f. – *minerva diu maged* Nc 697,28 [12,15 f.].
Reihung: *Buoh cunnes heilantes christes dauides sunes abrames sunes* (*Liber generationis ihesu christi filii dauid*) T 79,9 f.

3.8.2. Pronominale Bezugsgrößen

§ 100 1. Personal- und Indefinitpronomina können durch Appositionen konkretisiert oder präzisiert werden (zu artikelartigen Personalpronomina mit Apposition s. § 66 A.1).

daz in dero marchu si ieguuedar, Ioh chirihsahha sancti Kilianes, ioh frono, ioh friero Franchono erbi Würzb. Mb 63 f. – *her was Otachre ummet tirri degano dechisto miti Deotrichhe* Hl 25 f. – *det er werk mariu in mir armeru* O 1,7,10; *thaz in thiu fruma queman was ... gommanne joh wibe* 16,17 f.; *ni wollen heim wison wir wenegon weison* 18,24. – *thir gotes manne* Lorscher B 2. – *ir selbo gotes sunu* (*eundem filium dei*) Is 22,2 f. – *Sculdige auh uir festun unfestero burdi za anthabenne* (*Debemus autem nos firmi infirmorum onera sustinere*) MF 39,7 f. – *ir goucha ferstant iuh eteuuenne* (*stulti aliquando sapite*) Np 395,22 [348,24 f.]. – *thu kneht uuizago thes hohisten bis thu ginemnit* (*tu puer propheta altissimi uocaueris*) T 77,28 f.
Doppelte Apposition: *wio giboran ward ouh er Johannes, thegan siner* O 1,3,48.

2. Pronominale Bezugsgrößen können durch weitere Pronomina oder Pronominaladjektive ergänzt werden.

enti uuir enti luft iz allaz arfurpit Musp 59. – *fore thir seluemo ze sine* Heinr 8. – *Mih selbon nisparoti* Ludw 35. – *huuanda ir uns uuard chiboran, nalles imu selbemu* (*non sibi*) Is 22,17 f. – *uuanda diu suht sturet sie nah alle* Np 3,13 [9,11].

3.9. Präpositionalattribut

§ 101 Präpositionalattribute beziehen sich vorwiegend auf nominale Größen, ferner auf Pronomina, Adverbien und Numeralia.

Lit.: Behaghel 1924 § 556–563; 58–65; Linz 1910; Schröbler/Prell 2007 § S 48; Wunderlich/Reis 1925, 196–199.

1. Es ist zu unterscheiden zwischen absoluten und relativen Substantiven, die valenzbedingte Leerstellen eröffnen (s. Behaghel aaO; zur Substantivvalenz s. § 62).

Absolute Substantive: *wer sin fater wari fireo in folche* Hl 9 f. – *allero lido uuelihc unzi in den luzigun uinger* Musp 92. – *gibot iz ouh zi waru ther keisor fona Rumu* O 1,11,2. – *Giloubistu lib after tode* Frk. Taufgel 13. – *So hwer so su mit farahum forstilit* (*Si quis scrovam cum porcellis furaverit*) LexSal 33 f. – *Dhar auh chalp fona dheru iudœischun euu, leo fona uueraltchiuualdidu, scaap fona smalero manno mezsse samant uuonent* (*Ibi etiam uitulus de circumcisione, leo de seculi potestate, oues de populari ordine simul morantur*) Is 41,7–12. – *stemna ruofentes in uuvostinnu* (*uox clamantis in deserto*) T 103,5. – *nehabet ouh tiu erda neheina micheli. uuider demo himele* Nb 111,3 [96,9 f.]. – *do begagenda imo min trohtin mit sinero arngrihte* Ad equ 3 f.

Relative Substantive: *Genesis saghet huueo abrahames chibot uuas zi sinemo chnehte* (*Genesis ostendit dicente abraham ad puerum suum*) Is 33,3–5. – *durah festea galaupnissa in nerrentan christ* (*per fidem in christo iesu*) MF 29,2 f. – *Sid si tharben bigan thes liobes zi iro gomman* O 1,16,5; *ni giang in strit umbi thaz* 27,17. – *Vuanda ich alle sine urteilda anasieho uber guote unde uber ubile* Np 51,28 f. [51,20]. – *Hier begin ih einna reda umbe diu tier* Phys 1.

2. Pronominale und numerale Bezugsgrößen

Personalpron: *Ingiang er ... mit zinseru in henti thaz hus rouhenti* O 1,4,19 f.
Bei Indefinitpronomina, ebenso bei Numeralia als Bezugswort liegt partitive Bedeutung vor: *sint sume uon hier stantenten* (*sunt quidam de hic astantibus*) T 305,2 f.; *ein fon then zuein* (*unus ex duobus*) 117,17.

Anm. 1. Es ist nicht in jedem Einzelfall zu entscheiden, ob eine Präpositionalgruppe als attributiv oder adverbial zu fassen ist wie bspw. in *quam tho uuib fon samariu sceffen uuazzar* (*uenit mulier de samaria haurire aquam*) T 275,30 f.; hier kann *fon samaria* attributiv auf *uuib* ('ein Weib aus Samaria'), aber auch adverbial auf *quam* ('kam aus Samaria') bezogen werden. Entsprechend: *Quam fone Samario ein quena sario* Sam 3, wobei hier die Abfolge eher für die adverbiale Lesart spricht (s. jedoch Anm. 2). Ähnlich: *umbi dhen auh in andreru stedi in psalmum quhidhit* (*de quo et alibi in psalmis*) Is 32,16 f.; *in psalmum* kann attributiv auf *in andreru stedi* bezogen werden ('an anderer Stelle in den Psalmen'), aber auch adverbial auf *quhidit* (er spricht in den Psalmen).

Anm. 2. In der Regel ist ein Präpositionalattribut dem Bezugswort nachgestellt. Gelegentlich geht es jedoch auch seinem Bezugswort voran: *feorzuc nahto uuarte he e tages getanes* Bas. Rez 12. – *Gilaubistu thuruh taufunga sunteono forlaznessi* Frk Taufgel 11. – *iohannes inti fon sinen iungiron zuene* (*Iohannes et ex discipulis eius duo*) T 115,32–117,1.

3.10. Adverbiales Attribut

§ 102 Adverbien und adverbiale Syntagmen können attributiv verwendet werden und stehen nach dem Bezugswort.

Lit.: Behaghel 1932 § 1584.

wettu irmingot [quad Hiltibrant] obana ab heuane Hl 30; *sęolidante westar ubar wentilsęo* 42 f. – *erlicho imo gagantin, elliu worolt ubar al* O 1,23,13 f. – *uues ist … thaz giscrib thar oba* (*cuius est … suprascriptio*) T 427,17 f.

3.11. Attributiver Infinitiv

§ 103 Flektierte präpositionale Infinitive mit zumeist finaler Bedeutungskomponente können auf nominale Größen bezogen sein (zu finalen, d.h. adverbialen, Infinitiven s. § 220).

forgip mir … craft, tiuflun za uuidarstantanne enti arc za piuuisanne enti dinan uuilleon za gauurchanne Wess 12–14. – *Uns sint kind zi beranne ju daga furifarane* O 1,4,51. – *so gan ih es in gotes almahtigen muntburt inti in sino ginada inti in lutarliha bigiht gote almahtigen inti allen sinen sanctin inti thir gotes manne mit gilouben inti mit riuuuon inti mit uuillen zi gibuozanne* Lorscher B 40–43. – *forgib uns mahti inti giuuizzi, thinan uuillon zi giuuircanne inti zi gifremenne* Fuldaer B 23–25. – *dea in einemo uuillin sintun gotes gabot zagahaltanne* (*quia in una uoluntate mandatorum legem domini custodiunt*) MF 30,25 f. – *ih muos haben ziezzenna* (*ego cibum habeo manducare*) T 281,16. – *Vnde regenota in manna ze ezzenne* (*Et pluit illis manna ad manucandum*) Np 315,22 [279,12 f.]. – *keuualt habinde sinin lib ze lazzenne unde aber uuider ze nemenne* (Np: *potestatem habens ponendi animan suam. et iterum sumendi eam*) Npgl 361,25 f. [319,13 f.].

3.12. Prädikatives Attribut

§ 104 Substantive und Adjektive sowie Partizipien können auf substantivische und pronominale Subjekte, auch Nullsubjekte, sowie Objekte bezogen sein, ohne als Appositionen oder Attribute im engeren Sinne zu fungieren.

Lit.: Behaghel 1923 § 139; Erdmann 1886 § 94; Paul 1919 § 46–50; Wilmanns 1909 § 316.

3.12.1. Nominative mit Subjektbezug („Subjektattribuierung")

1. Neben dem strukturellen Subjekt ist ein weiterer Nominativ enthalten, der sich auf dieselbe Größe bezieht und in einer nhd. Paraphrase mit ‘als' angeschlossen werden kann **§ 105**

Kind uuarth her faterlos Ludw 3 ‘als Kind wurde er vaterlos'. Vergleichbar: *witua gimuati gihialt si fram thio guati* ‘als tugendhafte Witwe bewahrte sie ihre Keuschheit' O 1,16,4. – *endi ir chuninc scal dhanne rihhison* (*et regnauit rẹx*) ‘als König wird er herrschen' 39,6 f. – *đer scazloos man; anđran arslahit* (*Si quis hominem occiderit et in tota facultate sua non habuerit*) ‘wer als besitzloser Mann einen anderen erschlägt' LexSal 1. – *Unde selbo stater alliu ding uuerbest* (*Stabilisque manens. das cuncta moueri*) ‘und als selber Beständiger machst du, dass alles bewegt wird' Nb 176,24–26 [149,2 f.].

Anm. Eine strikte Abgrenzung zum Subjekt kann im Einzelfall schwierig sein: *Got ist fona cnuati edho samanuuisti fateres êr uueroldem giboran endi man ist fona cnuati muater in uuerolti giboran* (*Deus est ex substantia Patris ante saecula genitus et homo est ex substantia matris in saeculo natus*) WK 91 f. Hier können *Got* und *man* jeweils als Subjekte verstanden werden, aber auch als Prädikative: ‘[als] Gott ist [er] vom Wesen des Vaters geboren und [als] Mensch ist [er] von der Natur der Mutter geboren'.

2. Adjektive in dieser Funktion treten sowohl flektiert als auch unflektiert auf.

Flektiert: Bei Otfrid erscheinen solche Formen vorzugsweise im Reim: *Sie sprachun vilu blide zi themo saligen wibe* O 1,9,19; *tho sprah ouh filu blider ther alto scalc siner* 15,14; *witua gimuati gihialt si fram thio guati* 16,4; *Iosep wanta fruater er wari mit ther muater* 22,11; *„Wio mag ther man", quad „thuruh not queman avur widorort alter inti fruater in wamba thera muater"* 2,12,23 f. – Weitere: *ane daz er is iunger sol beginnen unde alter folleziehen* Np 501,27 f. [441,2]. – *uone disen allen scol sih der mennisco behuoten unde scol kesunter riuueson* PrSA 2,10. – *daz menniscliche kislahte, daz dir plintiz firstoezzen uuart uone den mandungen des paradysi* (*genus humanum ... quod ... a paradisi gaudiis fuerat expulsum*) PrSB 4,6–8 (lat. H.U. Schmid 1986, 2,25,28–30).
Unflektiert: *Ob her arbeidi So iung tholon mahti* Ludw 10. – *pidiu scal er in deru uuicsteti uunt pivallan* Musp 46. – *daz ih mer ubar tac neliufi hera durstac* Sam 22. – *nu fliuc du, uihu minaz, hera fridu frono in godes munt heim zi comonne gisunt* Lorscher Bienens 1 f. – *so ir dhuo ubarmuodic endi unchilaubendi noh dhea selbun euua ni uuereda* (*Sed cum nec hanc quidem contumax et incredulus custodiret*) Is 29,16–18. – *nu uuirdit iu forlazan iuuuer hus uuosti* (*relinquitur uobis domus uestra deserta*) T 507,8 f.

3. Part. Präs.: Der Wortausgang *-nti* im Nom. Sg. kann numerus- und genusindifferent als flektiert oder unflektiert gedeutet werden.
   a) Der Umstand, dass diese Form auch dann vorliegt, wenn das Bezugsnomen im Plural steht, spricht jedoch für die Interpretation als unflektiert.

   Ja farent wankonti in anderen bi noti thisu kuningrichi Ol 69 f.; *Thaz sie zi thiu gifiangin ... mit gertun in henti harto ilenti* O 3,14,93 f.

b) Das Part. Präs. Sg. mit dem Wortausgang *-nti* bezieht sich auf eine Größe im Sg.

so ih iz slafandi dadi so uuahhandi Lorscher B 38. – *joh fuar er kundenti thaz* O 1,23,10. – *maria uuarlihho gihielt allu thisu uuort ahtonti in ira herzen* (*Maria autem conseruabat omnia uerba hęc conferens in corde suo*) T 87,31–89,1. – *[pre]digenti gienc, do chom er zi ziuuain burigan* PrdSC 2,4 f.

c) Das Part. Präs. bezieht sich pronominal kongruent flektierend auf eine Größe im Singular.

Vuanda er chuninc uuesenter an Got kedinget (*Quoniam rex sperat in domino*) Np 64,17 f. [62,22 f.].

d) Das Part. Präs. bezieht sich kongruent flektierend auf eine Größe im Plural.

Thia engila zi himile flugun singente O 1,12,33. – *enti sie diu mera haretun quuedante* (*at illi magis clamabant dicentes*) MF 14,22. – *ih inti thin fater serente suohtumes thih* (*pater tuus et ego dolentes quœrebamus te*) T 101,2 f.

e) Das Part. Präs. bezieht sich auf ein nicht explizit realisiertes Subj. („Nullsubjekt").

ni imo geba bringe fuazfallonti int inan erenti O 1,5,49. – *inti ingangante in hus fundun then kneht* (*et intrantes domum inuenerunt puerum*) T 95,14; *inti abur uz gangenti fon marcun tyri quam thuruh sidonem zemo seuue galilee* (*et iterum exiens de finibus tyri. uenit per sidonem ad mare galileœ*) 275,1 f.

4. Das Part. Prät. erscheint flektiert oder unflektiert.

Flektiert: *Nu scal geist miner, mit selu gifuagter mit lidin lichamen druhtinan diuren* O 1,7,3 f. – *Candidus ist er uon dere magede geborener* 'weiß ist er (als) von der Jungfrau geborener' Will 87,6 [163,1 f.].
Unflektiert: *daz der tiuual dar pi kitarnit stentit* Musp 68. – *Giang er uz tho spato hintarqueman thrato* O 1,4,75.

Es kann sich auf ein nicht explizit realisiertes Subj. („Nullsubjekt") beziehen.

Flektiert: *Vnde bi imo an crucem gestafter irstarb unde begarben uuard* (*crucifixus mortuus et sepultus*) Np 634,23 f. [565,12].
Unflektiert: *inti gimanot in troume fuor in galileę* (*et admonitus in somnis secessit in partes galileę*) T 99,1 f.

5. Attributive Präpositionalphrase mit Subjektbezug

senu tho zuuene man stuontun nah in in scinentemo giuuate (*ecce duo uiri steterunt secus illas in ueste fulgenti* T 659,18 f.).

3.12.2. Objektbezug („Objektattribuierung“)

Lit.: Behaghel 1928 § 1150; Blum 1982; Lippert 1974, 98–144; Schröbler/Prell 2007 § S 104.

1. Substantivische attributive Prädikative können wie im Falle des Subjektbezugs nhd. durch eine Paraphrase mit ‘als’ wiedergegeben werden. **§ 106**

lastront inan ... in cruci chislaganan endi dodan (*scandalizantur tamen crucifixum et mortuum*) ‘sie verspotten ihn als ans Kreuz Geschlagenen’ Is 30,4 f. – *thaz ubiri ist gebet elimosinam* (*quod super est. Date elimosinam*) ‘was übrig ist, gebt als Almosen’ T 267,16 f. – *ih gibo dir die diete din erbe* Npw 225,21 f. (*dabo tibi gentes hereditatem tvam* Np 476,7 f. [416,20 f.]) ‘ich werde dir die Völker als Erbe geben’. – *Saligiu uuituuua, du selbon got habes rihtare unde piskirmare* (*ipsum dominum habes iudicem et defensorem*) ‘du hast Gott selbst als Richter und Beschützer’ PrSA 1,7 f.

2. Adjektivische attributive Prädikative sind flektiert.

Akkusativ: *Der heiligo Christ unta sancte Marti de fruma mir sa hiuto alla hera heim gasunta* Wiener Hds 6 f. – *unz wir haben nan gisuntan* Ol 79; *joh ziuhit er se reine selb so sine heime* O 1,1,102; *thie odegun alle firliaz er itale* 7,18. – *chifangana, ardhans sia christ dhanan uuzs alilenda* (*comprehensum exinde captiuum traxit*) Is 42,10 f. – *inti fand then scalc thie thar sioh uuas heilan* (*et inuenit seruum qui languerat sanum*) T 183,9 f. – *Si fant in leidegen sinero misseskihte* Nb 303,16 f. [232,9 f.]. – *uone disen allen scol sih der mennisco behuoten unde sol kesunter riuueson* PrSA 2,9 f. – *so diu den man gesihet nakedan ... gesihet siu in aber giuuatoten* (*cum viderit nudum hominem ... si autem vestitum prospexerit*) Phys 131 f.
Dativ: *Noh umbe daz nefolgent imo nieht totemo. sine liehtlichen sacha* (*Et defunctum non comitantur leues opes*) Nb 145,8 f. [123,11 f.].

3. Partizipien (Präs. und Prät.) in entsprechender Funktion erscheinen flektiert oder unflektiert.

Flektiert: Präs.: *fand sia drurenta, mit salteru in henti* O 1,5,9 f. – *gisah her thie buochera suochente mit in* (*uidit scribas conquirentes cum illis*) T 309,4 f. – *taz chint fone biblo ciuitate egypti. daz uenus uueinota. erslagenez* Nc 835,17 f. [156,18 f.].
Prät.: *Enti inan kabuntanan leititun* (*Et uinctum adduxerunt eum*) MF 23,25. – *Tie tuost tu uuidersinnen ze dir an dih keuuante* (*animas et uitas facis tu conuersas*) Nb 178,32–179,1 [151,2 f.].
Unflektiert: Präs.: *wola ward thih lebenti joh giloubenti* O 1,6,6. – *inti sin uuort nihabet in iu uuonanti* (*Et uerbum eius non habetis in uobis manens*) T 293,12 f.
Prät.: *iz dunkal eigun funtan, zisamane gibuntan* O 1,1,8; *wio firdan er unsih fand* 2,12.

Anm. Für das Part. Präs. mit dem Ausgang *-nti* kann eine adverbiale Form auf *-o* eintreten: *singento ode betento uuola ofto italiu ente unbideruiu gidahta* ‘singend oder betend dachte ich oft Sinnloses und Unziemendes’ Würzb. B 12 f. – *Wahero duacho werk wirkento* O 1,5,11 (vgl. zu dieser Stelle Erdmann 1882, 356). – *Er fuar ilonto zi furisten thero liuto* 4,12,53 (vgl. jedoch *Tho fuarun sia ilenti*, Reimwort ist *gahonti* O 1,13,7). – *dher selbo hear aftar folgendho quhad* (*in sequentibus loquitur dicens*) Is 11,18. – *thaz uuib ... bibento quam inti fiel zi sinen fuozon* (*mulier ... uenit et procidit ante pedes eius*) T 205,25–27. – *hengendo stuont er* Np 3,11

[9,8 f.]. Behaghel 1924 § 766 führt diese Formen auf den „Einfluß der lateinischen Gerundiumform auf *-ndo*" zurück. Vgl. auch AG I § 315, Anm. 5. Zu vergleichbaren *o*-Formen von Adjektiven im Reim bei Otfrid s. § 94:6.

3.13. Nominale Klammerstrukturen

§ 107 1. Einfache Nominalklammern, d.h. Artikel oder Pronomina, die zusammen mit dem Substantiv, auf das sie sich beziehen, weitere Elemente umfassen, finden sich vielfach und in unterschiedlichen Abfolgen.

Lit.: Lötscher 1990; Lühr 2015; Ronneberger-Sibold 1994; 2010a; b; 2020.

Artikel → Genitiv → Substantiv:

danan in daz <Ruotigises> houc Würzbg. Mb 1,14 f. – *du uuart demo <Balderes> uolon sin uuoz birenkit* Mers 2,2. – *Hintarquam tho harto ther <gotes> ewarto* O 1,4,23. – *ibu dher <gotes> forasago christes chiburt ni mahta arrahhon* (*si eius natiuitas a propheta non potuit enarrari*) Is 2,6–8. – *mit uuelichemo flizza uuir den <gotis> uuinkarten uoben* (*quali studio coelestem vineam colamus*) PrSB 2,15 f. (lat. H.U. Schmid 1986, 2,9,42 f.).

Artikel → Possessivum → Substantiv:

blomo arstigit fona dheru <sineru> uurzun (*flos de radice eius ascendit*) Is 39,18 f. – *Sprah thiu <sin> muater* O 1,6,5.

Artikel → Possessivum → Adjektiv → Substantiv:

joh iu festino in thaz muat thaz <sinaz managfalta> guat Os 36. – *nu so ist in dheru <sineru heilegun> chiburdi so daucgal fater chiruni* (*dum sacrę natiuitatis eius archana*) Is 1,20–22. – *Tu geheftest tia sela zu dien <iro geminnen> liden* (*Tu conectens mediam animam*) Nb 177,30 f. [150,4 f.].

2. Wie nachfolgende Beispiele aus der Isidor-Übersetzung zeigen, sind bereits in frühester Zeit in einem traktathaften Text auch komplexere klammernde Syntagmen bezeugt.
Substantiv → Präpositionalphrase mit attributivem Genitiv → Part. Prät.

dhese druhtin <fona uuerodheoda druhtine> chisendit (*iste dominus a domino exercituum missus*) Is 12,8–10

Artikel → attributives Partizip mit davon abhängigem pronominalem Dativobjekt → Substantiv

dhea lantscaffi dhes <im chiheizssenin> arbes (*terram promissę hereditatis*) Is 31,10 f.

Artikel → Genitivattribut mit Adjektiv → Substantiv. Die zweite Genitiv-Phrase ist attributiv zur ersten (zweimal in Folge).

dhazs <almahtiga gotes> chiruni dhera <gotlíihhun christes> chiburdi (*christi diuinę natiuitatis mysterium*) Is 4,3–6.

Die Artikelklammer umfasst ein Dativobjekt und ein darauf bezogenes Genitivattribut.

dher aerloso man endi dher <heidheno abgudim> gheldendo (*homo impius et idolatrię deditus*) Is 6,21–7,1.

4. Kongruenz und Inkongruenz (Synesis)

§ 108 Innerhalb einer Nominalgruppe (s. § 64–107) besteht obligatorische Kongruenz bezüglich Numerus, Kasus und Genus zwischen einem Substantiv bzw. nominal verwendeten Pronomina und adnominalen Erweiterungen (Artikel, Pronomen, Numerale 1 bis 3, Adjektivattribut). Zwischen Subjekt und Prädikat oder einem indirekt auf ein Substantiv bezogenen Verb besteht Kongruenz im Numerus. Konstruktionen „ad sensum“ können jedoch dazu führen, dass die Kongruenzregeln hinsichtlich Numerus und/oder Genus durchbrochen werden (§ 109–111).

Lit.: Askedal 1973; Behaghel 1928 § 802–832; Birkenes/Fleischer/Leser-Cronau 2020; Dal/Eroms 2014 § 116–120; Erdmann 1886 § 38–48; 59; Erdmann/Mensing 1898 § 30–43; Fleischer 2011, 103–120; 2012; Gärtner 1970; Paul 1919 § 164–189; Schröbler/Prell 2007 § S 41–43; 136–139.

Da es sich um eine regelmäßige Erscheinung handelt, können exemplarische Einzelbelege genügen.

1. Numerus- und Kasuskongruenz

Art. und Subst.: *so sih diu sela in den sind arheuit* Musp 2.
Pron. und Subst.: *Er hiar in thesen redion mag horen evangelion* Ol 89.
Num. und Subst.: *untar heriun tuem* Hl 3.
Adjektivattribut und Subst.: *Ter guoten acher sahen uuile* Nb 127,31 [110,16].
Subj. und Präd.: *Eiris sazun idisi, sazun hera duoder* Mers 1,1. – *uuarun tho hirta in thero lantskeffi* (*Et pastores erant in regione eadem*) T 85,29. – *So chamen aber nordenan langobardi unde uuielten italię* Nb 6,12 f. [6,7 f.].

2. Genuskongruenz

Art. und Subst.: *sorgen mac diu sela unzi diu suona arget* Musp 6.
Pron. und Subst.: *thesa tohter abrahames* (*hanc autem filiam abrahae*) T 343,23.
Num. und Subst.: *sibinzic unta ziuueni iungerun ... die pizeichinent die ziuuei kibot dere minne* PrSB 1,2–6.
Adj. und Subst.: *Tiu selba minna habet ouh tie mennisken zesamine mit heiligero gezumfte* (*Hic continet quoque populos. iunctos sancto foedere*) Nb 125,18–20 [108,6–8].

4.1. Numerus

§ 109 1. Subjekt und Prädikat

Die Numerus-Kongruenz kann aufgehoben sein, wenn auf eine formal singularische Größe mit inhärent kollektiver Bedeutung mit einer pluralischen Verbform Bezug genommen wird. Dabei handelt es sich um ein pluralisches Verb in einem folgenden (Neben-)Satz, das auf ein im Vorausgehenden stehendes singularisches Subjekt zu beziehen ist.

https://doi.org/10.1515/9783110782493-005

folk: *inti uuas thaz folc* (Sg.) *beitonti zachariam inti uuvntorotun* (Pl.) *thaz her lazzeta in templo* (*et erat plebs expectans zachariam et mirabantur quod tardaret ipse in templo*) T 69,22 f. – *liut*: *tho riaf ther liut* (Sg.) *al thuruh not, in sih selbon ana ruah luadun* (Pl.) *mihilan fluah* O 4,24,29 f. – *Habest fergeben daz unreht dines folches* (Sg.) ... *neuuoltost. sie* (Pl.) *fore ougon haben* Np 350,22–24 [309,25 f.]. – *menigî*: *Tho sprah thara ingegini avur thiu selba menigi* (Sg.), *liazun* (Pl.) *uz in waron thes selben muates wewon* O 3,16,27 f. – *Diu menige fidelium auditorum* (Sg.) *ist glih demo geizcortare. uuante sie* (Pl.) *sich peccatores bekennent* Will 55,6–8 [107,19–22].
Generischer Sing.: *nist ther* (Sg.) *fon wibe quami* ... *nub er* (Sg.) *thar sculi sin; Ni sie* (Pl.) *sculin herton thar iro dati renton* O 5,19,7–9.

2. Umgekehrt kann auf eine formal pluralische Größe bzw. auf zwei (oder mehr) koordinierte Größen, die als Einheit zu verstehen sind, mit einer singularischen Verbform Bezug genommen werden.

Der heiligo Christ unta sancte Marti (Pl.) *der gauuerdo* (Sg.) *uualten hiuta dero hunto, dero zohono* Wiener Hds 3 f. – *ward* (Sg.) *thero aleibo* ... *sibun korbi* (Pl.) O 3,6,55; *inan al tho betota* (Sg.) *thier* (Pl.) *fon then freison retita* 3,8,49. – *er thanne zifare* (Sg.) *himil inti erda* (kordiniertes Subj.) (*donec transeat cœlum et terra*) T 139,4; *inti sliumo uzgieng* (Sg.) *bluot inti uuazzar* (kordiniertes Subj.) (*et continuo exiuit sanguis et aqua*) 651,25 f.

Anm. In *Ihc keloubo daz dio dri namen en got alemattic ist* Zeitzer B 4 und *Ich gloube daz die dri genemmede* (Pl.) *ein warer got ist* (Sg.) Bdktb. GuB I,4 dürfte der Singular *ist* durch das (singularische) Prädikatsnomen *got* verursacht sein.

3. Pronominaler Rückbezug
Auf eine formal singularische Größe mit kollektiver Bedeutung kann mit einer pluralischen Pronominalform Bezug genommen werden.

folk: *thiz folc* (Sg.) *mit leffuron eeret mih iro* (Pl.) *herza ist uerro fon mir* (*populus hic labiis me honorat. cor autem eorum longe est a me*) T 269,27 f. – *Got nestozzet dana. sinen uolg* (Sg.). *Vuelen? Plebem iudeam. So uuieo sie* (Pl.) *in feruuurfin* (*Quoniam non repellet dominus plebem suam*) Np 399,24–26 [352,12–14]. – *liut*: *tho quam ther liut mit driuon thaz seltsani scouon; Thaz sie gisahin ouh tho thaz, thaz ther man ther ju dot was* O 4,3,6 f. – *so kiscihet iz durh des liutis* (Sg.) *unreth, daz si* (Pl.) *is nieth uuert nisint ze firnemenne* (*saepe uero ex subiectorum culpa agitur ut eis qui praesunt praedicationis sermo subtrahatur*) PrsB 1,23 f. (lat. Hellgardt 2014, 86). – *menigî*: *Ih hazzeta ieo dero argtahtigon manigi* (Sg.). *fone diu scied ih mih fone in* (Pl.) Np 82,3 [77,26].

4.2. Genus

Bei pronominalen Rückbezügen kann die Genuskongruenz dann aufgehoben sein, wenn das natürliche Geschlecht einer Person nicht dem grammatischen Genus des betreffenden Lexems entspricht. § 110

1. Femininer Bezug auf ein grammatisches Neutrum

magatîn: *Inti uuard tho brungan sin houbit in diske inti uuard gigeban themo magatine inti siu* (Fem.) *gab iz ira muoter* (*et allatum est caput eius in disco. et datum est puellœ et dedit matri suae*) T 247,27–29. – *wîb*: *Meistar, wizist thaz thiz wib firworaht habet ira lib* O 3,17,13. – *đer wiib gimahalit inti niwil sea halon* (*qui filiam alienam adquisiverit et non vult eam recipere*) LexSal 10. – *thaz iogiuuelih thiethar gisihit uuib sie zigeronne* (*omnis qui uiderit mulierem ad concupiscendum eam*) T 141,21 f. – *Tie sacha die daz uuib sament iro bringet. zuo demo man* Nb 79,29 f. [68,27 f.]. – *des uuibes, diu uone dere beruorida sines keuuatis keheiligit uuart* (*Memor esto, filia, mulierem, quae vestimenta domini tetigit*) PrSA 1,25 f.

Anm. Häufig besteht jedoch auch Kongruenz: *daz uuip, thaz ther thara quam* Sam 5. – *So welih wib so wari, thaz thegankind gibari* 'welches Weib wäre, das einen Knaben zur Welt bringe' O 1,14,11. – *senu tho uuib thaz thar bluotes fluz tholeta zuelif iar* (*et ecce mulier quœ sanguinis fluxum patiebatur duodecim annis*) T 205,1 f.

2. Maskuliner Bezug auf ein grammatisches Neutrum

kind: *thaz kind er scono thar irzoh ... Wuahs er filu zioro in wizzin wola skioro* O 1,21,14 f. – *Liuzil chind dribit auur dhiu alliu, dher ist dhazs chiuuisso dher sih dhurah unsih chiodmuodida* (*puer autem paruulus minans eos, ille est utique qui se humiliauit pro nobis*) Is 41,14–16.

4.3. Numerus und Genus

§ 111 1. Auf personale Bezugsgrößen beiderlei Geschlechts kann mit einem neutralen oder maskulinen Pronomen Bezug genommen werden.

Bezug mit neutralem Pronomen: *thaz Joseph sih irburita; zi theru steti fuart er thia druhtines muater ... Unz siu tho thar gistultun, thio ziti sih irvultun* O 1,11,25–29; *Warun siu bethiu gote filu drudiu* 4,5. – Vergleichbar: *siu uuarun rehtiu beidu fora gote gangenti in allen bibotun ... inti beidu fram gigiengun in iro tagun* (*erant autem iusti ambo ante deum incedentes in omnibus mandatis ... et ambo processissent in diebus suis.*) T 67,3–8. – *so izzit der helfant tie uurz unde sin uuib. Vnde so siu after diu gehięn, so phaet siu* (*Postquam vero manducaverint ambo, conveniunt sibi statimque concipit*) Phys 82.
Bezug mit maskulinem Pronomen: *dero hunto, dero zohono ... se uuara se geloufan* Wiener Hds 4 f. – *Odo iz firworahtin ouh êr fater inti muater, sie fram so suntig warin thaz sulih kind gibarin* O 3,20,5 f. – *fon anaginne gomman inti uuib tetta sie* (*ab initio masculum et feminam fecit eos*) T 335,20 f. – *min fater unde min muoter die mih zugen* Np 86,3 [81,18]. – *Ter helfant unde sin uuib bezeichenent Adam unde Euun, ti dir dirnun uuarin, er si daz obiz azzin* (*Isti ergo duo elephantes masculus et femina figuram habent Adam et Eve, qui erant in Paradiso dei ante prevaricationem gloria circumdati*) Phys 84–86.
Bezug mit neutralem und maskulinem Pronomen: *Thiu hiun warun filu fro, giwerdan mohta siu* (Ntr.) *es tho: sie* (Mask.) *habetun thar selbon krist* O 2,8,9 f.

Anm. Otfrid und spätere ahd. Quellen zeigen beim Personalpronomen im maskulinen und femininen Nom.Pl. gleichermaßen die Form *sie.* In T gilt in der Regel noch maskulines *sie* gegenüber femininem *sio* (vgl. AG I,335 § 283, Anm. 1aγ).

2. Auf unbelebte sächliche oder abstrakte Größen kann mit einem neutralen Pronomen Bezug genommen werden.

Maskuline Bezugsgrößen: *ouh niuuan uuin in niuua belgi zisentenne ist inti uuerdent beidu gihaltan* (*sed uinum nouum in utres nouos. mittendum est, et utraque conseruantur*) T 199,16 f.
Feminine Bezugsgrößen: *fon herzen uzgangent ubile githanca. manslahti uorligiri. huor thiuba luggiu giuuiznessu girida balarati feichan uncusgida ubil ouga bismarunga ubarhuht tumpnessi thisiu sint thiu dar unsubrent man* (*De corde enim exeunt cogitationes malœ. homicidia. adulteria. fornicationes. furta. falsa testimonia. auaritia. nequitiae dolus. in pudicitia. oculus malus. blasphemia. superbia. stultitia. hae sunt quae coinquinant hominem*) T 271,26–273,3. – *diu sculd sines bludes. daz nemen uuir uber unsih* (*Sanguis eius super nos*) Gl 1,718,71–719,2 (11. Jh.).

3. Bezug auf ein Maskulinum und Neutrum erfolgt mit neutralem Pronomen.

Inphanganen tho fimf broton (Neutr.) *inti zuein fiscon* (Mask.) *scouuota in himil inti giuuihita siu inti brah* (*Acceptis autem quinque panibus et duobus piscibus respexit in cęlum. et benedixit illis. et fregit*) 251,19–21.

4. Bezug auf ein Neutrum und ein Femininum erfolgt mit neutralem Pronomen.

Theist dag ouh nibulnisses (Neutr.) *joh wintesbruti* (Fem.), *lewes! thiu zuei firwazent thanne thie suntigon alle* O 5,19,27 f.

5. Verb und Struktur der Verbalphrase

§ 112 Die formalen grammatischen Kategorien des Verbs sind Person, Numerus, Tempus und Modus (AG I, 351–375). Von einem synthetischen Passiv, das im Gotischen noch existierte (Braune/Heidermanns 2004, 148), finden sich im Ahd. keine Spuren mehr. Sekundäre reflexiv-mediale Formen wie im Altnordischen haben sich nicht ausgebildet.

Lit.: Abraham 2016; Admoni 1990, 31–33; Behaghel 1899; 1924, 589–800; Dal/Eroms 2014 § 78–114; Demske 2001b; Dordević 1994; Erdmann 1886 § 131–216; Eroms 1997; Ertzdorff 1966; Ferrell 1928; Furrer 1971; Hewson/Bubenik 1997; Jäckh 2011; Juntune 1968; Kögel 1882; M. Krause 1997; Kurosawa 2006, 2008; 2009; 2011; 2012; 2015; Lasch 1923; Leiss 1992; Paul 1920, 64–160; Petrova 2008a; Schönherr 2010; 2011a; b; 2012; 2014; Schröbler/Prell 2007 § S 1–34. 38–43; Schrodt 1983; 2004, § 1–7, 99–131; Seiffert 1989; Stolle 1947; Valentin 1979; 1997; Wedel 1974a; 1976; Wunderlich/Reis 1924, 141–414.

5.1. Synthetische Formen

5.1.1. Indikativ Präsens

§ 113 Das Präsens ist das Tempus der Nichtvergangenheit, kann also auf die aktuelle Gegenwart, Zukünftiges, Überzeitliches, selten und nur in bestimmten Verwendungsweisen auch auf Vergangenes bezogen werden.

1. Aktuelle Gegenwart

   Handlungen, Vorgänge und Zustände, die sich synchron mit der (gedachten) Sprechzeit abspielen, korrelieren mit dem Präsens.

   Herro eh guille trenchen (*ego uolo bibere*) Par. Gespr 289,71. – *Ih fursahhu* Frk. Taufgel 1. – *also tuon ih dih unreiner athmo* Gg. Falls 381,1. – *wettu irmingot … obana ab hevane* Hl 30–32. – *ih hiar sprichu mit thir* O 2,14,80. – *nu gisihu* (*modo uideo*) T 455,31. – *Ih slafon, min herza uuachot* (*Ego dormio. et cor meum uigilat*) Will 76,1 [147,27 f.].

2. Zukunftsbezug

   Im Ahd. bilden sich zwar bereits Periphrasen mit Modalverben zum Ausdruck der Zukünftigkeit aus (s. § 132), doch wird Zukunftsbezug in den meisten Fällen nicht formal markiert, sondern mit der einfachen Präsensform ausgedrückt.

   Lit.: Beck 1955; Behaghel 1924 § 682–684; Dal/Ebert 2014, 151–154; Ebert 1978, 60 f.; Erdmann 1886 § 141; Fleischer 2011, 137–140; G. Fritz 1997; Lawson 1958; Schröbler 1950; Schröbler/Prell 2007 § S 4; Wunderlich/Reis 1924, 237–243.

https://doi.org/10.1515/9783110782493-006

welaga nu, waltant got ... wewurt skihit Hl 49. – *so daz Eliases pluot in erda kitriufit, so inprinnant die perga poum ni kistentit enihc in erdu, aha artruknent* Musp 50–52. – *After mir so quimit er* O 1,27,55. – *endi ih uuendu imu chuningo hrucca endi ih antluuhhu duri fora imu* (*et dorsa regum uertam et aperiam ante eum ianuas*) Is 5,19 f. – *sliumo after arbeiti thero tago. sunna uuirdit bifinstrit inti mano nigibit sin lioht inti sterron fallent fon himile inti megin himilo sint giruorit; inti thanne erougit sih zeichan thes mannes sunes in himile inti thanne uuvofit sih allu erdcunnu inti gisehent mannes sun comentan in himiles uuolkanon mit managemo megine inti mihilnesse thanne sentit sine engila. mit trumbun mit mihileru stemmu inti gisamanont sine gicoranon* (*Statim autem post tribulationem dierum illorum. sol obscurabitur et luna non dabit lumen suum et stellę cadent de cœlo et uirtutes cœlorum commouebuntur. et tunc parebit signum filii hominis in cœlo Et tunc plangent se omnes tribus terrœ et uidebunt filium hominis uenientem in nubibus cœli cum uirtute multa. et maiestate et tunc mittet angelos suos cum tuba et uoce magna et congregabunt electos eius*) T 519,22–521,10. – *uuanda er foreuueiz. daz sin dag chumet* (*quoniam prospicit quod ueniet dies eius*) Np 129,18 f. [120,5].

Dem Verb *werdan* kann eine zukunftsbezogene Bedeutung inhärent sein.

daz leitit sia sar, dar iru leid uuirdit Musp 9. – *so uuirdit in fullidu uuerolti* (*sic erit in consummatione sęculi*) T 241,19. – *so wirt imo des erręheten buoz* Ad equ 12 (zahlreiche weitere Belege bei Cuny 1905, 6–12).

3. Überzeitlichkeit
   Das (Allzeit-)Präsens drückt als zeitlich indifferentes Tempus aus, dass kein Bezug auf eine vergangene, gegenwärtige oder zukünftige Zeitstufe besteht.

so iz regenot, so nazscent te boumma Sprichw. – *Ih gilaubu* Frk. Taufgel 6 (u.ö.). – *mit geru scal man geba infahan, ort widar orte* Hl 37 f. – *Salig birut ir arme* O 2,16,1. – *ih chiruoru himil endi ęrdha* (*ego commouebo celum et terram*) Is 17,18 f. – *Uuir uuizen. daz tia erda daz uuazer umbegat* Nb 111,11 f. [96,16].

Anm. 1. Das Verb ‘sein’ kann entfallen, wenn von überzeitlich Gültigem die Rede ist: *Salig Ø thiu nan watta ... Salig Ø thiu nan werita* O 1,11,43–45; *Salige Ø thie milte* 2,16,5.

4. Vergangenheitsbezug
   Ein rhetorisch oder stilistisch motiviertes historisches Präsens lässt sich für das Ahd. kaum sicher nachweisen. Allerdings gibt es Verwendungsweisen, die auf Autoritäten oder Ereignisse der Vergangenheit rekurrieren. Die zeitliche Indifferenz schließt deshalb auch die Vergangenheit mit ein.

Lit.: Behaghel 1924 § 696; Boezinger 1912; Dal/Eroms 2014 § 100; Erdmann 1886 § 140; Herchenbach 1910; Schröbler/Prell 2007 § S 3; Wilmanns 1906 § 96.

So dhar after auh chiuuisso quhidit dher selbo forasago (*Sic enim subiecit idem propheta*) Is 27,11 f.; vgl. aber *So hear after dher selbo forasago quhad* (*Sic in consequentibus idem propheta ait*) 15,13 f. – *Sar Kriachi joh Romani iz machont so gizami iz machont sie al girustit* O 1,1,13 f.; *tho ward irfullit, thaz forasago singit* 1,19,19; vgl. aber *forasagun sungun fon thir* 1,5,19. – *Fone diu scribit sanctus ambrosius in exameron* Nb 164,21 f. [138,15 f.].

Anm. 2. Als Belege für ein historisches Präsens im Ahd. kommen Sätze in Betracht wie *gode lob sageda, her sihit thes her gereda* Ludw 45. – *Thie hohun altfatera entont anan kuninga* O 1,3,25. Hier können jedoch metrische Faktoren ursächlich sein: Zweisilbiges *sihit* gegenüber einsilbigem **sah* ergibt eine Senkung. Zweisilbiges *entont* gegenüber dreisilbigem **entôtun* erspart eine solche. Biener 1940, 316 f., führt mehrere Stellen aus Prudentius-Glossen an, in denen lat. historisches Präsens im Ahd. durch Präteritalformen wiedergegeben ist.

5.1.2. Konjunktiv Präsens

§ 114 Ein voluntativer Konjunktiv bringt zum Ausdruck, dass der Sprechende mit seiner Äußerung gegenüber dem unmittelbar Angesprochenen oder einer dritten Person eine wie auch immer geartete Erwartung verbindet. Es kann sich dabei um einen Wunsch, eine Bitte, eine Aufforderung, eine Anordnung oder eine Androhung, im negativen Fall um ein Verbot handeln, wobei im Einzelfall eine strikte Abgrenzung schwierig ist. Im Unterschied dazu bringt ein potentialer Konjunktiv zum Ausdruck, dass der in Rede stehende Sachverhalt nicht als faktisch gegeben, sondern als möglich gedacht ist oder nur vorgestellt wird (zum Konjunktiv in abhängigen Sätzen s. die entsprechenden Angaben in Kap. 5 = § 112–132).

1. Voluntativer Konjunktiv

Bitte, Wunsch: *qhueme rihhi din uuerde uuillo diin so in himile sosa in erdu* (*adveniat regum tuum, fiat voluntas tua sicut in coelis et in terra*) Pn 1 f. – *Truhten in dinero heizmoti neinchunnist du* Np 14,23 f. [19,11 f.]. – *Der heiligo Christ unta sancte Marti der gauuerdo uualten hiuta dero hunto, dero zohono* Wiener Hds 3 f. – *si in erdu fridu ouh allen* O 1,12,24. – *Noh in dinemo zorne neirrefsest du mih an demo suonotage* (*Domine ne in fvrore tuo arguas me Neque in ira tua corripias me*) Np 14,23–25. [19,13 f.]. – *heil sis tu wnte* Bambg. Bluts 13. – In diesem Zusammenhang sind Heil- und Segenswünsche sowie Beteuerungsformeln zu nennen: *Gihalde inan truhtin* Ludw 39. – *fridhu sii dhesemo hus* (*pax huic domui*) MF 2,1. – *gisegenot sis tu in uuibun* (*benedicta tu in mulieribus*) T 71,11. – *semergot helfe* (*si me deus adiuuet*) Par. Gespr 291,48.

Anweisung: *feorzuc nahto uuarte he e tages getanes* Bas. Rez 12. – *Dare nach neme man haberen gedrosgenan unde ungedrosgenan* Contra par 1,7 f. – *inti đanne gibanni ini erđo sina cuenun* (*et sic eum manniat aut uxorem illius*) LexSal 16 f. – *Inther priast quede thanne* Lorscher B 46. – *uuesa dir so du uuili* (*fiat tibi sicut uis*) T 273,30 f.

Aufforderung: *thes giloube man mir* Os 45. – *Loboen truhtin allo deotun* (*Laudate dominum omnes gentes*) MF 28,12 f. – *Iogiuuelih tal uuerde gifullit* (*omnis uallis implebitur*) T 103,8. – *Ein ieuuelih mennisco tuo anderemo daz er imo selbemo uuelle* PrSA 2,3.

Androhung: *inti dedar fluochot sinemo fater inti muoter dode arsterbe* (*et qui maledixerit patri uel matri. morte moriatur*) T 269,3 f.

Verbot: *noh du mir nindrinnes noh du mir nintuuinest* Lorscher Bienens 5. – *Ni si thih thes wuntar thiu wib thiu giangun suntar* O 1,22,13. – *In dhesemu quhide ni bluchisoe eoman* (*In qua sententia nemo dubitet*) Is 9,4 f. – *thaz got zisamane gispien man ni zisceide* (*quod ergo deus coniunxit homo non separet*) T 335,28 f. – *Furder nechome iuuer zorn* Np 10,16 [15,17].

Nicht in jedem Einzelfall ist zwischen voluntativem und potentialem Konjunktiv eine eindeutige Abgrenzung möglich. Bezüge auf nicht gegenwärtige dritte Personen können per se nur hypothetischen Charakter haben.

der si doh nu argosto [...] *ostarliuto, der dir nu wiges warne* Hl 58 f. – *Oh schameen sih nu dhea aerlosun* (*Erubescant itaque impii*) Is 23,5. – *Schamen sih sament mir unde sin leideg iro sundon alle mina fienda* (*Erubescant et conturbentur uehementer omnes inimici mei*) Np 16,13 f. [20,25 f.].

Anm. Im Fall von *her fragen gistuont fohem uuortum, wer sin fater wari fireo in folche, „eddo welihhes cnuosles du sis“*, Hl 8–10, deutet die Endstellung des Finitums (*sis*) zwar auf syntaktische Abhängigkeit von *her fragen gistuont* hin. Aufgrund des Subjekts *du* ist jedoch von einer wörtlichen Rede, mithin einem selbständigen Satz auszugehen. Dass *sis* Endstellung und Konjunktiv aufweist, dürfte durch Parallelität mit *wari* im vorausgehenden abhängigen indirekten Fragesatz *wer sin fater wari* verursacht sein.

2. Potentialer Konjunktiv
   Der Konjunktiv kann verschiedene Nuancen der Nichtfaktizität ausdrücken.

Irrelevanz: *Ih gebiude dir, wurm, du in demo fleiske ligest, si din einer, sin din zuene, sui filo din si* Contra verm 1 f. – *ni si thiot, thaz thes gidrahte* O 1,1,85.
Redekommentar: *In dagon eines kuninges ... was ein ewarto, zi guate si er ginanto* O 1,4,1 f.
Referierte Meinung: *so huuer so bi temple suerit neouuiht sii* (*Quicumque iuraverit per templum, nihil est*) MF 17,3.2 f.
Hypothese: *unde si daz oborosta. F. der churzisto seito* Nm 851,6 [331,6 f.].

3. In Aussagen über Zukünftiges nähert sich in einigen Fällen der Konjunktiv dem Futur (vgl. Lasch 1923; Schröbler/Prell 2007 § S 4, 4b) oder lässt eine entsprechende Lesart zu, die auch die lat. Vorlagentexte nahelegen.

sin tac piqueme, daz er touuan scal Musp 1. – *Ni si thir es ... not, ther iro fiant ther ist dot* O 1,21,7. – *Ni zirinne herrin fona iudæ* (*Non deficiet princeps ex iuda*) Is 34,13 f. – *enti gahhuerfen enti ih sie gaheile* (*et conuuertantur et sanem eos*) MF 9,1. – *thaz si iu zi zeichane* (*et hoc uobis signum*) T 87,8. – *alliu tua mit kiratida Jndi after tatim ni hrivoes* (*Omnia fac cum consilio et post factum non peniteberis*) BR 117,12 f.

5.1.3. Indikativ Präteritum

1. Mit dem Präteritum wird ausgedrückt, dass eine Aktion, ein Vorgang oder Zustand in der Vergangenheit liegt. **§ 115**
   1. Normalfall ist der Bezug auf ein zeitlich zurückliegendes Faktum.

garutun se iro gudhamun Hl 5. – *Phol ende Uuodan uuorun zi holza* Mers 2,1. – *enti do uuas der eino almahtico cot, manno miltisto* Wess 7 f. – *Nidhar steig ci helliu* (*descendit ad inferna*) WK 51. – *Riat got imo ofto in notin* Ol 23. – *In then tagun fram quam gibot fon demo aluualten keisure* (*exiit edictum a cęsare augusto*) T 85,7 f. – *er cham an den breiten uueg* Np 3,9 f. [9,7]. – *Hirez runeta hintun in daz ora* Hirsch.

Anm. 1. Eine zeitliche Abstufung (vergleichbar Präsens und Perfekt bzw. Präteritum und Plusquamperfekt im Nhd.) kann durch Präfigierung mit *gi-/ga-* zum Ausdruck kommen (s. § 117–118; 130).

2. Vereinzelt kann eine Präteritalform auch überzeitliche Bedeutung haben.

narra er sarda gerra (*stultus uoluntarie fottit*) Par. Gespr 288,67. – *gisaaz ci cesuun gotes fateres almahtiges* (*sedet ad dexteram dei patris omnipotentis*) WK 52. – Allzeitpräteritum ist wohl auch für *thie odegun alle firliaz er itale* O 1,7,18 und *inti otage forliez itale* (*diuites dimisit Inanes*) T 75,8 anzunehmen, wo mit *dimisit* ein lat. Perfekt zugrundeliegt.

Anm. 2. Zur Wiedergabe von präsentischem lat. *dicit* durch präteritales ahd. *quad* vgl. Lawson 1959. Zu Wiedergaben lat. Präsensformen durch ahd. Präterita in den Prudentiusglossen vgl. Biener 1940.

3. Im Tatian liegen einige Wiedergaben lat. Futurformen durch ahd. Präterita vor (vgl. Lawson 1959).

tho antlingitun imo thie rehton inti quadun (*tunc respondebunt ei iusti dicentes*) T 545,2 f.; *uuanta fon minemo intfieng* (*quia de meo accipiet*) 585,22; *gisahun in thende sie ana stahun* (*uidebunt in quem transfixerunt*) 651,31 f.

5.1.4. Konjunktiv Präteritum

§ 116 1. Die von den entsprechenden ablautenden Stammformen bzw. mit Dentalsuffix gebildeten Konjunktive als „präterital" zu bezeichnen, ist nur in formal-morphologischer Hinsicht gerechtfertigt. In funktionaler Hinsicht ist vielfach Gegenwartsbezug oder Überzeitlichkeit gegeben.

Anm. Otfrid setzt mehrmals aus Reimgründen konjunktivische Verbformen, wo Indikativ zu erwarten wäre: *Wola ward thio brusti, thio krist io gikusti* O 1,11,39; *Then furiston therera worolti notagan giholoti, in bant inan gilegiti, er furdir uns ni deriti* 4,12,63 f. (vgl. Nemitz 1962, 412–414).

2. Zum Ausdruck kommt, dass ein Sachverhalt unmöglich oder zwar prinzipiell möglich, aber faktisch nicht gegeben ist.

Irrealität: *Ob ir mih irknatit, ir selbon thaz irstuantit* O 4,15,23. – *ni uuarim uuir iro kamahhun in forasagono bluote* (*non essemus socii eorum in sanguine prophetarum*) MF 18,9 f. – *Vuare daz grab betan so nestunche iz* (*quod si clausum esset, minus feteret*) Np 13,24 [18,13]. Wunsch: *ih thicho ze dir, thaz wazzer gabist du mir* Sam 21. – *iz scolta wesan betahus, joh man druhtin loboti tahrinne* O 2,11,21.

3. Mit dem Konjunktiv kann ein realer Sachverhalt relativierend als potenziell zum Ausdruck gebracht werden.

„Thu mohtis“, quad siu, „einan ruam joh ein gifuaro mir giduan“ O 2,14,43. – *Dhesiu kazami iu zatuoanne enti diu andriu ni za forlazanne* (*haec oportuit facere et illa non omittere*) MF 17,18 f. – *Harto gerno uuolti er sophiam ... uuanda si uuizzig und heilig ist* (*Nam sophian ipse quidem cupiebat ardore. quod prudens sanctaque sit*) Nc 696,9 f. [10,21–11,1].

4. Prädikate strukturell selbständiger Sätze, die von einem präteritalen Verbum dicendi eines vorausgehenden Satzes abhängen, können wie in abhängigen indirekten Fragesätzen (s. § 199) konjunktivisch sein.

quuat, si uuarin florena, demo tiufele al petrogena Georgsl 49. – *siu quat sus libiti commen nehebiti* Sam 24. – *Ther gotes geist ... gihiaz imo thaz ... Er tothes io ni choreti êr er then drost habeti* O 1,15,5–9. – *bigonda ther phariseus innan imo ahtonti queden bihiu ni uuari thu githuuagan eer goumu* (*Phariseus autem coepit intra se reputans dicere. quare non baptizatus esset ante prandium*) T 267,4–7.

5.1.5. Verbalaspekt und Präfigierung mit *gi-/ga-*

Die Präfigierung mit *gi-/ga-* bringt zum Ausdruck, dass die betreffende Verbalhandlung als perfektiv, also vom Ergebnis her gesehen wird. Es handelt sich, soweit finite Verbformen betroffen sind, primär um einen Gegenstand der Wortbildung und Wortsemantik (Aktionsart). **§ 117**

Lit.: Behaghel 1924 § 595–600; Desportes 2015, 32–46; Dordević 1994; Fleißner 2021; Henzen 1965, 104; Jones 2009; Krämer 1974; 1976; Lawson 1965; 1968a; b; 1970; Leiss 2000; Marache 1960; Raven 1958; 1963; Riecke 1997; Scherer 1956; Schrodt 2004 § 104–120; Senn 1949; Streitberg 1891; Wedel 1970; 1974b; 1976; 1979; Wilmanns 1906 § 107; Zatošil 1959.

Die Gegenüberstellung aussagegleicher Parallelstellen im Tatian und im Monseer Matthäusevangelium sowie in weiteren unmittelbar vergleichbaren Texten deutet darauf hin, dass es für Präfigierung und Nichtpräfigierung finiter Verbalformen mit *gi-/ga-* keine systembasierten grammatischen Regeln gegeben haben kann, sondern dass es sich auf synchron ahd. Ebene um Ausdrucksalternativen handelt. Es war, anders gesagt, einem Sprecher überlassen, ein Geschehen vom Ende her (perfektiv) zu sehen oder im Verlauf (kursiv) und dementsprechend darauf Bezug zu nehmen.

1. Präfigierung in MF, präfixlose Form in T

Danne gengit enti gahalot sibuni andre gheista mit imo uuirsirun danne aer MF 7,15 f., aber: *thanne ferit inti nimit sibun geista andere mit imo uuirsiron thanne her si* T 201,25–27 (*Tunc uadit et adsumit septem alios spiritus secum nequiores se*). – *Duo halota* *** MF 12,17, aber:

tho gihalota inan sin herro T 333,22 (*Tunc uocauit illum dominus suus*). – *enti ih sie gaheile* MF 9,1, aber: *inti ih heilu sie* T 110,27 (*et sanem eos*). – *** *enti gaheilta siu dar* MF 12,28, aber: *inti folgetun inan manege menigi inti heilta sie* T 160,11 f. (*Et secutae sunt eum turbae multae, et curavit eos ibi*). – *genc enti forchaufta al daz aer hapta enti gachaufta den* MF 10,14 f., aber: *gieng inti furcoufta ellu thiu her habeta inti coufta then* T 241,11 f. (*abiit et uendidit omnia quæ habuit et emit eam*). – *enti sohhitun sie inan kafengin forahtun diu folc* MF 15,1 f., aber: *sie tho suohhente inan zifahenne forhtun thie menigi* T 204,23 f. (*et quaerentes eum tenere timuerunt turbas*). – *Ih kasuntota uuas sellenti rehtic bluot* MF 23,30, aber: *suntota selenti reht bluot* T 304,15 f. (*Peccaui tradens sanguinem innocentem*).

2. Präfixlose Form in MF, Präfigierung in T

Im vorhandenen Vergleichsmaterial ist allerdings nur das Verb *(gi)halôn* betroffen. *Duo halota* *** MF 12,17, aber: *tho gihalota inan sin herro* T 333,22 (*Tunc vocauit illum dominus suus*). – *enti stuont ihs enti halota sie* MF 14,23 f., aber: *Inti stuont ther heilant Inti gihalota sie* T 389,12 f. (*Et stetit iesus et uocauit eos*). – *der in elilentin uuas faranti halota sine scalcha enti selita im siin guot* MF 20,23 f., aber: *man farenti gihalota sine scalca inti salta in sinu guot* T 533,12–14 (*Sicut enim homo peregre proficiscens uocauit seruos suos et tradidit illis bona sua*).

3. Weitere vergleichbare Fälle

heilegan uuizzuth so negihielt so ih solta Mainzer B 11 f., aber: *daz ih daz uuiha uuizzod ... so nihialt ... so ih scolta* Lorscher B 28 f. – *daz ih mih ... giunsubrida* Lorscher B 33–35, aber: *Daz ih mih ... unsuprita* Bruchst. 15–17. – *daz er ... in demo einode geuasteta* Bambg. GuB. 137,20–24, aber: *daz er ... fiercig taga unde naht fastota* Wess. GuB 137,20–24. – Vgl. ferner *Ik gihorta đat seggen* Hl 1, aber: *Daz hortih rahhon dia uueroltrehtuuison* Musp 37.

4. Korrekturen in der Otfrid-Handschrift V, die vermutlich auf den Autor selbst zurückgehen (Kleiber 1971, 85–160; 2004, II, 53–56), zeigen, dass das Präfix *gi-* bei finiten Verbformen zur nachträglichen Herstellung von Verssenkungen eingefügt bzw. zur Tilgung überzähliger Senkungen radiert worden ist.
   a) Ergänzende Nachträge

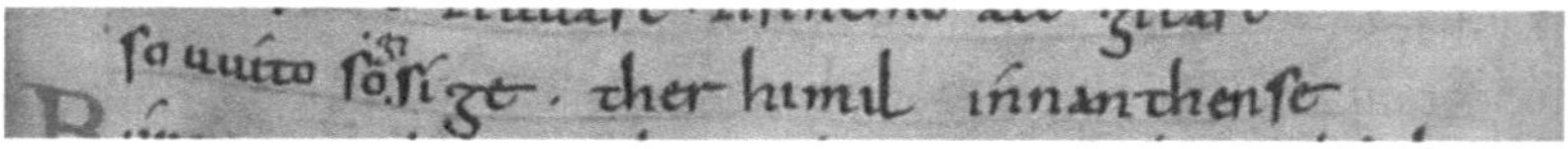

Abb. 4: Otfrid Hs. V, 23^{r}

so uuito so ^{gi}*sige ther himil innan then se* (1,11,12; V 23^{r}); *thaz ih tharzua* ^{gi}*thinge joh imo ouh geba bringe* (1,17,50; V 29^{v}); *Ioh* ^{gi}*freuuit in thaz muat harto filu manag guat* (2,16,11; V 65^{r}); *Uuanta er* ^{gi}*scuaf thesa erda ioh himilisga uuunna* (3,9,15; V 83^{r}); *therera selbun dati, joh uuaz er es* ^{gi}*quati* (3,17,12; V 94r); *ioh* ^{gi}*irrent mer thie liuti thanne ouh therer dati* (4,36,14; V 150^{v}); *thaz fiant io zi uuare min uuergin ni* ^{gi}*fare* (5,3,4; V 155^{v}); *ioh so fronisg gimah so mennisgo er ni* ^{gi}*sah* (5,12,46; V 167^{v}); *Er in tho nahor* ^{gi}*giang joh sie suazlicho intfiang* (5,16,11; V 171^{v}); *Ir* ^{gi}*buaztut mir in uuar thurst inti hungar* (5,20,73; V 177^{v}).

b) Tilgungen

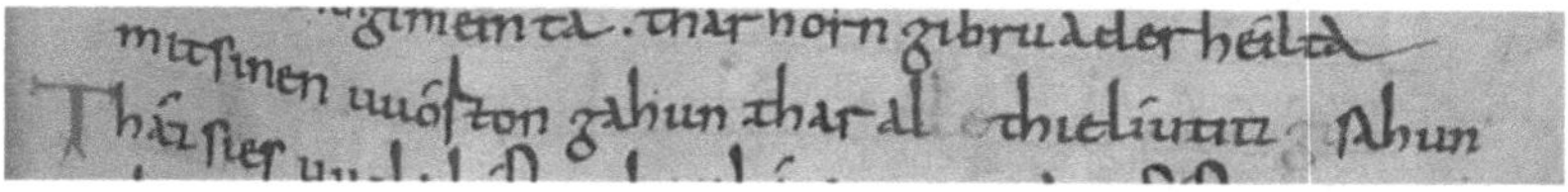

Abb. 5 Otfrid Hs. V, 23r

Rasuren sind durch Streichung gekennzeichnet:

mit sinen uuorton gahun thar al~~le~~ thie liuti iz ~~gi~~sahun (2,24,10; V 71r); *er due theih hiar ni hinke thes senses ouh ni ~~gi~~uuenke* (3,1,14; V 74r); *er imo iz ni ginuzta furi andere ouh ni ~~gi~~sazta* (3,7,38; V 80v); *Gilouba thin in uuara thiu ~~gi~~deta thih hiar heila* (3,14,49; V 89r); *Thaz sie thes thar giaualon sine druta al ~~gi~~samanon* (4,7,43; V 122v).

Die Verwendung bzw. Nichtverwendung des Präfixes *gi-* bei finiten Verben folgte demnach (auch) metrischen Belangen, denen gegenüber grammatische Faktoren nachrangig sein konnten. Die unter 1 bis 4 zitierten Fälle deuten auf weitgehende Äquivalenz präfigierter und unpräfigierter Formen hin. Ähnliche Korrektureingriffe enthalten auch die Handschriften P und in geringerem Umfang auch F.

5.1.6. Zeitstufenrelation

In parataktischen Satzfolgen und hypotaktischen Gefügen kann mittels Präfigierung eine zeitliche Abfolge zum Ausdruck gebracht werden, indem das zeitlich vorausgehende Ereignis durch die *gi-/ga*-Präfigierung des Prädikatsverbs gekennzeichnet wird (s.a. § 130). § 118

1. Parataxe

thaz dreso thar <u>giburgun</u> joh heimortes <u>wurbun</u> 'den Schatz hatten sie da geborgen und wandten sich heimwärts' O 4,35,38. – *<u>gispentota</u> allu ira. noh fon iro niheinigemo <u>mohta</u> uuesan giheilit* (*erogauerat omnia sua; nec ab uno potuit curari*) 'sie hatte ihr ganzes Vermögen aufgewendet, doch von keinem von denen konnte sie geheilt werden' T 205,5 f.

2. Hypotaxe

a) Relativsatz

einlif iungoron <u>giengun</u> in galileam in then berg thar in ther heilant <u>gimarcota</u> (*Vndecim discipuli abierunt in galileam in montem ubi constituerat illis ihesus*) 'elf Jünger gingen nach Galiläa zu dem Berg, zu dem/wohin sie Jesus gewiesen hatte' T 691,23–25. – *Manige afros <u>teta</u> regulus in haft unde in bant, tie er in uuige <u>gefieng</u>* (*Plures poenorum captos bello. coniecerat regulvs in uincula*) 'viele Afrikaner legte Regulus in Fesseln und Bande, die er im Kampf gefangengenommen hatte' Nb 105,13 f. [91,15–17]. – *der heilige Christ, der dir rihtet alla, die er kiscuof* 'der heilige Christus, der alle richtet, die er geschaffen hat' (*conditor noster, qui regit quod condidit*) PrSB 2,4 (lat. H.U. Schmid 1986, 2,8,13–15). – *so der almæhtige got demo regenplinten segenita siniu ougan, der der das tages lieht nie negesah* 'wie der allmächtige Gott dem Blinden die Augen segnete, der das Tageslicht nie gesehen hatte' Augens 2 f.

b) Temporalsatz

Er avur widorort ni want, êr er nan fasto gibant 'er wandte sich nicht ab, ehe er ihn festgebunden hatte' O 2,9,45. – *So er daz kesprah. to antuuurta er imo* 'nachdem er das gesagt hatte, antwortete er ihm' Nb 116,32–117,1 [101,6 f.]; *So philosophia leno unde manmendo sus kesang ... do undernam ih iro daz si noh to cheden uuolta* (*Hęc cum philosophia leniter suauiterque cecinisset ... tum ego abrupi intentionem parantis adhuc aliquid dicere*) 'nachdem die Philosophie lieblich und sanft so gesungen hatte, da unterbrach ich sie, als sie noch sprechen wollte' 226,23–227,1 [183,3–5].

c) Modalsatz

Erhuge sin unde hilf imo ze geuuerenne. also er Gote gesuuor. unde geantheizota (*Sicut iurauit domino. uotum uouit deo iacob*) 'Gedenke seiner und hilf ihm zu erfüllen, wie er es Gott geschworen und versprochen hat' Np 563,12 f. [498,4 f.].

d) Konzessivsatz

suie uuole die kiuuorhte nah sinere hulde, so niphiegin si doh sa nieth des lonis 'wiewohl sie sich bemüht hatten um seine Huld, empfingen sie dennoch nichts von dem Lohn' (*quod et recte pro percipiendo regno vixerunt et tamen a percipiendo regno dilati sunt*) PrSB 2,38 f. (lat. H.U. Schmid 1986, 2,12,115 f.).

e) Konditionalsatz

Oba Karl then eid, then er sinemo bruodher Ludhuuuige gesuor, gileistit, indi Ludhuuuig min herro, then er imo gesuor, forbrihhit 'wenn Karl den Eid, den er seinem Bruder Ludwig geschworen hat, einhält, und Ludwig, mein Herr, den [Eid] den er ihm geschworen hat, bricht' Straßb. Eide 31–33.

5.1.7. Imperativ und Adhortativ

§ 119 Das Ahd. kennt Imperativformen für die 2. Sg. und Pl. sowie eine Form für Aufforderungen, in die sich der Sprechende mit einbezieht („Adhortativ").

Lit.: Behaghel 1924 § 677–679; Dal/Eroms 2014 § 111; Donhauser 1986; Erdmann 1874, § 13–19; 1886 § 160–163; Schröbler/Prell § S 15; Wunderlich/Reis 1924, 319–329.

1. Imp. 2. Sg.: Die Form ist bei den starken Verben entweder identisch mit dem Verbalstamm oder weist einen Vokalwechsel in Analogie zu 2. Sg. auf (vgl. AG I § 312 f.). Schwache Verben haben (mit Varianten) in der 1. Klasse den Wortausgang *-i*, in der 2. Klasse *-o*, in der 3. Klasse *-e*. Imperativsätze sind normalerweise subjektlos (AG I § 312 f.).

Guesattilae min ros (mitte sellam) Par. Gespr 291,45. – *braenni salz endi saiffun endi rhoz aostorscala* Bas. Rez 21. – *insprinc haptbandun inuar uigandun* Mers 1,4. – *nim gouma thera dihta* O 1,1,18. – *arstant enti ganc (surge et ambula)* MF 1,16. – *eere thinan fater inti muoter (honora patrem et matrem)* T 269,2 f. – *Duo mih gehaltenen min got (Saluum me fac deus meus)* Np 8,20 f. [14,2]. – *hil dih (Latita)* Gl 1,283,46 (9. Jh.).

2. Gelegentlich steht bei Imperativen ein pronominales Subjekt.

Uuala Krist, thu geuuertho gibuozian thuruch thina gnatha thesemo hrosse Trierer Spr. 4–6. – *tu rune imo in daz ora* Ad equ 10. – *du ginadigo got, cheri mih framort* Psalm 37. – *Ili thu zi note* O 1,1,37. – *Chihori dhu, israhel (Audi israel)* Is 13,15 f. – *Hloset ir, chindo liupostun, rihti dera calaupa (Audite, filii, regulam fidei)* Exh A 1 f. – *neomanne nisaget ir thie gisiht (nemini dixeritis uisionem)* T 307,17. – *Trohtin, du gib mir chraft* Otloh 12. – *Pesuoche du mih Got (Proba me deus)* Np 580,12 [514,4]. – *ilidu zit (Festina tempus)* Gl 1,812,4 (11./12. Jh.).

Anm. Eine besondere Form für den negierten Imp. (Prohibitiv), insbesondere in T, aber auch in BR und in Glossen, ist *nicuri, nicurîs, nicurît* mit Infinitiv. Vgl. dazu AG I § 322, Anm. 2.

3. Imp. 2. Pl.: Die Form ist gleichlautend mit der 2. Pl. Ind. Präs.

Trenchet cher guole in gotes mine (bibite in dei amore) Par. Gespr 206,106. – *Trostet hiu, gisellion, Mine notstallon* Ludw 32. – *eiscot thare bi thaz kind sare* O 1,17,46. – *quemet za bruthlaufte (uenite ad nuptias)* MF 15,11. – *garuuet trohtines uueg tuot rehto sino stiga (parate uiam domini rectas facite semitas eius)* T 103,6 f. – *Vnde nu fernement chuninga (Et nunc reges intellegite)* Np 6,29 [12,15].

4. Imperative stehen, wie die Belege in 1. bis 3. zeigen, in der Regel satzinitial. Reimbedarf kann jedoch Späterstellungen bedingen.

Ni bist es io giloubo, selbo thu iz ni scowo O 1,18,7 (vgl. Erdmann 1882, 370).

5. Imp. 1. Pl. („Adhortativ"): Eine Aufforderung, in die sich der Sprechende einbezieht, wurde zunächst durch eine mit der 1. Pl. Ind. Präs. identische Form auf *-mês* ausgedrückt, doch wurde daneben in dieser Funktion auch die 1. Pl. Konj. Präs. auf *-êm* (jünger *-ên*) verwendet. Nach Ablösung der ursprünglich nur dem Indikativ zukommenden Endung *-mês* durch die konjunktivische Endung *-m* (spätahd. abgeschwächt zu *-n*) galt diese auch für den Adhortativ (vgl. AG I § 301, A. 5).

Pittemes den gotes trut alla samant upar lut Petrusl 7. – *Ilemes nu alle zi themo kastelle* O 1,13,3 – *Nu auur folghemes dhera bigunnenun redha* (*Nunc uero sequamur debitum ordinem*) Is 30,15 f. – *farames zi bethleem* (*transeamus usque bethleem*) T 87,20. – *Prechen chaden sie iro gebende unde uuerfen aba uns iro ioch* (*Disrumpamus uincula eorum. et proiciamus a nobis*) Np 5,16. [11,7 f.]. – *Kum uuine min, ge uuir anne den akker! uuesen alle uuila in den dorfon! sten fruo uf ze den uuingarton! tuon des uuara, obe der uuingarto bluouue* (*Ueni dilecte mi. egrediamur in agrum. commoremur in uillis. Mane surgamvs ad uineas. uideamus si floruit uinea*) Will 126,1,4 [225,1–6]. – *Nu sehen, mit uuelichemo flizza uuir den gotis uuinkarten uoben* (*Attendamus ergo, quali studio coelestem vineam colamus*) PrSB 2,15 f. (lat. H.U. Schmid 1986, 2,9,42 f.).

5.2. Analytische Formen

§ 120 Als Auxiliarverben fungieren *sîn*/*wesan*, *werdan* und *habên*/*eigan*. Sie stimmen semantisch nur teilweise mit ihren formalen Entsprechungen im Nhd. überein. Auch die temporalen Kategorien „Imperfekt“, „Perfekt“, „Plusquamperfekt“ und „Futur“ sowie die Genuskategorien „Aktiv“ und „Passiv“ („Vorgangs-“ und „Zustandspassiv“) sind in funktionaler Hinsicht nur teilweise äquivalent. Im nachfolgenden Abschnitt wird von den ausdrucksseitigen Gegebenheiten ausgegangen. Was funktional-semantische Aspekte betrifft, sei auf die (thematisch heterogene und in Teilen kontroverse) Literatur verwiesen.

Lit.: Abels 2016; Abraham 1989; 1991; Behaghel 1924 § 645–654; 697–713; Besch/Wolf 2009, 149–154; Betten 1987a, 101–121; Brinkmann 1931, 1–53; Cuny 1905; Dal/Eroms 2014 § 95–99; Dieninghoff 1904; Ebert 1978, 57–64; Eggers 1987; Eichinger 1987a; b; Eilers 1994; Erdmann 1874, § 354–385; 1886 § 147–155; Eroms 1990; 1992; 1997; Fleischer 2007; 2011, 121–145; Gervasi 1971; Gillmann 2016a; b; Gippert 2016; Greule 1982a; b, 163–168; Grønvik 1986; J. Holmberg 1916; Kotin 1993; 1997; 1998; Kuroda 1997; Lawson 1958; Löffler 1915; Lühr 1997b; Lussky 1924; Mausser 1933, 983–985; Meyer 1906, 7–18; Morris 1991; Mossé 1938; Öberg 1907; Orton 1951; Oubouzar 1974; 1997b; Paul 1902; Rick 1905; Saltveit 1962; Scaffidi-Abbate 1981; Schröbler/Prell 2007 § S 8–13; 21–26, 28; 306; Speyer 2018b; Twaddell 1930; Valentin 1987; 1999; Vañó-Cerdá 1997; Vogel 2006; E. Weiss 1956; Wilmanns 1906, 134–180; Zadorozny 1974; Zieglschmid 1929b.

Anm. 1. Zu nominalen Prädikativa (Prädikatsnomen) s. § 32. 39. 153:10. Zu Verben, die qua Valenz eine infinitivische Ergänzung fordern, s. § 201–203.

Anm. 2. Einzelne Verbindungen mit *tuon* und Infinitiv, *er tuot aber die uuarten an dien er ist* ‘er blickt auf die, bei denen er ist’ Np 202,15 f. [183,3 f.] oder *suehhan tatut hir stanch unsaran* (*Fetere fecistis odorem nostrum*) Gl 1,335,22 f. (9. Jh.), können möglicherweise als Frühbelege einer *tun*-Periphrase interpretiert werden. In dem zitierten Glossenbeleg kann der Infinitiv jedoch auch als zweites Objekt zu *tatut* (< lat. *fecistis*) analysiert werden.

5.2.1. *sîn/wesan* mit Partizip Präsens

Lit.: Abraham 2016; Eckert 1909; Soeteman 1948; Schröbler/Prell 2007 § S 28; Wilmanns 1906 § 90.

Die Fügung des Part. Präs. mit 'sein' zeigt in den ahd. Quellen ein uneinheitliches **§ 121**
Bild: Während bei Otfrid die Verwendung dieser Periphrase vornehmlich verstechnisch, also durch Erfordernisse der Assonanz und des Reims bedingt zu sein scheint (vgl. Hoffmann 1967, 27–45), dient sie in Übersetzungen zur analytischen Wiedergabe verschiedener synthetischer Verbalformen des Lateinischen.

Insgesamt sind Fügungen aus 'sein' und Part. Präs. als erweiterte Präsensformen zu verstehen, was sich auch durch eine metasprachliche Äußerung bei Notker, die sich allerdings auf das Lateinische bezieht, stützen lässt: *Nihil enim differt dicere, uel hominem ambulare. uel hominem ambulantem esse. An iro gat tir eines zechedenne. homo ambulat. alse homo ambulans est* Ni 560,24–27 [75,3–5]. Das wird auch dadurch bestätigt, dass ein und derselbe lat. Satz sowohl durch einfaches Präsens als auch durch eine Fügung mit dem Part. Präs. wiedergegeben werden kann: *allero uuorto unbidarbero diu man sprehhant* MF 6,21 f. *iogiuuelih uuort unnuzzi thaz man sprehhenti sint* (*omne uerbum otiosum quod locuti fuerint homines*) T 213,13 f.

Unabhängig von Erfordernissen des Reimes oder einer Beeinflussung durch lat. Verbalformen erscheint die Konstruktion bei (durativen) Verben, die ein sich in der Zeit vollziehendes Geschehen, einen Dauerzustand oder eine generell gültige Tatsache zum Ausdruck bringen.

er was thiononti thar gote filu manag jar O 1,15,2. – *Bidhiu huuanda dhazs ziuuaare ist ubarhepfendi angilo firstandan ioh iro chiuuizs* (*Ideoque quod etiam super angelorum intellegentiam atque scientiam est*) Is 3,2–5; *bidhiu huuanda imu elliu himilo endi aerdha chiscafti sindun dheonondiu* (*quia cuncte celi terręque creaturę illi deseruiunt*) 24,19–21; *dhes dheodun endi liudi bidande uuarun* (*quem gentes et populi expectabant*) 35,6 f. – *So muost tu sorgende sin* Nb 163,14 f. [137,19 f.]; *Vuanda sie in gemeitun uuizzende uuaren* Np 270,17 f. [240,13].

1. Bei Otfrid besteht in der überwiegenden Zahl der Fälle Assonanz bzw. Reim (Behaghel 1924 § 762, Anm.: „ein bequemer Reimbehelf") mit einem korrespondierenden auf *-i*, *-ti* oder *-nti* auslautenden Wort.

thaz er ist io in noti gote thiononti OI 66; *sia ist engilo menigi in himile erenti* 1,2,32; *ist sineru giburti sih worolt mendenti* 1,4,32; *thie in sineru gisihti sint io stantenti* 60; *ju manageru ziti ist daga leitenti* 5,60; *ist er zi gotes henti wola cherenti* 4,37; *thiu zuht was wahsenti in druhtines henti* 9,40; *was er mo avur sagenti thaz selba arunti* 58.

Anm. 1. In einigen Fällen stimmt das Part. Präs. nicht zum eigentlichen Bezugswort, sondern zu einem Reimwort: *Thaz ih lob thinaz si lutentaz* O 1,2,5. – *Warun siu bethiu gote filu* *drudu joh iogiwar sinaz gibot fullentaz, Wizzod sinan io wirkendan* 4,5–7 (vgl. Nemitz 1962, 421).

2. In Übersetzungstexten liegen vielfach entsprechende lat. Konstruktionen mit dem Part. Präs. zugrunde.

Unflektiert: In den weitaus meisten Fällen ist das Part. Präs. unflektiert: *mit imu uuas ih dhanne al dhiz frummendi* (*cum eo eram cuncta componens*) Is 1,7–9. – *huuanta siu in hreinnissu ira muot ist festinonti* (*quia in amore munditiae mentem solidans*) MF 30,9. – *soso uuarun in then tagon êr theru fluoti ezzenti inti trinkenti hiienti inti zi higi selenti* (*Sicut enim erant in diebus ante diluuium comedentes et bibentes nubentes et nuptum tradentes*) T 523,31–525,3. – *ibu edo suahhantj ist farstantanti. cotan* (*si est intellegens aut requirens dominum*) BR 145,17 f. – *so ist in erdo Got uber sie irteilende* (*utique est deus iudicans eos in terra*) Np 221,5 f. [199,6 f.]; *Du bist uuunderlicho irscinende fone den euuigen bergen* (*Illuminans tu mirabiliter a montibus ęternis*) 304,17–19 [269,24 f.]. – *Got anasehente* (Np: *die sint uidentes deum*) Npgl 303,20 [269,8].
Flektiert: *Ni sindun firstandande* (*Non intellegentes*) Is 30,6. – *sie uuarun giuueigite inti ligente samaso scaf* (*erant uexati et iacentes sicut oues*) T 165,28 f.

3. Vereinzelt wird auch einfaches Präsens wiedergegeben.

thanne sint manage bisuihane inti untar zuisgen sih selenti (*Tunc scandalizabuntur multi et inuicem tradent*) T 513,29 f.

4. Wiedergabe einer lat. Passivform

uuarun samant stozonti chind in inneode (*Conlidebantur filii in utero*) Gl 1,316,66 f. (9. Jh.).

Darüber hinaus wird die Fügung zur Wiedergabe unterschiedlicher lat. Verbalformen verwendet, die keine direkte formale Entsprechung in der Volkssprache haben.

5. Deponentia

Unflektiert: *thi thaz gihorenti uuarun es gifehenti* (*Qui audientes gauisi sunt*) T 549,9 f. – *urchundonti pim* (*Testatus sim*) Gl 1,311,13 (9. Jh.). – *uuela niozanti uuarun* (*Bene usi sunt*) Gl 316,32 (9. Jh.); *heriberagonti uuarun* (*castra metati sunt*) 335,43 (9. Jh.). *uuarin zilenti* (*molirentur*) 474,17 (9. Jh.).
Flektiert: *dhen selbun sindun dheodun bitdande* (*Ipsum gentes deprecabuntur*) Is 43,3 f. – *ketrostanter pist mih* (*consolatus es me*) BR 235,15. – *Inti uuarun imo folgente* (*et secuti fuerant eum*) T 117,19. – *So ist ouh note sin uuizentheit uuesendiu. an dero einfaltun gagenuuerti. uberstigendiu. allen uuehsel zites* (*Scientia quoque eius supergressa omnem motionem. i. cursum temporis. manet in simplicitate suę presentię*) Nb 352,24–26 [265,9 f.]. – *zua kihencante uuarun* (*Adsensi sunt*) Gl 1,636,53 (9. Jh.).

6. Futur II

dhazs druhtin dhir ist huus zimbrendi (*quod ędificaturus sit domum tibi dominus*) Is 37,8 f. – *thu pist ther kiuuissemu zite kepenter enti uueralti* (*Tu es qui certo tempore daturus finem se-*

culi) H 24,15,1 f. – *allero selono ist er kebanteer rediun (omnium animarum erit. redditurus rationem)* BR 113,4 f. – *Endi geltanti sint fona gitatem eiganem redina (et redduturi sunt de factis propriis)* WK 105 f. – *thie dar after mir quementi ist (qui post me uenturus est)* T 105,13. – *ezzanter ist liut (Commessurus est populus)* Gl 1,410,9 f. (9. Jh.).

Anm. 2. In der Funktion eines Futur II (abgeschlossene Handlung in der Zukunft), aber ohne entsprechende formale Grundlage im lat. Text erscheint die Fügung in *quatun uuidar ihesuse daz sie inan za tode sellenti uuarin (querebant falsum testimonium contra ihesum ut eum morti traderent)* MF 23,23 f. Vgl. aber die Übersetzung desselben lat. Wortlauts *suohtum luggu urcundi uuidar themo heilante thaz sien tode saltin* T 615,12–14.

7. Gerundivum

endi bihuuiu man in iudases chunnes fleische christes bidendi uuas (et quia de tribu iuda secundum carnem christus expectandus esset) Is 34,8–11.

5.2.2. *werdan* mit Partizip Präsens

Diese Verbindung kommt vereinzelt mit inchoativer Bedeutung vor (für das Mhd. vgl. Schröbler/Prell 2007 § S 28). **§ 122**

tho ward mund siner sar sprehhanter O 1,9,29; *sehenti auur wurti* 3,20,122. – *nu uuirdist thu suigenti inti nimaht sprehhan (eris tacens et non poteris loqui)* T 69,17 f. – *Vuanda sie in gemeitun uuizzende uuaren unuuizzende uuerden sie* Np 270,18 [240,13]. – *daz die die nu nieht nigisehent gisehente uuerden* Npw 312,23 f. (*vt qvi non vident videant* Np 569,2 f. [503,7 f.]). – *der dar gesehende uuart* (Np: *qui erat illuminatus*) Npgl 471,27 [413,7].

5.2.3. *sîn/wesan* mit Partizip Präteritum

Die Periphrase ‘sein’ + Part. Prät. hat bei intransitiven Verben, die ein Verharren, einen Orts- oder Zustandswechsel implizieren, temporalen Charakter. Das betreffende Geschehen ist in der Vergangenheit abgeschlossen oder dauert als sich daraus ergebender Zustand an (zu *habên* und *eigan* mit Part. Prät. § 129). **§ 123**

Lit.: Behaghel 1924 § 643–654; Dal/Eroms 2014 § 96f; Ebert 1978, 57–60; Eichinger 1987b; Erdmann 1886 § 148–155; Eroms 1990; 1992; Th. A. Fritz 1994; Grønvik 1986; Kaufmann 1912; Kotin 1998; 2000; Kuroda 1999; 2011; Löffler 1915; Orton 1951; Rupp 1956; Schröbler/Prell 2007 § S 22. 24; Schröder 1955; 1957; 1957/58; Wilmanns 1906 § 75; Wunderlich/Reis 1924, 201–120; Zieglschmid 1929a; b.

In den meisten Fällen ist das Part. Prät. unflektiert, doch treten im älteren Ahd. auch einige flektierte Formen auf.

1. Präsentische Formen von ‘sein’

Unflektiert: *diu marha ist farprunnan* Musp 61. – *theih bin fon tode irstantan* O 5,7,60. – *dhazs fona dhemu almahtigin fater dhurah inan ist al uuordan* (*quando a patre per illum cuncta creata esse noscuntur*) Is 1,15–17. – *fram ist gigangan in ira tagun* (*processit in diebus suis*) T 69,12. – *mine chrefte sint mir infallen* (*omnes uirtutes ... transgressae sunt*) Np 15,5 [19,19].
Flektiert: *Uns sint kind zi beranne ju daga furifarane* O 1,4,51. – *unseru liohtfaz sint erlosganu* (*lampades nostre extinguntur*) T 531,23 f.
Unflektierte neben flektierter Form: *In dhemu heilegin daniheles chiscribe ist umbi dhea christes chumft ęrnustliihho araughit endi iaar arzelidiu* (*In danihelo igitur tempus aduentus eius certissime ostenditur et anni numerantur*) Is 25,11–13.

Anm. Die Konstruktion kann zur Wiedergabe eines lat. Deponens dienen: *nolas hera in pist kikangan uzzan du dana nemęs* (*non ingredieris huc nisi abstuleris*) Gl 1,426,3–5 (9. Jh.).

2. Präteritale Formen von ‘sein’

Unflektiert: *thaz thar giquetan uuas* (*quod dictum est*) T 83,27. – *ther zuelifto uuas gisuichan* O 4,12,58. – *daz ellende imo gescehen uuas* Np 242,3 f. [216,26].
Flektiert: *After thiu tho argangana uuarun ahto taga* (*postquam consummati sunt dies octo*) T 89,6 f.

§ 124 In Übersetzungen basiert ahd. ‘sein’ mit dem Part. Prät. transitiver Verben vielfach (jedoch nicht ausschließlich) auf lat. Passivformen. Die Partizipien erscheinen sowohl unflektiert als auch flektiert, wobei insgesamt die unflektierten Formen überwiegen.

Unflektiert: *des e tages gitan si* Bas. Rez 13. – *Kuning uuas eruirrit Thaz richi al girrit* Ludw 19. – *der uuarch ist kiuuafanit* Musp 39. – *Uuie michiliu ist de din giuuizida, Christ, fone mir ce dir gitan* Psalm 11 f. – *Theiz wari so gisprochan, ni wurti wiht firbrochan* O 4,29,17. – *weo her gimenit ist* (*qomodo ab illo est mannitus*) LexSal 18. – *ioh fona allem himilfleugendem ist siu chiborgan* (*et a uolucribus caeli absconsa est*) Is 2,16–18. – *uuas in untarthiutit* (*et erat subditus illis*) T 101,10. – *daz aer ganidrit uuas* (*quod damnatus esset*) MF 23,27 f. – *bihiu ni uuari thu githuuagan eer goumu* (*quare non baptizatus esset ante prandium*) T 267,6 f. – *Iro apostolatus ist harto gefestenot* (*Valde confortati sunt principatus eorum*) Np 579,10 f. [513,17]. – *ist echert ter fierdo teil besezen fone uns chunden menniskon* (*quę incolatur a cognitis nobis animantibus*) Nb 111,8 f. [96,13 f.].
Flektiert: *sose gelimida sin* Mers 2,9. – *Sibunzo uuehhono sindun chibreuido* (*Lxx ebdomadae adbreuiatę sunt*) Is 25,22–26,1. – *oh dea kaladote uuarun niuuarun es uirdige* (*sed qui inuitati erant non fuerunt digni*) MF 15,18 f. – *Ther infanganer ist fona heilegemo geiste* (*qui conceptus est de spiritu sancto*) WK 48 f. – *nu sint siu giborganiu fon thinen ougon* (*nunc autem abscondita sunt ab oculis tuis*) T 395,30 f.
Bei Otfrid im Reim: *Junger joh alter – tharana si er gizalter* O 1,11,9; *mit in ist io mit ebinu thiu tunicha giwebinu* 4,29,14.

5.2.4. *werdan* mit Partizip Präteritum

Die 'werden'-Periphrase tritt als analytisches Passiv bei transitiven Verben auf. **§ 125**

Lit.: Behaghel 1924 § 645–654; Dal/Eroms 2014 § 97 f.; Ebert 1978, 61–64; Eroms 1990; 1992; Th. A. Fritz 1997; Grønvik 1986, 23 f.; Kotin 1998; 2000; 2003; Kuroda 2008c; Löffler 1915; Orton 1951; Rupp 1956; Schröbler/Prell 2007 § S 23; Schröder 1955; Wilmanns 1906 § 74.

In Übersetzungstexten entsprechen sich vielfach ahd. Periphrasen mit *werdan* plus Part. Prät. und (synthetisches) lat. präsentisches Passiv sowie ahd. *sîn/wesan*-Periphrasen und lat. *esse* plus Partizip Perfekt Passiv.

Anm. Intransitives *quhoman* 'gekommen' in Verbindung mit *werdan* erscheint z.B. in *huueo auh fona abrahames samin uuardh quhoman druhtin iesus christus* (*quod autem ex semine Abraham futurus esset dominus iesus Christus*) Is 32,22–33,2 (zu dieser Konstruktion Dal 1959; Eggers 1987; Grønvik 1986, 19–23).

Wie im Fall von *sîn/wesan* mit Part. Prät. (s. § 123) werden im älteren Ahd. auch bei *werdan* mit Part. Prät. sowohl flektierte als auch unflektierte Partizipialformen verwendet, doch überwiegen auch hier die unflektierten Formen deutlich.

Unflektiert: *du uuart demo Balderes uolon sin uuoz birenkit* Mers 2,2. – *Christ uuart gaboren êr uuolf ode deiob* Wiener Hds 1. – *denne uuirdit untar in uuic arhapan* Musp 39. – *So thaz uuarth al gendiot* Ludw 9. – *theiz ni wurti irfuntan thaz druhtin was irstantan* O 4,37,28. – *dhemu izs firgheban uuard* (*cui constitutum est*) Is 10,6 f. – *enti mannes sunu uuirdit kaselit* (*et filius hominis traditur*) MF 21,17. – *thaz her uuvrdi gitoufit fon imo* (*ut baptizaretur ab eo*) T 111,17 f. – *Min munt uuerde irfullet mit lobe* (*Repleatur os meum laude*) Np 277,22 [246,12 f.]. – *do dise uuurden cęcati* (Npgl: *irblendit*) Np 341,22 [302,16].
Flektiert: – *in dhemu daghe uuerdhant manego dheodun chisamnoda zi druhtine* (*adplicabuntur gentes multę ad dominum in die illa*) Is 12,2–4. – *forlazseno dhir uuerdant dino suntea* (*remittuntur tibi peccata tua*) MF 1,9 f. – *sine ebanscalka ... gitruobte uurdun* (*conserui eius ... contristati sunt*) T 333,17. – *fartribaner uuirdit* (*Condemnabitur*) Gl 1,275,38.

Anm. 3. Bei Otfrid stehen flektierte Partizipien mehrmals im Reim: *Tho ward thaz wort sinaz zi lichamen gidanaz* O 3,21,17. Es können weitere metrische Faktoren den Ausschlag gegeben haben: Im Fall von *Thaz sie in then gizitin biwollane ni wurtin* O 4,20,5 wird durch den vokalischen Wortausgang *-e* das Zusammentreffen von aus- und anlautendendem *n* (**biwollan ni*) vermieden. In *thaz si alang mit giwurti gihaltinu wurti* O 4,29,16 bewirkt die flektierte Form (vokalischer Wortausgang *-u*) eine Senkung.

Anm. 4. Lat. *factus / factum / effectus est* wird in Is mehrmals mit *uuardh (chi)uuordan* wiedergegeben: *huueo got uuard man chiuuordan christ gotes sunu* (*quia Christus filius dei deus homo factus est*) Is 21,15–17. Ebenso: 22,6. 19; 24,7.26; 37,5. Ferner: *uuordan uuardh chihoric untazs zi dode* (*effectus est oboediens usque ad mortem*) Is 11,17. Vgl. zu dieser Konstruktion Eggers 1987; Kuroda 2008c.

5.2.5. Äquivalenz von *werdan* und *sîn/wesan* mit Partizip Präteritum

§ 126 Die 'werden'- und die 'sein'-Periphrase werden in älteren Quellen vielfach gleichwertig als Passivperiphrase verwendet. Diese Äquivalenz beider Varianten zeigt sich in einer erheblichen Anzahl aussagegleicher Verwendungen in verschiedenen Texten (insbesondere Monseer Fragmente und Tatian), mehrmals sogar innerhalb ein und derselben Quelle.

biswihhan: *the farisei gihortemo uuorte sint bisuuichane* (*scis quia pharisei audito uerbo scandalizati sunt*) T 271,9 f. – Aber: *Inti oba sie alle bisuihane uuerdent in thir ih nio in altere niuuirdu bisuihan* (*si omnes scandalizati fuerint in te ego numquam scandalizabor*) T 565,8–10.
bitrogan: *Tho herodes gisah uuanta her bitrogan uuas fon then magin* (*Tunc herodes uidens quoniam Inlusus esset a magis*) T 97,6 f. Aber: *So Herod ther kuning tho bifand, thaz er fon in bidrogan ward* O 1,20,1.
bitân bzw. *bislozzan*: *inti bislozzano uuarun thio duri* (*et clausa est ianua*) T 533,4. Aber: *enti uuarth bitaan diu porta* (dass.) MF 20,17.
firlâzan 'vergeben': *sint thir furlazano sunta* (*dimittuntur tibi peccata*). Aber: *forlazseno dhir uuerdant dhino suntea* MF 1,15 (dass.) T 193,24.
firnidaret: *nicuret fornidaren thaz ir nisit fornidarite* (*Nolite condemnare et non condemnabimini*) T 157,20 f. Aber: *inti fon thinen uuorton uuirdistu fornidarit* (*et ex uerbis tuis condemnaberis*) 213,17.
giborgan: *fona allem himilfleugendem ist siu chiborgan* (*et a uolucribus caeli absconsa est*) Is 2,16–18. – *nu sint siu giborganiu fon thinen ougon* (*nunc autem abscondita sunt ab oculis tuis*) T 395,30 f. Aber: *nimag burg uuerdan giborgan* (*non potest ciuitas abscondi*) 137,19.
gifullit 'erfüllt, verwirklicht': *thaz uuari gifullit thaz thar giquetan uuas* (*ut adimpleretur quod dictum est*) T 83,27. Aber: *thaz uuvrdi gifullit thaz giquetan uuas* (dass.) 185,15 f.
giboran: *uuar christ giboran uuari* (*ubi christus nasceretur*) T 93,22 f. Aber: *war er giboran wurti* O 1,17,13.
giheilit: *inti uuas tho giheilit ira tohter fon dero ziti* (*et sanata est filia illius ex illa hora.*) T 273,31 f. Aber: *uuard tho giheilit ther kneht in thero ziti* (*et sanatus est puer in illa hora*) 183,7.
irhangan 'gekreuzigt': *thar der heilant erhangan uuas* (*ubi crucifixus est ihesus*) T 641,1. Aber: *thar her arhangan uuard* (*ubi crucifixus est*) 655,3. – *dar der heligo Christ ana arhangan uuard* Musp 101.
gileitit: *tho ther heilant uuas gileitit in uuvostinna fon themo geiste* (*Tunc ihesus ductus est in deserto a spiritu*) T 113,21 f. Aber: *Gileitit ward tho druhtin Krist, thar ein einoti ist* O 2,4,1.
ginant: *thes hoisten sun ist ginemnit* (*filius altissimi uocabitur*) T 71,19 f. Aber: *uuanta her nazareus uuirdit ginemnit* (*quoniam nazareus uocabitur*) 99,7.
gioffanôt: *thaz sin gioffonot unsariu ougun* (*ut aperiantur oculi nostri*) T 389,16. Aber: *gioffanot uurdun iro ougen* (*aperti sunt oculi eorum*) 675,11.
giquetan 'ge(weis)sagt': *daz kaquetan ist durah hieremiam den forasagun* (*quod dictum est per hieremiam prophetam*) MF 24,10 f. – *tho uuas gifullit thazdar giquetan uuas* (dass.) T 621,4. Aber: *dhaz gaquetan uuart durah forasagun esaiam* (dass.) MF 5,4. – *dhazs sus chiquhedan uuardh* (*quod dictum est*) Is 38,8 f.

gisâit: **** in dea dorna ist gasait* (*Qui autem est seminatus in spinis*) MF 9,16. Aber: *Daz auuar in steinac uuarth ghasait* (*Qui autem super petrosa seminatus est*) 9,11.
gitoufit: *tho gitoufit uuas al thaz folc* (*cum baptizaretur omnis populus*) T 111,29 f. Aber: *inti al iudęa inti al thiu lantscaf umbi iordanem. inti uuvrdun gitoufte in iordane* (*et omnis iudęa et omnis regio circa iordanem et baptizabantur in iordane*) T 105,30–32. – Beide Varianten in einem Satz: *mugut ... toufi in theru ih gitoufit uuirdu ir gitoufit uuesan* (*potestis ... baptismum quo ego baptizor baptizari*) T 381,10–13.
gitruobit: *inti gitruobte uuarun thrato sie* (*et contristati sunt uehementer*) T 315,9. – *Sie wurtun al giruarit, in muate gidruabit* O 2,3,35.
gitân 'erschaffen': *enti ano inan nist eo uuiht katanes* (*et sine ipso factum est nihil*) MF 27,10. Aber: *ueralt uuard thuruh inan gitan* (*mundus per ipsum factus est*) T 103,25.
giwîhit: *kauuihit si namo din* (*Sanctificetur nomen tuum*) Freis. Pn A 10. Aber: *kœuuihit uuerde din namo* Freis. Pn B 10.
giwuntôt: *Thaz deta druhtin thuruh thaz, want er giwuntoter was* O 5,11,23. Aber: *Want er ward thar giwaro giwuntot filu suaro* 25.

Anm. Deutlich wird die Äquivalenz von *werden* und *wesan* in Passivumschreibungen an einer Stelle in den Murbacher Hymnen, an der sich der Übersetzer offensichtlich nicht für eine der beiden Passiv-Varianten entschied (entscheiden konnte?) und deshalb schreibt *naht suarziu giu fartripan ist uuirdit* (*Nox atra iam depellitur*) H 5,2,1.

Eine systembasierte Opposition von *wesan*- und *werdan*-Passiv ist im Ahd. demzufolge nicht gegeben. Aspektbezogene Funktionszuweisungen auf der Grundlage ausgewählter Einzelbelege müssen daher skeptisch gesehen werden.

5.2.6. *werdan* mit Infinitiv

Als mögliche früheste Belege für futurisches *werdan* mit Infinitiv im Ahd. können nur zwei Fälle aus den Rheinfrk. Cant in Anspruch genommen werden (vgl. AG I § 301 Anm. 2), nämlich 1. *ne helle begien uuirdit dir* (*non infernum confitebitur tibi*) 301,1 f. und 2. *lebendiger lebendiger selbu begien uuirdit dir* (*Uiuens uiuens ipse confitebitur tibi*) 4–6. Diese Fälle können auch als Versuche gewertet werden, das lat. Deponens wiederzugeben (zu diesen Belegen auch Saltveit 1962, 187). § 127

Anm. 1. Die Otfrid-Stelle *thaz giscrib min wirdit bezira sin, buazent sino guati thio mino missodati* 5,25,45 f. wurde gelegentlich als *werden*-Futur missverstanden (Saltveit 1962, 185, übernommen in Schrodt 2004, § 4, auch in der TITUS-Annotation). Bei *sin* (= *sîn*) handelt es sich jedoch um das genitivische Pronomen, nicht um die damit homonyme Verbform. Die Stelle ist sinngemäß zu übersetzen 'mein Werk wird besser durch ihn (= *sîn*), wenn seine Vollkommenheit meine Unfähigkeit ausgleicht'.

Ein weiterer scheinbarer Beleg findet sich bei Notker: *gehore unsih so uuirdo ih anahareen* Np 63,2 f. Die Lesart in der Ausgabe von Piper ist zwar korrekt wiedergegeben, wie eine Überprüfung anhand des Digitalisats der Hs. (Cod. Sang. 21, pag. 61) zeigt. King/Tax 61,14 emendieren jedoch wohl zurecht in Übereinstimmung mit Npw 54,28 f. zu *so uuir dih anaharen*.

Auch die Stelle Npw 219,27 f. *unde danne geberen uuirt dei uuerh*, für die Np keinen parallelen Wortlaut bietet, ist kein Beleg, denn nur die Editionen von Piper (hier zitiert) und Heinzel/Scherer 1876, 189 emendieren *uuirt* für *uuir* der Hs., was in letztgenannter Ausgabe auch in einer Fußnote vermerkt ist. Demnach ist *geberen* 1. Plur. Präs., nicht Inf. Es ist jedoch zu konzedieren, dass die emendierte Lesart Sinn ergäbe.

5.2.7. *sîn* mit Infinitiv

§ 128 Eine vereinzelte Umschreibung dieses Typs (nach lat. Muster) liegt vor in *Siechen doh er nesi. daz ist kelogen. Nesiechen ist uuar* (*Languere etenim cum non sit. falsum est. non languere autem uerum*) Nb 483,15 f.

5.2.8. *habên* und *eigan* mit Partizip Präteritum

§ 129 Gefüge mit *habên* und *eigan* und Part. Prät. werden in Umschreibungen mit transitiven Verben und bei durativen intransitiven Verben, die weder ein Verharren noch einen Orts- oder Zustandswechsel bezeichnen, als Perfektperiphrase verwendet. Vgl. AWB 3,103 f. (*eigan*), 4,564–569 (*habên*). Zum Verhältnis beider Hilfsverben, die synchron gesehen ein Suppletivparadigma bilden, vgl. AG I § 371.

Lit.: Behaghel 1924 § 697–700; Dal/Eroms 2014 § 96; Froschauer 2014; Grønvik 1986, 30–45; Kotin 2000; Kuroda 1999; 2011; Paul 1902; Wilmanns 1906 § 78; Wunderlich/Reis 1924, 258–298; Zieglschmid 1929a.

1. Periphrase mit *habên*
   a) Häufig belegt ist *habên* mit dem unflektierten Part. Prät. eines transitiven Verbs.

   dar scal er uora demo rihhe az rahhu stantan, pi daz er in uuerolti eo kiuuerkot hapeta Musp 35 f. – *Unsar trohtin hat farsalt sancte Petre giuualt* Petrusl 1. – *daz ih heilegan sunnundag unde andere heilege daga so negiuiroda noh so nogeroda, sose got habet gibodan* Reich. B 9 f. – *Then tod, then habet funtan thiu hella joh firsluntan* O 5,23,265. – *anderu fimui* [sc. *talenta*] *ubar thaz haben gistriunit* (*alia quinque super lucratus sum*) T 535,5 f. – *Vuanda du habest irslagen, daz chit tu habest kesuueiget alle, die mir be unrechte uuidere uuaren* (*Quoniam tu percussisti omnes aduersantes mihi sine causa*) Np 8,23–25 [14,4–6]. – *ze uuelichen gnadon si siu praht habet* PrSA 1,27. – *daz er sia gesueigit habeti* (*Quod silentium imposuisset*) Gl 1,716,38 f. (11. Jh.).

   b) Seltener, belegt ist die Verbindung mit flektiertem Part. Prät.

   Iz habet ubarstigana in uns jugund managa O 1,4,53; *er habet in thar gizaltan drost managfalten* 4,14,55 (die flektierte Form steht jeweils im Reim). – *phigboum habeta sum giflanzotan* (*arborem fici habebat quidam plantatam*) T 341,10 f.; *sela habes managiu guot gisaztiu in managiu iar* (*anima habes multa bona posita in annos plurimos*) 355,12–14; *thin mna thia ih habeta gihaltana in sueizduohhe* (*mna tua quam habui repositam in sudario*) 541,4–6. In allen drei Fällen gibt die lat. Vorlage die Struktur mit flektiertem Part. Prät. vor.

Anm. Im Fall von *Er habet alegaro gespannenen sinen bogen* (*Arcum suum tetendit et parauit illum*) Np 19,5 f. [23,15] zeigt die Parallelüberlieferung Npw 17,5 die unflektierte Form: *er habet al garo gespannen sinen bogen*. Die Variante in Np könnte als Schreiberversehen (Dittographie) erklärt werden.

2. Periphrase mit *eigan*
   Im früheren Ahd. und auch bei Notker werden Perfektperiphrasen auch mit *eigan* und unflektiertem Part. Prät. gebildet.

Unflektiert: *Heigun sa Northman Harto biduuungan* Ludw 24. – *thaz eigun wir ouh funtan* O 3,5,1. *ir den christanun namun intfangan eigut* (*qui christianum nomen accepistis*) Exh B 4 f. – *uuieo sie mih fertiligot heigin* Np 122,14 f. [113,25 f.]. Notker bietet eine Reihe weiterer Belege (vgl. AWB 3,103 f.).
Flektiert: *Sie eigun mir ginomanan liabon druhtin minan* O 5,7,29. Dieser einzige Beleg bei Otfrid verwendet die flektierte Form im Reim.

5.2.9. Zeitstufenrelation

Die Etablierung periphrastischer Tempusformen eröffnete bereits im Ahd. ansatzweise die Möglichkeit, in komplexeren Aussagen die zeitliche Abstufung von Gegenwart und Vergangenheit bzw. Vergangenheit und Vorvergangenheit durch die komplementäre Verwendung von Präsens und Perfekt bzw. Präteritum und Plusquamperfekt zum Ausdruck zu bringen (s.a. § 118). **§ 130**

Lit.: Behaghel 1924 § 712; Kuroda 2005.

1. Relation Präsens – Perfekt

denne der paldet (Präs.) *der gipuazzit hapet* (Perf.) Musp 99. – *Du hapest mir de zungun so fasto piduungen* (Perf.), *daz ih ane din gipot ne spricho* (Präs.) *nohein uuort* Psalm 9 f. – *Thoh habet er mo irdeilit joh selbo gimeinit* (Perf.) *thaz er nan in beche mit ketinu zibreche* (Präs.) O 1,5,58. – *Vnde nu habest du gefestenot* (Perf.) *an mir dina hant. Ih pin* (Präs.) *nu in dinemo geduuinge* (*Et confirmasti super me manum tuam*) Np 37,7–9 [125,12 f.].

2. Relation Präteritum – Plusquamperfekt

er selbo meinta (Prät.) ... *thaz er tho biliban war* (Plqu.) O 3,23,48. – *After thiu tho argangana uuarun* (Plqu.) *ahto taga ... uuard imo ginennit* (Prät) *namo heilant* (*Et postquam consummati sunt dies octo ... uocatum est nomen eius ihesus*) T 89,6–8; *mit thiu her uuard giuuortan* (Plqu.) *zuelif iaro ... uuoneta* (Prät.) *ther kneht heilant in hierusalem* (*et cum factus fuisset annorum duodecim ... remansit puer ihesus in hierusalem*) 99,13–18. – *Romanum imperium ha-*

beta io dannan hina ferloren (Plqu.) *sina libertatem. Aber doh gothi uuurten* (Prät.) *dannan uertriben fone narsete patricio* Nb 6,11 f. [6,6 f.]. – *Do abo ih uuanta* (Prät.), *daz ih daz ih mit obędientia praedicationis … mih imo hate genahet* (Plqu.) Will 81,5–7 [155,16–20].

5.2.10. Modaler Infinitiv

§ 131 Die Verbindungen von *habên* und *eigan*, *wesan* und *werdan* mit dem präpositionalen Infinitiv bringen Modalitäten (Möglichkeiten, Verpflichtungen oder Notwendigkeiten) bzw. deren Negation zum Ausdruck.

Lit.: Dal/Eroms 2014 § 85–87; A. Jäger 2013.

1. Periphrase mit *sîn*/*wesan*

Möglichkeit: *In thiu, quad, wari follon zi erkennen mannon, thaz er got forahta* O 2,9,55 f. – *Huuedar ist gazelira zaquedanne* (*Quid est facilius dicere*) MF 1,14. – *der ist unsemftero ze findenne danne diu uuarheit* Np 582,18 f. [516,7 f.]. – *Er ist uns suare ana zesehenne* (Np: *gravis est nobis etiam ad vivendum*) Npgl 133,10 [123,15 f.].
Verpflichtung, Notwendigkeit: *Nist iu … thaz zi wizzane* O 5,17,5. – *Dhar ist auh in dhemu gotes nemin fater zi firstandanne* (*Ibi in dei uocabulo pater intellegitur*) Is 16,4 f. – *mittes takes za petonne ist christ za pittanne ist* (*Meridię orandum est, christus deprecandus est*) H 17,1,1 f. – *mannes sun ist zisellenne. in hant manno* (*filius hominis tradendus est in manus hominum*) T 315,6. – *so ist fore allen dingen daz ze bedenchenne* Np 434,7 [380,26–381,1]. – *Daz eina ist abo hie ze merchene* Will 49,2 [91,33–93,1].

2. Periphrase mit *werdan*

Notwendigkeit: *Êr daz so ergang. êr uuirt temo oratori zegeougenne die meisterskaft sines gechoses* Nb 71,21 [60,30–61,1]; *Tar an dero stete uuirt tes cnoto uuara zetuonne* (*In quo illud est animaduertendum magis*) 147,8 [125,5 f.].

3. Periphrase mit *habên*

Möglichkeit: *managu haben ih. fon iu zisprehhanne inti zituomenne* (*multa habeo. de uobis loqui et iudicare*) T 443,20–22.
Verpflichtung, Notwendigkeit: *Haben ih zi klagonne joh leidalih zi sagenne* O 5,7,23. – *simon ih haben thir sih uuaz ciquedanne* (*Simon habeo tibi aliquid dicere*) T 487,16 f. – *Uuaz habo ih nu fone dien lugebrieuen zesagenne* (*quid attinet de compositis falso literis dicere*) Nb 31,3 f. [25,10 f.]; *spiritus sanctus … fraget des sie zefragenne habent* Np 394,21 f. [348,3 f.].

4. Periphrase mit *eigan*

Verpflichtung, Notwendigkeit: *zi sorganne eigun wir bi thaz* O 5,19,2. – *Ci thes cumfti alle man ci arstandanne eigun mit lichamon iro* (*Ad cuius adventum omnes homines resurgere habent*) WK 104 f.

5.2.11. Ansätze zu Periphrasen mit Modalverben

Das Germanische verfügte über kein synthetisches Futur. Zum Ausdruck der Zukünftigkeit diente das Präsens (s. § 113:2). Als zukunftsbezogen lassen sich jedoch auch Gefüge mit den Modalverben *skulan*, seltener *wellen*, verstehen, die implizit zum Ausdruck bringen, dass das betreffende Ereignis noch nicht realisiert ist. Dabei kann sich eine futurische Lesart ergeben. Eine eindeutige Abgrenzung der modalen von der temporalen Bedeutung ist jedoch nicht möglich. **§ 132**

Lit.: AG I § 301, Anm. 2; Axel 2001; Behaghel 1924 § 689; Ebert 1978, 60; Erdmann 1886 § 142; Lawson 1958; Lühr 1997b; c; d; Luther 2013; Pfefferkorn 2005; Schröbler/Prell 2007 § S 34; Scaffidi-Abbate 1981; Wunderlich/Reis 1924, 243–258.

1. Periphrase mit *skulan*

nu scal mih suasat chind suertu hauwan Hl 53. – *denne scal manno gilih fona deru moltu arsten* Musp 81. – *wanta ist firholan iuih al, wanne druhtin queman scal* O 4,7,54. – *Rehte gesehent hier in uuerlte, uuaz imo gescehen sol in enero uuerlte* Np 200,26 f. [181,18 f.]. – *unte ouh acerbitas persecutionum beran scal maturitatem praemiorum* Will 73,8 f. [143,10–14].

2. Periphrase mit *wellen*

nu will ih scriban frammort ... wio druhtin selbo thaz biwarb O 4,1,5 f. – *So uuillih danne file fruo stellen mino federa* Psalm 31. – *Nu uuil ih ufsten unte uuil in suochan after dero burg* (*Surgam et circuibo ciuitatem*) Will 48, 3 f. [87,18–20].

3. Eine Periphrase mit konjunktivischem *muozan* kann einen Wunsch nach etwas Zukünftigem ausdrücken.

Thaz muazin sih thes frowon joh innana biscowon O 5,23,51. – *so muoze ih psalmum singen in euua* (*sic psalmum dicam nomini tuo in saeculum saeculi*) Np 231,14 [208,1 f.]. – *daz iu der heilige gotis lichename werden muozze ane iwern iungisten ziten* Süddt. GuB 11 f.

6. Satzart – Verbstellung – Prädikatstruktur

§ 133 Die Satzarten des Ahd. korrelieren zwar nicht regelhaft, aber doch tendenziell mit typischen Verbstellungen.

Lit.: Admoni 1990, 38–50; 72–78; Behaghel 1929a; 1932 § 1427–1461; Betten 1987a, 121–137; Braune 1894; Brodführer 1906; Cichosz 2010; Dal/Eroms 2014 § 125–131; Delbrück 1911; 1912; Diels 1906; Dittmer/Dittmer 1998; Dressler 1969; Ebert 1978, 34–43; Erdmann 1886 § 205–210; Feigl 1908; Fleischer 2011, 147–173; Fleischmann 1973; Fuß 2018; Haider 2010; Harbert 1999; Hinterhölzl 2012; Hinterhölzl/Petrova 2010a; 2011; Hinterhölzl/Petrova/Solf 2005; Kavanagh 1970; Kiparsky 1996; Koll 1965; Lawson 1973; Lippert 1974, 52–97; Lötscher 2009; Maurer 1926; H. Müller 1930; Näf 1979; 2017; Ohly 1888; Paul 1919 § 56–75; Petrova 2009; Petrova/Solf 2008; 2009a; Pimenova 2008; Prell 2003; Preusler 1940; Ramers 2005; Reis 1901; 1909; Robinson 1997; Ruhfus 1897; Sabel 2000; Schallert 2010; Schlachter 2004; 2010; 2015a, 55–156; Schröbler/Prell 2007 § S 149–202. 212–220; Schrodt 2004 § 183–204; Simmler 2010; Solf 2008; Valentin 1994; Wackernagel 1892; Wunderlich/Reis 1924, 84–113.

6.1. Deklarativsatz

§ 134 Im Deklarativsatz (Aussagehauptsatz) dominiert sehr deutlich die Verbzweitstellung, wenngleich andere Positionierungen des Finitums ebenfalls vorkommen.

6.1.1. Einfaches Prädikat

6.1.1.1. Zweitstellung des finiten Verbs

§ 135 Als Normalfall kann von Anfang an, auch bereits in den ältesten Quellen des Ahd., die Verbzweitstellung („V2“) gelten. Das finite Prädikatsverb steht nach einer vorausgehenden satzgliedwertigen Konstituente oder nach einem infiniten Prädikatsteil. Allerdings sind in größerem Umfang auch Verberst- (s. § 136) und Verbletztstellung sowie Späterstellungen (s. § 137) des Finitums belegt.

Lit.: Admoni 1990, 70 f.; Anderson 1993; Axel 2007; 2009a; b; Axel-Tober 2018; Biener 1922; Fourquet 1938; 1974; Fuß 2000; 2003; Grewendorf 2010; Haider/Prinzhorn 1986; Petrova 2008b; 2011; Petrova/Solf 2009b; Prell 2003; Schröbler/Prell 2007 § S 151–154.

1. Dass Verbzweitstellung im Deklarativsatz der unmarkierte Regelfall ist, geht allein schon aus der Häufigkeit dieser Abfolge in allen Textsorten hervor, zumal in solchen Texten, die weder übersetzt noch von metrischen Faktoren beeinflusst sind. Die Erstposition nimmt in der Mehrzahl der Fälle das Subjekt ein (Schröbler/Prell 2007 § S 37).

https://doi.org/10.1515/9783110782493-007

ih santa zi thuringiun .II. gifengidi Federpr. – *taz santa tir tin fredel ce minnon* Spinnw. – *Hirez runeta hintun in daz ora* Hirsch. – *Diz sageta Marcuuart* Würzb Mb. 65. – *Eh guas mer ingene francia (in francia fui)* Par. Gespr 281,21. – *Ik gihorta đat seggen* Hl 1. – *Eiris sazun idisi* Mers 1,1. – *so quimit ein heri fona himilzungalon* Musp 4. – *Ther kuning reit kuono* Ludw 46. – *druhtin half imo sar In notlichen werkon* Ol 24 f. – *Richi gotes ist simbles endi eogihuuar* WK 10. – *Der heber gat in litun* Nr 673,28 [161,24 f.].

Anm. Bereits im Voralthochdeutschen dürfte Verbzweitstellung im unmarkierten Deklarativsatz der Normalfall gewesen sein. Darauf deuten jedenfalls mehrere südgermanische Runeninschriften des 6. Jh.s hin, z.B. *Boso wraet runa* (Frei-Laubersheim). Vgl. Düwel u.a. 2020, CXIX; W. Krause 1937, 668 f.; Nielsen 2000, 180, jeweils mit weiteren Beispielen. Für das Urnordische vgl. W. Krause 1971, 133 f. Dieses (wenngleich spärliche) frühe Belegmaterial widerspricht wiederholt geäußerten, aber unbelegten und deshalb nur spekulativen Mutmaßungen über Entwicklungen im Bereich von „OV" und „VO" (vgl. z.B. Haider 2010). Zur Thematik der Verbstellung im Idg. vgl. Dressler 1969.

2. Verbzweitstellung wird in Übersetzungstexten vielfach auch gegen andere Abfolgen der lat. Quelle durchgeführt.

Dhazs ni saget apostolus (nec apostolus dicit) Is 1,22. – *iuuuer fridu quuimit ubar daz hus (ueniat pax uestra super eam)* MF 2,2. – *nio in altere bist thu minnista (nequaquam minima es)* T 93,27. – *iz ist cotes capot (dei jussio est)* Exh A 47. – *đanne ni mag er ini gimenen (manniri non potest)* LexSal 19. – *E lustosotost tu dih in dero uunneluste des lichinamen unde in den freisen des keuuates (antea carnis libidine delectabaris et vestis periculo)* PrSA 1,10 f. – *Der kuning leitota mih in sine gegademe (Introduxit me rex in callaria sua)* Will 6,1 [47,13 f.]. – *min vuampa svirit mih (Uentrem meum doleo)* Gl 1,627,19 f. (11. Jh.).

3. Verben, die in Übersetzungen ergänzt werden, wo das zugrundliegende lat. Syntagma kein Prädikat enthält, werden ebenfalls häufig in Zweitstellung gesetzt.

hear quhidit umbi dhea bauhnunga dhero dhrio heideo gotes (de trinitatis significantia) Is 13,4–6. – *fridhu sii dhesemo hus (pax huic domui)* MF 2,1. *uzzar einer ist euuiger (sed unus aeternus)* WK 67. – *thaz si iu zi zeichane (et hoc uobis signum)* T 87,8. – *Her ist fon meni (Der mannire)* LexSal 12. – *Min uuine ist mir also ein gebuntelin mirron (Fascicvlus mirrę dilectus mihi)* Will 20,1 f. [59,27 f.]. – *thez ueiz iu god thang (Gratia apud deum)* Gl 1,789,57–60 (10. Jh.).

6.1.1.2. Erststellung des finiten Verbs

Diverse Faktoren, die auch zusammenwirken können, begünstigen Verberststellungen. **§ 136**

Lit.: Axel 2009b; Braune 1894; Hinterhölzl 2006; Hinterhölzl/Petrova 2010a; 2011; Hinterhölzl/Petrova/Solf 2005; Leiss 2011; Maurer 1924; 1926; Petrova 2018; Robinson 1994; Schaller 2011; 2014.

1. In Verstexten erscheint das Finitum mehrfach satzinitial und damit auch am Versanfang (speziell in der Stabreimdichtung trägt dieses Finitum den ersten Stab).

garutun se iro gudhamun Hl 5 (ferner 13; 18; 29; 30; 33; 40; 65; 66). – *uuanit sih kinada diu uuenaga sela* Musp 28 (ferner 42; 53; 66; 82). – *Lietz her heidine man Obar seo lidan* Ludw 11; *Fand her thia Northman* 44. – Geradezu stilprägend ist diese Struktur im Georgslied: *Ferliez er uuereltrike; keuuan er himilrike* 5 (ferner 3; 8; 14; 23; 26; 27; 37; 40; 41; 47; 52; 59). – *uuurbon sina thegana be sina lipleita* Sam 6 (dazu 1; 6; 16; 25). – *Floug er sunnun pad, sterrono straza, wega wolkono* O 1,5,5 f.

2. Bei Otfrid tendieren bestimmte Verben zur Erstposition. Oft folgt ein unbetontes Personalpronomen oder ein anderes unbetontes Wort.

Bewegungsverben: *fuar er ouh tho sare zi sinemo gifuare* O 1,4,82; *Giang er in thia palinza, fand sia drurenta* 9; *liaf er nah in thrati, thoh iz wari spati* 5,5,8.
Verba dicendi: *Riat got imo ofto in notin. in suaren arabeitin* Ludw 23; *Zellent sia uns hiar filu fram* 1,3,3; *Sprah ther gotes boto tho, ni thoh irbolgono* 4,57; *Gab iru mit milti tho druhtin antwurti* 2,14,79; *Lert er dages ubarlut ofono allan the liut* 4,7,89; *quad er: theih thir gibiete, thaz habe thu fasto in muate* 5,15,7.
Verba cogitandi: *Thaht er bi thia guati, er sih fon iru dati* 1,8,17; *Giloubt er themo worte joh kerta sih zi lante* 2,2,23; *Yrkanta tho ther fater sar theiz thiu zit was in war* 35; *Wanent sie bi notin thaz wir then urheiz datin* 3,25,19.

3. Verberststellung begegnet an Text- und Kapitelanfängen oder als Kennzeichnung sonstiger inhaltlicher Zäsuren in einem Textverlauf.

Quam Krist endi sancte Stephan zi der burg zi Salonium Trierer Spr. 1 (Textanfang). – *Quam Krist endi sancte Szephan zi ther burg zi Saloniun* Trierer Spr. 1 (Textanfang). – *Lesen uuir, thaz fuori ther heilant fartmuodi* Sam 1 (Textanfang). – *Was liuto filu in flize* O 1,1,1 (der eigentliche Textanfang nach den Vorreden); *Sprachun tho thie hirta* 13,1 (Themenwechsel); *Manot unsih thisu fart* (Beginn einer Auslegung *Mystice*) 1,8,1; *Biginnu ich hiar nu redinon* (Kapitelanfang) 2,6,7. – Vergleichbar: O 1,5,1; 2,19,1; 3,12,1; 20,1; 22,1; 4,3,1; 4,1; 7,1; 10,1; 19,1; 29,1; 5,1,1; 5,1; 11,1. – *Meinida dher forasago chiuuisso in dheru christes lyzilun* (*Paruolus enim christus quia homo*) Is 22,15–17 (Anfang der Exegese des vorausgehenden Isaias-Zitats) – *uuarun tho hirta in thero lantsceffi uuahhante* (*Et pastores erant in regione eadem uigilantes*) T 85,29 f. (Themenwechsel: Unmittelbar zuvor ist die Rede von der Geburt Jesu). – *steig tho in skifilin inti ferita* (*Et ascendens in nauicula transfretauit*) T 193,1 f. (Themenwechsel: Unmittelbar zuvor ist von Teufelsaustreibungen die Rede). – *uuas thar ouh sum uuitua in thero burgi* (*vidua autem quaedam erat in ciuitate illa*) T 415,2 f. (Themenwechsel: Unmittelbar zuvor ist die Rede von einem Ungläubigen). – *Cham ouh ein halz smid* (*Quidam etiam claudus faber uenit*) Nc 760,21 f. [76,14] (Kapitelanfang).

Anm. 1. Bei Otfrid stimmen Erststellungen an Kapitelanfängen mehrfach mit der Wortfolge der lat. Überschriften überein: *Woltun tho thie liuti fahan nan ... zi kunige ubar sih* (*Voluit eum populus regem facere*) O 3,8,1 f.; *Nahtun sih zi noti thio hohun giziti* (*Appropinquabat dies festus*) 4,8,1. Ähnlich: 1,6,1; 2,4,1; 3,8,1; 24,1; 4,6,1, 7,1; 4,9,1; 15,1.

Anm. 2. Der Abfolge *Nu leru ich iuuih hart* O 2,23,1 in Hs. V steht in P gegenüber *ler ich iuih harto*. Ebenso: *Thiz lerta krist in wara* V, aber *lerta krist in uuara* P 2,24,1.

4. Parataktische Reihungen führen zu Verberststellungen in einem Folgesatz.
   a) Identisches Subjekt im Folgesatz

ther gab uns thesan brunnan, | tranc er nan ioh sina man Sam 16. – *Iohannes giuuizscaf saget fon imo inti ruofit sus quedenti* (*Iohannes testimonium perhibet de ipso et clamat dicens*). – *Tiz chad si* ... | *Unde hafta si sih an ander gechose* (*Dixerat ... Uertebatque cursum orationis*) Nb 303,5–8 [232,1–3]. – *Ir aller iegelih habet sin suert in hanton, | cunnon alle mahtigen uehtan* (*omnes tenentes gladios. et ad bella doctissimi*) Will 51,3 f. [95,19–22].

   b) Ersparung eines identischen Subjekts im koordinierten Folgesatz (s. § 22)

Eiris sazun idisi, | sazun hera duoder Mers 1. – *so gan ih es in gotes almahtigen muntburt* ... | *inti bitdiu thih mit otmuodi* Lorscher B 40–43. – *Theist suazi joh ouh nuzzi | inti lerit unsih wizzi* O 1,1,55. – *dea ęuuarta in demo temple bismizant resti tac | enti sint doh anu lastar* (*sacerdotes in templo sabbatum uiolant et sine crimine sunt*) MF 4,12 f. – *thaz siu bari | inti gibar ira sun eristboranon, | inti biuuant inan mit tuochun* (*ut pareret et peperit filium suum primogenitum et pannis eum inuoluit*) T 85,23–25. – *daz sie dine gesellen sin | unte sint abo dine uienda* Will 13,10 f. [53,25 f.]. – *so riuueson si iomer | unde nekestillen niomer mit guoten uuerchun ze losenne die tagalichen sunda* PrSA 3,8 f.

   c) Wechselndes Subjekt in einem koordinierten Folgesatz

Nalles sie dhrie goda, | oh ist in dhesem dhrim heidem ein namo dhes unchideiliden meghines (*Nec tres deos, sed in tribus personis unum nomen*) Is 13,20–22; *Huuanda see ih chihruoru himil endi ęrdha | endi quhimit dher uuilligo allem dheodom* (*Quia ecce ego commouebo celum et terram, et ueniet desideratus cunctis gentibus*) 17,19 f. – | *tho gisah pilatus thaz es niouuiht nitheh | oh uuas mer ungireh* (*Videns autem pilatus quia nihil proficeret sed magis tumultus fieret*) T 633,30–32. – *tho biruorta her ira ougun* ... | *inti intatun sih ira ougun* (*Tunc tetigit oculos eorum ... et aperti sunt oculi eorum*) T 209,15–17. – *pegab mih tiu uinstri* ... | *Unde cham mir ougun lieht* (*Tunc discussa nocte. liquerunt me tenebrę*) Nb 17,5–7 [14,1 f.]. – *daz pichumet ouh | unte pidruchent iz die dorne* (*spinae suffocaverunt illud*) PrSB 3,5 f. (lat. H.U. Schmid 1986, 2,19,19).

5. Ich-deiktische Antwortsätze ohne Subjekt können das Finitum in Erstposition haben.

Frage: *uuazsohtut* (*Quid quisistis*), Antwort: *sohtum daz uns durft uuas* (*Quesiuimus Quod nobis Necesse fuit*) Cass 12,39–41. – Frage: *Guaez ge dar daden* (*quid fecisti ibi*), Antwort: *Enbez mer dar* (*disnaui me ibi*) Par. Gespr 281,22 f. – Frage: *uuil thu heil uuesan* ... Antwort: *nihaben man ... der mih sente in den uuiuuari* (*uis sanus fieri? ... hominem non habeo ... mittat me in piscinam*) T 285,14–16.

6. Eine Tendenz zur Verberststellung besteht bei mit *ni/ne* negierten Prädikaten.

ni waniu ih iu lib habbe Hl 29. – *niist in kihuctin himiliskin gote* Musp 29; *ni ueueiz der uuenago man, uuielihan uuartil er habet* 66. – *ne hort er in es* Georgsl 9. – *ni duent sies wiht in noti ana sin girati* O 1,1,106. – *Ni fullit er sih wines, ouh lides niheines* 4,35. – *ni liugu ih dauide* (*si dauid mentiar*) Is 36,20. – *Nist uns des duruft, daz uuir des dikkem, daz der sin namo kauuihit uuerda* Freis. Pn A 10–12. – *Nileitit got eomannan in ubilo thohheinaz* WK 28. – *nihaben man … der mih sente in uuiuuari* (*hominem non habeo ut … mittat me in piscinam*) T 285,14–16. – *nist uns des durft, daz …* Freis. Pn B 10 f. – *nehabeton sie Got fore ougon* (*Et non proposuerunt deum ante conspectum suum*) Np 205,5 [185,11].

7. Nach den Konjunktionen *ioh, unde/inti* (u.ä.), *oh* und *ouh* kann das Finitum in Spitzenposition stehen.

i o h: *joh minnot unsih thrato selb druhtin unser guato* Oh 132.
u n d e (u.ä.): *endi bileiph dhuo leididhduom fona iudases samin* (*et defecit dux ex semine iudę*) Is 35,4. – *inti azzun alle inti gisatotun sih* (*et comederunt omnes et saturati sunt*) T 297,4 f. – *Unde hieze du uuola getaniv stucche machon uuola getan uuerh* (*iussisti perfectas partes absoluere perfectum*) Nb 177,14 f. [149,19 f.]. – *daz ist einhurno, un ist uile lucil* (*quod sit pusillum animal*) Phys 36 f. – *Din uahs ist samo geizze corter, daz der get uffe demo berge galaad, unte sint abo dine zene samo daz corter dero gescorenon scaffo* (*Capilli tui. sicut grex caprarum. quae ascenderunt de monte galaad. Dentes tui sicut grex tonsarum*) Will 55,1–3 [107,9–13]. – *daz pichumet ouh unte pidruchent iz die dorne* (*spinae suffocaverunt illud*) PrSB 3,5 f. (lat. H.U. Schmid 1986, 2,19,19).
o u h: *Ouh gibudet uns got in einemo euangelio* (*Item in evangelio dicit*) Phys 121.
o h: *oh ist in dhesem dhrim heidem ein namo dhes unchideiliden meghines* (*sed in tribus personis unum nomen*) Is 13,21. – *oh uuas mer ungireh* (*sed magis tumultus fieret*) T 633,32

8. Nach der affirmativen der Partikel *jâ* tritt das Finitum in Erststellung (vgl. Delbrück 1912; Hentschel 1986, 80–86; Wauchope 1991).

Ia gichuri du mih, trohtin Psalm 3. – *Ja hilfist thu io mit willen thesen liutin allen, richen joh armen* O 3,10,21 f. – *ia ist er iemer* (*dominus in ęternum permanet*) Np 24,11 [28,6 f.].

9. Verberststellung dient zum Ausdruck von Emphase

Eh minen terua. ne roche betaz (*in fide non curo quod dicis*) Par. Gespr 291,47; *haben eh gonugo* (*habeo satis ego*) 289,69. – Übereinstimmend mit der Vorlage: *Tunchet iu daz felt skone. Ziu nesol. Ist ein scone teil dero sconun uuerlte* (*An delectat uos pulchritudo agrorum? Quidni. Est enim pulchra portio pulcherrimi operis*) Nb 90,21–24 [78,19–22].

10. In Übersetzungen erfolgt Verberststellung häufig parallel zur lateinischen Wortfolge. Diese Fälle besagen folglich wenig über eine genuin ahd. Serialisierung.

Gilaubiu in got fater almahtigon (*Credo in patrem omnipotentem*) WK 47. – *stehic in uuizzi, sizit az zesuun cotes fateres almahtikin* (*descendit ad inferna ascendit ad caelos, sedet ad dexte-*

ram patris patris omnipotentis) Pn 12 f. (vgl. auch WK 102 f.). – *Quhad dauid isais sunu* (*Dixit dauid filius isai*) Is 14,5; *adhmuot siin gheist endi rinnant uuazssar* (*flat spiritus eius et fluent aque*) 15,16 f. – *bigunnun raufen diu ahar enti ezan* (*coeperunt uellere spicas et manducare*) MF 4,2 f.; *Seczu ih minan gheist ubar inan* (*ponam spiritum meum super eum*) 5,8. – *giforhtun sie in tho in mihhilero forhtu* (*timuerunt timore magno*) T 87,2; *uuarun thero thedar azzun ueorthusunta* (*erant autem qui manducauerunt. IIII. M.*) 297,8 f. – *unde gerihtest du den rehten. herzen unde lancha* (*et diriges iustum. scrutans corda et renes deus*) Np 18,15 [22,25 f.]; *Lebet tin chena. alles sites kezogeniu* (*Uiuit uxor. ingenio modesta*) Nb 79,25 f. [68,23 f.].

6.1.1.3. Später- und Letztstellung des finiten Verbs

Ebenso können Später- und Letztstellungen durch unterschiedliche Faktoren verursacht sein. **§ 137**

Lit.: Alexiadou/Lohndal 2018; Schlachter 2012, 109–156; Tomaselli 1995; Twaddell 1932; Walkden 2017.

1. Späterstellung resultiert vielfach daraus, dass ein schwachtoniges Wort (Pronomen, Adverb, Partikel) das Vorfeld mitbesetzt (in den nachfolgend zitierten Belegen sind die dem Verb vorausgehenden satzgliedwertigen Elemente und das Verb selbst mit Indexziffern versehen).

Ofto[1] *in noti*[2] *er*[3] *was*[4] *in war* Ol 19. – *israhel*[1] *auh*[2] *ardot*[3] *baltliihho* (*et israel habitauit confidenter*) Is 39,10 f. – *Nio*[1] *do*[2] *nist*[3] *uns ioh iu hear kanoga* (*Ne forte non sufficiat nobis et uobis*) MF 20,13. – *thie man*[1] *tho*[2] *uuvntorotun*[3] (*Porro homines mirati sunt*) T 187,26. – *Tu*[1] *disa uuerlt*[2] *ordenost* (*Qui gubernas mundum*) Nb 176,19 [148,27]. – *O sponse, du*[1] *mih*[2] *heizzest*[3] *ufsten de lecto contemplationis* Will 47,3 f. [85,24–26]. – *Tene*[1] *so*[2] *chumit*[3] *ter fater unde blaset ez ana* (*donec veniens pater ejus die tertio sufflat in faciem ejus*) Phys 15 f.

Anm. 1. Speziell in der Isidor-Übersetzung ergeben sich Späterstellungen dadurch, dass der Übersetzer unabhängig von der Vorlage teilweise Satzglieder umstellt und zusätzlich (mehrere) Adverbien einfügt: *Dhuo*[1] *saar*[2] *dhar*[3] *after*[4] *araughida*[5] *dhea zuohaldun sine chiburt in fleische* (*rursus futuram eius in carne natiuitatem ostendens subiecit dicens*) 23,18–20; *israhel*[1] *auh*[2] *ardot*[3] *baltliihho* (*israel*[1] *habitauit*[2] *confidenter*) 39,10 f.

2. Insbesondere bei Otfrid finden sich zahlreiche Belege für Verbspäterstellung. In den meisten Fällen steht das Finitum in Reimposition.

in droume[1] *sie*[2] *in*[3] *zelitun*[4] *then weg, sie faran scoltun* O 1,17,74; *Sin wort*[1] *iz al*[2] *gimeinta*[3], *sus managfalto deilta* 2,1,33; *Thie langun ziti*[1] *Krist*[2] *gisah*[3] *joh ouh selbo zi imo sprah* 3,4,19; *thes herzen*[1] *sie*[2] *hiar*[3] *wialtun*[4] *joh reino gihialtun* 4,7,68; *Mariun*[1] *thes*[2] *thoh*[3] *io*[4] *nirthroz*[5], *stuant uzana thes grabes, roz* 5,7,1. – Ebenso: *dar*[1] *met imo*[2] *do*[3] *fuoren*[4] *engila de skonen* Georgsl 13. Späterstellung außerhalb des Reims: *Thia engila*[1] *zi himile*[2] *flugun*[3] *singente* O 1,12,33; *iuer herza*[1] *thoh*[2] *thiu*[3] *in war*[4] *ni giloubit*[5] *thes giscribes thar* 5,9,44.

3. Beispiele für Späterstellung enthalten auch Stabreimtexte.

her[1] *fragen*[2] *gistuont*[3] *fohem uuortum* Hl 8 f.; *in chunincriche*[1] *chud*[2] *ist*[3] *mir al irmindeot* 13; *des*[1] *sid*[2] *Detrihhe*[3] *darba*[4] *gistuontun*[5] *fatereres mines* 23 f. – *suma*[1] *hapt*[2] *heptidun*[3], *suma*[1] *heri*[2] *lezidun*[3] Mers 1,2.

Anm. 2. Im Fall der Runeninschrift Pforzen I (um 600) *Aigil andi Ailrûn (I)ltahu gasôkun* ʻAigil und Ailrun an der Ilzach kämpftenʼ mit Endstellung des Finitums kann es sich „um eine poetische Stellungsvariante“ handeln (Düwel/Nedoma/Oehrl 2020, CXIX).

4. In Übersetzungstexten sind Späterstellungen in aller Regel durch entsprechende Abfolgen in der Vorlage bedingt. Die numerisch-lineare Abfolge der übrigen Konstituenten kann, muss aber nicht parallel sein.

Finitum an dritter Stelle: *Fater*[1] *fona niuuuihtu*[2] *ist*[3] *gitan noh giscaffan noh giboran* (*Pater*[1] *a nullo*[2] *est*[3] *factus: nec creatus, nec genitus*) WK 78 f. – *drato mihiliu caruni*[1] *dar inne*[2] *sint*[3] *pifangan* (*magna*[1] *in ea*[2] *concluduntur*[3] *mysteria*) Exh A 10 f. – *umbi dhen samun*[1] *dhurah dhen selbun esaian*[2] *quhad*[3] *druhtines stimna* (*De hoc semine*[1] *et per eundem esaiam*[2] *uox domini*[3] *loquitur*[4]) Is 34,1–4. – *Danne*[1] *dea rehtuuisigun*[2] *schinant*[3] *so sunna in iro fateres rihhe* (*Tunc*[1] *iusti*[2] *fulgebunt*[3] *sicut sol in regno patris sui*) MF 10,7 f. – *Iohannes*[1] *giuuizscaf*[2] *saget*[3] *fon imo* (*Iohannes*[1] *testimonium*[2] *perhibet*[3] *de ipso*) T 105,10. – *odeuuano*[1] *finsterina*[2] *trettont*[3] *mih* (*fortasse*[1] *tenebre*[2] *conculcabunt*[3] *me*) Np 577,29 [511,15 f.].
Finitum an vierter Stelle: *Dhera selbun dhrinissa heilac chiruni*[1] *aggeus dher forasago*[2] *sus*[3] *araughida*[4] *in druhtines nemin quhedhendi* (*Cuius trinitatis sacramentum*[1] *et aggeus propheta*[2] *ita*[3] *aperuit*[4] *ex persona domini dicens*) Is 17,9–12. – *Der chuninc*[1] *duo*[2] *So ęr iz kahorta*[3] *uuart*[4] *arbolgan* (*Rex*[1] *autem*[2] *cum audisset*[3] *iratus est*[4]) MF 15,14 f. – *Ci thes cumfti*[1] *alle man*[2] *ci arstandanne*[3] *eigun*[4] *mit lichamon iro* (*Ad cuius adventum*[1] *omnes homines*[2] *resurgere*[3] *habent*[4] *cum corporibus suis*) WK 104 f. – *tho*[1] *zuogangente*[2] *sine iungoron*[3] *quadun*[4] *imo* (*Tunc*[1] *accedentes*[2] *discipuli eius*[3] *dixerunt*[4] *ei*) T 271,8 f.
Finitum an fünfter Stelle: *uuiho atum*[1] *cauuisso*[2] *dem maistron dera christanheiti dem uuihom potom sinem*[3], *deisu uuort*[4] *thictota*[5] *suslihera churtnassi* (*Sanctus etenim spiritus magistris ecclesiae sanctis apostolis ista dictauit uerba tali breuitate*) Exh A 11–15. – *Dhar*[1] *auh*[2] *chalp fona dheru iudœischun euu, leo fona ueraltchiuualdidu, scaap fona smalero manno mezsse*[3] *samant*[4] *uuonent mit dhem sturirom in dheru christes chiriihhun* (*Ibi etiam uitulus de circumcisione, leo de seculi potestate, oues de populari ordine simul morantur*) Is 41,7–12.
Finitum an sechster Stelle: *tho*[1] *herodes*[2] *tougolo*[3] *gihaloten magin*[4] *gernlicho*[5] *lerneta*[6] *fon in thie zit thes sterren* (*Tunc*[1] *herodes*[2] *clam*[3] *uocatis magis*[4] *diligenter*[5] *didicit*[6] *ab eis tempus stellę quœ apparuit eis*) T 93,31–95,1.

Anm. 3. In T ergibt sich nur durch den häufigen Zusatz des Adverbs *thô* numerisch eine von der Vorlage abweichende Position: *thiu*[1] *tho*[2] *in thero selbun ziti*[3] *quementi*[4] *lobota*[5] *truhtin* (*haec*[1] *ipsa hora*[2] *superueniens*[3] *confitebatur*[4] *domino*) T 91,32–93,1; *her*[1] *tho*[2] *giuuentit*[3] *quad*[4] *petro* (*qui*[1] *conuersus*[2] *dixit*[3] *petro*) 303,8.

Anm. 4. Vielfach ergeben sich Abweichungen gegenüber der lat. Vorlage dadurch, dass auf der ahd. Seite Subjektpronomina erscheinen: *ih*[1] *inan*[2] *chistiftu in minemu dome* (*statuam*[1] *eum in domo mea*) Is 37,22–38,1. – *aer*[1] *auuar*[2] *laucnita*[3] *mit eidu* (*iterum*[1] *negauit*[2] *cum iu-*

ramento) MF 23,11 f. – *her*[1] *giuuizscaf*[2] *sagata*[3] *uuare (testimonium*[1] *perhibuit*[2] *ueritati)* T 291,24 f.

5. Später- und Letztstellungen können auch dann auftreten, wenn der zugrundeliegende lat. Text dies nicht vorgibt. Dennoch ist anzunehmen, dass ein lateinisch geschulter Autor ein ihm vertrautes lat. Strukturmuster anwandte (also sozusagen „lateinischer" formulierte als die tatsächliche Vorlage).

   trohtin, du[1] *in desa uueralt*[2] *quami*[3] *suntige za ganerienne* Emm A 310,31. – [*after dero uuidersahhungu ode den inteiz dez gilouben*][1] [*in gidancun, in tatin, in uuortun*][2] [*managiu ente unerrimitiu*][3] *sint*[4] *mino sunta* Würzb. B 35–37. – *Tu*[1] *disa uuerlt*[2] *ordenost*[3] (*Qui gubernas mundum*) Nb 176,19 [148,27]. – *ih din stein unte ueste bin* Will 43,8 f. [81,20 f.].

6. Liegt im Lateinischen ein verbloses Syntagma zugrunde, kann in der Übersetzung Drittstellung auftreten.

   Dhiu[1] *chiuuisso*[2] *ist*[3] *bighin gotes sunes (origo scilicet filii dei)* Is 3,1 f.; *dhemu*[1] *neouuihd*[2] *nist*[3] *suuozssera (qua nihil dulcius)* 32,5 f.; *So*[1] *after dhes psalmscoffes quhide*[2] *ist*[3] *chiquhedan (secundum psalmi sententiam)* 43,20 f.

7. Ein Reflex rechtssprachlicher Komplexität dürfte im folgenden Fall vorliegen, in dem das umfangreiche Vorfeld zusätzlich einen Konditionalsatz enthält.

   [*In godes minna ind in thes christanes folches ind unser bedhero gehaltnissi*][1] [*fon thesemo dage frammordes*][2] [Konditionalsatz: *so fram so mir got geuuizci indi mahd furgibit*][3] *so hald*[4]*ih thesan minan bruodher* Straßb. Eide 18–21.

6.1.2. Zwei verbale Konstituenten

Der Regelfall bei deklarativen und optativen Hauptsätzen ist die Zweitstellung eines finiten Auxiliar- oder Modalverbs. Spitzen- oder Späterstellung des Finitums liegt seltener vor (s. § 136, 137). Weitere (infinite) Prädikatsteile folgen entweder unmittelbar oder bilden zusammen mit dem Finitum eine Klammer um das Mittelfeld (s. § 155–159). **§ 138**

Lit.: Schröbler/Prell 2007 § S 212.

1. Finitum vor infiniter Konstituente

   Finitum unmittelbar vor dem Infinitum: *Herro eh guille trenchen* (*ego uolo bibere*) Par. Gespr 289,71. – *Christ uuart gaboren êr uuolf ode deiob* Wiener Hds 1. – *Sang uuas gisungan* Ludw 48. – *dara scal queman chunno kilihaz* Musp 32. – *Unsar trohtin hat farsalt sancte Petre giuualt* Petrusl 1. – *Er was thiononti thar gote filu manag jar* O 1,15,2. – *tu habest ke-*

sueiget alle Np 8,24 [14,5]. – *Alle gotes holden sculin folsten in den guoten uuerchen* (*Omnes sancti ... bonis operibus perseverare contendunt*) PrSA 4,8 f.
In Übersetzungen unabhängig von der Vorlage: *ni sindun firstandande* (*non intelligentes*) 30,6. – *sin annuci uuas farenti ci hierusalem* (Fehlübersetzung für *facies eius erat euntis hierusalem*) T 481,23 f. – *unde du bist irhohende min houbet in resurrectione* (*et exaltans caput meum*) Np 8,4 [13,15 f.].
Finitum und Infinitum als Klammer: *Eh guille thar uthz rite* (*fors uolo ire*) Par. Gespr 291,46. – *doh maht du nu aodlihho ... in sus heremo man hrusti giwinnan* Hl 55. – *dar scal er uora demo rihhe az rahhu stantan* Musp 35. – *ni tharf man thaz ouh redinon* O 1,1,60. – *Ih uuilla gote almahtigen allero minero suntono bigihtdig uuerdan* Pfälzer B 1. – *ni uuas imu dhuo einighan fal ardeilendi* (*non rapinam arbitratus est*) Is 23,12 f. – *Nimuoz man dea lecchen in geldfaz* (*Non licet mittere eos in corbanam*) MF 24,5. – *noh uuir andaruuis nimagun unsero sunteono antlaz cauuinnan* (*nec aliter possumus ueniam consequi delictorum*) Exh A 49–51. – *bihiu uuir nimohtumes inan uz uuerfan* (*quare nos non potuimus eicere illum*) T 313,22 f. – *Vuannan mag Adames kelicho dina huldi gefrehton?* Np 21,20 f. [25,21].

2. Infinite Konstituente vor dem Finitum. Diese Abfolge kann zumindest in einem Teil der Fälle als markiert (emphatisch) gedeutet werden.

Infinitum unmittelbar vor Finitum: *Koron uuolda sin god* Ludw 9. – *sorgen mac diu sela* Musp 6. – *Gidan ist es nu redina* O 1,1,111.
In Übersetzungen unabhängig von der Vorlage: *Enti uuntrentiu uurtun elliu dhiu folc* (*Et stupebant omnes turbae*) MF 5,17. – *du uone gote in allen dingen so piuolehen uuirdest* (*quae in omnibus taliter commendaris a domino*). PrSA 1,4.
Infinitum und Finitum als Klammer: *thes mera ih sagen nu ni tharf* O 1,17,5. – *forlazseno dhir uuerdant dhino suntea* (*dimittuntur tibi peccata*) MF 1,15.

6.1.3. Drei verbale Konstituenten

§ 139 Komplexe Prädikate mit drei verbalen Konstituenten sind vergleichsweise selten. Dennoch zeigen sich variierende Abfolgen.

Lit.: Schröbler/Prell 2007 § S 215.

1. Finites Modalverb vor Partizip vor Auxiliar im Infinitiv

thiu selba dat sin ni mohta tho firholan sin O 3,14,38. – *Inti nimac daz giscrib zilosit uuerdan* (*et non potest solui scriptura*) T 467,3. – *an dir muozze ih ungeschendet sin* Np 276,5 f. [245,5]; *Vbe ih fone dir ne-uuangti. so mahtin sie unuuanchonte sin* 423,15 f. [372,2 f.]. – *ez nemag ze neheinero uuis geuanen uuerdin* (*nullus venatorum eum capere potest*) Phys 37 f. – *die magen auh uuole kigagenmazzit uuerdun zi demo menniskinen altere* (*Possumus vero ... ad unumquemque hominem ... distinguere*) PrSB 2,44 f. (lat. H.U. Schmid 1986, 2,13,1–3).

2. Finites Modalverb vor Auxiliar im Infinitiv vor Partizip

wio mag thaz sin firlougnit, thaz himil theru worolti ougit O 2,3,20.

3. Partizip vor finitem Modalverb vor Auxiliar im Infinitiv

   Keschendet muozzin uuerden unrehte. umbederbe tuonte. (*Confundantur iniqui facientes uana*) Np 77,2 [73,16].

6.2. Fragesatz

Es ist zwischen Satzfragen und Entscheidungsfragen zu unterscheiden. **§ 140**

Lit.: Behaghel 1928 § 1254; 1932 § 1454–1461; Fleischer 2011, 156–158; Lühr 1997a; Petrova/Solf 2009b; Rannow 1888, 28–34; Schröbler/Prell 2007 § S 154; 170 f.; Wich-Reif 2005; 2010; Wunder 1965. – Zur satzinitialen Fragepartikel *inu* vgl. AWB 4,1636–1639.

6.2.1. Satzfragen (Ergänzungsfragen)

Auf Satz- bzw. Ergänzungsfragen wird eine satzförmige Antwort erwartet. Im allgemeinen steht das Finitum nach einem einleitenden Interrogativpronomen oder -adverb in Zweitstellung. **§ 141**

1. Pronominale Einleitung
   a) Interrogativpronomen ‘wer’ (usw.) als Satzglied (Subjekt, Objekt)

      Subjekt: *uuer pistdu* (*Quis es tu*) Cass 12,29. – *wer ist, thes hiar thenke, thaz thir tod giwirke?* O 3,16,30. – *Huuer uuac dhrim fingrum allan aerdhuuasun?* (*Quis appendit tribus digitis molem terre?*) Is 19,10–12. – *huuer sintun mine bruoder* (*qui sunt fratres mei?*) MF 7,25. – *uuer bist thu thanne* (*quis es*) T 109,15. – *Uuer zuiuelot romanos iu uuesen allero richo herren* (*Quis enim nesciat romanos olim rerum dominos fuisse*) Nb 5,5 f. [5,11 f.]. – *Vuer uuirdit rehtere kikagenmazzit demo husherren* (*Quis vero patrisfamilias similitudinem rectius tenet*) PrSB 2,3 (lat. H.U. Schmid 1986, 2,8,9–11).
      „Waz ist“, quad er, „so hebigaz, thaz ir mih suahtut bi thaz?“ O 1,22,53. – *uuaz biderbo ist manne* (*quid enim prodest homini*) T 303,22 f. – *Uuaz uuas tiu causa?* Nb 178,22 [150,24]; *Vuaz ist der mennischo, daz du sin gehugtig pist?* (*Quid est homo quod memor es eius?*) Np 21,19 f. [25,20 f.].
      Akkusativobjekt: *wenan suachet ir?* O 4,16,36. – *ir uuarlicho uuen mih quedet uuesen* (*uos autem quem me esse dicitis*) T 299,32–310,1. – *Vuen uerfahet da sin iehen?* Np 15,19 f. [20,4]; *Vuaz spareti er danne. ze demo iungesten dinge?* 18,29–19,1 [23,11].
      Dativobjekt: *uuemo tuon ih gilihhaz thiz cunni* (*Cui autem similem ęstimabo generationem istam*) T 217,25 f. – *uuemo sol si danne guot tunchen?* Nb 124,1 f. [106,29 f.].
      Genitiv: *huues mac dhesiu stimna uuesan* (*cuius sit hec uox*) Is 11,6 f. – *uues ist thaz glihnessi inti thaz giscrib thar oba* (*cuius est imago hæc et suprascriptio*) T 427,17 f. – *Vues gedingo aber ih?* Np 11,11 [16,10].
      Präpositionalkasus: *Biuuaz kerost thu, guot man, daz ih thir geba trinkan?* Sam 7. – *zi uuemo farames* (*ad quem ibimus*) T 265,20. – *Umbe uuaz scolt du nu decheinen man uueinon* PrSA 1,8.

Anm. 1. Das Pronomen *waz*, Gen. *wes*, kann auch quasi-adverbial in der Bedeutung 'warum' verwendet werden: *uuaz toufist thu* (*quid ergo baptizas*) T 109,25. – *wes scowot ir thar, guate man?* O 5,18,3. – *wes, man gestu?* Ad equ 5.

Anm. 2. Zu negativ rhetorischen Fragen mit Exzeptivsatz bei Notker s. § 212:3a.

b) Interrogativpronomen 'wer' adnominal

huuer manno mac izs dhanne chirahhon? (*quis hominum potest narrare?*) Is 3,5 f. – *uues sun ist her* (*cuius filius est*) T 439,23.

c) Interrogativpronomen 'welch' als Subjekt

Huuelih ist auur nu dhese druhtin fona uuerodheoda druhtine chisendit (*Quis est igitur iste dominus a domino exercituum missus*) Is 12,8–10. – *Vuele sint die burge?* Np 24,6 [28,2]. – *Uuelich ist der din trut uone trute, aller uuibo sconesta?* Will 86,1 f. [161,1–3]. – *Vuelihe stent muozic, niuuani die dir nieth durnahtlichen niuuurchent alla die gotis ê?* (*Qui sunt ergo otiosi, nisi qui opus Dei non operant?*) PrSB 2,59 f. (lat. H.U. Schmid 1986, 2,14,173 f.).

d) Interrogativpronomen 'welch' adnominal

Gueliche lande cumen ger (*de qua patria*) Par. Gespr 281,20. – *huuelih druhtin regonoda fyur in sodoma fona druhtine?* (*quis dominus pluit in sodomis a domino?*) Is 8,19–21. – *uuelih thanc ist iu thes* (*quæ uobis est gratia*) T 147,4. – *Vuelee sculde habet Christus. den ir lasteront?* Np 32,4 f. [35,4].

2. Adverbiale Einleitung

a) Kausal-, Final: 'warum?', 'wozu?'

Guandi nae guarin ger za metin (*quare non fuisti ad matutinas*) Par. Gespr 287,60. – *Wanana sculun Frankon einon thaz biwankon* O 1,1,33. – *bihuuiu uuard christ in liihhi chiboran?* (*cur in carne uenit?*) Is 28,15 f. – *zahuuiu dencet ir ubil in iuuueremo muote* (*Ut quid cogitatis mala in cordibus uestris?*) MF 1,13 f. – *ziu tati thu uns so?* (*quid fecisti nobis sic?*) T 101,1. – *ziu habest du dih unser so geloubet?* Np 27,19 f. [31,4]. – *Ziu dreuuent er mir?* Np 31,24 [34,23]. – *sit uuir hie furhton ze einere uuile daz zekentlicho fiur, uuanda nefurhten uuir ouh danne daz euuige fiur?* PrSA 3,5 f.

b) Modal: 'wie?', 'auf welche Weise?'

wio mag io thaz wesan war? O 2,7,46. – *uuie mahtih dir intrinnen* Psalm 12. – *hueo fleohet ir fona demo urteile dera quala* (*quomodo fugietis a iudicio gehennę?*) MF 18,14 f. – *In huueo quidit sih der man christanan* (*Quomodo enim se christianum dicit*) Exh A 19 f. – *uuo mugut ir gilouben* (*quomodo potestis uos credere*) T 293,30 f. – *Vuie mag tenne uuar in iro munde sin?* (*Quomodo ergo potest esse in ore eorum ueritas?*) Np 13,22 f. [18,11]. – *Uuio mahta ih to missetuon?* Nb 33,6 f. [26,29 f.].

c) 'wie' + Adjektiv

huue mihiles ist bezira man danne scâf (*quanto magis melior est homo oue?*) MF 4,25 f. – *uuvo manigu brot habet ir* (*quot panes habetis*) T 295,27. – *Uuio manige uuanest tu* (*Quam multos ess coniectas*) Nb 83,9 [72,3]. – *uui manegiun uolgent temo nomini?* (*Nomini quot accidunt*) Sang. Schularb 20.

d) Lokal: 'wo?', 'woher?', 'wohin'

Wo? *uuar uuarut* (*Ubi fuistis*) Cass 12,39. – *uuar ist denne diu marha* Musp 60. – *War mugun wir nu biginnan, mit koufu brot giwinnan* O 3,6,17. – *meistar uuar artos* (*magister ubi habitas*) T 117,11. – 'woher?': *uuanna pist du* (*Unde es tu*) Cass 12,28. – *Guane cumet ger brothro* (*unde uenis frater*) Par. Gespr 280,17. – *uuar maht thu, guot man, neman quecprunnan* Sam 14. – *uuanan habes lebenti uuazar* (*unde ergo habes aquam uiuam*) T 277,17. – *Uuannan mahtin die artes chomen. ane uone dei sapientia?* Nb 10,21 f. [8,22]. Wohin': *Vuara mag ih fore dinemo geiste* (*Quo ibo a spiritu tuo?*) Np 577,10 [510,25 f.]. – *uuara ist din uuine intuuichan* (*Quo declinauit dilectus tuvs?*) Will 98,2 f. [177,24 f.].

Anm. 2. Primär lokales *wannan* kann auch in der übertragenen Bedeutung 'warum?' verwendet werden: *Vuannan ist daz sie so chedent* Np 11,5 [16,5].

e) Temporal: '(bis) wann?'

inzin uuara bin ih mit iu inti tholen iuuih (*usque quo ero apud uos et patiar uos*) T 311,16 f. – *uuanne trostest du mih?* (*quando consolaberis me?*) Np 521,22 f. [459,24 f.].

3. Späterstellung des Finitums und des interrogativen Elements kann in Übersetzungen auf Lateineinfluss zurückgeführt werden.

Spahida dhes gotliihhin fater huuanan findis? (*sapientiam dei patris unde inuenies?*) Is 2,13–15; *Dhiu uurza dhera spaida huuemu siu uuard antdhechidiu?* (*Radix sapientię cui reuelata est?*) 2,21–23; *Uuexsal dhes nemin huuazs bauhnida* (*Mutatio nominis quid significabat?*) 31,12 f. – *erdcuninga fon uuen intfahent thribuz odo zins* (*reges terrae a quibus accipiunt tributum uel censum*) T 315,18 f.

Anm. 3. Unabhängig von einem lat. Wortlaut erfolgt Letztstellung in *Guaez ge dar daden* (*quid fecisti ibi*) Par. Gespr 281,22 (der mitzitierte lat. Satz ist nicht die Vorlage, sondern eine Übersetzung des ahd.). Möglicherweise liegt jedoch eine virtuelle lat. Wortfolge **quid ibi fecisti?* zugrunde.

6.2.2. Entscheidungsfragen

1. In Entscheidungsfragen, die mit 'ja' oder 'nein' (gegebenenfalls auch unentschieden) zu beantworten sind, gilt Verberststellung als Regelfall. **§ 142**

Quesahsti min herre ze metina (*uidisti seniorem meum ad matutinas*) Par. Gespr. 282,28. – *Forsahhistu unholdun uuerc indi uuillon* Frk Taufgel 3. – *Uellet ir gihoren Dauiden den guo-*

ton, den sinen touginon sin? Psalm 1. – *ist iaman hiar in lante es iawiht thoh firstante?* O 1,17,24. – *mahti angil so sama so got mannan chifrumman?* (*numquid angelus cum deo potuit facere hominem?*) Is 8,8–10. – *bist thu uuizago* (*propheta es tu*) T 109,14. – *Nehazeta ih die dih hazent trohten?* (*Nonne eos qui oderant te domine odio habui?*) Np 580,6 [513,24]. – *Sahet ir iergen minen uuine?* (*Num quem diligit anima mea uidistis?*) Will 48,7 [87,26 f.].

Anm. 1. Notker (gehäuft in Nb, sonst seltener) verwendet in negativen Entscheidungsfragen die satzfinale Partikel *na*: *Neuueist tv na?* Nb 104,26 [90,30–91,1]; *Nemag iuuih ouh taz irren na?* 114,9 [99,2 f.] u.ö. (vgl. AWB 6,947).

2. Übersetzer verwenden bei negativ formulierten Fragen einleitende Partikeln.

Inu ni larut ir huuaz dauid teta duo inan hungarta (*Non legistis quid fecerit dauid, quando esuriit*) MF 4,6 f.– *eno nist her crist?* (*numquid ipse est christus*) T 281,10; *eno ia uorlazit niun inti niunzog in bergon odo in uuostinna* (*nonne relinquit nonaginta nouem in montibus Uel in deserto*) 321,14–16.

Anm. 2. Als Partikel, die ein Staunen oder einen Zweifel ausdrückt, kann *waz nû* (< *quid ergo*) in *uuaz nu bist thu helias* (*quid ergo helias es tu*) T 109,12 aufgefasst werden.

3. Späterstellungen des Finitums basieren auf entsprechenden Wortfolgen der jeweiligen lat. Vorlage.

Inu ni angil nist anaebanchiliih gote? (*Num angelus ęqualem cum deo habet imaginem?*) Is 8,3 f. – *inu nu dese ist dauites sunu* (*numquid hic est filius dauid?*). – *enonu ih ivuuih zuueliui gicoos* (*nonne ego uos duodecim elegi*) T 265,26 f.

6.3. Exklamativsatz

Exklamativsätze dienen dem Ausdruck der Be- oder Verwunderung.

§ 143 1. In Exklamativsätzen mit *wio, wiolîh* (s. § 141:2b.c) nimmt das Finitum wie in entsprechenden Fragesätzen Später- oder Endstellung ein.

Lit.: Schallert 2019.

Wio wuntarlicho er uns gihalf O 4,25,3. – *Truhten unser herro ... uuielich du bist. Vuie uunderlich din namo ist in allero uuerlte* (*Domine dominus noster. Qvam admirabile est nomen tuum in uniuersa terra*) Np 20,18 f. [24,23–25]. – *Ah ze sere. uuio ubelo er die uuenegen gehoret* (*Eheu. quam surda aure auertitur miseros*) Nb 8,10 f. [7,6 f.]. – *Uuie scone du bist, fruintin min, uuie scone du bist!* (*Quam pulchra es amica mea. quam pulchra es!*) Will 54,1 f. [105,20–22]. – *Uuio uile nu bezzera ist, daz tu so sichiriu bist* PrSA 1,14.

2. Das Prädikat kann emphatisch negiert sein. Das Finitum nimmt dann die Zweitstellung ein, wodurch sich die Form einer (rhetorischen) Frage ergibt.

Uuio ofto neuuereta ih conigaste demo gotho ... Uuio diccho nestiez ih ten falenzcrauen triguillen ... Uuio ofto neuuas ih fore mit minero namehafti uuenegen (*Quotiens excepi. i. prohibui ego conigastum ... Quotiens deieci triguillam prepositum ... Quotiens protexi miseros*) Nb 26,7–17 [21,17–24]. – *Uuio lango ne eigint er mih samit iu* (*Quousque ero uobiscum*) Gl 1,714,46 (10./11. Jh.).

Anm. Zu verblosen Ausrufen s. § 162:3.

3. Ein Exklamativsatz kann die Form eines *daz*-Satzes ohne übergeordneten Satz haben (zu vergleichbaren Strukturen im Mhd. vgl. Schröbler/Prell 2007 § S 182).

   Ah ze sere. daz man mit rechte neheinen mer uberuuinden nemag solichero sculde (*O neminem merito posse conuinci. de simili crimine*) Nb 34,24 f. [28,10–12].

6.4. Befehls- und Aufforderungssatz

Der häufigste Fall ist Verberststellung. Im Vorfeld können Anreden sowie einzelne Partikeln (insbesondere *nû*) stehen. Später-, Zweit- und Letztstellungen können in Übersetzungen durch entsprechende Abfolgen in einer lat. Vorlage, in Verstexten durch Reimbedarf verursacht sein. **§ 144**

Lit.: Behaghel 1932 § 1453; Erdmann 1874, § 17; Rannow 1888, 25–28; Simmler 1989.

1. Verberststellung
   a) Imperativ

   skir min fahs skir minan hals skir minan part (*Tundi meo capilli Radi me meo colli Radi meo parba*) Cass 9,17–19. – *braenni salz endi saiffun endi rhoz aostorscala* Bas. Rez 21. – *uuirki godes uuillon* Lorscher Bienens 6. – *Gang uz, Nesso, mit niun nessinchilinon* Pro Nessia 1. – *insprinc haptbandun inuar uigandun* Mers 4. – *forgip mir in dino ganada rehta galaupa enti cotan uuilleon* Wess 11 f. – *Trostet hiu, gisellion, Mine notstallon* Ludw 33. – *theni ouh hant thina in thia zungun mina* O 1,2,4. – *Lobo endi freuuui dhih, siones dohter* (*Lauda et letare, filia sion*) Is 11,20 f. – *nim diin betti enti ganc zadinemo hus* (*tolle lectum tuum et uade in domum tuam*) MF 1,19 f. – *Hloset ir, chindo liupostun, rihti dera calaupa* (*Audite, filii, regulam fidei*) Exh A 1. – *garuuet trohtines uueg* (*parate uiam domini*) T 103,6. – *Dienont gote mit forhtun* (*Seruite domino in timore*) Np 7,5 [12,19 f.]. – *Get zu, ir iunkfrouuon, ir da buiuuet in Syon! tuot uuara des cuniges Salomonis* (*Egredimini et uidete filię syon*) Will 53,1 f. [103,16]. – *azet die hungerenten, drenchet die durstenten, uuatet den nachoton, uuiset des unchreftigen, peuelehet den toten; helfet demo nothaften, trostet den chlagenten* PrSA 4,21–24.
   Nach Partikel: *nu fliuc du, uihu minaz* Lorscher Bienens 1 f. – *Ia gichuri du mih, trohtin* Psalm 3. – *Nu zeli uns avur follon hiar then thinan willon* O 3,17,17. – *nu forlaz thu truhtin thinan scalc* (*nunc dimittis seruum tuum domine*) T 91,5. – *Nu sage ze erest* Nb 45,2 [36,13]. – *Nu uernemet, uuannan sih daz leit burete* Will 11,1 [51,10 f.] – *nu peden-*

che fore allen dingen die chuske unde die suzze dere gotis ee (*castitatem prae omnibus cogitas*) PrSA 1,12.
Nach Anrede: *Hluduig, kuning min, Hilph minan liutin* Ludw 23. – *Du himilisco trohtin Ginade uns mit mahtin In din selbes riche* Sigih 1. – *Uuib, tu dih anneuuert* Sam 23. – *truhtin uuirt uns gnadic sunu dauites* (*Domine, miserere nostri, fili dauid*) MF 14,20 f. – *trohtin hilf mir* (*domine adiuua me*) T 273,20. – *Meistera des lichamen fernement* (*Erudimini qui iudicatis terram*) Np 7,4 [12,18 f.].

Anm.: Imperative können durch suffigiertes *-a* verstärkt werden: *pura dih* (*Uade*) Gl 1,416,20 f. (10. Jh.). – *ila du zit* (*Festina tempus*) 812,4 (11./12. Jh).

b) Adhortativ

Pittemes den gotes trut alla samant uparlut Petrusl 7. – *Suohhemes nu auur in dhemu aldin heileghin chiscribe dhesa selbun dhrinissa* (*Queramus ergo in scribturis ueteris testamenti eandem trinitatem*) Is 14,1–3. – *inti gisehemes thaz uuort* (*et uideamus hoc uerbum*) T 87,20 f. – *Prechen chaden sie iro gebende unde uuerfen aba uns iro ioch. Nelazen unsich nicht ana christianam religionem* (*Disrumpamus uincula eorum. et pruiciamus a nobis iugum ipspreum. id est christi et apostolorum*) Np 5,16–18 [11,7–9]. – *ge uuir anne den akker! uuesen alle vuila in den dorfon!* Will 126,1 f. [225,1–3]. – *Pidenchin die michelin gotis kidult* (*Pensate, quanta est patientia Dei*) PrSC 1,7 (lat. H.U. Schmid 1986, 2,30,98 f.).

2. Zweit-, Später- und Letztstellung
Hervorzuhebende Konstituenten können vor dem Verb stehen.

simblę þui ana Bas. Rez 23. – *hurolob nihabe du: zi holce nifluc du* Lorscher Bienens 4. – *Du got mit dinero giuualt scirmi iogiuuedrehalp* Psalm 22. – *Then fater, druhtin, einon then laz unsih biscowon* O 4,15,27. – *enti din anst enti dino minna in uns follicho kahalt* Freis. Pn A 46 f. – *ziuuare firnim dhanne, dhazs dhar ist christ chizeihnit* (*intellege christum*) Is 5,9 f.
In Übereinstimmung mit der lat. Vorlage: *prooth unseer emezzihic kip uns hiutu* (*panem nostrum cottidianum da nobis hodie*) Pn 2 f. – *Fona fiicbaume danne chunnet biuurti* (*Ab arbore autem fici discite parabolam*) MF 19,11 f. – *inti then fisg thie dar erist uf quimit nim* (*et eum piscem qui primus ascenderit tolle*) T 315,25. – *After iro michelun ubeli. stoz sie uz* (*Secundum multitudinem impietatum eorum expelle eos*) Np 14,3 f. [18,20].

6.5. Wunschsatz

§ 145 Das Prädikat steht im Konjunktiv. Die Stellung des Finitums ist variabel. Am häufigsten ist jedoch Verbzweitstellung. Daneben begegnet auch Erst-, Später- und Letztstellung.

Lit.: Behaghel 1928 § 1263–1267; Erdmann 1874 § 26–35; Schröbler/Prell 2007 § S 18–20; 182; Wunderlich/Reis 1924, 331–351; 356–371.

1. Verbzweitstellung

feorzuc nahto *uuarte* *he e tages getanes* Bas. Rez 12. – *der si doh nu argosto* [...] *ostarliuto, der dir nu wiges warne* Hl 59 f. – *thaz nieze Ludowig io thar thiu ewinigun gotes iar* Ludw 92. – *druhtin hohe mo thaz guat* Ol 6. – *thaz uuazzer gabist du mir* Sam 21. – *inti đanne gibanni ini erđo sina cuenun* (*et sic eum manniat aut uxorem illius*) LexSal 16 f. – *Inther priast quede thanne* Lorscher B 46. – *In dhesemu quhide ni bluchisoe eoman* (*In qua sententia nemo dubitet*) Is 9,4 f. – *fridhu sii dhesemo hus* (*pax huic domui*) MF 2,1. – *thaz si iu zi zeichane* (*hoc uobis signum*) T 87,8. – *Daz neheue iuuh. daz er reges kenamot pirnt* Np 7,6 [12,20]. – *Ein ieuuelih mennisco tuo anderemo daz er imo selbemo uuelle* PrSA 2,3.

2. Verberststellung

Gihalde inan truhtin Bi sinan ergrehtin Ludw 58. – *si in erdu fridu ouh allen* O 1,12,24. – *qhueme rihhi din* (*adveniat regnum tuum*) Pn 1 f. – *antuurdeen nu uns dhea unchilaubendun* (*respondeant nobis*) Is 5,2 f. – *Loboen truhtin allo deotun* (*Laudate dominum omnes gentes*) MF 28,12 f. – *Inti uuerde abahu in rehtu inti unebanu in slehta uuega* (*et erunt praua in directa et aspera in uias planas*) T 103,11 f. – *Schamen sih sament mir* (*Erubescant*) Np 16,13 f. [20,25 f.]. – *Cusser mih mit demo cusse sines mundes* (*Osculetur me osculo oris sui*) Will 1,1 [45,1–3].

3. Später- und Letztstellung

ni in demo niduuahe Bas. Rez 14.– *noh du mir nindrinnes noh du mir nintuuinnest* Lorscher Bienens 5. – *thaz wizi wir bimiden* Os 41. *nio mennisco negeriche. nio der uuirsesto negamagee* (*non preualeat homo*) Np 27,1 [30,16 f.].
In Übereinstimmung mit lat. Vorlage: *đer anđran menit, mit urcunđeom zi sinemo huuse cueme* (*Ille autem, qui alium mannit, cum testibus ad domum illius ambulet*) LexSal 15 f. – *Nu allero manno calih, der christani sin uuelle, de galaupa iauh daz frono gapet alleru ilungu ille calirnen* (*Nunc igitur omnis, qui christianus esse uoluerit, hanc fidem et orationem dominicam omni festinatione studeat discere*) Exh A 41–44. – *thaz got zisamane gispien man ni zisceide* (*quod ergo deus coniunixit homo non separet*) T 335,28 f.

6.6. Eingeleiteter Nebensatz

§ 146 In subjunktional und relativ eingeleiteten Nebensätzen steht das finite Verb in Später- oder Endstellung und bildet in vielen Fällen mit dem initialen Element (Pronomen, Subjunktion) eine Klammer. Unbetonte Konstituenten (Pronomina, Adverbien, Partikeln) folgen regelmäßig unmittelbar auf das einleitende Element.

Lit.: Behaghel 1932 § 1456–1461; Fleischmann 1973; Freywald 2010; Petrova/H. Weiß 2018; Schlachter 2009; Schröbler/Prell 2007 § S 210; Schrodt 2004 § 190–204.

daz [*in uuolf noh uulpa zascedin uuerdan*] *nemegi* Wiener Hds 4 f. – *đat* [*sih urhettun œnon*] *muotin* Hl 2. – *so* [*he uuola*] *conda* Mers 5. – *daz* [*imo nioman kipagan*] *nimak* Musp 76. –

thaz [*imo druhtin*] *gibot* Ol 63. – *thie* [*im heidene man zi bluostrum indi zi geldom enti zigotum*] *habent* Frk. Taufgel 4 f. – *thero* [*er ci thesemo antuuerden libe*] *bitharf* WK 19 f. – *do* [*er dero chenun rates*] *folgeta uuider gote* Np 3,6 f. [9,4 f.]. – *daz* [*sie pi demv uizzum alleromeist kamah*] *uvesan* (*tormentis aptari*) Gl 2,108,60 f. (11.Jh.).

In traktathaften Texten können Nebensatzklammern beträchtlichen Umfang erreichen.

daz [*allero manno uuelih sinemu kanoz enti sinemu proder er allemu hugiu enti hercin sino missitati*] *flazze* Freis. Pn A 55–58. – *so selp* [*einezem eina eogihuuelicha gomaheit got endi truhtin ci gigehanne fona thera christinheiti uuarnissi*] *ginotames* (*sicut singillatim unamquamque personam Deum ac Dominum confiteri christiana veritate compellimur*) WK 74–76. – *taz* [*zuene chuninga nordenan chomene. einer imo den stuol ze romo*] *undergieng* Nb 5,12 f. [5,13 f.].

6.6.1. Einfaches Prädikat

6.6.1.1. Absolute Verbletztstellung

§ 147 In eingeleiteten Nebensätzen ist absolute Endstellung des Finitums durchaus der Regelfall, und zwar in originalen Prosatexten ebenso wie in Übersetzungen, in denen das Verb vielfach auch unabhängig von der lat. Wortfolge an das Ende gestellt wird. Auf diese Weise ergibt sich eine Klammer aus einleitendem Element (Pronomen, Subjunktion) und finitem Verb. Die Abfolge der Konstituenten innerhalb der Klammer entspricht derjenigen in deklarativen Hauptsätzen (s. § 155–159).

1. Autochthone Texte

feorzuc nahto uuarte he e tages getanes, daz he ni protes ni lides ni neouuihtes, des e tages gitan si, ni des uuazares nenpize Bas. Rez 13 f. – *danan in den ostaron egalseo, dar der spirboum stuont* Würzb. Mb 52 f. – *Oba Karl then eid, then er sinemo bruodher Ludhuuuige gesuor, geleistit* Straßb. Eide 31 f. – *Daz ih dir hold pin .N. demo piscophe, so mino chrephti enti mino chunsti sint* Priestereid 1 f. – *Forsahhistu allem them bluostrum indi den gelton indi den gotum, thie im heidene man zi geldom enti zi bluostrum zigotum habent* Frk. Taufgel 3–5. – *Ih wallota sumaro enti wintro sehstic ur lante, dar man mih eo scerita in folc sceotantero: so man mir at burc ęnigeru banun ni gifasta* Hl 50–52. – *der hapet in ruouu rahono uueliha, daz der man er enti sid upiles kifrumita, daz er iz allaz kisaget, denne er ze deru suonu quimit* Musp 69 f. – *thu biguol en Uuodan, so he uuola conda* Mers 2,5. – *Uuola, uuiht, taz tu uueist, taz tu uuiht heizist* Hausb 2. – *inan druhtin al geuuereta, des Gorio zimo digita* Georgsl 18. – *ih ueiz daz du mih dar irferist* Psalm 34. – *Disiu buzza ist so tiuf, ze dero ih heimina liuf* Sam 12. – *Oba ih irbalden es gidar, ni scal ih firlazan iz ouh al, nub ih io bi iuih gerno ginada sina fergo* Os 33 f. – Frei formulierter Definitionssatz: *dar leon odo perun inneliccant* (*cavea, theatra*) Gl 2,765,11 (9. Jh.).

2. In Übersetzungstexten weicht das Ahd. hinsichtlich der Verbstellung teilweise von der lat. Serialisierung ab, teilweise bestehnt Parallelität.

Abweichend vom Lateinischen: *So huuanne so dhu dhina daga arfullis* (*Cumque impleueris dies tuos*) Is 37,9 f. – *huuaz uuellet ir daz ih iu tuoe* (*quid uultis ut faciam uobis?*) MF 14,24 f. – *stuont oba thar thie kneht uuas* (*staret supra ubi erat puer*) T 95,11. – *Ter in himele buet. ter spottot iro* (*Qui habitat in caelis irridebit eos*) Np 5,18 f. [11,10 f.].
Übereinstimmung mit der Vorlage: Häufig stimmt die ahd. Verbstellung mit derjenigen in der Vorlage überein, was dann aber nichts über genuin ahd. Serialisierung besagt: *so ih fona dhemu nam, dher œr fora dhir uuas* (*sicut abstuli ab eo, qui ante te fuit*) Is 37,20 f. – *daer dih za demo naht muose ladota* (*qui te ad caenam uocauit*) MF 14,14 f. – *Thia uzzar eogihuuelih alonga endi ganza gihalde, ano ibu in euuidhu faruuirdhit* (*Quam nisi quisque integram inviolatamque servaverit, absque dubio in aeternum peribit*) WK 57 f. – *uuanta her êr mir uuas* (*quia prior me erat*) T 105,15. – *petono pittiu soso ih chan* (*prece posco prout nosco*) Carmen 8 f.

6.6.1.2. Späterstellung des Finitums

Konstituenten können aufgrund verschiedener Ursachen (die ggf. zusammenwir- **§ 148**
ken) nach dem Finitum stehen und somit ausgeklammert sein. Formal gesehen kann sich dadurch (scheinbare) Verbzweitstellung ergeben.

1. Eine deutliche Tendenz zur Ausklammerung besteht bei umfangreichen Satzgliedern (Aufzählungen, Präpositional-, Genitiv-, Attribut-, Partizipialkonstruktionen).

vnte quedent, daz in dero marchu si [*ieguuedar, Ioh chirihsahha sancti Kilianes, ioh frono, ioh friero Franchono erbi*] Würzb. Mb 63 f. – *se uuara se geloufan* [*uualdes ode uueges ode heido*] Wiener Hds 5. – *Do dar niuuiht niuuas* [*enteo ni uuenteo*] Wess 6. – *her fragen gistuont fohem uuortum, wer sin fater wari* [*fireo in folche*] Hl 8–10; *dar man mih eo scerita* [*in folc sceotantero*] 51. – *heuwun harmlicco huittę scilti, unti im iro lintun luttilo wurtun,* [*giwigan miti wabnum*] 66–68. – *Lesen uuir, thaz fuori* [*ther heilant fartmuodi*] Sam 1. – *dhaz ir dhoh in dheru chihuurfi* [*zi gotes minniu endi zi rehtnissa uuerchum*] (*ut uel per ipsam reuerteretur ad amorem die et operationem iustitię*) Is 29,14–16. – *Nu sprichit sanctus Gregorius 'pittit den almahtigen got, daz er senti* [*die uuerhmanne in sinen aren*]*'* (*Rogate Dominum messis ut mittat operarios in messem suam*) PrSB 1,16 f. (lat. Hellgardt 2014, 85).

2. Außerhalb der Klammer stehen besonders aussagerelevante Konstituenten.

in die huruuinun struot, diu dar heizzit giggimada Würzb. Mb 48 f.; *So sagant, daz so si Vuirziburgo marcha vnte Heitingesueldono* 62 f. – *dat sagetun mi usere liuti, alte anti frote, dea erhina warun, dat Hiltibrant hœtti min fater* Hl 15–17. – *Hear ist araughit dhazs iesus ist druhtin* (*Ubi ostenditur dominum esse iesum*) Is 32,15 f. – *forahtun diu folc huuanta sie inan habetun so selb so forasagun* (*timuerunt turbas, quoniam sicut prophetam eum habebant*) MF 15,2 f. – *do er dero chenun rates folgeta uuider gote* Np 3,6 f. [9,4 f.].

3. Die Ausklammerung kann reimbedingt sein.

Nu uuillih, thaz mir uolgon [*Alle godes holdon*] Ludw 36. – *Noh trof ih des ne lougino, des du tati* [*tougino*] Psalm 27 f. – *daz ih mer ubar tac ne liufi hera* [*durstac*] Sam 22. – *Ginade uns in euun, Daz uuir niliden* [*uueuuun*] Sigih 4. – *In thesemo ist ouh scinhaft, so fram so inan lazit* [*thiu craft*] Ol 65 f.

4. In Stabreimtexten werden appositive Konstituenten zu einer zuvor genannten Größe in die nachfolgende Verszeile gesetzt („Hakenstil").

Ik gihorta đat seggen, đat sih urhettun ænon muotin, Hiltibrant enti Hađubrant untar heriun tuem (zu *urhettun*) Hl 1 f. – *want her do ar arme wuntane bauga, cheisuringu gitan, so imo se der chuning gap, Huneo truhtin* (zu *chuning*) 33 f. – *denne der man in pardisu pu kiuuinnit, hus in himile* (zu *pu*) Musp 16; *pidiu ist durft mihhil ... daz er ... hella fuir harto uuise pehhes pina* (zu *hella fuir*) 18–22.

5. In Übersetzungen kann die Ausklammerung durch eine entsprechende Abfolge in der Vorlage verursacht sein.

so hwer so suganti farah forstilit [*fon đeru furistun stigu*] (*Si quis porcellum lactantem furaverit* [*de hranne prima*]) LexSal 23. – *dhu uueist dhazs uuerodheoda druhtin sendida* [*mih zi dhir*] (*scies quia dominus exercituum misit* [*me ad te*]) Is 12,6–8. – *Galiih ist manne hiuuisches fater der fram tregit* [*fona sinemo horte niuuui ioh firni*] (*similis est homini patri familias, qui profert de thesauro suo noua et uetera*) MF 10,27 f. – *daz er sculdig ist* [*uuidar gaotes caheizes*] (*reus est fidei sponsionis*) Exh A 36 f. – *inti sprah fon imo allen then thie thar beitotun* [*arlosnessi hierusalem*] (*et loquebatur de illo omnibus qui exspectant redemptionem hierusalem*) T 93,2–4.

6.6.2. Zwei verbale Konstituenten

§ 149 Bei Prädikatskomplexen aus zwei verbalen Konstituenten treten unterschiedliche Abfolgen auf. Normalfall ist die Kontaktstellung. Im folgenden Beleg divergieren zwei Versionen desselben Textes:

daz alle farstantan mahtin ia in hucti cahapen Exh A 17–19, dagegen in B: *thaz mathin alle farstantan ia in gahuhti gahapan.*

1. Infinite Konstituente vor Finitum.
   a) Infinitum unmittelbar vor dem Finitum.

des e tages gitan si Bas. Rez 13. – *the ih es iruuenden mag* Straßb. Eide 34. – *werdar sih hiutu dero hregilo rumen muotti* Hl 61. – *dar der heligo Christ ana arhangan uuard* Musp 101. – *daz ih fora dinem augom unskamenti si* 1. bayr. B 8 f. – *dhemu izs chibodan uuard* (*cui constitutum est*) Is 14,6 f. – *daz sie inan za tode sellenti uuarin* (*ut eum morti traderent*) MF 23,23 f. – *unde der fierdo teil nahor obenan erbarot ist* Nb 111,12 f. [96,16 f.]. – *daz imo niman geuolgen nemag* Phys 37.
U n a b h ä n g i g v o n d e r V o r l a g e: *ibu đanne in đrittiun stigu forstolan wirđit* (*Si vero in tertia hramne furaverit*) LexSal 25.

b) Infinitum und Finitum in Distanz.

in ander gizungi firneman iz ni kunni O 1,1,120.

2. Finitum vor infiniter Konstituente

a) Finitum unmittelbar vor dem Infinitum.

Taz tu neuueist noch nechanst cheden chnospinci Hausb. – *so wito soso in worolti man wari buenti* O 1,11,4. – *thaz sin namo in uns mannom uuerdhe giuuihit thuruh guodiu uuerc* WK 8 f. – *sose got habet gibodan* Reichenauer B 10.
Unabhängig von der Vorlage: *so diu danne fol uuarth uzardunsan* (*quam cum impleta esset*) MF 10,18. – *thes namo uuas gihezzan simeon* (*cui nomen simeon*) T 89,24.

b) Finitum und Infinitum in Distanz.

So thaz uuarth al gendiot Ludw 9. – *thaz wir sin al giliche gibriefte in himilriche* O 1,11,56. – *daz thu maht forasago sin* Sam 28.
Unabhängig von der Vorlage: *dhazs druhtin dhir ist huus zimbrendi* (*quod ędificaturus sit domum tibi dominus*) Is 37,8 f.

6.6.3. Drei verbale Konstituenten

Drei verbale Konstituenten sind selten. Die wenigen Beispiele weisen dennoch variierende Abfolgen auf. In der Regel besteht Kontaktstellung. § 150

1. Finites Modalverb vor Partizip vor Auxiliar im Infinitiv

Huuer ist dhanne dhese man, dher dhar scoldii chiboran uuerdan (*Quis iste uir? scilicet excelsus et dominus*) Is 24,13–15. – *So huuer so uuilit gihaldan uuesan* (*Quicumque vult salvus esse*) WK 56. – *Vbe die fone fiure sulin ferlorin uuerden* Np 426,21 f. [374,21 f.].
Distanzstellung in Übereinstimmung mit der Vorlage: *huueo dher sunu mahti fona fater chiboran uuerdhan* (*quomodo potuit a patre filius generari*) Is 2,9–11.

2. Partizip vor finitem Modalverb vor Auxiliar im Infinitiv

dher chisendit scolda uuerdhan (*qui mittendus erat*) Is 35,5 f. – *dera er caheilit scal sin* (*qua saluandus est*) Exh A 21 f. – *fone dien nu gesungen sol uuerden* Np 450,10 f. [394,21]. – *die in demo fiure firbrennet magen uuerden* PrSA 4,11 f.

3. Finites Modalverb vor Auxiliar im Infinitiv vor Partizip

Vnde uuieo ih sid fone Christo nedorfti uuerden redemptus Np 279,20 f. [248,10 f.]; *dannan sie solton uuerden illuminati* Nb 336,13 f. [254,15 f.].

4. Partizip vor Auxiliar im Infinitiv vor finitem Modalverb

fona huueliihhemu œdhile christ chiboran uuerdhan scoldi (*ex qua tribu nasciturus esset christus*) Is 36,10–12. – *Uuanda arguillo ane daz keskeinet uuerden nemahti* (*Sine quo langueret effectus miserę uoluntatis*) Nb 254, 26 f. [201,2]. – *der in climflicho erskeiden uuerdan mahta* (*Quod illis congrue interpretari poterat*) Thoma 1975, 18,20 f.

5. Finites Modalverb vor zwei Infinitiven

Uuen er uuolti lazen gedihen (*Ibi quem augeri. quem deprimi. quem nasci. quem occidere Iupiter vellet*) Nc 745,13 f. [60,20 f.].

6.7. Nominal- und Funktionsverbgefüge

§ 151 Schon das Ahd. kennt Fügungen aus Verben und Abstrakta, in denen das Verb nicht in seiner konkreten Bedeutung verwendet ist, sondern semantisch „leer" (somit als „Funktionsverb") zum Ausdruck der inchoativen/ingressiven, resultativen oder kausativen Aktionsart dient. Ebenso kommt einer beteiligten Präposition keine konkrete räumliche Bedeutung zu. Teilweise liegen lat. Wortlaute zugrunde. Derartige Gefüge weisen nur geringe Neigung zur Distanzstellung der Konstituenten und somit zur Klammerbildung auf.

Lit.: Blum 1986; Braun 2010; Dal/Eroms 2014 § 94a; Donhauser/Petrova 2009; Relleke 1974; Schönherr 2013; Schrodt 2004 § 64 f.

Anm. Wortgruppen dieser Art sind nhd. Funktionsverbgefügen vergleichbar, doch ist eine gesicherte (nicht nur intuitive) Abgrenzung der nominalen Konstituente von Adverbialen, Präpositional- oder Akkusativobjekten problematisch (s.a. § 71:1.2).

1. Gefüge mit Präposition

daz in uuolf noh uulpa zascedin uuerdan nemegi Wiener Hds 4 f. – *indi mit Ludheren in nohheiniu thing negegango, the minan uuillon imo ce scadhen uuerdhen* Straßb. Eide 21–23; *uuidhar Karle imo ce follusti neuuirdhit* 34. – *ni giang in strit umbi thaz* O 1,27,17.
Einfaches lat. Verb als Grundlage: *uuaz biderbo ist manne obar her alla uuerlt in eht gihalot* (*quid enim prodest homini si mundum uniuersum lucretur*) T 303,22 f. – *zi vrchundi zivho* (*contestabor*) Hartl 1930, 96. – *ingivuaten zi phante ginomanen* (*Uestimentis pigneratis*) Gl 1,672,8 f. (11. Jh.). – *za huarmeatu kasezzes* (*Prostituas*) Gl 1,288,10 f. (9. Jh.).
Strukturäquivalente präpositionale Fügung in der Vorlage: *Duo morgan uuarth kengun in sprahha alle dea herostun biscoffa enti dea furistun dero liuteo* (*Mane autem facto, consilium inierunt omnes principes sacerdotum et seniores populi*) MF 23,21 f. – *in uuaga neliez er mine fuoze* (*non dedit in commotionem pedes meos*) Np 248,13 [222,3 f.]. – *Castiga corpus tuum et in seruitutem redige* (Np: *chele dinen lichamen und bring in in de scalcheit*) Npgl 306,10 [271,12 f.].

2. Gefüge ohne Präposition

Tho nam her godes urlub Ludwigsl 27. – *thaz ir mir datut zuhti* Os 22; *So uuare sose ih cherte minen zoum, so rado nami dus goum* Psalm 7. – *datun warta widar fianta* O 1,12,2. – *Nals taz got mit munde unde mit nasun deheinen huoh tue* Np 5,20 f. [11,1 f.]. – *thez ueiz iu god thang* (*apud deum*) 789,58 (9. Jh.).

Einfaches lat. Verb als Grundlage: *Danihel nim gaumun dhesses uuortes* (*Daniel aduerte sermonem*) Is 25,20 f.; *endi nam sigu in dhem iudeoliudim* (*et debellauit iudeos*) 27,21; *Ni nemant gaumun muotes blinde dhero iro chiliihsamono lugino antdhecchidero* (*Nec adtendunt mente cecati simulationis sue mendacia detegi*) 35,14–16. – *so die in scama unde in forhtun choment* (*Cum confusi et reuertiti fuerint*) Np 282,9 f. [250,15]. – *scira habat* (*procurat*) Gl 1,35,15 (8. Jh.).

Strukturäquivalente Fügung in der Vorlage: *bidiu gibilidot ist himilo richi manne cuninge ther dar uuolta reda sezzan mit sinen scalcon* (*Ideo assimilatum est regnum caelorum homini regi qui uoluit rationem ponere cum seruis suis*) T 331,17–20.

7. Topologie: Satzklammer und Satzfelder

§ 152 Das Ahd. zeigt deutliche Ansätze zur Ausbildung von Satzfeldern (Vor-, Mittel- und Nachfeld), die durch das finite Prädikatsverb und andere Prädikatsteile strukturiert sind.

Lit.: Admoni 1990, 69–79; Axel 2007; 2009b; Axel-Tober 2015b; Behaghel 1909; 1912; 1929c; 1932, 1427–1478; Bolli 1975; Borter 1982; Braunmüller 1982; Dal/Eroms 2014 § 125; Diels 1906; Dittmer/Dittmer 1998; Dürscheid 1989; Ferraresi 2011; Fleischer 2005, 2011; 147–173; Hinterhölzl 2009; 2010; Hirai 2006; Lühr 2005; Näf 1979; Prell 2003; Schröbler/Prell 2007 § S 204–220; Schrodt 2004 § 191–204; Simmler 2007; Wunderlich/Reis 1924, 74–140.

Als Normalfall gilt, dass im Deklarativsatz das Vorfeld, der Bereich vor dem finiten Verb, mit einem Satzglied, meistens dem Subjekt, besetzt ist.

Anm. Vor dem Finitum können jedoch auch andere Konstituenten stehen. Das Vorfeld kann unbesetzt sein. Unbesetzte Vorfelder ergeben sich aus struktureller Verberststellung (s. § 136) und häufig aus Subjektlosigkeit (s. § 22–26). Satzverbindende Konjunktionen (s. § 165) sind keine Bestandteile des Vorfelds.

Bilden zwei Konstituenten (K1 und K2) eine Klammer, entsteht ein Mittelfeld. Nach K2 können im Nachfeld weitere Konstituenten stehen.

Die Klammer kann gebildet werden von:

a) einem finiten Hilfs- oder Modalverb und einer infiniten Verbalform (Infinitiv, Part. Präs. oder Prät.),

b) einem finiten Verb, das einen Infinitiv erfordert (z.B. *biginnan, bitten, heizan*), und dem davon abhängigem Infinitiv,

c) einem finiten Verb und einer trennbaren Verbalpartikel,

d) einem Verb und einem Prädikatsnomen,

In eingeleiteten Nebensätzen bilden das einleitende Element (Pronomen, Subjunktion) und das finite Prädikatsverb die Klammer (s. § 146).

7.1. Das Vorfeld im deklarativen Hauptsatz

7.1.1. Vorfeldbesetzung mit einer einzelnen Konstituente

§ 153 1. Der häufigste und zugleich unmarkierte Fall ist die Besetzung des Vorfelds mit einem nominalen oder pronominalen Subjekt (vgl. Schröbler/Prell 2007 § S 37. 207–209).

Nominal: *<u>Phol ende Uuodan</u> uuorun zi holza* Mers 2,1. – *<u>Ther kuning</u> reit kuono* Ludw 46. – *<u>Elias</u> stritit pi den euuigon lip* Musp 41. – *<u>Ein burg</u> ist thar in lante* O 1,11,23. – *<u>Siin grab</u> ist au-*

https://doi.org/10.1515/9783110782493-008

ur so drado ęruuirdhic (*Sepulchrum autem eius in tantum est gloriosum*) Is 43,6 f. – *thes namo uuas gihezzan simeon* (*cui nomen simeon*) T 89,24. – *Daz rinnenta uuazzer ist gratia sancti spiritus* Np 4,2 [9,20 f.].
Pronominal: *Ik gihorta đat seggen* Hl 1. – *Ih gilonon imoz* Ludw 40. – *man uuarf en in den prunnen* Georgsl 39. – *thu scalt druhtine rihten wega sine* O 1,10,20. – *Ir sendit siin uuort* (*Mittit uerbum suum*) Is 15,14 f. – *Ih sagen iu mihhilan gifehon* (*euangelizo uobis gaudium magnum*) T 87,4. – *er cham an den breiten uueg ter ze hello gat* Np 3,9 [9,7]. – Mit anaphorischem *thaz/daz* kann auf einen vorerwähnten Sachverhalt zurückverwiesen werden: *daz ist rehto uirinlih ding* Musp 10. – *thaz warun iro listi* O 1,17,10. – *daz ist unser heli ia unsares herrin capot* (*et salus nostra et dominationis nostrae mandatum*) Exh A 48 f.

2. Eine Konstituente kann proleptisch „herausgestellt" werden, indem sie durch ein darauf bezogenes kongruentes pronominales Element nochmals aufgenommen wird.

Lit.: Behaghel 1928 § 1120; Erdmann 1876 § 84; Lötscher 1995; Schröbler/Prell 2007 § S 56.

narra er sarda gerra (*stultus uoluntarie fottit*) Par. Gespr 288,67. – *Elossandria, si uuas dogelika* Georgsl. 53. – *Aber terentius comicus ter nelerta nieht tie mores* Nb 101,29 f. [88,14 f.]; *Dir scolo dir scofficit io. Vnde dir gouh der guccot io* Nl 594,8 f. [192,9 f.]. – *Der onocentaurus, er ist halb man, halb esil* Phys 63. – *Der disk der liget uffe silberinen sulen* Will 52,13 f. [99,19 f.].

3. Eine Tendenz zur pronominalen Wiederaufnahme besteht bei komplexen (koordinierten, mit appositiven oder präpositionalen Attributen oder Attributsätzen erweiterten) Subjekten.

Der heiligo Christ unta sancte Marti der gauuerdo uualten hiuta dero hunto, dero zohono Wiener Hds 3 f. – *Junger joh alter – tharana si er gizalter* O 1,11,9; *Ludowig ther snello, thes wisduames follo, er ostarrichi rihtit* Ol 1. – *Fiur unde suebel unde dunistig uuint. daz ist der teil iro mezis* (*Ignis et sulphur et spiritus procellarum pars calicis eorum*) Np 32,26 [35,21]. – *Diu stega, da man ze demo diske uf scal gen, diu ist roth* Will 52,25 f. [101,10–12].
Wiederaufnahme nach Parenthese: *Thia gilouba, ih sagen thir war, thia laz ih themo* O 1,19,25.

4. Mehrfach werden exegetisch zu deutende Gegenstände auf diese Weise herausgestellt.

Dhesiu gardea fona dheru iesses uurzun dhazs ist dhiu unmeina magad maria fona dauides uurzun framquhoman (*Hęc uirga de radice iesse uirgo est maria de dauid radice exorta*) Is 39,21–40,1 – *Pantera diu bezeichenet unsirin trotin* (*panthera ... significat Christum*) Phys 25 f. – *Daz bette ueri Salomonis, daz ist Ecclesia* Will 51,7 [95,25 f.]. – *Der accharman der pizeichinet unseren herrun den heiligen Christ* (*significat autem sator iste Christum*) PrSB 3,8 (lat. H.U. Schmid 1986, 2,20,26 f.).

5. Akkusative im Vorfeld

Nominal: *Einan kuning uueiz ih* Ludw 1. – *Sun bar si tho zeizan* O 1,11,31. – *daz ceiken uuorhta dare Georio ce uuare* Georgsl 16. – *mina kirichun so nisuahta* Pfälzer B 8 f. – *Dhinera*

uuomba uuaxsmin setzu ih ubar miin hohsetli (*De fructu uentris tui ponam super sedem meam*) Is 36,18 f. – *Iro herze gareuui habet gehoret din ora* (*Preparationem cordis eorum audiuit auris tua*) Np 30,26 [34,1].
Pronominal: *Dat gafregin ih mit firahim firiuuizzo meista* Wess 1. – *Thaz gideilder thanne Sar mit Karlemanne, Bruoder sinemo* Ludw 7. – *sie was er fragenti, war Krist giboran wurti* O 17,34. – *dhen selbun sindun dheodun bitdande* (*ipsum gentes deprecabuntur*) Is 42,19 f. – *Tie rihtest tu mit iseninro gerto* (*Reges eos in uirga ferrea*) Np 6,23 f. [12,10]. – *so fellit sumelichiz pi demo uuege unde uuirdet firtretin oder iz ezzant die uogile* (*aliud cecidit secus viam et conculcatum est et volucres coeli comederunt illud*) PrSB 3,2 f. (lat. H.U. Schmid 1986, 2,19,13–15).
Herausstellung: *then sun, then doufta man thar* O 1,26,7. – *diu sculd sines bludes. daz nemen uuir uber unsih* (*Sanguis eius super nos*) Gl 1,718,71 f. (um 1000).
Mit Partikel *so*: *Joh allo thio ziti so zaltun sie bi noti* O 1,1,25.

6. Dative im Vorfeld

Nominal: *Allera worolti ist er lib gebenti* O 1,5,31. – *Trohtine gote almahtigen bigiho mina sunta unta sinan heilegon ente di gotes scalche* Würzb. B 1 f. – *inti iu gibit man* (*et dabitur uobis*) T 159,31. – *Gote neist nehein zit preteritum noh futurum* Np 6,12 [12,1 f.].
Pronominal: *imo was eo fehta ti leop* Hl 27. – *uns zellent se ana baga thie Kristes altmaga* O 1,3,2. – *Uns sint kind zi beranne ju daga furifarane* O 1,4,51. – *Mir becnuodelet mines uuines stimma* (*Uox dilecti mei pulsantis*) Will 77,1 [149,5].

7. Genitive im Vorfeld

Nominal: *thes fehes datun warta widar fianta* O 1,12,2. – *Dages inti nahtes fleiz si thar thes rehtes* O 1,16,13. – *Allero sinero fiendo uualtet er* (*Omnium inimicorum suorum dominabitur*) Np 28,18 [31,25].
Herausstellung und Wiederaufnahme mit Partikel: *Cleinero githanko so ist ther selbo Franko* Ol 17.
Pronominal: *Thero habet her giuualt* Ludw 38. – *des mahttu sichure sin* Sam 27. – *Thes eigun sie io nuzzi in snelli joh in wizzi* O 1,1,97. – *dhes sindun unchilaubun iudeoliudi dhazs sunu endi heilac gheist got sii* (*Sed hinc isti filium et spiritum sanctum non putant esse deum*) Is 13,10–12. – *Thes sculun uuir got simbles bitten* WK 13 f. – *dero uuonent sumelichiu in gebirge* Np 31,12 [34,14].

8. Instrumental im Vorfeld

Druhtines uuordu sindun himila chifestinode (*Uerbo, inquit, domini celi firmati sunt*) *endi sines mundes gheistu standit al iro meghin* (*et spiritu oris eius omnis uirtus eorum*) 15,1–3.

9. Infiniter Prädikatsteil im Vorfeld

Infinitiv: *Koron uuolda sin god* Ludw 9. – *sorgen mac diu sela* Musp 6. – *Niazan muazi thaz sin muat, io thaz ewiniga guat* Ol 93.
Partizip Präsens: *Unbiuuizssende sindun, huueo in dheru dhrinissu sii ein got fater endi sunu endi heilac gheist* (*Ignorantes in trinitate unum esse deum patrem et filium et spiritum sanctum*) Is 13,17–20.

Partizip Präteritum: *Giskerit ist thiu hieruuist* Ludw 37. – *Gidan ist es nu redina* O 1,1,111. – *Araugit ist in dhes aldin uuizssodes boohhum* (*Patet ueteris testamenti apicibus*) Is 13,7 f. – *Geseret habest du mir min herza* (*Uvlnerasti cor meum*) Will 63,1 [123,18 f.].

10. Prädikatsnomen im Vorfeld

Adjektiv: *chud was her chonnem mannum* Hl 28. – *herte uhas dhas gorien muot* Georgesl 9. – *alt was si jaro ju filu manegero* O 1,16,2. – *folliu ist al ęrdha dhinera guotliihhin* (*plena est omnis terra gloria eius*) Is 20,16. – *Vnreine sint sine uuega alle taga* (*Inquinatae sunt uiae illius in omni tempore*) Np 28,15 [31,22 f.]. – *Bezzer sint dine spunne danne der uuin* (*Pulchra sunt ubera tua uino*) Will 65,1 [125,23 f.].
Substantiv: *Magaczogo uuarth her sin* Ludw 4. – *Muater ist si maru, joh thiarna thoh zi waru* O 1,11,53. – *Uesti mura bin ich* Will 142,3 f. [251,30].

11. Präpositionalphrase im Vorfeld

mit geru scal man geba infahan, ort widar orte Hl 37 f. – *mit den uuillih gifeh sin* Psalm 19. – *Fona hohsedale zistiaz er thie riche* O 1,7,15. – *Endi after dhes chifehtes ende uuirdhit dhar chisetzit idalnissa* (*post finem belli statuta desolatio*) Is 27,16–18. – *In thesemo uuorde ist bifangan allero ubilo gihuuelih* WK 32 f. – *after dero uuidersahhungu ode den inteiz dez gilouben: in gidancun, in tatin, in uuortun managiu ente unerrimitiu sint mino sunta* Würzb. B 35–37. – *Ze demo dinemo heiligen hus. peton ih hinnan dara. in dinero forhtun* (*Adorabo ad templum sanctum tuum in timore tuo*) Np 13,7 [17,25 f.].
Herausstellung und Wiederaufnahme im Vorfeld: *in wolkon filu hoho, so scowon wir nan scono* O 1,15,38. – *Fore sinere kiburte so santi er die patriarchas und die prophetas* PrSB 2,37 f. – *In demo sconen uuetere, so sint nu geuuassen flores uirtutum* Will 39,8 f. [77,24–26].

12. Adverb oder adverbialer Ausdruck im Vorfeld

a) Am häufigsten (insbesondere in narrativen Zusammenhängen) ist *thô*/ *dô*.

do stoptun to samane Hl 65. – *du uuart demo Balderes uolon sin uuoz birenkit* Mers 2,2. – *do uuas sancte Marti Christas hirti* Wiener Hds 1 f. – *Tho nam her godes urlub* Ludw 27. – *Do teilton si inen sare ze demo karekare* Georgsl 12. – *Tho fuarun liuti thuruh not* O 1,11,19. – *to begonda er tuon al daz in lusta* Nb 6,3 f. [6,1]. – *Do hiez er si gen in sinan uuinkarten umbe lon* PrSB 2,58 f.
Weitere (temporal, lokal, modal, affirmativ): *erist do man es eina flasgun, unzin dera giuuere* Bas. Rez 18. – *nu scal mih suasat chind suertu hauwan* Hl 53. – *wela gisihu ih in dinem hrustim* 46. – *Sidh uuarth her guot man* Ludw 16. – *dar nist neoman siuh* Musp 15. – *Nu will ih scriban unser heil, evangeliono deil* O 1,1,113. – *thar lisist scona gilust ana theheiniga akust* O 1,1,30. – *chiuuisso ist izs dher hohisto endi druhtin* (*scilicet excelsus et dominus*) Is 24,14. – *so ist her sar in costungom* WK 29 f. – *Hengendo stuont er* Np 3,11 [9,8 f.]. – *E kedruotost tu in den mennisken, nu gedingestu auar in got* PrSA 1,9 f.

b) Adverbiale Fügungen

ce uuare sagen ik ez iu Georgsl 33. – *so rado nami dus goum* Psalm 7. – *dhar after quhad fona dhem angilum (sequenter ait)* Is 20,12 f.; *so sama ni bileiph im einich chuninc noh einich sacerdos iudęo liudim (ita nullus ręx nullus sacerdos remansit iudęis)* 35,19–21. – *So uuola negediehent aber die argen (Non sic impii. non sic)* Np 4,9 f. [10,4 f.]. – *dare nah chumet er unte pisizzet siu mit sinemo liehte* PrSB 1,13 f. – *uuel gizamun iro thia namun* (ohne lat. Grundlage) Gl 4,296,12 f. (10. Jh.).

13. Anreden stehen häufig im Vorfeld, sind aber keine Konstituenten der eigentlichen Satzkonstruktion (vgl. Behaghel 1932 § 1618).

uuiho truhtin, pifilhu min herza ia minan cadanc ia minan uuillun ia minan mot ia minan lip ia miniu uuort ia miniu uuerh Emm A 311,11–14. – *Du rechtkerno sizzest an demo stuole (Sedes super tronum qui iudicas aequitatem)* Np 23,24 f. [27,19 f.].

14. Das Vorfeld kann mit einem Nebenssatz besetzt sein.

Lit.: Axel 2002; Behaghel 1929b.

Ther ther thanne thiob uuas, Ind er thanana ginas, Nam sina uaston Ludw 15 f. – *denne der paldet der gipuazzit hapet, uuirdit denne furi kitragan daz frono chruci* Musp 99 f. – *Thar Ioseph was in lante hina in elilente, quam imbot imo in droume* O 1,21,3 f. – *Endi thie guat datun, farent in euuig liib (Et qui bona egerunt, ibunt in vitam aeternam)* WK 106 f. – *Dher euuuih hrinit, hrinit sines augin sehun (qui enim tetigerit uos, tangit pupillam oculi eius)* Is 10,20–22. – *die iro burge sint. hazen die rehten* Np 579,30–580,1 [513,19].

15. Zwischen dem Nebensatz und dem Finitum des Hauptsatzes steht mehrfach ein adverbiales oder pronominales korrelatives Element. Analysiert man dieses Element jedoch (alternativ) als autonomes Satzglied, muss von doppelter Vorfeldbesetzung ausgegangen werden.

ibu er innan đes gewes in sinemo arunte ist, đanne mag er ini menen (Si vero infra pago in sua ratione fuerit, potest manniri) LexSal 19 f. – *So wer so wilit manno, so doufu ih inan gerno* O 1,27,49. – *dher in sion uuard chiboran endi dher in dheru selbun burc uuard uuordan allero odhmuodigosto, dher selbo ist dher hohista* Is 24,5–8. – *so der morgen chumet. so gehorest du mih* Np 12,7 f. [16,27]; *Der aber unreht minnot. der hazzet sina sela* 32,18 f. [35,14 f.]. – *Der got petet mit rehttera kiloube, der stet fore gote. der aua den tiuval nah uolget, der fellit uona gote (qui adorat dominum fide recta, stare dicitur coram domino. Qui vero adorat diabolum corruit ante dominum)* PrSC 1,1 f. (lat. H.U. Schmid 1986, 2,28,52–56

7.1.2. Zwei- und mehrfache Vorfeldbesetzung

§ 154 Der Bereich vor dem finiten Prädikatsverb kann mit mehr als einer Konstituente belegt sein. Steht das Finitum am Satzende, ergibt sich allerdings ein Analyseproblem, denn die Abfolge kann als Verbendstellung gewertet werden, wenn auf das

Finitum kein weiteres Element mehr folgt. Deshalb werden nachfolgend nur solche Fälle berücksichtigt, in denen das Finitum nicht das Satzende bildet.

1. Anreden und Interjektionen sind selbst keine Satzglieder. Sie können zusammen mit einem strukturellen Satzglied (oder mehreren) vor dem Finitum stehen und konstituieren in gewisser Weise ein „Vorvorfeld".

Anrede: *chind, in chunincriche: chud ist mir al irmindeot* Hl 13. – *Kirst, imbi ist huze* Lorscher Bienens 1. – *fro min, So lango beidon uuir thin* 30. – *Herro, ih thicho ze dir* Sam 21. – *Truhtin, dir uuirdu ih pigihtik allero minero suntiono enti missatatio* 1. bayr. B 1 f. – *enstigo enti milteo trohtin, du eino uueist uueo mino durfti sint* Emm A 311,7–9. – *Truhten in dinero heizmoti neinchunnist du mih tanne* (*Domine ne in fvrore tuo arguas me*) Np 14,22–24 [19,11 f.].

Interjektion: *Leidhor, thes ingald iz* Ludw 20; *joh salida in gilungun thiu wort in iro zungun* O 1,2,36; *Sih, thaz heroti theist imo thiomuati* 3,41. – *See hear meinit nu dhri* (*Ecce tria*) Is 15,17 f.

Interjektion und Anrede: *Wolaga elilenti, harto bistu herti* O 1,18,25. – *ia drohtin. iz ist also* (*Etiam domine*) Gl 1,714,4 f. (11. Jh.).

2. In den meisten Fällen von zwei- und von mehrfacher Vorfeldbesetzung steht neben einer weiteren Konstituente auch das Subjekt vor dem finiten Verb.

Subj. → Akk.: *Ir almahtic got sih chundida uuesan chisendidan fona dhemu almahtigin fater* (*qui omnipotens deus a patre omnipotente missum se esse testatur*) Is 11,8–11; *Dhera selbun dhrinissa heilac chiruni aggeus dher forasago sus araughida in druhtines nemin quhedhendi* (*Cuius trinitatis sacramentum et aggeus propheta ita aperuit ex persona domini dicens*) 17,9–12; *Endi ih inan chistiftu in minemu dome, endi in minemu riihhe, untazs in eouuesanden euun* (*Et statuam eum in domo mea et in regno meo usque in sempiternum*) 37,22–38,2. – *iz iuer hugu irwallo, wisduames follo* Os 8.

Subj. → Dat.: *Regula therero buachi uns zeigot himilrichi* Ol 91. – *huuanda ir uns uuard chiboran, nalles imu selbemu* (*quia homo, et natus nobis, non sibi*) Is 22,17 f.

Subj. → Prädikatsnomen: *thiu arma muater min eigan thiu ist si thin!* O 1,2,2. – *Tes munt foller ist ubelo sprechennis* Np 28,26 f. [32,5 f.].

Subj. → infiniter Prädikatsteil: *her fragen gistuont fohem uuortum* Hl 8. – *opphoron er scolta bi thie sino sunta* O 1,4,12. – *dhiu chiholan ist fona manno augom* (*latet enim ab oculis hominum*) Is 2,15 f.

Subj. → Präpositionalphrase: *Thia engila zi himile flugun singente in gisiht frono* O 1,12,33 f.; *thie fordoron bi barne warun chuninga alle* 5,8; *in ira barm si sazta barno bezista* 13,10. – *huuanda dhea herostun mit dheru smelerun dheodu eigun dhar chimeine lerunga* (*quia principes cum subiectis plebibus communem habent doctrinam*) Is 41,18–20. – Nach Anrede: *trohtin, du in desa uueralt quami suntige za ganerienne* Emm A 310,31 f.

Präpositionalphrase → Subj. → Wiederaufnahme: *In Bethlem thiue* [= *thie iuwe*] *kuninga, thie warun alle thanana* O 1,12,15.

Partizipialphrase → Gen.: *Thera spraha mornenti, thes wanes was sih frewenti* O 1,4,83.

Subj. → adv. Konstituente: *er allo stunta frewe sih* Ol 8. – *Dhiu chiuuisso ist bighin gotes sunes* (*origo scilicet filii dei*) Is 3,1 f.; *endi israhel auh ardot baltliihho* (*et israel habitauit confidenter*) 39,10 f.; *Oxsso auh endi leo dhar ezssant samant spriu* (*Bos autem et leo ibi comedent paleas*) 41,17 f. – *noh uuir andaruuis nimagun unsero sunteono antlaz cauuinnan* (*nec aliter possumus ueniam consequi delictorum*) Exh A 49 f. – Mit Herausstellung: *thiu thritta zuahta thanana thaz warun edilthegana* O 1,3,26.
Adv. → Gen.: *joh filu frawalicho sin wartetun gilicho* O 1,17,56. –
Adv. → infiniter Prädikatsteil.: *So chiuuisso chiscriban ist in genesi* (*Sic enim ait in genesi*) Is 8,21 f.
Subj. → Dat. → Präpositionalphrase: *wanta engila uns zi bilide brahtun iz fon himile* O 1,12,30; *in droume sie in zelitun then weg* 17,74.
Adv. → Subj. → Akk.: *Sar Kriachi joh Romani iz machont so gizami* O 1,1,13.
Subj. → Akk. → Adv.: *Du mih hoho irheuest fone dien porton des todes* Np 25,23 f. [29,16].
Subj. → Adv. → Gen. → Subj (Wiederaufnahme): *Ioseph io thes sinthes er huatta thes kindes* 19,1.
Subj. → Adv. → Präpositionalphrase: *Er hiar in thesen redion mag horen evangelion* Ol 89; *Dher chiuuisso bi sinemu fatere lebendemu bigunsta riihhison* (*Ille enim patre suo uiuente coepit regnare*) Is 38,16–18.
Adv. → Präpositionalphrase → Subj.: *Ofto in noti er was in war* Ol 19.
Adv. → Dat. → Subj.: *sid Detrihhe darba gistuontun fatereres mines* Hl 23 f.
Subj. → Adv. → 2 Präpositionalphrasen.: *Dhea iudea auur dhurah iro grimmin mit dhemu unscama habendin andine quhedhant leogando* (*Iudei autem peruicacia inpudice frontis dicunt*) Is 35,7–10.

3. Steht mehr als eine adverbiale Konstituente (Adverb, Präpositionalphrase) im Vorfeld, kann das Subjekt (soweit realisiert) auch nach dem Finitum stehen.

dar met imo do fuoren engila de skonen Georgsl 13. – *Endi umbi dhen samun dhurah dhen selbun esaian quhad druhtines stimna* (*De hoc semine et per eundem esaiam uox domini loquitur*) Is 34,1–3. – *Des nahtes an minemo bette uorderota ih minen uuine* (*In lectulo meo per noctes quesiui*) Will 48,1 f. [87,15 f.].
Ohne explizites Subjekt: *joh hera in worolt zi uns quam, wuntarlichen thingon, hera untar mennisgon* O 1,3,43 f. – *In haubide dhes libelles azs erist ist chiscriban umbi mih* (*In capite libri scriptum est de me*) Is 16,8 f. – *Nu auur folghemes dhera bigunnenun redha* (*Nunc uero sequamur debitum ordinem*) 30,15 f.
Partikel *so* vor dem Finitum: *In godes minna ind in thes christanes folches ind unser bedhero gehaltnissi fon thesemo dage frammordes [...] so haldih thesan minan bruodher* Straßb. Eide 18–20. – *thanna noh so saz er* Sam 4. – *In thriu deil ana zuival so ist iz gisceidan, thaz edil in giburti fon in wahsenti* O 1,3,23 f.; *tho zemo antdagen sar so warun se alle samant thar* 9,6.

4. Steht im Vorfeld ein Gliedsatz, so bleibt die Serialisierung des übergeordneten Hauptsatzes davon vielfach unberührt, d.h. vor dem Finitum steht eine weitere Konstituente (vgl. Behaghel 1929b).

Do dar niuuiht niuuas enteo ni uuenteo, enti do uuas der eino almahtico cot, manno miltisto Wess 6–8. – *So thaz uuarth al gendiot, Koron uuolda sin god* Ludw 9. – *Far ih uf ze himile, dar pistu mit herie, ist ze hello min fart, dar pistu geginuuart* Psalm 13 f. – *Ther trinkit thiz uuazzer, be demo thurstit inan mer* Sam 18. – *Ist iz prosun slihti: thaz drenkit thih in rihti* O 1,1,19; *Fliuhit er in then se, thar giduat er imo we* 55. – *dhuo ir ęrdha stedila uuac, mit imu uuas ih dhanne al dhiz frummendi (quando appendebat fundamenta terrę cum eo eram cuncta componens)* Is 1,6–8. – *After dhiu so dhu slafis mit dhinem faterum, ih aruuehhu dhinan samun after dhir (Postquam dormieris cum patribus tuis, suscitabo semen tuum post te)* 38,9–12. – *so huuer so thiz gibet hluttru muatu singit, gilouban scal her, thaz inan got thanne gihorie* WK 33–35. – *So ih tara chumo. dar uuirdo ih âne forhtun* Np 13, 9 f. [17,27].

5. Insbesondere in der Isisor-Übersetzung finden sich umfangreiche Vorfelder mit längeren Abfolgen von Adverbien.

So sama auh nu dhesses chiboranin sunes suohhant redha (Si quidem et gignendi filii queritur ratio) Is 3,11–13; *Endi saar dhar after offono araughida (adiecit)* 14,11 f.; *Inu so auh chiuuisso dhar quhad got (Nam et cum ibi dicit deus)* 16,15 f.; *Dhuo saar dhar after araughida dhea zuohaldun sine chiburt in fleische (rursus futuram eius in carne natiuitatem ostendens subiecit dicens)* 23,18–20; *Hear auh noh frammert saghet dheselbo forasago esaias fona christe (Adhuc idem esaias de christo ... dicit)* 42,13–15.

6. Nach lat. Muster (gemeinsames Subj. von Haupt- und Nebensatz) kann auch ein Subjekt im Nebensatzvorfeld stehen.

Got so ir erist mannan chifrumida mit dhem hohistom salidhom odagan endi mit scuonin dhera gotliihhun chiliihnissa chieredan, dhuo setzida inan in siin paradisi (Deus cum hominem fecisset summa beatitudine praeditum et diuine imaginis decore honoratum, posuit eum in paradiso) Is 28,17–21.

7. Satzfragen (s. § 141) weisen in der Regel kein Vorfeld auf. Zugrundeliegende lat. Serialisierungen können jedoch zu parallelen ahd. Strukturen führen.

christes chiburt huuer sia chirahhoda? (Generationem eius quis enarrauit?) Is 2,4 f.; *Spahida dhes gotliihhin fater huuanan findis? (sapientiam dei patris unde inuenies?)* 2,13–15; *Dhiu uurza dhera spaida huuemu siu uuard antdhechidiu? (Radix sapientię cui reuelata est?)* 21–23. – *ir uuarlicho uuen mih quedet uuesen (uos autem quem me esse dicitis)* T 299,32–301,1; *erdcuninga fon uuen intfahent thribuz odo zins fon iro sunin odo fon fremiden (reges terrae a quibus accipiunt tributum uel censum)* 315,18 f.

7.2. Der Bereich nach dem Finitum („Mittelfeld“)

Das Mittelfeld ist der Bereich zwischen den Konstituenten, die eine Satzklammer bilden. Fehlt ein schließender Klammerteil, so ist der (folglich ungeschlossene) Bereich nach dem Finitum gleichwertig mit einem Mittelfeld. § 155

Lit.: Abraham 1992; Axel 2018; Behaghel 1892; 1909; 1932 § 1479–1617; Bernhardt/Davis 1997; Braune 1894; Brodführer 1906; Cichosz 2010; A. Dittmer/E. Dittmer 1998; E. Dittmer 1992; Dressler 1969; Fleischer 2005; Hinterhölzl 2009; 2012; Krisch 2004; Lühr 2000; Müller 1930; Näf 1979, 360–373; Ohly 1888; Petrova 2009; 2011; Schlachter 2009; Schröbler/Prell 2007 § S 216; Simmler 2007; Smith 1971; Sonderegger 1998; Wackernangel 1892; H. Weiß 2018.

7.2.1. Anzahl der nicht-verbalen Konstituenten

§ 156 Als Konstituenten werden Satzglieder gewertet. Bis zu drei Konstituenten im Mittelfeld sind keine Seltenheit. Allerdings sinkt bei zunehmender Zahl an Konstituenten deren Komplexität. Der Deutlichkeit halber werden nachfolgend Klammern mit [...] und Konstituentengrenzen mit | markiert. Die klammernden Elemente sind unterstrichen. Zu komplexen Prädikaten als Voraussetzung für die Ausbildung von Satzklammern s. § 120–132, zur Abfolge der verbalen Konstituenten s. § 138–139; 149–150; 157–160.

1. Unbesetztes Mittelfeld

Christ uuart gaboren êr uuolf ode deiob Wiener Hds 1. – *chind, in chunincriche: chud ist mir al irmindeot* Hl 13. – *dara scal queman chunno kilihaz.* – *Wir warun suorgenti ther thineru gisunti* O 1,22,51. – *So sama so auh araughit ist in isaies buohhum eochiuueliihhes dhero heideo sundric undarscheit, selbemu dhemu gotes sune quhedhendemu* (*In esaia quoque sub propria cuique persona trinitatis dicente eodem filio ita ostenditur*) Is 17,21–18,2. – *Er habet infangen min gebet* (*Dominus orationem meam suscepit*) Np 16,10 f. [20,23]. – *Hiericho uuirdet kantfristet manin* (*Hiericho quippe interpretatur luna*) PrSB 4,5 (lat. H.U. Schmid 1986, 2,24,25 f.).

2. Eine eingeklammerte Konstituente

thar uuarth [*sancte Stephanes hros*] *entphangan* Trierer Spr 2. – *Ik gihorta* [*đat*] *seggen* Hl 1. – *denne nidarf* [*er*] *sorgen* Musp 65. – *Chindh uuirdit* [*uns*] *chiboran* (*Paruolus, inquit, natus est nobis*) *sunu uuirdit* [*uns*] *chigheban* (*filius datus est nobis*) Is 22,8 f. – *Allo mannes thurfti sintun* [*in themo brotes namen*] *gameinito* WK 18 f. – *nioman mag* [*thisu zeihhan*] *tuon* (*nemo potest hæc signa facere*) T 405,6. – *Si neist* [*anderesuuar*] *zesuochenne* Np 11,3 [16,3 f.].

3. Zwei eingeklammerte Konstituenten

du uuart [*demo Balderes uolon* | *sin uuoz*] *birenkit* Mers 2,2. – *gurtun* [*sih* | *iro suert*] *ana* Hl 5. – *uuirdit* [*denne* | *furi*] *kitragan daz frono chruci* Musp 100. – *Ist* [*thia akus* | *ju*] *giwezzit* O 1,23,51. – *des sculu* [*uuir* | *den truhtin*] *pitten* Freis. Pn B 67 f. – *dhar ist* [*auh* | *offanliihhost*] *chisaghet* (*ibi certissime manifestantur*) Is 25,15 f. – *Pe diu ist* [*sin sun* | *hiuto*] *geborn* Np 6,14 f. [12,3]. – *der scol* [*niemir* | *daz ambahte*] *kiuuinnen der predigi* (*praedicationis officium suscipere nullatenus debet*) PrSB 1,9 f. (lat. Hellgardt 2014, 85).

4. Drei eingeklammerte Konstituenten

nu scal [*mih* | *suasat chind* | *suertu*] *hauwan* Hl 53. – *niscolta* [*sid* | *manno nohhein* | *miatun*] *intfahan* Musp 72. – *Heigun* [*sa* | *Northman* | *Harto*] *biduuungan* Ludw 24. – *Begont* [*ez*

| *der rike man* | *filo harto*] *zurnan* Georgsl 31. – *mit imu uuas* [*ih* | *dhanne* | *al dhiz*] *frummendi* (*cum eo eram cuncta componens*) Is 1,7–9. – *Thes sculun* [*uuir* | *got* | *simbles*] *bitten* WK 13 f. – *Iz ist* [*al* | *thuruh not* | *so kleino*] *giredinot* O 1,1,7. – *oh in dhem dhrim heidim scal* [*man* | *ziuuaare* | *eina gotnissa*] *beodan* (*sed in eis personis una diuinitas praedicanda est*) Is 21,9–11. – *In minemo herzen habest* [*du* | *mir* | *dia freuui*] *gegeben* (*Dedisti laetitiam in corde meo*) Np 11,2 f. [16,2 f.].

5. Vier und mehr eingeklammerte Konstituenten

doh maht [*du* | *nu* | *aodlihho* | *ibu dir din ellen taoc* | *in sus heremo man* | *hrusti*] *giwinnan, rauba birahanen* Hl 55 f. – *dar* [*man* | *dar* | *eo* | *mit sinen magon*] *piehc* Musp 60. – *Hiez* [*her* | *Hluduigan* | *Tharot* | *sar*] *ritan* Ludw 22. – *bi thiu ist* [*er* | *selbo* | *in noti* | *nu* | *unser*] *wisonti* O 1,10,24; *Thu scalt* [*thih* | *io* | *mit driwon* | *fora gote*] *riwon* 23,43. – *Huuanda bidhiu uuardh* [*chiuuisso* | *auses dher naues sunu* | *fona moysise* | *in binamin iesus*] *chinemnit* (*Nam auses quidam, qui naue filius nominabatur, a moyse iesus cognominabatur*) Is 31,4–6. – *Ih pin* [*aber* | *fone minemo fater* | *iro undanches* | *ze chuninge*] *gesezzet uber sinen heiligen berg* (*Ego autem constitutus sum rex ab eo super syon montem sanctum eius*) Np 6,2–4 [11,19–21]. – *Also negistilte* [*unser herro der almahtige got* | *uone anakenge dere uuerlti* | *unzi ana den ente* | *die predigare*] *ci sentenna zi dera lera sinere iruuelitono* (*quia a mundi huius initio usque in finem ad erudiendam plebem fidelium praedicatores congregare non destitit*) PrSB 2,9–11 (lat. H.U. Schmid 1986, 2,9,26–31).

7.2.2. Abfolge der nicht-verbalen Konstituenten

Die Anordnung der Konstituenten im Bereich nach dem Finitum wird von unterschiedlichen Faktoren beeinflusst. Sie ist derjenige Teilbereich der Syntax, der im Fall der Übersetzungstexte am nachhaltigsten durch lateinische Muster, im Fall von Verstexten von der Metrik und Notwendigkeiten des Reims beeinflusst ist. Dennoch gibt es häufigere und seltenere Konstituentenfolgen, die darauf schließen lassen, dass es sich um unmarkierte bzw. markierte Stellungsvarianten handelt. **§ 157**

Anm. Nachfolgend werden nicht nur Abfolgen innerhalb geschlossener Verbalklammern berücksichtigt, sondern auch Serialisierungen ohne ein schließendes Klammerelement („K2“).

Zur Ermittlung regelgeleiteter Serialisierungen können zunächst die (allerdings sehr wenigen) nicht-metrischen und nicht-übersetzten Texte des Althochdeutschen herangezogen werden. Rückschlüsse erlauben ferner „Differenzbelege“ aus Übersetzungen, d.h. Abfolgen, die nicht parallel zur Quelle verlaufen. Zwar müssen übereinstimmende Abfolgen von Konstituenten in Vorlage und Übersetzung nicht notwendigerweise Folgen struktureller Abhängigkeit sein; dennoch kommt ihnen im gegebenen Zusammenhang wenig Aussagekraft zu.

So stimmen z.B. die Abfolgen Akkusativobjekt → Dativobjekt in *enti arboot dea drizuc pendigo silabres dem herostom euuartn ioh dem furistom mannum* (*retulit triginta argenteos principibus sacerdotum et senioribus*) MF 23,28–30 und *Vuanda du gibest segen demo rehten* (*Quoniam tu benedicis iusto*) Np 14,14 f. [19,2 f.] zur lat. Abfolge der jeweiligen Vorlage. Ebenso steht die umgekehrte Abfolge Dativobjekt → Akkusativobjekt in *Ih sagen iu mihhilan gifehon* (*euangelizo uobis gaudium magnum*) T 87,4 im Einklang mit der lat. Abfolge. Für die Frage nach einer originär ahd. Wortfolge besagen solche Belege nichts.

Ergänzend und vergleichend können stabreimende Texte ausgewertet werden, in denen die Wortfolgen weniger von Notwendigkeiten reimgerechter Wortpositionierungen oder des silbenquantifizierenden Metrums beeinflusst sind als in Endreimtexten.

Schließlich finden (insbesondere für die spätalthochdeutsche Phase) solche Texte Berücksichtigung, die zwar inhaltlich auf lateinischen Grundlagen basieren, die aber nicht dazu dienen, durch enges Übersetzen Wortbildungen oder grammatische Strukturen der jeweiligen Vorlage zu verdeutlichen, sondern die von der Intention geleitet sind, die Inhalte der Quellentexte auf verständliche Weise in der Volkssprache zu vermitteln (Notker, Williram, Physiologus, Spätahd. Predigtsammlungen).

§ 158 1. Abfolge nominaler Konstituenten

a) Steht das Subjekt im deklarativen Hauptsatz nicht im Vorfeld, sondern erst nach dem Finitum, so nimmt es in der Mehrzahl der Fälle die Stelle unmittelbar nach dem Verb und somit vor weiteren Satzgliedern ein.

Nach Finitum in Zweitstellung („V2"): *dar piutit der Satanasz altist heizzan lauc* Musp 22 f. – *mikil teta Gorio dar* Georgsl 42. – *Tho fuarun thie ginoza andara straza harto ilente zi eiginemo lante* O 1,17,77 f. – *also sciero werde buoz disemo christenen lichamen* Gg Falls P 381,4 f. – *to uersoz Genzan Iordane te situn* Straßb. Bluts 2. – *do uuas sancte Marti Christas hirti* Wiener Hds 1 f. – *do quam des tiufeles sun uf adames bruggon* Gg Falls P 380,8 f. – *Also negistilte unser herro der almahtige got uone anakenge dere uuerlti unzi ana den ente die predigare ci sentenna zi dera lera sinere iruuelitono* (*quia a mundi huius initio usque in finem ad erudiendam plebem fidelium praedicatores congregare non destitit*) PrSB 2,9–11 (lat. H.U. Schmid 1986, 2,9,26–31). – *So teta unser trotin, to er an der uuerilte mit menischon uuas* (*Sic et dominus noster*) Phys 8 f.

Nach Finitum in Erststellung („V1"): *Quam Krist endi sancte Stephan zi ther burg zi Saloniun* Trierer Spr 1. – *uuurbon sina thegana be sina lipleita* Sam 6. – *Ist sedal sinaz in himile gistataz* O 1,5,47.

In Übersetzungen unabhängig von der Vorlage: *In dhemu nemin cyres ist christ chiuuisso chiforabodot* (*In persona enim cyri christus est prophetatus*) Is 6,8–10. – *tho sprachun thie hirta untar in zuisgen* (*pastores loquebantur ad inuicem*) T 87,19. – *thanne sint thiu kind friiu* (*ergo liberi sunt filii*) T 315,22.

b) Entsprechendes gilt für Satzfragen, die mit einem Interrogativadverb eingeleitet sind.

umbi huuenan quhad dauid in chuningo boohhum (*de quo ait dauid in libro regum*) Is 10,4 f. – *Vnde ziu chrademdon gentes uuider truhtene* (*Vtquid ergo fremerunt gentes*) Np 24,10 f. [28,6]. – *Uuara ist din uuine geuaran, aller uuibo sconesta?* Will 98,1 f. [177,23–25].

c) In eingeleiteten Adverbialsätzen folgt das Subjekt zumeist unmittelbar der Subjunktion.

Oba Karl then eid, then er sinemo bruodher Ludhuuuige gesuor geleistit ... forbrihchit Straßb. Eide 31–33. – *denne der man in pardisu pu kiuuinnit, hus in himile* Musp 16 f.; *daz der tiuual dar pi kitarnit stentit* 68. – *kunni er io gibreitta, unz Krist sih uns yrougta* O 1,3,8. – *so der almœhtige got demo regenplinten seginita siniu ougan* Augens 2 f.
In Übersetzungen unabhängig von der Vorlage: *so hwer so farah in felđe đaar hirti mit ist forstilit* (*Si qus porcellum in campo inter porcos, ipso porcario custodente, furaverit*) LexSal 28 f. – *ibu dher gotes forasago christes chiburt ni mahta arrahhon* (*si eius natiuitas a propheta non potuit enarrari*) Is 2,6–8; *dhazs druhtin dhir ist huus zimbrendi* (*quod ędificaturus sit domum tibi dominus*) 37,8 f. – *mit thiu ther heilant giboran uuard* (*Cum ergo natus esset ihesus*) T 93,8. – *So sin zorn irheizzet in spuote* (*Cum exarserit in breui ira eius*) Np 7,15 f. [13,1].

d) Unbetonte Elemente stehen in der Regel vor nominalen Sub- und Objekten.

to cham aber Starzfidere Spottv 2,2. – *enti dar uuarun auh manake mit inan cootlihhe geista* Wess 8 f. – *der si doh nu argosto [quad Hiltibrant] ostarliuto* Hl 58. – *uuar ist denne diu marha* Musp 60; *dar scal denne hant sprehhan* 91; *Gidan ist es nu redina* O 1,1,111. – *dar ni ist eo so listic man* 94. – *endi thar sintun thoh allo mannes thurfti ana bifangano* WK 36 f. – *Aber doh gothi uuurten dannan uertriben fone narsete patricio* Nb 6,11 f. [6,6 f.].
In Übersetzungen unabhängig von lat. Vorlage: *giengun tho zuo gotes engila* (*Et ecce angeli accesserunt*) T 115,30. – *Vuanda fone solchen uuirt danne sundig man gelobet in sinen gelusten* (*Quoniam laudatur peccator in desideriis animae sue*) Np 28,3–5 [31,14 f.].
Im Reim: *Thanne sprah luto Hluduig ther guoto* Ludw 31. – *dhazs zheiken uhorta dhare Gorio ce uhare* Georgsl 22. – *Stuant tho thar umbiring filu manag ediling* O 1,9,9.

e) Dagegen stehen nominale Sub- und Objekte vor Adverbien und Präpositionalphrasen.

dar quimit imo hilfa kinuok Musp 17; *uerit denne stuatago in lant* 55. – *dhie heidenen man kesante Gorio fhile fhram* Georgsl 30.
In Übersetzungen unabhängig von der Vorlage: *fona dhemu dhiz al in forasagono mundum dhea aldun aer langhe bifora sungun* (*de quo hec omnia ore prophetarum presaga cecinerunt*) Is 25,5–7. – *uzan drato mihiliu caruni dar inne sint pifangan* (*sed magna in ea concluduntur mysteria*) Exh A 9–11. – *uuvrbun tho thie hirta heimuuartes* (*et reuersi sunt pastores*) T 89,2.

f) In der Normalabfolge stehen nominale Dative vor nominalen Akkusativen und Genitiven, wobei der Dativ jeweils auf Belebtes referiert, der Akkusativ bzw. Genitiv auf Unbelebtes.

Her skancta ce hanton sinan fianton Bitteres lides Ludw 53 f. – *du mannun so manac coot forgapi* Wess 10 f. – *du uuart demo Balderes uolon sin uuoz birenkit* Mers 2,2. – *uuili den rehtkernon daz rihhi kistarkan* Musp 42. – *Ih frawon druhtine alle daga mine* O 1,7,5. – *ih furgoumolosta gestin iro fuozi uuasge* Würzb. B 7 f. – *Soso Krist gibuozta themo sancte Stephanes hrossa thaz entphangana* Trierer Spr 2 f.; *Uuala Krist, thu geuuertho gibuozian thuruh thina gnatha thesemo hrosse thaz antphangana atha thaz spurialza* 4–6.
In Übersetzungen unabhängig von der Vorlage: *Gab dhuo got moysi euua* (*Dedit legem per moysen*) Is 29,14. – *meister sal man demo cheisere zins kebin alde nehein* (Np: *magister. licet censvm dare cesari an non?*) Npgl 121,13 f. [113,2].

g) Dagegen erscheint die Positionierung eines nominalen Dativobjekts nach einem nominalen Akkusativ- oder Genitivobjekt als markierte (emphatische) Stellungsvariante.

Habes corne min rossa (*habes annonam ad equos*) Par. Gespr 289,72. – *Vuaz durft ist des kebetes demo idithun?* Np 143,5 [132,8 f.].
In Übersetzungen unabhängig von der Vorlage: *Gentes taten dod tinen martyribus* (*Infixae sunt gentes in interitu quem fecerunt*) Np 26,3 f. [29,22].

h) Präpositionalphrasen (Präpositionalobjekte, präpositionale Adverbiale) neigen zu einer Positionierung erst im Anschluss an weitere nominale Konstituenten, d.h. an das absolute Satzende oder ggf. vor einem klammerschließenden Prädikatsteil.

Quesahsti min herre zemetina (*uidisti seniorem meum ad matutinas*) Par. Gespr 282,28. – *Hiruz runeta hintun in daz ora* Hirsch. – *Gihalde inan truhtin Bi sinan ergrehtin* Ludw 59. – *so daz Eliases pluot in erda kitriufit* Musp 50. – *sie warun iro henti zi gote heffenti* O 1,4,16. – *daz er dioterichen uriuntlicho ze houe ladeta* Nb 5,15 f. [5,21 f.]. – *unde sluog des tiufeles sun zuo zeinero studon* Gg Falls P 380,11–13. – *to uersoz Genzan Iordane te situn* Straßb. Bluts 2.
In Übersetzungen unabhängig von der Vorlage: *dhazs christ gotes sunu ęr allem ueraldim fona fater uuard chiboran* (*ante omnia sęcula filius a patre genitus esse declaratur*) Is 1,12–14; *sendida mih after guotliihhin zi dheodom* (*Post gloriam misit me ad gentes*) 10,18–20. – *Inti biuuant inan mit tuochun* (*et pannis eum inuoluit*) T 85,25.

i) Für Abweichungen von dieser Haupttendenz ist die Aussagerelevanz des Satzgliedes, das nach der Präpositionalphrase steht, ursächlich.

soso man mit rehtu sinan bruodher scal Straßb. Eide 20 f. – *her furlaet in lante luttila sitten* Hl 20; *want her do ar arme wuntane bauga* 33; *dat du noh bi desemo riche reccheo ni wurti* 48. – *Dat gafregin ih mit firahim firiuuizzo meista* Wess 1. – *der hapet in ruouu rahono uueliha* Musp 69. – *So aber nah imo andere cheisera uuurten* Nb 6,3 [5,30–6,1]; *Dien ist der gelih. der fure got demo tiefele dienot* Np 105,18 f. [98,26–99,1]. – *ih santa zi thuringiun .II. gifengidi ein pettigiuuaati* Federpr.

j) Prädikatsnomina können als zweiter Klammerteil fungieren.

do uuas sancte Marti Christas hirti Wiener Hds 1 f. – *imo was eo fehta ti leop* Hl 27; *du bist dir alter Hun, ummet spaher* 39. – *Ni was Noe, ih sagen thir ein, in then thaz minnista deil* O 1,3,9. – *fone diu ist dero irslagenon. ih meino dero irblanton lera uanitas* Np 579,28 [513,17 f.]. – *Ih bin imo iemer desde holder* Will 20,2 f. [59,30].
In Übersetzungen unabhängig von der Vorlage: *thanne sint thiu kind friiu* (*ergo liberi sunt filii*) T 315,22.

k) Ist im Hauptsatz das klammerschließende Element ein infiniter Prädikatsteil bzw. im Nebensatz das Finitum, stehen Prädikativa unmittelbar davor.

dat du noh bi desemo riche reccheo ni wurti Hl 48; *unti im iro lintun luttilo wurtun* 67. – *pidiu scal er ... in deru uuicsteti uunt piuallan enti in demo sinde sigalos uuerdan* Musp 46. – *dhazs sunu endi heilac gheist got sii* (*filium et spiritum sanctum non putant esse deum*) Is 13,11 f. – *Ih uuilla gote almahtigen allero minero suntono bigihtdig uuerdan* Pfälzer B 1. – *Vuir sculen daz pidenchin, daz der uuin unte daz ole niemir liutter noh guot niuuerdunt* PrSB 3,32–34.

2. Abfolge pronominaler Konstituenten **§ 159**

a) Pronominale Subjekte stehen wie nominale unmittelbar nach dem Finitum, in eingeleiteten Nebensätzen nach dem einleitenden Element (Pronomen, Subjunktion) und damit ggf. vor weiteren Konstituenten.

Deklarativer Hauptsatz: *Tho nam her godes urlub* Ludw 27. – *ne hort er in* Georgsl 9. – *Ia gichuri du mih, trohtin* Psalm 3. – *Ofto irhugg ih muates thes managfalten guates* Os 11. – *diu uurfe du imo under fuozze* Np 22,1 f. [26,5]. – *so gibuozi ihc it mid Kristes fullesti thessemo hrosse* Trierer Spr 3 f. – *also tuon ih dih unreiner athmo* Gg Falls P 381,1.
In Übersetzungen unabhängig von der Vorlage: *đanne nimag er ini gimenen* (*mannire non potest*) LexSal 19. – *In minemo herzen habest du mir dia freuui gegeben* (*Dedisti laetitiam in corde meo*) Np 11,2 f. [16,2 f.].
Wunschsatz: *So bruche her es lango* Ludw 6.
Fragesatz: *Quesan ger hiuda min herra* (*uidisti hodie seniorem*) Par. Gespr 286,80. – *uuildu noh, hinta* Hirsch. – *Forsahhistu unholdun?* Frk. Taufgel 1. – *bist thu uuizago* (*propheta es tu*) T 109,14.
Nebensatz: *in thiu thaz er mig so sama duo* Straßb. Eide 21. – *dar man mih eo scerita in folc sceotantero* Hl 51. – *uzzan er iz mit alamusanu furiuiegi* Musp 97.
In Übersetzungen unabhängig von der Vorlage: *dine gungirun tuoant daz sie nimozun tuoan in fera tagum* (*discipuli tui faciunt quod non licet eis facere sabbatis*)

MF 4,4 f. – *so sie iz mer predigotun* (*tanto magis plus praedicabant*) T 275,18. – *kirachi hiutov dei cuatiu dhei du mir tati* (*Uindicasti hodie que feceris mihi bona*) Gl 1,412,16–18 (9. Jh.).
Uneingeleiteter Nebensatz: *Uuili her unsa hinauarth, Thero habet her giuualt* Ludw 38.

b) Pronominale Objektskasus (Akkusativ, Dativ, Genitiv) folgen in der Regel unmittelbar auf das Finitum, in eingeleiteten Nebensätzen stehen sie nach dem einleitenden Element (Pronomen, Subjunktion) und damit ggf. vor weiteren Konstituenten. Entsprechendes gilt auch für subjektlose Sätze.

Deklarativer Hauptsatz: *prahta imo sina tohter uuidere* Spottv 2,2. – *inbot dir sancte Maria* Lorscher Bienens 3. – *gurtun sih iro suert ana helidos, ubar hringa* Hl 6 f. – *dar quimit imo hilfa kinuok* Musp 17. – *si bar uns thuruhnahtin then himilisgon druhtin* O 1,11,54.
In Übersetzungen unabhängig von der Vorlage: *endi chistiftu imu siin riihhi* (*et stabiliam regnum eius*) Is 37,14. – *inti quadun imo sina hinauart* (*et dicebant excessum eius*) T 305,24.
Wunschatz: *der heiligo Christ unta sancte Marti de fruma mir sa hiuto alla hera heim gasunta* Wiener Hds 6 f. – *da mite si dir din ouga gesegenet* Augens 4.
Fragesatz, unabhängig von der Vorlage: *In huueo quidit sih der man christanan* (*Quomodo enim se christianum dicit*) Exh A 19 f.
Nebensatz: *de imo daz tranc gebe* Bas. Rez 17. – *so fram so mir got geuuizci indi mahd furgibit* Straßb. Eide 19 f. – *daz in uuolf noh uulpa zascedin uuerdan nemegi* Wiener Hds 4 f. – *dat inan wic furnam* Hl 43. – *ipu sia daz Satanazses kisindi kiuuinnit* Musp 8.
Uneingeleiteter Nebensatz: *iz nihengi imo use druhttin* Reimspr 2.

c) Die Abfolge zweier pronominaler Objekte variiert.

Akkusativ vor Dativ: *ce uhare shahen hik ezs hiuu* Georgsl 33.
In Übersetzungen unabhängig von der Vorlage: *đaz iz emo gicunđe* (*ut ei faciat notum*) LexSal 18. – *thanne cundet iz mir* (*renuntiate mihi*) T 95,5. – *du truhten habest iz uns keouget* (*Signatum est super nos lumen uultus tui domine*) Np 10,26 f. [15,25 f.].
Akkusativ vor Genitiv: *nu dih es so wel lustit gudea gimeinun* Hl 59 f. *daz in es sin muot kispane* Musp 19. – *ob ih inan es iruuenden nemag* Straßb. Eide 33. – *ziu habest du dih unser so geloubet?* Np 27,19 f. [31,4].
In Übersetzungen unabhängig von der Vorlage: *So daz sih es drato uuntrota* (*Ita ut miraretur*) MF 24,23. – *unz er in des biten stuont* Nb 5,20 [5,23].
Dativ vor Akkusativ: *Dot nirette mir iz* Ludw 26. – *Ih sagen thir thaz in wara* O 1,17,67. – *got der gebot dir ez* Gg. Falls 381,13.
In Übersetzungen unabhängig von der Vorlage: *noh mir iz ni tatut* (*nec mihi fecistis*) MF 21,11. – *uuer chan uns ieht kesagen fone uita ęterna* Np 10,23 f. [15,23 f.].
Dativ vor Genitiv: *Petrus ther richo lono iu es blidlicho* Os 29. – *tie imo des neuuaren geuolgig* Nb 6,5 [6,2].

3. Position adverbialer Konstituenten
Adverbien mit verbalem Bezug stehen unmittelbar vor oder nach dem betreffenden Verb.

Heigun sa Northman Harto biduuungan Ludw 24. – *daz er kotes uuillun kerno tuo* Musp 20. – *Begont ez der rike man filo harto zurnan* Georgsl 31. – *De uuider dir uuellent tuon, de uuillih fasto nidon* Psalm 20. – *Petrus (...) gruazta baldo (...) then meistar* O 3,8,31 f. – *Thes sculun uuir got simbles bitten* WK 13 f. – *So do manige liute ennont tuonouuo gesezene. hara ubere begondon uaren* Nb 5,7 f. [5,13].
In Übersetzungen unabhängig von der Vorlage: *Mit so mihhiles hęrduomes urchundin ist nu so offenliihho armarit* (*Tali igitur auctoritate ... declaratur*) Is 1,9–11. – *Vuanda du truhten habest mih sunderchlicho getrostet ze dero rauuo* (*Quoniam tu domine singulariter in spe constituisti me*) Np 11,16 f. [16,14 f.].

Anm. Temporale, lokale und andere Adverbien können je nach Mitteilungsperspektive, Aussagerelevanz, und auch Lautsubstanz (s. 4.) in Relation zu anderen Konstituenten unterschiedlich positioniert sein.

4. Quantität von Konstituenten
Abfolgen von Konstituenten sind nicht allein (morpho-)syntaktisch und semantisch zu erklären. Einfluss auf die lineare Anordnung der Satzkonstituenten haben zusätzlich satzrhythmische Faktoren: Umfangreichere Wortgruppen tendieren zum Satzende. Es wirkt das von O. Behaghel (1909 u.ö.) so bezeichnete „Gesetz der wachsenden Glieder“.

Dat gafregin | ih | mit firahim | firiuuizzo meista Wess 1. – *Tho bot | si | mit gilusti | thio kindisgun brusti* O 1,11,37; *Zi imo sprah | tho | lindo | ther gotes sun selbo* 25,9.
In Übersetzungen unabhängig von der Vorlage: *Bidhiu antfenc | chiuuisso | dher naues sunu | dhes heileghin chirunes chiliihnissa* (*Ideo enim ille huius sacramenti imaginem suscepit*) Is 32,7–9.
Phraseologisch: *soso | man | mit rehtu | sinan bruodher | scal* Straßb. Eide 20 f. – *so | ih | mit rehto | aphter canone | scal* Priestereid 4.

7.3. Die Besetzung des Nachfeldes

7.3.1. Anzahl der nicht-verbalen Konstituenten im Nachfeld

Im Nachfeld eines Haupt- oder Nebensatzes können potenziell alle betonten Satzkonstituenten (Satzglieder, Satzgliedteile) erscheinen. Zumeist handelt es sich um nur eine einzelne Konstituente. Umfangreichere Nachfelder sind selten. In vielen Fällen dient die Positionierung einer Konstituente der Herausstellung. **§ 160**

Lit.: Admoni 1990, 78 f.; Coniglio/Schlachter 2015; Petrova 2009; Schlachter 2010.

1. Es können verschiedene Satzglieder oder Satzgliedteile ausgeklammert werden.

Häufig steht das Akkusativobjekt außerhalb der Klammer: *Herro. guillis trenchen*] *guali got guin* (*si uis bibere bonum uinum*) Par. Gespr 290,75. – *Daz hortih rahhon*] *dia uueroltrehtuuison* Musp 37. – *So uuer so hier in ellian Giduot*] *godes uuillion* Ludw 39. – *daz ih thir geba*] *trinkan* Sam 7. – *thu scalt druhtine rihten*] *wega sine* O 1,10,20. – *also uualliche lide machont*] *uuallichen man* Nb 177,15 f. [149,20 f.]. – *Nu vuillih bidan*] *den rihchan Crist* W. d.Teufel 1. – *Taz tu neuueist noch nechanst cheden*] *chnospinci* Hausb 3.
In Übersetzungen unabhängig von der Vorlage: *dhar meinida leohtsamo zi archennenne*] *dhen heilegan gheist* (*sanctum spiritum euidenter aperuit*) Is 14,20 f. – *Er habet infangen*] *min gebet* (*Dominus orationem meam suscepit*) Np 16,10 f. [20,23].
Präpositionalphrase: *bidiu sih ni arheuit*] *in desem uzserom otmahlum* (*de bonis se exterioribus non exaltat*) MF 29,24 f. – *der uuazzar hapet*] *in uuampa* (*hydropicus*) Gl 1,127,36 (9. Jh.).
Instrumentaler Dat: *do lęttun se œrist asckim scritan*] *scarpen scurim* Hl 63 f.

2. Stehen zwei Konstituenten im Nachfeld, bildet die umfänglichere den Abschluss.

Der heiligo Christ unta sancte Marti der gauuerdo uualten] *hiuta* | *dero hunto, dero zohono* Wiener Hds 3 f. – *dat du habes*] *heme* | *herron goten* Hl 47. – *opphoron er scolta*] *bi thie* | *sino sunta* O 1,4,12. – *alla dia erda sih kezihen*] *uuider demo himele.* | *gagen demo meze eines stupfes* Nb 110,18–20 [95,28 f.]. – *Unde sit uuir hie furhton*] *ze einere uuile* | *daz zekentlicho fiur* PrSA 3,5 f.
In Übersetzungen unabhängig von der Vorlage: *dhazs ir selbo christ ist*] *chiuuisso* | *got ioh druhtin* (*quia idem deus et dominus est*) Is 4,10 f. – *huuanta siu miltlihho giltit*] *guot* | *uuidar ubile* (*quia pro malis bona largiter ministrat*) MF 29,19.

3. Drei und mehr ausgeklammerte Konstituenten im Nachfeld.

iz ist gifuagit] *al* | *in ein selp* | *so helphantes bein* O 1,1,16; *Thu scalt haben*] *guati joh mihilo otmuati* | *in herzen* | *io* | *zi noti* | *waro karitati* 18,37 f.
In Übersetzungen unabhängig von der Vorlage: *After dhem sibunzo uuehhom ist hear offono araughit*] *ziuuare* | *christan* | *iu* | *chiboranan ioh chimartorodan* (*Post lxx enim ebdomadas et natus et passus ostenditur christus*) Is 27,4–7.

4. Im Nachfeld kommen umfangreiche Konstituenten wie Auflistungen zu stehen. Die ahd. Beichten bieten dafür mehrere Belege.

des ih uuizzanto kiteta] *eddo unuuizzanto, notak eddo unnotak, slaffanti eddo uuachenti: meinsuartio enti lugino, kiridono enti unrehteru fizusheiti, huorono* 1. bayr. B 3–6. – *inti daz uuidar minera cristanheiti uuari*] *inti uuidar minemo gilouben inti uuidar mineru uuihun doufi inti uuidar mineru bigihdi* Lorscher B 3–5. – *vnte quedent, daz in dero marehu si*] *ieguuedar, ioh chirihsahha sancti Kilianes, ioh frono, ioh friero Franchono erbi* Würzb Mb 63 f. – *daz ih alla die arbeita megi lidan die ih in deser werolti sculi lidan*] *durh dina era unta durh dinan namon iouh durh mina durfti odo durh iomannes durfti* Otloh 9–12.

5. Umfangreichere Satzglieder können diskontinuierlich angeordnet werden, indem nur ein Teil in das Nachfeld rückt.

daz der sin namo in uns kauuihit uuerda enti de uuihnassi Freis. Pn A 14–16. – *thes ih uuidar gotes uuillen gifrumita inti uuidar minemo rehde* Lorscher B 36 f. – *Ih uuilla gote almahtigen allero minero suntono bigihtdig uuerdan, inti allen godes heilegon inti dir godes manne* Pfälzer B 1 f. – *uuanda der unstate ist. unde ungeuualtig sin selbes* Nb 22,28 f. [18,24 f.]. – *Der die minne uuider sinen nahisten nieth nihat, der scol niemir daz ambahte kiuuinnen der bredigi* (*qui caritatem erga alterum non habet, praedicationis officium suscipere nullatenus debet*) PrSB 1,8–10 (lat. Hellgardt 2014, 85).

7.3.2. Textsorten- und Gattungsspezifik

1. In der Stabreimdichtung gehen Syntax und Metrik mehrfach in der Weise konform, dass ein Abvers innerhalb einer Verszeile syntaktisch gesehen gleichzeitig ein Nachfeld bildet. Nachfolgend sind die metrischen = syntaktischen Grenzen mit | gekennzeichnet, die (potentiell) klammernden Elemente mit Unterstreichung. § 161

her fragen gistuont | fohem uuortum Hl 8; *dar man mih eo scerita | in folc sceotantero* 51; *do lęttun se ærist asckim scritan | scarpen scurim* 63. – *pidiu scal imo helfan | der himiles kiuualtit* Musp 43. – *Do dar niuuiht niuuas | enteo ni uuenteo* Wess 6.

Mehrmals im Hildebrandslied, vereinzelt auch im Muspilli, werden Sätze in der Weise über Verszeilengrenzen hinweg weitergeführt, dass der Anvers der nachfolgenden Verszeile in syntaktischer Hinsicht das Nachfeld zur vorausgehenden bildet, und dazu eine Apposition oder Variation enthält. Metrische und syntaktische Zäsur decken sich auf diese Weise.

đat sih urhettun ænon muotin, | Hiltibrant enti Hađubrant untar heriun tuem Hl 2 f.; *gurtun sih iro suert ana | helidos, ubar hringa* 5 f.; *wer sin fater wari | fireo in folche* 9 f.; *her was Otachre ummet tirri | degano dechisto miti Deotrichhe* 25 f.; *so imo se der chuning gap, | Huneo truhtin* 34 f. – *unti im iro lintun luttilo wurtun, | giwigan miti wabnum* 67 f. – *denne der man in pardisu pu kiuuinnit, | hus in himile* Musp 16 f.

2. In der Endreimdichtung mit Langzeilen wird das Nachfeld vielfach für die Positionierung von Reimwörtern am Versende genutzt. Dabei ist die Grenze zum Nachfeld zwar nicht generell, aber dennoch häufig identisch mit der Zäsur zwischen An- und Abvers.

thaz mir uolgon | Alle godes holdon Ludw 36. – *Unsar trohtin hat farsalt | sancte Petre giuualt* Petrusl 1. – *ne megih in nohhein lant, | nupe mih hapet din hant* Psalm 15. – *Nebistu liuten kelop | mer than Iacob* Sam 15. – *Ginade uns in ęuun, | Daz uuir niliden uueuuun* Sigih 4. – *Nu will ih scriban unser heil, | evangeliono deil* O 1,1,113; *er was thiononti thar | gote filu managjar* 15,2; *joh wurtun al fillorinu | mithont giborinu* 20,6.

3. In seltenen Fällen können reimbedingt sogar pronominale Elemente ausgeklammert werden.

Gotes geist imo anawas | ni tharft thu wuntoron thaz O 1,16,27; *Ih willu faran beton nan | so riet mir filu managman* 17,49; *thia suazi sines muases; | giwerdan mohta sie thes* 4,9,20.

4. In mischsprachigen Texten zeigt sich eine Tendenz, lateinische Wörter oder Syntagmen ins Nachfeld zu stellen.

Tie hara baz sizzent in litore ęthiopico Nb 111,26 f. [96,28]; *daz iz uuola uuesen mahti. quarta pars terrae* [97,22 f.] 112,24 f.; *So er hier in uuerlte eine blendet ad damnationem* Np 22,16 f. [26,18]; *daz du credentibus sendest spiritum sanctum* 18,4 f. [22,15 f.]; *uuanda er crudelia gebiutet. in seruos dei* 28,27 f. [32,7]. – *daz ih dar umbe mih niene geloibon minero uirtuosae constantiae* Will 10,4 f. [51,5–7]; *die dine scaf uuisen ad pascua uitae* 13,6 [53,16 f.].

5. Im speziellen Fall des Tatian hat auch die konzeptuelle Parallelität von lat. und ahd. Text in strikt gleichlaufenden Spalten einen Einfluss auf die Serialisierung.
So steht im Fall von T 579,17 f. (hier in der handschriftgemäßen = zweispaltigen Zitierweise) *sin herro* nach dem Finitum *duot*:

quia seruus nescit quid faciat	*uuanta scalc niuueiz uuaz duot*
dominus eius.	*sin herro*

Ein Fall wie dieser kann jedoch nicht als Beleg für eine systemhafte Besetzung des Nachfeldes mit dem Subjekt in Anspruch genommen werden. Denn ahd. *duot* musste gleichauf mit *faciat*, hingegen *sin herro* mit *dominus eius* auf der jeweils korrespondierenden lat. Zeile zu stehen kommen. Freiheit der Wortabfolge war (anders als etwa in der Isidor-Übersetzung) nur innerhalb gleichlaufender Zeilen gestattet, nicht jedoch über Zeilengrenzen hinweg (vgl. Masser 1993; 1997; 2000).

7.4. Nominalsatz

§ 162 Unter bestimmten kommunikativen Bedingungen enthalten Äußerungen kein finites Prädikatsverb.

Lit.: Dal/Eroms 2014 § 124a; Greule 1982a; b, 126–130; Simmler 1992.

1. Wertungen

Got man (*bonus homo*) Par. Gespr 289,68. – *Salig thiu nan werita, than imo frost derita* O 1,11,45. – Vielfach ist eine entsprechende Struktur bereits in einer lat. Vorlage vorgegeben: *Ih eristo endi ih aftristo* (*Ego primus et ego nouissimus*) Is 18,4. – *see hear mero danne iona* (*ecce plus quam iona hic*) MF 7,6 f. – *senu tho stemma fon uuolcane* (*ecce uox de nube*) T 307,1. – *stargmuotig. uuanda er filo fertreget langmuotig. uuanda er negahot sih zerrechenne* Np 18,27–29 [23,9 f.].

2. Heilungs- und Segenswünsche, Grüße

sose benrenki, sose bluotrenki, sose lidirenki: ben zi bena, bluot zi bluoda, lid zi geliden Mers 2,6–8. – *daz dir ze bůzza* Augens 5. – *Uuolar abur Hluduig, Kuning unser salig* Ludw 57. – *Heil magad zieri, thiarna so sconi, allero wibo gote zeizosto* O 1,5,15 f.; *Unkust rumo sinu joh nah ginada thinu* 2,31. – *Heil du uuara bilde dines fater. unde dero goto* (*Salue uera deum facies. uultusque paterne*) Nc 835,21 f. [156,21 f.].

3. Ausrufe

Hvndes ars in tine naso (*canis culum in tuo naso*) Par. Gespr. 285,42. – *welaga nu, waltant got* Hl 49. – *Gimma thiu wiza, magad scinenta* O 1,5,21. – *Uae iu leidita blintes* (*Uae uobis, duces caeci*) MF 17,2. – *seno gotes lamp* (*ecce agnus dei*) T 117,3; *uue mittilgarte fon asuuichin* (*uae mundo ab scandalis*) 319,10. – *uue dirro uuerlte fone scantuuerron. uue iu prieuarra unde sundirguote* (Np: *ve mvndo ab scandalis. ve vobis scribe et pharisei*) Npgl 263,27–264,1 [234,22 f.].

Anm. 1. Hier sind auch die letzten Worte Ludwigs des Frommen, die im Bericht des Astronomus überliefert sind, zu erwähnen: *bis dixit <u>hutz! hutz!</u> quod significat foras* (Bergmann 1965, 19).

Anm. 2. Zu prädikatlosen Ausrufen mit einleitenden Interjektionen s. § 6 (Interjektion mit folgendem Akkusativ), § 11 (mit Dativ) und § 16 (mit Genitiv).

4. Antwort auf eine Satzfrage

Guare uenge hinahz?... <u>Ze garaben selida</u> (*ubi abuisti mansionem ac nocte ... ad mansionem comitis*) Par. Gespr 279 f.,15 f. – *er geuuenet sin suert ... Vuenne? <u>In die iudicii</u>* Np 19,3 [23,13]. – *Comparatio te uuidermezunga. cuius? <u>tis comparatiui alde dis superlatiui zuo demo positiuo</u>* Sang. Schularb 22–24. – *Waz sint salida? <u>ewige rawa</u>* Def 6. – Elliptische Frage: *Vuanda din negeuuanet neheiner in tode. <u>In uuelemo tode?</u>* Np 15,16 [20,1].

5. In situationsbedingten Ellipsen können Subjekt und Prädikat aus dem Handlungszusammenhang ergänzt werden.

danan in daz haganina sol, danan in Herostat in den uuidinen seo, danan in mittan Nottenloh, danan in Scelenhouc Würzb. Mb 7–9 (Situation ist eine Grenzbegehung). – *murra, seuina, uuiroh daz rota, peffur, uuiroh daz uuizza, uueramote, antar, suebal, fenuhal, pipoz, uuegabreita, uuegarih, heimuurz, zua flasgun uuines, deo uurzi ana zi ribanne, eogiuuelihha suntringun* Bas. Rez 7–9 (Situation ist eine Handlungsanweisung, die im unmittelbaren Anschluss ausformuliert ist: *enti danne geoze zisamane enti laze drio naht gigesen enti danne trincen*).

– Zwei isolierte Akkusative auf lat. Grundlage: *ouga furi ouga. Inti zan furi zan* (*oculum pro oculo. et dentem pro dente*) T 143,30 f.

6. In konstatierenden Äußerungen über die Faktizität eines Sachverhalts kann nach lat. Vorbild das Prädikatsverb 'sein' getilgt sein.

See hear zuuene dhero heido, got endi siin gheist (*Ecce duę persone dominus et spiritus eius*) Is 18,10 f. – *deil abur drohtinis liud diner iacob seileclin heribis sines* (*Pars autem domini populus tuus! iacob funiculus hereditatis eius*) Rheinfrk. Cant 303,5–7. – *min trohtin inti min got* (*dominus meus et deus meus*) T 683,4 f.

7. Kapitelüberschriften in der Benediktinerregel sind in Übereinstimmung mit dem Wortlaut der Vorlage mehrfach prädikatlos und somit als Nominalsätze anzusprechen.

fona cunnum municho (*de generibus monachorum*) BR 93,7; *fona tuenne zekeratte pruadero* (*de adhibendis ad consilium fratribus*) 113,13 u.ö.

8. Parataxe und Satzverbindung

Selbständige Sätze können ohne verbindendes Element gereiht (Asyndese) oder mit einem konjunktionalen, pronominalen oder adverbialen Element verbunden sein (Syndese), welches das logisch-semantische Verhältnis des folgenden Satzes zum vorausgehenden verbalisiert. **§ 163**

Lit.: Behaghel 1928 § 1169–1185; 1932 § 1547–1553; Betten 1987a, 137–160; Carr 1933; Catasso 2018; Dal/Eroms 2014 § 132–134; Desportes 2003b; 2008; Erdmann 1874 § 70–78; 131–139; Eroms 2010; Lang 1977; Lühr 2007; E. Meineke 2003; Robin 2020; Scholten 1897; Simmler 2003; Tomanetz 1879; Valentin 2003; Wolfrum 1960; Wolfrum/Ulbricht 1959.

8.1. Asyndese

Formal unverbundene selbständige Sätze können ohne engeren sachlich-inhaltlichen Zusammenhang sein oder in einem wie auch immer gearteten logisch-sachlichen Zusammenhang stehen. **§ 164**

Beispiele für asyndetische Reihungen sind die Bitten des Vaterunsers und andere aufreihende Texte und Textpartien.

fater unser thu thar bist in himile | *si giheilagot thin namo* | *queme thin rihhi si thin uuillo* (*pater noster qui in caelis es sanctificetur nomen tuum adueniat regnum tuum fiat uoluntas tua*) T 151,3–7. – *ih teta ubarhiuui, girida in fremiden sahhun.* | *ih quath luggi uricundi,* | *ih teta eidsuurt.* | *ih biuual mih in nozilun ente in uierfiuozun,* | *ih gifrumita uncusg imo site sodomitico ente mih rinento in minan lidin in lusti ubilero gitrogo,* | *ih biuual mih fora ubilero lusti* Würzb. B 17–21. – *Der heber gat in litun* | *treget sper in situn* | *sin bald ellin nelazet in uellin* Nr 673,23–26 [161,24–26]. – *Sezzoch sint der kuninginno,* | *ahzoch sint der kebese,* | *der dierenon nist nieth zala* (*Sexaginta sunt reginę. et octoginta concubinę. et adolentularum non est numerus*) Will 103,1 f. [183,33–185,3].

Zwischen strukturell auf gleicher Ebene stehenden selbständigen Sätzen können implizite logisch-sachliche Relationen bestehen, die nicht mittels expliziter Verknüpfungen zum Ausdruck kommen.

1. Kausal. Der Folgesatz enthält eine Begründung des vorausgehenden Satzes.

   Hiltibrant gimahalta [Heribrantes sunu] | *her uuas heroro man* Hl 7. – *wis fater mir joh muater,* | *thu bist min druhtin guater* O 3,1,44. – *uuartet iu fon mannon sie selent iuuih in iro thingon* (*cauete autem ab hominibus. tradent enim uos in conciliis*) T 169,23 f. – *des uueg ist unbeuuollen.* | *er negat uiam peccatorum* (*inpolluta uia eius*) Np 53,9 f. [52,25 f.].

2. Konsekutiv: Der Inhalt des Folgesatzes ergibt sich als Konsequenz aus dem des vorangehenden.

https://doi.org/10.1515/9783110782493-009

hurlob nihabe du: | *zi holce nifluc du* Lorscher Bienens 4. – *Chumo kiscreib,* | *filo chumor kipeit* Schreiberv. – *Vbilo tuo* | *bezzeres newane* Nl 595,27 f. [194,17 f.].

3. Final: Der Folgesatz sagt aus, mit welcher Absicht die im vorausgehenden Satz prädizierte Handlung vollzogen wurde.

thaz er quam hera zi worolti, | *er mennisgon gineriti* O 2,14,122; *Thaz datun sie bi noti,* | *thaz ros ni skrankoloti* 4,4,19.

4. Temporal: Die Inhalte formal unverbundener Sätze können in einem zeitlichen Simultan- oder Sukzessionsverhältnis stehen.

Eiris sazun idisi, | *sazun hera duoder.* | *suma hapt heptidun,* | *suma heri lezidun,* | *suma clubodun umbi cuoniouuidi* Mers 1,1–3. – *iro saro rihtun,* | *garutun se iro gudhamun,* | *gurtun sih iro suert ana* Hl 4 f. – *so inprinnant die perga* | *poum ni kistentit enihc in erdu* | *aha artruknent* | *muor uarsuuilhit sih* | *suilizot lougiu der himil* | *mano uallit* | *prinnit mittilagart* | *sten nikistentit.* | *uerit denne stuatago in lant* Musp 51–55. – *Ther kuning reit kuono,* | *Sang lioth frano ...* | *Sang uuas gisungan* | *Uuig uuas bigunnan* | *Bluot skein in uuangon* | *Spilodun ther Urankon* Ludw 46–49. – *Giang er in thaz gotes hus,* | *dreip se al thanan zu* | *ziwarf er al bi noti thio iro bosheiti* O 4,4,65 f. – *man gieng after wege,* | *zoh sin ros in handon* ad equ 1 f. – *sizi uilu stillo,* | *uuirki godes uuillon* Lorscher Bienens 6. – *to cham aber Starzfidere,* | *prahta imo sina tohter uuidere* Spottv 2,2. – *Der uuinter ist hina,* | *der regan ist uure,* | *die bluomon schinent in alle demo lante,* | *des rebesnites zit ist hier* (*Iam enim hiemps transiit. imber abiit et recessit. flores apparuerunt in terra nostra tempvs putationis aduenit*) Will 39,1–3 [77,11–14].

5. Adversativ: Im Folgesatz kommt ein Gegensatz zum Inhalt des vorausgehenden Satzes zum Ausdruck.

Sie sturbun baldo, so man weiz; | *ni datun sie iz in urheiz* O 4,5,45. – *Ih bin primitiua Ecclesia,* | *min muoter ist Synagoga* Will 11,2 f. [51,13–15].

8.2. Satzverbindung (Syndese)

8.2.1. Konjunktionale Satzverbindung

§ 165 Die strukturell gleichrangigen Sätze einer parataktischen Reihe sind durch konjunktionale Elemente verbunden. Dabei drücken rein additive Konjunktionen mit der Bedeutung ‘und’ keine logisch-semantischen Verhältnisse zwischen einem vorausgehenden und einem nachfolgenden Satz aus. Konjunktionen mit der Bedeutung ‘oder’ drücken aus, dass zwischen zwei oder mehreren Sachverhalten Alternativen bestehen. Relationale Konjunktionen benennen sachlich-logische Zusammenhänge zwischen einem vorausgehenden und einen anschließenden Satz.

Anm. 1. Zum negativen Konnektor *noh* s. § 242.

1. Additiv

inti/enti/unde (Desportes 1992b; Montoto-Ballesteros 2010): *So sagant, daz so si Vuirziburgo marcha vnte Heitingesueldono, vnte quedent, daz ...* Würzb. Mb 62 f. – *enti danne geoze zisamane enti laze drio naht gigesen enti danne trincen* Bas. Rez 10. – *Liubene ersazta sine gruz unde kab sina tohter uz* Spottv 2,1. – *du himil enti erda gauuorahtos enti du mannun so manac coot forgapi* Wess 10 f. – *Ih faru dhir fora endi chidhuuingu dhir aerdhriihhes hruomege* (*Ego ante te ibo et gloriosos terrę humiliabo*) Is 5,21–6,1. – *in anaginne uuas uuort inti thaz uuort uuas mit gote* (*in principio erat uerbum et uerbum erat apud deum*) T 65,16 f. – *Dir scolo dir scofficit io. Vnde dir gouh der guccot io* Nl 594,8 f. [192,9 f.]. – *Ih bin salo samo die hereberga Cedar, unte bin abo uuatlich samo diu gezelt Salomonis* (*sicut pelles Salomonis*) Will 9,1 f. [49,4–7].

ia: *ia daz ist unser heli ia unsares herrin capot* (*et salus nostra et dominationis nostra mandatum*) Exh A 48.

ioh: *Hera santa mih god Ioh mir selbo gibod ... Thaz ih hier geuuhti* Ludw 33 f. – *Sie duent iz filu suazi, joh mezent sie thie fuazi* O 1,1,21. – *dhiu chiholan ist fona manno augom ioh fona allem himilfleugendem ist siu chiborgan* (*latet enim ab oculis hominum et a uolucribus caeli absconsa est*) Is 2,15–18.

ouh: *Zi nuzze grebit man ... thia meina isine steina; Ouh tharazua fuagi silabar ginuagi* O 1,1,69–71.

Verbindungen: *ioh ouh*: *joh ouh thero worto hintarquam er harto* O 1,21,12. – *Ioh auh dhiu selba stat chischeinit uundarliihhem zeihnum dhes sines œruuirdhighin chiuualdes sahha* (*etiam locus ipse coruscans miraculis glorie suę causa*) Is 43,11–14.

endi ioh: *Endi ioh dhazs ist nu unzuuiflo so leohtsamo zi firstandanne, dhazs dhiz ist chiquhedan in unseres druhtines nemin* (*quod in persona specialiter christi domini nostri accipitur*) Is 7,7–10.

2. Alternativ

eddo/odo/alde: *nu scal mih suasat chind suertu hauwan... eddo ih imo ti banin werdan* Hl 53 f. – *Nist wib thaz io gigiangi in merun goringi, odo merun grunni mit kindu io giwunni* O 1,20,15 f. – *Huuemu ist dhiz nu zi quhedanne odho zi huues chiliihnissu uuardh man chiscaffan* (*Cui ergo dicitur aut ad cuius imaginem conditus homo creditur*) Is 8,12–15. – *uuaz suochis odo uuaz sprichis mit iru* (*quid quaeris aut quid loqueris cum ea*) T 281,4 f. – *Vuer ist got. ane in? Alde uuer ist got. ane unseren got* (*quis deus praeter dominum. aut quis deus praeter deum nostrum*) Np 53,16 f. [53,5 f.]. – *sumelichiz ... uuirdet firtretin oder iz ezzant die uogile* (*aliud cecidit secus viam et conculcatum est et volucres coeli comederunt illud*) PrSB 3,2 f. (lat. H.U. Schmid 1986, 2,19,13–15).

3. Es können verschiedenartige sachlich-logische Relationen zwischen den verknüpften Sätzen zum Ausdruck kommen.
   a) Kausal: Im Folgesatz wird der Inhalt des vorausgehenden Satzes begründet (vergleichbar ist nhd. *denn*).

   thanna: *Dhanne so dhrato mihhil undarscheit ist undar dhera chiscafti chiliihnissu endi dhes izs al chiscuof* (*Dum multum distet imago creaturę ab eo, qui creauit*) Is 8,4–8.
   inu: *Inu so auh chiuuisso dhar quhad got* (*Nam et cum ibi dicit deus*) Is 16,15 f.

bithiu (h)wanta (vgl. Wolfrum 1960): *bithiu uuanta her uuas fon huse inti fon hiuuiske dauides* (*eo quod esset de domo et familia dauid*) T 85,18 f.
(h)wanta: *uuanta sar so sih diu sela in den sind arheuit, enti si den lihhamun likkan lazzit, so quimit ein heri fona himilzungalon, daz andar fona pehhe* Musp 2–5. – *Uuanta er ist edil Franko, wisero githanko wisera redinu* Ol 13 f. – *Huuanda see ih chiruoru himil endi ęrdha* (*Quia ecce ego commouebo celum et terram*) Is 17,18 f. – *huuanta siu quam fona entun lantes* (*quia uenit a finibus terrae*) MF 7,8 f. – *uuanta iz ist cotes capot* (*quia dei iussio est*) Exh A 47. – *uuanta fon thir quimit tuomo* (*ex te enim exiet iudex*) T 93,29. – *Vuanda got ueiz ten uueg tero rehton* (*Quoniam nouit dominus uiam iustorum*) Np 4,24 f. [10,17]. – *Uuanta bezzer sint dine spunne demo uuine* (*Qvia meliora sunt ubera tua uino*) Will 2,1 [45,9 f.]. – *uone disen allen scol sih der mennisco behuoten unde scol kesunter riuueson, uuanda er neuueiz, ube imo diu riuua odar diu pigiht kelazen uuerde in sinera hinaferti* PrSA 2,9–12.

b) Adversativ (vgl. Eroms 2010): Der Folgesatz steht in einem Gegensatzverhältnis zum vorausgehenden Satz (vergleichbar sind nhd. *aber* und *sondern*).

afar (vgl. Wolfrum/Ulbricht 1959): *Aber terentius comicus ter nelerta nieht tie mores* Nb 101,29 [88,14 f.]. – *Abo daz mittelode des diskes, daz uuas samfto unte minlicho gegradet* Will 52,5 f. [99,2–4]. – *Ava nu zi gunste siet sinere kiburti do santi er die boton* (*Undecima vero ab adventu domini ... sancti apostoli missi sunt*) PrSB 2,40 f. (lat. H.U. Schmid 1986, 2,12,121–123).
inti/enti/unde: *Do dar niuuiht niuuas enteo ni uuenteo, enti do uuas der eino almahtico cot* Wess 6 f. – *guot man fon guotemo tresouue bringit guotu inti ubil man fon ubilemo tresouue bringit ubilu* (*Bonus homo de bono thesauro profert bona. et malus homo de malo thesauro profert mala*) T 213,10–12.
nibu/nubi: *Nibu so huuelih so uelle untar iu mero uuesan sii iuuer ambaht* (*Sed quicumque uoluerit inter uos maior fieri, sit uester minister*) MF 14,1 f. – *Nube sie zefarent also daz stuppe dero erdo* (*Sed tamquam puluis quem proicit uentus a facie terrae*) Np 4,12 [10,6 f.].
oh: *Oh ir sih selbun aridalida, dhuo ir scalches chiliihnissa infenc* (*Sed semetipsum exinaniuit formam serui accipiens*) Is 23,13 f. – *oh dea kaladote uuarun niuuarun es uirdige* (*sed qui inuitati erant non fuerunt digni*) MF 15,18 f. – *oh ih uorstuont iuuih* (*sed cognoui uos*) T 293,23.
ouh: *iz nimag gistantan ouh enti habet* (*Non potest stare sed finem habet*) T 211,7. – *endi nigileidi unsih in costunga. auh arlosi unsih fona ubile* (*sed libera nos a malo*) WK 4 f.
suntar: *ni meid sih, suntar sie ougti then gotes sun sougti* O 1,11,38. – *Suntar allo thrio heiti ebaneuuige im sint endi ebangiliche* (*sed totae tres personae coaeternae sibi sunt et coaequales*) WK 84 f.
ûzan: *sin richi uuas eo enti ist: uzzan des dikkames, daz daz sin richi uns piqhueme* Freis. Pn A 21–23. – *dera calaupa cauisso faoiu uuort sint, uzan drato mihiliu caruni dar inne sint pifangan* (*Cuius utique fudei pauca uerba sunt, sed magna in ea cocluduntur mysteria*) Exh A 8–11.
ûzzar: *uzzer losi unsih fona ubile* (*sed libera nos a malo*) Pn 5 f. – *Uzzar fateres endi sunes endi heilegen geistes ein ist gotchundi, gilih diuridha, ebaneuuigu craft* (*Sed Patris, et Filii, et Spiritus Sancti una est divinitas, aequalis gloria, coeterna maiestas*) WK 62 f.

ûzouh: *nibirut ir thiethar sprehhent. uzouh geist iuuares fater sprihhit in iu* (*non enim uos estis qui loquimini. sed spiritus patris uestri qui loquitur in uobis*) T 171,3–5.

Anm. 2. Adversativ verwendetes *ouh* steht satzintern: *Ih sagem iu auh daz mero ist hear danne tempel* (*Dico autem uobis quia templo maior est hic*) MF 4,13 f.; *Ihs auh uuista iz fuor danan* (*Iesus autem sciens secessit inde*) 5,2.

Anm. 3. Adversatives *avur* steht auch in subordinierten Vordersätzen: *upi sia auar kihalont die, die dar fona himile quemant, enti si dero engilo eigan uuirdit, die pringent sia sar uf in himilo rihi* Musp 11–13. – *der afar trinchit daz min, then lazit der durst sin* Sam 19. – *Ibu christus auur got ni uuari ... Huuer ist dhanne dhese chisalbodo got fona gote?* (*Si christus deus non est ... Quis est igitur iste deus unctus a deo*) Is 4,12–5,2. – *Daz auuar in steinac uuarth ghasait daz ist der gotes uuort gahorit* (*Qui autem super petrosa seminatus est, hic est qui uerbum audit*) MF 9,11 f.

8.2.2. Adverbiale Satzverbindung

Wie konjunktionale Verknüpfungselemente bringen verknüpfende Adverbien (und komplexere adverbiale Ausdrücke) rein additive oder aber logisch-sachliche Zusammenhänge zwischen einem vorerwähnten und einem damit zusammenhängenden nachfolgenden Aussageinhalt zum Ausdruck. Die verknüpfenden Elemente besetzen das Vorfeld. **§ 166**

Lit.: Ferraresi 2018; M. Krause 2003.

1. Additiv
   Adverbiale Konnektoren können satzinitial im Vorfeld oder satzmedial in einer Position nach dem Finitum stehen.

Satzinitial: *Auh ist galiih himilo rihhi seginun in seu gasezziteru* (*Iterum simile est regnum coelorum sagenae missae in mare*) MF 10,16 f. – *ouh ist giscriban thaz thu nicostos truhtin got thinan* (*rursum scriptum est non temptabis dominum deum tuum*) T 115,14 f. – *Ouh mag iz fernomen uuerden* Np 325,5 f. [287,25–288,1]. – *Ouh nist uns gnada uersaget* Will 52,33 [101,27 f.].

Anm. 1. Nicht temporal, sondern additiv (im Sinne von ‘darüber hinaus, dazu’) zu verstehen ist *dara nâh* in Otlohs Gebet, das nichts anderes als eine additive Reihung von Bitten darstellt: *Dara nah macha mih also fron unta kreftigin in alle dinemo dionosti, daz ih alla die arbeita megi lidan die ih in deser werolti sculi lidan durh dina era unta durh dinan namon iouh durh mina durfti odo durh iomannes durfti. Trohtin, du gib mir craft iouh du chunst dara zuo. Dara nah gib mir soliha gloubi, solihan gidingan zi dinero guoti, also ih des bidurfi unta soliha minna, soliha vorhtun unta diemuot unta gihorsama iouh gidult soliha, so ih dir alamahtigemo sculi irbieton iouh allen den menniscon mitten ih wonan. Dara nah bito ih daz du mir gebest soliha subricheit, minan gidanchan iouh minemo lihnamon, slaffentemo odo wachentemo, daz ih wirdiglihen unta amphanglihen zi dinemo altari unta zi allen dinemo dionosti megi gen. Dara nah bito ih daz du mir gilazzast aller dero tuginde teil, ana die noh ih noh nieman dir lichit* Otloh 8–21.

Satzmedial: *dar uuarun auh manake mit inan cootlihhe geista* Wess 8 f. – *Er hapet ouh mit uuortun himilriches portun* Petrusl 4. – *er selbo thulta ouh noti ju manago arabeiti* Ol 38. – *dhazs selba quhad auh in iobes boohhum* (*Hinc est et illud in libro iob*) Is 2,12 f. – *Daz feret ouh so* Np 30,15 [33,18 f.].

2. Relational
   a) Kausal: Der nachfolgende Satz enthält eine Begründung für den Sachverhalt des vorausgehenden. Nhd. Äquivalent wäre *denn* (nicht *weil*).

Tho sie thes bigunnun, zi himile gisunnun; wanta iz was unredihaft, bi thiu zigiang in thiu kraft Oh 69 f. – *huuanda dhemu neouuihd nist suuozssera. Bidhiu antfenc chiuuisso dher naues sunu dhes heileghin chirunes chiliihnissa* (*qua nihil dulcius. Ideo enim ille huius sacramenti imaginem suscepit*) Is 32,5–9. – *Dhiz quhad ir, bidhiu huuanda ir uuas chiuuisso fona betlemes lantscaffi fona* (*Fuit enim de patria bethleem de domo dauid*) 39,19 f. – *Inti niuuard in sun. bithiu uuanta elisabeth uuas unberenti* (*et non erat illis filius. eo quod esset elisabeth sterilis*) T 67,6 f. – *Tuot ientie iuuuir almuosin. uuanda iz irlesket die sunda* PrsAH 41.

   b) Konsekutiv: Im Anschlusssatz wird eine Konsequenz aus dem Sachverhalt des vorausgehenden Satzes benannt (vergleichbar ist nhd. *folglich*, *deshalb*).

bithiu (Wolfrum 1960): *pidiu scal er in deru uuicsteti uunt pivallan* Musp 46. – *Bi thiu buazet iuih sliumo* O 1,23,55. – *Bidhiu auur sindun oba dhemu so manacsamo gheba dhes gheistes chiforabodot* (*Ideo autem tanta dona spiritus super eum praedicantur*) Is 40,9–11. – *Bidiu danne muoz man firatagum uuela toan* (*Itaque licet sabbatis bene facere*) MF 4,26 f. – *bi thiu scal man dago gihuueliches thiz gibet singan* WK 20. – *bidiu quad ih iu* (*propterea dixi uobis*) T 265,11. – *pe diu ist in naht. so diu sunna in dien gat* Nb 112,9 f. [97,10 f.]. – *Leo bezehinet unserin trohtin turih sine sterihchi, unde be diu uuiret er ofto an heligero gescrifte genamit* Phys 2 f.
bithiu (h)wanta: *Bidhiu huuanda dhazs ziuuaare ist ubarhepfendi angilo firstandan ioh iro chiuuizs* (*Ideoque quod etiam super angelorum intellegentiam atque scientiam est*) Is 3,2–5.
fona thannan: *Ih bekennon mine unkraft, uone dannan hilf mir mit dinen gnadon* Will 5,2 f. [47,6–9].

   c) Temporal: Der Inhalt des adverbialen Anschlusssatzes steht in einer zeitlichen (gleich-, nach-, vorzeitigen) Relation zum vorausgehenden Satz.
Gleichzeitigkeit: Das dem adverbial verknüpften Folgesatz genannte Ereignis liegt zeitlich gleichauf mit dem des vorausgehenden Satzes.

thô (Betten 1987b; Lawson 1980): *Christ uuart gaboren êr uuolf ode deiob. do uuas sancte Marti Christas hirti* Wiener Hds 1 f. – *duo saar khraita hano* (*Et continuo gallus cantauit*) MF 23,17.
giu: *giu ist accus gisezzit zi uuvrzulun thero boumo* (*iam enim securis ad radicem arborum posita est*) T 107,13 f.

n û: nu *fliuc du, uihu minaz, hera fridu frono in godes munt heim zi comonne gisunt* Lorscher Bienens 1 f. – *nu scal mih suasat chind suertu hauwan* Hl 53. – *Nu uuillih manslec-cun alle fone mir gituon* Psalm 16. – *nu heizzet er sie selbo ufsten* Will 38,9 f. [75,34–77,1].
untar thiu: *untar diu batun inan sine iungoron sus quedente* (*Interea rogabant eum discipuli dicentes*) T 281,13 f.

Anm. 2. Satzinitiales adverbiales *nû* (vgl. Concu 2019; Wauchope 1992) kann sowohl als Ausdruck eines temporalen Verhältnisses mit Bezug auf den vorausgehenden Satz verstanden werden, als auch als Kennzeichnung einer inhaltlichen Zäsur. Die Übergänge sind fließend: *Nu uuillih, thaz mir uolgon Alle godes holdon* Ludw 36. – *Nu sprichit sanctus Gregorius pittit den almahtigen got, daz er senti die uuerhmanne in sinen aren* (*Rogate Dominum messis ut mittat operarios in messem suam*) PrSB 1,16 f. (lat. Hellgardt 2014, 85).

Nachzeitigkeit: Das im Anschlusssatz genannte Ereignis liegt zeitlich später als das des vorausgehenden Satzes.

after thiu: *after thiu uuas itmali tag iudeono* (*Post haec erat dies festus iudeorum*) T 283,21 f.
thara nâh: *Dare nach neme man haberen gedrosgenan* Contra par 1,7 f. – *taranah uuaren iz manige socratici* Nb 101,20 [88,7]. – *Dara nah uuerdent sie luimhaftig guoter uuercho* Will 69,11 [133,28 f.].
than/thanna/thenni/thannan (vgl. Robin 2008; Stuckrad 1957; Wiktorowicz 2008): *danne gigare man de antra flasgun folla* Bas. Rez 19 f. – *denne uuirdit untar in uuic arhapan* Musp 39. – *Thanne sprah luto Hluduig ther guoto* Ludw 31. – *Danne dea rehtuuisigun schinant so sunna in iro fateres rihhe* (*Tunc isti fulgebunt sicut sol in regno patris sui*) MF 10,7 f. – *thanne cundet iz mir* (*renuntiate mihi*) T 95,5. – *Tanne sprichet er in zu mit zorne* (*Tunc loquetur ad eos in ira sua*) Np 5,24 f. [11,15 f.].
thar after: *Dhar after saar auh quhad* (*et consequenter adiecit*) Is 18,8 f.
thenni sô: *Tene so chumit ter fater unde blaset ez ana* (*Donec veniens pater ejus die tertio sufflat in faciem ejus*) Phys 15 f.
thô (Ausdruck zeitlicher Unmittelbarkeit): *thu biguol en Sinthgunt, Sunna era suister; thu biguol en Friia, Uolla era. suister; thu biguol en Uuodan, so he uuola conda* Mers 2,7–9. – *to cham aber Starzfidere, prahta imo sina tohter uuidere* Spottv 2,2. – *Duo uuart imo frambrungan der tiubil hapta* (*Tunc oblatus est ei daemonium habens*) MF 5,14. – *tho gieng zi imo hierusolima* (*tunc exiebat ad eum hierusolima*) T 105,29. – *To uuard taz ten cheiser lusta. daz er dioterichen uriuntlicho ze houe ladeta* Nb 5,17 f. [5,21 f.]. – *Do antuurten si, daz si niemen rihti zi demo uuerchi. Do hiez er si gen in sinan uuinkarten umbe lon* PrSB 2,57–59.
hinan frammert: *Hinan frammert nu chichundemes mit hęrduome dhes heilegin chiscribes dhazs ir selbo gotes sunu uuard in liihhe chiboran* (*Dehinc scribturę auctoritate eundem filium dei natum in carne monstremus*) Is 21,22,22,3.
nû: *nu saligont mih alle, worolt io bi manne* O 1,7,8 (und weitere auf Zukünftiges bezogene Sätze der Paraphrase des Magnificats). – *Nu auur folghemes dhera bigunnenun redha* (*Nunc uero sequamur debitum ordinem*) Is 30,15 f.
sô: *niuueiz mit uuiu puaze: so uerit si za uuize* Musp 62. – *firnim thesa lera so zellu ih thir es mera* O 1,3,30. – *So chamen aber nordenan langobardi* Nb 6,12 f. [6,7 f.]. – *So kumet der uueidœman unde slehet ez* (*Et tunc quilibet venatorum ... currit et ligatum inve-*

niens occidit) Phys 97 f. – *Zuich mih nah dir!* *so* *lofon uuir in demo stanke dinero salbon* (*Trahe me post te. curremus in odore ungentorum tuorum*) Will 5,1 f. [47,4–6].

Vorzeitigkeit: Das im adverbial eingeleiteten Satz genannte Geschehen liegt zeitlich dem Ereignis des Anschlusssatzes voraus (Vorzeitigkeit).

Untaz her: *Untazs hear nu aughidom uuir dhazs gheistliihhe chiruni dhera himiliscun chiburdi in christe endi dhera gotliihhun dhrinissa bauhnunga.* (*Hucusque misterium celestis natiuitatis in christo et significantiam diuine trinitatis ostendimus*) Is 21,18–22.

Anm. 3. Temporal antithetisch ('früher – jetzt') ist die Satzfolge *E kedruotost tu in den mennisken, nu gedingestu auar in got. E kedahtastu nah mennisken, nu nah gote. E lustosotost tu dih in dero uunneluste des lichinamen unde in den freisen des keuuates: nu pedenche fore allen dingen die chuske unde die suzze dere gotis ee. E uuare du dines mannes diu, nu bistu Christis fria* (*Ante in homine sperabas, modo autem in domino Iesu Christo; antea cogitabas secundum hominem, modo autem secundum deum; antea carnis libidine delectabaris et vestis periculo, modo autem legis dulcedinem et castitatem prae omnibus cogitas; antea ancilla viri fuisti, modo autem libera es Christi*) PrSA 1,9–14.

d) Lokal: Der in einem vorausgehenden Satz ausgedrückte Sachverhalt wird in lokal-adverbial eingeleiteten Anschlusssatz räumlich eingeordnet.

thannan: *danan duruh den Fredthantes uuingarton mittan in die egga* (elliptisch) Würzb. Mb 53 f. – *thanan arstantanti fuor in thiu enti tyri et sidonis* (*Et inde surgens abiit in fines tyri et sidonis*) T 273,6 f. – *Tannan gat nordert humana habitatio. unz ze tile insula* Nb 111,32–112,1 [97,3 f.].
thar/da: *dar piutit der Satanasz altist heizzan lauc* Musp 22 f. – *dar fand er ceuuei uuib* Georgsl 14. – *Dhar auh chalp fona dheru iudœischun euu, leo fona uueraltchiuualdidu, scaap fona smalero manno mezsse samant uuonent mit dhem sturirom in dheru christes chiriihhun* (*Ibi etiam uitulus de circumcisione, leo de seculi potestate, oues de populari ordine simul morantur*) Is 41,7–12. – *dar uuirdit uuoft enti zano gagrim* (*ibi erit fletus et stridor dentium*) MF 10,23 f. – *thar was ther sun guato* O 1,19,18. – *do chom er zi dere burgi Hiericho, da saz ein plinte pi demo uuege unte bat kinadone* (*cum appropinquaret Ihesus Hiericho, caecus quidam secus viam sedens et mandicans*) PrSB 4,2 f. (lat. H.U. Schmid 1986, 2,24,16–19).
thar ana: *Tharana datun sie ouh thaz duam* O 1,1,5. – *endi thar sintun thoh allo mannes thurfti ana bifangano* WK 36 f. – *Tar mag man ana lirnen. integritatem uitę. diu den man perfectum. unde sanctum getuot* Nb 102,4 f. [88,20–22].
thar (in): *dar ni mac denne mak andremo helfan uora demo muspille* Musp 57. – *dar in mach er skerian den er uuili nerian* Petrusl 5.
thar untar: *darundere birget er dia ubeli* Np 29,1 [32,9 f.].

e) Modal und vergleichend: Ein adverbial eingeleiteter Anschlusssatz bestimmt näher, auf welche Weise das im vorangehenden Satz ausgesagte Geschehen verläuft. Mehrfach sind Vergleiche impliziert.

samo: *Crocus lesket ouh daz brinnente fieber, samo tuot caritas* Will 69,22 f. [135,18 f.].

(al)sô: *so scribent gotes thegana in frenkisgon thie regula* O 1,1,46. – *so nist uuillo fora iuuaramo fater* (*Sic non est uoluntas ante patrem uestrum*) T 321,30 f. – *so uuirdit in demo galidontin enti uueralti* (*sic erit in consummatione saeculi*) MF 10,20 f. – *So tuoien alle diete. die got nebechennen* Np 26,19 f. [30,7 f.]. – *Also teta unser trohtin* Will 37,9 [75,16]. – *Also negistilte unser herro der almahtige got uone anakenge dere uuerlti unzi ana den ente die predigare ci sentenna zi dera lera sinere iruuelitono* (*quia a mundi huius initio usque in finem ad erudiendam plebem fidelium praedicatores congregare non destitit*) PrSB 2,9–11 (lat. H.U. Schmid 1986, 2,9,26–31). – *ferstiez er den satanan. also tuon ich dih unreiner athmo* Gg Falls P 380,17–381,2. – *So uuahta der alemahtigo fater sinen einbornin sun uone demo tode an deme triten tage* (*Sic et deus omnipotens pater filium suum dominum nostrum tertia die suscitavit a mortuis*) Phys 16 f.
sus: *Sus mit unredinu so wurtun siu bidrogenu* O 1,22,17. – *Sus einoton sie sich* Np 5,16 [11,7].
zi dero wîs: *Ze dero uuis gad iz an sia. unde ana iro scheitelun* Np 20,5 [24,12 f.].

f) Die Adverbien *thus, so, sus* können kataphorisch vorausverweisen.

thus: *then keisar namoda her thus* Heinr 5.
so: *So hear after dher selbo forasago quhad* (*Sic in consequentibus idem propheta ait*) Is 15,13 f.
sus: *Sus quhad druhtin* (*Hec dicit dominus*) Is 37,7 f.

Anm. 4. In der Isidor-Übersetzung sind Verknüpfungen mit *so* in Fügungen belegt, die aufgrund der von der lat. Vorlage abhängigen Verbstellung und der sich daraus ergebenden Vorfeldbesetzung weder sicher als adverbial noch als konjunktional gewertet werden können: *So sama auh nu dhesses chiboranin sunes suohhant redha* (*Si quidem et gignendi filii queritur ratio*) Is 3,11–13; *so auh fona dhes chrismen salbe ist chiuuisso christ chinemnit* (*christus enim a chrismate, id est ab unctione uocatur*) 5,10–12; *So sama so auh araughit ist in isaies buohhum eochiuueliihhes dhero heideo sundric undarscheit, selbemu dhemu gotes sune quhedhendemu* (*In esaia quoque sub propria cuique persona distinctio trinitatis dicente eodem filio ita ostenditur*) 17,21–18,2; *So auh in andreru stedi dhurah dhen selbun heilegun forasagun uuard dhera dhrinissa bauhnunc sus araughit* (*Item alibi per eundem prophetam trinitatis sic demonstratur significantia*) 18,14–17.

g) Adversativ sind Anschlusssätze mit *avur* und *thoh* (vgl. A. Jäger 2016), wobei adverbiales *avur* auch satzintern erscheinen kann.

avur: *ther wizzod gibot ... Ih ... avur sagen iu* O 2,19,3. – *thisu uueralt gifihit ir birut abur gitruobte* (*mundus autem gaudebit uos autem contristabimini*) T 587,17 f. – *Die sule ... uuarun silberin, abo diu lineberga diu uuas guldin* (*columnas eius fecit argenteas. reclinatorium aureum*) Will 52,2 f. [97,32–34].
thoh: *doh uuanit des uilo gotmanno, daz Elias in demo uuige aruuartit uuerde* Musp 48 f. – *so wir nu hiar biginnen, worton frenkisgen. Thoh scrib ih hiar nu zi erist* O 1,3,46. – *doh kesah in Got* Np 578,31 [512,18].
thoh witharu: *thoh uuiduru gilimfit mih hiutu inti morgane inti themo folgenten gangen* (*uerumtamen oportet me hodie et cras et sequenti ambulare*) T 309,23–25.

h) Final ist der Anschluss mit *zi thiu.*

Zi thiu mag man ouh ginoto managero thioto hiar namon nu gizellen joh suntar ginennen O 1,1,11 f.

8.2.3. Pronominale Satzverbindung

§ 167 Ein satzinitiales Pronomen bezieht sich anaphorisch auf einen im Vorausgehenden ausgedrückten Sachverhalt oder eine Einzelgröße.

Lit.: Lühr 2003; Petrova/Solf 2010.

1. Einfaches Demonstrativum

daz leitit sia sar, dar iru leid uuirdit, in fuir enti in finstri daz ist rehto uirinlih ding Musp 9 f. – *Ferliez er uuereltrike, keuuan er himilrike. daz keteta selbo der mare crabo Georio* Georgsl 5 f. – *Alle die mir rietun den unrehton rihtuom die sint fienta din mit den uuillih gifeh sin* Psalm 18 f. – *druhtin half imo sar. In notlichen werkon, thes scal er gote thankon* Ol 24 f. – *uzgangenti tho ther scalc fant einan sinan ebanscalc ther scolta imo zehenzug pfendingo* (*egressus seruus ille inuenit unum de conseruis suis qui debebat ei centum denarios*) T 333,5–7. – *tannan skinet. taz in der polus septentrionalis obe houbete ist. unde in der allero hohesto ist. Taz mag man uuola sehen. an dero spera. diu in cella sancti galli nouiter gemachot ist* Nb 112,13–17 [97,13–16]. – *Haeretici sint mir desde leider, daz sie iehent ze dir geselliscefte. unte daz sie dine defensores sin. In dero conuenticula neuuil ih niet cuman* Will 13,11–13 [53,27–32].

2. Zusammengesetztes Demonstrativum

'diese(r, s)': *Diz sageta Marcuuart* Würzb Mb 65. – *Thiz lerta Krist in wara* O 2,24,1. – *Umbi dhiz nist auh so chiscriban in dhero sibunzo tradungum: Minemu christe cyre* (*Unde et in translatione lxx non habet christo meo cyro*) Is 7,2–5. – *Thisu ist gilauba allichu* (*Haece st fides catholica*) WK 107. – *thisu in bethania gitanu uuvrdun* (*hœc in bethania facta sunt*) T 111,13. – *Dezzi uuib diu pezeichinet die heiligen christinheit* (*Haec autem mulier ... ecclesiam ... sigificat*) PrSC 2,10 f. (lat. H.U. Schmid 1986, 2,33,26–29).
'jene (r, s)': *Ener hiez in unsera uuis otacher tiser hiez thioterih* Nb 5,16 [5,20 f.].

3. Personalpronomen

Unsar trohtin hat farsalt sancte Petre giuualt ... | Er hapet ouh mit uuortun himilriches portun Petrusl 1–4. – *Elossandria, si uuas dogelika ... Si spentota iro triso dar* Georgsl 53–55. – *Siu ist chiuuisso selbem angilum unchundiu* (*id est etiam ipsis angelis incognita*) Is 2,18–20. – *also daz scarsahs tuot. iz nimet daz har. nals den lib* Np 200,6 f. [181,2 f.].

Anm. Kataphorische Verknüpfung: *Daz ueiz ik, daz ist aleuuar, uf erstuont sik Goriio dar* Georgsl 28.

8.3. Parenthese

In Satzzusammenhänge können relevante Zusatzinhalte, Hervorhebungen, Wort- und Begriffserläuterungen, Aussagevariationen und -interpretationen, affirmative sowie den Leser anredende oder an ihn appellierende Zusätze oder Frömmigkeitsbekundungen eingeschoben werden, ohne dass die entsprechende Äußerung syntaktisch in den umgebenden Satz integriert ist. Diese genannten Funktionen schließen sich nicht aus, sondern überlagern sich. Otfrids Werk enthält auch zahlreiche Beispiele, bei denen im Einzelfall nicht zu entscheiden ist, inwieweit letztlich Reimbedarf ursächlich für den Einschub ist. Wiederkehrende Muster mit ähnlichen oder gleichen Assonanzen sprechen für eine solche Annahme (s. 8). In Übersetzungstexten haben Parenthesen meist schon eine Grundlage im Originaltext. **§ 168**

Lit.: Behaghel 1928 § 1210; Greule 1998; Lühr 1991; Schröbler/Prell 2007 § S 234; Schütze 1887; Schwerdt 2000; Wunderlich/Reis 1925, 327–332.

1. Die Parenthese bringt einen zusätzlichen Sachverhalt zum Ausdruck.

forn her ostar giweit – floh her Otachres nid – hina mit Theotrihhe Hl 18 f. – *„Wio mag thaz“, quad si, „werdan (thu bist judiisger man, inti ih bin thesses thietes), thaz thu mir so gibietes?“* O 2,14,17 f.; *So wer so in mih giloubit (theist alles guates houbit!), zi lib er thoh biwirbit, sid er hiar irstirbit* 3,24,29 f.; *Ingegin imo fuar in war unfirslagan heri thar, manno mihil menigi (sie warun einon zuelifi!) Mit speron joh mit suerton* 4,16,17–19. – *So hwer so farah forstilit, đaz biuzan đeru mooter leben mag, feorzug pentinga đie tuent soł .I. gelte foruzan haubitgelt inti wirđriun* (*Si quis porcellum furaverit, qui sine matre vivere potest, XL dinariis, qui faciunt solidum unum, culpabilis judicetur, excepto capitale et delatura*) LexSal 30–32.

2. Die Parenthese enthält den zentralen Mitteilungsinhalt.

Einan kuning uueiz ich Heizsit her Hluduig Ther gerno gode thionot Ludw 1 f. – *„Druhtin“, quad er, „wio mag sin (ja bin ih smaher scalg thin), thaz thih henti mine zi doufenne birine?“* O 1,25,5 f.

3. Die Parenthese enthält eine exegetische Erklärung oder eine Begriffserläuterung.

Tho sant er druta uns sine heim mit sinen giboton zuein (thaz bizeinont thare thie iungoron zuene), Thaz sie liuti lertin, untar in sih minnotin, O 4,5,23 f.; *So werdent noh thio ziti (thaz meinent theso dati), thaz herza Judeono giloubit Kriste scono;* 5,6,29 f. – *Fon theru intfahent (theist ouh wib) nu thaz ewiniga lib* 8,57. – *Mit minero stimmo daz chit. mit des herzen stimmo hareta ih ze dir* (*Voce mea ad dominum clamaui*) Np 8,6 f. [13,17 f.].

In Übereinstimmung mit der Vorlage: *dhazs siu in dhemu christes berghe, dhazs ist dhera christinheidi chiriihha, ni deridi* (*ut in monte sancto eius, quod est ecclesia, non noceret*) Is 42,11–13. – *in demo einin apostole daz ist petrus … gabauhnita* (*In illo ergo uno apos-*

tolo, id est petro … figurabatur) MF 39,13–15. – *rabbi thaz ist arrekit meistar uuar artos* (*rabbi quod dicitur Interpretatum magister ubi habitas*) T 117,10 f.

4. Die Parenthese enthält eine interpretierende oder wertende Variation von zuvor Gesagtem.

After worton managen joh leron filu hebigen (thaz was kraftlichaz werk) so giang er in then oliberg O 3,17,1 f. – *In morgan tho ther liut al ther zen ostoron quam (thes was mihil menigi!), fuar thara al ingegini* 4,3,17 f.

5. Der Autor bekräftigt in der Parenthese seine Aussage unter Hinweis auf eigenes Wissen und/oder das des Lesers.

Ther fater iz gisuazta, then sinan liobon gruazta, quad er wari (weist es mer) einego siner O 3,3,49 f. – *Hiar mugun wir instantan (thaz eigun wir ouh funtan), thaz quement ummahti fon suntono suhti* 5,1 f. – *Thaz ir ni missifahet (ni wanu ir nan irknahet), sehet then ih kusse, so sit es sar giwisse* 4,16,25 f.

6. Die Parenthese richtet einen Appell an den oder die Leser.

Ther thar afur so ni duat (lazet queman iu iz in muat): gizelit sint themo in thrati allo thio undati O 2,21,44; *Thar ist in alawari managfalt gilari (hugget therero worto!) joh selida managfalto* 4,15,7 f.; *thaz niuzist thu … Iamer mit liebe (thin herza mir giloube) thaz guata managfalta, thaz ih thir hiar nu zalta* 5,23,210–212.

7. Die Parenthese enthält eine Frömmigkeitsäußerung.

Er richisot githiuto kuning therero liuto; (thaz steit in gotes henti) ana theheinig enti O 1,5,29 f. – *Nu will ih scriban frammort (er selbo rihte mir thaz wort!), wio druhtin selbo thaz biwarb, er sines thankes bi unsih starb* 4,1,5 f. – *Waz scolt ih thanne (bin sunta untar manne!), tho ebanlih ni mohta gizellen thaz dohta?* 5,23,239 f. – *Intfaa gebet unsar (thes bethurfun uuir sar), thaz uns thio ketinun bindent thero sundun* Rheinfrk. Geb 2 f.

8. In einer beträchtlichen Zahl von Parenthesen bei Otfrid bildet deren letztes Wort bzw. das letzte Wortsegment einen Reim mit einem Element vor oder nach dem Einschub. Dies kann als Indiz dafür gewertet werden, dass derartige Parenthesen vornehmlich Reimzwecken dienen.

Assonanz mit *-az*: *Want er sin selbes kind ist: thaz imo alliebesten ist (giwisso sagen ih iu thaz), thaz gibit er imo allaz alangaz* O 2,13,33; *Joh ward thero aleibo, thero fisgo joh thero leibo, (ni frazun sie iz allaz) sibun korbi ubar thaz!* 3,6,55 f.; *Ni nimit se mennisgen haz (giwisso wizit ir thaz) unz allan woroltenti fon mines fater henti!* 22,27 f.
-êr: *„Druhtin", quad thiu suester, „ther lichamo ist ju fuler (bi thiu zelluh thir iz er), ist fiardon dag bigrabaner".* O 3,24,83 f.; *Hermido ginoto joh wenagheiti thrato (waz mag ih zellen thir hiar mer?) – thes ist ther dag al foller* 5,19,29 f.
-es: *Got gibit imo wiha joh era filu hoha (drof ni zuivolo thu thes), Davides sez thes kuninges* O 1,5,27 f.; *Thoh ni bristit in thes (zi waru thoh ginuages), ni sie sih ginerien joh scono giwe-*

rien 2,22,1 f. – *Hohi er uns thes himiles (joh muazin frewen unsih thes!) insperre, thara gileite mih joh thar gifrewe ouh iuih* Oh 159 f.
-*ih*: *Thanne se zellent thuruh mih al ubil allan iuih (thaz ni hiluh iuih): thaz liegent sie al thuruh mih* O 2,16,35 f. – *Thaz ir in then sorgon ruafet thesen bergon, bittet sie (thaz sagen ih), sie fallen ubar iuih* 4,26,23 f. – *Thie luad er tho thar ufan sih (giwisso thaz ni hiluh thih) mit sines selbes wirdin irlosta unsih thera burdin* O 4,25,11 f.
-*iu*: – *Hiar stantent sume untar iu (giwisso sagen ih iz iu), thie tothes ni koront er noh ni thultent thaz ser* 13,39 f. – *Suntar ward iz bi thiu (giwisso sagen ih iz iu), thaz wurti in imo thuruh thaz gotes werk io scina.* 20,11 f.
-*re*: *Ih irstan after thiu (drof ni forahtet ir iu, nist iz lang zi ware) thes thritten dages sare* O 3,13.9 f.
-*ôn*: *thaz iz mag (so ih redinon) wertisal irkoboron* O 5,12,34. – *Joh wertisal niheinaz (giwisso wizist thu thaz al sos ih thir redinon) furdir ubarkoboron* 39 f. – *Wolt ih hiar nu redinon (ni mag iz thoh irkoboron!), wio managfalt gilari in himilriche wari* 23,1 f.
lût: *drût*: *Tho sprah thiu muater obarlut (was iru ther sun drut) „thiz ist liub kind min; Iohannes scal ther namo sin“* O 1,9,15 f.; *Ouh thanne irfullit ana not thaz got hiar obana gibot: ther ist (ih sagen thir ubarlut) selben druhtines drut* 24,19 f.; *Iz meinit hiar then gotes drut (in themo ferse ist iz lut), then engila iogilicho haltent blidlicho* 2,4,63 f.

8.4. Konstruktion ἀπὸ κοινοῦ?

In ahd. Texten kommen vereinzelt Konstruktionen vor, die eine Deutung als *constructio ἀπὸ κοινοῦ* möglich erscheinen lassen. Das heißt: Ein und dasselbe Element kann aufgrund seiner Position zwischen zwei voneinander unabhängigen, aber gleichrangigen syntaktischen Einheiten als beiden zugehörig interpretiert werden. **§ 169**

Lit.: Behaghel 1928 § 1208; Dal/Eroms 2014 § 153; Gärtner 1969; Meritt 1938; Schröbler/Prell § S 233; Schumacher 1963.

1. Verb als κοινόν?

Sume sar uerlorane → *Uurdun* ← *sum erkorane* Ludw 13.

Eine Interpretation als *ἀπὸ κοινοῦ* ist dann zu rechtfertigen, wenn man übersetzt ‘Manche wurden alsbald verloren (d.h. gingen zugrunde), manche wurden auserwählt’. In diesem Fall wäre das Auxiliar *Uurdun* eine Präsikatskomponente beider Sätze. Dagegen ist nicht von der Hand zu weisen, dass die Zäsur zwischen beiden Halbversen einer Bindung des Hilfsverbs an den ersten Halbvers entgegensteht. Schumacher (1963) erwägt zwei mögliche Konjekturen: *Sume sâr verlorane Uuurdun sus erkorane* oder *Uuurdun sum erkorane, Sume sâr verlorane.*

2. Subjekt als κοινόν?
   Die Auflösung einer lat. Partizipialkonstruktion in eine ahd. finite Konstruktion konnte zu doppelter Beziehbarkeit des Subjekts in der Übersetzung führen.

Argengun duo uz → pharisara ← uuorahtun garati (Exeuntes autem pharisaei, consilium faciebant) MF 4,30. – *tho arbolgan uuard → sin herro ← salta inan uuizzinarin (iratus dominus eius tradidit eum tortoribus)* T 333,29 f.

pharisara bzw. *sin herro* wären jeweils als Subjekt zweier gleichrangiger Sätze zu analysieren. In beiden Fällen kann jedoch das Subjekt auch nur dem ersten Satz zugerechnet werden; der zweite wäre sodann subjektlos (im Sinne „relativer Implizitheit"; s. dazu § 26).

3. Objekt als κοινόν?

thar er fon tothe irwagta, → Lazarum ← irquicta O 4,2,6.

Das Objekt *Lazarum* kann als (Akk.-) Objekt zu *irwagta* und auch zu *irquicta* verstanden werden, wäre damit Konstituente zweier Sätze und mithin das κοινόν. Zur Stelle vgl. jedoch Kelle (1881), 321: „das Objekt steht im zweiten Satze". Danach wäre der erste Satz = der erste Halbvers als objektlos zu analysieren, obgleich das Verb *irwecken* ansonsten zweiwertig verwendet wird (s. § 30:1).

9. Hypotaxe und Subordination

In diesem Abschnitt werden abhängige Sätze zunächst nach ihrem Status in Bezug auf den Gesamtsatz unterschieden: 1. Nebensätze als Satzgliedteile (Attributsätze), 2. Nebensätze in valenzgeforderten Leerstellen des finiten Prädikatsverbs, d.h. Subjekt-, Objekt- und Prädikativsätze und 3. Adverbialsätze, die vom Standpunkt der Valenzgrammatik aus als freie (kausale, konditionale, temporale usw.) Angaben zu bestimmen sind. **§ 170**

Lit.: Admoni 1990, 61–67; Axel 2009b; Behaghel 1928 § 1214–1233; 1932 § 1626–1643; Betten 1987a, 137–160; Braun 2020; Dal/Eroms 2014 § 135–152; Ebert 1978, 19–34; Eilers 1997; 2003; Erdmann 1874 § 68–130; Kurosawa 2008; 2009; 2011; 2012; 2015; Lötscher 1998; 2005; Robin 2015; Schröbler/Prell 2007 § S 221–233; Wunder 1965.

Anm. Nebensätze sind dadurch definiert, dass sie in einen „übergeordneten" Satz (Obersatz, Matrixsatz) eingebettet bzw. davon abhängig sind. Ein solcher kann jedoch elliptisch fehlen, etwa in Antworten auf Fragen: *Uuaz uuas tiu causa? Taz sie dih iro skepfen bechennen. unde ereen* Nb 178,22–24 [150,24 f.]. – *Umbe uuaz biten ih des? Daz ih niet irre nebeginne gen unter den corteron dinero gesellon* Will 13,3 f. [53,9–13] oder in Definitionssätzen: *dar leon odo perun inneliccant* (*cavea, theatra*) Gl 2,765,11 (9. Jh.). – *der uuazzar hapet in uuampa* (*hydropicus*) G 1,127,36 (9. Jh.). – *daz uuir chundfanun chueden. den man ze chruce thregit* (*Plantheras*) Gl 1,801,27 (9. Jh.).

Hinsichtlich der semantischen Klassifikation abhängiger Sätze ist zu berücksichtigen, dass in nicht wenigen Fällen unterschiedliche Lesarten/Interpretationen möglich sind, wie vorab einige Beispiele veranschaulichen sollen.

1. Konditional und/oder temporal?

denne der man in pardisu pu kiuuinnit, hus in himile, dar quimit imo hilfa kinuok Musp 16 f. – *Oba iz ward iowanne in not zi fehtanne, so was er io thero redino mit gotes kreftin oboro* Ol 21 f. – *so iz regenot, so nazscent te boumma, so iz uuath, so uuagont te bovmma. so diz rehpochchili fliet, so plecchet imo ter ars* Sprichw. – *So danne man daz findit enti gabirgit iz* (*quem qui inuenit homo, abscondit*) MF 10,10. – *so sie den folletuont. so ziehet der ze ubelmo stanche* Np 32,28 f. [35,22 f.]. – *Sose snel snellomo pegagenet andermo. so uuirdet sliemo firsniten sciltriemo* Nr 673,23–26 [161,23 f.].

2. Kausal und/oder temporal?

Nu thu thaz arunti so harto bist formonanti: nu wird thu stummer sar O 1,4,65 f. – *Nu ih abo ze sinemo geloiben bin kuman, nu neuuil ih niet mer consentire carnalibus desideriis* Will 48,19–21 [89,15–18].

3. Final und/oder Objekt?

sage uns iz gimuato, thaz wir hiar ni duellen, thaz arunti ni merren O 27,15 f. – *Thes sculun uuir got simbles bitten, thaz sin uuilleo uuerdhe samalih in erdhu in mannom* WK 13–15. – *kib*

https://doi.org/10.1515/9783110782493-010

sinemo muote. daz iz hina ufkestigen muge. ze dinemo cheiserlichen stuole. taz iz himeliskiu ding fernemen muge Nb 179,3–5 [151,4–6].

4. Kausal und/oder Objekt?

Ih gihu gode almahtdigen, uuanda ih sundic bin, daz ... Reichenauer B 8 f.

Derartige Unschärfen sind im Folgenden in Kauf zu nehmen.

9.1. Attributsätze

§ 171 Attributsätze können pronominal, adverbial, subjunktional oder mittels einer Partikel an ein Bezugs(pro)nomen angeschlossen sein. Eine weitere Möglichkeit ist die asyndetische Anfügung. Attribute sind Satzgliedteile.

Setzt man mit Behaghel 1928, Erdmann 1874 (u.a.) die relative Einleitung als oberstes Klassifizierungsmerkmal an, so fallen Attribut-, Subjekt- und Objektsätze zu der gemeinsamen Klasse der Relativsätze zusammen. Im Unterschied dazu werden im Nachfolgenden abhängige Sätze nur dann als Attributsätze gewertet, wenn sie sich auf nominale oder pronominale Elemente im übergeordneten Satz oder auf diesen als ganzen beziehen. Mit einem Relativum eingeleitete Nebensätze in Subjekt- oder Objektposition, also ohne solchen Bezug, werden als Subjekt- oder Objektsätze (mit Satzgliedstatus) klassifiziert.

Lit.: Behaghel 1928 § 1352–1408; Bennett 1978; 1981; Betten 1987a, 82 f.; Coniglio/Linde/Ruette 2017; Dal/Eroms 2014 § 142–147; Ebert 1978, 21–28; Erdmann 1874 § 212–241; Hock 1991; Johansen 1935; Kock 1901; Lehmann 1984; Leirbukt 1971; Lühr 1998b; Müller/Frings 1959; Neckel 1900; Nievergelt 2008; Paul 1920, 189–223; Pimenova 2013; Rannow 1888, 43–51; Schlachter 2009; Scholten 1897; Schröbler/Prell 2007 § S 162–171; Schrodt 2004 § 155–161; Tomanetz 1879; Wunder 1965, 224–226. 323–408; Zifonun 2003.

Anm. Zu attributiven Infinitivkonstruktionen („Infinitivsätzen") s. § 103.

9.1.1. Pronominaler (relativer) Anschluss

§ 172 1. Den häufigsten Typus relativer Attributsätze („Relativsätze") stellen Nebensätze dar, die mit einem einfachen *th*-Pronomen eingeleitet sind. Dieses hat Satzgliedstatus und kongruiert hinsichtlich Genus und Numerus in der Regel mit dem Bezugswort in der übergeordneten Struktur, hinsichtlich des (Präpositional-)Kasus mit dem Nebensatzprädikat.

Nominale Bezugsgröße: *dat sagetun mi usere liuti, alte anti frote, dea erhina warun* Hl 15 f. – *Einan kuning uueiz ih [...] Ther gerno gode thionot.* Ludw 1 f. – *dar uuirdit diu suo-*

na, dia man dar io sageta Musp 78. – *Petrus ther richo lono iu es blidlicho, themo zi Romu druhtin grap joh hus inti hof gap* Os 29 f. – *sun sinan ainacun unseran truhtin, der inphangan ist fona uuihemu keiste* (*filium eius unicum, dominum nostrum, qui conceptus est de Spiritu sancto*) Pn 9 f. – *Ibu christus auur got ni uuari, dhemu in psalmom chiquhedan uuard* (*Si christus deus non est, cui dicitur in psalmis*) Is 4,12 f. – *aerlihho lobotun got dher solihha gauualtida forgab mannum* (*glorificauerunt deum, qui dedit potestatem talem hominibus*) MF 1,22 f. – *fon đemo uuorte thaz in giquetan uuas fon đemo kinde* (*de uerbo quod dictum erat illis de puero hoc*) T 87,27 f. – *der man ist salig der in dero argon rat negegieng* (*beatvs vir qvi non abiit in consilio impiorvm*) Np 3,5 f. [9,3 f.]. – *Kunde mir, o sponse, den ih mit allen creften minno* (*Indica mihi quem diligit anima mea*) Will 5,4 f. [53,13 f.] – *Tu idris bezechenet unsirin trohtin, der an sih nam den menischen lihhamin* Phys 52 f. – *daz uuir den toten lichinamen chlagen, den uuir nieth irchucchen magen* (*Carnem, quam non possumus suscitare, plangimus*) PrSA 4,6 f. – *flecho mit diu man gaporan uuirdit* (*Neuum*) Gl 1,214,26 (9. Jh.).
Pronominale Bezugsgröße: *du der nistes in steinlocheron* (*in foraminibus petrę*) Will 43,2 f. [81,7–9]; *ih der bin summus artifex* 112, 11 [203,6].

Anm. 1. In Glossen finden sich relativsatzförmige definierende Sätze mit dem lat. Lemma als Subjekt eines virtuellen übergeordneten Satzes, als dessen Prädikat ein Verb mit der Bedeutung 'bedeutet', 'meint' zu ergänzen ist: *der uuazzar hapet in uuampa* (*hydropicus*) Gl 1,127,36 (9. Jh.). – *daz uuir chundfanun chueden. den man ze chruce thregit* (*Plantheras*) 801,27 f. (9. Jh.).

Anm. 2. In Reihungen attributiver Relativsätze kann statt des *th*-Pronomens bei Wiederaufnahme ein Personalpronomen eintreten: *die cuninga unte andere uuerltuurston, die nu sizzent in demo herstuole unte sie uuider dir superbiunt mit liste* Will 62,12–14 [123,4–9].

Anm. 3. Zur Funktion der Setzung von Relativpronomen speziell in Glossen vgl. Nievergelt 2008.

2. Mehrfach kongruiert das einleitende Pronomen hinsichtlich des Kasus oder als Präpositionalphrase mit dem Bezugswort im übergeordneten Satz („Attraktion").

niinpiize ni des eies, des in demo tage gilegit si Bas. Rez 15 f. – *denne uerit er ze deru mahalsteti, deru dar kimarchot ist* Musp 77. – *sendida mih after guotliihhin zi dheodom, dhem euuuih biraubodon* (*Post gloriam misit me ad gentes, quę expoliauerunt uos*) Is 10,18–20. – *So huuer so auuar suerit in dem kebem dem dar oba sint sculdic eidh sii* (*quicumque autem iurauerit in dono, quod est super illud, debet*) MF 17,7 f. (ebenso 10 f.). – *rihti dera calaupa, dera ir in herzin cahuctliho hapen sculut* (*regulam fidei, quam in corde memoriter habere debetis*) Exh A 2 f. – *gisehent annuzi mines fater thes dar in himile ist* (*uident faciem patris mei qui in caelis est*) T 321,4–6. – *Fol uuerden uuir des kuotes. des in dinemo hus ist* (*Replebimur in bonis domus tuę*) Np 243,12 f. [218,2 f.].

3. Relative Attributsätze, die auf eine indefinite Größe bezogen sind, können mit einem verallgemeinernden Pronomen oder einer Pronominalgruppe angeschlossen sein.

enti forchaufit al so huuaz so aer habet (et uendit uniuersa quae habet) MF 10,11 f. – *fon iogilicheru rachu so uuelichu so sie pittent (de omni re quamcumque petierint)* T 331,3 f.

4. Anschluss des Attributsatzes mit *(h)w*-Pronomen oder Pronominaladverb

dhazs sie ni eigun eouuihd huuazs sie dhar uuidhar setzan (non habeant quod proponant) Is 25,2–4. – *Aber terentius comicus ter nelerta nieht tie mores. uuiolih sie uuesen sulin* Nb 101,29 f. [88,14 f.]. – *[H]ier begin ih einna reda umbe diu tier, uuaz siu gesliho bezehinen* Phys 1. – *die qualitatem sponsi tui, uuie er assumpsit humanitatem* Will 98,4 f. [177,29–31].

5. Im späteren Ahd. (11. Jh., seltener in früheren Quellen), erscheint das einleitende Pronomen häufig um eine Relativpartikel erweitert (Varianten: *the, de, thar, dar, da, dir, der*).

in die huruuinun struot, diu dar heizzit giggimada Würzb. Mb 48 f. – *Allo ziti thio the sin, Krist loko mo thaz muat sin* Ol 75. – *Huuer ist dhanne dhese man dher dhar scoldii chiboran uuerdan? (Quis iste uir* ohne Grundlage für den ahd. Relativsatz) Is 24,13 f. – *Iogiuuelihhemo therde habet uuirdit gigeban (Omni enim habenti dabitur)* T 537,11 f.; *eogilih flanzunga the dar niflanzota min fater himilisc. aruurzolot uuirdit (omnis plantatio quam non plantauit pater meus celestis eradicabitur)* 271,12 f. – *Unde der fogel. der dar feret fone boume ze boume singendo (Ales quę canit garrula altis ramis. clauditur antro caueę)* Nb 138,16 f. [118,1 f.]. – *Diu tuba, diu da nistet in den steinlocheron* Will 43,12 f. [81,27–29]. – *den man, der dir giuuarnot ist mit allen dugenden* Phys 98 f.
Präpositionalkasus und Partikel: *Amana unte Sanir unte Hermon, an den der sint leuuon luoger unte pardon holer (sanir et hermon! de cubilibus leonum. de montibus pardorum)* Will 62,3–5 [121,19–22]. – *die gotis e, in der dir kisezzet unde kerihtet uuerdent elliu reht (in qua diversae species iustitiarum positae sunt)* PrSB 2,11 f. (lat. H.U. Schmid 1986, 2,9,33 f.).

Anm. 4. Im Einzelfall kann eine Entscheidung darüber, ob eine Relativpartikel oder ein Lokaladverb vorliegt, schwierig sein, z.B. *Lioht thaz thar scinit* O 1,15,19.

Anm. 5. Nur vereinzelt erscheint die Partikel *sô*: *Ci selben sancte Petre, ther so giang in then se* Oh 157.

Anm. 6. Zu alleinstehendem *the* s. § 175:2.

6. Williram verwendet bei Anreden mehrfach einen Anschluss mit Personalpronomen plus Relativpartikel.

Ir heiligen sela, ir dir durhtan birt in gotes minna Will 31,4 f. [69,4–7]; *Ih besueron iuuuih, guoten sela, ir da treffet ad supernam Hierusalem* 33,4 f. [71,6–8]; *min tuba, du der nistes in steinlocheron unte in den heggeholeron (columba mea in foraminibus petrę)* 43,1 f. [81,5–9]; *Get uz, ir iuncfrouuon, ir da buiuuet in Syon (Egredimini et uidete filię syon)* 53,1 f. [103,16 f.]; *Ir guoten sela, ir der hie birt positae in specula fidei* 53,5 f. [23–25]; *Ih biton iuuih, heiligen sela, ir da treffet ad supernam Hierusalem* 85,3 f. [159,23–26].

9.1.2. Adverbialer Anschluss

Attributsätze, die sich auf eine räumliche, zeitliche oder instrumentale Größe beziehen, können mit einem entsprechenden Adverb eingeleitet sein. § 173

1. Anschluss mit Lokaladverb

thana(n): *sizit az zesuun cotes fateres almahtikin, dhana chumftic ist sonen qhuekhe enti tote* (*sedet ad dexteram dei patris omnipotentis, inde venturus est iudicare vivos et mortuos*) Pn 13 f. – *ih huuirfu in miin hus danan ih uz fuor* (*reuertar in domum meam unde exiui*) MF 7,13 f. – *ih uuirbu in min hus thanan ih uzgieng* (*reuertar in domum meam unde exiui*) T 201,21 f.

thar(a), *da* (vgl. Pimenova 2013): *in den ostaron egalseo, dar der spirboum stuont* Würzb. Mb 52 f. – *uuar ist denne diu marha, dar man dar eo mit sinen magon piehc?* Musp 60. – *noh winkil untar himile, thar er sih ginerie* O 1,5,54. – *so hwer so farah in felde, daar hirti mit ist forstilit* (*Si qus porcellum in campo inter porcos, ipso porcario custodente, furaverit*) LexSal 28 f. – *in dhea chiheizssenun lantscaf dhar honec endi miluh springant* (*ad terram repromissionis melle et lacte edentem*) Is 32,2 f. – *Si indeta die gruoba. dar sie Christum befellen uuolta* Np 19,23 f. [24,5 f.]. – *in iegiliche burch unte stat, dare er selbi chomen uuolti* PrSB 1,3 f. – *Diu stega, da man ze demo diske uf scal gen, diu ist roth* Will 52,25 f. [101,10–12]. – *daz lant dar rabana ana stat* (*Pentapolis*) Gl 2,91,14 (9. Jh.).

Lokaladverb mit Relativpartikel: *In Cypro da sint edele rebon, da der ana uuahsent die meiston trubon* Will 21,2 f. [61,6–8]; *ad supernam Hierusalem, dader ist uisio ęternę pacis* 85,4 f. [159,25–27].

2. Anschluss mit Temporaladverb

uuanta quimit zit danne noh in thesemo berge noh in hierusolimis betot ir fater (*quia ueniet hora quando neque in monte hoc. neque in hierosolimis adorabitis patrem*) T 279,15–17. – *in dero toife, da du inphienge remissionem omnium peccatorum* Will 62,6–8 [121,27–29].

3. Anschluss mit Instrumentaladverb

dero slahta uuas diu salba, da mit Maria, Magdalena salbota pedes Jesu recumbentis 19,6 f. Will [59,22–25]. – *tuot uuara des cuninges Salomonis unte der coronon, da in sin muoter mit hat gezieret* (*uidete ... regem salomonem in diadema te quo coronauit eum mater sua*) 103,18–21.

4. Anschluss mit Modaladverb

sturet mih mit iuuueren guoten biliden, uuie ir die biderbecheit ana uinget unte uuie ir dar ana gehartotet Will 31,5–7 [69,6–9].

9.1.3. Subjunktionaler Anschluss mit *thaz*

Einen Sonderfall adnominaler Relativsätze stellen mit *thaz*/*daz* eingeleitete Explikativsätze dar, die einen abstrakten Begriff näher erläutern (vgl. Lühr 1992). § 174 *der hapet in ruouu rahono uueliha, daz der man er enti sid upiles kifrumita* Musp 69 f. – *wir wizun thaz gizami, thaz thu fon gote quami* O 2,12,8. – *Unsar trohtin hat farsalt sancte Petre giuualt, daz er mac ginerian ze imo dingenten man* Petrusl 1. – *inti uueiz bidiu uuar ist giuuizscaf daz her saget uon mir* (*uerum est testimonium quod perhibet de me*) T 291,20–22. – *Daz uuas unebeni. daz ich andermo teta. daz ich mir selbemo neuuolti* Np 194,15 f. [175,24 f.]. – *unte ir gedinge hat, daz ir cumet in atria caelestis Hierusalem* Will 53,67 [103,25–27].

9.1.4. Anschluss mit Relativpartikel

§ 175 1. *sô(so)*

danan duruh den Fredthantes uuingarton mittan in die egga, sosa diu Rabanes buohha stuont Würzb. Mb 53–55. – *want her do ar arme wuntane bauga, cheisuringu gitan, so imo se der chuning gap, Huneo truhtin* Hl 33–35. – *mit demo selben segena, so der almæhtige got demo regenplinten segenita siniu ougen* Augens 2 f. – *allaz so thir liub ist joh so thu selbo giquist* O 3,24,20. – *so uuelih geba so ist fon mir thir ist biderbi* (*munus quodcumque est ex me tibi proderit*) T 269,7 f. – *Mit temo einen argumento. so si begonda. habet si in allen finuen follegangen* Nb 171,27 f. [144,29 f.]. – *al die uuila so disiu uuerliche uinstre uueret* Will 46,7 f. [85,10 f.].

2. *the*
In Quellen des 9. Jh.s erscheint die Partikel *the* als relativer Anschluss.

In berge the er mo zeinti O 2,9,35. – *uuvo ofto ih uuolta gisamanon thinu kind zi themo mezze the samanot henin ira huoniclin untar ira federacha* (*quotiens uolui congregare filios tuos quemadmodum gallina congregat pullos suos sub alis suis*) T 248,3–6.

9.1.5. Asyndetische Attributsätze

§ 176 Asyndetische Relativsätze stehen ohne explizit verbindendes Element.

Lit.: Axel-Tober 2014; Behaghel 1928 § 1390; Erdmann 1874, § 220; Gärtner 1981; Haugann 1974; Leirbukt 1971; Wunderlich/Reis 1925, 332–339.

1. Das einleitende pronominale Subjekt des Relativsatzes ist nicht realisiert (s.a. § 184).

in droume sie in zelitun then weg, sie faran scoltun O 1,17,74. – *sie uuerdant zi scaahche dhem im aer dheonodon* (*erunt preda his, qui seruiebant sibi*) Is 11,2 f. – *quad za dem dar uuarun* (*et ait his, qui erant ibi*) MF 23,10.

Anm. Bei persönlicher Anrede kann das pronominale Subjekt stehen, das Relativum aber unterbleiben: *Ih gebiude dir, wurm, du in demo fleiske ligest* Contra verm 1. – *Fater unser, thu in himilom bist* (*Pater noster qui es in coelis*) WK 1.

2. Ein einleitendes pronominales Objekt des Relativsatzes ist nicht realisiert.

Thiu thing wir hiar nu sagetun joh thir ouh hiar gizelitun O 5,9,37. – *daz er imo zeuuizzenne tate souuelen freisigen rat er dar fername* Np 16,22 f. [21,6 f.]. – *daz fel municha fora im tragant* (*Melotis*) Gl 1,212,25 (9. Jh.).

3. Die Subjunktion *thaz* ist nicht realisiert.

quam imbot imo in droume, er thes kindes wola goume O 1,21,4.

9.1.6. Relativsätze mit Bezug auf einen Ganzsatz (weiterführende Relativsätze)

Einen Sonderfall stellen mit *thaz* eingeleitete Relativsätze dar, die sich nicht auf eine (pro)nominale Größe innerhalb des übergeordneten Satzes beziehen, sondern auf diesen insgesamt. § 177

Lit.: Brandt 1990; Holler 2005; Holly 1998.

tho goz er bi unsih sinaz bluat, thaz kuning ander ni duat O 1,20,34.

9.1.7. Modus in Attributsätzen

Welcher Modus in Attributsätzen eintritt, hängt von verschiedenen Faktoren ab. § 178

1. Indikativ
   a) Attributsätze, in denen eine faktische (bei Zukunftsbezug auch als faktisch angenommene) Aussage getroffen wird, stehen im Indikativ.

   danan in den ostaron egalseo, dar der spirboum stuont Würzb. Mb 52 f. – *dat sagetun mi usere liuti, alte anti frote, dea erhina warun* Hl 15–17. – *uuirdit denne furi kitragan daz frono chruci, dar der heligo Christ ana arhangan uuard* Musp 100 f. – *Einan kuning uueiz ih ... Ther gerno gode thionot* Ludw 1 f. – *gilihta imo ellu sinu jar, thiu nan thuhtun filu suar* Ol 54. – *an dero spera. diu in cella sancti galli nouiter gemachot ist* Nb 112,15–17 [97,15 f.]. – *In Cypro da sint edele rebon, da der ana uuahsent die meiston trubon* Will 21,2 f. [61,6–8].
   Zukunftsbezug: *noh ih noh thero nohhein, the ih es iruuenden mag* Straßb. Eide 32 f. – *stet pi demo Satanase, der inan uarsenkan scal* Musp 45. – *in droume sie in zelitun then weg, sie faran scoltun* O 1,17,74. – *die gnada, die er mir noh gibet in re* Will 6,2 f. [47,14–16].

   b) In Übersetzungstexten kann der Indikativ auch dann stehen, wenn die Vorlage den Konjunktiv aufweist.

   den sinan fillol calerit za farnemanne, den er ur deru taufi intfahit (*filiolum suum ad intellegendum docuerit, quem de baptismo exceperit*) Exh A 34–36. – *in thero ziti mittiu her in hus uuas* (*In illa hora cum domi esset*) T 315,30; *fon iogilicheru rachu so uuelichu so sie pittent* (*de omni re quamcumque petierint*) 331,3 f.

2. Konjunktiv
   a) Der Konjunktiv steht bei negativen oder nicht-faktischen Aussagen.

niinpiize ni des eies, des in demo tage gilegit si Bas. Rez 15 f. – *dar niist eo so listic man der dar iouuiht arliugan megi* Musp 94. – *Allo ziti thio the sin, Krist loko mo thaz muat sin* Ol 75; *Burg nist, thes wenke, noh barn, thes io githenke* 1,11,13. – *uuante du niet scantliches ne tuost, daz minen ougen misseliche* Will 54,4 f. [105,26–28].

   b) Der Konjunktiv stimmt zum Modus der lat. Vorlage.

dhazs sie ni eigun eouuihd huuazs sie dhar uuidhar setzan (*non habeant quod proponant*) Is 25,2–4. – *allero manno calih, der christani sin uuelle* (*omnis, qui christianus esse uoluerit*) Exh A 41 f.

9.2. Ergänzungssätze

§ 179 Unter Ergänzungssätzen werden nachfolgend solche Nebensätze und infinite Konstruktionen verstanden, die hinsichtlich des Verbs die Stelle eines Subjekts, Objekts oder Prädikativs einnehmen.

Lit.: Behaghel 1928 § 1237–1262; Bennett 1978; 1981; Desportes 2008; Erdmann 1874 § 242–253; 296–328; Matzel 1992; G. Müller/Frings 1959; Rannow 1888, 80–85; Schröbler/Prell 2007 § S 180–182; Schrodt 1982; 1983; 2004, 147–149; Wunder 1965, 194–224.

9.2.1. Subjektsatz

§ 180 Subjektsätze sind abhängige Sätze, die im Hinblick auf den Matrixsatz die Subjektstelle einnehmen. Der Anschluss erfolgt mittels eines pronominalen Elements, einer Subjunktion, eines Adverbs oder asyndetisch.

9.2.1.1. Pronominaler (relativer) Anschluss

§ 181 Die Setzung eines pronominalen Korrelats in der übergeordneten Struktur ist fakultativ, ebenso die Erweiterung des einleitenden Pronomens um eine Relativpartikel.

1. Anschluss mit Relativpronomen ohne Relativpartikel

Ohne Korrelat: *niuse de motti* Hl 60. – *so mac huckan za diu, sorgen drato, der sih suntigen ueueiz* Musp 23 f. – *Gode thancodun The sin beidodun* Ludw 29. – *Mit arabeitin werbent, thie heiminges tharbent* O 1,18,27. – *đer anđran menit mit urcunđeom zi sinemo huuse cueme* (*qui alium mannit, cum testibus ad domum illis ambulet*) LexSal 15 f. – *In dhes chiriihhun ar-*

dot uuolf mit lambu, ioh dher chiuuon uuas fona dheru chiriihhun nama ardhinsan (*In cuius ęcclesia habitat lupus cum agno, ille utique qui solebat ab ea rapere praedam*) Is 40,20–41,1. – *Duo uuard arfullit daz kaquetan ist durah hieremiam den fora sagun* (*Tunc impletum est quod dictum est per hieremiam prophetam dicentem*) MF 24,10 f. – *Aethici sint. tie unsih lerent haben rehte site* Nb 101,18 f. [88,5 f.]. – *solihe uuarin, di der erist Crist petiton un after diu abgot beginen* (*Cui similes estimati sunt filii Israel, qui primum dominum suum coluere, postea ... idola coluerunt*) Phys 67 f.

Einfaches Demonstrativpron. als Korrelat: *nipuz de gisehe, de imo daz tranc gebe* Bas. Rez 17. – *der si doh nu argosto ... ostarliuto, der dir nu wiges warne* Hl 58 f. – *denne der gisizzit, der dar suonnan scal* Musp 85. – *Ther ther thanne thiob uuas ... Nam sina uaston* Ludw 15 f. – *Alle die mir rietun den unrehton rihtuom, die sint fienta din* Psalm 18 f. – *thaz wir nu sehen offan, thaz was thanne ungiscafan* O 2,1,6. – *uue mak der furi andran dera claupa purgeo sin ... der deo calaupa noh imo niuueiz?* (*quomodo pro alio fidei sponsor existat, qui ipse hanc fidem nescit?*) Exh A 28–31. – *dher ist dhazs chiuuisso dher sih dhurah unsih chiodmuodida so selp so chind* (*ille est utique qui se humiliauit pro nobis ut paruulus*) Is 41,15–17. – *Daz auuar in steinac uuarth ghasait daz ist der gotes uuort gahorit* (*Qui autem super petrosa seminatus est, hic est qui uerbum audit*) MF 9,11 f. – *ther after mir zuouuart ist ther ist mir strengiro* (*Qui autem post me uenturus est fortior me est*) T 109,31 f. – *Tie ferrost sizzent ad austrum die sizzent in ęthiopicis insulis* Nb 111,23 f. [96,25 f.]. – *Die iro herza in demo gedinge geuestenont, die uuerdent mit rore gratiae caelestis dealbati* Will 69,8–10 [133,22–25]. – *Der got petet mit rehttera kiloube, der stet fore gote* (*qui adorat dominum fide recta, stare dicitur coram domino*) PrSC 1,1 f. (lat. H.U. Schmid 1986, 2,28,52–54). – *Di dir zuiualtic sint in iro herzin, die sint ouh zuiualtic in iro uuerchin* (*Vir duplex corde inconstans est in omnibus viis suis*) Phys 69 f.

Personalpron. als Korrelat: *Alle, thie iz gihortun, harto sie iz intrietun* O 1,13,15. – *uueo mag er christani sin, der dei lirnen niuuili* (*Quomodo enim se christianum dicit, qui ... discere neque vult*) Exh A 25–27. – *Sie uuerdent keuangen in iro gedanchen. die sines unrehtes folchete sint* (*Comprehenduntur in cogitationibus suis quas cogitant*) Np 27,28–28,1 [31,11 f.].

2. Anschluss mit Relativpronomen und Relativpartikel

Ohne Korrelat: *Joh ther thar was in wani, thes kindes fater wari, bithaht er siu iogilicho filu forahtlicho* O 1,15,23 f. – *thedar arnot mieta intfahit* (*qui metit mercedem accipit*) T 281,29 f.; *ther thie habe zua tunichun gebe themo ther nihabe* (*qui habet duas tonicas det non habenti*) 107,21 f.; *dedar fluochot sinemo fater inti muoter dode arsterbe* (*qui maledixerit patri uel matri. morte moriatur*) 269,3 f.

Mit Korrelat: *Inti thie thar gisanta uuarun thie uuarun fon then pharisęis* (*Et qui missi fuerant erant ex pharisęis*) T 109,22 f. – *So der tuot. derdir chit* Np 301,23 [267,18 f.]. – *Der de muode ist, der leinet sih gerno an die lineberga* Will 52,21 f. [101,2–4].

3. Bei verallgemeinernden Relativsätzen mit *sô* + *(h)w*-Pronomen + *sô* (spätere Varianten *so wer*, *sw-* u.ä.) kann die Pronominalverbindung substantivisch oder adnominal sein.

Lit.: Desportes 2008; Lühr 1998b; Matzel 1992; H. Weiß 2016.

a) Nominal

Ohne Korrelat: *Nu frewen sih es alle, so wer so wola wolle, joh so wer si hold in muate Frankono thiote* O 1,1,123 f. – *So wer so ouh muas eigi. gebe themo ni eigi* O 1,24,7. – *so hwer so farah forstilit fon đemo sulage, der slozhaft ist gelte soł XLV* (*Si quis porcellum de sude furaverit, quae clavem habet MDCCC dinariis, qui faciunt solidos XLV*) LexSal 26 f. – *so huuer so uuanit dhazs izs in salomone uuari al arfullit, filu aboho firstandit* (*Hęc omnia quisque in salomone putat fuisse inpleta, multum errare uidetur*) Is 38,4–7. – *So huuer so gahlosiu orvn eigi gahore* (*Qui habet aures audiendi, audiat*) MF 10,8. – *so huuelih so uuelle untar iu mero uuesan sii iuuer ambaht* (*quicumque uoluerit inter uos maior fieri, sit uester minister*) 14,1 f.

Nominal mit Korrelat: *so uuer sih giotmuotigot ... ther ist mero in himilo riche* (*Quicumque ergo humiliauerit se ... hic est maior in regno celorum*) T 317,15–17. – *Souuer den anderen ferraten uuile. der ist selbo ferraten* Np 216,19 f. [195,10 f.]. – *suer die sint, die sie uuarlicho habent, die brinnent in iro herzen* Will 138,4 f. [245,34–247,2]. *Suer die sunta uuurchet, der ziuueibet den gotis uuinkarte* (*qui peccatum facit, dissipat iustitiam Dei*) PrSB 2,21 f. (lat. H.U. Schmid 1986, 2,10,58 f.).

b) Adnominal

So wer manno so sih buazit joh sunta sino riuzit, thaz thanne warlicho duat: gihoufot er mo manag guat O 1,24,17 f. – *So huuelihhe iuuuer gauuisso so in christes nemin gataufite sintun christan gauueridont* (*Quicumque enim in christo baptizati estis christum induistis*) MF 9,4 f. – *so uuelih geba so ist fon mir thir ist biderbi* (*munus quodcumque est ex me tibi proderit*) T 269,7 f. – *So uuelih israhelita uuile robustus uuesen in domino. des intellectus ist diser psalmus* Np 365,23–366,1 [322,25 f.].

Anm. 1. Kapitelüberschriften oder Glosseneinträge zeigen elliptische Subjektsätze ohne übergeordnete Struktur: *so hwer so anđran mit losii biliugit* (*De eo, qui alterum hereburgium clamaverit*) LexSal 7. – *so uueliher so iz si* (*cuiuspiam*) Gl 1,93,6 (8. Jh.).

Anm. 2. Funktionsgleich mit dem verallgemeinernden Relativum kann ein anderes Pronomen + Relativpartikel stehen: *giuuelih de dar trinkit fon uuazzare thesemo thurstit inan* (*omnis qui bibet ex aqua hac sitiet iterum*) T 277,23.

Anm. 3. Auf funktionale Äquivalenz der Relativsatzeinleitung mit *th*-Pronomen und *sô hwer sô* deutet folgende Parallele in den Monseer Fragmenten und im Tatian hin: *So huuer so gahlosiu orvn eigi gahore* (*Qui habet aures audiat*) MF 10,8 gegenüber *thiethar habe orun thie hore* T 241,1.

Anm. 4. In Glossen finden sich Definitionssätze ohne übergeordneten Hauptsatz: *thiu eriston kneht pierit* (*qui primum masculinum parit*) Gl 1,234,14 f. (8. Jh.).

4. Der verallgemeinernde Relativsatz kommt funktional einem Konditionalsatz nahe. Das Korrelat im übergeordneten Satz deutet auf eine konditionale Lesart des Nebensatzes hin.

So wer so wilit manno, so doufu ih inan gerno O 1,27,49. – *So huuer so thiz quidhit, so bitharf, thaz er so due, so her quithit* WK 23 f. – *so uuer so sinemo gnoz sino ulazzit, denne pittit er, daz imo der truhtin deo sino ulazze* Freis. Pn B 58–63. – *so ueueliche so inan intphiengun. so gab her in giuualt gotes suni zi uuesanne (quotquot autem receperunt eum. dedit eis potestatem filios dei fieri)* T 103,29 f. – *Siuuelich man odor wib firgihdigod uuerde. zeseuuen halbun. so laza man imo in dero uuinsterun hende an demo ballen. des minnisten uingeres* Contra par 1,1–3.

5. Der Relativsatz steht parallel zu einem Konditionalsatz.

So uuer so hier in ellian Giduot godes uuillion, Quimit he gisund uz, Ih gilonon imoz Ludw 39 f.

6. Der übergeordnete Satz referiert auf eine Größe, die nicht mit dem Bezug des Relativsatzes übereinstimmt, sondern benennt die Folge einer Bedingung.

so huuer so bi temple suerit neouuiht sii (Quicumque iurauerit per templum, nihil est) MF 17,2 f. Der Bezug ist nicht die Person dessen, der schwört, sondern der Akt des Schwörens.

7. Die Subjektstelle im übergeordneten Satz ist mit einem Subjektpronomen besetzt. Der vorausgehende Relativsatz – formal Subjektsatz – bringt in funktionaler Hinsicht eine Bedingung zum Ausdruck.

so huuer so thiz gibet hluttru muatu singit, gilouban scal her, thaz inan got thanne gihorie WK 33–35. – *So huuer so uuilit gihaldan uuesan, fora allu thurft ist, thaz er habe allicha gilauba (Quicumque vult salvus esse, ante omnia opus est, ut teneat catholicam fidem)* 56 f.

9.2.1.2. Subjunktionaler Anschluss

1. *thaz*-Sätze **§ 182**

O h n e K o r r e l a t: *pidiu ist demo manne so guot, denner ze demo mahale quimit, daz er rahono ueueliha rehto arteile* Musp 63 f. – *Ob hiu rat thuhti, Thaz ih hier geuuhti* Ludw 34. – *Herro, in thir uuigit scin, daz thu maht forasago sin* Sam 28. – *jah limphit mir, theih werbe in mines fater erbe* O 1,22,54. – *Araugit ist in dhes aldin uuizssodes boohhum dhazs fater endi sunu endi heilac gheist got sii (Patet ueteris testamenti apicibus patrem et filium et spiritum sanctum esse deum)* Is 13,7–10. – *Enti uuarth ... daz œr quad za sinem iungirom (Et factum est ... dixit discipulis suis)* MF 21,14 f. – *notdurft ist thaz quemen asuuicha (necesse est enim ut ueniant scandala)* T 319,11 f. – *To uuard taz ten cheiser lusta* Nb 5,17 [5,21]. – *liup ist mir daz du pitist.*
M i t K o r r e l a t: *daz ist rehto paluuic dink, daz der man haret ze gote* Musp 26 f. – *thaz scolta sin bi noti, thaz er in thionoti* O 1,13,12. – *iz ist giscriban thaz in themo einen brote nilebet ther man (scriptum est non in solo pane uiuit homo)* T 113,32–115,1. – *Daz neheue iuuh. daz er reges kenamot pirnt* Np 7,6 [12,20]. – *Daz in hungerota unte dursta, daz er muodeta, daz er cruciget uuart unte erstarb, daz traf ad humanitatem* Will 93,9–11 [173,9–13]. – *Daz kiscihet ofto, daz der predigare irstummet (Saepe enim pro sua nequitia preaedicatium restringitur lingua)* PrSB 1,20 f. (lat. Hellgardt 2014, 86).

Anm. Zu *thaz*-Sätzen mit Subjektstatus und korrelativem *thaz* im übergeordneten Satz, die als „Explikativsätze“ anzusprechen sind, vgl. Lühr 1992.

2. Einleitung mit *sô*

Dhazs arfullit uurdi, so ęr bifora uuardh chichundit dhurah dhen forasagun (*Ut impleretur quod fuerat ante a propheta predictum*) Is 28,4–6.

3. Einleitung mit *ibu/uba/oba*

daz ist hiu asuuih. Voba ir gisehet then mannes sun uf stigantan thar her êr uuas (*hoc uos scandalizat. Si ergo uideritis filium hominis ascendentem ubi erat prius*) T 265,2–4; *uuaz biderbo ist manne obar her alla uuerlt in eht gihalot. sineru selu uoruurt tholet* (*quid enim prodest homini si mundum uniuersum lucretur. animae uero suae detrimentum patiatur*) 303,22–25. – *unde ist uns unchunt. ube si undenan erbarot si* Nb 111,20 f. [96,22 f.].

9.2.1.3. Adverbialer Anschluss

§ 183 Anders als adverbial angeschlossene Attributsätze (s. § 173) beziehen sich Adverbialsätze auf keine nominale Größe im übergeordneten Satz.

Nist in erdriche, thar er imo io instriche O 1,5,53. – *huueo dher selbo druhtin ist, dhar ist after chiscriban* (*et quia idem est dominus sequitur*) Is 24,9–11.

9.2.1.4. Asyndese

§ 184 Der Subjektsatz enthält kein einleitendes (pronominales, subjunktionales oder adverbiales) Element.

Lit.: Gärtner 1981.

ist iaman hiar in lante, es iawiht thoh firstante? O 1,17,24; *uns limphit, wir mit willen guatalih irfullen* 25,12. – *inti den thu nu habes nist din gomman* (*et nunc quem habes non est tuus uir*) T 279,7.

Anm.: Einen Sonderfall stellen Subjektsätze mit Verbzweitstellung in Abhängigkeit von Verba dicendi oder cogitandi dar, die auch als selbständige Deklarativsätze gewertet werden können: *Mih tunchet aber. forhta tuot tir uue* (*Sed ut uideo. stupor oppressit te*) Nb 16,14 f. [13,14]; *Kebot er. sie nerumdin rauenna. êr dem tagedinge* (*Edixit ... ni recedernt rauenna urbe. infra prescriptum diem*) 28,22 [23,17 f.]; *Ih uuano du gehugest uuola* (*Meministi ut opinor*) 33,4 f. [26,27 f.].

9.2.1.5. Die Stellung von Subjektsätzen

§ 185 Subjektsätze können vor oder nach dem Matrixsatz stehen. Die Voranstellung ist an semantische und kommunikative Bedingungen geknüpft: Vor dem übergeordneten Satz stehen insbesondere solche Relativsätze, die eine allgemeine Aussage beinhalten oder an einen vorerwähnten Sachverhalt anschließen.

1. Verallgemeinernde Relativsätze mit pronominalem Subjekt *sô (h)wer sô* (u.ä.) stehen in aller Regel vor dem Matrixsatz bzw. an erster Stelle eines komplexen Gefüges.

So uuer so hier in ellian Giduot godes uuillion, Quimit he gisund uz, Ih gilonon imoz Ludw 39 f. – *so wer so in lante ist furisto, thes ist er herosto* O 1,27,56. – *so uuer so sinemo gnoz sino ulazzit, denne pittit er, daz imo der truhtin deo sino ulazze* Freis. Pn B 59–63. – *so huuer so uuanit dhazs izs in salomone uuari al arfullit, filu aboho firstandit (quisque in salomone putat fuisse inpleta, multum errare uidetur)* Is 38,4–7. – *So huuer so gahlosiu orvn eigi gahore (Qui habet aures audiendi, audiat)* MF 10,8. – *So huuer so uuilit gihaldan uuesan, fora allu thurft ist, thaz er habe allicha gilauba (Quicumque vult salvus esse, ante omnia opus est, ut teneat catholicam fidem)* WK 56 f. – *so uuelichu so ir arloset obar erdu uuerdent arlostu in himile (quaecumque solueritis super terram erunt soluta et in caelo)* T 329,28–30. – *Suer die sunta uuurchet, der ziuueibet den gotis uuinkarte (qui peccatum facit, dissipat iustitiam Dei)* PrSB 2,21 f. (lat. H.U. Schmid 1986, 2,10,58 f.).

2. Ebenso stehen Relativsätze mit *th-/d*-Pronomen, die generalisierenden Charakter haben, initial.

Ther trinkit thiz uuazzer, be demo thurstit inan mer Sam 18. – *đer anđran gimenit, ibu er nicuimit inti sunne ni habet, sosama gelte soł XV (qui alium mannit, si non venerit et eum sunnis non detenuerit, ei, quem mannivit, similiter DC dinarios, qui faciunt solidos XV conponat)* LexSal 14 f. – *Dher euuuih hrinit, hrinit sines augin sehun (qui enim tetigerit uos, tangit pupillam oculi eius)* Is 10,20–22. – *dœr suerit bi himile suerit bi hohsedle gotes (qui iurauerit in caelo, iurat in throno Dei)* MF 17,13 f. – *ther thie habe muos tuo selbsama (et qui habet escas similiter faciat)* T 107,23. – *Tie aber die bezzesten sint. tie irteilent tien metemen* Np 4,22 f. [10,15 f.]. – *der dir negnadit, der uuirt uone gote irteilet (Qui autem tibi non miseretur, iudicatur a domino)* PrSA 1,4 f.

3. Ursächlich für die Stellung eines *thaz/daz*-Satzes in Subjektfunktion vor der übergeordneten Struktur dürfte die Mitteilungsperspektive sein: Der Subjektsatz nimmt Bezug auf einen gegebenen Sachverhalt, dessen weitere Kommentierung im nachfolgenden übergeordneten Satz erfolgt. Der Anschluss erfolgt mittels eines korrelativen *thaz/daz*.

Thaz er se hiar lerit, theist zi uns nu gikerit O 1,24,15; *thaz ist thoh arunti min, thaz ih iu gizalti waz er hera wolti* 27,53 f. – *Daz diu dierer gerno in dero hohe sint, daz bezeichenet die hohon unte die incomprehensibilem maiestatem Christi* Will 36,8 f. [73,30–34]; *Daz in hungerota unte dursta, daz er muodeta, daz er gecruciget uuart unte erstarb, daz traf ad humanitatem* 93,9–11 [173,9–13].

4. Relativsätze in Subjektfunktion ohne verallgemeinernden Charakter stehen insbesondere dann vor der übergeordneten Struktur, wenn die lat. Quelle eine entsprechende Abfolge vorgibt.

huueo dher selbo druhtin ist, dhar ist after chiscriban (quia idem est dominus sequitur) Is 24,9–11. – *Ther sizzis az cesuun fateres, ginadho uns (Qui sedes ad dexteram patris, miserere nobis)* WK 116. – *thie dar after mir quementi ist fora mir gitan ist (qui post me uenturus est ante me factus est)* T 105,13 f. – *den thu nu habes nist din gomman (nunc quem habes non est tuus uir)* T 279,7. – *Ter in himele buet. ter spottot iro (Qui habitat in cęlis irridebit eos)* Np 5,18 f. [10 f.].

9.2.1.6. Modus im Subjektsatz

§ 186 1. Indikativ

a) Subjektsätze stehen in der überwiegenden Zahl der Fälle im Indikativ.

Mit pronominalem Korrelat im Matrixsatz: *upi sia auar kihalont die, die dar fona himile quemant* Musp 11. – *mit heilu er giboran ward, ther io thia salida thar fand* Os 44. – *Tie ferrost sizzent ad austrum die sizzent in ęthiopicis insulis* Nb 111,23 f. [96,25 f.]. – *Die iro herza in demo gedinge geuestenont, die uuerdent mit rore gratiae caelestis dealbati* Will 69,8–10 [133,22–25].

Ohne Korrelat: *so mac huckan za diu, sorgen drato, der sih suntigen uueiz* Musp 23 f. – *ungilonot ni bileip, ther gotes wizzode kleip* Os 20. – *uuard tho thaz arfuoron fon in thie engila in himil* (*et factum ut discesserunt ab eis angeli in caeulm*) T 87,17 f.). – *Tar schinet daz cotes diu heili ist* Np 8,29–9,1 [14,10].

b) In Übersetzungstexten kann der Indikativ auch für einen lat. Konjunktiv stehen.

đer fon anđres henti eowiht nimit (*Si quis alteri de manu aliquid per vim tulerit*) LexSal 4. – *Dher euuuih hrinit, hrinit sines augin sehun* (*qui enim tetigerit uos, tangit pupillam oculi eius*) Is 10,20–22. – *Der auuar in altare suerit suerit in demo ioh in allem dem dar oba sintun* (*Qui ergo iurauerit in altari, iurat in eo et in omnibus, quae super illud sunt*) MF 17,10 f. – *der den sinan filleol leren farsumit, za demo sonatagin redia urgepan scal* (*qui hanc filiolum suum docere neglexerit, in die iudicii rationem redditurus erit*) Exh A 37–40. – *inti thie sia gihorent lebent* (*et qui audierint uiuent*) T 289,28.

2. Konjunktiv

a) Der Konjunktiv steht bei negativen, nicht-faktischen Aussagen oder Behauptungen.

Mit pronominalem Korrelat im Matrixsatz: *nipuz de gisehe, de imo daz tranc gebe enti simplum piuuartan habe* Bas. Rez 17. – *der si doh nu argosto ... ostarliuto, der dir nu wiges warne* Hl 58 f.

Ohne Korrelat: *Ob hiu rat thuhti, Thaz ih hier geuuhti* Ludw 34. – *Nist in erdriche, thar er imo io instriche* O 1,5,53; *So wer so ouh muas eigi. gebe themo ni eigi* 24,7. – *unde ist uns unchunt. ube si undenan erbarot si* Nb 111,20 f. [96,22 f.]; *uuanda iro gedingi ist. daz si irhohet uuerde ze gotes selbes anasihte* Np 6,8 f. [11,25 f.].

b) Der Konjunktiv stimmt zum Modus der lat. Vorlage.

Huuer ist dher dhiz al ni chisehe in im selbem nu uuesan arfullit (*Quę omnia quis non uideat nunc in ipsis esse completa*) Is 36,5–7. – *enti der uuelle untar iu eristo uuesan uuirdit iuuer scalh* (*qui uoluerit inter uos primus esse, erit uester seruus*) MF 14,2 f. – *the dar uuolle sina sela heila tuon forliose sia* (*qui enim uoluerit animam suam saluam facere perdet eam*) T 303,18 f.

9.2.2. Objektsatz in der Stelle eines Akkusativs

Wie bei den Attribut- und Subjektsätzen ergeben sich Untertypen nach Maßgabe des einleitenden Elements sowie nach der Valenz (Kasusrektion) des Prädikatsverbs im Matrixsatz. Objektsätze in Abhängigkeit von Verben, die ein Akkusativ- oder Genitivobjekt erfordern, sind häufig. Seltener erscheinen Objektsätze in der Stellung eines Dativ- oder Präpositionalobjekts. Welche valenzbedingte Leerstelle ein abhängiger Satz einnimmt, ist allerdings nicht in jedem Fall sicher festzustellen. Eindeutig sind solche Fälle, in denen die übergeordnete Struktur ein korrelatives Element enthält (zum Mhd. vgl. Schröbler/Prell 2007 § S 170 f.; 180–182). **§ 187**

Anm. In struktureller Hinsicht sind auch indirekte Reden und Fragen Objektsätze.

9.2.2.1. Pronominaler (relativer) Anschluss

1. Subordination mit *th*-Pronomen **§ 188**

Mit Korrelat im übergeordneten Satz: *ther thaz was machonti, thes man nihein io gimah in worolti er ni gisah* O 1,9,31 f. – *thu niuueist thiu thiu gotes sint* (*non sapis ea quae dei sunt*) T 303,11. – *Daz ih unreinda. daz subero ih* Np 15,25 f. [20,9 f.].
Ohne Korrelat: *Her sihit thes her gereda* Ludw 45. – *dar in mach er skerian den er uuili nerian* Petrusl 5. – *Offan duat er thare, thaz wir nu helen hiare* O 1,15,41. – *Ein ieuuelih mennisco tuo anderemo daz er imo selbemo uuelle* (*si tamen faciat quod sibi fieri cupit*) PrSA 2,1 (lat. Schröbler 1939, 273). – *enti ardinsit daz gasait uuarth in siin herza* (*et rapit quod seminatum est in corde eius*) MF 9,9 f. – *forgilt thaz thu scalt* (*redde quod debes*) T 333,9. – *Er gehiez daz er geleisten nemahta* Np 578,30 f. [512,18].
Mit Relativpartikel: *quam ther mannes sun heilan thaz dar foruuard* (*uenit enim filius hominis saluare quod perierat*) T 321,6–9. – *Daz bezeichenet di der neuuedir noh ungeloubige noh rehte geloubige nesint* (*id est nec fidelis nec perfidus*) Phys 68 f.

Anm. Das pronominale Subjekt des abhängigen Satzes kann fehlen, wenn das akkusativische Korrelat mit dem Subjekt des abhängigen Satzes identisch ist („Attraktion"): *Ih bibringu fona iacobes samin endi fona iuda dhen mina berga chisitzit* (*Educam ... de iacob semen et de iuda possedentem montes meos*) Is 34,3 f.

2. Objektstatus haben auch indirekte Reden in Abhängigkeit von Verba dicendi und cogitandi. Das Prädikat ist vielfach konjunktivisch.

Lit.: Behaghel 1928 § 1309 f.; 1342–1347; Schröbler/Prell 2007 § S 158. 199:2.

her fragen gistuont fohem uuortum, wer sin fater wari Hl 8 f. – *sorgen mac diu sela ... za uuederemo herie si gihalot uuerde* Musp 6. – *inte irchennist uuer ih pin fone demo aneginne uncin an daz enti* Psalm 3 f. – *obe thu uuissis, uuielih gotes gift ist* Sam 9. – *Hiar hor er io zi guate, waz got imo gibiete* O 1,1,121. – *Suohhen dhea nu auur, huuelih got chiscuofi* (*Quęrant ergo, quis deus creauit*) Is 7,20 f.; *Endi saar dhar after offono araughida, huuer dher gheist sii* (*Quis autem esset, adiecit*) 14,11–13. – *Ni ueiz ih huuaz du sages* (*Nescio quid dicis*) MF 23,8. – *dert-*

he dar heil uuas gidan niuuesta *uuer iz uuas* (*is autem qui sanus fuerat effectus. nesciebat quis esset*) T 287,1 f. – *ir fragetot,* *uuelich min sponsus si in humanitate* Will 87,2 f. [161,28 f.].

3. Verallgemeinender Relativsatz mit einleitendem *sô* + *(h)w*-Pronomen + *sô* (jünger *so wer*, *sw-* u.ä.).

Mit Korrelat im übergeordneten Satz: *so uuelichu so her tuot. thiu der sun sama tuot* (*quaecumque enim ille fecerit. haec et filius similiter faciet*) T 287,30–32.
Ohne Korrelat: *so huuenan so ir findet ladot za bruthlaufte* (*quoscumque inueneritis uocate ad nuptias*) MF 15,20 f. – *ouh tatun in imo so uuaz so sie uuoltun* (*sed fecerunt in eo quaecumque uoluerunt*) T 307,30 f.

9.2.2.2. Subjunktionaler Anschluss (*thaz*-Sätze)

§ 189 Ein Großteil der mit *thaz* eingeleiteten Objektsätze in Akkusativposition hängt von Verba dicendi und cogitandi ab.

vnte quedent, daz in dero marchu si ieguuedar Würzb. Mb 63. – *wela gisihu ih in dinem hrustim dat du noh bi desemo riche reccheo ni wurti dat du habes heme herron goten,* Hl 46–48. – *Nu uuillih, thaz mir uolgon Alle godes holdon* Ludw 36. – *ni giduant iz man alle, theih so hohan mih gizelle* O 1,27,20. – *Oh sie dhanne zellando quhedant dhazs noh christ ni quhami* (*dicentes necdum uenisse christum de*) Is 25,4 f. – *ni uuestut Ir thaz in then thiu mines fater sint gilimphit mir uuesan* (*nesciebatis quia in his quae patris mei sunt oportet me esse*) T 101,5 f. – *nu geeiscoen daz sie mennischen sint* (*Sciant gentes quoniam homines sunt*) Np 27,15 [31,1]. – *Du quist, daz ih scone si* Will 23, 2 [63,2 f.]. – *Do antuurten si, daz si niemen rihti zi demo uuerchi* PrSB 2,57 f. – *the dar sagent daz im unreht katan si* (*Qui se lesos adserunt*) Gl 2,101,31–34 (9. Jh.).
Mit Korrelat: *Ik gihorta đat seggen, đat sih urhettun ænon muotin* Hl 1. – *Dat gafregin ih mit firahim firiuuizzo meista, dat ero ni uuas noh ufhimil* Wess 1. – *Daz hortih rahhon dia uueroltrehtuuison, daz sculi der antichristo mit Eliase pagan* Musp 37 f. – *tho gab er zi antwurte thaz, thaz er ther selbo man ni was* O 1,27,26.

Anm. Zu *thaz*-Sätzen mit Objektstatus und korrelativem *thaz* im übergeordneten Satz, die als „Explikativsätze" anzusprechen sind, vgl. Lühr 1992.

9.2.2.3. Adverbialer Anschluss

§ 190 1. *sô(sô)*

So siu tho thar irfultun, so in thio buah gizaltun O 1,16,21; *Jah er tho, sos iz was* 27,17. – *Inti gisahun. soso zi in gisprochan uuas* (*et uiderant. sicut dictum est ad illos*) T 89,5.

2. *bithiu, bi hiu* (Wolfrum 1960)

inti uuntrotun bihiu her mit uuibe sprachi (*et mirabantur quare cum muliere loquebatur*) 281,2 f.; *inti uorstuont. bidiu her iu manego ziti habeta* (*et cognouisset. quia iam multum tempus habet*) 285,10 f. – *thaz gilaubemes endi biiehames, bi thiu truhtin unser heilanto Christ, gotes sun, got endi man ist* WK 90 f.

3. Abhängige direkte Reden können mit *bithiu, (h)wanta* angeschlossen werden und Verbzweitstellung aufweisen.

ih quidu iu, uuanta mahtig ist got fon thesen steinon aruuekkan abrahames barn (dico enim uobis, quoniam potens est deus ex lapidibus istis suscitare filios abraham) T 107,10–13; *uuar uuar quidu ih iu bidiu cumit zit ... thanne thie toton horent stemma gotes sunes (Amen amen dico uobis. quia uenit hora ... quando mortui audient uocem filii dei)* T 289,24–27; *inti ih quidu thir. bidiu thu bist petrus (et ego dico tibi. quia tu es petrus)* 301,10 f.

4. *thanta* (lat. *quia*)

nivveist danta kidult cotes ze hrivvvn dih zua leitit (nescis quia pacientia dei ad poenitentiam te adducit) BR 91,16 f. – *danta arstuant truhtin scinanter haret eingil (quia surrexit dominus splendens clamat angelus)* H 19,4,3 f. – *kisahunt ir selbun danta inliuhtiu sint ougun miniu (Uidistis ipsi quia inluminati sunt oculi mei)* Gl 1,410,58 f. (9. Jh.).

5. Interrogativer Anschluss (indirekter Fragesatz)

(h)wannan, wanne: *unz ih thir zeigo avur thar, wanne thu biginnes thes thines heiminges* O 1,19,5 f. – *Tarmite ratiskoton sie uuannan dagoliches geskehe accessus maris. et recessus* Nb 101,9 f. [87,27 f.]. – *Nu uernemet, uuannan sih daz leit burete* Will 11,1 [51,10 f.]
wâr: *Warun fragenti, war er giboran wurti* 17,13. – *Inti gisahun uuar her uuoneta (et uiderunt ubi maneret)* T 117,13.
wio: *ni ueiz mit uuiu puaze* Musp 62. – *Sagen ih iu, guate man, wio ir nan sculut findan* O 1,12,17. – *Hear quhidit, huueo got uuard man chiuuordan (Quia christus filius dei deus homo factus est)* Is 21,15 f. – *Inu ni gahoris huueo manac sam *** dir sagent (Non audis quanta aduersum te dicant testimonia)* MF 24,21 f. – *herro thu nu ni habes mit hiu scefes (domine neque in quo haurias habes)* T 277,15. – *Taranah sih uuio lanc nete diezeugmenon si* Nm 852,4 [333,30 f.]. – *unde ze sinen fuozen saz, daz si da firnami, uuio si imfliehen scolti sinere chunftigen abulgi (quae ad pedes domini sedebat, audire, qualiter possit fugere ab ira ventura)* PrSA 1,24 f.
(h)wedar: *Suohhemes auur uuir nu ziidh dhera christes chiburdi huuedhar ir iu quhami odho uuir noh sculim siin quhemandes biidan (Quęramus ergo tempus natiuitatis christi, utrum iam aduenerit, an uenturus adhuc exspectetur)* Is 25,8–10. – *uorstentit uon leru uuedar fon gote si odo ih fon mir selbomo spreche (cognoscit de doctrina utrum ex deo sit an ego a meipso loquar)* T 349,9–11. – *unde daz in zuiuele ist. uueder daz heizen sule furtum alde sacrilegium* Nb 68,10–12 [57,21–23].
Mit Korrelat im übergeordneten Satz: *in herzen mit githahti thiz ebono ahtonti, Wio thiu wort hiar gagantin* O 1,13,18 f. – *Dhazs suohhant auur nu ithniuuues, huueo dher selbo sii chiboran (Illud denuo queritur, quomodo idem sit genitus)* Is 1,18–20.

9.2.2.4. Asyndese

1. Objektsätze können ohne einleitendes (pronominales, subjunktionales, adverbiales) Element stehen. **§ 191**

ni waniu ih iu lib habbe Hl 29. – *Ih uueiz her imos lonot* Ludw 2. – *Er quat, Gorio uuari ein koukelari* Georgsl 25. – *kundt er imo in droume, er thes wibes wola goume* O 1,8,20; *Las ih iu in alawar in einen buachon ... sie in sibbu joh in ahtu sin Alexandres slahtu* 87 f.; *Gibot tho selbo druhtin, siu wazares irfultin* 2,8,35. – *enti sohhitun sie inan kafengin* (*et quaerentes eum tenere*) MF 15,1 f. – *unde chit iz ein iaruuerh si* Nk 411,3 [53,8].

2. Ein positiver Objektsatz kann negiert sein, wenn der Matrixsatz negiert ist oder ein Verb mit negativer Bedeutung enthält.

Er quad, thes ni thahti, ni er sih iru nahti O 1,8,21; *thaz iagilih bimide inan thiu akus ni snide* 23,58; *Wanana sculun Frankon einon thaz biwankon. ni sie in frenkisgon biginnen. sie gotes lob singen* 33 f. – *In dhesemu quhide ni bluchisoe eoman, ni dhiz sii chiuuisso dher ander heit godes, selbo druhtin christ* (*In qua sententia nemo dubitet secundam esse personam*) Is 9,4–7. – *enti aer auuar laucnita mit eidu daz œr den man ni uuisti* (*et iterum negauit cum iuramento quia non noui hominem*) MF 23,11 f.

9.2.3. Objektsatz in der Stelle eines Dativs

§ 192 1. Der Matrixsatz enthält in der Regel ein dativisches Korrelat.

Mit Korrelat im übergeordneten Satz: *thaz wir iz then gizaltin, thie unsih hera santin* O 1,27,38. – *ther thie habe zua tunichun gebe themo ther nihabe* (*qui habet duas tonicas det non habenti*) T 107,21 f.; *thaz uuir then giantuuvrten then thie unsih santun* (*ut responsum demus his qui miserunt nos*) 109,16 f. – *Sanctus paulus kehiez tien. die in sinen ziten uuandon des suonetagen. taz er er nechame* Nb 5,1 f. [5,9]; *Tie ouh hara baz sizzent ... tien ist si obe houbete* 122,15 f. [96,28 f.]. – *Dien er sie uuorchta. dien scoz er sie* Np 19,12 f. [23,21 f.].
Ohne Korrelat: *inti thedar inan betont in geiste inti uuare gilimfit zibetonne* (*et eos qui adorant eum. in spritu et ueritate oportet adorare*) T 279,25 f.
Mit Relativpronomen plus Partikel: *tho quadun iudei imo der dar heil uuard* (*dicebant iudei illi qui sanus fuerat*) 285,24 f.

2. Verallgemeinernder Relativsatz

Thiu kind thiu folgetun, so wedar so siu woltun ‘die Kinder, die folgten welcher Gruppe von beiden sie wollten’ O 1,22,15.

Anm. 2. Freier Dativ (mit Korrelat) in Form eines Nebensatzes: *Dien er sie uuorchta. dien scoz er sie* Np 19,12 f. [23,21 f.].

3. Asyndetisch sind Konstruktionen, in denen das Subjekt des Nebensatzes nicht realisiert ist.

Gibot si then sar gahun, then [sc. ‘die’] *thes lides sahun* O 2,8,25. – *Enti aer antuurta demo* [sc. ‘der’] *za imo sprah* (*at ipse respondens dicenti sibi*) MF 7,24; *Auh ist galihsam himilo rihhe demo* [sc. ‘der’] *suohhenti ist guote marigreoza* (*Iterum simile est regnum coelorum homini negotiatori quaerenti bonas margaritas*) 10,12 f.

9.2.4. Objektsatz in der Stelle eines Genitivs

9.2.4.1. Pronominaler (relativer) Anschluss

1. *th-/d*-Pronomen § 193

Mit Korrelat im übergeordneten Satz: *Noh trof ih des nelougino, des du tati tougino* Psalm 27. – *joh hug es harto ubar al, thu thiarna, theih thir sagen scal* O 1,15,28. – *Trohtin, dir uuirdu ih pigihtik ... alles deih eo missasprah* Emm A 310,1–4.
Ohne Korrelat: *Truhtin, dir uuirdu ih pigihtik ... des ich kihukkiu eddo nigahukkiu* 1. bayr. B 1–3. – *Sie selben sint sculdig. des sie andere ziehent* Np 32,1 [35,1 f.].

Anm. „Attraktion": *neouuiht archennit des sih fona rehte scheidit* (*quidquid a rectitudine discrepat, ignorat*) MF 29,27 f.

2. Verallgemeinernder Relativsatz

Mit Korrelat im übergeordneten Satz: *Enti so huuaz so siu in andremo guotes gasihit so sama so ira selbera frumono des mendit* (*Per hoc quod rectum in aliis conspicit, quasi de augmento proprii prouectus hilarescit*) MF 30,15–17. – *so uuaz so ih thes alles uuidar gotes uuillen gidadi, so gan ih es in gotes almahtigen muntburt* Lorscher B 39 f.
Ohne Korrelat: *Ih uuirdu gote almahtigen bigihtig ... so uuaz so ih uuidar gotes uuillen gitati* Fuldaer B 1–5.

3. Indirekte Fragen mit *(h)w*-Pronomen

Mit Korrelat im übergeordneten Satz: *es wiht ni firnamun zi niheineru heiti, waz er mit thiu meinti* O 1,22,55 f.; *Thes gidua thu nu unsih wis, wer thoh manno thu sis* 27,37.

9.2.4.2. Subjunktionaler Anschluss

Abhängige Sätze, die die Stelle eines Genitivobjekts besetzen, werden mit *thaz*- eingeleitet. Im Matrixsatz steht vielfach ein pronominales Korrelat. § 194

Mit Korrelat im übergeordneten Satz: *doh uuanit des uilo gotmanno, daz Elias in demo uuige aruuartit uuerde* Musp 48 f. – *Oba es iaman bigan, thaz er widar imo wan* Ol 51 f. – *uzzan des dikkames, daz der sin namo in uns kauuihit uuerda enti de uuihnassi* Freis. Pn 14–16. – *dhes sindun unchilaubun iudeoliudi dhazs sunu endi heilac gheist got sii* (*Sed hinc isti filium et spiritum sanctum non putant esse deum*) Is 13,10–12. – *Des sint sie iemer fro. daz sie din hus sint* (*in ęternum exultabunt et habitabis in eis*) Np 14,10 f. [18,25 f.]. – *Netuont des niet uuara, daz ih so salo si* (*Nolite me considerare quod fusca sum*) Will 10,1 [49,31 f.].
Ohne Korrelat: *Manot unsih thisu fart, thaz wir es wesen anawart* O 1,18,1. – *Ih gihu, daz ih minan decemon nifargalt* Lorscher B 15 f. – *So huuer so thiz quidhit, so bitharf, thaz er so due, so her quithit* WK 23 f. – *bat inan sum phariseus thaz her goumoti mit imo* (*Rogauit autem illum quidam phariseus ut pranderet apud se*) T 267,1 f. – *Ih iieho dir trohten daz du egebaro uns uuunderlih uuorden bist* (*Confitebor tibi domine quoniam terribiliter mirificatus es*) Np 578,16–18 [512,4 f.]. – *gehuge ouh minero uuunton ... unte gehuge, daz ih die angelica praesidia habon gescaffet ad tui tutelam* Will 43,9–12 [81,21–27].

9.2.4.3. Adverbialer Anschluss

§ 195 Indirekte Fragesätze können aufgrund der Valenz des Prädikatverbs des übergeordneten Satzes als satzwertige Realisationen eines Genitivobjekts analysiert werden.

Hugi wio ih tharfora quad O 1,18,43. – *noh nigihuget ir uuanne. ih uinf brot prah* (*nec recordamini quando quinque panes fregi*) T 299,3 f. – *Ir doctores Ecclesiae, tuot uuara, uua sih die haereses allereres buren* Will 45,3 f. [83,22–24].

9.2.5. Die Stellung von Objektsätzen

§ 196 Objektsätze stehen zumeist nach dem übergeordneten Satz. Die in § 188–193 zitierten Sätze bieten dafür reichlich Belegmaterial. Voranstellung kann dagegen als markierte Abfolge gelten.

1. In einer Reihe von Fällen liegt eine entsprechende Abfolge in der lat. Vorlage zugrunde.

so huuenan so ir findet ladot za bruthlaufte (*quoscumque inueneritis uocate ad nuptias*) MF 15,20 f.; *daz ih nimac nendento du truhtin maht gabeotanto* (*quod ego non ualeo praesumendo, tu potes iubendo*) 39,26 f. – *thaz ubiri ist gebet elimosinam* (*quod super est. Date elimosinam*) T 267,16 f.; *so uuelichu so her tuot. thiu der sun sama tuot* (*quaecumque enim ille fecerit. haec et filius similiter faciet*) 287,30–32. – *Diu ir sprechent diu sprechent fone herzen* (*Quae dicitis. in cordibus uestris. s. dicite*) Np 10,11 f. [15,12 f.]. – *Die den uuituuun nerihtent noh uueisen negnadent, die irteilo ih selbo* (*Causas viduarum non iudicantes et pupillos non miserantes iudicabo vos*) PrSA 1,6 f.

2. In mehreren Fällen weist eine ahd. Übersetzung Nachstellung gegen die Vorlage auf.

chunnemes nu fona huueliihhemu œdhile christ chiboran uuerdhan scoldi (*ex qua tribu nasciturus esset christus docemur*) Is 36,10–12. – *neouuiht archennit des sih fona rehte scheidit* (*quidquid a rectitudine discrepat, ignorat*) MF 29,27 f.

3. Voranstellungen in autochthonen Texten dürften damit zu begründen sein, dass der im Nebensatz ausgedrückte Sachverhalt besonders hervorgehoben werden soll. Korrelat im übergeordneten Satz ist die Regel.

De uuider dir uuellent tuon, de uuillih fasto nidon Psalm 20. – *der afar trinchit daz min, then lazit der durst sin* Sam 19. – *Thaz Kristes wort uns sagetun joh druta sine uns zelitun bifora lazu ih iz al* O 1,1,51 f.; *Thaz er allo worolti zi in was sprechenti. joh io giheizenti nu habent sie iz in henti* 7,21 f. – *Tie hara baz sizzent in litore ęthiopico. tien ist si obe houbete* Nb 111,26 f. [96,28 f.]; *Daz ih unreinda. daz subero ih* Np 15,25 f. [20,9 f.].

9.2.6. Verschränkung (doppeltes Objekt)

Ein Objektsatz oder Objektinfinitiv wird im übergeordneten Satz pronominal (ana- oder kataphorisch) aufgenommen. Die Objektstelle ist so gesehen zweifach besetzt. **§ 197**

Lit.: Behaghel 1928 § 1219–1223; Erdmann 1874, § 307; Paul 1920, 302 f.; Schröbler/Prett 2007 § S 228.

waz wanist thaz er werde O 1,9,39. – *huuaz uuellet ir daz ih iu tuoe* (*quid uultis ut faciam uobis*) MF 14,24 f. – *Inti suohta then heilant zigisehanne uuer her uuari* (*et quærebat uidere ihesum quis esset*) T 385,25. – *Hier begin ih einna reda umbe diu tier, uuaz siu gesliho bezehinen* Phys 1. – *Unde dei ir uuellet daz iu tuon dei mennisken. dei tuot ouh ir in* PrSAH 41,13–16.

9.2.7. Modus im Objektsatz

9.2.7.1. Indikativ

1. Die Prädikate von Objektsätzen sind in der überwiegenden Zahl der Fälle indikativisch. **§ 198**

Ih uueiz her imos lonot Ludw 2. – *der afar trinchit daz min, then lazit der durst sin* Sam 19. – *joh irkantun iz sar, thaz thia engila in irougtun* O 1,13,13 f. – *du eino uueist uueo mino durfti sint* Emm A 311,8 f. – *To uuard taz ten cheiser lusta. daz er dioterichen uriuntlicho ze houe ladeta* Nb 5,17 f. [5,21 f.]. – *Daz bezeichenet di der neuuedir noh ungeloubige noh rehte geloubige nesint* (*id est nec fidelis nec perfidus*) Phys 68 f.

2. Der Indikativ kann in Übersetzungen auch für einen Konjunktiv der Vorlage stehen.

Ih saghem dhir dhazs druhtin dhir ist huus zimbrendi (*adnuntio tibi quod ędificaturus sit domum tibi dominus*) Is 37,8 f. – *Duo kasah iudas ... daz œr ganidrit uuas* (*Tunc uidens iudas ... quod damnatus esset*) MF 23,27 f. – *Inti gisahun uuar her uuoneta* (*et uiderunt ubi maneret*) T 117,13. – *Unde bedenchet, uuio ubel daz ist* (*Et hoc videte, fratres, quam malum sit*) PrSA 4,5 f.

3. In indirekten Reden tritt der Konjunktiv zwar häufiger als der Indikativ auf (s. § 198:2). Doch steht der Indikativ offenbar dann, wenn die Faktizität der Aussage zum Ausdruck kommen soll.

dat sagetun mi sęolidante westar ubar wentilsęo, dat inan wic furnam Hl 42 f. – *Dat gafregin ih mit firahim firiuuizzo meista, dat ero ni uuas noh ufhimil* Wess 1. – *dar scal denne hant sprehhan, houpit sagen ... uuaz er untar desen mannun mordes kifrumita* Musp 91–93. – *Ih gihu, daz ih minan decemon nifargalt* Lorscher B 15 f. – *sprah er, thaz uns thie altun forasagon zaltun* O 1,10,2. – *erđo sinero hiwono etteshwelihemo gisage đaz iz emo gicunđe, weo her gimenit ist* (*vel cuicumque de familia illius denuntiet, ut ei faciat notum, quomodo ab illo est mannitus*) LexSal 17 f. – *Ih saghem dhir dhazs druhtin dhir ist huus zimbrendi* (*adnuntio tibi *quod ędificaturus sit domum tibi dominus*) Is 37,8 f. – *Uuar iu sagem daz diz man chunni ni zuferit* (*Amen dico uobis, quia non praeteribit haec generatio*) MF 19,16 f. – *eno niquedet ir. thaz nohnu uior manoda sint inti arn quimit* (*Nonne uos dicitis. quod adhuc quattuor menses sunt. et messis uenit*) T 281,24–26. – *Ter himel leret unsih. taz iz ter fierdo teil ist* Nb 111,14 f. [96,18]. – *sie kundent iro auditoribus, uuelich candor lucis aeternae in cuman ist* Will 57,6 f. [113,10–12].

9.2.7.2. Konjunktiv

§ 199 1. Der Konjunktiv steht bei negativen und nicht-faktischen Aussagen.

ni waniu ih iu lib habbe Hl 29. – *Nu uuillih, thaz mir uolgon Alle godes holdon* Ludw 36. – *ni ueiz mit uuiu puaze* Musp 62. – *ni wane theih thir gelbo* O 1,23,64. – *Der sezzet sih ana daz er got si* Np 28,7 [31,16 f.]. – *Ouh gibudet uns got in einemo euangelio, daz uuir also fruota sin same die selben naterun* (*Item in evangelio dicit „Estote prudentes sicut serpentes“*) Phys 121 f.

2. In indirekten Reden und Fragen besteht unabhängig von der Faktizität der enthaltenen Aussage die Tendenz zur Verwendung des Konjunktivs.

So sagant, daz so si Vuirziburgo marcha vnte Heitingesueldono Würzb. Mb 62 f. – *Ik gihorta đat seggen, đat sih urhettun ænon muotin* Hl 1; *dat sagetun mi usere liuti, alte anti frote … dat Hiltibrant hætti min fater* 15–17. – *Ioh mir selbo gibod … Thaz ih hier geuuhti Mih selbon nisparoti* Ludw 33–35. – *Daz hortih rahhon dia uueroltrehtuuison, daz sculi der antichristo mit Eliase pagan* Musp 37 f. – *Lesen uuir, thaz fuori ther heilant fartmuodi* Sam 1. – *noh iz ni lesent scribara, thaz jungera worolti sulih mord wurti* O 1,20,23 f. – *Dhea iudea … quhedhant leogando dhazs noh ni sii dhazs ziidh arfullit* (*Iudei … dicunt nondum esse hoc tempus expletum*) Is 35,7–11. – *enti aer auuar laucnita mit eidu daz ær den man ni uuisti* (*Et iterum negauit cum iuramento, non noui hominem*) MF 23,11 f. – *biiah tho thaz her christ niuuari* (*et confessus est quia non sum ego christus*) T 109,10. – *an demo er iihet taz er eruollon uuelle. daz panethius leibta* Nb 101,23 f. [88,10 f.]. – *Du quist, daz ih scone si* Will 23,2 [63,2 f.]. – *Do er siu do hina sante, do sprah er, daz der arin michel uuare unte dero snitare luzil uuari* (*Missis autem praedicatoribus quid dicat audiamus: Messis quidem multa, operarii autem pauci*) PrSB 1,14 f. (lat. Hellgardt 2014, 85). – *the dar sagent daz im unreht katan si* (*Qui se lesos adserunt*) Gl 2,101,31 f. (9. Jh.).

3. Konjunktiv in abhängiger Rede kann gegen einen Infinitiv in der Vorlage stehen.

Suohhen dhea nu auur, huuelih got chiscuofi (*Quęrant ergo, quis deus creauit*) Is 7,20 f. – *unde sih ube in mir unreht fad si* (*et uide si uia iniquitatis in me est*) Np 580,18 f. [514,8 f.].

4. Indikativ gegen Konjunktiv der Vorlage

Ih saghem dhir dhazs druhtin dhir ist huus zimbrendi (*adnuntio tibi quod ędificaturus sit domum tibi dominus*) Is 37,8 f. – *Inti gisahun uuar her uuoneta* (*et uiderunt ubi maneret*) T 117,13; *derthe dar heil uuas gidan niuuesta uuer iz uuas* (*is autem qui sanus fuerat effectus. nesciebat quis esset*) 287,1 f.

5. Der Konjunktiv in Übereinstimmung mit der lat. Vorlage.

endi ih uuillu, dhazs dhu firstandes heilac chiruni (*et archana secretorum, ut scias*) Is 6,5 f. – *enti gabot im daz sie inan ni martin* (*et precepit eis, ne manifestum eum facerent*) MF 5,3 f. – *the samaritani batun inan thaz her dar uuonati* (*samaritani. rogauerunt eum ut ibi maneret*) T 283,13 f.

9.2.8. Prädikativsatz

Beim Verbum 'sein' kann die Stelle des Prädikativums mit einem Nebensatz vertreten sein. § 200

Ginada sino warun, thaz wir nan harto ruwun O 1,10,23. – *endi dher selbo ist dhes dheodun bidant* (*et ipse erit expectatio gentium*) Is 34,16 f. – *Dese ist der bi uuege gasait uuarth* (*hic est qui secus uiam seminatus est*) MF 9,10 f. – *ther ist thie thar toufit in themo heilagen geiste* (*hic est qui baptizat in spiritu sancto*) T 113,17 f. – *uuanda iro gedingi ist. daz si irhohet uuerde ze gotes selbes anasihte* Np 6,8 f. [11,25 f.]. – *Uuio uile nu bezzera ist, daz tu so sichiriu bist* (*Quam bonum est te esse securam*) PrSA 1,14.

9.3. Infinitiv(phrase) in Subjekt- und Objektposition

Wie Nebensätze mit finitem Prädikat können auch Infinitive und Infinitivkonstruktionen in Subjekt- und Objektfunktion erscheinen. Dabei kann der reine Infinitiv stehen oder der präpositionale Infinitiv mit *zi*. Eine klare Ablösung der reinen Infinitive durch präpositionale Infinitive ergibt sich aus den Quellen nicht. § 201

Lit.: Abraham 2004; Dal/Eroms 2014 § 80–87; Demske 2001b; Robin 2011; Schröbler/Prell 2007 § S 36 (6.5); Smirnova 2016.

Anm. Zu Verben, die qua Valenz Infinitivergänzungen erfordern, s. § 40 f.; 61.

9.3.1. Infinitiv als Subjekt

Die Subjektstelle kann mit Infinitiven besetzt sein, wobei von Anfang an der präpositionale Infinitiv mit *zi* dominiert. Der einfache Infinitiv tritt demgegenüber quantitativ zurück. § 202

1. Vom Beginn der Überlieferung an sind dennoch bei mehreren Verben präpositionale Infinitive mit *zi* in Subjektposition belegt.

irthriozan: *Tero uuison nesol unsih nieht erdriezen zegehorenne* Nb 66,27 f. [56,16 f.]. *lîhhên*: *Min lieba gemageda. sament iu lichet mir zeahtonne mines sunes uuillen* (*o grata dei propinquitas conferre studium est vota propaginis*) Nc 764,24 [81,1b–2].

gilimpfan: *dar gilimphit zibetonne* (*ubi adorare oportet*) T 279,13.
irlouben: *ist arloubit manne zi uorlazzanna sina quenun* (*Si licet homini dimittere uxorem suam*) T 335,15 f.
sîn/wesan: *Dhazs so zi chilaubanne mihhil uuootnissa ist* (*quod ita existimare magnę dementię est*) Is 8,10–12. – *Pezzera ist an Got ze gedingenne danne an die fursten* Np 494,10 f. [433,21 f.]; *uuanda imo lussam uuas ubelo ze tuonne. also manne ist oleum ze slindenne* 472,10 f. [413,15–17].
wegan: *Taz tir nieht neuuege zeirbeizenne* Nb 60,31 f. [50,27 f.].
Einfacher Infinitiv in Subjektposition: *nalles mit ungiuuasganen hanton ezzan ni unsubrit man* (*Non lotis autem manibus manducare. non coinquinat hominem*) T 273,4 f.

2. Einige Verben bzw. verbale Ausdrücke stehen mit NcI-Konstruktion.

thunken: *Tunchet ouh manne scone geuuitpreiton sinen namen* Nb 158,13 f. [133,26].
kund wesan: *Tir ist uuola chunt chad si alla dia erda sih kezihen uuider demo himele* (*Omnem terrę ambitum. constat optinere rationem puncti. ad spatium cęli*) 110,18 f. [95,28 f.].
lâzan: *Uns ist aber kelazen foreuuizen diu ding* (*at nobis praescire vacuum est*) Nc 714,22 [31,12].
riuwen: *neriuue dih ferloren haben io ana* Nb 50,19 f. [41,3].
gizeman: *Dhesiu kazami iu zatuoanne enti diu andriu ni za forlazane* (*haec opportuit facere et illa non omittere*) MF 17,18 f.

9.3.2. Infinitiv als Objekt

§ 203 In Verbindung mit einer Reihe von Verben und verbalen Fügungen erscheint der einfache Infinitiv in Objektposition. Weitere Verben stehen tendenziell mit dem präpositionalen Infinitiv. Mehrere Verben verhalten sich ambivalent.

1. Einfacher Infinitiv

giarnên: *(da)z kearneem inan … in rihhe sinemv sehan* (*ut mereamur eum … in regno suo videre*) BR 87,6–8. – *dere nehein nekarneta imo ira disg rihten* (*nulla ex illis habuit meritum*) PrSA 1,2.
irbaldên: *indi noh erpaldee einiic mit abbate sinemv frafallihho … flizzan* (*Neque praesumat quisquam cum abbate suo proterue … contendere*) BR 115,18–117,2.
beiten: *gang uz in uuega inti zi zunun inti beiti ingangen* (*Exi in uias et sepes et compelle intrare*) T 425,10 f.
bitten: *tu batis dir unnen sines kecprunnen* Sam 11.
thurftigôn: *nohheiner duruftigohe pittan eouueht* (*nullus indigeat petire aliquid*) BR 243,9 f.
biginnan: *Oba ih mih mit ruachon biginnu eino guallichon* O 3,18,39. – *so huuaz so ze tuanne pikinnes cuates* (*quicquid agendum inchoas bonum*) BR 81,8 f. – *ube du uuissist. uuara ih tih pegunnen habo ze leitenne* (*quo te aggrediamur ducere*) Nb 127,6 f. [109,26 f.].
heizan: *hiez er Goriien fahen* Georgsl 26. – *hiaz er imo irgeban sar then selbon lichamon thar* O 4,35,10. – *do hiez der fater stillo sinen friunt chusi. sament demo sune sin* Np 16,20 f. [21,4 f.]

korôn: *Tia simplicitatem choron ih tir danne geoffenon* (*patefacere ... temptabo*) Nb 326,31 f. [248,4 f.].
kunden: *Ir almahtic got sih chundida uuesan chisendidan fona dhemu almahtigin fater* (*qui omnipotens deus a patre omnipotente missum se esse testatur*) Is 11,9.
(gi)lernên: *hir maht thu lernan Guld bewervan* Kölner Inschr. 1 f. – *die lirneton vvidar diubil ... fehtan* (*qui didicerunt contra diabolum ... pugnare*) BR 93,16–18. – *So gelirneta ih in suochen* Np 154,22 f. [142,10 f.].
irlouben: *ih fragen iuuih, oba iz arloubit si in sambaztag uuola tuon oda ubilo* (*Interrogo uos, si licet sabbato bene facere an male*) T 227,19 f.
gilustidôn: *kirida sina nist kelustidoot erfullan* (*Desideria sua non delectetur implere*) BR 147,14 f.
ginuhtsamôn: *cote helfantemv kenuhtsamont fehtan* (*deo auxiliante pugnare sufficiunt pugnare*) BR 95,5 f.
girîsan: *dhazs ir bi mittingardes nara chirista chimartirot uuerdhan* (*quia ... propter redemptionem mundi ... pati oportuit*) Is 30,9 f.
spanan: *pidiu spanames desem (tag)um *** (alle)ru lutri lip (sina)n kihaltan* (*ideo suademus istis diebus quadraginsime omni puritate uitam suam custodire*) BR 283,11–13.
suonen: *so daz heillihhoor vvesan suanit* (*Ut quod salubrius esse iudicauerit*) BR 115,8 f.
gitrûen: *In des uuillun. er sih gatrueta magan daz* (*cuius uoluntate credidit se posse*) MF 39,23.
wânen: *iogiuuelih ther iuuuih erslehit uuanit sih ambaht bringan gote* (*omnis qui interficit uos arbitretur obsequium praestare deo*) T 583,14–16.
werren: *nicuret sie uueren zi mir coman* (*nolite eos prohibere ad me uenire*) T 339,1 f.
zilôn: *bithiu uuanta manage zilotun ordinon saga* (*Quoniam quidem multi conati sunt ordinare narrationem*) T 65,1–3.
Phraseologisch (Funktionsverbgefüge): *in herzen setzen*: *sezzet in iuuueren herzon ni foralernen zi uuelicheru uuisun ir antuuvrtet* (*Ponite ergo in cordibus uestris non premeditari quemadmodum respondeatis*) T 513,22–24.

2. Infinitiv mit *zi*

firbiotan / biwerren: *So sama thri gota erdho truhtina ci que dhanne thiu rehta christinheit farbiutit edho biuuerit* (*ita tres deos aut dominos dicere catholica religione prohibemur*) WK 76–78.
gibiotan: *mittiu her nihabeta uuanan gulti. gibot inan ther herro ziuorcoufanne* (*cum autem non haberet unde redderet. iussit eum dominus uenundari*) T 331,25–27.
bithîhan: *Tes pedeh ouh cato metrice zescribenne* Nb 101,26 f. [88,12 f.].
bringan: *eno nibrahta imo uuer zi ezzanna* (*Numquid aliquis attulit ei manducare*) T 281,19 f.
(gi)einôn: *uuio sie sih einoton. fure die reges consules zehabenne* Nb 103,6 f. [89,17 f.]. *Der sih hier geeinot uuesen gote hostia uiua. der uuirt iz follechlichor in Ierusalem cęlesti* Np 242,16–18 [217,12 f.].
anafâhan: *Ube daz ypodorius modus ist. tanne uuir stillost anauahen zesingenne* Nm 855,30 [338,14 f.].
bifelhan: *daz man demo allero gesprachesten beualh taz sigelob. zetuonne in capitolio* Nb 74,29–31 [64,8 f.].
furhten: *nieht nefurhte zeuerliesenne* Nb 22,23 [18,20].

gâhôn: *ih kahon mih zeirlosenne mines keheizes* (*festino absolvere debitum promissionis*) Nb 304,19 f. [232,27 f.].
geban: *Ni ghibis dhinemu heileghin zi chisehanne unuuillun* (*Nec dabis sanctum tuum uidere corruptionem*) Is 43,22.
irgezzan: *argazun brot zi infahanne* (*obliti sunt panes accipere*) T 297,16 f.
biheizan: *huuer sih dhes biheizssit sia zi archennenne* (*quis confitebitur nosse*) Is 2,8 f.
gihelfan: *nube unstate salda nieht kehelfen nemugin manne. saligheit zeguunnenne* (*non posset instabilitas fortunę adspirare ad percipiendam beatitudinem*) Nb 85,4 f. [73,20].
bilinnan: *so her tho bilan zi sprehhanne* (*ut cessauit autem loqui*) T 125,13.
gilouben 'glauben': *geloubo zehabenne dero heiligon gemeinsami* (*Credo ... sanctorum communionem*) Np 635,13 f. [566,1 f.]. – 'ablehnen': *tes habest tu dih keloubet zeuuizenne* Nb 48,3 f. [39,1 f.].
lusten, -ôn: *quement taga thanne ir lustot zigisehanne einan tag mannes sunes* (*uenient dies quando desideretis uidere unum diem filii hominis*) T 511,25–27. – *Lustet iuuih tie gimma zesehenne?* Nb 89,30 [78,1 f.].
irmanôn: *Diz gotspel ... Irmanot unsih za forstantanne* (*Euangelium ... admonet nos intelligere*) MF 37,17–22.
meinen: *dhar meinida leohtsamo zi archennenne dhen heilegan gheist* (*sanctum spiritum euidenter aperuit*) Is 14,20 f.
muotôn: *Unde nemuoto nieht eino in gemeinemo riche. dinero rihti zelebenne* Nb 63,2 f. [52,26–28].
quedan: *tho uorstotun daz ni quad zi uuartenna uon themo theismen broto* (*tunc intellexerunt quia non dixerit cauendum a fermento panum*) T 299,17–19.
râten: *inti ratet mih zirslahanne* O 3,16,24.
girîsan: *discoom kerisit hoorreen demu meistre* (*discipulis conuenit oboedire magistro*) BR 115,10 f.
sehan: *thanne gisihis thu zi aruuerphanne fesun fon thines bruoder ougen* (*tunc uidebis eicere festucam de oculo fratris tui*) T 159,6 f.
setzen: *daz sie beide in selbon ioch iro auditoribus sezzen uure zebilidene uirtutes et exempla priorum patrum* Will 141,21–23 [251,4–8].
gisprehhan: *To in grecia zuene die gelertosten des listes. eskines unde demostenes. gesprachen einen dag. tinglicho zestritenne* Nb 65,23–25 [55,13–16].
hintarstantan: *To hinderstuont ih tarumbe zestritenne uuider demo flegare des pretorii* (*Suscepi certamen aduersus prefectum pretorii*) Nb 27,5 f. [22,9].
suohhen: *œr auuar sohhet fona liuzilemo zauaxsanne enti fona demo minnirun zauuaxsanne* (*Uos autem quaeritis de pusillo crescere et de minore maiores esse*) MF 14,6–8. – *bidiu suohtun inan iudei zi arslahanna* (*quia quaerebant eum iudei interficere*) T 339,15 f.
unnan: *taz er imo ondi. mit otachere zeuehtenne* Nb 5,20–6,1 [5,24].
biwânen: *Nieht nebeuuane dih zeguuunnenne* Nb 22,22 f. [18,19 f.].
gizeihhanôn: *cunni natrono. uuer gizeichonota iu zifliohenne fon thero zuouuartun gibulihti* (*progenies uiperarum. quis demonstrauit uobis fugere a futura ira*) T 107,4–6.
zîhan: *Tia zegehonenne mit andermo unliumende. zigen sie mih* Nb 35,1 f. [28,17].
Phraseologisch: *zi situ habên* (Funktionsverbgefüge): *Geometrę habent ze site ... eteuuaz ungefragetes iro iungeron zuogeben* (*geometrae solent ... aliquid inferre*) Nb 189,23–25 [159,1 f.].
zi stata tuon: *Ih tuon dir stata zesprechenne* (*Dabimus locum dicendi*) Nb 64,20 f. [54,12].

3. Bei mehreren Verben sind sowohl einfache als auch präpositionale Infinitive belegt.

thenken, Inf.: *fon themo tage thahtun erslahan inan* (*Ab illo ergo die cogitauerunt interficere eum*) T 479,22 f. – präp. Inf.: *Si dahta fure die gota ... zechomenne* Nc 771,21 [88,4].
flîzan, Inf.: *flizet ingangan thuruh thia engun phorta* (*contendite intrare per angustam portam*) T 383,14 f. – *do er fleiz irfullen. den unrehten willen* Npw 222,9 f. – präp. Inf.: *Dine praedicatores ... flizent sih, die zeskenchene iro auditoribus* Will 113,2 f. [203,10–13].
gerên, *-ôn*, Inf.: *gerôn*: *kerot skerran rosomon* (*cupit eradere eruginem*) BR 345,2 f. – *her uuas iu geronti ... inan gisehan* (*erat enim cupiens ... uidere eum*) T 625,18 f. – *ih kereta harto mit iu ezzen osterfriskinch* (Np: *desiderio desideravi mandvcare vobiscvm pascha*) Npgl 63,14 f. [61,24 f.]. Präp. Inf.: *daz manage forasagun enti rehtuuisige gerotun za gasehhanna* (*quia multi prophete et iusti cupierunt uidere quae uidetis*) MF 9,4 f. – *Tin sun. unde maię. kerot zegehienne ze dero gelertun diernun philologię* (*flagitat iugetur thalamis virginis doctissimae* Nc 725,24–26 [42,14–16].
biginnan, Inf.: *Oba ih mih mit ruachon biginnu eino guallichon* O 3,18,39. – *ir daz muot peginnent uuenten. an den ufuuertigen dag* (*quicumque quaeritis mentem ducere in superum diem i. deum*) Nb 225,8 f. [181,19 f.]. – präp. Inf.: *so huuaz so zetuanne pikinnes cuates* (*quicquid agendum inchoas bonum*) BR 81,8 f. – *ube du uuissist. uuara ih tih pegunnen habo ze leitenne* (*quo te aggrediamur ducere* Nb 127,6 f. [109,25 f.]. Vgl. Schrölbler/Prell 2007 § S 28 (4.2.3).
biknâen, Inf.: *Pechnata ih sia uuesen mina ammun* (*Respexi nutricem meam Philosophiam*) Nb 17,29 f. [14,19 f.]. – präp. Inf.: *endi bichnaan sih zi nemnanne christ gotes sunu* (*et agnoscant uocari christum filium dei*) Is 23,6 f.
lêren: *Tu lertost unsih ouh mit sinemo munde. allen uuisen nuzze uuesen. in dien uuorten geuualt zeguuunnenne* Nb 25,12–14 [20,26 f.].

9.4. Adverbialsätze

Adverbialsätze sind abhängige Sätze, die (aus Sicht der Valenzgrammatik) keine vom Verb eröffneten Leerstellen besetzen. § 204

Lit.: Axel 2002; 2009; Lötscher 2005; Lühr 2020; Schröbler/Prell 2007 § S 172–182. Schrodt 2002.

9.4.1. Kausalsatz

1. Eine strikte Abgrenzung von begründenden Hauptsätzen (mit kausalem Adverb) und kausalen Nebensätzen (mit kausaler Subjunktion) ist nicht möglich, da einleitende Elemente sowohl als Kon- als auch als Subjunktionen fungieren können (zu parataktisch kausaler Satzverknüpfung s. § 166:2a). Als abhängige Kausalsätze werden begründende Nebensätze gewertet, die weder Erst- noch Zweit-, sondern eindeutige Späterstellung des Finitums aufweisen. § 205

Kausalsätze stehen durchwegs im Indikativ. Mehrheitlich stehen Kausalsätze nach dem Matrixsatz.

Lit.: Behaghel 1928 § 1269; 1411 f.; Dittmer/Dittmer 1982, 122–130; 1992; Erdmann 1924, 83–89; Eroms 1980; Gering 1876; Handschuh 1964, 52–66. 100–111; Lühr 2018; 2020; Rannow 1888, 58–65; Robinson 1993; Roemheld 1911; Schröbler/Prell § S 176. 195; Schrodt 2004 § 150; Selting 1999; Walther 1955; Wolfrum 1960, Wunder 1965, 155–174.

9.4.1.1. Kausale Subjunktionen

§ 206 1. Mit Abstand am häufigsten ist der kausale Anschluss mit *(h)wanta* alleinstehend und in verschiedenen subjunktionalen Fügungen.

Lit.: Catasso 2018; Roemheld 1911; Walther 1955.

Nach dem übergeordneten Satz: *niist in kihuctin himiliskin gote, uuanta hiar in uuerolti after ni uuerkota* Musp 29 f. – *thuruh thaz mihila ungimah, wanta er man sulih ni gisah* O 3,8,26. – *fora mir gitan ist uuanta her êr mir uuas* (*ante me factus est quia prior me erat*) T 105,14 f. – *Halt mih umbe dina gnada. uuanda ih iz ferschuldet habo* (*Saluum me fac propter misericordiam tuam*) Np 15,12–14 [19,25 f.]. – *Iro gekose ist ouh suozze, uuante sie die suozze des euuegen libes demo luite kundent* Will 56,7–9 [111,24–28]. – *Nu freuue dih, tohter, uuanda du e firchoufet uuari, daz tu dines mannes diu uuarist* (*Gaude, filia, quia venundata fueras, ut esses ancilla viri*) PrSA 1,19.
Vor dem übergeordneten Satz: *Wanta er nan harto forahta, in alla wisun korota, bi thiu moht er odo drahton, in thesa wisun ahton* O 2,4,27 f. – *Vuanda sie dih cramdon truhten. Fone diu tuo sie erbelos* Np 14,5 [18,21 f.]. – *Uuanta ih sinen skirm ie habeta in persecutionibus unte in feruore temptationis, uone dannan dingen ih, daz er mih ouh uolle bringe ad contemplationem suę diuinitatis* Will 29,2–5 [65,32–67,4].

2. Subordinierende Anschlüsse mit *bithiu* sind insbesondere für das Ahd. des 8. und 9. Jahrhunderts belegt.

a) *bithiu, bithiu thaz*

Nach dem übergeordneten Satz: *inti arsluog thin fater gifuotrit calb bithiu inan heilan intfieng* (*et occidit pater tuus uitulum saginatum quia saluum illum recepit*) T 327,19–21.
Vor dem übergeordneten Satz: *Bi thiu, thaz ih irdualta, thar forna ni gizalta, scal ih iz mit willen nu sumaz hiar irzellen* O 1,17,3 f.
Glosse: *padiu daz ruarta senaadra huffi sinera* (*Eo quod tetigerit neruum femoris eius*) Gl 1,317,19 f. (9. Jh.).

b) *bithiu (h)wanta*

Druhtin ist auh, bidhiu huuanda imu elliu himilo endi aerdha chiscafti sindun dheonondiu (*Dominus quia cuncte celi terręque creaturę illi deseruiunt*) Is 24,19–21. – *odo thin ouga abuh ist bidiu uuanta ih guot bin* (*an oculus tuus nequam est quia ego bonus sum*) T 373,14 f.

3. Das ahd. Repertoire an weiteren kausalen Subjunktionen bzw. subjunktionalen Ausdrücken ist beträchtlich.

   a) *(thuruh) thaz/daz*

Nach dem übergeordneten Satz: *Wuntar was thia menigi avur thara ingegini, thaz zunga sin was stummu* O 1,9,27 f. – *uuesta iudas ... thia stat thaz ofta ther heilant quam thara* (*Sciebat autem et iudas ... locum quia frequenter ihesus conuenerat illuc*) T 597,25–28. – *Ih mahta baldo ueinon. daz ih iraltet pin. under allen minen fienden* Np 16,2 f. [20,15 f.]. – *Ih bin imo iemer desde holder, daz er die bittere des todes durh mih uuolta lidan* Will 20,2–4 [59,30–32]. – *unte magen aua in diu sina gotheite irchennin, daz imo die engili dienotin* (*Veneremur in illo divinitatem suam, quia ... ei ... angeli ministrarent*) PrSC 1,5 f. (lat. H.U. Schmid 1986, 2,29,82–30,88). – *in geuuicche daz her geuuahsen uuare* (*[sedit] in bivio itineris eo quod creuisset sela*) Thoma 1975,17,4 f.
Vor dem übergeordneten Satz: *durh taz uuir die namen uuizen. mugen uuir dannan sie selben iu zegangene uuizen?* (*quod nouimus decora uocabula. num datur scire consumptos?*) Nb 119,15 f. [103,7 f.].

   b) *mit thiu, mittiu*

mit thiu her reht man uuas ... uuolta tougolo sia forlazzan (*cum esset iustus ... uoluit occulte dimittere eam*) T 83,12–14; *mittiu her nihabata uuanan gulti. gibot inan ther herro ziuorcoufanne* (*cum autem non haberet unde redderet. iussit eum dominus uenundari*) 331,25–27.

   c) *in thiu*

saligu in thiu siu gisehent (*beati. quia uident*) T 235,28.

   d) *thanne, danne*

Kehore Got min gebet. danne ih kemulet uuerde in persecutione (*Exaudi deus orationem meam dum tribulor*) Np 238,13 f. [214,2 f.].

   e) *thô, dô*

Nach dem übergeordneten Satz: *Thaz ward allaz so gidan, tho selbo druhtin wolta irstan* O 4,34,11.
Vor dem übergeordneten Satz: *tho du uuestos thaz ih thar arnon thar ih nisauuiu inti samanon thar ih ni spreitta gilampf thir zibifelahanne minan scaz munizzerin* (*quia meto ubi non semino et congrego ubi non sparsi. oportuit ergo te committere pecuniam meam nummulariis*) T 537,1–5. – *do er do firbrah daz gotis kebot*, do *uuart er dannen kistozzen in daz ellentuom disere uuenicheite* (*quia neglexit eum, proiectus est de eo*) PrSB 2,17–19 (lat. H.U. Schmid 1986, 2,10,48 f.).

f) *nû*

Nu thu thaz arunti so harto bist formonanti: nu wird thu stummer sar, unz thu iz gisehes alawar O 1,4,65 f. – *Nu ih abo zesinemo geloiben bin kuman, nu neuuil ih niet mer consentire carnalibus desideriis* Will 48,19–21[89,15–18].

g) *sît*

Nach dem übergeordneten Satz: *Selbo si thaz wolta ... Theiz wari in alalichi thera sinera lichi, wiht ni missihulli, sid si sia selbo spunni; Thaz niaman thar ni riafi, sid si sia selbo scuafi* O 4,29,43–47. – *mit rehte hilfet er mir sid ih reht uuas* (*hic autem iustum auxilium est, quia iam iusto tribuitur*) Np 18,23 [23,5].
Vor dem übergeordneten Satz: *Sid iz an linea dero terminus iz ist. neheinen teil nehabet. so neist iz ouh nehein teil des circuli. des medietas iz ist* Nb 111,1 f. [96,7 f.].

h) *sô, alsô*

Nach dem übergeordneten Satz: *Si quam thoh ... so thia fart iru ni weritun thia daga* O 1,14,17 f.
Vor dem übergeordneten Satz: *so ir auur dhuo ni uuas huuerfandi zi dhes ęrrin meghines ueghe: Gab dhuo got moysi euua* (*cum ille non reuocaretur ad uiam uirtutis: Dedit legem per moysen*) Is 29,11–14. – *also in demo garten allerslahto krut gruonent, uon dannen habo ih dih allen halbon beuuaret mit angelicis praesidiis uuider demo tuiuele* Will 67,3–6 [129,13–18].

4. Einige mit *nû* oder *sît* eingeleitete Nebensätze können in einem weiteren Sinne als Kausalsätze gewertet werden. Sie lassen sich mit ‘im Anbetracht der Tatsache, dass ...’ paraphrasieren.

*der si doh nu argosto ... ostarliuto, der dir nu wiges warne, gudea gimeinun nu dih es so wel lustit*Hl 58–60. – *Nu es filu manno inthihit, in sina zungun scribit, joh ilit, er gigahe. thaz sinaz io gihohe: Wanana sculun Frankon einon thaz biwankon, ni sie in frenkisgon biginnen, sie gotes lob singen?* O 1,1,31–34. – *Sid ih an got ketruen. uuer mag mih ferleiten?* Np 31,24 f. [34,24]. – *Umbe uuaz scolt du nu decheinen man uueinon, sid tu nu bezzera bist, danne du e uuarest* (*Iam nullum plores, filia, quae melior facta es quam fueras ante*) PrSA 1,8 f.

5. Negierter Kausalsatz mit *ni*?
Eine irrige, deshalb negierte Begründung liegt vor in *denne nikitar parno nohhein den pan furisizzan, ni allero manno uuelih ze demo mahale sculi* ‘dann wagt kein Mensch, den Bann zu ignorieren, weil nicht jeder Mensch zum Gericht solle’ Musp 33 f. Die Irrigkeit der Annahme kommt im Konjunktiv *sculi* zum Ausdruck (s.a. § 116:2).

9.4.1.2. Die Stellung von Kausalsätzen

1. In der deutlichen Mehrzahl der Fälle stehen Kausalsätze nach dem übergeordneten Satz. Die Voranstellung dürfte also ein Mittel zur Hervorhebung eines begründenden Sachverhalts sein (s. bereits die Belege in § 206). Der übergeordnete Satz enthält dann häufig ein Korrelat. **§ 207**

   Sid si tharben bigan thes liobes zi iro gomman, so habeta si in githahti, war si then drost suahti 1,16,5 f.; *Wanta er nan harto forahta, in alla wisun korota, bi thiu moht er odo drahton, in thesa wisun ahton* 2,4,27 f. – *Bi thiu thaz ih irdualta, thar forna ni gizalta, scal ih iz mit willen nu sumaz hiar irzellen* O 1,17,3 f. – *Vuanda sie dih cramdon truhten. Fone diu tuo sie erbelos* Np 14,5 [18,21 f.]; *Vuanda ih reht habeta. be diu gestreit ih* 23,21 f. – *Uuanta ih sinen skirm ie habeta in persecutionibus unte in feruore temptationis, uone dannan dingen ih, daz er mih ouh uolle bringe ad contemplationem suae diuinitatis* Will 29,2–5 [65,32–67,4]; *Nu ih in uundan habon unte ih uernoman habon … nu uuil ih in ze mir neman* 48,30–34 [91,6–13]; *uuant er arbeit durch minen uuillon leit … so neuuil ouh ih necheine arbeit durh sinen uuillon scuhan* 48,34–37 [91,15–22].

2. In Übersetzungen kann die Voranstellung durch die lat. Quelle vorgegeben sein.

   huuanda sie mit dhes iudeischin muotes hartnissu christan arsluogun bidhiu ni uuellent sie inan noh quhomenan chilauban (Sed duritia cordis iudaici quia ipsi christum interemerunt, inde eum adhuc uenisse non credunt) Is 28,7–10; *so ir auur dhuo ni uuas huuerfandi zi dhes errin meghines uueghe: Gab dhuo got moysi euua (cum ille non reuocaretur ad uiam uirtutis: Dedit legem per moysen)* 29,11–14. – *mittiu her nihabeta uuanan gulti. gibot inan ther herro ziuorcoufanne (cum autem non haberet unde redderet. iussit eum dominus uenundari)* T 331,25–27.

9.4.2. Konditionalsatz

Konditionalsätze nennen eine Bedingung für das Eintreten des im übergeordneten Satz ausgesagten Geschehens. Der Modus hängt primär davon ab, ob eine faktisch gegebene bzw. als faktisch gedachte Bedingung formuliert wird oder ob eine Bedingung nur als Möglichkeit besteht oder irreal ist. Zur Stellung vor oder nach dem übergeordneten Satz s. § 211. **§ 208**

Lit.: Baewa 1997; Behaghel 1928 § 1285–1293; 1413–1420; Erdmann 1874, § 168–187; 1886 § 186–188; Handschuh 1964, 47–51, 96–99; Lühr 2010a; 2020; Naganawa 2006; Rannow 1888, 67–70; Schieb 1974; Schröbler/Prell 2007, § S 174. 191–193; Wunder 1965, 123–149.

9.4.2.1. Eingeleitete Konditionalsätze

Der Anschluss erfolgt mit verschiedenen Subjunktionen oder subjunktionalen Ausdrücken. **§ 209**

1. Die häufigste konditionale Subjunktion ist *ibu* (Varianten *uba, oba* u.ä.). Indikativ und Konjunktiv halten sich in etwa die Waage.

Indikativ: *Oba Karl then eid, then er sinemo bruodher Ludhuuuige gesuor, geleistit, indi Ludhuuuig min herro, then er imo gesuor, forbrihchit, ob ih inan es iruuenden nemag, noh ih noh thero nohhein, the ih es iruuenden mag, uuidhar Karle imo ce follusti neuuirdhit.* Straßb. Eide 31–34. – *doh maht du nu aodlihho, ibu dir din ellen taoc, in sus heremo man hrusti giwinnan* Hl 55 f. – *ipu sia daz Satanazses kisindi kiuuinnit, daz leitit sia sar, dar iru leid uuirdit* Musp 8 f. – *Oba iz zi thiu wirdit, thaz thaz salz firwirdit: wer findit untar manne, mit wiu man gisalze iz thanne?* O 2,17,7 f. –*, ibu er innan đes gewes in sinemo arunte ist đanne mag er ini menen* (*Si vero infra pago in sua ratione fuerit, potest manniri*) LexSal 19 f. – *Vbe du Got slahest ... die sundigen so besuichent sie iro folgearra in uppigheite* Np 579,23 f. [513,12–14]. – *Obe du dine gloriam unte dine uuatliche niene uuollest haben intra conscientiam ... so nemaht ouh min trutin sin* Will 14,4–7 [55,13–18]. – *Ube unser cheno odar unseriu chint odar unser charal sterbent, so klagun uuir siu uile harto* (*Si aut uxor aut filius aut maritus mortui fuerint ... in luctu et in poenitentia vel in lacrymis non parvo tempore perseverant*) PrSA 4,2 f.
Konjunktiv: *ipu iz noh danne fahe, danne diu nah gitruncan si, danne gigare man de antra flasgun folla* Bas. Rez 19 f. – *Ioh mir selbo gibod Ob hiu rat thuhti, Thaz ih hier geuuhti Mih selbon nisparoti, Uncih hiu gineriti* Ludw 33–35. – *Ob ih giwisso iz westi, ih scribi iz hiar in festi* O 1,19,27. – *Ibu christus auur got ni uuari, dhemu in psalmom chiquhedan uuard ... Huuer ist dhanne dhese chisalbodo got fona gote?* (*Si christus deus non est, cui dicitur in psalmis ... Quis est igitur iste deus unctus a deo?*) Is 4,12–5,2. – *Truhtin ibu du iz sis gabiut mir za dir queman oba uuazarum* (*Domine si tu es, iube me uenire ad te super aquas*) MF 39,19 f. – *oba thu gotes sun sis quid thaz these steina zi brote uuerden* (*si filius dei es dic ut lapides isti panes fiant.*) T 113,29 f. – *Ob ez imo abor uuinsturunhalbun si. so laze man imo in dero ceseuuen hende ane demo ballen des minnisten uingeres* Contra par 1,5 f. – *upi er ur dikkan megi* (*Persuadens*) Gl 4,322,48 (9. Jh.).

2. In negierten Konditionalsätzen mit *nibu, noba* ist der Konjunktiv vorherrschend.

Konjunktiv: *ni neouuiht niuuirce, nipuz de gisehe, de imo daz tranc gebe enti simplum piuuartan habe* Bas. Rez 16–18. – *Nibu christ druhtin sii, umbi huuenan quhad dauid in chuningo boohhum* (*Si christus dominus non est, de quo ait dauid in libro regum*) Is 10,3–5. – *thie pharisei inti alle iudei nobe see ofto uuasgen iro henti ni ezzent* (*Pharisei enim. et omnes iudei. nisi crebro lauent manus non manducant*) T 269,12–14. – *nupa demo lihhan muozi* (*Ut ei placeat*) Gl 2,217,15.
Indikativ: *thia nibi eogihuuelihher triulicho endi fastlicho gilaubit, heil uuesan nimag* (*quam nisi quisque fideliter firmiterque crediderit, salvus esse non poterit*) WK 108 f.

Anm. 1. Es treten verschiedenartige mit *nibu* (= *ni ibu*) eingeleitete Sätze auf, in denen jedoch keine Bedingung zum Ausdruck kommt. Als Attributsatz anzusprechen ist *Nist fiant hiar in riche, nub er hiar fora inwiche* 'es ist kein Feind hier im Reich, der davor nicht flüchten würde' O 5,2,11; als Subjektsatz: *nist ther fon wibe quami ... nub er thar sculi sin* 'es gibt keinen, der vom Weibe kommt, der nicht dort (= beim Jüngsten Gericht) sein solle' O 5,19,7 f.; als Objektsatz: *Ni si thiot thaz thes gidrahte ... nub in es thiu wirs si* 'es ist wohl kein Volk, das vermuten könnte, dass es für sie nicht übel enden würde' O 1,1,85 f. Erdmann 1874, § 265 klassifiziert diese Nebensätze als „Folgesätze".

Anm. 2. Ein komprimierter negativer Konditionalsatz in der Funktion einer konditionalen Subjunktion ist *ni sî oba*: *ther man ther machot sinan ruam mit zeichonon maren joh thrato seltsanen. Alle these liuti giloubent io zi noti, ni si oba wir biginnen thaz suslih wir ni hengen* O 3,25,7–10.

3. Konditionales *sô(sô)* erscheint vor allem (jedoch nicht ausschließlich) in spätahd. Texten. Der übergeordnete Satz enthält in vielen Fällen ein korrelatives *sô*.

So thu thera heimwisti niuzist mit gilusti, so bistu gote liober O 1,18,45 f. – *Christ, cotes sun, uuiho trohtin, soso du uuelles enti dino canada sin, tuo pi mih suntigun enti unuuirdigun scalh dinan* Emm A 310,34–311,3. – *so iz regenot, so nazscent te boumma, so iz uuath, so uuagont te bovmma. so diz rehpochchili fliet, so plecchet imo ter ars* Sprichw. – *so man sia so stellet. taz ter polus septentrionalis uf in rihte sihet. so sint sex signa zodiaci ze ougon* Nb 112,18–20 [97,17–19]; *So pestis sih kebreitet. so ist iz pestilentia* Np 3,16 [9,13]. – *So du uon in gelernest, sone uuerdent dine auditores oues* Will 14,10 f. [55,24 f.]. – *soser chint habin uuile, so uerit er mit sinemo uuibe ze demo paradyse* (*cum voluerit filios procreare, vadit in orientem cum femina sua usque in proximum paradisi*) Phys 80 f. – *so daz si ire crimme nieth niubten in die ire untertanen, so sumelichere site ist, so si kiuualt kiuuinnent* PrSB 1,31 f.

Anm. 3. Die Fügungen *sô fram sô* und *sô ferro sô* können jeweils zusammengenommen als subjunktionale Fügungen gedeutet werden (vgl. nhd. *sofern*): *so fram so mir got geuuizci indi mahd furgibit, so haldih thesan minan bruodher soso man mit rehtu sinan bruodher scal* Straßb. Eide 19–21. – *enti gerno buozziu frammort, so fram so mir got almahtigo mahti enti giuuizzi forgibit* Fuldaer B 22 f. – *In thesemo ist ouh scinhaft, so fram so inan lazit thiu craft, thaz er ist io in noti gote thiononti* Ol 65 f. (vgl. dazu AWB 3,1213) – *Ihc uuillo hinnan ford en bozze sin so ferro so mihc omnipotens deus confortare vult* Zeitzer B 24 f.

4. Otfrid verwendet mehrmals die Fügung *in thiu* in konditionaler Funktion.

Ni sint thie imo ouh derien, in thiu nan Frankon werien O 1,1,103; *Thar findist thu io thuruh not filu geistlichaz brot untar themo gikruste, in thiu thih es wola luste* 3,7,77 f.; *Sie imo sar thuruh thaz gihiazun mihilan scaz, in thiu er thaz gidati, so gisuaso inan gilati* 4,8,23 f.

5. *eckorodi, eckert*

Er behuget sih uuola sin. echert er mih êr bechenne (*Recordabitur facile si quidem ante cognoverit nos*) Nb 16,26 [13,22 f.].

9.4.2.2. Uneingeleitete Konditionalsätze

Uneingeleitete Konditionalsätze weisen wie Entscheidungsfragen (s. § 142) Anfangsstellung des finiten Prädikatsverbs auf und gehen in aller Regel dem übergeordneten Satz voraus. Zum Mhd. vgl. Schröbler/Prell 2007 § S 157. **§ 210**

Indikativ: *Guez or herre daz pe desem hauda ger ensclephen pe dez uip, sest er ai rebulga* (*si sciuerit hoc senior tuus iratus erit tibi per meum caput*) Par. Gespr 287,63. – *Uuili her unsa hinauarth, Thero habet her giuualt* Ludw 38. – *Far ih uf ze himile, dar pistu mit herie* Psalm 13. – *sint thie man al firdan, ni mugun iz bifahan* O 2,1,48. – *gestarchent die haeretici in iro peruersis dogmatibus, so sint sie unsemfte ze uber uuintene* Will 45,5–5 [83,26–29]. – *Ist siu denne uuarhafto magit, so sprinet ez in iro parm unde spilit mit iro* Phys 39 f.
Konjunktiv: *Ni wari tho thiu giburt, tho wurti worolti firwurt* O 1,11,59. – *Praste iro teilen. so braste iro selbun* Nb 177,18 f. [149,23 f.]. – *Pirgo ih mih. daz ih minero sundon iehen neuuile. du geiihtest mih iro* (*Si in infernum descendero ades*) Np 577,16 f. [511,5 f.]. – *Vuare daz grab betan. so nestunche iz Noh iro chela.* – *Si siu ture, uioge uuir die ture zesamene mit cedrinen tauelon!* (*Si ostium est! compingamus illud tabulis cedrinis*) Will 141,4–6 [247,33–249,3].

Anm. 1. Nicht-Verberststellung in uneingeleiteten Konditionalsätzen ist selten: *thin kind thih bitte brotes, thaz thu mo steina bietes* O 2,22,32.

Anm. 2. Uneingeleitete Konditionalsätze lassen auch eine temporale Lesart zu (s.a. § 170:1): *gigiang er in zala wergin thar: druhtin half imo sar* Ol 24.

Anm. 3. Ein komprimierter Nebensatz ist *ni sî thaz* in der Funktion einer konditionalen Subjunktion: *nisi thaz ginuhtsamo iuuar reht mer thanne thero scribaro inti thero phariseorum. niget ir in himilo rihhi* (*nisi habundauerit iustitia uestra plusquam scribarum et phariseorum. non intrabitis in regnum caelorum*) T 139,17–20.

9.4.2.3. Stellung von Konditionalsätzen

§ 211 Obwohl Konditionalsätze im Normalfall vor dem übergeordneten Satz stehen (s. die Belege § 209 f.), kommt ausnahmsweise auch Nachstellung vor. In solchen Fällen wird der Inhalt des Hauptsatzes in den Vordergrund gerückt, während der Konditionalsatz eher eine Zusatzbedingung als eine substantielle Voraussetzung enthält. In Übersetzungen ist diese Abfolge vielfach schon durch die Vorlage festgelegt.

Nu chius dir fasto ze mir, upe ih mih chere after dir Psalm 36. – *sia satanas ginami, ob er tho ni quami* O 1,11,60. – *thisu allu gibu ih thir oba thu nidar fallenti betos mih* (*haec tibi omnia dabo si cadens adoraueris me*) T 115,20 f.; *inti so min fater himilisg tuot iu oba ni uorlazzit einerogiuuelih sinemo bruoder fon iuuaren herzon* (*Sic et pater meus caelestis faciet uobis si non remisseritis unusquisque fratri suo de cordibus uestris*) 335,2–5. – *Christus machoti sie deos. ube sie imo hangtin* Np 27,14 f. [31,1]. – *Uahent uns die luzzelon uohon, die de uuingarton harto geargerent, obe sie mer uuerdent* (*Capite nobis uulpes paruulas. qvę demoliuntur vineas*) Will 45,1–3 [83,18–21].

9.4.3. Exzeptivsatz

§ 212 Exzeptivsätze benennen Ausnahmebedingungen: Ohne die im Nebensatz genannte Bedingung ist das im übergeordneten Satz Ausgesagte nicht möglich. Dementsprechend sind Exzeptivsätze in der Regel konjunktivisch. Der Anschluss erfolgt entweder mit der initialen Negationspartikel *ni*, mit einer Subjunktion oder mit erweiterter Subjunktion *thaz*. Sie stehen – anders als Konditionalsätze, die dem übergeordneten Satz in der Regel vorausgehen – überwiegend nach dem übergeordneten Satz.

Lit.: Handschuh 1964, 28–30; M. Å. Holmberg 1967; Schröbler/Prell 2007 § S 159; Schwerdt 2003; Wilmanns 1906 § 143.

1. Negiertes Prädikat
   a) in Verbzweitstellung

Herro, so duon ih, Dot nirette mir iz, Al thaz thu gibiudist Ludw 25 f. – *her nemach manne scada sin, iz nihengi imo use druhttin* Reimspr. – *Uuaz solti in rihtuom. sie nehabetin follun? Uuaz solti in herscaft. si negabe in era? Uuaz solti in geuualt. er netate sie mahtig?* Nb 137,6–8 [116,29–117,1]. – *er nichan, iz niuuerde imo kichundit* PrSB 1,27 f. – *nieman mag intrare portam regni cęlestis. er neuuerde per doctores baptizatus* Will [209,23–211,3.

Anm. 1. Das Subjekt kann ausnahmsweise nach der Partikel *ni* stehen: *Ni ward er io zi manne, ni er gisehe wanne (ouh ellu worolt ubar lant) then druhtines heilant* O 1,23,31 f.

Anm. 2. Selten steht ein Exzeptivsatz vor dem Hauptsatz: *Ir nebecherent iuuich. er geuuenet sin suert* (*Nisi conuersi fueritis gladium suum uibrabit*) Np 19,2 f. [23,12 f.]. Die Anordnung ist in der lat. Vorlage vorgebildet.

Anm. 3. Notker formuliert negativ rhetorische Fragesatzgefüge mit (formalen) Exzeptivsätzen: *Uuer ist ter dia dulcedinem bechenne. er neile dara gerno. dar er sia gehore?* Nb 65,22 f. [55,12 f.]; *Uuer ist so uollun salig. er neringe eteuuar umbe sin ding. taz iz so stat?* (*Quis est enim tam compositę felicitatis. ut non rixetur ex aliqua parte. cum qualitate status sui?*) 81,27 f. [70,24–26].

   b) *ni sî* in Initialstellung, das „fast die Bedeutung eines Adverbiums (entsprechend nhd. *außer*) erlangt" Kelle 1881, 423. Dort weitere Beispiele aus Otfrid.

Nist man nihein so richi, ther stige in himilriche, ni si ther mennisgen sun O 2,12,62.

2. Anschluss mit Subjunktion
   a) Mit *nibu* (*nubi*/*niba*/*noba*) eingeleitete Exzeptivsätze variieren hinsichtlich der Verbstellung.

Verbzweitstellung: *ne megih in nohhein lant, nupe mih hapet din hant* Psalm 15. – *bidiu quad ih iu uuanta neoman nimag quemen zi mir niba imo uuerda gigeban fon minemo fater* (*propterea dixi uobis. quia nemo potest uenire ad me. nisi fuerit ei datum a patre meo*) T 265,11–14.
Verbletzt- und Verbspäterstellung: *bidhiu huuanda sunu nist, nibu fona zuuem chiboran uuerdhe* (*eo quod filius non nisi ex duobus nascatur*) Is 3,13–15. – *nimag ther*

man iouuiht intphahen *noba imo iz gigeban uuerde fon himile* (*Non potest homo quicquam accipere. nisi ei fuerit datum de caelo*) T 129,6 f.

b) *ouh*

nalles alle nigifahent thiz uuort. *ouh then gigeban ist* (*non omnes capiunt uerbum istud. sed quibus datum est*) T 337,17–19.

c) *ûzan/ûzar*

dar niist eo so listic man, der dar iouuiht arliugan megi, daz er kitarnan megi tato dehheina ... uzzan er iz mit alamusanu furiuiegi enti mit fastun dio uirina kipuazti Musp 94–98. – *div antreitida uuahtono eocouuelicheru citi sama des sumares sama des uuintares ebano in (ta)ge (truhtinlihhe)mu si kihabet uzzan odouuila ... spator ersanten* (*Qui ordo uigiliarum omni tempore tam estatis quam hiemis aequaliter in die dominico teneatur; Nisi forte ... tardius surgant*) BR 173,8–13. – *Nileitit got eomannan in ubilo thohheinaz, uzzar thanne her then man farlazzit* WK 28 f. – *nolas hera inpist kikangan uzzan du dana nemes* (*Non ingredieris huc nisi abstuleris*) Gl 1,426,3–5 (9. Jh.).

3. Subordination mit *thaz* in subjunktionalen Fügungen

a) *ânu / wane daz*

Notker leitet exzeptive Antworten auf didaktisch-rhetorische Fragen häufig mit *âne daz* ein (Äquivalent für lat. *nisi*; vgl. AWB 1,605–607). Im Wiener Notker entspricht *wane daz.*

Ketruobet unde iruueget uuurden sie. unde forhta cham sie ana. Vuannan? Âne daz sie iro sunda bechandon Np 182,7–9 [165,8–10]. – *getruobet unde iruueget uurten sie. unde forhta chom sie ana. uuannan. uuane daz sie iro sunda bechandon* Npw 160,17–19.

b) *danne daz*

uuie mag er ze meron ruouuon cuman, danne daz er uolle cume ad fontem totius boni Will 52,23–25 [101,7–10].

c) *ni sî/wâri thaz* ‘es sei/wäre denn dass’, wobei *newâri* spätahd. bereits univerbiert sein kann.

Zi wihtu iz sid ni hilfit, ni si thaz man iz firwirfit O 2,17,9. – *in eius conuersione negesihest du nieth anderes neuuare daz du nu sihest in dinen conuenticulis* Will 110,6 f. [199,24–28].

9.4.4. Restriktivsatz

§ 213 Im Nebensatz wird eine Einschränkung oder ein einschränkender Aspekt benannt, der die Gültigkeit der Aussage des übergeordneten Satzes relativiert.

Dine huffelon sint samo der bruch des roten apfeles ane daz, daz noh inlachenes an dir uerholan ist (*Sicut fragmen mali punici. ita genę tuae. absque eo quod in intrinsecus latet*) Will 57,1–3 [111,32–113,3].

9.4.5. Konzessivsatz

Konzessivsätze benennen einen Umstand, der nicht hinreichend ist, um den im übergeordneten Satz thematisierten Sachverhalt zu verhindern. Sie werden mit unterschiedlichen subjunktionalen Elementen eingeleitet und stehen vor oder nach dem übergeordneten Satz. In Übersetzungen stimmt die Abfolge meist zu den Vorgaben der Quelle. § 214

Lit.: Behaghel 3,646–651; 787–795; Erdmann 1874 § 156–165; 1886 § 182–185; Handschuh 1964, 67–73; 112–118; Lühr 1998a; 2003; 2004; 2020; Mensing 1891; Rannow 1888, 65–67; Schröbler/Prell 2007 § S 157. 175. 194; Schrodt 2004 § 147; Wunder 1965, 149–155; Wunderlich/Reis 1924, 351–365.

1. Am häufigsten erfolgt Anschluss mit *thoh*. Das Nebensatzprädikat steht im Konjunktiv.

Lit.: Lühr 1998a.

Vor dem übergeordneten Satz: *Thoh sie sih westin reinan uzana then einan, giloubtun sie mer harto thero sinero worto* O 4,12,21 f. – *Dhoh christus in dhes fleisches liihhamin sii dauides sunu, Oh ir ist chiuuisso in dhemu heilegin gheiste got ioh druhtin* (*Qui dum idem christus secundum carnem sit filius dauid. In spiritu tamen dominus eius et deus est*) Is 9,21–10,3. – *doh siu mit arbeitim sii gauuntot zi nohenigeru rahhu sih ni gahrorit* (*et iniuriis lacessita ad nullius se ultionis suae motus excitat*) MF 30,5 f. – *Toh tiu zuei ein nesin. doh haftet taz ein an demo andermo* (*Quę licet diuersa sint altervm tamen pendet ex altero*) Nb 276,5 f. [214,2]. – *Doch du sist paruula numero, du bist iedoch primitiua Ecclesia* Will 137,5 f. [245,1–3]. – *doh iz der liut uuelle wurchen, er nichan* PrSB 1,27.
Nach dem übergeordneten Satz: *Thiu wort thiu wurtun mari, thoh er tho kind wari* O 2,3,31. – *Umbi dhesan selbun christ chundida almahtic fater dhurah isaian, dhoh ir in cyres nemin quhadi dhazs ir ist got ioh druhtin* (*Hunc christum sub persona cyri per isaiam pater deum et dominum ita esse testatur dicens*) Is 5,12–15. – *Ten sin stiefmuoter uilo uuilligo sougta. doh si anderiu iro stiefchint hazeti* Nc 800,7 f. [118,17 f.].

2. *thanne*

danne er ouh tuot also er slaffe. so besuochet er die mennischen uuieo sie in ereen an dien sinen Np 32,13–15 [35,10 f.].

3. *mit thiu*

uueo thu mitthiu iudeisg bist trinkan fon mir bitis mitthiu bin uuib samaritanisg (*quomodo tu iudeus cum sis. bibere a me poscis. quae sum mulier samaritana*) T 277,5–7; *uuo theser buohstaba uueiz, mittiu er sie nilerneta* (*quomodo hic litteras scit, cum non didicerit*) 349,1–3.

4. *nû*

Ziu feristu inti doufist, nu thu ther heilant ni bist O 1,27,45. – *hueo magut ir guot sprehhan nu ir so ubile birut* (*quomodo potestis bona loqui, cum sitis mali*) MF 6,16 f.

5. *ibu* / *ob(a)* / *ubi*

Vor dem übergeordneten Satz: *ob er wola thahti, zi thisu er iz ni brahti* O 4,20,12. – *Obe der mennisco al sin guot hina gegit, iz ist imo inkegin miner minnon dez minnist* (*Si dederit homo omnem substantiam domus suę pro dilecione. qua si nihil despiciet eam*) Will 140,1 f. [247,18–21]. –
Prädikatellipse im übergeordneten Satz: *Vbi man alliu dier furtin sal nehein so harto so den man* Nl 594,13 f. [192,13 f.].
Nach dem übergeordneten (Frage-)Satz: *uuaz toufist thu oba thu christ ni bist noh helias noh uuizago* (*quid ergo baptizas si tu non es christus neque helias neque propheta*) T 109,25–27.

6. *sît*

taz tuot mih meist truregen. daz ubel mugen sin. alde ungearnet sin. sid ter rihtare guot ist (*quod omnino mala esse possint. uel inpunita pretereant. cum rerum bonus rector existat*) Nb 227,15 f. [183,14–16].

7. *sô*

thaz kleibt er imo, so er es ni bat, in thero ougono stat O 3,20,24.

8. Mit *sô wio*, *swie* eingeleitete Konzessivsätze weisen ein korrelatives Element im übergeordneten Satz auf, wenn sie diesem vorausgehen.

Vor dem übergeordneten Satz: *suie du ze himele sis gestigan per humanitatem, habe iedoh gegen mih den sito dero reion unte des hintkalbes* Will 47,6–8 [85,31–87,1]. – *Suiose ih nemugi altitudinem diunitatis eivs adhuc in fragili corpore perfecte intueri. ih bin iedoh uon siner manungo in minemo herzen iruuarmet* 82,2–4 [155,32–157,5].
Nach dem übergeordneten Satz: *Uuanda nehein not netuot kan. den gerno ganten … Souuio michel not si. daz er gange* (*Nulla enim necessitas cogit incedere uoluntate gradientem. Quamuis necessarium sit eum incedere*) Nb 357,8–10 [268,6 f.].

9. Uneingeleitete Konzessivsätze zeigen Erststellung eines negierten Verbs. Die übergeordneten Sätze enthalten *(ie)thoh* als Korrelat.

Nist si so gisungan ... si habet thoh thia rihti O 1,1,35. – *Nesi ouh prescientia nehein notegunga dien chumftigen ... Si ist toh zeichen. daz siu note chomen sulen* Nb 329,15–18 [249,27–29]. – *nimac der bredigare nieth sprechen, er chan iedoh daz reth wurchen* PrSB 1,26 f.

9.4.6. Adversativsatz

Adversativsätze bringen einen Gegensatz zum Ausdruck. **§ 215**

Lit.: Eroms 2010.

1. *thoh/doh*. Diese Nebensätze lassen jedoch auch eine konzessive Lesart zu (s. auch § 214:1).

daz er iuuuer neirgaz doh ir sin irgezen habetint Np 93,12 f. [88,2].: Adversativ: 'dass er euch nicht vergessen hat, während ihr (im Gegensatz dazu) ihn vergessen habt'; konzessiv: '... obwohl ihr ihn vergessen habt'. – *uuieo du sie lostost. doh du unsih nu nelosest* Np 160,21 f. [147,13]: Adversativ: 'wie du sie erlöst hast, während du (im Gegensatz dazu) uns nicht erlöst hast'; konzessiv: '... obwohl du uns jetzt nicht erlöst hast'

2. *nibu*

nehort er in es ... nub er al kefrumeti, des er ce gote digeti 'er hörte nicht darauf, sondern er vollbrachte alles, worum er Gott bat' Georgsl 9 f.

3. *ûzan*

dera calaupa cauisso faoiu uuort sint uzan drato mihiliu caruni dar inne sint pifangan (*Cuius utique fidei pauca uerba sunt, sed magna in ea concluduntur mysteria*) Exh A 8–11.

4. *wanta*

uuanda andere fogela rument. sparo ist heime Np 421,28 [370,19 f.].

9.4.7. Irrelevanzsatz

Das Geschehen des Nebensatzes ist ohne Relevanz für das im übergeordneten Satz Ausgesagte. Der Übergang zu Konzessivsätzen ist fließend. Neben dem Indikativ tritt Konjunktiv auf. **§ 216**

1. *thoh*

Thoh mir megi lidolih sprechan wortogilih, ni mag ich thoh mit worte thes lobes queman zi ente 'Selbst wenn meine alle meine Glieder Worte sprechen, so kann ich doch mit Lobesworten zu keinem Ende kommen' O 1,18,4 f.

2. *ibu* (*oba*)

Oba es iaman bigan, thaz er widar imo wan: scirmta imo iogilicho druhtin lioblicho Ol 51 f.

3. *sô*

Thes alles inti anderes manages, thes ih uuidar gotes uuillen gifrumita inti uuidar minemo rehde, so ih iz bi uuizzantheiti dadi so unuuizzandi, so ih iz in naht dadi so in dag, so ih iz slafandi dadi so uuahhandi, so ih iz mit uillen dadi so ana uuillon: so uuaz so ih thes alles uuidar gotes uuillen gidadi, gan ih es in gotes almahtigen muntburt Lorscher B 35–40 (ähnliche Konstruktionen in anderen ahd. Beichten).

4. *sô wedar*

samo zierent dih, guotiu uuerch in minero anasune, sueder sie gefrumet uuerden per praelatas oder per subditos Will 66,13–15 [129,1–5].

5. *sô wio, swio*

*Er selbo ueeiz kauuisso manno gadancha hluttre so unhreine uuorto enti uuercho gima*** so huueo feeh so iz in muote ist kalegan* (*ille enim cognouit cogitationes hominum mundas et immundas, uerborum et operum uarietates in corde latentes*) MF 27,11–14. – *suie uilo iro si, sie sint ie doh unum in confessione nominis mei* Will 63,10 f. [125,5–8].

6. *wio*

dero ne mag ih mih nu niet uolle uuunteran, uuie heuig siu ist unte uuie siu dihet alliz ana de uirtute in uirtutem Will 106,5–7 [191,17–21].

7. Anschluss mit Verberststellung

Ih gebiude dir, wurm, du in demo fleiske ligest, si din einer, sin din zuene, sui filo din si Contra verm 1 f. – *Ist thar wiht so sarphes odo iawiht ouh so gelphes: iz wirdit in girihti zi sconeru slihti* O 1,23,25 f. – *tarot iz ettesuenne demo hirte, iz taret aue ientie demo quartire* (*taciturnitas aliquando sibi, semper autem subiectis noceat*) PrSB 1,25 (lat. Hellgardt 2014, 86).

Anm. Ein Hapaxlegomenon „von dunkler Herkunft" (Behaghel 1928 § 970) bei Notker ist *niunt* 'wenn auch, selbst wenn' (vgl. auch EWA 6,990): *Sin ende ist io doh tero selbon saldon ende. niunt follegiengin sie imo unz tara* (*Ultimus tamen dies uitę. mors quędam est fortunę etiam manentis*) Nb 77,15–17 [66,21 f.].

9.4.8. Konsekutivsatz

§ 217 Konsekutivsätze stehen durchwegs nach dem übergeordneten Satz. Die Subjunktion ist in der überwiegenden Zahl der Fälle *thaz*. Das Prädikat steht zumeist im Indikativ. Der Konjunktiv tritt bei Negation ein oder wenn eine nicht-faktische Modalität (Möglichkeit, Erwartung) zum Ausdruck kommt. In Übersetzungen basiert der Konjunktiv teilweise auf einer entsprechenden grammatisch bedingten Form der Vorlage.

Lit.: Behaghel 1928 § 1270; Desportes 2008; Erdmann 1874 § 254–276; Rannow 1888, 77 f.; Schrodt 2004 § 149; Schröbler/Prell 2007 § S 178; Wunder 1965, 226–230; 248 f.

Anm. In manchen Fällen ist der Übergang zu Finalsätzen unscharf wie z.B. in *tho screib er, theiz ther liut sah* O 1,9,26 ‘da schrieb er, damit es die Leute sahen’ (final) oder ‘so dass es die Leute sahen’ (konsekutiv).

1. *thaz/daz*

In zahlreichen Fällen enthält der übergeordnete Satz ein korrelatives *sô*. Die Verschiebung der Phrasengrenze führte zur Entstehung der subjunktionalen Fügung *sô thaz* (s. b).

Indikativ: *do lęttun se œrist asckim scritan, scarpen scurim dat in dem sciltim stont* Hl 63 f. – *daz ist allaz so pald, daz imo nioman kipagan nimak* Musp 76. – *Thie ziti sint so heilag, thaz man irzellen ni mag* O 1,22,3. – *So huuanne so dhu dhina daga arfullis, dhazs dhu faris zi dhinem fordhrom, ih aruuehhu dhinen samun after dhir* (*Cumque impleueris dies tuos, ut uadas ad patres tuos, suscitabo semen tuum post te*) Is 37,9–12. – *Din zorn fuhrtendo. habo ih keuueinot so filo. daz iz truobe ist* Np 15,30–16,1 [20,13–15]. – *do geuuisota er mines herzen mit tactu miserationis, daz ih mih erquam in minen gedankon* Will 79,5 f. [153,9–12]. – *un ist so gezal, daz imo niman geuolgen nemag* Phys 37.

Konjunktiv: *dar niist eo so listic man, der dar iouuiht arliugan megi, daz er kitarnan megi tato dehheina* Musp 94 f. – *Wio ward ih io so wirdig fora druhtine, thaz selba muater sin giangi innan hus min* O 1,6,9 f. – *nist burg, taz sih giberge* 2,17,13. – *After thiu tho argangana uuarun ahto taga thaz thaz kind bisnitan uuvrdi uuard imo ginennit namo heilant* (*Et postquam consummati sunt dies octo ut circumcideretur puer. uocatum est nomen eius ihesus*) T 89,6–8. – *Tero menniskon natura ist so getan. taz si echert tanne so si sih pechennet. anderen dingen forderora si* (*Humanę quippe naturę. ista conditio est. ut tum tantum cum se cognoscit. excellat cęteris rebus*) Nb 95,8–10 [82,14 f.].

2. Anschluss mit *sô thaz/daz*

Indikativ: *enti gaheilta inan so daz aer gasprah enti gasah* (*et curauit eum, ita ut loqueretur et uideret*) MF 5,15 f. – *Vnde dine brutina getruobton mih. so daz ih ieo in forhton uuas* (*Et terrores tui conturbauerunt me*) Np 365,10 f. [322,14 f.]. – *die, die got furhtent unte minnent unte dar ana uoleuuonent so daz si alla uuila uuilliclichen vuurchent siniu uuerh* (*in amore et timore domini fideliter persitentium ... in opere et voluntate sanctitatis devotissime festinant*) PrSB 3,17–19 (lat. H.U. Schmid 1986, 2,21,60–65).

Konjunktiv: *Suntar allo thrio heiti ebaneuuige im sint endi ebangiliche. So thaz ubar al ... thrinissi in einnisse endi thaz einnissi in thrinissi ci erenne si* (*sed totae tres personae coaeternae sibi sunt et coaequales Ita ut per omnia... et unitas in Trinitate, et Trinitas in unitate veneranda sit*) WK 84–86. – *Der ist mit rehte obe imo. so daz er imo subditus si* Np 469,24 f. [411,12].

3. Anschluss mit *sôsô*

inti uuard samoso toter soso manege quadun toot ist her (*et factus est sicut mortuus ita ut multi dicerent quia mortuus est*) T 313,12–14. –

4. Negativer Konsekutivsatz
   a) *ni*

ni si man nihein so veigi, ni sinan zins eigi O 1,11,10 'kein Mensch sei so gering, dass er nicht seine Steuern zahle'.

b) *suntar*

Ni si man nihein so feigi, ther zuei gifang eigi, sunter in rehtdeila gispento thaz eina 'kein Mann sei so arm, der zwei Mäntel habe, dass er nicht zurecht den einen verschenke' O 1,24,5 f.

9.4.9. Finalstrukturen

§ 218 Es ist zu unterscheiden zwischen Finalsätzen mit finitem Prädikat und finalen Infinitiven bzw. Infinitivkonstruktionen.

Lit.: Behaghel 1928 § 1299 f.; Erdmann 1874 § 277–295; 1886 § 175–180; Lühr 1997d; Rannow 1888, 78–80; Schröbler/Prell 2007 § S 177; Wunder 1965, 230–238; 249 f.

9.4.9.1. Finalsatz mit finitem Prädikat

§ 219 Finalsätze werden zumeist mit einfachem *thaz* angeschlossen. Daneben tritt bereits früh die Fügung *zi thiu thaz*. Otfrid verwendet diese Wortverbindung nur an Vers- und Zeilenanfängen, was den Schluss nahelegt, dass zwischen *zi thiu* und *thaz* keine Zäsur liegt, sondern dass es sich um einen festen subjunktionalen Ausdruck handelt. In jüngeren Quellen erscheint auch *so daz*.

Finalsätze sind mit wenigen Ausnahmen (s. Anm. 1) konjunktivisch und stehen nach dem übergeordneten Satz.

Anm. 1. Einige indikativische Finalsätze (auf der Grundlage konjunktivischer Sätze in der Vorlage) enthält die Isidor-Übersetzung: *Endi mih chideda got so selp so dhih. Dhazs ir chichundida dhazs dher selbo gheist ist got* (*Ecce et me sicut et te fecit deus Ut eundem spiritum ostenderet esse deum*) Is 13,1–3; *Endi dhoh dhiu huuedheru nu dhazs ir dhea einnissa gotes araughida, hear saar after quhad* (*Ubi tamen ut unitatem deitatis ostenderet, confestim admonet dicens*) 16,21–17,2; *Dhazs dher forasago auh dhen selbun druhtin dhrifaldan in sinem heidim araughida endi einan in sineru gotnissu chichundida dhar after quhad fona dhem angilum* (*Quem ut trinum in personis ostenderet, et unum in diuinitate monstraret, sequenter ait*) 20,9–13. In den beiden letztgenannten Fällen steht der Finalsatz in Übereinstimmung mit der Vorlage vor dem übergeordneten Satz.

1. *thaz/daz*

feorzuc nahto uuarte he e tages getanes, daz he ni protes ni lides ni neouuihtes, des e tages gitan si, ni des uuazares nenpize, des man des tages gisohe Bas. Rez 12–14. – *Der heiligo Christ unta sancte Marti der gauuerdo uualten hiuta dero hunto, dero zohono, daz in uuolf noh uulpa zascedin uuerdan nemegi* Wiener Hds 3–5. – *scal imo auar sin lip piqueman, daz er sin reht allaz kirahhon muozzi enti imo after sinen tatin arteilit uuerde* Musp 82–84. – *den uuech furiuuorhtostu mir, daz ih mih cherte after dir* Psalm 8. – *thaz uuazzer gabist du mir, daz ih mer ubar tac neliufi hera durstac* Sam 21 f. – *Ginade uns in ęuun, Daz uuir niliden uueuuun* Sigih 4. – *Habet er in hanton sina wintwanton, joh thiu spriu thanne in fiure firbrenne thaz thaz korn scine, int iz gabissa ni rine; Thaz er iz filu garawo in sinu gadum samano, thaz er filu kleino thaz sin korn reino; Sin denni gikerre, thiu spriu thana werre,* O 1,27,63–68. – *dhuo setzida inan in siin paradisi, dhazs ir chihoric uuari gote endi furiro uuari andrem gotes chiscaftim* (*posuit eum in paradiso, ut esset deo subiectus, ceteris creaturis praelatus*) Is 28,20–29,1. – *Nu auar, euuigo, forkip uns, truhtin, den dinan lichamun enti din pluot, daz uuir fona demu altare intfahames, daz iz uns za euuigera heili enti za euuikemo lipe piqhueme* Freis. Pn A 40–45. – *So selp so mannes sunu ni quam daz imo ambahtit uurti nibu daz œr ambahti* (*Sicut filius hominis non uenit ministrari, sed ministrare*) MF 14,4 f. – *ther quam zi urcunde thaz her giuuizscaf sageti fon liohte. thaz alle giloubtin thuruh inan* (*Hic uenit in testimonium ut testimonium perhiberet de lumine ut omnes crederent per illum*) T 103,15–17. – *du gnade mir. daz ih chunde din lob* Np 25,25 [29,17]. – *die der iro herza dare zuo gerno gereinent, daz sie mugen uuerdan domus dei* Will 47,14 f. [87,11–14]. – *Also biren uuir kisezzet, daz uuir sin uobare dere gotis e* (*Ita et nos positi sumus ad colendam iustitiam*) PrSB 2,19 f. (lat. H.U. Schmid 1986, 2,10,51 f.). – *daz iz uuerde kamahhot* (*Ut conficiatur*) Gl 1,338,31 (9. Jh.).

Mit Korrelat: *Selb so druhtin quati, joh er iz zi thiu dati, thia botascaf sus suntar, theiz wari mera wuntar* O 5,8,53 f.

2. Erweiterte subjunktionale Ausdrücke

a) *sô daz* (mit der Möglichkeit auch einer konsekutiven Lesart)

Riuuont sie so daz ir sie furder netuoient Np 10,7 f. [15,9 f.]. – *unte hiez siu haben die miteuuari des lampis, so daz si ire crimme nieth niubten in die ire untertanen* PrSB 1,30–32.

b) *in/bî thiu thaz*

so haldih thesan minan bruodher, soso man mit rehtu sinan bruodher scal, in thiu thaz er mig so sama duo Straßb. Eide 20 f. – *ther hazzot io thaz lioht sar, Bi thiu thaz siner scimo ni meldo dati sino* O 2,12,92 f.

c) *zi thiu thaz*

Thaz lib was lioht gerno suntigero manno, zi thiu thaz sie iz intfiangin int irri ni giangin O 2,1,45 f. – *uuiho atum gauisso ... theisu uuort tihtota suslihera churtnassi, za diu, daz allem christanem za galaupian ist ia auh simplun za pigehan, thaz mathin alle farstantan ia in gahucti gahapen* (*sanctus etenim spiritus ... dictauit uerba tali breuitate, ut, quod omnibus credendum est christianis semperque profitendum, omnes possent intellegere et memoriter retinere*) Exh B 11–19 (vgl. jedoch: daz *diu allem christanem* A 15 f.). –

Ni quam ih zi thiu thaz ih sibba santi ouh suuert (*Non ueni pacem mittere sed gladium*) T 175,1 f. – *thaz meinit thaz uuort, thaz her unsih nifarlazze, ci thiu thaz uuir in ubil gileitte niuuerdhen* WK 30 f. – *Des biten ich zediu, daz ih nieuuanne nekume in conuenticula haereticorum* Will 13,8 f. [53,21–24]. – *so uertiligot er daz spor mit sinemo zagele, ze diu, daz sien ni neuinden* (*cum cauda delet post se vestigia sua ... ut non secutus venator vestigia capiat eum*) Phys 7 f.

d) *mit thiu*

Tho nam er thaz er leibta, mit thiu er in ouh tho liubta O 5,11,43.

3. Negative Finalsätze ('dass/damit nicht') erfolgen mit unterschiedlichen Anschlussmitteln.

a) *min*

iro ougun bisluzun min sie mit ougon sihuuanne gisehen (*oculos suos cluserunt ne quando oculis uideant*) T 235,23 f. – *Vuis gihengig thinemo uuidaruuorten ... min odouuan thih sele thin uuidaruuorto themo tuomen* (*Esto consentiens aduersario tuo ... ne forte tradat te aduersarius iudici*) 141,8–11.

b) *ni*

daz er kitarnan megi tato dehheina, niz al fora demo khuninge kichundit uuerde Musp. 95 f. – *nalles in uuihin tage ni odo huuila sturm ghiburre* (*Non in die festo, ne tumultus fiat in populo*) MF 21,23 f.; *ingangante enti za nahtmuose gabetane ni gasizcet ir saar in dem hohistom stetim Niodo huuila ander hluttriro dir queme* (*Intrantes autem et rogati ad caenam, nolite accumbere in locis eminentioribus Ne forte clarior te superueniat, eminentoribus*) 14,8–10. – *Lose mih fone Absalone alde spiritaliter fone diabolo ... Nieo er mina sela neerzucche also leo* (*Libera a peccato, eripe a diabolo Ne quando rapiat ut leo animam meam*) Np 17,2–6 [21,14–17].

c) *nio*

ih neimo ougen des herzen. nie ih in tode neinslaffe Np 35,24 f.; *Fernement diz ... Nio er iuh nezucche ad uindictam unde iu nieman nehelfe* (*Intellegite hęc ... Ne quando rapiat. et non sit qui eripiat*) 193,23–26.

9.4.9.2. Finaler Infinitiv

§ 220 Finale Infinitive können mit und ohne *zi* stehen. Die (partielle) Äquivalenz ergibt sich aus divergierenden Parallelwortlauten wie *dhana chuumftic ist sonen qhuekhe enti tote* (*inde venturus iudicare vivos et mortuos*) Pn 13 f. Aber auch: *thanan quęmendi ci ardeilenne quecchem endi doodem* WK 52 f.

Zu adnominalen Infinitiven mit finaler Bedeutungskomponente s. § 103.

Finale Infinitive stehen wie Finalsätze in aller Regel nach dem übergeordneten Satz. Voranstellung dient der besonderen Hervorhebung der Finalität.

Lit.: Demske 2001b; Dentschewa 1986; 1987.

1. Einfacher Infinitiv

Lietz her heidine man Obar seo lidan, Thiot Urancono Manon sundiono Ludw 11 f. – *uerit mit diu uuiru uiriho uuison* Musp 56. – *Quam fone Samario ein quena sario scephan thaz uuazzer* Sam 3 f. – *Ih willu faran beton nan* O 1,17,49. – *enti sentita sine scalcha halon dea kaladotun za demo bruthlaufte* (*et misit seruos suos uocare inuitatos ad nuptias*) MF 15,6–8. – *iuhhidu ohsono couftaih fimuu inti ih gangu gicoron iro* (*iuga boum emi quinque et eo probare illa*) T 423,9–11. – *Also heretici tuont die mit luginen ilent die menniscen besuichen* Np 12,27 f. [17,17 f.].
In Übereinstimmung mit der Vorlage vor dem übergeordneten Satz: *unuestaz lant paspeohon ir hcuamut* (*Inmunitam terram explorare uenistis*) Gl. 1,317,51 f. (9. Jh.).

2. Infinitiv mit *zi*

nu fliuc du, uihu minaz, hera fridu frono in godes munt heim zi comonne gisunt Lorscher Bienens 1 f. – *Thar stuantun wazarfaz, so thar in lante situ was then mannon sus iowanne sih zi wasganne* O 2,8,27 f. – *trohtin, du in desa uueralt quami suntige za ganerienne* Emm A 310,31 f. – *enti mannes sunu uuirdit kaselit in cruci za slahanne* (*et Filius hominis traditur, ut crucifigatur*) MF 21,17 f. – *In themo ahtuden tage quamun zibisnidanne thaz kind* (*In die octaua uenerunt circumcidere puerum*) T 75,21 f. – *Daz sih furder nioman ana nesezze zemichellichonne obe erdo. so antichristus teta* Np 30,31–31,2 [34,5 f.]. – *in disera uuerlte so kelutterot, daz daz luttere fiur odar nieth odar auar luccil an uns uindet ze brennenne* (*in hoc saeculo purgantur, ut in futuro ille ignis purgatorius aut non inveniat aut certe parum inveniat, quod exurat*) PrSA 3,1 f.
Vor dem übergeordneten Satz: *ze untarne uuizzun thaz, er zeinen brunnon kisaz* Sam 2. – *zigotspellonne thurftigen santa her mih* (*euangelizare pauperibus misit me*) T 121,25 f.

9.4.10. Temporalsatz

Es ist zu unterscheiden zwischen gleich-, vor- und nachzeitigen Temporalsätzen. **§ 221**
Einige einleitende Elemente können unterschiedlich verwendet werden (gleichzeitig und vorzeitig: *thanne, thô, sô*, gleichzeitig, nachzeitig und vorzeitig: *mit thiu:*).

Lit.: Behaghel 1928 § 1269; 776 f.; Desportes 2008; Erdmann 1874 § 203–211; Handschuh 1964, 31–46; 86–95; Kurosawa 2006; Lühr 2011b; Naganawa 2006; Rannow 1888, 70–76; Robin 2008; Schröbler/Prell 2007 § S 173. 190; Schrodt 2004 § 139–143; Stuckrad 1957; Wiktorowicz 2008; Wunder 1965, 40–103.

Anm. Zu temporalen Präpositionalphrasen vgl. M. Krause 2002.

9.4.10.1. Gleichzeitigkeit

Temporalsätze, die ein Geschehen thematisieren, das zeitlich gleichauf mit dem **§ 222**
des Hauptsatzes liegt, können vor oder nach dem übergeordneten Satz stehen. Das Prädikat ist nahezu ausschließlich indikativisch, auch gegen Konjunktive der Vorlage.

Anm. 1. Dagegen sind konjunktivische Prädikate die seltene Ausnahme. In einigen Fällen liegt ein lat. Konjunktiv zugrunde: *dhanne sie inan selbun chisahin, dhoh so chilaubidin* (*dum uideretur crederetur*) Is 29,21 f. – *denne sih karati za peranne* (*Cum parturiret*) Gl 1,273,65 f. (9. Jh.).

Anm. 2. Zwei Konjunktive in mit *thanne* eingeleiteten Nebensätzen in Bas. Rez können auch als Konditionalsätze verstanden werden: *laze drio naht gigesen enti danne trincen, stauf einan in morgan, danne in iz fahe, andran in naht, danne he en petti gange* Bas. Rez 10–12 'lasse (es) drei Nächte lang gären und (ihn) trinken, einen Becher am Morgen, sobald/falls es ihn befallen sollte, einen zweiten nachts, wenn er zu Bett geht'. Der Konjunktiv von *fahe* kann entweder auf das Verb des parallelen Temporalsatzes übertragen worden sein, oder es kommt die Ungewissheit des Zeitpunkts zum Ausdruck ('wann immer er zu Bett geht'). In dem Satz *ipu iz noh danne fahe, danne diu nah gitruncan si, danne gigare man de antra flasgun folla* Bas. Rez 19 f. 'falls es ihn weiterhin befallen sollte, wenn sie fast ausgetrunken ist, bereite man die andere volle Flasche' ist der mit *danne* eingeleitete Temporalsatz dem vorausgehenden konjunktivischen Konditionalsatz untergeordnet und im Modus angeglichen. – In *nu besueret er abo filias Hierusalem umbe sine sponsam, suanne siu inslaffe, daz sie se neuuecchen* Will 49,6 f. [93,8–11] kommt im Konjunktiv *inslaffe* die Ungewissheit des Zeitpunkts zum Ausdruck.

1. *thanna, thanne, dan(ne), den(ne)*

Vor dem übergeordneten Satz: *denne der man in pardisu pu kiuuinnit, hus in himile, dar quimit imo hilfa kinuok* Musp 16 f. – *dhanne ir mit ęrcna euua abgrundiu uuazssar umbihringida, dhuo ir ęrdha stedila uuac, mit imu uuas ih dhanne al dhiz frummendi* (*quando certa lege et gyro uallabat abyssos, quando appendebat fundamenta terrę cum eo eram cuncta componens*) Is 1,4–9. – *thanne uuir thiz quedhem, thanne bittem uuir, thaz sin namo in uns mannom uuerdhe giuuihit thuruh guodiu uuerc* WK 7–9. – *thanna her quimit her gisaget uns alliu* (*cum ergo uenerit. ille nobis adnuntiabit omnia*) T 279,29 f. – *Den ez aber durstet, so gat hez zi einmo uuazzere, heizzet Eufrates, unde drinket* (*Quando vero siterit, venit ad flumen magnum Eufratem et bibit*) Phys 94 f.
Nach dem übergeordneten Satz: *Ih bin ein thero sibino ... Thi er hera in worolt sentit, thann er kraft wirkit, joh werk filu hebigu ist iru kundentu* O 1,4,61 f. – *Truhten gehoret mih danne ih ze imo haren* (*Dominus exaudiet me. cum clamauero ad eum*) Np 10,2 f. [15,5 f.].
Glossenbeleg: *denne sunna kisaz* (*Cum sol occumberet*) Gl 1,316,45 (9. Jh.).

Anm. 3. Funktionale Äquivalenz von *thanne* und *thô* zeigt sich in *dhanne ir mit ęrcna euua abgrundiu uuazssar umbihringida, dhuo ir ęrdha stedila uuac, mit imu uuas ih dhanne al dhiz frummendi* (*quando certa lege et gyro uallabat abyssos, quando appendebat fundamenta terrę cum eo eram cuncta componens*) Is 1,4–9.

Anm. 4. *Thanne* und *sô* erscheinen in äquivalenter Funktion in *Thanne ther unsubiro geist uzget fon themo manne gengit thuruh thurro steti suohhit resti inti nifindit* (*Cum immundus spiritus exierit de homine. ambulat per loca arida. quęrens requiem et non inuenit*) T 201,17–20 und *So auh daer unhreino gheist uz argengit fona manne ferit after durrem stetim suohhit roa enti ni findit* MF 7,11 f.

2. *thô/dô*

Vor dem übergeordneten Satz (mit Korrelat im Hauptsatz): *Do der kuning gesaz uffe sinemo stuole, do begonda min salbuuurz mer unte mer zestinkene* (*Cum esset rex in accubitu suo nardus mea dedit odorem*) Will 19,1–3 [59,14–17]; *Do die apostoli begondon gratiam euangelii praedicare, do uuaron sumeliche proceres Synagogae* 41,2 f. [79,13–15]. – *Do er siu do hina sante, do sprah er, daz der arin michel uuare unte dero snitare luzil uuari* (*Missis autem praedicatoribus quid dicat audiamus: Messis quidem multa, operarii autem pauci*) PrSB 1,14 f. (lat. Hellgardt 2014, 85).
Nach dem übergeordneten Satz: *gurtun sih iro suert ana, helidos, ubar hringa, do sie to dero hiltiu ritun* Hl 5 f. – *Druhtin queman wolta, tho man alla worolt zalta* O 1,11,55 f. – *Dhuo ir himilo garauui frumida, dhar uuas ih* (*Quando praeparabat cęlos, aderam*) Is 1,2–4. – *dhuo ihesus danan fuor gasah man* (*cum transiret inde iesus, uidit hominem*) MF 1,24. – *tho her quam zi deru menigi gisah her thie buochera suochente mit in* (*Et cum uenisset ad turbam uidit scribas conquirentes cum illis*) T 309,3–5. – *Ih arbeita mih suftondo. Do ih riuuon gestuont die sunda* (*Laboraui in gemitu meo*) Np 15,21 f. [20,5 f.].
Mit Korrelat *sô* im Hauptsatz: *Tho thisu worolt ellu quam zi theru stullu ... So quam thiu gotes stimna in thia wuastinna, in themo einote inne zi thes ewarten kinde* O 1,23,1–4.

Anm. 5. In *Do dar niuuiht niuuas enteo ni uuenteo, enti do uuas der eino almahtico cot, manno miltisto* Wess 6–8 enthält der übergeordnete Satz ein komplexes Korrelat aus Konjunktion und Adverb.

3. *thâr/dâr*

Unde fone cicerone gnuog ketribeniu. dar er daz uuizegtuom teilta. s. in tres partes (*Marcoque tullio uehementer agitata. cum distribuit diuinationem*) Nb 326,1 f. [247,13 f.].

4. Geht ein mit *sô(so, -se), alsô* eingeleiteter Temporalsatz dem übergeordneten Satz voraus, so steht in einer Reihe von Fällen ein Korrelat (*sô, thô*) im übergeordneten Satz.

Vor dem übergeordneten Satz: *so daz Eliases pluot in erda kitriufit, so inprinnant die perga* Musp 50 f. – *So ther antdag sih tho ougta, thaz siu thaz kind sougta, tho scoltun siu mit willen then wizod irfullen* O 1,14,1 f. – *Sose snel snellemo pagagenet andermo. so uuirdet sliemo fursniten sciltriemo* Nr 673,23–26 [161,23 f.]. – *so er chumit so irrefset er die uuerlt* (Np: *cvm venerit argvet mvndvm*) Npgl 23,28 [27,22 f.]. – *so ih in uuirdo reuelatus facie ad faciem, so uuichet ouh der nahtscato hina* Will 59,19 f. [119,15–17]; *Also min uvine zemir sbrah. do uuart min sela zerennet* (*Anima mea liquefacta est. ut dilectus locutus est*) 82,1 f. [155,30–32]. – *so ser gat in demo uualde un er de iagere gestincit, so uertiligot er daz spor mit sinemo zagele* (*cum ambulat in montibus vel silvis, si evenerit, ut queratur a venatoribus ad nares statim cum cauda delet post se vestigia sua*) Phys 6 f.
Ohne Korrelat: *so denne der mahtigo khuninc daz mahal kipannit, dara scal queman chunno kilihaz* Musp 31 f. – *so dhine daga arfullide uuerdhant endi dhu slafis mit dhinem faterum, ih aruuehhu dhinan samun* (*cum repleti fuerint dies tui et dormieris cum patribus tuis, suscitabo semen tuum*) Is 38,18–21.
Nach dem übergeordneten Satz: *du uurti sar min giuuar, so mih de muoter gipar* Psalm 26. – *Forahtun sie in tho gahun, so sinan anasahun* O 1,12,5. – *huuanta sie iro hriuuun*

uuorahtun so sie ionas lerta (*quia paenitentiam egerunt in praedicatione ionae*) MF 7,5. – *tien ist tiu sunna obe houbete. so si gat uzer ariete in uerno tempore. unde so si beginnet kan in libram in autumno* Nb 111,24–26 [96,26–28]. – *Der aller iegelich habet sin suert in hanton, so er mit gladio uerbi dei beuuaret Ecclesiam* Will 51,15–17 [97,9–12].

Anm. 6. Die Subjunktion *sô* steht generell am Anfang des Temporalsatzes. In Übernahme der lat. Abfolgeregel (gemeinsames Subjekt von Temporal- und Hauptsatz) kann ausnahmsweise das Subjekt vor die Subjunktion gezogen werden: *Got so ir erist mannan chifrumida mit dhem hohistom salidhom odagan endi mit scuonin dhera gotliihhun chiliihnissa chieredan, dhuo setzida inan in siin paradisi* (*Deus cum hominem fecisset summa beatitudine praeditum et diuine imaginis decore honoratum, posuit eum in paradiso*) Is 28,17–21. Das Muster ist jedoch nicht auf Übersetzungstexte beschränkt, vgl. *Siu so heim quamun, es wiht ni firnamun zi niheineru heiti, waz er mit thiu meinti* O 1,22,55 f.

5. *sô* + Adverb (+ zweites *sô*)

Giskerit ist thiu hieruuist So lango so uuili Krist Ludw 37. – *So sliumo so ih gihorta thia stimmun thina: so blidta sih ingegin thir thaz min kind innan mir* O 1,6,11 f. – *so ofto so dhea christes fiant dhesiu heilegun foraspel chihorant umbi christes chiburt, so bifangolode sindun simbles* (*quotiens inimici christi omnem hanc prophetiam natiuitatis eius audiunt, conclusi*) Is 24,21–25,2; *So huuanne so dhu dhina daga arfullis, dhazs dhu faris zi dhinem fordhrom, ih aruuehhu dhinen samun after dhir* (*Cumque impleueris dies tuos, ut uadas ad patres tuos, suscitabo semen tuum post te*) 37,9–12. – *So lange so ir iz ni tatut ein huuelihhemo dero minnistono noh mir iz ni tatut* (*Quamdiu non fecistis uni de minimis his, nec mihi fecistis*) MF 21,10 f. – *So lang taz ambaht erhafte getuon nemag. tie ubelen. toh iz sie tue chunde* (*Cum dignitas nequeat improbos. facere reuerendos. s. quamuis notos*) Nb 147,17 f. [125,10–12]. – *daz ih mih erquam in minen gedankon. unte in minemo sinne, qui per uentrem significatur, so lang er so starkiu ding durh mih leit* Will 79,6–8 [153,11–15].

6. *innan thiu; innan (inni / inna) thes unzi*

Ni zirinne herrin fona iudœ: noh herizohin fona sinem dheohum: Innan dhiu dher quhimit, dher chisendit uuirdhit (*Non deficiet princeps ex iuda nec dux de faemoribus eius, de faemoribus eius, donec ueniat qui mittendus est*) Is 34,13–16; *Innan dhiu ir chiuuoruan ist mit dhem unbalauuigom ist siin samuuist* (*Dum ad eam conuertitur, cum innocentibus conmoratur*) 41,2–4. – *Innan diu aer daz sprah za dem folchum see siin muoter enti bruoder stuontun uze* (*Adhuc eo loquente ad turbas, ecce mater eius et fratres stabant foras*) MF 7,20 f. – *innan des unti er daz tuot* (*Usque adhuc*) Gl 1,794,18. Fünf Parallelüberlieferungen (10.–12. Jh.) haben *inni des unzi er daz tuot* (u.ä.).

7. *mit thiu*

*** *mit diu aer sata sum felun bi* *** (*dum seminat, quędam caeciderunt secus uiam*) MF 8,5. – *mittiu ingeng in huus fon dero menigi tho fragata inan petrus* (*cum introisset in domum a turba interrogabat eum petrus*) T 271,17 f.; *nihaben man mittiu daz uuazzer giruorit uuirdit der mih sente in den uuiuuari* (*hominem non habeo. ut cum turbata fuerit aqua. mittat me in piscinam*); 285,14–16 (zu weiteren Fällen von *mit thiu* u.ä. in T vgl. Köhler 1962, 19). – *mit diu knehd kiporan ist* (*cum puer nascit*) Gl 1,233,28 f. (8. Jh.).

8. *sâr (sô)*

sar so sih diu sela in den sind arheuit, enti si den lihhamun likkan lazzit, so quimit ein heri fona himilzungalon, daz andar fona pehhe Musp 2–5. – *Sie blidtun sih es gahun, sar sie nan gisahun* O 1,17,55. – *Unde sar so siu daz azzin, so uurdin sio uertribin an daz ellende tes kagœnuuartigen libes* (*Cum ergo de interdicta arbore gustavit mulier ... tunc precipitati sunt de paradiso in hunc mundum*) Phys 87 f.

9. *sît*

Thiz zeichan deta druhtin Krist ... sid er hera in worolt quam O 2,8,53 f.

10. *sô wanna sô(so), sô wenne, swanna, swanne*

Thie selbe irstantent alle fon thes lichamen falle ... so wanne soso iz werde, fon themo irdisgen herde O 5,20,25–28. – *Fone diu chad si. nesol danne uuisemo man daz nieht uuegen. souuenne er fehten sol. mit tero uuilsaldo. also chuonemo chnehte negezimet taz zeleidezenne. so er uuiglichen sturm gehoret* (*Quare inquit ita uir sapiens moleste ferre non debet. quotiens in fortunę certamen adducitur. ut uirum fortem non decet indignari. quotiens increpuit bellicus tumultus*) Nb 296,18–22 [226,28–227,1]. – *Ih ueiz daz uuola, suanna du conuersa fueris, daz manige uirtutes an dir skinent* Will 109,7–9 [199,9–12]; *O sponse, suanne du per incarnationem uisibilis uuirdist, so uuil ih dir adhaerere per fidem* 131,3–5 [233,18–21].

11. *dia wîla*

Unde dia uuila sie ane uuize sint. so ist in ana ane iro ubeli. ein ander ubel (*Et cum idem carent supplicio. inest eis ulterius aliquid mali. ipsa inpunitas. quam confessus es malum esse. merito iniquitatis*) Nb 259,26–28 [204,1 f.].

12. *unz*

Unz thu iung wari, so was thir thaz gizami O 5,15,39.

9.4.10.2. Nachzeitigkeit

Das im abhängigen Satz prädizierte Ereignis liegt zeitlich später als das Geschehen des übergeordneten Satzes. In der Mehrzahl der Fälle stehen nachzeitige Temporalsätze nach dem übergeordneten Satz. Das Prädikatsverb erscheint vorwiegend im Indikativ, teilweise aber auch im Konjunktiv. § 223

1. *êr, ê*

Indikativ: *thia heili, thia thu uns garotos, êr thu worolt worahtos* O 1,15,18. – *Uuar iu sagem daz diz man chunni ni zuferit œr danne diz al uuirdit* (*Amen dico uobis, quia non praeteribit haec generatio, donec omnia haec fiant*) MF 19,16 f. – *Iudices nemugen er nieht iuditium tuon. êr nomen criminis uuirdet definitum* Nb 68,12 f. [57,23 f.]. – *ne uuil dich ê nieht ergeban, ê ich dir uolle uuarton in miner muoter hus* Will 131,5 f. [233,22–25]. – *noh nemahta uone nehenigemo menislichemo ougin geseuin uuerdin, êr er uon der magede libe mennesgen lihhamin finc* Phys 45–47. – *daz chorin niemir nichumet in daz chorenhus, e iz kidroskin uuirdit*

(*grana … separantur et ad horreum purgata perveniunt*) PrSB 3,34 f. (lat. H.U. Schmid 1986, 2,23,102 f.).
Konjunktiv: *Ouh widorot ni wantin, êr siro zins gultin* O 1,11,21. – *unde scameen sih sar filo sliemo. êr sin zorn chome* (*et erubescant ualde uelociter*) Np 16,17 [21,1 f.]. – *daz sie se neuuecchen ê siu selba uuolla* Will 49,7–8 [93,11 f.].
Mit Voranstellung und Konjunktiv: *Êr se joh himil wurti joh erda ouh so herti … So was io wort wonanti êr allen zitin worolti* O 2,3–5.

2. *êr* (*danne*), *ê*

Indikativ: *sint sume uon hier stantenten dedar nigicoront dodes êr danne sie gisehent den mannes sun quementan* (*sunt quidam de hic astantibus qui non gustabunt mortem donec uideant filium hominis uenientem*) T 305,2–6.
Mit Voranstellung und Indikativ: *ær danne hano chrait drim spurtim miin laucnis* (*Prius quam gallus cantet, ter me negabis*) MF 23,19 f.
Konjunktiv: *thie namo uuard ginennit fon engile êr thanne her in reue inphangan uuvrdi* (*quod uocatum est ab angelo priusquam in utero conciperetur*) T 89,9 f.
Mit Voranstellung und Konjunktiv: *Innedes e diu generalis diuisio bonorum et malorum geschehe, so sint permixti die ueri praedicatores* Will 103,3–5 [185,3–7].

3. *unzin, unzan, unzi, unz*

Indikativ: *heuwun harmlicco huittę scilti, unti im iro lintun luttilo wurtun, giwigan miti wabnum* Hl 66 f. – *sorgen mac diu sela, unzi diu suona arget* Musp 6. – *sie thar gisuaso warin, unz sino ziti quamin* O 3,22,68. – *inti suochit ageleizo unzin sie fintit* (*et quaerit diligenter donec inueniat*) T 323,6 f. – *Er rihta sinen stuol io do ana. unz man hier uber in dingota* (*Parauit in iudicio tronum suum*) Np 24,12 f. [28,7 f.]. – *so bizzet siun innan, unzin er stirbit* Phys 50 f.
Konjunktiv: *Mih selbon nisparoti, Uncih hiu gineriti* Ludw 35. – *In Aegypto wis thu sar, unz ih thir zeigo avur thar* O 1,19,5. – *Daz tuont sie also lango, unz in der tag ufge* Will 59,18 [119,13 f.].

4. *unzi(n), unz* in erweiterten subjunktionalen Fügungen

Indikativ: *eo unzi daz iuuer eogaliher de selpun calaupa den sinan fillol calerit za farnemanne, den er ur deru taufi intfahit, daz er sculdig ist uuidar gaotes caheizes* (*donec unusquisque uestrum eandem fidem filiolum suum ad intellegendum docuerit, quem de baptismo exceperit, reus est fidei sponsionis*) Exh A 32–37.
Konjunktiv: *rip anan daz simplę, unz dęz iz blode* Bas. Rez 22 f. – *in dezzi ellentuom, in demo iz uuas unuuizzente unzi an daz, daz iz intluhte der filius dei mit demo kiuualte sinere gotheite* PrSB 4,8–10.

5. *mit thiu, mittiu*

Tatian enthält einige Fälle, in denen *mit thiu, mittiu* für die Einleitung eines nachzeitigen Nebensatzes verwendet wird (zu gleichzeitigem *mit thiu* s. § 222:7).

ni uuasgent iro henti mittiuse brot ezzent (*non enim lauant manus suas. cum panem manducant*) T 267,27–29; *mittiu danne ih quimu ander eer mir nidar stigit* (*dum uenio enim ego. alius ante me descendit)* 285,17 f.; *mittiu quamun sine iungoron ubar iz uuazzer. argazun brot zi infahanne (Et cum uenissent discipuli eius trans fretum. obliti sunt panes accipere)* 297,15–17.

9.4.10.3. Vorzeitigkeit

Das im abhängigen Satz prädizierte Ereignis geht zeitlich dem Ereignis des übergeordneten Satzes voraus. In der Mehrzahl der Fälle steht der Temporalsatz vor dem übergeordneten Satz. Das Prädikatsverb steht vorwiegend im Indikativ, seltener im Konjunktiv. § 224

1. *after thiu*

Aefter dhiu dhazs almahtiga gotes chiruni dhera gotliihhun christes chiburdi chimarit uuard, hear saar after nu mit gareuuem bilidum dhes heilegin chiscribes eu izs archundemes, dhazs ir selbo christ ist chiuuisso got ioh druhtin (Post declaratum christi diuinę natiuitatis mysterium deinde quia idem deus et dominus est, exemplis sanctarum scribturarum adhibitis demonstremus) Is 4,3–11. – *after thiu her iz al forlos uuard hungar strengi in thero lantscefi (postquam omnia consummasset facta est fames ualida in regione illa)* T 325,2–4; *after thiu theser thin sun ther dar fraz alla sina heht mit huoron quam arsluogi imo gifuotrit calb (postquam filius tuus hic qui deuorauit substantiam suam cum meretricibus uenit occidisti illi uitulum saginatum)* 327,31–329,3.

2. *after thiu* + Adverb (*sô, thô*)

After dhiu so dhu slafis mit dhinem faterum ih aruuehhu dhinan samun after dhir (Postquam dormieris cum patribus tuis, suscitabo semen tuum post te) 38,9–12. – *After thiu tho arganganа uuarun ahto taga thaz thaz kind bisnitan uuvrdi uuard imo ginennit namo heilant (Et postquam consummati sunt dies octo ut circumcideretur puer. uocatum est nomen eius ihesus)* T 89,6–8. – *After diu, do er gesatot uuard mit temo harme unde mit temo spotte unde mit uillon der Iudon un er gecrucigot uuard, to raster in demo grabe trie taga (postquam satiatus est a judaicis illusionibus, ad ultimum cruce suspensus ... dormivit ac requievit in spulchro)* Phys 31–33.

3. *fona thiu*

uuvo michil stunta ist fon thiu imo thaz giburita (quantum temporis est ex quo hoc ei accidit) T 311,24 f.

4. *thanne* (vgl. Robin 2008; Stuckrad 1957; Wiktorowicz 2008)

thanne ir iz findet thanne cundet iz mir (cum inueneritis renuntiate mihi) T 95,4 f.

5. *thô/dô*

Duo morgan uuarth kengun in sprahha alle dea herostun biscoffa enti dea furistun dero liuteo (Mane autem facto, consilium inierunt omnes principes sacerdotum et seniores populi) MF 23,21 f. – *Tho herod arstarb arougta sih truhtines engil in troume Iosebe (Defuncto autem herode ecce apparuit angelus domini in somnis ioseph)* T 97,20–22. – *Do dero apostolorum praedicatio gestarkota, ... sider scinon in Ecclesia maniger slahta tugede* Will 42,2–5 [79,29–81,1].

6. *sô*

So thaz uuarth al gendiot Koron uuolda sin god Ludw 9. – *So siu tho thar irfultun, so in thio buah gizaltun, sie flizzun sar thes sinthes thes iro heiminges* O 1,16,21 f. – *so sie nahhitun hierusolimu enti quamun za betfage za olei berge duo santta ihesus zuene iungirono (cum adpropinquassent hierosolymis et uenissent bethfage ad montem olueti, tunc iesus misit duos dicipulos)* MF 14,28–30. – *So er daz allez ketuot. unde er armero so uerro geuualtet. taranah. siget er unde sturzet (Inclinabitur et cadet cum dominatus fuerit pauperum)* Np 29,18–20 [32,23–25]. Einschub (Übernahme der lat. Abfolge): *Der chuninc duo So ęr iz kahorta uuart arbolgan (Rex autem cum audisset iratus est)* MF 15,14 f.

7. *mit thiu*

mit thiu her tho fasteta fiorzug tago inti fiorzug nahto after thiu hungirita inan (cum ieiunasset quadraginta diebus et xl noctibus postea esuriit) T 113,25–27.

8. *nâh thiu*

uuio michel strit tes ze romo uuas. nah tiu galli dia burg ferbrandon Nb 99,30–32 [86,21 f.].

9. *sît*

zi lib er thoh biwirbit, sid er hiar irstirbit O 3,24,30.

9.4.11. Lokal- und Direktionalsatz

§ 225 Als lokale Adverbialsätze werden nachfolgend nur solche Nebensätze klassifiziert, die sich nicht auf eine nominale Größe in einem übergeordneten Satz beziehen und deshalb als relative Attributsätze zu gelten haben (zu Attributsätzen mit lokal-adverbialer Subordination s. § 173:1).

In lokalen Adverbialsätzen, die in der Mehrzahl der Fälle nach dem übergeordneten Satz stehen, dominiert der Indikativ (s. jedoch auch einige konjunktivische Belege unter 2 und 3).

Lit.: Schrodt 2004 § 151; Wunder 1965, 103–123.

1. *thar(a), dar* (lokal oder direktional). Die Subjunktion kann mit der Partikel *thar/der* erweitert sein.
   a) Lokal

   ih wallota sumaro enti wintro sehstic ur lante, dar man mih eo scerita in folc sceotantero Hl 50 f. – *joh irkantun iz sar, thaz thia engila in irougtun, thar sie thes fehes goumtun* O 1,13,13 f.; *Ther geist ther blasit stillo thara imo ist muatwillo* 2,12,41. – *stuont oba thar thie kneht uuas (staret supra ubi erat puer)* T 95,11. – *So sezzet min ein magitin dar tes tiris uard ist (ducunt puellam virginem in illum locum ubi moratur)* Phys 38 f.

Mit Relativpartikel und Korrelat: *thar dar sint zuuene odo thri gisamonate in minemo namen thar bin ih inmitten iro* (*ubi enim sunt duo uel tres congregati in nomine meo ibi sum in medio eorum*) T 331,6–8. – *darder ist ein hus follez ubelero liuto Tar nist neheiner chustic* Nl 593,21 f. [191,12 f.].

Anm. 1. In der Isidor-Übersetzung erfolgen Bibelverweise in der Form von Lokalsätzen mit *dhar*: *Isaias so festinoda, dhar ir quhad* (*Esaia testante, qui dicit*) Is 2,3 f.; *endi chiuuisso ist christus in dheru selbun salbidhu chimeinit, dhar chiquhedan uuard got chisalbot* (*et utique christus ipsa unctione monstratur, cum deus unctus insinuatur*) 5,5–7; *Dhar ir quhad 'christ iacobes gotes' chiuuisso meinida ir dhar sunu endi fater* (*Dicendo enim christum dei iacob et filium et patrem ostendit*) 14,16–18.

Anm. 2. Reimbedingter Konjunktiv: *Ouh widorot ni wantin, er siro zins gultin, zi noti thar man westi thero fordorono vesti* O 1,11,21 f. – Potentialer Konjunktiv: *uuante du neheina lukkon ne lazes den malignis spiritibus, da sie aditum deceptionis mugin uindan* Will 101,8–10 [183,6–10].

Anm. 3. In Glossen erscheinen mehrmals elliptische definitorische Lokalsätze ohne Hauptsatz: *dar leon odo perun inne liccant* (*cavea, theatra*) Gl 2,765,11 f. (9. Jh.); *da beidu sament sint* (*bolum, radix vel caput*) 3,486,16 (12. Jh.).

b) Direktional

daz leitit sia sar, dar iru leid uuirdit, in fuir enti in finstri Musp 9 f. – *Nist in erdriche, thar er imo io instriche* O 1,5,53; *Mannilih nu loufe zi themo sconen doufe, thara inan Krist tho wanta joh selbo thara santa* 3,21,23 f. – *Voba ir gisehet then mannes sun uf stigantan thar her êr uuas* (*Si ergo uideritis filium hominis ascendentem ubi erat prius*) T 265,3 f. – *Dar er ęquitatem uueiz dara siehet ir* (*Aequitatem uidit uultus eius*) Np 33,6 f. [36,2].

2. *thanan(a)/dannan* (Herkunft)

zi thes fater barme filu fram, thanana er hera in worolt quam O 3,24,90. – *ih huuirfu in miin hus danan ih uz fuor* (*reuertar in domum meam unde exiui*) MF 7,13 f. – *unde er furder chomen uuile. dannan er chomen si* Np 507,6 f. [446,3 f.].

3. *sô* oder *sô* + Adverb + *sô(so)*. Das Prädikatsverb kann im Indikativ oder Konjunktiv stehen.

a) Lokal

Indikativ: *dar man mih eo scerita in folc sceotantero: so man mir at burc ęnigeru banun ni gifasta* Hl 51 f. – *So garo soser hio uuas, So uuar soses thurft uuas, Gihalde inan truhtin Bi sinan ergrehtin* Ludw 58 f. – *ir da treffet ad supernam Hierusalem, suasir decheina iuuera glichon uindet* Will 134,4 f. [239,5–7].
Konjunktiv: *Sant er filu wise selbes boton sine. so wito soso in worolti man wari buenti* O 1,11,3 f.; *So wara so in erdente sunna sih biwente al sit iz brieventi zi mineru henti* 17 f.

b) Direktional

Indikativ: *joh fuar er kundenti thaz, so wito so thaz lant was* O 1,23,10; *so rumo ouh so in ahton man ni mag gidrahton ... So was io wort wonanti er allen zitin worolti* 2,1,2–5. Konjunktiv: *daz in uuolf noh uulpa zascedin uuerdan nemegi se uuara se geloufan uualdes ode uueges ode heido* Wiener Hds 4 f. – *du irchennist allo stiga se uuarot so ih ginigo* Psalm 6

9.4.12. Modal- und Vergleichssatz

§ 226 Modalsätze treffen eine Aussage darüber, auf welche Weise sich ein Ereignis vollzieht. Häufig hat diese Aussage vergleichenden Charakter. Modal- und Vergleichssätze sind mehrheitlich mit einfachem oder erweitertem *sô* angeschlossen und stehen grundsätzlich nach dem übergeordneten Satz. Gelegentlich sind sie in diesen eingeschaltet. Fakultativ kann im übergeordneten Satz korrelatives *sô* stehen.

Lit.: Behaghel 1928 § 1271–1281; Dal/Eroms 2014 § 150; Demske 2011; 2014; Desportes 2008; Erdmann 1874 § 188–201; 1886 § 189–191; Dückert 1961; Handschuh 1964, 10–25; 79–85; Lühr 2003; Naganawa 2006; Rannow 1888, 54–58; Schröbler/Prell 2007 § S 179. 198; Schrodt 2004 § 152 f.; Wunder 1965, 174–194.

In Vergleichssätzen ist Indikativ die Regel. Der Konjunktiv wird dann verwendet, wenn im Nebensatz nicht auf eine reale Gegebenheit Bezug genommen wird, sondern der betreffende Sachverhalt negiert ist oder als Fiktion, Möglichkeit oder Wunsch besteht.

niflaz unsic, truhtin, den tiufal so fram gachoron, soso sin uuillo si Freis. Pn A 65–67. Vgl. jedoch Version B mit Indikativ: *niulazze den tiuual so uram kaechoron, so siner upiler uuillo ist.* – *Ih nefurchto die manigi. des mih umbestanden liutes. samoso er mih ersteriben muge* Np 8,17–19 [13,26 f.].

Bei Otfrid kann der Konjunktiv auch durch den Reim bedingt sein.

Er quad, er muas habeti, sos er in thar tho sageti O 2,14,97.

1. *sô*

thu biguol en Uuodan, so he uuola conda Mers 2,5. – *Daz ih dir hold pin .N. demo piscophe, so mino chrephti enti mino chunsti sint* Priestereid 1 f. – *oblaz uns sculdi unsero so uuir oblazem uns sculdikem* (*dimitte nobis debita nostra, sicut et nos dimittimus debitoribus nostris*) Pn 3 f. – *Thar stuantun wazarfaz, so thar in lante situ was* O 2,8,27. – *endi ist siin namo, so sie inan nemnant* (*et hoc est nomen, quod uocabunt eum*) Is 39,11 f. – *enti ganidarrent daz huuanta sie iro hriuuun uuorahtun so sie ionas lerta* (*et condemnabunt eam. quia paenitentiam egerunt in praedicatione ionae*) MF 7,5 f. – *uuesa dir so du uuili* (*fiat tibi sicut uis*) T 273,30 f.; *so mir bi-*

bot gab ther fater so tuon ih (*sicut mandatum dedit mihi pater sic facio*) 573,29 f. – *Tuo. so du tatist* Np 9,12 [14,19]; *So netuest tu truhten so er dahta* Np 29,25 f. [33,3]. – *Iz ne ueret nu so niet, so iz e teta* Will 39,3 f. [77,15 f.] – *der sin ambahte so irfulle, so iz gote liche oder imo selbemo nuzze si* PrSB 1,19 f.

Anm. 1. In den ahd. Beichten erscheint stereotyp die Formulierung *Ih gihu, thaz ih minan fater inti mina muater so niereda, so ih scolda* Lorscher B 8 f. (u.a.).

2. *al sô, also, als*

Ludowig ther snello, thes wisduames follo, er ostarrichi rihtit al so Frankono kuning scal Ol 1 f. – *magicę artes netuen iz Also symon ze himele fliegen uuolta. mit tien selben listen* Np 28,24 f. [32,3 f.]. – *gib mir soliha gloubi, solihan gidingan zi dinero guoti, also ih des bidurfi* Otloh 13 f. – *Die phenninge pizeichinent daz himelrih, die dir alla uuare einis uuerdis, also daz himelrih ist* PrSB 2,72–74.

Anm. 2. Kein univerbiertes *also*, sondern adverbiales *al* (im Hauptsatz) vor subjunktionalem *so* (Einleitung des Nebensatzes) liegt bspw. vor in *suaz imo sin lib al, so man guetemo scal* Ol 36. Derartige Konstellationen sind jedoch für die Univerbierung *al so* > *also* vorauszusetzen.

3. *sôsô, sôse, sôs*

so haldih thesan minan bruodher soso man mit rehtu sinan bruodher scal Straßb. Eide 20 f. – *So garo soser hio uuas, So uuar soses thurft uuas, Gihalde inan truhtin Bi sinan ergrehtin* Ludw 58 f. – *peginno ih danne fliogen sose êr ne tete nioman, so fliugih ze enti ienes meres* Psalm 33 f. – *Du himilisco trohtin, Ginade uns mit mahtin in din selbes riche, Soso dir geliche* Sigih 1 f. – *Zi uns riht er horn heiles, nales fehtannes, in kunne eines kuninges, sines druttheganes Sos er thuruh alle thie forasagon sine theru goregun worolti was io giheizenti* O 1,10,5–8. – *niflaz unsic, truhtin, den tiuual so fram gachoron, soso sin uuillo si, uzzan soso uuir mit dinera anst enti mit dinem ganadon ubaruuehan mekin* Freis. Pn A 66–69. – *đanne mag er ini menen, soso iz heer obana giscriban ist* LexSal 20 f. – *petono pittiu soso ih chan* (*prece posco prout nosco*) Carmen 8 f. – *thanne ir fastet nicuret uuesan soso thie lihhazara sint gitruobte* (*Cum ieiunatis nolite fieri sicut hypochritæ tristes*) T 151,22 f. – *sose dir gemach si unte liup si* (*Da inquit quantum uelis*) Thoma 1975,5,13–15.

Anm. 3. Der Schlusssatz des 2. Merseburger Zauberspruchs, *sose benrenki, sose bluotrenki, sose lidirenki – ben zi bena, bluot zi bluoda, lid zi geliden, sose gelimida sin* Mers 2,6–9, ist wohl nicht als Vergleichs- oder Finalsatz zu verstehen, sondern als Hauptsatz mit Verbendstellung. Vgl. die Diskussion bei Eichner/Nedoma 2000/01, 153–160.

4. *(sô) sama/samo (sô)*

Bi namen sia druhtin nanta … Sama so er zi iru quati: „irknai mih bi noti“ O 5,8,29–31. – *uuesa din uuillo, sama so in himile est, sama in erdu* Freis. Pn A 28 f. – *ni sindun zi chilaubanne dhazs sii dhrii goda siin, so sama so dhea dhrii heida sindun* (*non autem sicut tres persone ita et tres dii credendi sunt*) Is 21,7–9. – *endi farlaz uns sculdhi unsero, sama so uuir farlazzem scolom unserem* (*dimitte nobis debita nostra, sicut et nos dimittimus debitoribus nostris*) WK 3 f. – *ther uuas unliumunthaft mit imo. samaso her ziuurfi siniu guot* (*et hic diffamatus est apud illum, quasi dissipasset bona ipsius*) T 365,23–25. – *Uuanda iro geben also getan ist.*

samo si negesehe. uuemo si gebe Nb 54,20 f. [45,2 f.]. – *Daz chit ęcclesia fone iro selbun. samoso si chade ze iro chinden* Np 10,3 f. [15,6 f.].

5. *sô selb (sô)*

Yrfurbent sie iz reino joh harto filu kleino, so selb man thuruh not sinaz korn reinot O 1,1,28 f. – *so selp so ir dhurah ueraldi aloosnin uuardh chiboran chisaghet, so sama auh uuard chiquhedan, dhaz ir bi mittingardes nara chirista chimartrot uuerdhan* (*sicut propter redemptionem mundi illum dicit nasci, ita et pati oportuit*) Is 30,7–10. – *so selb auh so ionas uuas in uuales uuambu dri taga enti drio naht, so scal uuesan mannes sunu in hœrda hreuue* (*sicut enim fuit ionas in uentre cœti tribus diebus et tribus noctibus, sic erit filius hominis in corde terrae*) MF 7,1–3.

Anm. 4. Die Parallelstelle zu MF 7,1–3 (s.o.) lautet in T 199,29 f. *soso uuas ionas in thes uuales uuambu.*

6. *sô* + Adverb (+ *sô*)

In thesemo ist ouh scinhaft, so fram so inan lazit thiu craft, thaz er ist io in noti gote thiononti Ol 65 f.; *er bi unsih tod thulti, so wio so er selbo wolti* O 5,1,8. – *Truhtin, dir uuirdu ih pigihtik ... des ih uuizzanto kiteta eddo unuuizzanto, notak eddo unnotak, slaffanti eddo uuachenti: meinsuartio enti lugino, kiridono enti unrehteru fizusheiti, huorono so uuie so ih sio kiteta* 1. bayr. B 1–6. – *uuanda er zuiualtero lengi habet. also imo ouh tie andero so uilo gerobor inquedent. so uilo si lengeren sint* Nm 852,8–11 [333,36–39]. – *also sciero werde buoz. disemo christenen lichamen. so sciero so ih mit den handon die erdon beruere* Gg Falls P 381,4–7.

7. *sôlîh sô*

daz ih in deseru ueralti minero missatatio hriuun enti harmskara hapen muozzi, solihho so dino miltida sin, alles uualtantio truhtin 1. bayr. B 9–11.

8. *thanne/danne* (Robin 2008; Stuckrad 1957; Wiktorowicz 2008)

Fuar si therero dato redihaftor thrato joh baz in thereru noti, thanne ther kuning dati O 3,11,3 f. – *thanne ferit inti nimit sibun geista andere mit imo uuirsiron thanne her si* (*Tunc uadit et assumet septem alios spiritus secum*) T 201,25–27. – *daz ih keazzet uurde mit starcherun fuoro danne diu milch si* Np 73,23 f. [70,22 f.]. – *uuante nu sub gratia manegera exercitia uirtutum uure kument in uirginitate, in continentia, in elemosynis et caeteris bonis operibus, danne ie e tate sub lege* Will 65,811 [127,4–9].

9. *nâh diu daz/sô*

Âne daz sines uuillen mare tougeno inphant. nah diu daz alliu ding Gote lebent Np 452,14–16 [396,14 f.]. – *unde fergiho dir, trohtin got almahtiger, scalclichero gehorsami, nah diu so du mih geuuerdest geuuisen durh dina almahticun gnada* Wess. GuB 135,4–8.

10. Elliptische mit *wio* eingeleitete Modalsätze ohne übergeordneten Satz erscheinen wiederholt in der Funktion von vorausverweisenden Überschriften.

hwe man weragelt gelte (*De conpositione homicidii*) LexSal 5. – *uuie man draba fehtan sculi* (*Quę machina belli*) Gl 4,351,1 f. (11. Jh.).

Anm. 5. Eine erläuternde Randglosse: *Wie diz stat* 'wie dieses entsteht' Kruse 2011, 28 (11.Jh.) bezieht sich auf die Gefräßigkeit.

9.4.13. Kommentierender Nebensatz

Mit *sô, alsô, als* und *sô sama sô* eingeleitete Nebensätze treffen (anders als Modalsätze) keine Aussage über die Art und Weise eines Verlaufes und referieren auch auf keine Vergleichsgröße, sondern verweisen auf eine Autorität, eine Erfahrung oder Annahme. **§ 227**

Gisah er queman gotes geist fon himilriche, so thu weist O 1,25,23. – *ziuuare firnim dhanne, dhazs dhar ist christ chizeihnit so auh fona dhes chrismen salbe ist chiuuisso christ chinemnit* (*Dum enim audis deum unctum, intellege christum id est ab unctione uocatur*) Is 5,9–12. – *Enti danan ist ioh so nu galesan ist* (*Hinc est ergo et quod modo lectum est*) MF 39,18 f. – *Hear auh noh frammert saghet dheselbo forasago esaias fona christe, huueo ir fona dauides samin uuardh chiboran after fleisches mezsse, so sama so hear after quhidhit* (*Adhuc idem esaias de christo quia ex semine dauid natus est secundum carnem, sic in consequentibus dicit*) Is 42,13–17. – *brahtun sie inan tho in hierusalem thaz sie inan gote giantuuvrtitin. so iz giscriban ist in gotes euuu* (*tulerunt illum in hierusalem. ut sisterent eum domino. sicut scriptum est in lege domini*) T 89,13–15. – *unte ouh gemitum habere in pręsenti, als iz quit: Miseri estote et lugete* Will 40,5 f. [79,8–10]. – *als er selbo quad an demo buhche cantica canticorum „Ego dormio et cor meum uigilat"* (*sicut et in cantico canticorum testatur sponsus de se ipso 'Ego dormio et cor meum vigilat'*) Phys 12 f. – *so sendet er in unsaligen ze tode Also Paulvs chit* Np 32,23 [35,18]. – *uone diu uuande si nieth niwurchent daz si kiloubent, also diu heilige scrift chuit 'Diu kiloube ist tot ane dei uuerh'* (*Hinc Iacobus ait: Fides sine operibus mortua est*) PrSB 2,76–78 (lat. H.U. Schmid 1986, 2,18,267 f.). – *so ich uuaniu* (*Utpote*) Gl 1,269,1 (8. Jh.).

9.4.14. Instrumentalsatz

Instrumentale Nebensätze enthalten eine Aussage darüber, womit oder wodurch das im übergeordneten Satz ausgesagte Geschehen herbeigeführt wird. Die einleitende Subjunktion ist *thaz* (auch in der Fügung *in thiu thaz*). **§ 228**

noh sin giwalt sih wanota, thaz er in thionota O 1,22,58. – *in dhiu auh dhanne dhazs ir oba dhem uuazsserum suueiboda, dhen heilegun gheist dhar bauhnida* (*In eo uero, qui superferebatur aquis spiritus sanctus significatur*) Is 16,12–15. – *In diu auh daz petrus quad Du bist quehhes gotes sun feste bauhnita* (*In eo quod petrus dixit: Tu es christus filius dei uiui firmos significat*) MF 39,8 f. – *Daranah gebar si daz unreht. daz si chad crucifige crucifige eum* Np 19,21 f. [24,2 f.].

9.4.15. Proportionalsatz

Lit.: Schröbler/Prell 2007 § S 179:1b.

§ 229 Sowohl der über- als auch der untergeordnete Satz weisen End- bzw. Späterstellung des Finitums auf.

1. *sô – sô*

So thu io in thia redina thar langor sizis obana: so thir ther abaho githank welket mer ana wank O 3,7,81 f. – *so her iz mer forbot so sie iz mer predigotun* (*Quanto autem eis precipiebat. tanto magis plus praedicabant*) T 275,17 f. – *ube ubeli uuenege tuot. so langor ubel ist. so note uuenegora ist* (*si nequitia miseros facit. miserior sit necesse est diuturnior nequam*) Nb 256,7–9 [201,22 f.].

2. *(al)sô filu*

daz imo der gir dia lebera aze. unde also filo er geaze. daz si also filo geuuuohse Nb 224,16 f. [181,3]; *Aber der uzerosto meren sueib habende. so filo uuitor sih zetuot. so filo er ferror ist. fone dero gnoti des stupfes* (*Extimus uero. maiore ambitu rotatus. quanto a puncti media indiuiduitate discedit. tanto amplioribus spaciis explicatur*) 278,5–7 [215,8–10].

10. Negation

Das Ahd. kennt eine Reihe verschiedener Ausdrucksmittel der Negation, die synchron teilweise koexistieren, im diachronen Verlauf aber auch Veränderungen durchlaufen. **§ 230**

Lit.: Behaghel 1918; 1924 § 564–587; Coombs 1974; 1976; Dal/Eroms 2014 § 121 f.; Danielsen 1968; Delbrück 1910; Dittmar 1894; Donhauser 1996; 1998b; Eroms 2011; Fleischer 2011, 227–241; Gärtner 1977; Grimm 1890, 684–727; A. Jäger 2005; 2007; 2008; 2009; A. Jäger/Penka 2012; Jespersen 1917; Lawson 1969; Lenz 1996; Mensing 1936; Mourek 1902; 1903; Neckel 1913; Nishiwaki 2014; 2017; Pickl 2017; Schröbler/Prell 2007 § S 143–148; Schrodt 2004 § 131.

Anm. Zur Negation in Objektsätzen, die von einem negierten Prädikat im übergeordneten Satz abhängen (Typus *thaz iagilih bimide, inan thiu akus ni snide* O 1,23,58), s. § 191:2.

10.1. Einfache Negation

Aus dem Germanischen (und Indogermanischen) ererbt ist die Negationspartikel ahd. *ni* (spätahd. *ne*).

10.1.1. Die präverbale Negationspartikel *ni, ne*

Negiert wird das Prädikat. **§ 231**

Eh ne quesah tih dar (*ego non te ibi uidi*) Par. Gespr 282,26. – *hurolob nihabe du zi holce nifluc du* Lorscher Bienens 4. – *uuidhar Karle imo ce follusti neuuirdhit* Straßb. Eide 34. – *so man mir at burc ęnigeru banun ni gifasta* Hl 52. – *daz der man haret ze gote enti imo hilfa ni quimit* Musp 27. – *Tho niuuas iz burolang* Ludw 44. – *nehort er in es* Georgsl 9. – *Nemegih in gidanchun fore dir giuuanchon* Psalm 5. – *Uueiz ih, daz du uuar segist, daz du commen nehebist* Sam 25. – *Ginade uns in ęuun, Daz uuir niliden uueuuun* Sigih 4. – *thaz kuning ander ni duat* O 1,20,34. – *đanne nimag er ini gimenen* (*manniri non potest*) LexSal 19. – *Dhazs ni saget apostolus* (*nec apostolus dicit*) Is 1,22. – *Sie des auuar ni rohhitun* (*Illi autem neglexerunt*) MF 15,11. – *Inti nifursuoh* (*et non negauit*) T 109,9. – *sin bald ellin nelazzet in uellin* Nr 673,29 f. [161,25 f.]. – *minen eigenen uuingarton nemoht ih behuotan* (*uineam meam non custodiui*) Will 12,2 f. [51,24–25]. – *der dir negnadit, der uuirt uone gote irteilet* (*Qui autem tibi non miseretur, iudicatur a domino*) PrSA 1,4 f. – *ne bilidont iuich dara nah* (*ne configuremini prioribus*) Gl 1,789,21 f. (9. Jh.).

Anm. 1. Wohl aus rhythmischen Gründen (unbetonte Auftaktsilbe) verwendet Otfrid mit großer Häufigkeit negierte Verben im Versanlaut: *ni tharf man thaz ouh redinon* O 1,1,60; *nist iz bi unsen frehtin* 68; *Nist liut thaz es biginne, thaz widar in ringe* 81.

Anm. 2. In Quellen der jüngeren ahd. Zeit wird die Zusammenschreibung von Negationspartikel und Verb häufig, was ein Hinweis auf zunehmende Klitisierung ist. Entsprechende Fäl-

https://doi.org/10.1515/9783110782493-011

le zeigen jedoch auch schon Quellen des 9. Jh.s. Vor vokalischem Anlaut erfolgt bei Otfrid Reduktion *ni* < *n-*, z.B. *Si thia stat noh tho nirgab joh luagata avur in thaz grab* O 5,7,7 (weitere Belege bei Grimm 1890, 687).

Anm. 3. Zu emphatischer Negation in Exklamativsätzen s. § 143:2.

Anm. 4. Zu *ni* als Subjunktion negativer Konsekutiv- und Finalsätze mit Endstellung des finiten Verbs s. § 217:4a und 219:3b.

Anm. 5. Zu *ni sî* 'außer' und *ni sî, ni wâri* 'es sei/wäre denn dass' in Exzeptivsätzen s. § 212:1b bzw. 3c.

10.1.2. Negierte und negierende Indefinita

§ 232 Die Negationspartikel *ni, ne* fokussiert zwar das Prädikat, erscheint jedoch in Kookkurrenz mit negierten, für sich genommen positiven Indefinita.

1. Negierte Indefinitpronomina

ni + thehein: *Ni wirthit in themo erbe, thaz man thihein irsterbe* O 5,23,259. – *Nileitit got eomannan in ubilo thohheinaz* WK 28 f. – *ketuo mer daz sie mine uuerden. daz ne minero deheiner nah in gefahe* Np 122,22 f. [114,5 f.]. – *daz ir die des ne irret mit decheinemo uuerlichen strepitu* Will 33,9 f. [71,20 f.].
ni + einig: *so man mir at burc enigeru banun ni gifasta* Hl 52. – *poum nikistentit enihc in erdu* Musp 51 f. – *ni uuas imu dhuo einighan fal ardeilendi* (*non rapinam arbitratus est*) Is 23,12 f. – *uzana einic uuis frama des ni gerot* (*foras nullatenus aliena concupiscit*) MF 29,30.
ni + iogilîh: *eogilih flanzunga the dar niflanzota min fater himilisc. aruurzolot uuirdit* (*omnis plantatio quam non plantauit pater meus celestis eradicabitur*) T 271,12 f.
ni + iogi(h)welîh: *bithiu uuanta nist unodi mit gote iogiuuelih uuort* (*quia non erit impossibile apud deum omne uerbum*) T 73,3 f.
ni + ioman: *nimahtu iz ouh noh thanne yrzellen iomanne* O 1,18,8. – *in dhesemu quhide ni bluchisoe eoman* (*in qua sententia nemo dubitat*) Is 9,4 f. – *Nileitit got eomannan in ubilo thohheinaz* WK 28 f. – *Ih neuuano ioman daz uuellen cheden* (*nam arbitror nullum illud esse dicturum*) Nb 331,28 f. [251,13 f.].
ni + iowiht: *huuanda her nibitit thar ana ellies eouuihtes, nibu thes got selbo giboot ci bittanne* WK 35 f. – *dhazs sie ni eigun eouuihd huuazs sie dhar uuidhar setzan* (*non habeant quod proponant*) Is 25,2–4. – *Huuanta ano dea nist dir eouuiht bidarbi des du hapen maht* MF 29,10 f. – *ir niuuizzut iouuiht* (*uos nescitis quicquam*) T 479,10. – *Ni mag ... iawiht helphan thanne themo filu richen manne* O 5,19,47–49.
ni + ein (h)welîh: *Ein huuelihhe danne iro ni foltruetun* (*quidam autem dubitauerunt*) MF 25,11. – *So lange so ir iz ni tatut ein huuelihhemo dero minnistono* (*Quamdiu non fecistis uni de minimis his*) MF 21,10 f. – *ni + man*: *Ni tharf es man biginnan* O 1,23,39.

Anm. Die Kookkurrenz von Negationspartikel und positivem Indefinitum ist nach Ausweis von Parallelüberlieferungen gleichwertig mit Negationspartikel und negativem Indefinitum: *Ni duit thaz ... ioman, ther sih ofonon scal* O Hs. V 3,15,23 (wobei hier das *n-* getilgt ist), aber *nioman* in P und F. Ebenso: *Thaz mannilih giborge, sih zi iamanne ni belge* O 2,18,15 in V und P, aber *niamenne* Inf.

2. Negierende Indefinitpronomina
Mit *ni-* gebildete negative Indefinita werden nominal oder adnominal verwendet.
a) Nominal

nihein(îg), nohein: *Thar uaht thegeno gelih, Nichein soso Hluduig: Snel indi kuoni* Ludw 50. – *iro nechein ist unbarig* (*sterilis non est*) Will 55,5 [107,16 f.].
nioman: *uuante nieman mag intrare portam regni caelestis* Will 117,10 [209,34–211,1]. – *Do antuurten si, daz si niemen rihti zi demo uuerchi* PrSB 2,57 f.
niweder. *mit neuuederemo mugit ir iro getaran* Will 72,7 f. [141,18–20].

b) adnominal

nihein: *thaz kuning iro walte, in worolti niheine* O 1,1,93 f. – *So chunt uuard in min resurrectio daz sie iro neheinen lougen getorston haben* Np 8,25–27 [14,6 f.]. – *mit nihheinigero samanthafti* (*Ordine nullo*) Gl 2,438,23 f. (10. Jh.).

10.1.3. Negierte und negierende Adverbien

1. Negierte Adverbien sind die Grundlage für univerbierte negierende Adverbien (s. 2.). **§ 233**

ni + alles: *ni wurtiz alles so egislih* O 2,6, 44. – *ni alles foe* (*nonnullos multos*) Gl 1,216,39 (9. Jh.). Univerbiert: *nalles mit ungiuuasganen hanton ezzan ni unsubrit man* (*Non lotis autem manibus manducare. non coinquinat hominem*) T 273,4 f.
ni + io: *niist eo so listic man, der dar iouuiht arliugan megi* Musp 94. – *Ni scaltu io nu so giduan* O 5,10,7. – *In andra uuiis ni uuardh eo einic in israhelo riihhe cyrus chinemnit* (*pręterea quia nullus in regno israhel cyrus est dictus*) Is 6,12–14. – *sie nemahton mir ieo nehein argerunga sin* Np 560,3 [495,5 f.]. – *iu ni ueiz uuanne* (*quondam*) Gl 1,511,10 (9. Jh.).
ni + iomêr: *io sulih fal ouh iamer werdan ni scal* O 4,7,32. – *dhiu sie eomaer furi dhazs in iro samnunghe dhar haldan ni mahtun* (*que ultra illuc celebrare non potuerunt*) Is 28,2–4.
ni + iowanne: *thaz thin fuaz iowanne in steine ni firspurne* O 2,4,60.
ni + mêr: *daz ih mer ubar tac ne liufi hera durstac* Sam 22. – *nu ni sunto thu mer* O 3,4,45.

2. Negierende Adverbien
a) Mit *nalles* (spätahd. *nals*) werden sowohl Satzkonstituenten als auch (Neben-)Sätze negiert. Zum Ausdruck kommt zumeist ein strikter Gegensatz oder eine besonders betonte Verneinung (im Sinne von nhd. ‘keineswegs, überhaupt nicht’).

Negiertes Einzelwort: *Tho was er bouhnenti, nales sprechenti* O 1,4,77. – *daz daz sin richi uns piqhueme enti er in uns richisoia, nalles der tiuual, enti sin uuillo in uns uualte, nalles des tiuuales kaspanst* Freis. Pn A 23–26. – *huuanda ir uns uuard chiboran, nalles imu selbemu* (*quia homo, et natus nobis non sibi*) Is 22,17 f. – *armhaerzin uuillu enti nalles gelstar* (*misericordiam uolo et non sacrificium*) MF 4,15. – *Ther thoh thiuuide-*

ro si got endi man, nalles zuuene thiuuideru (*Qui licet deus sit et homo, non duo tamen*) WK 96 f. – *uuas thar nalles fer fon in cutti suino managero ezenti* (*erat autem non longe ab illis grex porcorum multorum pascens*) T 191,3–5. – *nales tote lobont dih* (*Non mortui laudabunt te*) al. Ps. 294,26. – *Daz ist keheiz nals fluoh* (*Prophetia est, non maledictio*) Np 13,29 [18,17]. – *die fastun sculit ir minnan, nals die uuirtscaft* PrSA 4,21. – *nalles unuuan* (*non putative*) Gl 1,217,14 (8. Jh.).

Negierte Präpositionalphrase: *Ther kuning wilit sliumo inan suachen ingriuno mit bizenten suerton, nalas mit then worton* O 1,19,9 f. – *daz iz uns za euuigera heili enti za euuikemo lipe piqhueme, nalles za uuizze* Freis. Pn A 43–45. – *nalles in uuihin tage* (*Non in die festo*) MF 21,23 f.; *nalles untar mir nibu untar truhtine* (*non sub me sed sub illo*) 40,9 f. – *thie nalles fon bluote ... ouh fon gote giborane uuarun* (*qui non ex sanguinibus ... sed ex deo nati sunt*) T 105,1–4. – *Leite mih in dinemo rechte nals in mennischon* (*In tua iustitia autem, non in ea quae uidetur hominibus*) Np 13,14 f.[18,6]. – *Uuir sprungezen unte freuuen unsih an dir, nals an uns selbon* (*Exultabimus et lętabimur in te*) Will 7,1 f. [47,17–18].

Negierter (Neben-)Satz: *Nalas thaz er firnami, er gotes sun wari* O 2,12,13. – *Nalles sie dhrie goda* (*Nec tres deos*) Is 13,20. – *uuanta ih nidarsteig fon himile nalles thaz ih uuirke minan uillon nibi thes uuillon ther mih santa* (*Quia descendi de caelo non ut faciam uoluntatem meam sed uoluntatem eius qui misit me*) T 259,19–21. – *inti giu nalles mit imo giengun* (*et iam non cum illo ambulabant*) 265,15 f.; *nalles thaz ingengit in mund giunsubrit man* (*non quod intrat in os coinquinat hominem*) 271,4 f. – *unde nasesnudet an sio. Nals taz got mit munde unde mit nasun deheinen huoh tue* Np 5,19–22 [11,11 f.].

b) Weitere negierende Adverbien fokussieren das Prädikat und damit den betreffenden Satz insgesamt.

niheinêst: *Taz kescah noh selten. alde neheinest* (*paucis enim vel nullis hoc quis reperiet*) Nk 434,9 f. [77,25 f.].

nio: *neo sih frauuuit in dero uuidarzuomono forlornissu* (*nec de perditione aduersarium exultat*) MF 30,12 f. – *Nio er dien ubelen ze handen uerlazener* Nb 25,17 [20,30]. – *der der daz tages lieht nie negesah* Augens 3. – *nio inpharen* (*Ne effluant*) Gl 1,529,41 (10. Jh.).

niomêr: *niomer fon thir uuahsmo arboran uuerde* (*numquam ex te fructus nascarur*) T 411,29 f. – *Ter man neberechenot sih niomer alles sines tinges* Nb 82,5. [71,1 f.] – *der scol niemir daz ambahte kiuuinnen der bredigi* (*praedicationis officium suscipere nullatenus debet*) PrSB 1,9 f. (lat. Hellgardt 2014, 85).

nionêr: *Niener ferlazest tu mih* (*Non me derelinquas usquequaque*) Np 501,16 [440,19 f.]. – *souuio nienner gelesen si daz iudas kehit uuare* Npw 219,22 f.

nio(h)wanne: *Din nabelo ist gedrater naph, nieuuanne drinchenes anig* (*Umbiculus tuvs crater tornatilis. numquam indigens poculis*) Will 113,1 f. [203,8–10].

Anm. Mehrmals belegt ist *ni io, nio* mit dem verstärkenden präpositionalen Zusatz *in altare* (vgl. AWB 1,296 f.): *nio in altere arougta sih so in israhel* (*numquam apparuit sic in israhel*) T 209,26 f. – *ni eonaltre megi keterran archaufte thinemu pluate* (*ne umquam possit ledere redemptos tuo sanguine*) H 24,10,3 f.; univerbiert: *kalauba neonaltre slafe* (*fides nequaquam dormiat*) 15,5,3.

10.2. Mehrfache Negation

Im Ahd. werden negative Aussagen vielfach mit der Partikel *ni* und einem weiteren negierenden Element formuliert. § 234

Anm. 1. Zu *ni(o)wiht, ni(e)ht* mit einem weiteren negierenden Element s. § 240:2.

Anm. 2. Otfrid bemerkt in seinem Widmungsbrief an Erzbischof Luitbert von Mainz, dass das Ahd. anders als das Lat. mehrfache Negation kenne: *Duo etiam negativi, dum in latinitate rationis dicta confirmant, in huius linguae usu pene assidue negant; et quamvis hos praevacare valerem, ob usum tamen cotidianum, ut morum se locutio praebuit, dictare curavi* (Erdmann 1882, Z. 90–94).

Anm. 3. Bisweilen kommen im selben Satz neben *ni* auch zwei weitere Negatoren vor: *ni neouuiht niuuirce, nipuz de gisehe, de imo daz tranc gebe enti simplum piuuartan habe* Bas. Rez 16–18. – *Tiu niomer niomanne guis neuuirdet* (*Quam non relicturam nemo umquam poterit esse securus*) Nb 55,3 f. [45,16]; *uuanda iro neheinemo nieht inuuertigora neist* 220,8 f. [178,1 f.]. – *nio si neheinest nedarbeti lucchedon* Nc 699,20 [14,11 f.]. – *Nehein uradriz netuot niomanne* PrSA 4,25. – *nia neleitest du unsich in nieth chorunga* (Np: *Ne nos indvcas in temptationem*) Npgl 81,12 [77,10].

10.2.1. Doppeltes *ni*

Mehrmals wird nur die Negationspartikel *ni* verdoppelt, indem sie sich sowohl auf das Prädikat als auch auf eine nichtverbale Konstituente bezieht. § 235

ni in demo niduuahe ni in demo nipado Bas. Rez 14 f. – *Inu ni angil nist anaebanchiliih gote* (*Num angelus ęqualem cum deo habet imaginem*) Is 8,3 f.

Anm. Spätahd. Quellen (insbesondere Williram) bieten Belege für univerbiertes *niene*: *daz ih dar umbe mih niene geloibon minero uirtuosae constantiae* Will 10,4 f. [51,5–7]; *ad hereticos, die der niene huotent minero scafo* 14,7 f. [55,20–22]. – *nine geplode* (*Non concidat*) Gl 1,401,50 (12. Jh.).

10.2.2. *ni* und negiertes Indefinitpronomen

1. *ni* + *nihein(îg)*/*nohein(îg)* § 236

   Hierbei negiert die Partikel das Prädikat. Das Pronomen ist nominal verwendet oder adnominal auf eine substantivische Größe bezogen.

Nominal: *nist niheinig siner drut* O 5,19,3. – *ni intratent sie niheinan, unz se inan eigun heilan* O 1,1,98. – *gibot her in tho thaz sie niheinagamo nisagatin* (*precepit illis. ne cui dicerent*) T 275,15 f. – *Vuanda din negeuuanet neheiner in tode.* (*Quoniam non est in morte qui memor *sit tui*) Np 15,15 f. [19,27–20,1]. – *dere nehein nekarneta imo ira disg rihten* (*nulla ex illis habuit meritum*) PrSA 1,2.

Adnominal, vorangestellt: *indi mit Ludheren in nohheiniu thing negegango* Straßb. Eide 21. – *Ni sant er nan zi waru bi niheinigeru faru* O 2,12,75. – *huuanta ... zi nohenigeru rahhu sih ni gahrorit* (*quia ... ad nullius se ultionis suae motus excitat*) MF 30,5 f. – *ther heilant ni gab iru nihhein antuurti* (*Ihesus autem non respondit ei uerbum*) T 273,12. – *unde doh punctum fore luzzeli nehein deil nesi dero lineę* Nb 110,26 f. [96,4 f.]. – *unte sie nechein gedinge nehant an in selbon* Will 52,39 [103,5–7]. – *noh ne mahta uone nehenigemo menislichemo ougin geseuin uuerdin* Phys 45 f. – *uuir neintheizen imo auar neheina sichereheit* (*Non praesumo, non polliceor*) PrSA 2,5 (lat. Schröbler 1939, 274). – *nist noheinik zuiual* (*Haut dubium*) Gl 2,329,10 f. (9. Jh.).

Adnominal, nachgestellt: *ni sterro noheinig noh sunna niscein* Wess 4. – *denne nikitar parno nohhein den pan furisizzan* Musp 33.

2. *ni* + *nioman*

sose êr ne tete nioman Psalm 32. – *dar nist neoman siuh* Musp 15. – *Neoman niuuirdit fona gote festi nibu der sih fona imo selbemo gafolit unfestan* (*Nemo erit a deo nisi firmus, qui se a se ipso sentit infirmum*) MF 40,18 f. – *neomanne nisaget ir thie gisiht* (*nemini dixeritis uisionem*) T 307,17. – *Tir nebildota nioman uore* Nb 177,12 [149,17 f.]. – *Dih neminnot nieman, er ne si reht, unte nieman ist reht, er ne minne dih* Will 8,1 f. [47,32–49,2]. – *Also demo einhurnin niman geuolgen nemag* Phys 43 f. – *Nisal nieman then diubal uorhtan* Reimspr. – *In imo selbemo nimac si nieman irfullen* (*Nemo enim proprie ad semetipsum habere caritatem dicitur*) PrSB 1,7 f. (lat. Hellgardt 2014, 85).

10.2.3. *ni* und negiertes Adverb

§ 237 Die Partikel *ni* negiert stets das Prädikat und deshalb mit dem Negationsadverb den betreffenden Satz insgesamt.

1. *ni* + *nio*

dat du neo dana halt mit sus sippan man dinc ni gileitos Hl 31 f. – *in guates nio ni wangta* O 2,10,6. – *Neo nist zi chilaubanne dhazs fona dhemu salomone sii dhiz chiforabodot* (*Numquid de illo salomone creditur prophetatum*) Is 38,14–16. – *Nio do nist uns ioh iu hear kanoga* (*Ne forte non sufficiat nobis et uobis*) MF 20,13. – *thiu nirfuor nio fon themo temple* (*quæ non discedebat de templo*) T 91,29. – *Nieo er mina sela neerzucche also leo* Np 17,5 f. [21,16 f.].

2. *ni* + *niomêr*

so bistu gote liober, ni intratist scadon niamer O 1,18,46. – *taz nechame niomer in minen sin* (*nullomodo existimauerim*) Nb 45,17 f. [36,25 f.]. – *Daz nemag niomer uuerdan sine tunica sollicitudinis* Will 78,7 f. [151,15–17]. – *so riuueson si iomer unde nekestillen niomer mit guoten uuerchun ze losenne die tagalichen sunda* PrSA 3,8 f. – *ube mennisclih nah uuarere sinero bigiht die sunta niemer negeauerit* Wess. GuB 139,31–33.

3. *ni* + *nionêr*

Also daz fiur nioner ane sina hizza neist (*Sicut ignis ubique terrarvm. numquam tamen calere desistit*) Nb 148,19 [126,1 f.]; *taz tu nioner neahtost neheines arges ieht sin* (*nihil usquam perpendas esse mali*) 290,16 f. [223,6].

4. *ni* + *niheinêst*

Socrates neheinest sin analutte neuuehselota Nb 22,2 [18,2 f.]. – *Uuanda stella Mercurii negat neheinest porferro noh porlango fore dero sunnun* Nc 701,9 [16,4 f.].

5. *ni* + *nio(h)wanne*

daz ih nieuuanne nekume in conuenticula haereticorum Will 13,9 [53,22–24].

10.2.4. Metaphorische und phraseologische Negation mit *ni*

1. Mehrmals verwendet Otfrid *ni* + *drof* (adverbialer Akk. Sg. von 'Tropf'). **§ 238**

ih ni terru thir drof O 1,4,27; *Moyses gab iu wizzod, thes ni wirket ir drof* 3,16,23. – Ferner: *Noh trof ih des nelougino* Psalm 27.

Anm. Hierher dürfte auch der Beleg *semergot helfe. ne haben(t) ne trophen* (*si me deus adiuuet, non habeo nihil*) Par. Gespr 291,48 gehören, wenngleich nicht auszuschließen ist, dass *trophen* als konkretes Akk.-Objekt zu *haben* aufzufassen ist.

2. Im Tatian erscheint eine Fügung *ni* + *zi thuruhslahti* in der Bedeutung 'keinesfalls, niemals'.

thanne ih quidu iu thaz man zi thuruhslahti nisuuere (*ego autem dico uobis. non iurare omnino*) T 143,16 f.; *zi thuruh slahti nimohta uf scouuon* (*nec omnino poterat sursum respicere*) 343,3 f.

10.3. Ni(o)wiht, ni(e)ht

Nhd. *nicht* geht über mhd. *ni(e)ht* auf die schon ahd. vollzogene Zusammenbildung *ni* + *(io)* + *wiht* zurück. Ursprünglich handelt es sich bei *wiht* um ein Substantiv (Mask./Ntr.) der Bedeutung 'kleines Ding, Unbedeutendes', das auch als Indefinitum verwendet wird (s. § 80). In Texten der frühen ahd. Zeit erscheint *wiht* separat als negationsverstärkendes Element in Funktionseinheit mit der Partikel *ni*, mit der es erst im weiteren Verlauf univerbiert wird. **§ 239**

so dar manno nohhein uuiht pimidan ni mak Musp 90. – *quad, es wiht ni westi* O 3,4,40. – *uzzan sin ni uuas uuiht gitanes* (*sine ipso factum est nihil*) T 65,21 f.

Daneben bezeugt Otfrid *ni* auch in Verbindung mit adverbialem Genitiv *wihtes.*

Er wihtes ni firsechit, thes er mo zua gisprichit O 2,13,13; *zi thiu ir inan nennet joh wihtes thoh nirkennet* 3,18,44.

Anm. Eine „Etymologie" des Wortes *niowiht* gibt Notker: *Respondemus quoque niouuiht .i. nehein uuiht* Nk 397,31–398,1 [39,19 f.].

10.3.1. Nominales *ni(o)wiht, ni(e)ht*

§ 240 1. Das univerbierte *ni(o)wiht* kann als Subjekt oder Prädikativ, als Akkusativ- oder Genitivobjekt oder in einer Präpositionalphrase ohne ein weiteres negierendes Element erscheinen.

Subjekt/Prädikativ: *er bifand, theiz was niwiht* O 2,5,12. – *so huuer so in altare suerit neo uuiht ist* (*Quicumque iurauerit in altari, nihil est*) MF 17,6 f. – *min diurida niouuiht ist* (*gloria mea nihil est*) T 449,27. – *in theseru thrinissi niuuuiht eriren erdho afteren, niuuuiht meren erdho minneren* (*in hac trinitate nihil prius aut posterius, nihil maius aut minus*) WK 83 f. – *Ist aleuuar daz man chit. fone niehte nieht uuerden* (*Nam uera sententia est. nihil ex nihilo existere*) Nb 306,15 [234,4 f.].
Akk.obj.: *fon mir selbemo. niouuiht tuon* (*a me ipso. facio nihil*) T 443,29. – *so gesihest tu. dih an iro do nieht lussames haben. noh sid ferliesen* (*nec habuisse te aliquid in ea pulchrum cognosces. nec amisisse*) Nb 52,3 f. [42,25 f.]. – *daz daz luttere fiur odar nieth odar auar luccil an uns uindet ze brennenne* PrSA 3,1 f.
Gen.obj.: *Biheizist thih niwihtes, thaz thu thaz irrihtes* O 2,11,39.
Präpositionalphrase: *er iz habeta furi niwiht* O 2,9,43. – *thaz ih fon niwihte then liut zi woge rihte* 13,8; *Bizeinta thaz sin wirdi zi niwihti scioro wurdi* 4,19,45. – *In hiu selzit man iz thanne ziniouuihtu magiz elihor* (*in quo salietur ad nihilum ualet ultra*) T 137,14 f. – *Fater fona niuuuihtu ist gitan noh giscaffan noh giboran* (*Pater a nullo est factus nec creatus nec genitus*) WK 78. – *so alliu ding sehent ze niehte* (*ad nihilum cuncta referuntur*) Nb 207,29 f. [170,21]. – *furi niuuuiht haben* (*Parui pendere*) Gl 1,494,27 (9. Jh.).

2. Nominales *ni(o)wiht, ni(e)ht* erscheint ebenso mit einem weiteren negierenden Element als Sub- oder Objekt oder in einer Präpositionalphrase.

Subjekt: *Do dar niuuiht niuuas enteo ni uuenteo* Wess 6. – *Thar nist ... ouh bitteres niawiht* O 1,25,27. – *huuanda dhemu neouuihd nist suuozssera* (*qua nihil dulcius*) Is 32,5 f. – *niouuiht niterit iu* (*nihil uobis nocebit*) T 221,22. – *neouuiht ni trauc* (*Nihil obfuit*) Gl 1,214,15 (8. Jh.).
Akk.obj.: *ni neouuiht niuuirce* Bas. Rez 16 f. – *bidiu huuanta siu in desemo mittigarte neouuiht ueralt ehteo niruohhit noh niuueiz* (*Non aemulatur, quia per hoc quod in praesenti mundo nihil appetit, inuidere terrenis successibus nescit*) MF 29,20 f. – *In thera naht niouuiht nigifiengun* (*illa nocte nihil prendiderunt*) T 685,2 f. – *Ane strit nehabet si nieht zetuonne* Nb 66,2 f. [55,23 f.]. – *denir nieht gepan nisculit* (*Quibus nulla*) Gl 2,191,56 (9. Jh.).
Gen.obj.: *daz he ni protes ni lides ni neouuihtes, des e tages gitan si, ni des uuazares nenpize* Bas.Rez 13 f. – *unzan nu nibatut ir niouuihtes* (*usque modo non petistis quicquam*) T 589,4.

– *taz er niehtes furder gegeron nemag* (*nihil ulterius desiderare queat*) Nb 129,4 f. [111,15]. – *Mih ne lustet nieuuetes, nisi tantum dissolui* Will 85,7 f. [159,32–34].
Präpositionalphrase: *Ni wolt er fon niawihti ... then selbon win wirken* O 2,10,1 f. – *thaz man nan gifiangi, mit niawihtu er ningiangi* 4,17,20.

Anm. Die nhd. semantische Entsprechung ist ‘nichts’ (formal gesehen basiert nhd. *nichts* jedoch auf einem adverbialen Genitiv ahd. *ni(o)wihtes*).

10.3.2. Adverbiales *ni(o)wiht, ni(e)ht*

Diese Verwendungsweise erklärt sich aus ambivalenten Kontexten wie bspw. *ther heilant niantlingita niouuiht* (*ihesus autem nihil respondit*) T 617,1. Die lat. Vorlage legt zunächst eine Lesart ‘der Heiland antwortete nichts’ nahe (nominales = akkusativisches *niouuiht*). Sekundär ist jedoch auch die Reanalyse ‘der Heiland antwortete nicht’ möglich (adverbiales *niouuiht*). Vergleichbar: *nimac der bredigare nieth sprechen, er chan iedoh daz reth wurchen* PrSB 1,26 f. ‘kann der Prediger nichts sprechen, so kann er dennoch das Rechte tun’ (nominales *nieth*), oder aber ‘kann der Prediger nicht sprechen, so kann er dennoch das Rechte tun’ (adverbiales *nieth*). **§ 241**

Anm. 1. Dieser adverbiale Akkusativ ist die Grundlage von nhd. *nicht*.

Anm. 2. Zum Genitiv in Kollokation mit Negatoren s. § 13:3.4.

1. Adverbiales *ni(o)wiht, ni(e)ht* steht in zahlreichen Fällen in Kollokation mit der Partikel *ni*.

ni zaweta imo es niawiht O 2,5,12. – *neouuiht niarchennit daz unreht in iru arto* (*uersare in animo quod inquinat nescit*) MF 30,10 f. – *Tu nemaht nieht mit einero dohder zeuuena eidima machon. Noh tu nemaht nieht follen munt haben melues und doh blasen* Nl 595,9–11 [193,19–194,1]. – *Er ist mir so hold, daz er niet dolan ne uuil, daz mih ieman siner minnon irre* Will 34,1–3 [71,26–29]. – *so uasto, daz ez sih nieht erlosen nemag* (*quia evadere non potest*) Phys 97. – *Vuir nesculen nieth uoben die irdisgen acchera durh den uuerltlichen rihtuom* (*Opera autem nostra sunt non solum, ut agros nostros colamus, sed ut voluntatem Dei iugiter operemur ad gloriam Dei et ad aeternam nostram salutem*) PrSB 2,23 f.

2. In spätahd. Quellen erscheint *nieht* (u.ä.) ohne begleitendes *ni*. Diese Fälle sind von solchen Strukturen zu unterscheiden, in denen *ni(o)wiht, ni(e)ht* als Subjekt, Objekt oder in einer Präpositionalphrase steht (s. 3.1 a).

Unde sie sagetin nieht lieberen uuesen ioui under dien himeluuunnon. dann dia uuiniun (*Nec aliquid loquerentur ioui inter ętherias uoluptates dulcius una coniuge*) Nc 693,19–21 [17–19]. – *daz er in uinea domini niet mercenarius si* Will 145,4 f. [255,29–31]. – *daz ter fient nihet uerstunde, daz er gotes sun uuare* Phys 9 f. – *Volget nieth iuuueremo eiginemo muotuuillen*

PrSAH 40,6–8. – *daz fone solichen sculden iur gebet hie niht fernomen werde* (*ne pro talibus culpis et hic preces uestrę non axaudiantur*) SG GuB II,343,6–8.

Anm. 1. Aufschlussreich sind Glossierungen der Glossenfamilie „M". In mehreren Fällen weisen die älteren Überlieferungen für *non pernoctabit* die Negation mit *ni* auf (*ni upernahtet* u.ä.), während spätere Hss. (clm 13002, 22201, beide 12. Jh.) nur mit *nieht* negieren (*niht ubernahtit* und *niht ubernehtot*).

Anm. 2. Eine bei Notker häufig auftretende Struktur ist *nieht ein ... nube* 'nicht nur ... sondern': *So si mih to gesah. nieht ein suigenten. nube samo stummen. unde zungelosen* (*Cumque me uidisset non modo tacitum sed elinguem prorsus et mutum*) Nb 16,17 f. [13,17]. – *An imo bin ih. nieht ein saluus. nube ouh gloriosus* Np 233,8 f. [209,16 f.].

10.4. Koordination negierter Konstituenten

§ 242 Negierte Syntagmen und Konstituenten werden mit unterschiedlichen formalen Mitteln angereiht.

1. *ni + noh (ni)*

Iz ni habent livola, noh iz ni lesent scribara O 1,20,23. – *Dhazs ni saget apostolus noh forasago ni bifant noh angil gotis ni uuista, noh einic chiscaft ni archennida* (*nec apostolus dicit, nec propheta conperit, nec angelus sciuit, nec creatura cognouit*) Is 1,22–2,3. – *enti az uuizod broth daz aer ezan nimvosa noh dea mit imo uuarun* (*et panes propositionis comedit, quos non licebat ei edere neque his qui cum eo erant*) MF 4,8–10. – *nist iungiro ubar meistar noh scalc ubar sinan herron* (*Non est discipulus super magistrum neque seruus super dominum suum*) T 171,19 f. – *in dinero heizmoti neinchunnist du mih tanne ...Noh in dinemo zorne neirrefsest du mih an demo suonotage* (*Ne in fvrore tuo arguas me... Neque in ira tua corripias me*) Np 14,23–25 [19,11–14]. – *inti daz heilaga cruci so niereda noh nigidruog* Lorscher B 29 f. – *Taz tu neuueist noch nechanst cheden chnospinci* Hausb 3.

2. *noh + noh*

danne noh in thesemo berge noh in hierusolimis betot ir fater (*quando neque in monte hoc. neque in hierosolimis adorabitis patrem*) T 279,15–17. – *Fater fona niuuuihtu ist gitan noh giscaffan noh giboran* (*Pater a nullo est factus: nec creatus, nec genitus*) WK 78 f.

3. *ni(h)wedar + noh*

Ni uuidar stritit noh ni hrofit noh ni gahorit einich in heimingum sina stimna (*Non contendit neque clamabit neque audiet aliquis in plateis uocem eius*) MF 5,9 f. – *daz tu niewedar nigituo noh tolc noh tothoupit* Contra mal 5. – *Uuaz mag minneren sin. danne daz neuueder nehabet lengi noh preiti?* Nb 110,27–29. – *Andere heiligon nemugin imo gelich sin, neuueder in diuinitate, noh in humanitate* Will 35,3 f. [73,1–3]. – *Daz bezeichenet di der neuuedir noh ungeloubige noh rehte geloubige nesint* (*id est nec fidelis nec perfidus*) Phys 68 f. – *neuueder noh die houbithaftigen sunda noh die minneren* (*nec capitalia crimina nec minuta peccata*) PrSA 4,10 f.

Anhang

Zeitschriften- und Reihentitel

ABÄG	Amsterdamer Beiträge zur Älteren Germanistik
AbhBayAW	Abhandlungen der Bayerischen Akademie der Wissenschaften, Philosophisch-Philologische und Historische Klasse
AbhSächsAW	Abhandlungen der Sächsischen Akademie der Wissenschaften zu Leipzig, phil.-hist. Klasse
AG I	Braune, Wilhelm: Althochdeutsche Grammatik. I. Laut- und Formenlehre. 16. Aufl. Neu bearbeitet von Frank Heidermanns. Berlin/Boston 2018 (Sammlung kurzer Grammatiken germanischer Dialekte. A. Hauptreihe. Bd 5.1).
ASNSL	Archiv für das Studium der neueren Sprachen und Literaturen
ASTHLS	Amsterdam Studies in the Theory and History of Linguistic Science
BES	Beiträge zur Erforschung der deutschen Sprache
BgS	Beiträge zur germanistischen Sprachwissenschaft
BSS	Berliner Sprachwissenschaftliche Studien
CEG	Cahiers d'Études Germaniques
EG	Études Germaniques
DB	Doitsu Bungaku
DBG	Danziger Beiträge zur Germanistik
DS	Deutsche Sprache
DtAW	Deutsche Akademie der Wissenschaften Berlin
EHS	Europäische Hochschulschriften
EWA	Lloyd, Albert L. / Lühr, Rosemarie / Springer, Otto: Etymologisches Wörterbuch des Althochdeutschen. Göttingen / Zürich 1988 ff.
FLH	Folia Linguistica Historica
Fs.	Festschrift
GA	Germanistische Arbeitshefte
GAG	Göppinger Arbeiten zur Germanistik
GB	Germanische Bibliothek
GBDPh	Gießener Beiträge zur deutschen Philologie
GG	Grundlagen der Germanistik
GL	Germanistische Linguistik
GR	The Germanic Review
GstB	Germanistische Bibliothek
HSK	Handbücher zur Sprach- und Kommunikationswissenschaft
IF	Indogermanische Forschungen
JbIDS	Jahrbuch des Instituts für Deutsche Sprache
JCGL	The Journal of Comparative Germanic Linguistics
JEGP	Journal for English and Germanic Philology
JGL	Journal of Germanic Linguistics
JGS	Jahrbuch für Germanistische Sprachgeschichte
JIG	Jahrbuch für internationale Germanistik
JL	Janua Linguarum
JVNS	Jahrbuch des Vereins für niederdeutsche Sprachforschung
ISIS	Interdisciplinary Studies on Information Structure
KBGL	Kopenhagener Beiträge zur Germanistischen Linguistik

https://doi.org/10.1515/9783110782493-013

LA	Linguistische Arbeiten
Lakt	Linguistik aktuell
Lg	Language
LGF	Lunder Germanistische Forschungen
Ling. Ber.	Linguistische Berichte
LR	Linguistische Reihe
MAe	Medium Aevum
MG	Mittelhochdeutsche Grammatik. 25. Aufl. neu bearbeitet von Klein, Thomas / Solms, Hans-Joachim / Wegera, Klaus-Peter. Tübingen (SkG, A, 2).
MlatJb.	Mittellateinisches Jahrbuch
MLN	Modern Language Notes
MLR	Modern Language Review
MDSP	Monatshefte für deutsche Sprache und Pädagogik
NJL	Nordic Journal of Linguistics
NphM	Neuphilologische Mitteilungen
NTS	Norsk Tidskrift for Sprogvidenskap
OBG	Osloer Beiträge zur Germanistik
QF	Quellen und Forschungen zur Sprach- und Culturgeschichte der germanischen Völker
PBB (H, T)	(Pauls und Braunes) Beiträge zu Geschichte der deutschen Sprache und Literatur (1955–1980 in zwei Serien erschienen in Halle (H) und Tübingen (T)
PhSQ	Philologische Studien und Quellen
PMLA	Publications of the Modern Language Association
RA	Rheinisches Archiv
RBDSL	Regensburger Beiträge zur deutschen Sprach- und Literaturwissenschaft. Reihe B: Untersuchungen
RGA	Reallexikon der Germanischen Alterumskunde
RGL	Reihe Germanistische Linguistik
SbSächsAW	Sitzungsberichte der Sächsischen Akademie der Wissenschaften, phil.-hist. Klasse
Sprachwiss.	Sprachwissenschaft
SdG	Studien zur deutschen Grammatik
SDSL	Schriften zur diachronen und synchronen Linguistik
SG	Studia Grammatica
SGG	Studies in Generative Grammar
SiL	Studies in Language
SLG	Studia Linguistica Germanica
SLV	Studies in Langage Variation
SM	Sammlung Metzler
Sprachwiss.	Sprachwissenschaft
STUF	Language Typology and Universals. Sprachtypologie und Universalien
SzA	Studien zum Althochdeutschen
TBL	Tübinger Beiträge zur Linguistik
TiLSM	Trends in Linguistics. Studies and Monographs
WBZS	Wissenschaftliche Beihefte zur Zeitschrift des allgemeinen deutschen Sprachvereins
ZDL	Zeitschrift für Dialektologie und Linguistik

ZDS	Zeitschrift für Deutsche Sprache
ZDU	Zeitschrift für deutschen Unterricht
ZfdA	Zeitschrift für deutsches Altertum und deutsche Literatur
ZfdPh	Zeitschrift für deutsche Philologie
ZG	Zeitschrift für Germanistik
ZGL	Zeitschrift für Germanistische Linguistik
ZMF	Zeitschrift für Mundartforschung
ZPSK	Zeitschrift für Phonetik, Sprachwissenschaft und Kommunikationsforschung
ZS	Zeitschrift für Sprachwissenschaft
ZVS	Zeitschrift für vergleichende Sprachforschung auf dem Gebiet der indogermanischen Sprachen

Literaturverzeichnis

Abels, Klaus (2016): The fundamental left-right asymmetry in the Germanic verbcluster. JCGL 19, 179–220.

Abraham, Werner (1991): Aktionsartensemantik und Auxiliarisierung im Deutschen. In: Feldbusch, Elisabeth / Pogarell, Reiner / Weiss, Cornelia (Hgg.): Neue Fragen der Linguistik. Akten des 25. Linguistischen Kolloquiums, Paderborn 1990. Bd 1. Tübingen (LA 271), 125–133.

Abraham, Werner (1992): Wortstellung und das Mittelfeld im Deutschen. In: ders.: Erklärende Syntax des Deutschen. Tübingen, 27–52.

Abraham, Werner (1993): Null subjects in the history of German: From IP to CP. Lingua 89, 117–142.

Abraham, Werner (1997): The interdependence of case, aspect and referentiality in the history of German: the case of the verbal genitive. In: Kemenade/Vincent 1997, 29–61.

Abraham, Werner (1999): Jespersen's Cycle. The evidence from Germanic. In: Carr, Gerald F. / Harbert, Wayne / Zhang, Lhua (Hgg.): Interdigitations. Essays for Irmengard Rauch. New York, 63–70.

Abraham, Werner (2004): The grammaticalization of the infinitival preposition – toward a theory of 'grammaticalization reanalysis'. In: JGCL 7, 111–170.

Abraham, Werner (2016): Persvasive underspecification of diathesis, modality, and structural case coding: the gerund in historical and modern German. Ling. Ber. 248, 435–472.

Adelberg, Elfriede (1960): Die Sätze des Typus „Ih bin ez Ioseph" im Mittelhochdeutschen. Berlin (DtAW, Veröffentlichungen der Sprachwissenschaftlichen Kommission 4).

Admoni, Wladimir (1990): Historische Syntax des Deutschen. Tübingen.

Ágel, Vilmos / Eichinger, Ludwig M. / Eroms, Hans-Werner / Hellwig, Peter / Heringer, Hans Jürgen / Lobin, Henning (Hgg.) (2006): Dependenz und Valenz. Ein internationales Handbuch der zeitgenössischen Forschung. 2 Bde. Berlin/New York (HSK 25,1–2).

Alexiadou, Artemis / Lohndal, Terje (2018): V3 in Germanic: A comparison of urban vernaculars and heritage languages. In: Antomo, Mailin / Müller, Sonja (Hgg): Non-canonical verb positioning in main clauses (Ling. Ber., Sonderheft 25), 245–264.

Althochdeutsch = Althochdeutsch. In Verbindung mit Herbert Kolb / Klaus Matzel / Karl Stackmann hg. von Rolf Bergmann / Heinrich Tiefenbach / Lothar Voetz. 2 Bde. Heidelberg 1987.

Altmann, Hans (1981): Formen der „Herausstellung" im Deutschen. Rechtsversetzung, Linksversetzung, Freies Thema und verwandte Konstruktionen. Tübingen (LA 106).

Anderson, Stephen R. (1993): Wackernagel's Revenge. Clitics, morphology and the syntax of second position. Lg. 69, 68–98.

Andersson, Sven-Gunnar (2004): Zu den Kontextfaktoren bei der Weglassung der temporalen Hilfsverben *haben* und *sein* im älteren deutschen Nebensatz. In: Fs. Leirbukt, 211–233.

Antonsen, Elmer H. / Hock, Hans Henrich (Hgg.) (1996): Stæfcrafft. Studies in Germanic linguistics. Amsterdam / Philadelphia (ASTHLS 4/79).

Antrim, Ernest I. (1897a): Die syntaktische Verwendung des Genetivs in den Werken Notkers. Diss. Göttingen.

Antrim, Ernest I. (1897b): *Spielen* with the Genitive. MLN 12, 63 f.

Askedal, John Ole (1973): Neutrum Plural mit persönlichem Bezug im Deutschen unter Berücksichtigung des germanischen Ursprungs. Trondheim/Oslo/Bergen/Tromsø (Germanistische Schriftenreihe der norwegischen Universitäten und Hochschulen 4).

Askedal, John Ole (1980): Über das Passiv von Verben mit zwei Akkusativergänzungen im Deutschen. Fs. Bech, 1–18.

https://doi.org/10.1515/9783110782493-014

Askedal, John Ole (1984): Grammatikalisierung und Auxiliarisierung im sogenannten „bekommen / kriegen / erhalten-Passiv" des Deutschen. KBGL 22, 5–47.

Askedal, John Ole (Hg.) (1998): Historische germanische und deutsche Syntax. Frankfurt a. M (OBG 21).

AWB = Althochdeutsches Wörterbuch. Auf Grund der von E. von Steinmeyer hinterlassenen Sammlungen. Begr. von Elisabeth Karg-Gasterstädt und Theodor Frings, hg. von Rudolf Große, Gotthard Lerchner und Hans Ulrich Schmid. Berlin 1968 ff.

Axel, Katrin (2001): Althochdeutsche Modalverben als Anhebungsverben. In: Müller, R. / Reis 2001, 37–60.

Axel, Katrin (2002): Zur diachronen Entwicklung der syntaktischen Integration linksperipherer Adverbialsätze im Deutschen. PBB 124, 1–43.

Axel, Katrin (2005): Null subjects and verb placement in Old High German. In: Kepser, Stephan / Reis, Marga (Hgg.): Linguistic Evidence. Empirical, Theoretical and Computational Perspectives, Berlin / New York (Studies in Generative Grammar 85), 27–48.

Axel, Katrin (2007): Studies on Old High German Syntax. Left sentence periphery, verb placement and verb-second. Amsterdam/Philadelphia.

Axel, Katrin (2009a): The consolidation of verb-second in Old High German. What role did subject pronouns play? In: Crisma/Langobardi 2009, 128–143.

Axel, Katrin (2009b): The verb-second property in Old High German: Different ways of filling the prefield. In: Hinterhölzl/Petrova 2009a, 17–43.

Axel, Katrin (2015a): Historische Syntax des Deutschen aus generativistischer Perspektive. ZGL 43, 450–484.

Axel, Katrin (2015b): Topologisches Satzmodell und historische Syntax. In: Wöllstein, Angelika (Hg.): Das topologische Modell für die Schule. Baltmannsweiler (Thema Sprache – Wissenschaft für den Unterricht), 171–204.

Axel, Katrin / Weiß, Helmut (2011): Pro-drop in the history of German. From Old High German to the modern dialects. In: Wratil, Melanie / Gallmann, Peter (Hgg.): Null Pronouns. Berlin/Boston (SGG 106), 21–51.

Axel-Tober, Katrin (2014): Relativkonstruktionen im älteren Deutsch. Vortrag im Kolloquium der Forschergruppe ‚Relativsätze' 28.1.2014, Johann Wolfgang Goethe-Universität Frankfurt. https://user.uni-frankfurt.de/~tezimmer/HP_FG-RelS/PDF/fg%20colloq%20tober.pdf.

Axel-Tober, Katrin (2018): Origins of verb-second in Old High German. In: Jäger/Ferraresi/Weiß, H. 2018, 22–47.

Baewa, Galina A. (1997): Zum Problem der textsortengebundenen Verbvalenz im Althochdeutschen. In: Simmler/Wich-Reif 1997, 145–154.

Baewa, Galina A. (2017): Konditionalsätze in der Benediktinerregel des 9. bis 16.Jahrhunderts. In: Nefedov, Sergej / Grigorieva, Ljubov / Bock, Bettina (Hgg.): Deutsch als Bindeglied zwischen Inlands- und Auslandsgermanistik. Beiträge zu den 23. GeSuS-Linguistik-Tagen in Sankt Petersburg, 22.–24. Juni 2015. Hamburg (Sprache und Sprachen in Forschung und Anwendung 5), 163–172.

Baldauf, Edmund (1938): Die Syntax des Komparativs im Gotischen, Althochdeutschen und Altsächsischen. Diss. München.

Baldes, Heinrich (1882): Der Genitiv bei Verbis im Althochdeutschen. Straßburg.

Barðdal, Jóhanna / Carlee, Arnett / Carey, Stephen Mark / Eythórsson, Thórhallur / Jenset, Gard B. / Kroonen, Guus / Oberlin, Adam (2016): Dative subjects in Germanic. A computational analysis of lexical semantic verb classes across time and space. STUF 16, 49–84.

Bech, Gunnar (1951): Grundzüge der semantischen Entwicklungsgeschichte der hochdeutschen Modalverben. Kopenhagen (HFM 32, 6).

Behaghel, Otto (1892): Zur deutschen Wortstellung. ZDU 6, 255–267.
Behaghel, Otto (1899): Der Gebrauch der Zeitformen im konjunktivischen Nebensatz des Deutschen. Mit Bemerkungen zur lateinischen Zeitfolge und zur griechischen Modusverschiebung. Paderborn.
Behaghel, Otto (1909): Beziehungen zwischen Umfang und Reihenfolge von Satzgliedern. IF 25, 110–142.
Behaghel, Otto (1913): Fernstellung zusammengehöriger Wörter im Deutschen. IF 31, 377–398.
Behaghel, Otto (1918): Die Verneinung in der deutschen Sprache. In: Wissenschaftliche Beihefte zur Zeitschrift des Allgemeinen Sprachvereins. 5. Reihe 38/40, 225–252.
Behaghel, Otto (1923–1932): Deutsche Syntax. 4 Bde. Bd 1 (1923): Die Wortklassen und Wortformen. A. Nomen, Pronomen, Bd 2 (1924): Die Wortklassen und Wortformen B. Adverbium, C. Verbum, Bd 3 (1928): Die Satzgebilde, Bd 4 (1932): Wortstellung, Periodenbau. Heidelberg (GB I, 10, 1–4).
Behaghel, Otto (1929a): Zur Stellung des Verbs im Germanischen und Indogermanischen. ZVS 56, 276–281.
Behaghel, Otto (1929b): Der Nachsatz. PBB 53, 401–418.
Behaghel, Otto (1929c): Zur Stellung des Subjekts im Nebensatz im Deutschen. ZfdA 66, 203–207.
Behaghel, Otto (1930): Zur Stellung des adnominalen Genitivs im Germanischen und Deutschen. ZVS 57, 43–63.
Bell, Robert Mowry (1907): Der Artikel bei Otfrid. Diss. Leipzig.
Bennett, Winfield S. (1978): The relative construction in the works of Notker III. Diss. Univ. of Texas, Austin.
Bennett, Winfield S. (1981): The relative construction in the works of Notker III. FLH 2, 265–287.
Bergmann, Rolf (1965): *Hutz* 'foras' in der Trierer Handschrift der Vita Hludowici des Astronomus. ZfdA 94, 17–21.
Bergmann, Rolf (1997): Zur Textualität althochdeutscher Glossen. In: Simmler 1997, 215–238.
Bernhardt, Karl A. / Davis, Graeme (1997): The word order of Old High German. Lewiston, New York (Studies in German Language & Literature 19).
Besch, Werner / Wolf, Norbert Richard (2009): Geschichte der deutschen Sprache. Längsschnitte – Zeitstufen – Linguistische Studien. Berlin (GG 47).
Besch, Werner / Betten, Anne / Reichmann, Oskar / Sonderegger, Stefan (Hgg.): Sprachgeschichte. 4 Bde. 2. Aufl. Berlin/New York 1998–2004 (HSK 2,1–4).
Betten, Anne (1987a): Grundzüge der Prosasyntax. Tübingen (RGL 82).
Betten, Anne (1987b): Zur Satzverknüpfung im althochdeutschen Tatian. Textsyntaktische Betrachtungen zum Konnektor *thô* und seinen lateinischen Entsprechungen. In: Althochdeutsch 1987, 395–407.
Betten, Anne (Hg.) (1990): Neuere Forschungen zur historischen Syntax des Deutschen. Referate der Internationalen Fachkonferenz Eichstätt 1989. Unter Mitarbeit von Claudia M. Riehl. Tübingen (RGL 103).
Biener, Clemens (1922): Wie ist die nhd. Regel über die Stellung des Verbs entstanden? ZfdA 59, 127–144.
Biener, Clemens (1940): Syntaktische Beobachtungen an den althochdeutschen Prudentiusglossen. PBB 64, 308–334.
Birkenes, Magnus Breder / Fleischer, Jürg / Leser-Cronau, Stephanie (2020): A diachronic and areal typology of agreement in Germanic. A quantitative study based on parallel texts. STUF 73, 219–260.
Bishop, Harry M. (1977): The „subjectless" sentences of Old High German. Diss. Univ. of California.

Blum, Siegfried (1977): Probleme der Valenz bei althochdeutschen Verben. In: Blum, Siegfried / Götz, Heinrich / Grosse, Rudolf (Hgg.): Beiträge zur Bedeutungserschließung im althochdeutschen Wortschatz. Berlin, 17–51. (SbSächsAW 118/1).

Blum, Siegfried (1982): Prädikatives Attribut und Objektsprädikativ im Althochdeutschen. ZG 3, 85–93.

Blum, Siegfried (1984): Vierwertige Verben im Althochdeutschen. Linguistische Arbeitsberichte der Sektion Theoretische und angewandte Sprachwissenschaft der Karl-Marx-Universität Leipzig 43, 86–96.

Blum, Siegfried (1986): Ahd. *habên* in Funktionsverbgefügen. BES 6, 80–95.

Boezinger, Bruno (1912): Das historische Präsens in der älteren deutschen Sprache. Stanford.

Bökenkrüger, Wilhelm (1924): Das reflexive Verb im Althochdeutschen. Gießen (GBDPh 13).

Bolli, Ernst (1975): Die verbale Klammer bei Notker. Berlin (Das Althochdeutsche von St. Gallen 4).

Borter, Alfred (1982): Syntaktische Klammerbildung in Notkers Psalter. Berlin (Das Althochdeutsche von St. Gallen 7).

Brandt, Margareta (1990): Weiterführende Nebensätze. Zu ihrer Syntax, Semantik und Pragmatik. Stockholm (LGF 57).

Braun, Christian (2010): Der Einfluss von Tiefenkasusverschiebungen bei der Entstehung von Funktionsverbgefügen im Althochdeutschen. In: Ziegler/Braun 2010, 395–407.

Braun, Christian (2017): Das Althochdeutsche aus textlinguistischer Sicht. Soziopragmatische Einordung und ausgewählte textgrammatische Studien. Berlin/Boston (Lingua Historica Germanica 14).

Braun, Christian (2020): Gesamtsatzstrukturen und Konnektoren im *Muspilli*. In: Pasques/Wich-Reif 2020, 315–357.

Braune, Wilhelm (1894): Zur Lehre von der deutschen Wortstellung. In: Fs. Hildebrand, 34–51.

Braunmüller, Kurt (1982): Syntaxtypologische Studien zum Germanischen. Tübingen (TBL 197).

Breitbart, Anne / Jäger, Anne (2018): History of negation in High and Low German. In: Jäger/ Ferraresi/Weiß, H. 2018, 182–219.

Brinkmann, Hennig (1931): Sprachwandel und Sprachbewegungen in althochdeutscher Zeit. Jena (Jenaer Germanistische Forschungen). Wieder abgedruckt in ders.: Studien zur Geschichte der deutschen Sprache. Düsseldorf 1965, 9–236.

Brodführer, Eduard (1906): Beiträge zur Syntax Willirams. Unter besonderer Berücksichtigung der Wortstellung, Diss. Halle.

Brugmann, Karl (1917): Der Ursprung des Scheinsubjekts „es" in den germanischen und romanischen Sprachen. Leipzig (Berichte über die Verhandlungen der Königl. Sächs. Gesellschaft der Wissenschaften zu Leipzig, phil. hist. Kl. 69 / 1917, Heft 5).

Budziak, Renata (2016): Der Genitiv – ein Überblick seiner sprachhistorischen Entwicklung. In: Wierzbicka, Mariola / Sieradzka, Małgorzata (Hgg): Grammatische Strukturen im Text und im Diskurs. Bd 6. Rzeszów, 36–48.

Carr, Charles T. (1933a): The position of the genitive in German. MLR 28, 465–479.

Carr, Charles T. (1933b): Some Old High German Conjunctions. JEGP 32, 488–503.

Catasso, Nicholas (2018): Die Janusköpfigkeit des ahd. Konnektors *wanta* und ihre Relevanz für die korpusbasierte historische Syntaxforschung. ZGL 46, 248–281.

Cichosz, Anna (2010): The Influence of Text Type on Word Order of Old Germanic Languages. A Corpus-Based Contrastive Study of Old English and Old High German. Frankfurt a.M. (Studies in English Medieval Language and Literature 27).

Concu, Valentina (2019): Temporal Deixis in Old Saxon and Old High German. The Adverb nu in the ‚Hêliand' and Otfrid's ‚Evangelienbuch'. PBB 141, 157–181.

Coniglio, Marco / Linde, Sonja / Ruette, Tom (2017): Relative Clauses in Old High German. A Corpus-Based Statistical Investigation of Their Syntactic and Information-Structural Properties. JGL 29, 101–146.

Coniglio, Marco / Schlachter, Eva: Das Nachfeld im Deutschen zwischen Syntax, Informations- und Diskursstruktur. Eine synchrone, korpusbasierte Untersuchung. In: Vinckel-Roisin, Hélène (Hg.): Das Nachfeld im Deutschen. Berlin/Boston (RGL 303), 141–163.

Coombs, Virginia Mae (1974): A semantic syntax of grammatical negation in the Older Germanic Dialects. Diss. Univ. of Illinois.

Crisma, Paola / Longobardi, Guiseppe (Hgg.) (2009): Historical Syntax and Linguistic Theory Oxford.

Cuny, Franz (1905): Der temporale Wert der passiven Umschreibungen im Althochdeutschen. Diss. Bonn.

Dal, Ingerid (1959): *Warth kuman* und Ähnliches im Heliand und in der altsächsischen Genesis. JVNS 82, 31–37.

Dal, Ingerid (1966): Kurze deutsche Syntax auf historischer Grundlage. 3. Aufl., Tübingen.

Dal, Ingerid (1971): Der Infinitiv mit dem syntaktischen Wert eines Participium Praeteriti. In: Dal, Ingerid: Untersuchungen zur germanischen und deutschen Sprachgeschichte. Oslo, 194–200.

Dal, Ingerid / Eroms, Hans-Werner (2014): Kurze deutsche Syntax auf historischer Grundlage. 4. Auflage. Neu bearbeitet von Hans-Werner Eroms. Berlin/Boston.

Danielsen, Niels (1968): Die negativen unbestimmten Pronominaladjektiva im Alt- und Mittelhochdeutschen. ZDS 24, 92–117.

Delbrück, Berthold (1907): Synkretismus. Ein Beitrag zur germanischen Kasuslehre. Straßburg.

Delbrück, Berthold (1910): Germanische Syntax I. Zu den negativen Sätzen. Leipzig (AbhSächsAW 28,4).

Delbrück, Berthold (1911): Germanische Syntax II. Zur Stellung des Verbums. Leipzig (AbhSächsAW 28,7).

Delbrück, Berthold (1912): Beiträge zur germanischen Syntax. IV. Die Stellung des verbums in sätzen mit *doch* und *ja*. PBB 37, 273–278.

Demske, Ulrike (2001a): Merkmale und Relationen. Diachrone Studien zur Nominalphrase des Deutschen. Berlin (SLG 56).

Demske, Ulrike (2001b): Zur Distribution von Infinitivkomplementen im Althochdeutschen. In: Müller, R./Reis 2001, 61–86.

Demske, Ulrike (2011): Subordinationsmarker im Deutschen: Zur Geschichte hypothetischer Vergleichssätze. In: Simmler/Wich-Reif (2011), 9–31.

Demske, Ulrike (2014): Verbstellungsvariation in hypothetischen Vergleichssätzen. Ling.Ber. 238, 101–140.

Dentler, Sigrid (1997): Zur Perfekterneuerung im Mittelhochdeutschen. Die Erweiterung des zeitreferentiellen Funktionsbereichs von Perfektfügungen. Göteborg (Göteborger germanistische Forschungen 37).

Dentschewa, Emilia (1986): Finalität des Infinitivkomplements – dargestellt am Beispiel des althochdeutschen Tatian. ZPSK 39, 318–338.

Dentschewa, Emilia (1987): Zur sprachlichen Eigenständigkeit der althochdeutschen Tatian-Übersetzung in Bezug auf den Gebrauch des Infinitivs. BES 7, 207–232.

Desportes, Yvon (Hg.) (1992a): Althochdeutsch. Syntax und Semantik. Akten des Lyonner Kolloquiums zur Syntax und Semantik des Althochdeutschen (1–3 März 1990) (Centre d'Etudes Linguistiques Jacques Goudet. Serie Germanique ancien 1). Lyon.

Desportes, Yvon (1992b): Die ENDI-Koordination im AHD Isidor. In: ders. 1992a, 293–321.

Desportes, Yvon (Hg.) (1997a): Semantik der syntaktischen Beziehungen. Akten des Pariser Kolloquiums zur Erforschung des Althochdeutschen 1994. Heidelberg (GB 3, N. F. 27).
Desportes, Yvon (1997b): Zur Semantik der akkusativischen Beziehung in Otfrids Evangelienbuch: Syntaktisch-semantische Analyse der Okkurrenzen von „duan". In: Desportes 1997a, 161–185.
Desportes, Yvon (2000): Artikel im Mittelhochdeutschen. Lässt sich Paul Valentins Modell des Artikelsystems im heutigen Deutsch auf das Mittelhochdeutsche übertragen? In: Fs. Valentin, 213–253.
Desportes, Yvon (Hg.) (2003a): Konnektoren im älteren Deutsch. Heidelberg (GB 15).
Desportes, Yvon (2003b): *auh* im althochdeutschen Isidor. In: Desportes 2003a, 271–319.
Desportes, Yvon (2004): Zu *huu-*, *ir-*, *th-*, *these* im althochdeutschen Isidor. Vorbemerkungen zu einer Analyse der Korrelate und Korrelatverbindungen. In: Fs. Tiefenbach, 31–63.
Desportes, Yvon (2007): Die Funktion von *selb* in der Anapher im althochdeutschen „Isidor". In: Simmler/Wich-Reif 2007, 9–32.
Desportes, Yvon (2008): *So* im althochdeutschen Isidor. In: Desportes/Simmler/Wich-Reif 2008, 9–66.
Desportes, Yvon (2010): Mikrostrukturen und Makrostrukturen im älteren Deutsch vom 9. bis zum 17. Jahrhundert: Text und Syntax. Berlin (BSS 19).
Desportes, Yvon (2015): Die Komplexität sprachlicher Phänomene am Beispiel des Zusammenspiels von Lexem, Kasus, Präposition und Präverb in der Sprachentwicklung unter besonderer Berücksichtigung des Althochdeutschen. In: Pasques 2015a, 9–48.
Desportes, Yvon / Simmler, Franz / Wich-Reif, Claudia (Hgg.) (2008): Die Formen der Wiederaufnahme im älteren Deutsch. Akten zum Internationalen Kongress an der Université Paris Sorbonne (Paris IV). 8. bis 10. Juni 2006. Berlin (BSS 10).
Dewey, Tonya Kim / Arnett, Carlee (2015): Motion verbs in Old Saxon with the oblique subject construction: a semantic analysis. PBB 137, 183–220.
Diels, Paul (1906): Die Stellung des Verbums in der älteren althochdeutschen Prosa. Berlin.
Dieninghoff, Joseph (1904): Die Umschreibung aktiver Vergangenheit mit dem Participium Praeteriti im Althochdeutschen. Diss. Bonn.
Diewald, Gabriele (1997): Grammatikalisierung. Eine Einführung in Sein und Werden grammatischer Formen. Tübingen (GA 36).
Diewald, Gabriele (1999): Die Modalverben im Deutschen. Tübingen (RGL 208).
Dittmer, Arne / Dittmer, Ernst (1998): Studien zur Wortstellung – Satzgliedstellung in der althochdeutschen Tatianübersetzung. Göttingen (SzA 34).
Dittmer, Ernst (1992): Die Wortstellung im ahd. Tatian. In: Desportes 1992a, 245–258.
Donhauser, Karin (1986): Der Imperativ im Deutschen. Studien zur Syntax und Semantik des deutschen Modussystems. Hamburg.
Donhauser, Karin (1990): Moderne Kasuskonzeptionen und die Kasussetzung im Althochdeutschen. In: Betten 1990, 98–112.
Donhauser, Karin (1991): Das Genitivproblem in der historischen Kasusforschung. Habilitationsschrift (unpubliziert) Univ. Passau.
Donhauser, Karin (1996): Negationssyntax in der deutschen Sprachgeschichte. Grammatikalisierung oder Degrammatikalisierung? In: Lang/Zifonun 1996, 202–217.
Donhauser, Karin (1998a): Das Genitivproblem und (k)ein Ende? In: Askedal 1998, 69–86.
Donhauser, Karin (1998b): Negationssyntax im Althochdeutschen. Ein sprachhistorisches Rätsel und der Weg zu seiner Lösung. In: Fs. Eroms, 283–298.
Donhauser, Karin (2007): Zur informationsstrukturellen Annotation sprachhistorischer Texte. In: Sprache und Datenverarbeitung 31, 1–2, 39–45.

Donhauser, Karin / Petrova, Svetlana (2009): Die Rolle des Adverbs *tho* bei der Entstehung von Funktionsverbgefügen im Althochdeutschen. In: Dannerer, Monika (Hg.): Variation und Transformation von Sprache. Berlin, 11–24.

Dordević, Miloje (1994): Vom Aspekt zum Tempus im Deutschen. DS 22, 289–309.

Drescher, Georg (1921): Gebrauch der Kasus im althochdeutschen Isidor. Diss. Breslau.

Dressler, Wolfgang (1969): Eine textsyntaktische Regel der indogermanischen Wortstellung. ZVS 83, 1–25.

Dückert, Joachim (1961): Das geschichtliche Verhältnis des vergleichenden *als* und *wie*. PBB (H) 83, 205–230.

Dürscheid, Christa (1989): Zur Vorfeldbesetzung in deutschen Verbzweit-Strukturen. Trier.

Düwel, Klaus / Nedoma, Robert / Oehrl, Sigmund (2020): Die südgermanischen Runeninschriften. 2 Teile. Berlin / Boston (Ergänzungsbände RGA 119).

Ebert, Robert Peter (1978): Historische Syntax des Deutschen. Stuttgart (SM 167).

Eckert, Victor (1909): Beiträge zur Geschichte des Gerundivs im Deutschen. Diss. Heidelberg.

Eggenberger, Jakob (1961): Das Subjektspronomen im Althochdeutschen. Chur.

Eggers, Hans (1960): Vollständiges lateinisch-althochdeutsches Wörterbuch zur althochdeutschen Isidor-Übersetzung. Berlin.

Eggers, Hans (1983): Wandlungen im deutschen Satzbau. Vorzüge und Gefahren. Muttersprache 93, 131–141.

Eggers, Hans (1987): *Uuard quhoman* und das System der zusammengesetzten Verbformen im althochdeutschen Isidor. In: Althochdeutsch 1987, 239–252.

Ehret, Wilhelm (1907): Der Instrumentalis im Althochdeutschen. Diss. Heidelberg.

Eichinger, Ludwig M. (1987a): Zum Passiv im Althochdeutschen Isidor: Versuch einer valenzsyntaktischen Beschreibung. In: Passiv im Dt., 129–145 (LA 183).

Eichinger, Ludwig M. (1987b): Zur syntaktischen Beschreibung früherer Sprachstufen. Eine Fallstudie zum althochdeutschen Isidor. In: Althochdeutsch 1987, 408–426.

Eichinger, Ludwig M. (1993): Historische Verb-Grammatik. An Beispielen aus dem althochdeutschen Isidor. Sprachwiss. 18, 121–137.

Eichinger, Ludwig M. / Eroms, Hans-Werner (1995) (Hgg.): Dependenz und Valenz. Hamburg.

Eichner, Heiner / Nedoma, Robert (2000/01): Die Merseburger Zaubersprüche: Philologische und sprachwissenschaftliche Probleme aus heutiger Sicht. Die Sprache 42, 1–195.

Eilers, Helge (1994): Notkers Übersetzung der Carmina im 1. Buch der Consolatio des Boethius. In: Fs. Marq, 203–234.

Eilers, Helge (1997): Parataxe und Hypotaxe in Notkers Psalmenübersetzung. In: Desportes 1997, 23–45.

Eilers, Helge (2003): Die Syntax Notkers des Deutschen in seinen Übersetzungen. Berlin (SLG 66).

Eisenberg, Peter / Smith, George / Teuber, Oliver (2001): Ersatzinfinitiv und Oberfeld. Ein großes Rätsel der deutschen Syntax. DS 29, 242–260.

Engelberg, Bruno (1913): Zur Stilistik der Adjectiva in Otfrids Evangelienbuch und im Heliand. Mit besonderer Berücksichtigung der psychologisch-rhythmischen Merkmale und der Beziehungen zu den Quellen im Adjectivstil beider Dichtungen. Halle a.d.S.

Erben, Johannes (1950): Syntaktische Untersuchungen zu einer Grundlegung der Geschichte der indefiniten Pronomina im Deutschen. PBB 72, 193–221.

Erdmann, Oskar (1874/76): Untersuchungen über die Syntax der Sprache Otfrids. 2 Bde. Halle.

Erdmann, Oskar (1882): Otfrids Evangelienbuch. Hg. und erklärt. Halle a.d.S.

Erdmann, Oskar / Mensing, Otto (1886/98): Grundzüge der deutschen Syntax nach ihrer geschichtlichen Entwicklung. 2 Bde. Stuttgart. Neudruck Hildesheim 1985.

Eroms, Hans-Werner (1980): Funktionskonstanz und Systemstabilisierung bei den begründenden Konjunktionen im Deutschen. Sprachwiss. 5, 73–115.
Eroms, Hans-Werner (1987): Ahd. *fora, furi* und das deutsche Kasussystem. In: Althochdeutsch 1987.
Eroms, Hans-Werner (1990): Zur Entwicklung der Passivperiphrasen im Deutschen. In: Betten 1990, 82–97.
Eroms, Hans-Werner (1992): Das deutsche Passiv in historischer Sicht. In: Hoffmann, Ludger (Hg.): Deutsche Syntax. Berlin, 225–249 (JbIdS 1991).
Eroms, Hans-Werner (1997): Verbale Paarigkeit im Althochdeutschen und das ‚Tempussystem' im ‚Isidor'. ZfdA 126, 1–31.
Eroms, Hans-Werner (2000): Einfache und expandierte Verbformen im frühen Deutsch. In: Eichinger, Ludwig M. / Leirbukt, Oddleif (Hgg.): Aspekte der Verbalgrammatik. Hildesheim (GL 154).
Eroms, Hans-Werner (2006): Die Entwicklung des „Ersatzinfinitivs" im Deutschen. In: Kotin/Krycki/Laskowski/Zuchewicz 2006, 79–93.
Eroms, Hans-Werner (2010): Additive und adversative Konnektoren im Althochdeutschen. In: Ziegler/Braun 2010, 279–303.
Eroms, Hans-Werner (2011): Die Entwicklung der Negationsklassen im Deutschen. In: Gallèpe, Thierry / Dalmas, Martine (Hgg.): Déconstruction – Reconstruction: Autour de la pensée de Jean-Marie Zemb. Rencontre internationale de linguistique – Tours. 20 et 21 novembre 2009. Limoges, 99–115.
Eroms, Hans-Werner (2016): Zur Geschichte und Typologie komplexer Nominalphrasen im Deutschen. In: Hennig, Mathilde (Hgg.): Komplexe Attribution. Ein Nominalstilphänomen aus sprachhistorischer, grammatischer, typologischer und funktionalstilistischer Perspektive. Berlin/Boston, 21–55.
von Ertzdorff, Xenja (1966): Die Wiedergabe der lateinischen Tempora Indicativi Activi durch Notker den Deutschen von St. Gallen. ASNSL 202, 401–427.
EWA = Lloyd, Albert L. / Lühr, Rosemarie / Springer, Otto: Etymologisches Wörterbuch des Althochdeutschen. Göttingen/Zürich 1988 ff.
Eythórsson, Thórhallur (1995): Verbal syntax in the Early Germanic languages. Diss. Cornell Univ.
Feigl, Friedrich A. (1908): Die Stellung der Satzglieder des Vollsatzes in Notkers Martianus Capella. In: Programm Melk 58, 1–36.
Ferraresi, Gisella (2011): Das Vorfeld als Baustelle im Deutschen. Zyklischer Wandel und Variation bei Adverbkonnektoren. In: Ferraresi, Gisella (Hg.): Konnektoren im Deutschen und im Sprachvergleich (sic!). Beschreibung und grammatische Analyse. Tübingen, 325–350.
Ferraresi, Gisella (2018): Adverbial connectives. In: Jäger/Ferraresi/Weiß, H. 2018, 82–121.
Ferrell, Harrison Herbert (1928): The inifinitive in Old High German. Diss. Northwestern Univ.
Fleischer, Jürg (2002): Die Syntax von Pronominaladverbien in den Dialekten des Deutschen: eine Untersuchung zu Preposition Stranding und verwandten Phänomenen. Stuttgart/Wiesbaden.
Fleischer, Jürg (2005): Zur Abfolge akkusativischer und dativischer Personalpronomen im Althochdeutschen und Altniederdeutschen. In: Simmler 2005, 9–48.
Fleischer, Jürg (2006): Zur Methodologie althochdeutscher Syntaxforschung. PBB 128, 25–69.
Fleischer, Jürg (2007): Das prädikative Adjektiv und Partizip im Althochdeutschen und Altniederdeutschen. Sprachwiss. 32, 279–348.
Fleischer, Jürg (2012): Grammatische und semantische Kongruenz in der Geschichte des Deutschen: eine diachrone Studie zu den Kongruenzformen von ahd. *wīb*, nhd. *Weib*. PBB 134, 163–203.
Fleischer, Jürg / Hinterhölzl, Roland / Solf, Michael (2008): Zum Quellenwert des althochdeutschen Tatian für die Syntaxforschung. ZGL 36, 210–239.

Fleischer, Jürg / Schallert, Oliver (2011): Historische Syntax des Deutschen. Eine Einführung. Tübingen (Narr Studienbücher).

Fleischmann, Klaus (1973): Verbstellung und Relieftheorie. Ein Versuch zur Geschichte des deutschen Nebensatzes. München (Münchener germanistische Beiträge 6).

Fleißner, Fabian (2021): „Verbalaspekt" und Textfunktion bei Otfrid. Eine neue Kategorienzuweisung für das Präfix *gi.* JGS 11, 119–131.

Flick, Johanna (2019): „Alte" Daten, neue Methoden. Die Konstruktionalisierung von [Definitartikel + N] im Althochdeutschen. JGS 10, 151–175.

Flick, Johanna (2020). Die Entwicklung des Definitartikels im Althochdeutschen: Eine kognitiv-linguistische Korpusuntersuchung Berlin (Empirically Oriented Theoretical Morphology and Syntax 6).

Flick, Johanna / Szczepaniak, Renata (2018): Über die Ordnung der Wörter: Die Struktur der Nominalphrase im althochdeutschen Isidor. In: Fs. Ronneberger-Sibold, 99–114.

Fobbe, Eilika (2004): Die Indefinitpronomina des Deutschen. Aspekte ihrer Verwendung und ihrer historischen Entwicklung. Heidelberg (GstB 16).

Fobbe, Eilika (2007): Zu einigen Indefinita in den Monseer Fragmenten und im Tatian: *Ein huuelih, sum, sihuuelih*, und *ein ga huuelih*. Sprachwiss. 32, 1–27.

Fourquet, Jean (1938): L'ordre des éléments de la phrase en germanique ancien. Paris (Publications de la Faculté des Lettres de l'Université de Strasbourg 86).

Fourquet, Jean (1974): Genetische Betrachtungen über den deutschen Satzbau. In: Fs. Moser, 314–323.

Freywald, Ulrike (2010): *Obwohl vielleicht war es ganz anders*. In: Ziegler/Braun 2010, 55–84.

Fritz, Gerd (1997): Historische Semantik der Modalverben. In: Fritz/Gloning 1997, 1–57.

Fritz, Gerd / Gloning, Thomas (Hgg.) (1997): Untersuchungen zur semantischen Entwicklungsgeschichte der Modalverben im Deutschen. Tübingen (RGL 187).

Fritz, Thomas Albert (1994): Passivformen in Otfrids Evangelienbuch: Tempus, Aspekt, Aktionsart. Sprachwiss. 19, 165–182.

Fritz, Thomas Albert (1997): Zur Grammatikalisierung der zusammengesetzten Verbformen mit *werden – werden* und die Modalverben im frühen Deutsch und heute. In: Vater 1997, 81–104.

Froschauer, Regine (2005): *Vnbera uuas thiu quena*. Zur substantivischen Konversion im Althochdeutschen. Sprachwiss. 30, 247–277.

Froschauer, Regine (2014): Die Grammatikalisierung der beiden Vollverben *habên* und *eigan* zu Auxiliaren bei der Umschreibung von Vergangenheitstempora im Althochdeutschen. In: Lasch, Alexander / Ziem, Alexander (Hgg.): Grammatik als Netzwerk von Konstruktionen. Sprachwissen im Fokus der Konstruktionsgrammatik. Berlin, 195–206.

Fs. Bech = Dyhr, Mogens / Hyldgaard-Jensen, Karl / Olsen, Jørgen (Hgg.): Festschrift für Gunnar Bech. Kopenhagen 1980.

Fs. Behaghel = Horn, Wilhelm (Hg.): Beiträge zur germ. Sprachwissenschaft. Festschrift für Otto Behaghel. Heidelberg 1924 (GB II,15).

Fs. Bergmann = Glaser, Elvira / Schlaefer, Michael (Hgg.): Grammatica ianua artium. Festschrift für Rolf Bergmann. Heidelberg 1997.

Fs. Darski = Mikołajczyk, Beata / Kotin, Michail (Hgg.): Terra grammatica. Ideen – Methoden – Modelle. Festschrift für Józef Darski zum 65. Geburtstag. Frankfurt a.M. u.a. 2008.

Fs. Desportes = Lefèvre, Michel / Simmler, Franz (Hgg.): Historische Syntax und Semantik vom Althochdeutschen bis zum Neuhochdeutschen. Festschrift für Yvon Desportes zum 60. Geburtstag. Berlin 2008 (BSS 14).

Fs. Donhauser = Bluhm, Carmen / Hopperdietzel, Jens / Zeige, Lars (Hgg.): Glossarium amicorum. Festschrift für Karin Donhauser. Berlin 2016.

Fs. Eggers = Backes, Herbert (Hg.): Festschrift für Hans Eggers zum 65. Geburtstag. Tübingen 1972 (PBB 94, Sonderheft).

Fs. Erben = Besch, Werner (Hg.): Deutsche Sprachgeschichte. Festschrift für Johannes Erben zum 65. Geburtstag. Frankfurt a.M./Berlin/New York/Paris/Wien 1991.

Fs. Eroms = Donhauser, Karin / Eichinger, Ludwig M. (Hgg.): Deutsche Grammatik – Thema in Variationen. Festschrift für Hans-Werner Eroms zum 60. Geburtstag. Heidelberg 1998 (GstB 1).

Fs. Hildebrand = Braune, Wilhelm u.a. (Hgg.): Forschungen zur deutschen Philologie. Festgabe für Rudolf Hildebrand. Leipzig 1894.

Fs. Höfler = Helmut Birkhan (Hg.): Festgabe Höfler. Wien/Stuttgart 1976 (Philologica germanica 3).

Fs. Horacek = Ebenbauer, Alfred (Hg.): Strukturen und Interpretationen. Studien zur deutschen Philologie gewidmet Blanka Horacek zum 60. Geburtstag. Wien/Stuttgart 1974 (Philologica germanica 1).

Fs. Leirbukt = Lindemann, Beate / Letnes, Ole (Hgg.): Diathese, Modalität, Deutsch als Fremdsprache. Festschrift für Oddleif Leirbukt zum 65. Geburtstag. Tübingen 2004.

Fs. Lühr = Neri, Sergio / Schuhmann, Roland / Zeilfelder, Susanne (Hgg.): „dat ih dir it nu bi huldi gibu". Linguistische, germanistische und indogermanistische Studien. Rosemarie Lühr gewidmet. Wiesbaden 2016.

Fs. Marq = Desportes, Yvon (Hg.): Philologische Forschungen. Festschrift für Philippe Marcq. Heidelberg 1994 (GB, N. F. Reihe 3, Untersuchungen).

Fs. Mettke = Haustein, Jens / Meineke, Eckhard / Wolf, Norbert Richard (Hgg.): Septuaginta quinque. Festschrift für Heinz Mettke. Heidelberg (Jenaer germanistische Forschungen N. F. 5) 2002.

Fs. Moser = Besch, Werner / Jungbluth, Günther / Meissner, Gerhard / Nellmann, Eberhard (Hgg.): Studien zur deutschen Literatur und Sprache des Mittelalters. Festschrift für Hugo Moser zum 65. Geburtstag. Berlin 1974.

Fs. Neuendorf = Szurawitzki, Michael / Schmidt, Christopher M. (Hgg.): Interdisziplinäre Germanistik im Schnittpunkt der Kulturen. Festschrift für Dagmar Neuendorff zum 60. Geburtstag. Würzburg 2008.

Fs. Panagl = Lindner, Thomas / Müller, Ulrich (Hgg.): Analecta homini universala dicata. Arbeiten zur Indogermanistik, Linguistik, Philologie, Politik, Musik und Dichtung. Festschrift für Oswald Panagl zum 65. Geburtstag. Stuttgart 2004.

Fs. Penzl = Rauch, Irmengard / Carr, Gerald (Hgg.): Linguistic method. Essays in honor of Herbert Penzl. The Hague 1979 (JL series maior 79).

Fs. Rauch = Carr, Gerald F. / Harbert, Wayne / Zhang, Lhua (Hgg.): Interdigitations. Essays for Irmengard Rauch. New York 1999.

Fs. Ronneberger-Sibold = Kazzazi, Kerstin / Luttermann, Karin / Wahl, Sabine / Fritz, Thomas A. (Hgg.): Worte über Wörter. Festschrift zu Ehren von Elke Ronneberger-Sibold. Tübingen 2018.

Fs. Schmid = Czajkowski, Luise / Ulbrich-Bösch, Sabrina / Waldvogel, Christina (Hgg.): Sprachwandel im Deutschen. Festschrift für Hans Ulrich Schmid zum 65. Geburtstag. Berlin/Boston 2018.

Fs. de Smet = Cox, Harvey L. / Vanacker, V.F. / Verhofstadt, E. (Hgg.): *Wortes anst – verbi gratia.* Donum natalicum Gilbert A.E. de Smet. Leuven/Amersfoort 1986.

Fs. Sonderegger = Burger, Harald / Haas, Alois M. / von Matt, Peter (Hgg.): Verborum Amor. Studien zur Geschichte und Kunst der deutschen Sprache. Festschrift für Stefan Sonderegger zum 65. Geburtstag. Berlin/New York 1992.

Fs. Tiefenbach = Greule, Albrecht / Meineke, Eckhard / Thim-Mabrey (Hgg): Entstehung des Deutschen. Festschrift für Heinrich Tiefenbach. Heidelberg (Jenaer Germanistische Forschungen, N. F. 17) 2004.

Fs. Valentin = Desportes, Yvon (Hg.): Rechts von N. Zur Geschichte der Nominalgruppe im älteren Deutsch. Festschrift für Paul Valentin. Heidelberg 2000 (GB 5).

Fs. Weigand = Fabur du Faur, Curt / Reichardt, Konstantin / Bluhm, Heinz (Hgg.): Wächter und Hüter. Festschrift für Hermann J. Weigand. New Haven 1957.

Furrer, Dieter (1971): Modusprobleme bei Notker. Berlin (Das Althochdeutsche von St. Gallen 2).

Fuß, Eric (2000): Residual V2 as the historical origin of the V2 phenomenon. In: Czinglar, Christine / Köhler, Katharina / van der Torre, Eric Jan / Zimmermann, Malte (Hgg.): Proceedings of ConSole 8, Leiden, 91–105.

Fuß, Eric (2003): On the historical core of V2 in Germanic. NJL 26, 195–231.

Fuß, Eric (2018): The OV/VO alternation in early German. In: Jäger/Ferraresi/Weiß, H. 2018, 230–262.

Gärtner, Kurt (1969): Die constructio ἀπὸ κοινοῦ bei Wolfram von Eschenbach. In: PBB (T) 91, 121–259.

Gärtner, Kurt (1970): Numeruskongruenz bei Wolfram von Eschenbach: zur constructio ad sensum. Wolfram-Studien 1, 28–61.

Gärtner, Kurt (1977): Zur Negationspartikel *ne* in den Handschriften von Wolframs 'Willehalm'. Die mit *ne* und *niht* verneinten Sätze. In: Wolfram-Studien 4, 81–103.

Gärtner, Kurt (1981): Asyndetische Relativsätze in der Geschichte des Deutschen. ZGL 9, 152–163.

Gebhardt, Michael (2000): Althochdeutsch *enteo ni uuenteo*. In: Fs. Mettke, 111–146.

Gelderen, Margreet van (1991): Notkers Wiedergabe des Ablativus Absolutus in seiner Übersetzung von Boethius' 'De consolatione philosophiae'. ABäG 33, 39–79.

Gering, Hugo (1876): Die Causalsätze und ihre Partikeln bei den althochdeutschen Übersetzern des achten und neunten Jahrhunderts. Diss. Halle.

Gerring, Hugo (1927): Die unbestimmten Pronomina auf *-ein* im Alt- und Mittelhochdeutschen bis zum Anfang des 14. Jahrhunderts. Diss. Uppsala.

Gervasi, Teresa (1971): La perifrasi verbo sostantivo + participio presente in Otfrid. Studi Germanici N. F. 9, 32–70.

Gillmann, Melitta (2016a): Perfektkonstruktionen mit *haben* und *sein*. Eine Korpusuntersuchung im Althochdeutschen, Altsächsischen und Neuhochdeutschen. Berlin/Boston (SLG 128).

Gillmann, Melitta (2016b): Zwischen Pragmatik und Grammatik. Die gegenläufige Entwicklung der aktiven und passiven *sein*-Periphrase vom Althochdeutschen zum Neuhochdeutschen. In: Ernst, Peter / Werner, Martina (Hgg:): Linguistische Pragmatik in historischen Bezügen. Berlin/Boston (LHG 9), 131–149.

Giuffrida, Robert T. (1972): Das Adjektiv in den Werken Notkers. Berlin (PhSQ 64).

Glaser, Elvira (1992): Umbau partitiver Strukturen in der Geschichte des Deutschen. Sprachwiss. 17, 113–132.

Glaser, Elvira (2000): Zur Verwendung des Artikels in den althochdeutschen Glossen. In: Fs. Valentin, 187–212.

Gräf, Heinrich (1905): Die Entwicklung des deutschen Artikels vom Althochdeutschen zum Mittelhochdeutschen. Diss. Gießen.

Graff, Eberhard Gottlieb (1824): Die althochdeutschen Präpositionen. Ein Beitrag zur deutschen Sprachkunde und Vorläufer eines althochdeutschen Sprachschatzes nach den Quellen des 8ten bis 11ten Jahrhunderts. Königsberg.

Greule, Albrecht (1971): Valenz und historische Grammatik. ZGL 1, 284–294.

Greule, Albrecht (1982a): Valenz, Satz, Text. München.

Greule, Albrecht (1982b): Valenz und althochdeutsche Syntax. In: ders. (Hg.): Valenztheorie und historische Sprachwissenschaft. Tübingen (RGL 42), 1–17.
Greule, Albrecht (1983): Zum Aufbau einer dependenziellen althochdeutschen Syntax. Ein Werkstattbericht. Sprachwiss. 8, 81–98.
Greule, Albrecht (1987): Syntaktische Strukturen im Hildebrandslied. In: Althochdeutsch 1987, 427–445.
Greule, Albrecht (1988): Ein althochdeutsches syntaktisches Verbwörterbuch. In: Askedal, John Ole / Fabricius-Hansen, Cathrine / Schöndorf / Kurt Erich (Hgg.): Gedenkschrift für Ingerid Dal. Tübingen, 28–38.
Greule, Albrecht (1992): Im Zentrum der althochdeutschen Syntax: die Satzmuster. In: Desportes 1992a, 199–210.
Greule, Albrecht (1994): Die relative Satzverbindung im Althochdeutschen. In: Fs. Marq, 116–120.
Greule, Albrecht (1995): Valenz im historischen Korpus. In: Eichinger/Eroms 1995, 357–364.
Greule, Albrecht (1997): Probleme der Beschreibung des Althochdeutschen mit Tiefenkasus. In: Desportes 1997, 107–122.
Greule, Albrecht (1998): Zwischen Syntax und Textgrammatik: die Parenthese bei Otfrid von Weißenburg. In: Askedal 1998, 193–205.
Greule, Albrecht (1999): Syntaktisches Verbwörterbuch zu den althochdeutschen Texten des 9. Jahrhunderts. Frankfurt a.M. (RBDSL 73).
Greule, Albrecht (2000) Syntax des Althochdeutschen. In: Besch et al., Bd 2, 1207–1213.
Greule, Albrecht (2006): Historische Fallstudie: Althochdeutsch. In: Ágel, Vilmos et al. Bd 2, 1474–1479.
Greule, Albrecht (2014): Diachrone Perspektiven im Historischen deutschen Valenzwörterbuch. Glottotheory 5, 53–63.
Grewendorf, Günther (2010): On the typology of verb second. In: Hanneforth, Thomas / Fanselow, Gisbert (Hgg.): Language and logos. Studies in theoretical and computational linguistics. Berlin, 72–96.
Grimm, Jacob (1870–1898): Deutsche Grammatik. Neuer vermehrter Abdruck, besorgt durch Wilhelm Scherer / Gustav Roethe / Edward Schröder. 4 Bde. Berlin/Gütersloh.
Grønvik, Ottar (1986): Über den Ursprung und die Entwicklung der aktiven Perfekt- und Plusquamperfektkonstruktionen des Hochdeutschen und ihre Eigenart innerhalb des germanischen Sprachraumes. Oslo.
Große, Rudolf (1990): Lexik und Syntax im Althochdeutschen. In: Fs. Erben, 93–101.
Habermann, Mechthild (2007): Aspects of a diachronic valency syntax of German. In: Herbst, Thomas / Götz-Votteler, Katrin (Hgg.): Valency. Theoretical, Descriptive and Cognitive Issues. Berlin/New York, 85–100.
Haider, Hubert (2010): Wie wurde Deutsch OV? Zur diachronen Dynamik eines Strukturparameters der germanischen Sprachen. In: Ziegler/Braun 2010, 11–31.
Haider, Hubert / Prinzhorn, Martin (1986): Verb-second Phenomena in Germanic Languages. Dordrecht (Publications in Language Sciences 21).
Handschuh, Doris (1964): Konjunktionen in Notkers Boethius-Übersetzung. Diss. Zürich.
Harbert, Wayne (1999): *Erino portun ih firchnussu*. In: Fs. Rauch, 257–268.
Härd, John Evert (1998): Rahmenstruktur und Objektfeld. In: Askedal 1998, 149–163.
Härd, John Evert (2003): Hauptaspekte der syntaktischen Entwicklung in der Geschichte des Deutschen. In: Besch et al., Bd 3, 2569–2582.

Haubrichs, Wolfgang (1995): Geschichte der deutschen Literatur von den Anfängen bis zum Beginn der Neuzeit. Band I: Von den Anfängen zum hohen Mittelalter. Teil 1: Die Anfänge: Versuche volkssprachiger Schriftlichkeit im frühen Mittelalter (ca. 700–1050/60), 2. Aufl. Tübingen.

Haubrichs, Wolfgang (2000): Zur Vorgeschichte der Artikel in den germanischen Sprachen. In: Fs. Valentin, 179–185.

Haugann, Olav M. (1974): Zu den nicht-attributiven und den asyndetischen Relativsätzen im Mittelhochdeutschen. NTS 28, 207–248.

Heidermanns, Frank / Morawetz, Luise (2020): Zum grammatischen Ertrag der neueren althochdeutschen Glossenforschung. In: Bergmann, Rolf / Stricker, Stefanie (Hgg.): Glossenstudien. Ergebnisse der neuen Forschung, Heidelberg (Germanische Bibliothek 70), 155–177.

Heinrichs, Heinrich Matthias (1954): Studien zum bestimmten Artikel in den germanischen Sprachen. Gießen (Beiträge zur deutschen Philologie 1).

Held, Karl (1903): Das Verbum ohne pronominales Subjekt in der älteren deutschen Sprache. Berlin (Palaestra 31).

Hellwig, Jakob (1898): Die Stellung des attributiven Adjektivs im Deutschen. Ein Beitrag zur historischen Syntax. Diss. Halle.

Hennig, Joachim Dieter (1957): Studien zum Subjekt impersonal gebrauchter Verben im Althochdeutschen und Altniederdeutschen unter Berücksichtigung gotischer und altwestnordischer Zeugnisse. Diss. Göttingen.

Hentschel, Elke (1986): Funktion und Geschichte deutscher Partikeln. „ja“, „doch“, „halt“ und „eben“. Tübingen (RGL 63).

Henzen, Walter 1965: Deutsche Wortbildung. 2. Aufl. Tübingen (Sammlung kurzer Grammatiken germanischer Dialekte. B. Ergänzungsreihe. Nr. 5).

Herchenbach, Hugo (1910): Das Präsens Historicum im Mittelhochdeutschen. Berlin (Palästra 104).

Heringer, Hans Jürgen (2006): Prinzipien des Valenzwandels. In: Ágel et al., Bd 2, 1447–1461.

Hermodsson, Lars (1952): Reflexive und intransitive Verba im älteren Westgermanischen. Uppsala.

Hewson, John / Bubenik, Vit (1997): Tense and aspect in Indo-European languages. Amsterdam / Philadelphia (Current issues in linguistic theory 145).

Himmelmann, Nikolaus P. (1997): Deiktikon, Artikel, Nominalphrase. Zur Emergenz syntaktischer Struktur. Tübingen (LA 362).

Hinterhölzl, Roland (2006): The phase condition and cyclic spell-out: evidence from VP-topicalization. In: Frascarelli, Mara (Hg.): Phases of interpretation. Berlin/New York (SGG 91), 237–259.

Hinterhölzl, Roland (2009): The role of information structure in word order variation and word order change. In: Hinterhölzl/Petrova 2009, 45–66.

Hinterhölzl, Roland (2010): Zur Herausbildung der Satzklammer im Deutschen. Ein Plädoyer für eine informationsstrukturelle Analyse. In: Ziegler/Braun 2010, 121–138.

Hinterhölzl, Roland (2012): Studies on Basic Word Order, Word Order Variation and Word Order Change in Germanic. Venedig.

Hinterhölzl, Roland / Petrova, Svetlana (2005): Rhetorical Relations and Verb Placement in Early Germanic Languages. Evidence from the Old High German Tatian Translation (9th century). In: Stede, Manfred / Chiarcos, Christian / Grabski, Michael / Lagerwerf, Luuk (Hgg.): Salience in discourse. Multidisciplinary Approaches to Discourse. Münster, 71–78.

Hinterhölzl, Roland / Petrova, Svetlana (Hgg.) (2009): Information Structure and Language Change. New Approaches to Word Order Variation in Germanic. Berlin (TiLSM 203).

Hinterhölzl, Roland / Petrova, Svetlana (2010a): From V1 to V2 in West Germanic. Lingua 120, 315–328.

Hinterhölzl, Roland / Petrova, Svetlana (2010b): Evidence for two types of focus positions in Old High German. In: Ferraresi / Gisella / Lühr, Rosemarie (Hgg.): Diachronic studies on information structure. Language acquistion and change. Berlin/New York, 189–217.

Hinterhölzl, Roland / Petrova, Svetlana (2011): Rhetorical relations and verb placement in Old High German. In: Christian Chiarcos (Hg.): Salience. Multidisciplinary perspectives on its function in discourse. Berlin/New York (TiLSM 227) 173–202.

Hinterhölzl, Roland / Solf, Michael (2005): Diskurspragmatische Faktoren für Topikalität und Verbstellung in der ahd. Tatianübersetzung (9. Jh.). ISIS 3, 143–182.

Hirai, Toshio (2006): Ausklammerung im Alt- und Mittelhochdeutschen – im Aspekt der historischen Entwicklung der deutschen Syntax. In: Kawasaki, Yasushi (Hg.): Sprachwandel – inner- und außersprachlich betrachtet. Tokyo, 29–37.

Hjelmslev, Louis (1974): Prolegomena zu einer Sprachtheorie. München (LR 9).

Hock, Hans Henrich (1996): On the origin and development of relative clauses in Early Germanic, with special emphasis on Beowulf. In: Antonsen/Hock 1996, 55–89.

Hodler, Werner (1954): Grundzüge einer germanischen Artikellehre. Heidelberg (GB 3. Reihe).

Holler, Anke (2005): Weiterführende Nebensätze. Empirische und theoretische Aspekte. Berlin (SG 60).

Holly, Werner (1988): Weiterführende Nebensätze in sprachgeschichtlicher Perspektive. ZGL 16, 310–322.

Holmberg, John (1916): Zur Geschichte der periphrastischen Verbindung des Verbum substantivum mit dem Partizipium präsentis im Kontinentalgermanischen. Diss. Uppsala.

Holmberg, Märta Åsdahl (1967): Exzipierend-einschränkende Ausdrucksweise untersucht besonders auf Grund hochdeutscher Bibelübersetzungen bis zum Anfang des 16. Jahrhunderts. Uppsala (Acta Universitatis Upsaliensis. Studia Germanistica Upsaliensia 4).

Horacek, Blanca (1957): Zur Verbindung von Vorder- und Nachsatz im Deutschen. PBB (H) 79, 415–439.

Ingenbleek, Theodor (1880): Über den Einfluss des Reimes auf die Sprache Otfrids, besonders in bezug auf Laut- und Formenlehre. Straßburg (QF 37).

Jäckh, Karoline (2011): Konjunktiv I synchron und diachron. Tübingen (SdG 79).

Jäger, Agnes (2005): Negation in Old High German. ZS 24, 227–262.

Jäger, Agnes (2008): History of German Negation. Amsterdam / Philadelphia (Lakt 118).

Jäger, Agnes (2009): Sources of Change in the German syntax of negation. In: Crisma/Langobardi 2009, 110–127.

Jäger, Agnes (2016): Vergleichskasus im Althochdeutschen. In: Fs. Lühr, 193–208.

Jäger, Agnes (2018): Vergleichskonstruktionen im Deutschen. Diachroner Wandel und synchrone Variation. Berlin (LA 569).

Jäger, Agnes / Ferraresi, Gisella / Weiß, Helmut (Hgg.) (2018): Clause Structure and Word Order in the History of German. Oxford (Oxford Studies on Diachronic and Historical Linguistics 28).

Jäger, Agnes / Penka, Doris (2012): Development of sentential negation in the history of German. In: Ackema, Peter et al. (Hgg.): Comparative Germanic Syntax. The state of the art Amsterdam (Lakt 191), 199–222.

Jäger, Anne (2013): The emergence of modal meanings from *haben* with zu-infinitives in Old High German. In: Diewald, Gabriele / Kahlas-Tarkka, Leena / Wischer, Ilse (Hgg.): Comparative studies in early Germanic languages. With a focus on verbal categories. Amsterdam (Studies in Language Companion Seris 138), 151–168.

Jäger, Paul (1917): Der Gebrauch des bestimmten Artikels bei Isidor und Tatian vergleichend dargestellt. Diss. Leipzig. Weida.

Johansen, Holger (1935): Zur Entwicklungsgeschichte der altgermanischen Relativsatzkonstruktionen. Diss. Kopenhagen.

Jones, Howard (2009): Aktionsart in the Old High German passive. With special reference to the Tatian and Isidor translations. Hamburg (BgS 20).

Juntune, Thomas William (1968): Comparative syntax of the Verb phrase in Old High German and Old Saxon. Diss. Princeton Univ.

Karg, Fritz (1930): *hiez*-Formel und *hiez*-Satz im Lucidarius A. PBB 54, 268–280.

Kaufmann, Paulus (1912): Über Genera Verbi im Althochdeutschen besonders bei Isidor und Tatian. Diss. Leipzig. Erlangen.

Kavanagh, Joseph Hayes (1970): The verb-final rule in High German. Diss. Univ. of Michigan.

Kelle, Johann (1856, 1869, 1881): Otfrids von Weissenburg Evangelienbuch. Bd 1: Text und Einleitung, Bd 2: Formen- und Lautlehre der Sprache Otfrids. Mit sechs Tafeln und Schriftproben, Bd 3: Glossar der Sprache Otfrids. Regensburg.

Kemenade, Ans van / Vincent, Nigel (Hgg.) (1997): Parameters of morphosyntactic change. Cambridge.

Kessler, Benno (1948): Ruhe und Richtung in der althochdeutschen Verbalrektion. Diss. Marburg.

Kiparsky, Paul (1996): The shift to head-initial VP in Germanic. In: Thráinsson, Höskuldur / Epstein, Samuel / Peter, Steve (Hgg.): Studies in Comparative Germanic Syntax II. Dordrecht (Studies in Natural Language and Linguistic Theory), 140–179.

Kleiber, Wolfgang (1971): Otfrid von Weißenburg. Untersuchungen zur handschriftlichen Überlieferung und Studien zum Aufbau des Evangelienbuches. Bern/München (Bibliotheca Germanica 14).

Kleiber, Wolfgang (2004): Otfrid von Weißenburg. Evangelienbuch. Band I: Edition nach dem Wiener Codex 2687. Band II: Einleitung und Apparat. Tübingen.

Klein, Thomas (2007): Von der semantischen zur morphologischen Steuerung. Zum Wandel der Adjektivdeklination in althochdeutscher und mittelhochdeutscher Zeit: In: Fix, Hans (Hg.): Beiträge zur Morphologie. Germanisch, Baltisch, Ostseefinnisch. Odense (North-Western European language evolution; Supplement 23), 193–225.

Klein, Thomas (2016): *mit alledem*. In: Fs. Donhauser, 139–149.

Kock, Ernst A. (1901): Die deutschen Relativpronomen. Lund. (Acta Universitatis Lundensis / Lunds Universitets Ärsskrifl 37/1/2).

Kögel, Rudolf (1882): Zum deutschen Verbum. PBB 8, 126–139.

Kolditz, Gottfried (1952): Syntaktische Untersuchung der Indefinita *sum*, *ein*, *einig* im Germanischen, PBB 74, 225–268.

Koll, Hans-Georg (1965): Zur Stellung des Verbs im spätantiken und frühmittelalterlichen Latein. MlatJb. 2, 241–272.

Korhonen, Jarmo (1995): Zum Wesen der Polyvalenz in der deutschen Sprachgeschichte. In: Eichinger/Eroms 1995, 365–382.

Korhonen, Jarmo (2006): Valenzwandel am Beispiel des Deutschen. In: Ágel et al., Bd 2, 1462–1474.

Korhonen, Jarmo (2018): Zur Entwicklung der Valenz ausgewählter Verben und Verbphraseme vom Althochdeutschen bis zum heutigen Deutsch. NphM 119, 195–216.

Kotin, Michail L. (1997): Die analytischen Formen und Fügungen im deutschen Verbalsystem: Herausbildung und Status (unter Berücksichtigung des Gotischen). Sprachwiss. 22, 479–500.

Kotin, Michail L. (1998): Die Herausbildung der grammatischen Kategorie des Genus verbi im Deutschen. Eine historische Studie zu den Vorstufen und zur Entstehung des deutschen Passiv-Paradigmas. Hamburg (BgS 14).

Kotin, Michail L. (2000): Das Partizip II in hochdeutschen periphrastischen Verbalfügungen im 9.–15. Jh. Zur Ausbildung des analytischen Sprachbaus. ZGL 28, 319–345.
Kotin, Michail L. (2003): Die *werden*-Perspektive und die *werden*-Periphrasen im Deutschen. Frankfurt a.M. (Danziger Beiträge zur Germanistik 6).
Kotin, Michail L. (2021): Der deutsche Dativ genealogisch und diachron. Eine Sprachwandelstudie über den dritten Fall. PBB 143, 51–111.
Kotin, Michail L. / Kotorova, Elizaveta G. (Hgg.) (2011): Geschichte und Typologie der Sprachsysteme. History and typology of language systems. Heidelberg (GstB 39).
Kotin, Michail L. / Krycki, Piotr / Laskowski, Marek / Zuchewicz, Tadeusz (Hgg.) (2006): Das Deutsche als Forschungsobjekt und als Studienfach. Synchronie – Diachronie – Glottodidaktik. Akten der Internationalen Fachtagung anlässlich des 30jährigen Bestehens der Germanistik in Zielona Góra / Grünberg. Frankfurt a.M./Berlin/Bern/Bruxelles/New York/Oxford/Wien.
Kraiss, Andrew (2014): The Evolution of the Definite Article in Old High German. JGL 26, 127–155.
Krämer, Peter (1974): Zum Problem der Aktionsarten im Deutschen. Versuch einer terminologischen Klärung mit Hilfe der Diachronie. In: Fs. Horacek, 212–226.
Krämer, Peter (1976): Die inchoative Verbalkategorie des Althochdeutschen und Frühmittelhochdeutschen. In: Fs. Höfler, 409–428.
Krause, Maxi (1992): Zur temporalen Lokalisation im AHD. In: Desportes 1992a, 47–68.
Krause, Maxi (1997): Zur Modalisierung bei Otfrid. In: Desportes 1997, 92–106.
Krause, Maxi (2000): Binnenstruktur temporaler Nominalgruppen im Akkusativ und Genitiv. In: Desportes 2000, 71–97.
Krause, Maxi (2003): Wer sind eigentlich – semantisch betrachtet – die Vorgänger von *da* + Präposition? In: Desportes 2003a, 101–135.
Krause, Wolfgang (1937): Runeninschriften im älteren Futhark. Hg. und erklärt. Halle a.d.S.
Krause, Wolfgang (1971): Die Sprache der urnordischen Runeninschriften. Heidelberg (Germanische Bibliothek. 3. Reihe: Untersuchungen und Einzeldarstellungen).
Krisch, Thomas (2004): Some aspects of word order and sentence type: From Indo-European to New High German. In: Fs. Panagl, 106–129.
Krömer, Gotthard (1914, 1959, 1960, 1961, 1962, 1964): Die Präpositionen in der hochdeutschen Genesis und Exodus nach den verschiedenen Überlieferungen. PBB (H) 39, 403–523; 81, 323–387; 82, 261–300; 83, 117–150; 84, 67–119; 86, 403–455.
Krotz, Elke (2002): Auf den Spuren des althochdeutschen Isidor. Studien zur Pariser Handschrift, den Monseer Fragmenten und zum Codex Junius 25. Mit einer Neuedition des Glossars Jc. Heidelberg.
Kruse, Norbert (2011): Glossen in zwei Handschriften der ehemaligen Weingartner Klosterbibliothek. Sprachwiss. 36, 1–34.
Kuroda, Susumu (1997): Zum System der Partizip II-Konstruktion im Althochdeutschen. Sprachwiss. 22, 287–307.
Kuroda, Susumu (1999): Die historische Entwicklung der Perfektkonstruktionen im Deutschen. Hamburg (BgS 15).
Kuroda, Susumu (2005): Zum Plusquamperfekt bei Otfrid von Weißenburg. NphM 106, 259–272.
Kuroda, Susumu (2006): Zum Verbalpräfix *be-* im Althochdeutschen und im Gegenwartsdeutschen. In: Kotin/Krycki/Laskowski/Zuchewicz 2006, 113–118.
Kuroda, Susumu (2007): Zur valenzmodifizierenden Funktion der Verbalpräfixe im Althochdeutschen und Gegenwartsdeutschen. Sprachwiss. 32, 29–75.
Kuroda, Susumu (2008a): Zu Präfix- und Partikelverben im althochdeutschen Isidor. In: Fs. Neuendorf, 55–67.

Kuroda, Susumu (2008b): Zum Status des Präfixverbs im althochdeutschen „Isidor“. In: Fs. Darski, 195–207.
Kuroda, Susumu (2008c): Zur semantischen Funktion der *werdhan wordhan*-Konstruktion. Energeia 33, 45–57.
Kuroda, Susumu (2010): Inkorporation im Althochdeutschen. In: Ziegler/Braun 2010, 317–337.
Kuroda, Susumu (2011): Perfekt im Althochdeutschen, textlinguistisch gesehen. In: Kotin/Kotorova 2011, 197–204.
Kuroda, Susumu (2014): Die syntaktische Funktion der Präfigierung im Althochdeutschen. Heidelberg (GstB 51).
Kurosawa, Hirokazu (2006): Über den Modusgebrauch im althochdeutschen Tatian: Zweiter Teil. Semantische Untersuchungen zur Modusopposition beim Temporalsatz. DB 50, 17–38.
Kurosawa, Hirokazu (2008): Über den Modusgebrauch im althochdeutschen Tatian: Dritter Teil. Modusoppositionen bei konjunktivischen Nebensätzen. DB 52, 1–22.
Kurosawa, Hirokazu (2009): Über den Modusgebrauch im althochdeutschen Tatian aus der Sicht von Modalitäten. Semantische und statistische Untersuchungen zur Modusdifferenz zwischen dem Lateinischen und dem Althochdeutschen. Hamburg (Schriftenreihe Philologia 141).
Kurosawa, Hirokazu (2011): Über den Modusgebrauch im althochdeutschen Tatian: Vierter Teil – *dixerit*: Indikativ Futur II oder Konjunktiv Perfekt. DB 55, 55–74.
Kurosawa, Hirokazu (2012): Über den Konjunktiv in althochdeutschen Nebensätzen – bei fragendem und negiertem Hauptsatz. DB 56, 29–47.
Kurosawa, Hirokazu (2015): Über den Konjunktiv in althochdeutschen Nebensätzen – Ohne Berücksichtigung der Einwirkungen des Hauptsatzes. DB 59, 77–93.
Lang, Ewald (1977): Semantik der koordinativen Verknüpfung. Berlin (SG 14).
Lang, Ewald / Zifonun, Gisela (Hgg.) (1996): Deutsch – typologisch. Berlin/New York (JbIDS 1995).
Lanouette, Ruth Lunt (1996): The attributive genitive in the history of German. In: Lippi-Green, Rosina L. / Salmons, Joseph C. (Hgg.): Germanic linguistics. Amsterdam / Philadelphia (ASTHSL 4/137), 85–102.
Lasch, Agathe (1923): Der Conjunktiv als Futurum im Mittelhochdeutschen und im Altsächsischen. PBB 47, 325–335.
Lawson, Richard H. (1958): The Old High German translations of Latin future active in „Tatian“. JEGP 57, 64–71.
Lawson, Richard H. (1959): Old High German past tense as a translation of Latin present tense in Tatian. JEGP 58, 457–464.
Lawson, Richard H. (1965): The Prefix *gi-* as a perfectivizing future significant in OHG Tatian. JEGP 64, 90–97.
Lawson, Richard H. (1968a): The verbal prefix *ge-* in the Old High German and Middle High German Benedictine Rules. JEGPh 67, 647–655.
Lawson, Richard H. (1968b): A reappraisal of the function of the prefix *gi-* in Old High German Tatian. NphM 69, 272–280.
Lawson, Richard H. (1969): Alternation of negative variants in Old High German. NphM 70, 344–351.
Lawson, Richard H. (1970): Preverbal *ke-* in the earliest Old Alemannic. JEGPh 69, 568–579.
Lawson, Richard H. (1973): The position of the verb in Notker's Old High German psalm translations. ABÄG 5, 63–75.
Lawson, Richard H. (1980): Paratactic *thô* in Old High German Tatian. NphM 81, 99–104.
Lehmann, Christian (1984): Der Relativsatz. Typologie seiner Strukturen, Theorie seiner Funktionen, Kompendium seiner Grammatik. Tübingen (Language universals 3).

Leirbukt, Oddleif (1971): Zur Beschreibung von althochdeutschen Relativsätzen in Sequenzen mit alleinstehendem *der*. NTS 25, 108–115.
Leiss, Elisabeth (1990): Grammatische Kategorien und sprachlicher Wandel: Erklärung des Genitivschwunds im Deutschen. In: Bahner, Werner / Schildt, Joachim / Viehweger, Dieter (Hgg.): Proceedings of the XIVth International Congress of Linguistics (held in Berlin/GDR 1987). Berlin. Bd 2, 1406–1409.
Leiss, Elisabeth (1992): Die Verbalkategorien des Deutschen. Berlin/New York (SLG 31).
Leiss, Elisabeth (1994): Die Entstehung des Artikels im Deutschen. Sprachwiss. 19, 307–319.
Leiss, Elisabeth (2000): Artikel und Aspekt. Berlin (SLG 55).
Leiss, Elisabeth (2011): Die aspektuelle Funktion von Verberstellung (V1) im Altisländischen und Althochdeutschen. In: Kotin / Kotorova 2011, 71–80.
Lenerz, Jürgen (1984): Syntaktischer Wandel und Grammatiktheorie. Eine Untersuchung an Beispielen aus der Sprachgeschichte des Deutschen. Tübingen (LA 141).
Lenerz, Jürgen (1992): Zur Theorie syntaktischen Wandels: Das expletive *es* in der Geschichte des Deutschen. In: Abraham, Werner (Hg.): Erklärende Syntax des Deutschen. 2. Aufl. Tübingen (SdG 25), 98–136.
Lenz, Barbara (1996): Negationsverstärkung und Jespersens Zyklus im Deutschen und in anderen europäischen Sprachen. In: Lang/Zifonun 1996, 183–200.
Linz, Karl (1910): Das Präpositionalattribut des Substantivums im Alt- und Mittelhochdeutschen. Bonn.
Lippert, Jörg (1974): Beiträge zur Technik und Syntax althochdeutscher Übersetzungen. München (MAe 25).
Lobenstein-Reichmann, Anja / Reichmann, Oskar (Hgg.) (2003): Neue historische Grammatiken. Zum Stand der Grammatikschreibung historischer Sprachstufen des Deutschen und anderer Sprachen. Tübingen (RGL 243).
Lockwood, William Burley (1968): Historical German Syntax. Oxford.
Löffler, Karl (1915): Das Passiv bei Otfrid und im Heliand. Diss. Tübingen.
Lötscher, Andreas (1990): Variation und Grammatisierung in der Geschichte des erweiterten Partizipialattributs des Deutschen. In: Betten 1990, 14–28.
Lötscher, Andreas (1995): Herausstellung nach links in diachroner Sicht. Sprachwiss. 20, 32–63.
Lötscher, Andreas (1998): Syntaktische Irregularitäten beim komplexen Satz im älteren Deutsch. PBB 120, 1–28.
Lötscher, Andreas (2005): Linksperiphere Adverbialsätze in der Geschichte des Deutschen. PBB 127, 347–376.
Lötscher, Andreas (2009): Verb placement and information structure in the OHG Gospel Harmony by Otfrid von Weissenburg. In: Hinterhölzl/Petrova (2009a), 281–321.
Lühr, Rosemarie (1982): Studien zur Sprache des Hildebrandliedes. Teil I: Herkunft und Sprache, Teil II: Kommentar. Bern (RBDSL 22).
Lühr, Rosemarie (1991): Zur Parenthese im Mittelhochdeutschen. Eine pragmalinguistische Untersuchung. Sprachwiss. 16, 162–226.
Lühr, Rosemarie (1992): Typen von Explikativsätzen im AHD. In: Desportes 1992a, 259–291.
Lühr, Rosemarie (1995): Abstrakta in der Valenztheorie. In: Eichinger/Eroms 1995, 383–396.
Lühr, Rosemarie (1997a): Altgermanische Fragesätze. Der Ausdruck der Antworterwartung. In: Crespo, Emilio / García-Ramón, José Luis (Hgg.): Berthold Delbrück y la sintaxis indoeuropea hoy. Actas del coloquio de la Indogermanische Gesellschaft, Madrid 21–24 septiembre de 1994. Madrid/Wiesbaden, 327–361.

Lühr, Rosemarie (1997b): Zur Semantik der althochdeutschen Modalverben. In: Fritz/Gloning 1997, 159–175.
Lühr, Rosemarie (1997c): Modalverben als Substitutionsformen des Konjunktivs in früheren Sprachstufen des Deutschen? In: Fritz/Gloning 1997, 177–208.
Lühr, Rosemarie (1997d): Althochdeutsche Modalverben in ihrer semantischen Leistung. In: Desportes 1997a, 200–222.
Lühr, Rosemarie (1998a): Konzessive Relationen. In: Askedal 1998, 165–192.
Lühr, Rosemarie (1998b): Verallgemeinernde Relativsätze im Althochdeutschen. In: Fs. Eroms, 263–281.
Lühr, Rosemarie (2000): Zur Wortstellung in der althochdeutschen komplexen Nominalgruppe: Die Stellung von Quantoren. In: Fs. Valentin, 53–69.
Lühr, Rosemarie (2003): Genitivische Konnektoren im Althochdeutschen. In: Desportes 2003a, 193–211.
Lühr, Rosemarie (2004): Universale Konzessivsätze. In: Kozianka, Maria / Lühr, Rosemarie / Zeilfelder, Susanne (Hgg.): Indogermanistik – Germanistik – Linguistik. Akten der Arbeitstagung der Indogermanischen Gesellschaft, Jena 18.–20.09.2002. Berlin, 345–359.
Lühr, Rosemarie (2005): Topikalisierung in Metrik und Prosa im älteren Deutsch. In: Simmler 2005, 177–191.
Lühr, Rosemarie (2007): Konnektoren im älteren Deutsch. In: Schmid, Hans Ulrich (Hg.): Beiträge zur synchronen und diachronen Sprachwissenschaft. Stuttgart (AbhSächsAW 80,4), 39–51.
Lühr, Rosemarie (2008): Die Wiederaufnahme durch den Artikel im Althochdeutschen: Zur Akzentuierung von Definita. In: Desportes/Simmler/Wich-Reif 2008, 101–116.
Lühr, Rosemarie (2009): Translating information structure: A study of Notker's translation of Boethius' Latin De Consolatione Philosophiae into Old High German. In: Hinterhölzl/Petrova (2009a), 324–366.
Lühr, Rosemarie (2010a): Bedingungsstrukturen im Älteren Deutsch. In: Ziegler/Braun 2010, 157–172.
Lühr, Rosemarie (2010b): Fokuspartikeln im Althochdeut5schen. In: Desportes/Simmler/Wich-Reif 2010, 103–119.
Lühr, Rosemarie (2011a): Zur Informationsstruktur in alten Korpussprachen. In: Kotin/Kotorova 2011, 101–116.
Lühr, Rosemarie (2011b): Adverbialsatz und Koordination im Althochdeutschen. In: Simmler/Wich-Reif 2011b, 11–23.
Lühr, Rosemarie (2015): Komplexe nominale Fügungen im älteren Deutsch. In: Pasques 2015a, 139–159.
Lühr, Rosemarie (2018): Begründete Evidenz bei Otfrid. In: Fs. Schmid, 103–115.
Lühr, Rosemarie (2020): Zum Ausdruck von Inhaltsrelationen bei Otfrid. In: Pasques/Wich-Reif 2020, 297–313.
Luraghi, Silvia (2016): The dative of agent in Indo-European languages. STUF 16, 15–47.
Lussky, George F. (1924): *Uuerdan* und *uuesan* mit dem Partizip Passiv in der althochdeutschen Tatianübersetzung. JEGP 23, 342–369.
Luther, Yvonne (2013): Zukunftsbezogene Äußerungen im Mittelhochdeutschen. Frankfurt a.M./Berlin/Bern/Bruxelles/New York/Oxford/Wien (SMG 4).
Marache, Maurice (1960): Die gotischen verbalen *ga*-Komposita im Lichte einer neuen Kategorie der Aktionsart. ZfdA 90, S. 1–33.
Marcq, Philippe (1972): Le systeme des prépositions spatiales en allemand ancien. Lille.
Marcq, Philippe (1978): Le système des prépositions temporelles dans la langue de Tatien (vha). EG 33, 257–269.

Marcq, Philippe (1980): Histoire de „gegen“. EG 35, 133–144.
Marcq, Philippe (1992): Syntax im Dienste der Semantik. In: Desportes 1992a, 359–366.
Marcq, Philippe (1997): Zur Determination des Raumteils „vorne“ in einigen Altsprachen. In: Desportes 1997a, 245–252.
Masser, Achim (1993): Der handschriftliche Befund und seine literarhistorische Auswertung. In: Bergmann, Rolf (Hg.): Probleme der Edition althochdeutscher Texte. Göttingen, 124–134.
Masser, Achim (1997): Syntaxprobleme im althochdeutschen Tatian. In: Desportes 1997, 123–140.
Masser, Achim (2000): Neue Wege bei der Edition altdeutscher Texte. In: Fs. Mettke, 239–258.
Matzel, Klaus (1968): Is *untazs*, F *untaz usque*, *usque ad*, *usque in*; *donec*, *quoadusque*. In: Würzburger Prosastudien 1, Wort-, begriffs- und textkundliche Untersuchungen. (Medium Aevum 13), 9–15. ND in Matzel 1990, 327–333.
Matzel, Klaus (1970): Untersuchungen zur Verfasserschaft, Sprache und Herkunft der althochdeutschen Isidor-Sippe. Bonn (RA 75).
Matzel, Klaus (1990): Lühr, Rosemarie / Riecke, Jörg / Thim-Mabrey, Christiane (Hgg.): Klaus Matzel. Gesammelte Schriften. Mit einem Geleitwort von Jean Marie Zemb. Heidelberg 1990 (GB, 3. Reihe).
Matzel, Klaus (1992): Zum verallgemeinernden Relativum des Althochdeutschen. In: Desportes 1992a, 211–226.
Maurer, Friedrich (1924): Zur Anfangsstellung des Verbs im Deutschen. In: Fs. Behaghel, 141–184.
Maurer, Friedrich (1926): Untersuchungen über die germanische Verbstellung in ihrer geschichtlichen Entwicklung. Heidelberg (GB 2/21).
Mausser, Otto (1933): Mittelhochdeutsche Grammatik auf vergleichender Grundlage. Mit besonderer Berücksichtigung des Althochdeutschen, Urgermanischen, Urwestgermanischen, Urindogermanischen und der Mundarten. München.
Maxwell, Hugh (1982): Valenzgrammatik mittelhochdeutscher Verben. Frankfurt (EHS 1,504).
Meineke, Birgit (1997): Syntaktische und semantische Aspekte althochdeutscher Prudentiusglossen. In: Desportes 1997a, S. 54–91.
Meineke, Eckhard (1992): Althochdeutsche Prosasyntax und die Pariser Gespräche. In: Desportes 1992a, 323–357.
Meineke, Eckhard (2003): Konnektoren und Konnexion in Willirams Paraphrase des Hohen Liedes. In: Desportes 2003a, 41–75.
Meola di, Claudio (2000): Die Grammatikalisierung deutscher Präpositionen. Tübingen (SdG 62).
Meritt, Herbert Dean (1938): The construction apo koinou in the Germanic languages. Stanford (Stanford University Publications, University Series, Language and Literature 6/2).
Meyer, Konrad (1906): Zur Syntax des Participium Praesentis im Althochdeutschen. Diss Marburg.
Milligan, Thomas R. (1960): The German verb-genitive locution from Old High German to the present. Diss. New York.
Montoto-Ballesteros, Natalia (2010): Einige textlinguistische Aspekte der althochdeutschen Konnektoren *inti* und *ioh*. In: Ziegler/Braun 2010, 305–315.
Morris, Richard L. (1991): The rise of periphrastic tenses in German: The case against Latin influence. In: Antonsen/Hock (1996), 161–167.
Mossé, Fernand (1938): Histoire de la forme périphrastique être + participe présent en germanique. Teil 1. Paris. (Societé de Linguistique de Paris, Collection linguistique 42).
Mourek, Václav Emanuel (1894–97): Zur Syntax des althochdeutschen Tatian. In: Sitzungsberichte der Kgl. Böhm. Gesellschaft der Wissenschaften. 3 Teile. Prag.
Mourek, Václav Emanuel (1902): Über die Negation im Mittelhochdeutschen. Prag.
Mourek, Václav Emanuel (1903): Zur Negation im Altgermanischen. Prag.

Mull, Natalia (2016): Zur Übertragung des lateinischen Ablativus absolutus in den Werken des Althochdeutschen. In: Fs. Lühr, 297–305.

Müller, Beat Louis (1985): Der Satz. Tübingen (RGL 57).

Müller, Gertraud / Frings, Theodor (1959): Die Entstehung der deutschen daß-Sätze. Berlin (Berichte über die Verhandlungen der SächsAW 103/6).

Müller, Hanskurt (1930): Studien zur altgermanischen Wortstellung. Berlin.

Müller, Reimar / Reis, Marga (Hgg.) (2001): Modalität und Modalverben im Deutschen. Hamburg (LB, Sonderheft 9).

Näf, Anton (1979): Die Wortstellung in Notkers Consolatio. Berlin (Das Althochdeutsche von St. Gallen 5).

Näf, Anton (2017): Die Satzarten des Deutschen – ein Jahrtausendspagat. Sprachreflexion und Sprachwirklichkeit bei Notker dem Deutschen. Sprachwiss. 42, 413–470.

Naganawa, Kan (2005): *Sô* und *und* als Relativpartikel. DB 47, 83–102.

Naganawa, Kan (2006): *Sô* und *als(ô)* als Einleitungen temporal-konditionaler Nebensätze. DB 50, 39–58.

Näßl, Susanne (1996): Die ‚okkasionellen Ereignisverben' des Deutschen. Synchrone und diachrone Studien zu unpersönlichen Konstruktionen. Frankfurt a.M. (RBDSL B 62).

Nemitz, Werner (1962): Zur Erklärung der sprachlichen Verstöße Otfrids von Weißenburg. PBB (T) 84, 358–432.

Neumann, Reinulf (1967): Der bestimmte Artikel *ther* und *thie* und seine Funktionen im althochdeutschen Tatian. Gießen (GBDPh 37).

Nielsen (2000): The Early Runic Language of Scandinavia. Studies in Germanic Dialect Geography. Heidelberg (Indogermanische Bibliothek. Reihe 1).

Nievergelt, Andreas (2008): Relativpronomen in den althochdeutschen Glossen. In: Fs. Desportes, 75–97.

Nievergelt, Andreas (2012): Nachträge zu den althochdeutschen Glossen. In: Sprachwiss. 37, 375–421.

Nievergelt, Andreas (2013): Nachträge zu den althochdeutschen Glossen. In: Sprachwiss. 38, 338–425.

Nievergelt, Andreas (2017): Nachträge zu den althochdeutschen und altsächsischen Glossen (2015/2016). In: Sprachwiss. 42, 121–176.

Nishiwaki, Maiko (2010): Zur Semantik des deutschen Genitivs. Ein Modell der Funktionsableitung anhand des Althochdeutschen. Hamburg (BgS 21).

Nishiwaki, Maiko (2012): Zur distributiven Funktion des pränominalen und postnominalen Genitivs im Althochdeutschen – am Beispiel von Otfrids Evangelienbuch. DB 11, 172–187.

Nishiwaki, Maiko (2014): Skopus der Negation bei Modalverben und (Nicht-)Telizität des Infinitivkomplements im Althochdeutschen. DB 13, 221–240.

Nishiwaki, Maiko (2017): Zur Diachronie von *kein*. Ein Wandel vom positiven zum negativen Indefinitum. In: Zeman, Sonja / Werner, Martina / Meisnitzer, Benjamin (Hgg.): Im Spiegel der Grammatik. Beiträge zur Theorie sprachlicher Kategorisierung. Tübingen (Stauffenberg Linguistik 95), 69–84.

Objartel, Georg (1990): Das flektierte prädikative Adjektiv in Gegenwartssprache und Geschichte. Muttersprache 100, 152–166.

Ohly, C. H. (1888): Die Wortstellung bei Otfrid. Diss. Freiburg i. B.

Öhmann, Emil (1931): Die Präposition *after* im Deutschen. PBB 55, 230–243.

Orton, Graham (1951): The predicatice adjective in Old High German. JEGP 50, 332–348.

Oubouzar, Erika (1974): Die Ausbildung der zusammengesetzten Verbformen im deutschen Verbalsystem. PBB (H) 95. 1–96.

Oubouzar, Erika (1992): Zur Ausbildung des bestimmten Artikels im Althochdeutschen. In: Desportes 1992a, 69–87.
Oubouzar, Erika (1997a): Syntax und Semantik des adnominalen Genitivs im Althochdeutschen. In: Desportes 1997, 223–244.
Oubouzar, Erika (1997b): Zur Ausbildung der zusammengesetzten Verbform *haben* + Part. II vom Althochdeutschen bis zum Frühneuhochdeutschen. In: Quintin, Hervé / Najar, Margarete / Genz, Stephanie (Hgg.): Temporale Bedeutungen. Temporale Relationen. Tübingen (Eurogermanistik 11), 69–81.
Oubouzar, Erika (1997c): Zur Frage der Herausbildung eines bestimmten und eines unbestimmten Artikels im Althochdeutschen. CEG 32, 161–175.
Oubouzar, Erika (2000): Zur Entwicklung von *ein* in der Nominalgruppe des Althochdeutschen. In: Fs. Valentin, 255–268.
Pasques, Delphine (2011): Artikellosigkeit und Aktualisierung. Untersuchung einiger Referenzketten in Otfrids Evangelienbuch. In: Simmer/Wich-Reif 2011b, 25–38.
Pasques, Delphine (2014): Zur Numerusopposition *ther liut* vs *thie liuti* bei Otfrid. In: Wiktorowicz, Jozef / Just, Anna / Gaworski, Ireneusz (Hgg.): Satz und Text. Zur Relevanz syntaktischer Strukturen zur Textkonstitution. Frankfurt a.M (SDSL 8), 169–179.
Pasques, Delphine (Hg.) (2015a): Komplexität und Emergenz in der deutschen Syntax (9.–17. Jahrhundert). Akten zum Internationalen Kongress an der Universität Paris-Sorbonne vom 26. bis 28.09.2013. Berlin (BSS 30).
Pasques, Delphine (2015b): Nominalkategorien und Komplexität im althochdeutschen Isidor-Traktat. In: Pasques 2015a, 207–221.
Pasques, Delphine (2016): Was ergibt der Vergleich von ahd. ein N (*ein wib*) mit der lateinischen Vorlage? Zur beginnenden Grammatikalisierung von ein N im Althochdeutschen. JGS 7, 61–75.
Pasques, Delphine / Wich-Reif, Claudia (Hgg.) (2020): Textkohärenz und Gesamtsatzstrukturen in der Geschichte der deutschen und französischen Sprache vom 8. bis zum 18. Jahrhundert. Akten zum Internationalen Kongress an der Universität Paris-Sorbonne vom 15. bis 17. November 2018. Berlin (BSS 35).
Passiv im Dt. = Das Passiv im Deutschen. Akten des Kolloquiums über das Passiv im Deutschen, Nizza 1986, hg. vom Centre en Linguistique Germanistique (Nice). Tübingen 1987 (LA 183).
Paul, Hermann (1902): Die Umschreibung des Perfektums im Deutschen mit *haben* und *sein.* AbhBayAW 22, 159–210.
Paul, Hermann (1916–1920): Deutsche Grammatik, 5 Bde., 5./6. Aufl. Halle. ND Tübingen 1968.
Paul, Hermann (1920): Prinzipien der Sprachgeschichte. 5. Aufl. Tübingen. ND Darmstadt 1968.
Petrova, Svetlana (2008a): Die Interaktion von Tempus und Modus. Studien zur Entwicklungsgeschichte des deutschen Konjunktivs. Heidelberg (GstB 30).
Petrova, Svetlana (2008b): A Discourse-Based Approach to Verb Placement in Early West-Germanic. ISIS 5, 154–185.
Petrova, Svetlana (2009): Information structure and word order variation in the Old High German Tatian. In: Hinterhölzl/Petrova 2009a, 251–279.
Petrova, Svetlana (2011): Modelling word order variation in discourse. On the pragmatic properties of VS order in Old High German. In: Welo, Eirik (Hg.): Proceedings from the Workshop on Indo-European Syntax and Pragmatics. Oslo (Oslo Studies in Language 3), 209–228.
Petrova, Svetlana / Solf, Michael (2008): Rhetorical relations and verb placement in the early Germanic languages. A cross-linguistic study. In: Fabricius-Hansen, Catherine / Ramm, Wiebke (Hgg.): „Subordination" vs. „coordination" in sentence and text. A cross-linguistic perspective. Amsterdam, 329–351.

Petrova, Svetlana (2009a): On the methods of information-structural analysis in historical texts: A case study on Old High German. In: Hinterhölzl/Petrova 2009a, 121–160.
Petrova, Svetlana (2009b): Zur Entwicklung von Verbzweit im Fragesatz. PBB 131, 7–49.
Petrova, Svetlana (2010) Pronominale Wiederaufnahme im ältesten Deutsch. Personal- vs. Demonstrativpronomen im Althochdeutschen. In: Ziegler/Braun 2010, 339–363.
Petrova, Svetlana (2018): Verb-initial declaratives in Old High German and in later German. In: Jäger/Ferraresi/Weiß, H. 2018, 48–63.
Petrova, Svetlana / Weiß, Helmut (2018): OV versus VO in Old High German. *The case of* thaz-*clauses*. In: Jäger/Ferraresi/Weiß, H. 2018, 263–276.
Pfefferkorn, Oliver (2005): Die periphrastischen Futurformen im Mittelhochdeutschen. Sprachwiss. 30, 309–330.
Philippi, Julia (1997): The rise of the article in the Germanic languages. In: Kemenade/Vincent 1997, 62–93.
Pickl, Simon (2013): Welchen Status hat *thâr* im altsächsischen und althochdeutschen Relativsatz? ZfdPh 132, 383–399.
Pickl, Simon (2017): Neues zur Entwicklung der Negation im Mittelhochdeutschen. Grammatikalisierung und Variation in oberdeutschen Predigten. PBB 139, 1–46.
Pickl, Simon (2019): Wandel und Variation der Genitivstellung in einem diachronen Predigten-Korpus. Eine epochenübergreifende Längsschnitt-Studie. JGS 10, 176–197.
Piirainen, Ilpo Tapani (1969): Die absoluten Kasuskonstruktionen des Deutschen in diachronischer Sicht. NphM 70, 448–470.
Pimenova, Natalia (2008): Zum Einfluss der rückverweisenden Wörter und der Fokussierung auf die Verschiebung des finiten Verbs in der Isidorübersetzung. In: Desportes/Simmler/Wich-Reif 2008, 141–151.
Plant, Helmut R. (1969): Syntaktische Studien zu den Monseer Fragmenten. The Hague/Paris (JL series. practica 75).
van Pottelberge, Jeroen (1998): Aspekte der verbalen Rektion im Alt- und Mittelhochdeutschen. Sprachwiss. 23, 423–457.
Prell, Heinz-Peter (2000): Die Stellung des attributiven Genitivs im Mittelhochdeutschen. Zur Notwendigkeit einer Syntax mittelhochdeutscher Prosa. PBB 122, 23–39.
Prell, Heinz-Peter (2003): Typologische Aspekte der mittelhochdeutschen Prosasyntax: Der Elementarsatz und die Nominalphrase. In: Lobenstein-Reichmann/Reichmann 2003, 241–256.
Presslich, Marion (1999): Partitivität und Indefnitheit. Die Entstehung und Entwicklung des indefiniten Artikels in den germanischen und romanischen Sprachen am Beispiel des Deutschen, Niederländischen, Französischen und Italienischen. Frankfurt a. M. (EHS 21,220).
Preusler, Walter (1940): Zur Stellung des Verbs im deutschen Nebensatz. ZfdPh 65, 18–26.
Ramers, Karl Heinz (2005): Verbstellung im Althochdeutschen. ZGL 33, 78–91.
Rannow, Max (1888): Der Satzbau des althochdeutschen Isidor im Verhältnis zur lateinischen Vorlage. Ein Beitrag zur deutschen Syntax. Berlin.
Raposo, Berta (1982): Die Wiedergabe des lateinischen Ablativs in der althochdeutschen Übersetzungsliteratur. Stuttgart (GAG 337).
Rauch, Irmengard / Carr, Gerald F. (Hgg.) (1997): Insights in Germanic Linguistics II. Berlin/New York (TiLSM 94).
Rauch, Irmengard / Kyes, Robert L. (Hgg.) (1992): On Germanic Linguistics. Issues and Methods. Berlin/New York (TiLSM 68).
Raven, Frithjof (1958): Aspekt und Aktionsart in den althochdeutschen Zeitwörtern. ZMF 26, 57–71.
Raven, Frithjof (1963): Phasenaktionsarten im Althochdeutschen. ZfdA 92, 165–183.

Reichmann, Anja / Reichmann, Oskar (Hgg.): Neue historische Grammatiken. Zum Stand der Grammatikschreibung historischer Sprachstufen des Deutschen und anderer Sprachen. Tübingen 2003 (RGL 243).
Reis, Hans (1901): Über althochdeutsche Wortfolge. ZfdPh 33, 212–238; 330–349.
Reis, Hans (1909): Neue Beiträge zur althochdeutschen Wortfolge. ZfdPh 41, 208–224.
Relleke, Walburga (1974): Funktionsverbgefüge in der althochdeutschen Literatur. ABäG 7, 1–46.
Rick, Karl Hubert (1905): Das prädikative Participium Praesentis im Althochdeutschen. Diss Bonn.
Riecke, Jörg (1997): Bemerkungen zur Aktionalität im Althochdeutschen. In: Vater 1997, 119–130.
Robin, Thérèse (2008): *Thanne* bei Otfrid. In: Fs. Desportes, 41–73.
Robin, Thérèse (2011): Die Infinitivgruppe mit *zu*: Entwicklungstendenzen vom 9. bis zum 16. Jahrhundert. In: Simmer/Wich-Reif 2011b, 193–238.
Robin, Thérèse (2015): Syntaktische Komplexität im Heliand und bei Otfrid. In: Pasques 2015a, 223–239.
Robin, Thérèse (2020): Die textuelle Dimension des Ludwigsliedes. In: Pasques/Wich-Reif 2020, 81–94.
Robinson, Orrin W. (1993): Causes, conjectures and conjunctions in Early Old High German Translations. PBB 115, 1–29.
Robinson, Orrin W. (1994): Verb-first position in the Old High German Isidor translation. JEGP 93, 356–373.
Robinson, Orrin W. (1997): Clause subordination and verb placement in the Old High German Isidor translation. Heidelberg (GB 3, N. F., 3. Reihe 26).
Roelcke, Thorsten (2003): Anforderungen des Typologen an Sprachstufengrammatiken des Deutschen. In: Lobenstein-Reichmann/Reichmann 2003, 47–58.
Roemheld, Friedrich (1911): Die deutschen Konjunktionen *wande*, *denn* und *weil*. Diss. Gießen. Mainz 1911.
Ronneberger-Sibold, Elke (1994): Konservative Nominalflexion und „klammerndes Verfahren“ im Deutschen. In: Köpcke, Klaus-Michael (Hg.) (1994): Funktionale Untersuchungen zur deutschen Nominal- und Verbalmorphologie. Tübingen (LA 319), 115–130.
Ronneberger-Sibold, Elke (2010a): Die deutsche Nominalklammer. Geschichte, Funktion, typologische Bewertung. In: Ziegler/Braun 2010, 85–120.
Ronneberger-Sibold, Elke (2010b): Der Numerus – das Genus – die Klammer. Die Entstehung der deutschen Nominalklammer im innergermanischen Sprachvergleich. In: Dammel, Antje / Kürschner, Sebastian / Nübling, Damaris (Hgg.): Kontrastive Germanistische Linguistik. Teilbd 2. Hildesheim, 719–748 (GL 206/209).
Ronneberger-Sibold, Elke (2020): The role of the definite article in the rise of the German framing principle. A comparative study of verbal and nominal constructions in the Old High German Muspilli and the Old English Dream of the Rood. In: Szczepaniak, Renata / Flick, Johanna (Hrsg.): Walking on the Grammaticalization Path of the Definite Article Functional Main and Side Roads. Amsterdam (SLV 23), 98–128.
Ruhfus, Wilhelm (1897): Die Stellung des Verbums im althochdeutschen Tatian. Diss. Heidelberg.
Rupp, Heinz (1956): Zum „Passiv“ im Althochdeutschen. PBB (H) 78, 265–286.
Sabel, Joachim (2000): Das Verbstellungsproblem im Deutschen: Synchronie und Diachronie. DS 28, 74–99.
Saltveit, Laurits (1962): Studien zum deutschen Futur. Bergen / Oslo (Acta Universitatis Bergensis, Ser. Hum Litt. 1961/2).
Scaffidi-Abbate, B. Augusto (1981): Möglichkeiten der Futurbezeichnungen im althochdeutschen Tatian und in anderen althochdeutschen literarischen Denkmälern. Sprachwiss 6, 287–334.

Schaller, Stephanie (2011): Verb-erst-Stellung bei Deklarativsätzen im Althochdeutschen. In: Kotin / Kotorova 2011, 81–90.
– (2014): Verberststellung bei Deklarativsätzen im Althochdeutschen. Untersuchung der markierten Verbstellung aus verbalgrammatischer Perspektive. Diss. München.
Schallert, Oliver (2010): Als Deutsch noch nicht OV war. Althochdeutsch im Spannungsfeld zwischen OV und VO. In: Ziegler/Braun 2010, 365–394.
Schallert, Oliver (2019): Verbstellungsvariation bei Exklamativen aus diachroner Perspektive. PBB 141, 477–506.
Scherer, Philip (1956): Aspect in the Old High German Tatian. Lg. 32, 423–434.
Schirokauer, Arno (1941/42): Zur Geschichte des Artikels im Deutschen. MDSP 33, 349–355; 34, 14–22.
Schlachter, Eva (2004): Satzstruktur im Althochdeutschen. Eine Skizze zur Position des Verbs im Isidor-Traktat des 8. Jahrhunderts. In: Pittner, Karin / Pittner, Robert J. / Schütte, Jan C. (Hgg.): Beiträge zu Sprache und Sprachen. 4 Vorträge der Bochumer Linguistik-Tage. München, 179–188.
Schlachter, Eva (2009): Word order variation and information structure in Old High German: An analysis of subordinate *dhasz*-clauses in Isidor. In: Hinterhölzl/Petrova (2009a), 223–250.
Schlachter, Eva (2010): Zum Verhältnis von Stil und Syntax. Die Verbfrühstellung in Zitat- und Traktatsyntax des althochdeutschen Isidor. In: Ziegler/Braun 2010, 409–425.
Schlachter, Eva (2012): Syntax und Informationsstruktur im Althochdeutschen. Untersuchungen am Beispiel der Isidor-Gruppe. Heidelberg (GstB 45).
Schlachter, Eva (2015): Zur Grammatikalisierung des definiten Artikels im Althochdeutschen. In: Pasques 2015a, 161–185.
Schmid, Hans Ulrich (1986): Althochdeutsche und frühmittelhochdeutsche Bearbeitungen lateinischer Predigten des „Bairischen Homiliars“ (Althochdeutsche Predigtsammlungen B, Nr. 2,3 und 4 und C, Nr. 1,2 und 3, Speculum Ecclesiae, Nr. 51, 52, 53 und 56). 2 Bde. Frankfurt a.M. (RBdSL 29).
Schmid, Hans Ulrich (2004a): Linguistische Theorie, philologische Empirie und (grammatische) Kompetenz. Anlässlich des Erscheinens von: Elisabeth Leiss: Artikel und Aspekt. Die grammatischen Muster von Definitheit, Berlin/New York 2000. ZDL 70, 298–313.
Schmid, Hans Ulrich (2004b): Historische Syntax und Textinterpretation. Am Beispiel des Objektsgenitivs im Alt- und Mittelhochdeutschen. ZDL 71, 23–34.
Schmid, Hans Ulrich (2009): Syntax, In: Bergmann, Rolf / Stricker, Stefanie (Hgg.): Die althochdeutsche und altsächsische Glossographie. Ein Handbuch. Berlin/New York. Bd 2, 1077–1088.
Schmid, Hans Ulrich (2022): Syntaktische Variablen im Althochdeutschen. Einige grundsätzliche Überlegungen zur Syntax des Althochdeutschen. In: Martin Mostýn / Milan Pišl / Eva Polášková et al. (Hgg.): Beiträge zur germanistischen Sprachwissenschaft. Ostrava, 251–270.
Schmid, Josef (1988): Untersuchungen zum sogenannten freien Dativ in der Gegenwartssprache und auf Vorstufen des heutigen Deutsch. Frankfurt a.M. (RBdSL 35).
Schnelle, Gohar (2020): Verbstellungsvarianten als Indikator für Narrativität im Althochdeutschen? Eine explorative Studie zur Definition althochdeutscher Register. In: Pasques/Wich-Reif 2020, 11–47.
Scholten, W. E. (1897): Satzverbindende Partikeln bei Otfrid und Tatian. PBB 22, 391–423.
Schönherr, Monika (2010): Korpusgestützte Analyse der nicht-morphologischen Kodierungsformen der epistemischen Modalität in Otfrids Evangelienbuch. In: Kątny, Andrzej / Socka, Anna (Hgg.): Modalität / Temporalität in kontrastiver und typologischer Sicht. Frankfurt a.M. u.a. (DBG 30), 203–209.

Schönherr, Monika (2011a): Gibt es im Althochdeutschen ein Futurum praeteriti? Eine korpusbasierte Studie zur Verwendung einiger Verbformen in althochdeutschen Texten. In: Kotin/Kotorova 2011, 205–211.
Schönherr, Monika (2011b): Modalität im Diskurs und im Kontext. Studien zur Verwendung von Modalitätsausdrücken im Althochdeutschen. Frankfurt a.M. u.a. (DBG 38).
Schönherr, Monika (2012): Der Referatskonjunktiv im Althochdeutschen. Eine sprachhistorische Studie zum Modusgebrauch in Strukturen der indirekten Rede. Energeia 36, 21–38.
Schönherr, Monika (2013): Nominalisierungs- und Funktionsverbgefüge in althochdeutschen Bibeltexten. Energeia 38, 17–32.
Schönherr, Monika (2014): Finitheit und Infinitheit. Routinen im Bereich der Kodierung verbaler Prädikationen aus diachroner und typologischer Sicht. Convivium. Germanistisches Jahrbuch Polen 2014, 93–118.
Schröbler, Ingeborg (1942): Aus der Werkstatt des althochdeutschen Wörterbuchs. 16: Bemerkungen zu Bedeutung und Funktion von *after, ana, ânu, ander, aba*. PBB 66, 278–291.
Schröbler, Ingeborg (1950): Bemerkungen zur ahd. Syntax und Wortbedeutung. ZfdA 82, 240–251.
Schröbler, Ingeborg / Prell, Heinz-Peter (2007): Syntax von Ingeborg Schröbler, neu bearbeitet und erweitert von Heinz-Peter Prell. In: MG, 285–471.
Schröder, Werner (1955): Zur Passivbildung im Althochdeutschen. PBB (H) 77, 1–76.
Schröder, Werner (1957): Die Gliederung des gotischen Passivs. PBB (H) 79, 1–105.
Schröder, Werner (1957/58): „germanisches" *werden*-Passiv und „christliches" *sein*-Passiv bei Wulfila? ZfdA 88,101–115.
Schröder, Werner (1972): Zur Behandlung der lateinischen Perfecta in Notkers kommentierter Übertragung der ersten beiden Bücher von „De consolatione philosophiae" des Boethius. In: Fs. Eggers, 392–415.
Schrodt, Richard (1982): Valenz und Modus in der Diachronie der deutschen Inhaltssätze. In: Greule, Albrecht (Hg.): Valenztheorie und historische Sprachwissenschaft. Tübingen (RGL 42), 231–257.
Schrodt, Richard (1983): System und Norm in der Diachronie des deutschen Konjunktivs. Der Modus in ahd. und mhd. Inhaltssätzen (Otfrid von Weißenburg – Konrad von Würzburg). Tübingen (LA 131).
Schrodt, Richard (1992): Die Opposition von Objektsgenitiv und Objektsakkusativ in der deutschen Sprachgeschichte: Syntax oder Semantik oder beides? PBB 114, 361–394.
Schrodt, Richard (2002): Die althochdeutschen Adverbialbeziehungen in universalgrammatischer Sicht: Wege und Umwege zur Hypotaxe. In: Hettrich, Heinrich (Hg.): Indogermanische Syntax. Wiesbaden 2002, 301–317.
Schrodt, Richard (2003): Die Aporie der Deskription: Synchronie und Diachronie in der althochdeutschen Syntax. In: Lobenstein-Reichmann/Reichmann 2003, 167–191.
Schrodt, Richard (2004): Althochdeutsche Grammatik II. Syntax. Tübingen (SkG A 5/2).
Schumacher, Theo (1963): *uuurdun sum erkorane, sume sâr verlorane*. In: PBB (T) 85, 57–64.
Schütze, Paul (1887): Beiträge zur Poetik Otfrids. Kiel. ND Norderstedt 2017.
Schwarz, Alexander (1977): Glossen als Texte. PBB (T) 99, 25–36.
Schwerdt, Judith (2000): Zur Funktion der Parenthese bei Otfrid und im Heliand. In: Fs. Mettke, 317–354.
Schwerdt, Judith (2003): Konnektionsmöglichkeiten bei konjunktionslosen Exzeptivsätzen in der deutschen Sprachgeschichte, insbesondere im Frühneuhochdeutschen. In: Desportes 2003a, 235–251.
Seedorf, Henry (1888): Über syntaktische Mittel des Ausdrucks im althochdeutschen Isidor und den verwandten Stücken. Paderborn.

Seifert, Jan (2020): Funktionsverbgefüge in älteren Texten: topologische, prosodische und informationsstrukturelle Aspekte. In: Pasques/Wich-Reif 2020, 397–415.

Seiffert, Leslie (1989): The semantics of the Old High German preterito-presents: Matrix for a dichronical study of verbal modality in German. In: Flood, John L. / Yeandle, David N. (Hgg.): *mit regulu bithuungan*. Neue Arbeiten zur althochdeutschen Poesie und Sprache. Göppingen, 184–218. (GAG 500).

Selting, Margret (1999): Kontinuität und Wandel der Verbstellung von ahd. *wanta* bis gwd. *weil*. ZGL 27, 167–204.

Senn, Alfred (1949): Verbal aspects in Germanic, Slavic, and Baltic. Lg 25, 402–409.

Simmler, Franz (1992): Nominalsätze im AHD. In: Desportes 1992a, 153–197.

Simmler, Franz (Hg.) (1997): Textsorten und Textsortentraditionen. Bern u.a. (BSS 5).

Simmler, Franz (2003): Satzverknüpfungsmittel und ihre textuellen Funktionen in der lateinisch-althochdeutschen Tatianbilingue und ihre Geschichte. In: Desportes 2003a, 9–40.

Simmler, Franz (Hg.) (2005): Syntax Althochdeutsch – Mittelhochdeutsch: Eine Gegenüberstellung von Metrik und Prosa. Akten zum Internationalen Kongress an der Freien Universität Berlin, 26. bis 29. Mai 2004. In Zusammenarbeit mit Clauda Wich-Reif und Yvon Desportes. Berlin (BSS 7).

Simmler, Franz (2007): Reihenfolge und Aufbauprinzipien von Satzgliedern in der lateinisch-althochdeutschen „Tatianbilingue" und Otfrids „Evangelienbuch" und ihre Textfunktionen. In: Simmler/Wich-Reif 2007, 45–125.

Simmler, Franz (2010): Zur Entwicklung der Stellung des Prädikats in Aussagesätzen in biblischen Textsorten vom 9. bis zur Mitte des 16. Jahrhunderts. In: Ziegler/Braun 2010, 33–54.

Simmler, Franz (2015): Syntaktische Komplexität in der lateinisch-althochdeutschen Tatianbilingue. Zur Struktur der Satzglieder mit nominalem Nukleus. In: Pasques 2015a, 49–138.

Simmler, Franz / Wich-Reif, Claudia (Hgg.) (2007): Probleme der historischen Syntax unter besonderer Berücksichtigung ihrer Textsortengebundenheit. Akten zum Internationalen Kongress an der Freien Universität Berlin 29. Juni bis 3. Juli 2005 (BSS 9).

Simmler, Franz / Wich-Reif, Claudia (Hgg.) (2011a): Geschichte der Gesamtsatzstrukturen vom Althochdeutschen bis zum Frühneuhochdeutschen. Bern u.a. (JIG A 104).

Simmler, Franz / Wich-Reif, Claudia (Hgg.) (2011b): Syntaktische Variabilität in Synchronie und Diachronie vom 9. bis 18. Jahrhundert. Akten zum Internationalen Kongress an der Rheinischen Friedrich-Wilhelms-Universität Bonn, 9. bis 12. Juni 2010. Berlin (BSS 24).

Simon, Horst J. (2015): Die Historische Syntax des Deutschen braucht die Sprachtypologie – und umgekehrt. ZGL 43, 421–449.

Smirnova, Elena (2016): Die Entwicklung des deutschen zu-Infinitivs. PBB 138, 491–523.

Smith, Jesse Robert (1971): Word order in the Older Germanic dialects. Diss. Univ. of Illinois.

Soeteman, Cornelis (1948): Das lateinische Gerundivum und die germanischen Sprachen. NphM 32, 15–21.

Solf, Michael (2008): Status und Zugänglichkeit von Diskursreferenten im Althochdeutschen am Beispiel der „Tatianbilingue" Cod. Sang. 56. In: Desportes/Simmler/Wich-Reif 2008, 177–197.

Solms, Hans-Joachim (2018): Sprachgeschichte des Deutschen. Versuch einer neuerlichen Diskussion. ZfdPh 137, 69–72.

Sonderegger, Stefan (1992): Notkers des Deutschen Satzfügung zwischen lateinischer Anlehnung und volkssprachlicher Gestaltung: das Beispiel der carmina-Übersetzungen. In: Desportes 1992a, 89–114.

Sonderegger, Stefan (1997): Syntaktisch-semantische Beziehungen bei Notker dem Deutschen von St. Gallen: Das Problem der Markierung von Kommentareinschüben. In: Desportes 1997, 141–160.

Sonderegger, Stefan (1998): Dichterische Wortstellungstypen im Altgermanischen und ihr Nachleben im älteren Deutsch. In: Askedal 1998, 25–47.
Sonderegger, Stefan (2000): Reflexe gesprochener Sprache im Althochdeutschen. In: Besch et al., Bd 2, 1231–1240.
Speyer, Augustin (2001): Ursprung und Ausbreitung der AcI-Konstruktion im Deutschen. Sprachwiss. 26, 145–187.
Speyer, Augustin (2015): Auch früher wollte man informieren. Zum Einfluss der Informationsstruktur auf die Syntax in der Geschichte des Deutschen. ZGL 43, 485–515.
Speyer, Augustin (2016): Neuere Entwicklungen in der Historischen Syntaxforschung. Ling.Ber. 247, 259–280.
Speyer, Augustin (2018a): Serialization of full noun phrases in the history of German. In: Jäger/ Ferraresi /Weiß, H. 2018, 155–180.
Speyer, Augustin (2018b): Periphrastic verb forms. In: Jäger/Ferraresi/Weiß, H. 2018, 289–301.
Speyer, Augustin (2018c): The ACI construction in the history of German. In: Jäger/Ferraresi/Weiß. H. 2018, 324–347.
Splett, Jochen (1976): Abrogans-Studien. Kommentar zum ältesten deutschen Wörterbuch. Wiesbaden.
Splett, Jochen (1979): Samanunga-Studien. Erläuterung und lexikalische Erschließung eines althochdeutschen Wörterbuches. Göppingen (GAG 268).
Splett, Jochen (1992): Der Worttyp *rossolîh* im Althochdeutschen. In: Fs. Sonderegger, 162–178.
Stolle, Brunhild (1947): Der Konjunktiv im Althochdeutschen. Diss. Köln.
Streitberg, Wilhelm (1891): Perfective und imperfective Actionsart im Germanischen. PBB 15, 70–177.
von Stuckrad, Gesine (1957): *Denn – dann* in historischer Sicht vom Althochdeutschen bis zum Neuhochdeutschen. PBB 79, Sonderband, 489–535.
Sucharowski, Wolfgang (1994): Kasuswandel. In: Beckmann, Susanne / Frilling, Sabine (Hgg.): Satz – Text – Diskurs. Tübingen, 43–50.
Suchsland, Peter (2000): *ibu dû mi ęnan sagês, ik mi dê ôdre uuêt*. Zur Syntax des Hildebrandliedes. In: Fs. Mettke, 355–379.
Szczepaniak, Renata (2011): Grammatikalisierung im Deutschen. Eine Einführung. 2. Aufl. Tübingen (Narr Studienbücher).
Szczepaniak, Renata (2016): Vom Zahlwort *eins* zum Indefinitartikel *ein(e)*. Rekonstruktion des Grammatikalisierungsverlaufs im Alt- und Mittelhochdeutschen. In: Bittner, Andreas / Köpcke, Klaus-Michael (Hgg.): Regularität und Irregularität in Phonologie und Morphologie. Diachron, kontrastiv, typologisch. Berlin (LHG 13), 247–261.
Szczepaniak, Renata / Flick, Johanna (2015): Zwischen Explizitheit und Ökonomie. Der emergierende Definitartikel in der althochdeutschen Isidor-Übersetzung. In: Pasques, Delphine (Hg.): Komplexität und Emergenz in der deutschen Syntax (9.–17. Jahrhundert). Akten zum Internationalen Kongress an der Universität Paris-Sorbonne vom 26. bis 28.09.2013. Berlin, 187–206.
Thomton, Lawrence (1984): Valence shift and description: an analysis and comparison of verb Valence in Otfrid's „Evangelienbuch" and Luther's translation of the gospels. Diss. Stanford University.
Tomanetz, Karl (1879): Die Relativsätze bei den althochdeutschen Uebersetzern des 8. und 9. Jahrhunderts. Wien.
Tomaselli, Alessandra (1995): Cases of verb third in Old High German. In: Battye, Adrian / Roberts, Ian (Hgg.): Clause structure and language change. New York/Oxford, 345–369.
Twaddell, William F. (1930): *Werden* and *wesen* with the passive in Notker. GR 5, 287–293.

Twaddell, William F. (1932): A main clause with „final verb“ in Notker's Boethius. JEGP 31, 403–406.
Valentin, Paul (1979): Das althochdeutsche Verbsystem: Tempus und Modus. In: Fs. Penzl, 425–440.
Valentin, Paul (1987): Zur Geschichte des deutschen Passivs. In: Passiv im Dt., 3–15.
Valentin, Paul (Hg.) (1992): Rechts von N. Untersuchungen zur Nominalgruppe im Deutschen. Tübingen (Eurogermanistik 1).
Valentin, Paul (1994): Zur Gliedfolge im Notkerschen Satz. In: Fs. Marcq, 283–294.
Valentin, Paul (1997): Der Modusgegensatz im Althochdeutschen. In: Desportes 1997, 186–199.
Valentin, Paul (1999): *Wirdhu* and the Germanic passive. In: Fs. Rauch, 141–146.
Valentin, Paul (2003): Konnektoren bei Otfrid. In: Desportes 2003a, 179–191.
Vañó-Cerdá, Antonio (1997): Die Verbindung *ist* + Part. Prät. als Perfektum passivi im (Alt-)Hochdeutschen. Sprachwiss. 22, 221–286.
Vater, Heinz (Hg.) (1997): Zu Tempus und Modus im Deutschen. Trier (Fokus 19).
Vogel, Petra Maria (2006): Das unpersönliche Passiv. Eine funktionale Untersuchung unter besonderer Berücksichtigung des Deutschen und seiner historischen Entwicklung. Berlin/New York (SLG 80).
Volodina, Anna (2011): Null ist nicht gleich Null: Zur diachronen Entwicklung von Nullsubjekten im Deutschen. JGS 2, 269–283.
Volodina, Anna / Weiß, Helmut 2016: Diachronic development of null subjects in German. In: Featherston, Sam / Versley, Yannick (Hgg.): Firm Foundations: Quantitative Approaches to Grammar and Grammatical Change. Perspectives from Germanic. Berlin (TiLSM), 187–205.
Vuillaume, Marcel (1995): Der absolute Akkusativ. In: Eichinger/Eroms 1995, 397–412.
Wackernagel, Jacob (1892): Über ein Gesetz der indogermanischen Wortstellung. IF 1, 333–436.
Wagner, Reinhard (1910): Die Syntax des Superlativs im Gotischen, Altniederdeutschen, Althochdeutschen, Frühmittelhochdeutschen, im Beowulf und in der älteren Edda. Berlin (Palaestra 91).
Wagner, Wilhelm (1906): Die Stellung des attributiven Genitivs im Deutschen. Ein Kapitel aus der Lehre von der deutschen Wortstellung, zugleich ein Beitrag zur Entstehungsgeschichte der unechten Komposita. Diss. Gießen.
Waldenberger, Sandra (2009): Präpositionen und Präpositionalphrasen im Mittelhochdeutschen. Tübingen (SMG 3).
Walkden, George (2017): Language contact and V3 in Germanic varieties new and old. JCGL 20, 49–81.
Walther, Johanna (1955): HWANTA und WAN (praeter). Die Bewegung im Bereich der kausalen und exzipierenden Partikeln des Alt- und Mittelhochdeutschen. Diss. Berlin.
Wauchope, Mary Michele (1991): The grammar of the Old High German modal particles *thoh*, *ia*, and *thanne*. New York (Berkeley Insights in Linguistics and Semiotics 7).
Wauchope, Mary Michele (1992): Old High German *nu*. In: Lippi-Green, Rosina (Hg.): Recent developments in Germanic linguistics. Amsterdam / Philadelphia (ASTHSL 4/93), 57–67.
Weber, Heinrich (1971): Das erweiterte Adjektiv- und Partizipialattribut im Deutschen. München (Linguistische Reihe 4).
Wedel, Alfred (1970): Die Aktionsarten und die Funktion der untrennbaren Präfixe in der althochdeutschen Benediktinerregel. Diss. Univ. of Pennsylvania.
Wedel, Alfred (1974a): Subjective and objective aspect: The preterit in the Old High German Isidor. Linguistics 123, 5–58.
Wedel, Alfred (1974b): The verbal aspects of the prefixed and unprefixed verbal forms of *stantan*, *sizzan / sezzan*, *lickan / leckan* in the Old High German Benedictine Rule. JEGP 73, 169–175.

Wedel, Alfred (1976): Der Konflikt von Aspekt / Zeitstufe und Aktionsart in der althochdeutschen Übersetzung der Benediktinerregel. NphM 77, 270–281.
Wedel, Alfred (1987): Syntagmatische und paradigmatische Mittel zur Angabe der aspektuellen Differenzierung: die Wiedergabe des lateinischen Perfekts im althochdeutschen Isidor und Tatian. NphM 88, 80–89.
Wegera, Klaus-Peter / Waldenberger, Sandra (2018): Deutsch diachron. Eine Einführung in den Sprachwandel des Deutschen. 2. Aufl. Berlin (GG 52).
Weiss, Emil (1956): *Tun: Machen*. Bezeichnungen für die kausative und die periphrastische Funktion im Deutschen bis um 1400. Stockholm.
Weiß, Helmut (2016): So *welih wib so wari*. Zur Genese freier *w*-Relativsätze im Deutschen. In: Fs. Lühr, 505–515.
Weiß, Helmut (2018): The Wackernagel complex and pronoun raising. In: Jäger/Ferraresi/Weiß. H. 2018, 132–154.
Welke, Klaus (2011): Valenzgrammatik des Deutschen. Eine Einführung. Berlin/New York (de Gruyter Studium).
Wich-Reif, Claudia (2003): Syntaktische Beziehungen in Psalm 138. In: Desportes 2003a, 77–100.
Wich-Reif, Claudia (2008): Präpositionen und ihre Geschichte. Untersuchung deutschsprachiger „Benediktinerregel"-Traditionen vom Anfang des 9. Jahrhunderts bis zum 21. Jahrhundert. Berlin (BSS 13).
Wich-Reif, Claudia (2010): „Das Spiel vom Fragen" – (k)ein Problem der althochdeutschen Syntax? In: Ziegler/Braun 2010, 427–447.
Wich-Reif, Claudia (2016): Revisited: Der Genitiv als Objektkasus im Deutschen. In: Kwekkeboom, Sarah / Waldenberger, Sandra (Hgg.): PerspektivWechsel oder*:* Die Wiederentdeckung der Philologie. Bd 1: Sprachdaten und Grundlagenforschung in der Historischen Linguistik. Berlin, 395–412.
Wiktorowicz, Józef (2008): Die semantische Entwicklung der Partikel *denn*. In: Fs. Desportes, 379–393.
Willems, Klaas / Van Pottelberge, Jeroen (1998): Geschichte und Systematik des adverbalen Dativs im Deutschen. Berlin/New York.
Wilmanns, Wilhelm (1899–1911): Deutsche Grammatik. 3 Bde. Gotisch, Alt-, Mittel- und Frühneuhochdeutsch. Straßburg. I. ^{3}1911; II. ^{2}1899; III. ^{2}1906–1909.
Winkler, Heinrich (1896): Germanische Casussyntax. Berlin.
Wolf, Norbert Richard (1986): Verbale Valenz in althochdeutschen Texten. In: Fs. de Smet, 527–535.
Wolfrum, Gerhard (1960): Syntaktische Studien zu ahd. *bi thiu*. PBB (H) 82, 226–241.
Wolfrum, Gerhard (1970): Studien zu ahd. *bî* und zur Problemgeschichte der Präpositionen. PBB (H) 92, 237–324.
Wolfrum, Gerhard / Ulbricht, Elfriede (1959): Syntaktische Studien zu ahd. *avur*. PBB (H) 81, 215–241.
Wunder, Dieter (1965): Der Nebensatz bei Otfrid. Untersuchungen zur Syntax des deutschen Nebensatzes. Heidelberg (GB, Reihe 3).
Wunderlich, Hermann (1883): Beiträge zur Syntax des Notker'schen Boethius. Berlin.
Wunderlich, Hermann / Reis, Hans (1924/25): Der deutsche Satzbau. 2 Bde., 3. Aufl., Stuttgart/Berlin.
Zadorozny, B. (1974): Zur Frage der Bedeutung und des Gebrauchs der Partizipien im Altgermanischen. PBB (H) 94, 52–76; 95, 339–387.
Zatošil, Leopold (1959): *Ge-* bei den sogenannten perfektiven und imperfektiven Simplizien. Brünn (Sbornik Prací Filosofické Fakulty Brnënské University A 8), 50–64.
Ziegler, Arne / Braun, Christian (Hgg.) 2010: Historische Textgrammatik und Historische Syntax des Deutschen. Traditionen, Innovationen, Perspektiven. 2 Bde. Berlin/New York.

Zieglschmid, A. J. Friedrich (1929a): Zur Entwicklung der Perfektumschreibung im Deutschen. Baltimore (Language Dissertations published by the Linguistic Society of America 6).
Zieglschmid, A. J. Friedrich (1929b): Is the use of *wesan* in the periphrastic actional passive in the Germanic languages due to Latin influence? JEGP 28, 360–365.
Zifonun, Gisela (2003): Sprachtypologische Fragestellungen in der gegenwartsbezogenen und der historischen Grammatik des Deutschen, am Beispiel des Relativsatzes. In: Lobenstein-Reichmann / Reichmann 2003, 59–85.

Wortregister

Lemmatisiert wird, wie in der Einleitung dargelegt, grundsätzlich nach den Prinzipien des AWB, doch wird in solchen Fällen davon abgewichen, wo bereits AG I anders lemmatisiert.

Abkürzungen: Adj. = Adjektiv, Adv. = Adverb, adverbialeFügung, f. = Femininum, Interj. = Interjektion, Kjn. = Konjunktion, konjunktionale Fügung, m. = Maskulinum, n. = Neutrum, Num. = Numerale, Postp. = Postposition, Präp. = Präposition, Prät.-Präs. = Präteritopräsens, Ptk. = Partikel, Sjn. = Subjunktion, subjunktionale Fügung, stV. = starkes Verb, swV. = schwaches Verb, wvV. = Wurzelverb.

https://doi.org/10.1515/9783110782493-015

Sachregister

https://doi.org/10.1515/9783110782493-016